RONDON, UMA BIOGRAFIA

Larry Rohter

Rondon, uma biografia

TRADUÇÃO
Cássio de Arantes Leite

5ª reimpressão

Copyright © 2019 by Larry Rohter

Grafia atualizada segundo o Acordo Ortográfico da Língua Portuguesa de 1990, que entrou em vigor no Brasil em 2009.

Título original
Rondon, A Biography

Capa e caderno de fotos
Alceu Chiesorin Nunes

Foto de capa
Acervo do Museu do Índio/ FUNAI – Brasil

Preparação
Pedro Staite

Checagem
Érico Melo

Pesquisa de imagens
Sérgio Bastos

Mapas
Sonia Vaz

Índice remissivo
Probo Poletti

Revisão
Angela das Neves
Márcia Moura

Dados Internacionais de Catalogação na Publicação (CIP)
(Câmara Brasileira do Livro, SP, Brasil)

> Rohter, Larry
> Rondon, uma biografia / Larry Rohter ; tradução
> Cássio de Arantes Leite. — 1ª ed. — Rio de Janeiro :
> Objetiva, 2019.
>
> Título original: Rondon, A Biography.
> Bibliografia.
> ISBN 978-85-470-0079-0
>
> 1. Militares — Biografia 2. Rondon, Cândido
> Mariano da Silva, 1865-1958 I. Título.

| 19-23846 | CDD-920.71 |

Índice para catálogo sistemático:
1. Cândido Mariano da Silva : Biografia   920.71

Iolanda Rodrigues Biode – Bibliotecária – CRB-8/10014

Todos os direitos desta edição reservados à
EDITORA SCHWARCZ S.A.
Praça Floriano, 19, sala 3001 — Cinelândia
20031-050 — Rio de Janeiro — RJ
Telefone: (21) 3993-7510
www.companhiadasletras.com.br
www.blogdacompanhia.com.br
facebook.com/editoraobjetiva
instagram.com/editora_objetiva
twitter.com/edobjetiva

Aos meus filhos Sônia e Eric.
Dedico a vocês o prazer da descoberta na minha
caminhada por parte do melhor do Brasil.
Brasil, suas raízes são raízes suas.

Sumário

Mapas...11

Apresentação..17

PARTE I

1. Além do fim do mundo..29

2. O "bicho peludo" na cidade imperial..47

3. A República..64

PARTE II

4. "Ali começa o sertão chamado bruto"..81

5. Trabalhos penosos e obediência forçada....................................99

6. Artigo 44, parágrafo 32..117

7. "Corrigindo o mundo"...131

8. "Volto imediatamente, pelo outro lado"....................................148

9. Com presentes, paciência e bons modos....................................166

10. A língua de Mariano..185

11. "O maior número de dificuldades e imprevistos".........................203

12. Demissionários, exonerados e dois coronéis..............................218

13. Chuvas e caixas, caixas e chuvas..233

14. Canoa, canoa...248

15. Paixão..262

16. Expedição em perigo..277

17. Truques e estratagemas...292

PARTE III

18. "E como Rondon tem passado?"......................................315
19. Pau para toda obra 333
20. Catanduvas 353
21. De volta ao campo......................................369
22. "Acho conveniente que o general não prossiga a sua viagem"......388

PARTE IV

23. A peregrinação no deserto......................................407
24. O velho Rondon e o Estado Novo......................................426
25. O Gandhi brasileiro......................................446
26. A luta pela herança......................................466

Epílogo......................................481
Agradecimentos 489
Notas 493
Referências bibliográficas 525
Créditos das imagens......................................549
Índice remissivo......................................551

Que sabe o brasileiro em geral de Rondon? Que era de origem índia e dedicou a sua vida à reabilitação e à dignidade do silvícola. Que hoje está velho e cego e que no coração da nossa floresta ocidental há um imenso trato de terra batizado por Rondônia — em homenagem a Rondon. Nada mais. Quem foi esse homem, como viveu nos anos que lhe preparam a grandeza, qual o tecido de fatos, heranças e influências, responsável pela trama integral daquela personalidade de eleição?"

Rachel de Queiroz, 1957[1]

A vida está imbuída pela natureza selvagem. Quanto mais selvagem, mais vivo. Ainda não sujeitada ao homem, a condição selvagem o revigora. Aquele que avança incessantemente sem nunca repousar de seus labores, que se mantém firme e exige infinitamente da vida, sempre se verá em uma nova terra ou plaga selvagem, cercado pela matéria-prima da vida. Ele passará por cima dos troncos prostrados das florestas primitivas. A esperança e o futuro para mim não residem nos gramados e campos cultivados, não residem nas vilas e cidades, mas nos pântanos impenetráveis e frementes.

Henry David Thoreau, "Walking", 1851[2]

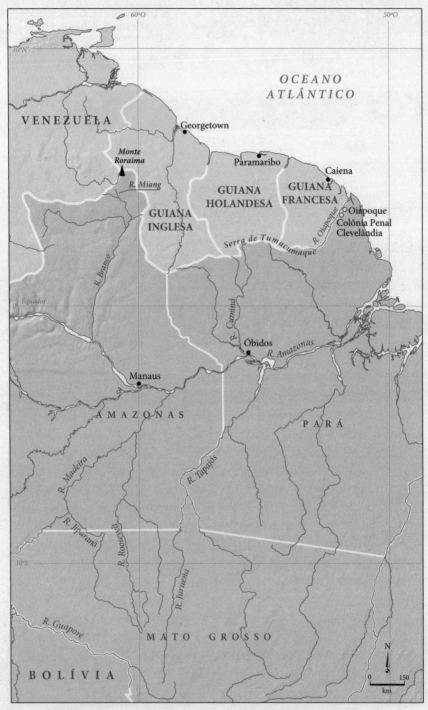

Fronteira norte mostrando área setentrional do Amapá, Pará e Roraima, que faziam fronteira com as três Guianas: Francesa, Holandesa e Inglesa.

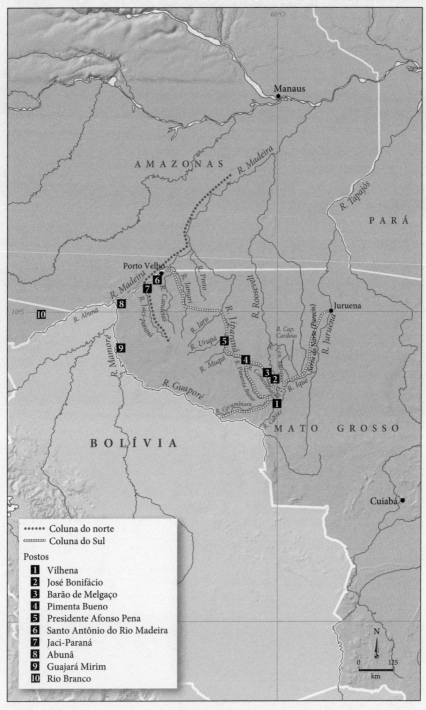

Percursos das colunas norte e sul da Comissão Rondon entre junho e dezembro de 1909.

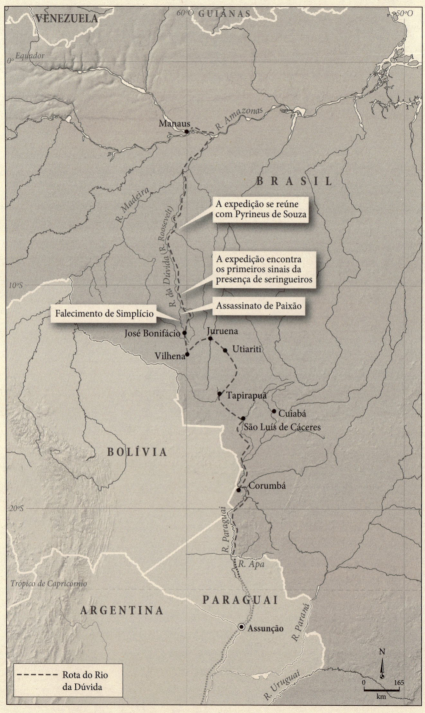

Rota da Expedição Roosevelt-Rondon (1913-4), começando com o primeiro encontro no rio Apa, na fronteira com o Paraguai, atravessando as planícies e selvas do Mato Grosso e descendo o rio da Dúvida até chegar a Manaus.

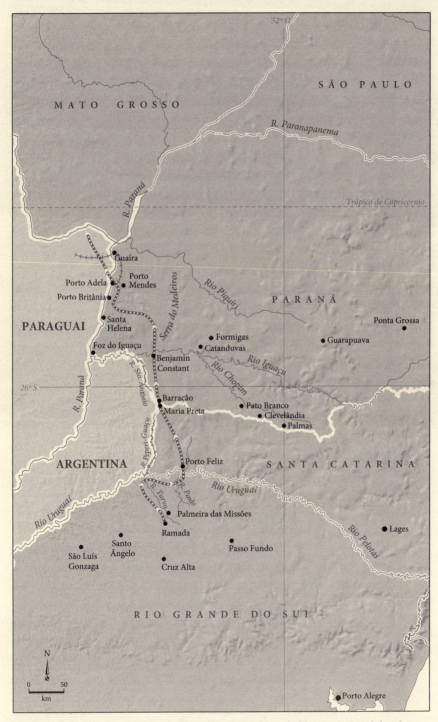

Entre 1924 e 1925, a campanha de Catanduvas contra os rebeldes tenentistas liderados por Miguel Costa e Luiz Carlos Prestes. O mapa mostra o interior do estado do Paraná até a fronteira com o Paraguai e traça a marcha dos rebeldes que partiu do interior gaúcho rumo a Foz do Iguaçu.

Apresentação

No início da tarde de domingo de 26 de abril de 1914, um grupo de dezenove homens sujos e exaustos — três americanos, os demais brasileiros — chegou à confluência de dois majestosos rios no coração da selva amazônica. Durante dois meses, no auge da estação chuvosa, haviam percorrido um desses afluentes tendo apenas uns aos outros como companhia. Assim, ficaram eufóricos quando finalmente chegaram ao fim da jornada e do calvário que ela se tornara. Em seu rastro, deixavam uma sucessão quase inimaginável de dificuldades e privações que resultaram na morte de três membros da expedição. Adiante os aguardava a certeza da aclamação internacional pelo feito notável que haviam acabado de realizar: navegar e mapear um rio tropical ainda desconhecido com quase 1600 quilômetros de extensão, chamado rio da Dúvida, porque seu curso e comprimento eram um mistério.

Para comemorar a ocasião, os exploradores fincaram um marco de madeira com dois metros de altura no solo poroso e se juntaram para uma série de fotografias, com os líderes da expedição posando um de cada lado do rústico obelisco. Um dos dois comandantes era um dos homens mais célebres do mundo: Theodore Roosevelt, então ex-presidente dos Estados Unidos, ganhador do Nobel da Paz e autor prolífico, cujos livros relatando suas inúmeras aventuras viraram best-sellers internacionais. Mas Roosevelt, chapéu na mão e os óculos sempre embaçados pela forte umidade, parece visivelmente extenuado nas fotos: a roupa folgada é um sinal de que andara perdendo muito peso, e ele apoia a mão no marco para se manter de pé.

À esquerda de Roosevelt está o outro líder da expedição, um descendente de índios de 48 anos, coronel do Exército brasileiro, chamado Cândido Mariano da Silva Rondon. Vários centímetros mais baixo e de compleição menor que o americano,

Rondon, em seu uniforme verde-oliva simples, mãos enfiadas nos bolsos da farda e a expressão impassível no rosto magro e acobreado, exibe uma postura descontraída, quase de indiferença. Embora seja a primeira incursão de Roosevelt pela Amazônia, Rondon já passara quase um quarto de século explorando a maior floresta tropical do planeta, sendo ele próprio um nativo da região. Logo, não é a primeira vez que conclui uma expedição árdua. O eventual alívio por ter guiado Roosevelt e seu filho Kermit, de 24 anos, a salvo ao longo da penosa jornada é contrabalançado pelo fato de que em breve terá de voltar a se embrenhar na selva e retomar a tarefa que o manteve ocupado durante quase uma década: a construção de uma linha telegráfica de 2 mil quilômetros passando pelo coração da Amazônia, a maior parte dela através de um território habitado exclusivamente por tribos indígenas hostis.

Meses antes, na verdade, a Expedição Científica Roosevelt-Rondon — designação oficial para a incomum empreitada binacional que os dois homens realizaram — viajara por terra ao longo de centenas de quilômetros acompanhando a futura linha ainda não finalizada, rumo às cabeceiras do curso de água que Rondon estava prestes a rebatizar de rio Roosevelt. Cruzando planícies, planaltos e picadas duramente abertas na mata, Roosevelt ficou perplexo com a dimensão e a absoluta audácia da obra que testemunhou. Ao regressar aos Estados Unidos, proclamaria que o projeto de Rondon era uma das maiores maravilhas tecnológicas e de engenharia de seu tempo. "A obra de exploração realizada pelo coronel Rondon e seus companheiros durante esses anos foi tão notável quanto quaisquer empreendimentos similares efetuados em outros pontos da Terra, e seus resultados ainda mais importantes", disse.[1]

Seja qual for o parâmetro — quantidade de expedições, distâncias vencidas, grau de dificuldade, informações coletadas —, Rondon é o maior explorador dos trópicos na história, com uma lista de realizações que supera a de figuras mais conhecidas, como Henry Stanley, David Livingstone e Sir Richard Francis Burton. Depois que a viagem de cinco meses com os dois Roosevelt chegou ao fim, ele continuaria a chefiar expedições às regiões mais remotas das bacias dos rios Amazonas e Orinoco por outros quinze anos. No total, Rondon tomou parte em mais de duas dúzias de expedições através do isolado Norte do país, viajando mais de 40 mil quilômetros a pé, em canoas, a cavalo e no dorso de mulas conforme executava o levantamento fluvial e topográfico de rios, montanhas e fundos de vales até então ignorados. Além disso, construiu estradas e pontes, fundou povoamentos e estabeleceu os primeiros contatos pacíficos com dezenas de grupos indígenas até então avessos a qualquer interação com o Estado brasileiro.

Mas Rondon não era apenas um homem de ação. Tinha também disciplina, uma fome insaciável de conhecimento e a paciência de um grande pesquisador. Além de engenheiro militar, era bacharel em matemática e ciências físicas e naturais e ensinou astronomia na Escola Militar. Ao completar 65 anos seria obrigado a se reformar pelo

Exército brasileiro e mudaria o foco de suas atividades da execução prática para a aplicação teórica, promovendo a conscientização científica sobre a região amazônica e seus povos. No decorrer de sua longa vida — Rondon nasceu no mês em que se encerrou a Guerra Civil Americana e faleceu alguns meses antes de completar 93 anos, no ano em que os soviéticos puseram o Sputnik em órbita da Terra —, a comissão do governo brasileiro que levava seu nome e estava sob seu comando publicou mais de cem artigos científicos, tratando de disciplinas tão variadas quanto antropologia, astronomia, biologia, botânica, ecologia, etnologia, geologia, ictiologia, linguística, meteorologia, mineralogia, ornitologia e zoologia. Os cientistas coordenados por ele descobriram e catalogaram dezenas de novas plantas, animais e minerais, e até hoje nenhum outro indivíduo isoladamente contribuiu mais com espécimes para o Museu Nacional, no Rio de Janeiro. Na avaliação dos principais historiadores brasileiros de ciência e tecnologia, "seu nome, como propulsor das ciências naturais no Brasil dos tempos modernos, vem logo depois do de Oswaldo Cruz"[2] — fundador do principal instituto de pesquisa em ciência, tecnologia e saúde pública do país.

Ao contrário de outros exploradores — e certamente em flagrante contraste com os consórcios internacionais da borracha que dominaram a economia amazônica em sua época —, Rondon nutria ainda mais interesse pela população humana da região do que por sua fauna. Muitos de seus artigos científicos documentavam a gramática, a sintaxe e o vocabulário de línguas dos povos indígenas da área, cujo sangue corria também em suas veias, ou procuravam explicar suas culturas, cosmologias, rituais, estrutura social e religião. Sempre um inovador e um ávido interessado por novas tecnologias, foi também um pioneiro no uso de filmagens e gravações no trabalho de campo antropológico: pelo menos uma década antes do lançamento de *Nanook, o esquimó* (1922), de Robert Flaherty, em geral considerado o primeiro documentário etnográfico em longa-metragem, a Comissão Rondon já contava com uma equipe de filmagem e produzia filmes sobre os povos indígenas da Amazônia, documentando ainda sua música.

O trabalho de Rondon era de fato tão significativo que ninguém menos que Claude Lévi-Strauss, o grande teórico franco-belga da antropologia estrutural, o citaria em seu memorável ensaio de 1955 sobre a Amazônia, *Tristes trópicos*, decidindo inclusive visitar muitas das aldeias sobre as quais Rondon escrevera, de modo a atualizar suas constatações. Isso faz de Rondon uma figura única na fase inicial da história da antropologia, etnologia e etnografia modernas. Na década de 1880, o etnólogo e explorador Karl von den Steinen viajou pelo Mato Grosso fazendo pesquisa de campo para sua obra pioneira, *Unter den Naturvölkern Zentral-Brasiliens* [Entre os aborígenes do Brasil Central], em que escreveu sobre as mesmas tribos das quais a mãe de Rondon descendia, os Bororo e os Terena. Ele chegou até a passar a alguns quilômetros do local onde Rondon nascera. Menos de cinco décadas mais tarde, Rondon já completara com sucesso a transição de ser um dos temas desses livros para a posição de estudioso respeitado, assinando ensaios acadêmicos sobre as populações indígenas, que em alguns casos calhavam de ser sua própria gente.

Além dessas realizações, Rondon foi também um dos maiores defensores dos direitos indígenas durante a primeira metade do século XX. Como fundador e por muitos anos diretor do Serviço de Proteção aos Índios (SPI), ele trabalhou para proteger os povos indígenas contra a brutalidade de fazendeiros, garimpeiros, madeireiros e, mais do que tudo, dos seringueiros que cobiçavam suas terras. Além disso, lutou para defendê-los dos líderes intelectuais e políticos que clamavam abertamente por seu extermínio com argumentos supostamente "científicos". Em suas expedições, ao estabelecer contatos com diversos grupos étnicos, Rondon seguia uma política de não violência absoluta: o lema oficial do SPI era "Morrer se preciso for, matar nunca". Em 1925, na visita que fez ao Brasil, Albert Einstein, maravilhado com a ideia de um general pacifista, indicou Rondon para o prêmio Nobel da Paz, numa tentativa de exaltar sua luta. Quando Rondon morreu, em 1958, Léopold Boissier, presidente do Comitê Internacional da Cruz Vermelha, o saudou como o mais importante apóstolo da não violência nos tempos modernos desde Gandhi.[3]

Nem a história dos Estados Unidos nem a de outros países de dimensões continentais com uma significativa população indígena, como o Canadá, a China, a Rússia, a Austrália e a Índia, oferecem um paralelo adequado para Rondon. Entretanto, em vista de sua recusa categórica em empregar violência contra os índios, é apropriado vê-lo como uma espécie de general Custer ao avesso: seu lema "morrer se preciso for", posto à prova nas inúmeras emboscadas que sofreu de tribos indígenas, incluindo uma em que foi ferido por flechas, sem partir para a retaliação era, filosoficamente falando, o extremo oposto da máxima expansionista e racista norte-americana de que "índio bom é índio morto".[4]

Além do mais, na história brasileira moderna, a construção de linhas telegráficas desponta como um feito de integração nacional nos mesmos moldes da construção da Ferrovia Transcontinental,[5] quarenta anos antes, nos Estados Unidos. Rondon é, desse modo, uma figura central na transição de um Império não unificado como um Estado coeso e orgânico para uma República moderna. Sua vida pública se estendeu por extraordinários setenta anos, tendo começado na década de 1880, com seu envolvimento no movimento abolicionista, seguido pouco depois de sua participação firmemente empenhada na queda do imperador Pedro II.

Posteriormente, a despeito de suas profundas dúvidas sobre a eficácia da democracia como forma de governo, ele rejeitaria ofertas para chefiar uma ditadura militar, lideraria as tropas que debelaram uma rebelião militar contra o governo civil, mediaria uma disputa internacional entre a Colômbia e o Peru para a Liga das Nações, resistiria à ditadura pró-fascista instaurada em sua própria nação, ajudaria a liderar os esforços de trazer o

Brasil para a Segunda Guerra Mundial junto aos Aliados e, depois da guerra, fundaria o primeiro parque indígena brasileiro. Com 92 anos, debilitado por enfermidades e quase cego, seu último ato público foi apoiar uma campanha em prol da construção da nova capital, Brasília, localizada em um território que ele havia explorado e ajudado a incorporar ao Estado brasileiro seis décadas antes. Ele foi assim não só um soldado e cientista, mas também um estadista.

Entretanto, a despeito de tudo que realizou em sua longa e extraordinária vida, Rondon, até agora, nunca foi tema de uma ampla biografia em outra língua que não o português. No Brasil, ele é sem dúvida um grande personagem nacional, com sua efígie em antigas cédulas e emprestando seu nome a ruas, praças, museus, aeroportos, prédios oficiais, cidades, municípios e até a um estado, Rondônia. Porém, não existe um verbete para Rondon no respeitado *Oxford Atlas of Exploration* (que por outro lado contém verbetes para jovens britânicos que muito mais tarde percorreram a Amazônia em estradas que Rondon tão arduamente abriu na selva). Ele está igualmente ausente do americano *National Geographic Expeditions Atlas*, que atribui todos os sucessos da Expedição Científica Roosevelt-Rondon apenas ao ex-presidente norte-americano.

Por que essa discrepância tão gritante entre a magnitude das realizações de Rondon e a falta de reconhecimento que recebeu? Obviamente, e isso qualquer foto de Rondon imediatamente revela, ele não condiz em nada com a figura estereotipada dos grandes exploradores cultivada pelo mundo anglo-saxão. Pares e contemporâneos seus como Amundsen, Nansen, Peary e Byrd eram tipos europeus comuns, em geral altos, fisicamente imponentes e com frequência loiros, ou ao menos de pele clara. Rondon não era nada disso: era baixo, magro e, embora de ascendência europeia e indígena, como milhões de outros brasileiros, com umas gotinhas de sangue africano adicionado à mistura, tinha feições, cor e constituição típicas de um índio.

A missão e os objetivos de Rondon também diferiam substancialmente dos de outros exploradores de seu tempo. Muitos deles, sobretudo os britânicos, franceses e alemães presentes na África e na Ásia nas décadas que precederam a Primeira Guerra Mundial, estavam a serviço de um projeto imperial ou colonialista. Outros, como Darwin, Henry Walter Bates e Alfred Russel Wallace, eram movidos primordialmente pela curiosidade científica e nutriam pouco interesse pelas políticas imperiais. Um outro grupo ainda era motivado quase exclusivamente pelo amor à aventura: um exemplo clássico foi o do alpinista inglês George Mallory, que, ao ser questionado em 1923 sobre o motivo que o levava a querer escalar uma montanha tão alta como o Everest, pouco antes de desaparecer naquela localidade, forneceu a memorável resposta: "Porque ele está lá".

Embora Rondon reconhecesse que seguia os passos e se baseava na obra científica de grandes naturalistas como Bates e Wallace, que viajaram juntos à Amazônia, e, principalmente, o prussiano Alexander von Humboldt, sua inspiração maior estava em outra parte. Seu objetivo principal era ajudar a construir uma nação capaz de frustrar exatamente o tipo de empreitada colonialista representada por tantos exploradores europeus dos séculos XIX e XX. Ele tampouco era um forasteiro pondo-se à prova em um ambiente "exótico" entre os "selvagens". Pelo contrário, era um filho da fronteira amazônica, atuando entre pessoas cujas história e formação eram com frequência parecidas com as suas. De fato, desde pequeno ele sempre dissera que pretendia um dia ligar a vastidão selvagem que o cercava à tessitura do Estado brasileiro mediante a construção de uma linha telegráfica. Mais tarde, ele sistematizaria essa fé imatura e inocente na importância do progresso científico e material abraçando ferozmente a filosofia positivista de Auguste Comte, que veio a constituir a outra força motriz de sua vida.

Mas, sem dúvida, o racismo amplamente disseminado de sua época é um dos fatores preponderantes — se não o principal — tanto para sua ausência no panteão de renomados exploradores quanto para o desconhecimento de sua vida entre o grande público. Mesmo em 1930, o *New York Times* continuava a se referir a Rondon como "o guia nativo do coronel Roosevelt" — uma espécie de Tonto para seu Cavaleiro Solitário —, não um destacado cientista que falava quatro línguas europeias com tanta fluência quanto falava pelo menos meia dúzia de línguas indígenas. Tendo passado meses na companhia de Rondon, plenamente ciente de que teria perecido na selva não fossem os conhecimentos de seu líder de expedição, Roosevelt por sua vez não partilhava dessa visão condescendente e preconceituosa. Mas ele pouco podia fazer para corrigi-la. Considerando-se as categorias raciais rígidas e estritamente definidas dos Estados Unidos no começo do século XX, simplesmente não havia lugar para acomodar uma figura tão complexa e inortodoxa como Rondon. Um cientista indígena que sabia falar francês e ainda por cima era um intelectual e militar? A ideia parecia simplesmente ridícula, e desse modo Rondon se viu relegado à função subalterna de ajudante, guia e batedor (isso quando era mencionado).

A maior barreira para seu reconhecimento, no entanto, ficava do outro lado do Atlântico, em Londres. No período em que Rondon esteve mais ativo (o ocaso da Inglaterra vitoriana e eduardiana e os anos imediatamente posteriores), a Real Sociedade Geográfica era o árbitro supremo de tudo o que dizia respeito a explorações e geografia, e a relação entre Rondon e a sociedade estava longe de conhecer termos cordiais. Na época, a Real Sociedade Geográfica tinha um programa de treinamento voltado a preparar exploradores ingleses para, nas palavras de um livro didático utilizado no curso, "viajar por países selvagens", categoria em que se incluía o Brasil. Os alunos do programa, que se baseava em conceitos como eugenia e "racismo científico", eram imbuídos de uma mentalidade de branco dominador — como a do *sahib* indiano ou o *bwana* africano — e ensinados a acreditar numa estrita hierarquia racial que tinha os europeus no ápice e os povos indígenas na base. Na terminologia empregada pelos membros do serviço colonial britânico, Rondon não passava de um *wog*, designação extremamente pejorativa para qualquer um que não fosse considerado branco. Alguém, portanto, que não devia ser levado a sério ou respeitado, muito menos tratado como par ou igual.

Palavras de admiração sobre Rondon apareciam em livros e revistas publicados na Itália e na Alemanha, e, de modo geral, ele mantinha relações amistosas com seus colegas em outras partes da porção continental da Europa, sobretudo exploradores, cientistas e geógrafos franceses e escandinavos. O explorador sueco Algot Lange, por exemplo, o descreveu em 1914 como "cheio de verve e força viril", e afirmou que sua "integridade e valor são indiscutíveis" e o citou como prova de que o "sangue índio misturado ao branco cria homens esplêndidos".[6] Entretanto, exploradores ingleses como Percy Fawcett, formado no curso da Real Sociedade Geográfica, e o escritor e aventureiro Arnold Henry Savage-Landor depreciavam Rondon constantemente em sua correspondência privada e escritos públicos, muitas vezes com termos racistas. O brasileiro, por sua vez, via os dois como uns pernósticos sem autoridade, e o dizia com todas as letras. Essas diferenças ficaram particularmente pronunciadas após 1910, quando o governo brasileiro criou o Serviço de Proteção aos Índios e o deixou ao encargo de Rondon. Nessa função, Rondon em mais de uma ocasião recusou-se a fornecer autorização ou apoio material para expedições financiadas pela Real Sociedade, argumentando que as propostas de pesquisa representavam violações desnecessárias da soberania dos índios, exigiam demasiados recursos que o governo brasileiro poderia fazer melhor proveito em outras partes ou reproduziam estudos já feitos pelos próprios brasileiros.

Essa atitude de desdém enfrentada por Rondon continuou até a década de 1930, quando terminou sua carreira como explorador. "Fui levado a crer que os preceitos ingleses eram a única norma e receio ter me inclinado a depreciar todos os sul-americanos como *dagoes* [termo pejorativo para pessoas de descendência italiana, espanhola ou portuguesa] quando visitei o Brasil", admitiu o explorador inglês Robert Churchward em *Wilderness of Fools* [Selva de tolos], um relato de sua expedição de 1932 em busca de Fawcett, que desaparecera na Amazônia sete anos antes após menosprezar o conselho de Rondon sobre como organizar uma expedição e se portar entre os povos indígenas. Numa crítica disfarçada de elogio, Churchward então complementava: "Não tardei a me dar conta de meu equívoco e achei-os, pelo contrário, a gente mais divertida, encantadora e agradável que já conheci, bem como extraordinariamente hospitaleira". Note, porém, que não há reconhecimento de bravura ou tenacidade, qualidades personificadas pelos integrantes da Comissão Rondon.[7]

Rondon possivelmente teria se saído melhor entre a elite inglesa caso descendesse da aristocracia brasileira ou pelo menos se encaixasse nos moldes do clássico gentleman. Seu meio e sua criação, no entanto, eram os mais distantes de um status elevado que se poderia imaginar. Não só ele era de origem indígena, como também era órfão, nascido na pobreza em um rincão do Brasil onde um simples ensino básico era difícil de obter e refinamentos culturais como livros, música, teatro e as artes em geral constituíam luxos quase inatingíveis. Ele galgou à patente de marechal do Exército adquirindo esses conhecimentos ao longo do caminho com a força de sua curiosidade intelectual insaciável e seu ímpeto inexorável pelo aperfeiçoamento pessoal; no fim, transformou-se nessa rara figura que ficava tão à vontade nos cafés e salões do Rio de Janeiro quanto na selva, capaz de ir e vir com toda a comodidade entre os mundos dos pajés e dos cientistas. Rondon era, em outras palavras, o perfeito *self-made man*, a versão brasileira do menino pobre esperto, determinado e corajoso tão comum nos romances da época em que viveu. Mas essa não era uma narrativa que impressionasse particularmente os esnobes ingleses criados sob valores e preconceitos vitorianos.

Visto pela óptica do século XXI, porém, Rondon desponta como uma figura maiúscula e inspiradora — em alguns aspectos, um homem de sua era, mas em outros ainda muito à frente de seu tempo. Claro que ele também tinha sua cota de defeitos. Era implacável na busca de seus objetivos, esperava que os homens sob seu comando fossem igualmente comprometidos e não hesitava em puni-los caso não se mostrassem à altura de seus exigentes padrões. Numa sociedade em que o comportamento emotivo era comum, ele às vezes parecia desinteressado e distante, formal e meticuloso; na visão de seus detratores, um perfeito caxias (para aludir a outro militar famoso). Mais importante, o fervoroso positivismo de Rondon, que começou como um fascínio adolescente e durou pelo resto da vida — e o idealismo que engendrou nele —, cegou-o para algumas das realidades e contradições mais fundamentais da vida política e social brasileira, limitando o alcance de sua atuação. Não fosse ele um seguidor tão ferrenho da fé secular de Auguste Comte, teria conseguido conquistar muito mais pelas causas que acalentava, sobretudo as dos povos indígenas.

Contudo, em um nível puramente pessoal, Rondon combinava e exemplificava algumas das virtudes tradicionais e modernas mais estimadas. Era intensa e genuinamente um patriota, aferrava-se a antigos códigos de honra, bravura e cavalheirismo e repetidamente demonstrava uma retidão moral que, fortalecida por seu caráter estoico, impressionava aqueles que conviviam com ele — um de seus admiradores, o poeta Paul Claudel, que serviu como embaixador francês no Brasil por quase dois anos, comparou-o a uma "figura dos Evangelhos" e o descreveu como "puro, íntegro e sem sangue nas mãos".[8] Ao mesmo tempo, a filosofia de tolerância, diversidade cultural e não violência defendida por Rondon ao longo de sua existência, junto com seu reconhecimento da dignidade inata de toda vida humana e seu respeito pelo mundo natural e seus ecossistemas, revestem-no de uma aura muito contemporânea.

Em suas inúmeras expedições, Rondon sempre manteve extensos diários, e é neles que podemos ver mais claramente as aspirações que tinha para si mesmo, seu país e a humanidade. Repetidas vezes manifestava seu credo pessoal de inspiração positivista, baseado no que descrevia como "simpatia para com todos os seres de quem, como o *Poverello*,[9] se sente irmão", e a convicção de que, no fim, convergirão "todos para o amor, o bem comum". Escreveu diversas vezes, em uma espécie de exortação a si mesmo, que um dia "a ciência, a arte, a indústria hão de transformar a Terra em paraíso, para todos os humanos, sem distinção de raças, crenças, nações — banidos os espectros da guerra, da miséria, da moléstia". Esse dia talvez ainda demorasse a chegar, percebia ele, mas, nesse ínterim, todo ser humano tinha "os meios de se transformar e de se aperfeiçoar",[10] de maneira a contribuir para o gradual avanço da civilização. Durante toda a sua longa e aventureira vida, que começou nos rincões mais afastados do Império, foi precisamente por essa causa que Cândido Rondon lutou. Ele foi o homem que veio do nada e deu tudo ao Brasil.

PARTE I

O então capitão Rondon, em frente à gruta da Ponte de Pedra, em Paraúna, Goiás, 1895.

1. Além do fim do mundo

Perto do fim de sua vida, ele seria celebrado por todo o Brasil como O Marechal da Paz. Mas o homem que o mundo viria a conhecer como Cândido Mariano da Silva Rondon nasceu em tempos de guerra, a cerca de quarenta quilômetros de uma das principais frentes de batalha no conflito mais devastador na história da América Latina independente. Em 1865, o Brasil e seu vizinho Paraguai travavam havia alguns meses um confronto sangrento que duraria cinco anos, acabando por arrastar Argentina e Uruguai para o combate que deixaria uma estimativa de 400 mil mortos e, no mínimo, 1 milhão de feridos, desabrigados e refugiados. A Guerra do Paraguai, ou Guerra da Tríplice Aliança, foi a única vez que o Brasil se envolveu em um combate prolongado com um adversário estrangeiro em seu próprio território. Assumindo a ofensiva por ordens do ditador que na época governava seu pequeno país sem acesso ao mar, as tropas paraguaias tinham invadido o Mato Grosso, uma das maiores, mais pobres e mais isoladas províncias do imenso Império brasileiro, no fim de 1864. No início do ano seguinte, ocuparam Coxim e avançaram até uns 50 quilômetros ao sul da vila de Mimoso, onde um menino batizado de Cândido Mariano Evangelista da Silva havia nascido durante o outono.

Como Mato Grosso era um lugar remoto e pouco desenvolvido, Rondon nunca saberia com certeza a data de seu nascimento. Na bravia fronteira oeste brasileira dessa época, a efetiva presença do governo nacional — cuja capital, o Rio de Janeiro, ficava a cerca de 1,5 mil quilômetros em linha reta dali, só que bem mais distante em termos práticos — era mínima, assim como os serviços que um Estado moderno normalmente oferece, incluindo registro de nascimentos, óbitos e casamentos. Quando entrou para a academia militar em meados da década de 1880, Rondon informou 30 de abril de 1865 como data de nascimento. Mais tarde, porém, já na condição de oficial, requisitou que a data fosse alterada para 5 de maio, com base em uma descoberta nos registros da Igreja católica de Mato Grosso — um padre afirmava ter batizado o bebê Cândido Mariano a 5 de agosto, cerca de três meses após seu nascimento. Outros documentos da igreja, no entanto, sugerem que Rondon pode ter nascido em 21 de março. No fim, porém, 5 de maio passou a ser a data de nascimento mais aceita e hoje é celebrada oficialmente como o Dia Nacional das Comunicações, numa homenagem à conquista pela qual Rondon talvez seja mais conhecido entre seus compatriotas: instalar a infraestrutura de milhares de quilômetros de linhas telegráficas, interligando os brasileiros por vastas distâncias.

Em 1865, o Brasil era um país imenso e indomável, unido por pouca coisa além da língua portuguesa e a popularidade da única Monarquia do hemisfério ocidental. O imperador Pedro II subira ao trono em 1831, aos cinco anos, tendo três regentes por tutores para instruí-lo nos assuntos da Coroa, passando a governar por conta própria a partir de 1840. Alcunhado o Magnânimo, foi um soberano relativamente progressista e ilustrado, nutrindo profundo interesse por ciência e cultura. Era um opositor da escravidão, que seria abolida somente em 1888, e agudamente ciente do atraso econômico e social do reino que herdara. Mas não era um monarca absoluto e não era incomum que visse suas iniciativas mais estimadas frustradas pela elite política do país, composta, em sua maioria, de fazendeiros escravocratas. Como estes passavam a maior parte do tempo em suas fazendas de açúcar e café ou granjeando favores junto à corte no Rio, tinham pouco interesse no desenvolvimento e no bem-estar social de províncias remotas como o Mato Grosso, cujos habitantes desdenhavam como incivilizados e comparavam publicamente a macacos e outros animais selvagens.[1]

Entre essa elite rural, o preconceito contra a população indígena — composta de vários milhões quando os portugueses chegaram, em 1500, mas reduzida por doenças e massacres a menos de 1 milhão em meados do século XIX — era particularmente virulento. A população negra, segundo a crença dos fazendeiros brasileiros, podia ao menos ser escravizada e participar da cadeia de produção por meio do trabalho forçado. Mas índios? Havia a percepção de que eles haviam resistido tenazmente à escravidão e à usurpação de suas terras ancestrais e que, mesmo quando derrotados em batalha, muitas vezes se recusavam a trabalhar. Depois de subjugados, pareciam às vezes preferir morrer a aceitar a vida em cativeiro. Em 1852, William Herndon, oficial da Marinha americana numa expedição à Amazônia, assim resumiu o sentimento sobre os indígenas que escutou das elites brasileiras: "A melhor coisa a fazer com os índios é enforcá-los", disseram-lhe em mais de uma ocasião, porque "constituem cidadãos ruins e escravos ainda piores".[2]

Rondon cresceu em meio à privação. Seu pai, Cândido Mariano da Silva, era um mascate de ascendência europeia e indígena, com traços de sangue africano, que morreu cinco meses antes do nascimento do filho, bem quando começava o conflito com o Paraguai. Assim como a data de nascimento de Rondon, a causa da morte do pai não pode ser determinada com precisão: alguns relatos locais atribuem-na a um surto de malária, enquanto outros citam a varíola como causa, ou mesmo sugerem que ele pereceu em combate contra os paraguaios no começo da Guerra do Paraguai. Considerando as circunstâncias caóticas e as condições insalubres prevalecentes no Mato Grosso na época, todas essas causas são plausíveis.

Seja ela qual for, o pequeno Cândido ficaria órfão de pai e, na adolescência e início da vida adulta, gravitaria em torno de outros mentores intelectuais que lhe serviram de figura paterna. Sua mãe, Claudina Maria de Freitas Evangelista, era de ascendência predominantemente indígena, com ancestrais Bororo e Terena, os dois principais grupos indígenas do centro do Mato Grosso. De acordo com suas crenças, os Bororo eram caçadores nômades oriundos da Bolívia que migraram para o leste, rumo à Amazônia meridional e à região do Pantanal, pouco antes de o explorador português Pedro Álvares Cabral desembarcar no Brasil. Algumas comunidades Bororo eram belicosas, repudiando o contato com o homem branco, mas outras eram amistosas, servindo de guias para os colonizadores espanhóis e portugueses que penetravam na região no século XVII. Já os Terena são parte da família linguística Aruák de povos que, por milênios, haviam migrado rumo ao sul desde o Caribe e também se estabelecido no extremo sul do Amazonas, onde viviam de plantio e coleta, e criaram uma relação de colaboração com os europeus recém-chegados.

Escravizados alforriados e índios aculturados muitas vezes assumiam sobrenomes associados a figuras ou episódios bíblicos, como Conceição, Assunção, Nascimento, Batista etc. Claudina Evangelista se identificava como membro do ramo oriental dos Bororo, cujo território se estendia até o Araguaia, grande tributário do Tocantins, o mais a leste dos afluentes principais do Amazonas. Também conhecidos como "coroados", devido às elaboradas coroas de plumas utilizadas em seus rituais e cerimônias, os Bororo do leste tinham a reputação de guerreiros ferozes. Mas na época em que Claudina Evangelista nasceu, por volta de 1840, os domínios originais dos Bororo ocidentais já haviam ficado significativamente reduzidos e, como resultado, sua cultura nômade viu-se cerceada.

O grande e disperso clã Evangelista havia sido a família dominante em Mimoso desde a fundação do povoado. No início do século XIX, o bisavô materno de Rondon, José Lucas Evangelista, junto com a esposa Joaquina Gomes de Jacobina, beneficiara-se de uma doação real de terra por serviços à Coroa, presumivelmente por ajudar a subjugar tribos hostis. Nesses 13 mil hectares, inicialmente conhecidos como Morro Redondo, o casal criou gado e cavalos. Também criaram pelo menos oito filhos, incluindo o avô de Rondon, João, que por sua vez teve dez filhos com Maria Constança de Freitas, que era de ascendência terena, a mais jovem da prole sendo a mãe de Rondon, Claudina. Com dezenas de descendentes, isso significava que a generosa doação original feita para José Lucas e Joaquina fora retalhada em lotes bem menores na época do nascimento de

Rondon. Além do mais, inundações e doenças dos animais haviam reduzido a área de terras aráveis quase pela metade, de modo que nenhum membro da numerosa família podia ser considerado integrante da aristocracia rural ou era particularmente abastado.

Mimoso não era de modo algum uma aldeia bororo tradicional, onde as casas ficam dispostas em um círculo, a ascendência é matrilinear e as mulheres continuam a viver com a mãe após o casamento. Seus habitantes, porém, mantiveram alguns hábitos e talentos dos ancestrais indígenas. Eram caçadores excelentes, fosse com armas de fogo, fosse com arco e flecha, e, numa região prodigamente coberta de rios, lagos e pântanos, também extremamente hábeis na pesca, com arco e flecha, lanças em forma de arpão, redes ou veneno. Na verdade, os Bororo se referem a si mesmos como os *orarimogodogue* — *orari* significando "surubim". Mas esse "povo do surubim" também aprendeu a cultivar a terra, plantando milho, mandioca, feijão e arroz em pequenos lotes em torno de suas casinhas de sapé, e, depois que trocaram o modo de vida nômade por povoamentos na região entre os rios São Lourenço e Cuiabá, também se especializaram na criação de gado e tomaram gosto pela carne bovina.

Rondon sempre se referiria com carinho a sua mãe, mas suas lembranças dela eram, para seu pesar, muito vagas, pois Claudina morreu quando ele estava com apenas dois anos e meio. Após ficar órfão tão cedo, sem ter irmão ou irmã mais velhos a quem pudesse ser confiado, esteve sob cuidados de seu avô materno, um viúvo chamado João Lucas Evangelista, e sua madrinha e tia-avó, Antônia Rosa da Silva, com quem passaria os quatro anos seguintes em um cenário rural e, na maior parte, em meio aos índios. Seu avô e sua tia-avó falavam português — a maioria dos índios aculturados em Mato Grosso dominava a língua bem o suficiente para vender produtos nos mercados ou se comunicar com os padres —, mas crescer em uma família humilde nos arredores de Mimoso significava conviver com as línguas bororo e terena, e o jovem Rondon adquiriu ali um conhecimento prático das duas.

Se o Mato Grosso ficava isolado do centro do poder, no Rio, Mimoso era ainda mais remoto e, assim, ainda mais precário. Mesmo hoje, continua sendo um lugar com pouca estrutura, consistindo de pouco mais que algumas casas modestas de adobe distribuídas ao longo de uma estrada de mão dupla esburacada que leva a uma grande estrutura metálica parecida com um disco voador, erigida como memorial a Rondon no lugar onde ele nasceu. Ao norte fica o Morro Redondo, uma imponente massa de terra que dificulta o acesso ao centro de Mato Grosso, enquanto imediatamente a sul e a oeste se estende o limite mais setentrional da vasta região do Pantanal, que posteriormente seria o cenário de alguns dos maiores feitos de exploração e engenharia de Rondon.

O Pantanal é a maior planície inundável do mundo. Embora hoje em dia seja um paraíso para pescadores e observadores de pássaros vindos de todos os cantos do planeta, que pagam centenas de dólares para pernoitar em pousadas "ecológicas" com todas as mordomias, durante a infância de Rondon era quase intransponível, efetivamente isolando Mimoso e locais mais ao norte da comunicação regular com povoamentos e fortificações ao sul. Na estação chuvosa, quando o Pantanal se expande para cerca de 200 mil quilômetros quadrados, a única forma de locomoção era por barco, e suas águas ficavam infestadas de jacarés, cobras venenosas e piranhas. Na estação seca, quando se contrai para cerca de 140 mil quilômetros quadrados, onças, lobos-guará, sucuris e pecaris selvagens compunham sua perigosa fauna.

Os exploradores sempre foram fascinados pela mistura de perigo e beleza da região. Na década de 1880, quando Rondon ainda era adolescente, o cientista alemão Karl von den Steinen atravessou o Pantanal por duas vezes para chegar ao coração da Amazônia e se disse "encantado" com o que viu. "O capim aparece no fundo da água, quase tudo é pântano, embora os altos colmos das árvores nos deem a falsa aparência de bonita campina", escreveu ele durante uma expedição de 1884 que o levou a poucos quilômetros de Mimoso. "A mata ergue-se por toda a parte diretamente da água. Os eternos aspectos dessa vegetação inesgotável em formas decorativas e variadas embriagam-nos simplesmente. Tudo é verde, mas que gradações! Desde a tenra e delicada trepadeira a brilhar sob a luz do sol até a folhagem verde-azulada de algumas árvores, enquanto em outras aparece uma tonalidade parda ou acinzentada em inúmeras variações."[3]

Para os moradores do Pantanal e outras áreas rurais que haviam sido campos de batalha, a vitória na guerra contra o Paraguai em 1870 não trouxe paz nem prosperidade. Com o fim do conflito, soldados desmobilizados e desertores de parte a parte eram com frequência deixados à própria sorte, e muitos acabavam se fixando em devastadas zonas de combate. Como não conseguiam encontrar trabalho, alguns vendiam suas armas ou roubavam as dos outros, o que levou a uma súbita fartura de armas e munições no Mato Grosso. Outros decidiam se juntar em bandos criminosos que perambulavam pela região, vivendo do que conseguiam encontrar. O resultado foi uma onda de criminalidade, violência e roubo de gado, enquanto os moradores também se uniam para defender sua vida e suas posses. Com menos de 2 mil soldados, policiais e membros da Guarda Nacional responsáveis por uma área maior do que França, Itália e Alemanha juntas, os cidadãos não tinham outra opção. Um criminoso particularmente notório conhecido como Estraquilino comandava um bando de soldados desmobilizados que operava por todo o Pantanal, e outros grupos costumavam buscar refúgio na região.

Não obstante, Rondon se lembraria de seus anos em Mimoso como uma espécie de idílio tropical. A região abundava de vida selvagem, para seu deleite, e ele saía com os amigos para nadar ou caçar com estilingue o dia todo, usando sons de animais para atrair suas presas. O ar se enchia com a cacofonia dos macacos — os bugios eram os mais barulhentos —, e centenas de espécies de pássaros floresciam no Pantanal. Nos baixios, o tuiuiú (também chamado de jaburu), um tipo de cegonha de cabeça preta, pescoço vermelho e corpo branco, procurava alimento, enquanto bandos de araras, tucanos e biguás (um tipo de mergulhão) enchiam os céus. Em canoas feitas de tronco escavado (as árvores mais utilizadas eram o ipê, a aroeira e a piúva), os pescadores circulavam com suas varas de pescar e arpões, competindo com a lontra-gigante (ou ariranha) pelos saborosos peixes de água doce com nomes melodiosos como pacu, piraputanga, jurupoca, jaú e corimbatá. Em terra firme, perambulavam tatus-canastras, capivaras e tamanduás, que serviam de alimento para os moradores locais quando necessário.

À noite, na escuridão que dominava o local pobre que dependia de óleo de peixe para acender suas candeias e que só obteve acesso à eletricidade quando o século XX já ia bem adiantado, Rondon observava o céu límpido, livre de qualquer poluição. Com fascínio, identificava as estrelas, constelações e planetas que enxameavam e iluminavam o firmamento. O magnífico Cruzeiro do Sul, um farol para navegadores desde que as primeiras flotilhas portuguesas cruzaram o equador, brilhava no alto, com a Ursa Maior despontando no extremo norte do céu. Próximo, o cinturão de Órion, conhecido como as Três Marias, brilhava com luminosidade singular, assim como Sírius e Canopus. Júpiter também era claramente visível, assim como Marte, um ponto avermelhado. "Como era possível saber que parte do firmamento era mais digna de um prêmio de beleza se aqui se reuniam as mais delicadas preciosidades na formação de uma única joia? Enfim, não era possível maior maravilha do que essa noite tropical sobre as águas sem luar",[4] um deslumbrado Von den Steinen se admirava em seu diário.

A Via Láctea era coalhada de constelações visíveis apenas ao sul do equador e que levam o nome de animais: a pequena Nuvem de Magalhães, conhecida no Brasil como Tucano, ou sua correspondente maior, Dourado, bem como Lobo e Mosca. Ursa Maior e Auriga também podiam ser vistas. Tendo o esplendor do espetáculo noturno no céu e a ampla mitologia e cosmologia dos Bororo e dos Terena relacionadas a essas estrelas e constelações, transmitidas nas histórias que ele escutou de seus avós, não causa surpresa Rondon ter decidido se especializar em astronomia quando finalmente chegou ao Rio de Janeiro para entrar na academia militar.

Nas memórias que ditou para uma vizinha quando estava com mais de noventa anos e quase cego, vivendo em um apartamento no bairro carioca de Copacabana, Rondon lembrou com saudades desses despreocupados tempos de infância.[*] "Subíamos nos

---

[*] O livro em questão — Esther de Viveiros, *Rondon conta sua vida*, Rio de Janeiro, Biblioteca do Exército, 2010 — foi ditado por Rondon, mas com base em seus diários. Esther de Viveiros lia trechos dos diários para ele, que, por sua vez, comentava-os com ela e assim foi construída a redação final. Ou seja, *Rondon conta sua vida* traz elementos fundamentais dos diários, escritos no calor dos acontecimentos, mas foi complementado pelas ponderações e reflexões posteriores de Rondon, praticamente sessenta anos depois dos fatos.

bancos, onde as lavadeiras batiam e esfregavam as roupas, cantando: 'Carimpampão, da cor do limão,/ Quem cair mais primeiro/ Será meu irmão!'", recordou ele. "Fazendo do banco trampolim, lançávamo-nos, então, n'água o mais rapidamente possível em competição de agilidade. Outras vezes, montando bezerros por nós próprios amansados, íamos à roça colher melancias", batendo-lhes de leve com os nós dos dedos para determinar qual estava mais madura. "Que delícia, então, tirar-lhes a polpa rosada e sumarenta, às mancheias!"[5]

Todos esses prazeres da infância certamente vieram a calhar para Rondon quando, já adulto, se tornou explorador. Aos seis anos, ele sabia cavalgar, atirar, construir armadilhas, caçar, pescar e rastrear. Sabia quais frutos silvestres, frutas e cogumelos eram comestíveis e quais eram venenosos, e assim podia viver do que encontrasse. Com a cultura indígena local, também teria aprendido sobre as qualidades medicinais das raízes, cascas e folhas de certas árvores e plantas. Ou seja, era genuinamente integrado à natureza, moldado e fortalecido pela vida na fronteira selvagem. E em um lugar onde criar gado era praticamente a única maneira de obter a subsistência, a vida de vaqueiro — conduzindo as manadas para o mercado, marcando o gado, salvando reses desgarradas dos jacarés nos pântanos, laçando touros recalcitrantes — parecia aguardá-lo.

Com a idade de sete anos, porém, seus dias bucólicos tiveram um abrupto fim. Rondon já manifestara uma inteligência rara — em suas memórias, ele se lembra de um fazendeiro local, Bartolomeu de Queirós, como um dos muitos vizinhos que o chamavam de "menino prodígio" e o encorajavam a estudar —, e ficou claro que se permanecesse em Mimoso, onde a única instrução era fornecida por um veterano da Guerra do Paraguai e não ia além da primeira série, seu futuro seria gravemente limitado. Assim, ele foi mandado para a capital da província, Cuiabá, a cerca de oitenta quilômetros dali, para morar com um tio paterno, Manoel Rodrigues da Silva, e se matricular na escola, iniciando o período a que se referiu como sua "segunda infância".[6]

No começo, o avô de Rondon, João Lucas Evangelista, relutou em permitir que o jovem Cândido partisse. "Diga que não posso mandar meu neto; que tenho muitos bois no campo para criá-lo",[7] Rondon lembrou de ouvir o avô dizer. Foi uma reação perfeitamente normal para a época. Com o fim das hostilidades com o Paraguai, a navegação da densa rede fluvial que recortava o Mato Grosso não só fora retomada, como aumentara, e desse modo o comércio ribeirinho conheceu um crescimento exponencial. O barco a vapor fora introduzido durante a guerra, e essas máquinas passaram a ser vistas pelos rios, sendo que um dos mais movimentados era o Cuiabá, que ligava a capital da província à cidade de Corumbá, na fronteira com a Bolívia, e, portanto, principal centro comercial do Mato Grosso. Mimoso fica a pouco mais de vinte quilômetros do rio Cuiabá, e a cidade mais próxima, Barão de Melgaço, batizada assim por causa de um tipo de mosquito (a melga), era um entreposto regular na próspera rota Corumbá-Cuiabá.

Os vapores transportavam tanto carga quanto passageiros, oferecendo oportunidades para famílias ribeirinhas como a dos Evangelista se libertarem de uma emperrada economia de subsistência e ganhar algum dinheiro — e todo membro da família deveria contribuir para esse esforço. Von den Steinen e outros viajantes escreveram que sempre que os vapores de rodas de pás nos quais viajavam paravam para pegar novos passageiros ou reabastecer, viam-se cercados por vendedores, muitos deles de grupos indígenas aculturados como os Evangelista, ofertando comida produzida localmente, bugigangas e peles. As mulheres, jovens e adultas, passavam o dia cuidando das hortas em torno de suas casas de sapê e preparando uma variedade de doces caseiros para vender aos passageiros: balas, rapadura, goiabada, biscoitos. Os homens, auxiliados pelos meninos a partir dos cinco anos, não apenas pastoreavam e abatiam as reses como também caçavam onças, jacarés e garças. Esse revitalizado comércio ribeirinho pela primeira vez inseria Mimoso na economia global, embora poucos benefícios financeiros fossem revertidos aos moradores. Assim, toda força de trabalho, por mais jovem que fosse, era valorizada pela contribuição que podia dar. Não era apenas uma questão de satisfazer a demanda por carne bovina rio acima, mas principalmente suprir os mercados da Europa e dos Estados Unidos, ávidos por couros e plumas, ainda mais lucrativos do que a carne, pois podiam ser transformados em elegantes peças de vestuário.

Devido a essa realidade econômica, o tio de Rondon, Manoel, teve de enviar vários emissários para persuadir João Lucas a deixar o menino ir para Cuiabá. O avô finalmente cedeu, mas somente depois de conseguir extrair dele a promessa de que o jovem seria mandado de volta a Mimoso assim que terminasse os estudos. Um fator que também ajudou foi Manoel ter aparecido com uma carta que o pai do garoto supostamente escrevera em seu leito de morte. O original dessa carta se perdeu, mas Rondon a citava com frequência: "Penso no primeiro filho que vou ter. Posso morrer antes que ele nasça", escreveu o pai de Rondon para Manoel. "Meu irmão, se isso acontecer, e se o filho esperado for um menino, não o deixe no Mimoso. Mande-o buscar, a fim de salvá-lo da triste ignorância em que jazem os filhos dos mimoseanos."[8]

Em grande parte graças aos esforços pioneiros de Rondon, a atual Cuiabá constitui o coração de uma florescente área metropolitana com mais de 1 milhão de habitantes e se orgulha de ser a "capital mundial do agronegócio". No entanto, quando Rondon chegou à cidade, em 1873, Cuiabá era pouco mais que um entreposto de fronteira com uma guarnição pequena e desanimada, composta na maioria de soldados que haviam sido enviados para lá como punição. Na Bacia Amazônica existem somente duas estações discerníveis, a chuvosa e a seca, e como a pavimentação nas ruas era quase inexistente, Cuiabá se tornava um lodaçal por um período e ficava envolta em nuvens de poeira no outro. Os inúmeros exploradores estrangeiros que usavam a cidade como ponto de partida para suas incursões pela região selvagem odiavam o lugar com todas as suas forças e, nos diários e livros que escreveram, queixavam-se de praticamente tudo: do clima, da comida, das pessoas e sua falta de cultura, dos preços, dos alojamentos. Ainda em meados dos anos 1920, o aventureiro britânico Percy Fawcett deploraria sua "pobreza e atraso", afirmando ser "não muito melhor do que uma cidade fantasma".[9]

Mesmo para quem vivia no litoral brasileiro, o lugar parecia ser "nos cafundós", para usar uma pitoresca expressão brasileira. O general Floriano Peixoto — natural da então província de Alagoas, que combatera com distinção na Guerra do Paraguai e, mais tarde, seria o segundo presidente do Brasil — regressou ao Mato Grosso em 1884 para servir Pedro II como presidente militar da província* e teria afirmado: "No fim do mundo, existe um rio; no fim deste rio, existe um morro; atrás do morro está Cuiabá".[10]

Naquele tempo, para se chegar a Cuiabá, localizada no centro geográfico do continente sul-americano, enfrentavam-se obstáculos terríveis. No século XVIII, havia uma estrada que levava a Goiás, não muito distante da atual capital federal, Brasília. Mas essa rota caíra em total abandono porque os Bororo e outras tribos, sentindo-se ameaçados com o avanço europeu, frequentemente atacavam os viajantes. E embora a ideia de uma ferrovia partindo de São Paulo tivesse sido muitas vezes aventada durante o reinado de Pedro II, o projeto parecia inexequível: não só teria de atravessar território indígena hostil cujo mapeamento nunca fora adequadamente feito, como também havia a preocupação quanto aos custos de construção e manutenção, já que o Pantanal teria de ser cruzado de alguma forma. Tudo isso, naturalmente, desencorajava os investidores e inibia o desenvolvimento econômico.

Isso fez do transporte fluvial a única maneira de se chegar ao Mato Grosso desde as cidades costeiras onde vivia a grande maioria da população brasileira. Essas rotas, porém, eram muito lentas e o custo, demasiado elevado: a maioria dos viajantes que embarcavam em Cuiabá optava por descer o rio Paraguai, no rumo sudoeste, atravessando o país homônimo e o norte da Argentina para chegar ao rio da Prata, parando na capital platina, Buenos Aires, e talvez na capital uruguaia (do outro lado), a vizinha Montevidéu, antes de subir pela costa brasileira até o Rio de Janeiro. Para uns poucos aventureiros renitentes havia uma rota alternativa a norte que era igualmente tortuosa: descer o rio Tapajós, cujos afluentes nasciam ao norte de Cuiabá, até o rio Amazonas e seguir a partir daí, primeiro a leste para Belém e finalmente a sul ao longo do litoral para o Rio de Janeiro, com paradas intermediárias em lugares como Recife e Salvador.

De um modo ou de outro, uma viagem dessas podia levar mais de um mês, dependendo da época do ano, das condições de navegabilidade e das baldeações. E como não

---

* Presidente de província e presidente de estado eram os termos usados para governador. Para não confundir com o cargo de presidente da República, optamos pelo termo atual "governador", utilizado a partir de 1930.

37

havia linha telegráfica ligando Cuiabá ao resto do país, as comunicações eram igualmente lentas: a correspondência era entregue pelos vapores que cruzavam as duas rotas fluviais no mesmo passo de tartaruga em que viajavam os passageiros e as cargas. Quando o Exército paraguaio invadiu o Mato Grosso, no fim de 1864, tomou Corumbá e começou a avançar em direção a Cuiabá, vários meses se passaram até que a corte imperial no Rio de Janeiro sequer soubesse da incursão e mais vários meses até que o governo enviasse tropas à frente de combate. Isso era não só constrangedor, mas também um risco do ponto de vista político e militar, uma vez que a precariedade dos transportes e das comunicações ameaçava a soberania nacional no coração do continente.

Em grande parte, a Guerra da Tríplice Aliança tinha a ver com isso: o controle do rio da Prata e sua bacia. Por mais bizarro que possa parecer hoje, no século XXI, o ditador do Paraguai, Francisco Solano López, buscava o pleno domínio da navegação na área superior da bacia do rio da Prata, de modo a tornar seu pequeno país sem acesso ao mar uma potência regional capaz de competir com o Brasil e a Argentina. Seu pai, a quem ele sucedera, até mesmo se recusara a permitir que embarcações estrangeiras usassem os rios paraguaios, exigindo que o Brasil concordasse com substanciais concessões territoriais ao longo de sua fronteira comum. Mas isso teria sido desastroso para o Brasil e suas ambições de algum dia desenvolver sua porção centro-oeste. Na ausência de estradas ou linhas telegráficas ligando o litoral brasileiro ao Mato Grosso e seu vasto interior, além da dificuldade da rota norte pela Amazônia, a rota do rio da Prata era uma artéria absolutamente vital, sem a qual o Mato Grosso murcharia e Cuiabá simplesmente não poderia existir, ao menos como um povoamento brasileiro.

O clima insalubre apresentava problemas que também estorvavam o desenvolvimento de Cuiabá, que fora elevada a capital da província apenas em 1835. Malária, dengue, febre amarela, leishmaniose, doença de Chagas e outras enfermidades tropicais grassavam, e a alta incidência de tuberculose e lepra constituíam problemas adicionais. Pouco antes de Rondon chegar à cidade, quase metade de seus 16 mil habitantes havia perecido numa epidemia de varíola, trazida pelos soldados de regresso da Guerra do Paraguai. Não é de admirar que Cuiabá fosse um dos destinos favoritos do governo imperial quando queria "exilar" criminosos particularmente incômodos ou agitadores políticos. Aliás, foi esse o motivo da chegada de Floriano Peixoto: ele caíra em desgraça junto à corte imperial e fora mandado para o que as pessoas na capital chamavam de nossa Sibéria tropical.[11]

Cuiabá, porém, serviria como base para a maioria das expedições de Rondon. Inclusive, até o fim de sua vida ele continuaria a voltar à cidade para visitar amigos e parentes. Além disso, por mais tempo que passasse no Rio ou em São Paulo, sempre se identificaria como mato-grossense, tentando promover o que via como os interesses mais amplos de seu estado natal. Como isso tudo adquiriu extrema importância para sua experiência e suas perspectivas, de maneira tanto positiva como negativa, vale a pena examinarmos um pouco mais de perto a cidade e sua história. Pois Cuiabá não só oferecia a Rondon a tão necessária sensação de se ter um lar, como também seus moradores e sua economia representariam — inclusive simbolicamente — a mentalidade destrutiva, espoliadora, gananciosa contra a qual ele passaria a vida toda lutando.

Foi assim desde a fundação da cidade. Na década de 1670, os bandeirantes, deixando São Paulo e incursionando pelo interior da América do Sul, haviam passado pelo local, na confluência dos rios Coxipó e Cuiabá, e percebido sua localização promissora. Em 1718, liderados por Pascoal Moreira Cabral, caçando índios para levar a São Paulo para trabalhar nos canaviais, descobriram os primeiros sinais de ouro perto do encontro entre os rios, e se estabeleceram ali para fazer a prospecção.

Um ano mais tarde, Cuiabá foi formalmente incorporada como povoamento, com Moreira Cabral como seu primeiro chefe. Em 1722, os escravizados indígenas de outro bandeirante paulista, Miguel Sutil, fizeram uma descoberta ainda maior de ouro e o destino da cidade foi sacramentado: a notícia se espalhou rapidamente e caçadores de ouro de todo o Brasil, na época ainda uma colônia portuguesa, acorreram ao local, seguidos quatro anos depois pela chegada de um capitão-geral e governador nomeado por Lisboa, Rodrigo César de Meneses. Incursões mais profundas revelaram novas jazidas de ouro, bem como de prata e diamante, atraindo ainda mais aventureiros para o Mato Grosso. A despeito do clima e dos índios hostis, havia riquezas a conquistar, e, no fim do século XVIII, Cuiabá era uma cidade em franca expansão.

Mas na época em que o jovem Rondon chegou a Cuiabá, um século depois, essas jazidas de ouro haviam praticamente se exaurido, a cidade voltara a mergulhar na letargia e na negligência e os bandeirantes desapareceram para entrar para o folclore. O tio de Rondon, Manoel, era dono de um pequeno armazém, que era onde o sobrinho ficava quando não estava na escola, atrás do balcão da loja, fazendo a lição de casa, cuidando do caixa e escutando o tio e os fregueses conversarem sobre a política local e nacional ou contando histórias dos bandeirantes, suas explorações e as glórias do passado.

Pelo lado paterno, Rondon, como ele viria a descobrir, descendia desses mesmos bandeirantes, bem como dos índios que eles caçavam. Os Rondon haviam originalmente vindo da Espanha no século XVII, quando o rei Filipe II era o monarca de Espanha e Portugal, e o Brasil era administrado como colônia espanhola, durante um interregno de sessenta anos. Rezava a lenda familiar que esse primeiro Rondon era um general que, no restabelecimento do domínio português sobre o Brasil, em 1640, decidiu voltar à Europa. Mas, como que prefigurando a mesma situação que o Brasil enfrentaria quase duzentos anos mais tarde ao romper seus grilhões com Portugal, não conseguiu convencer os filhos a se juntarem a ele. No século XVIII, Gaspar da Silva Rondon, trissavô do jovem Cândido, integrou uma expedição partindo de São Paulo em busca das

39

fabulosas riquezas do Mato Grosso e permaneceu na região depois que seus colegas de aventuras voltaram. Após algum tempo, casou-se com Francisca Leonarda, filha de um chefe e uma princesa Guaná chamada Nhauaçu.

Como seus primos Terena, os Guaná eram de origem Aruák, tendo migrado das Guianas milhares de anos antes, acabando por se estabelecer em uma região do cerrado que compreendia partes dos atuais Paraguai, Argentina e Brasil. Alguns Guaná se tornaram cativos de um povo mais belicoso chamado Guaikurú, mas no século XVIII outros acabaram chegando à região a leste do rio Paraguai, no que é hoje o Mato Grosso do Sul. Ali encontraram refúgio perto das missões católicas, adotaram um modo de vida sedentário baseado na agricultura e pouco a pouco ganharam a reputação de índios "mansos", no sentido de serem pacíficos e estarem abertos à aculturação.

Gaspar da Silva Rondon prosperou no Mato Grosso, tornando-se um fazendeiro bem-sucedido, e teve quatro filhos com a esposa Guaná. A única filha deles casou-se com Generoso Ponce, herdeiro de uma família política que permaneceria influente no Mato Grosso até o século XX já ir bem avançado, mas o mais novo de seus filhos, Francisco, rompeu com seus genitores depois que o pai expressou desaprovação quanto à mulher com quem ele queria se casar, uma viúva mais velha chamada Escolástica. Assim Francisco e Escolástica, sobre quem nada sabemos além do nome de batismo, fugiram e se estabeleceram mais ao norte, onde tiveram muitos filhos. Um dos quais, Maria Rosa Rondon, foi a avó de Cândido Mariano da Silva, mais tarde Rondon.

Ela se casou com um certo José Mariano da Silva, que também é pouco mais que um número nos registros históricos. Quando Cândido Mariano nasceu, em 1865, o sobrenome Rondon, que não figura em sua certidão de nascimento, passara a ser conhecido e respeitado no Mato Grosso. Porém, como bem indica o fato de seu avô e seu tio precisarem tirar sustento do comércio em vez de estudar direito ou ingressar em alguma outra profissão de prestígio, Cândido Mariano pertencia a uma das menos distintas e influentes linhagens da família. Outros membros do extenso clã dos Rondon, porém, se notabilizariam como governadores do Mato Grosso, bispos e padres, juízes e homens de negócios.

Em 1872, um ano antes de Cândido Mariano chegar a Cuiabá, o Brasil realizara seu primeiro recenseamento, mas ninguém soube determinar exatamente quantos índios existiam no interior, com várias regiões do país oferecendo uma contagem imprecisa devido à inacessibilidade. Segundo números oficiais, o Brasil tinha quase 10 milhões de habitantes. Tratava-se de um número relativamente pequeno para um país tão grande: para efeitos de comparação, os Estados Unidos, ligeiramente menores do que o Brasil, se excluído o território esparsamente povoado do Alasca, adquirido da Rússia em 1867, contavam com uma população de 38,5 milhões de acordo com seu mais preciso censo, o de 1870.

A composição racial da população brasileira também diferia muito da americana. Pouco menos de 3,8 milhões de brasileiros eram categorizados como brancos, quase 2 milhões contavam como negros, a maioria deles escravizados; cerca de 387 mil eram considerados índios de sangue puro. Mas o grupo mais amplo, ou quase 40% da população conhecida do país, eram os mestiços. Esses indivíduos multirraciais poderiam ser uma mistura de brancos e indígenas, e então chamados de caboclos; ou de negros e brancos, e nesse caso eram classificados como mulatos; ou ser de descendência africana e índia, os ditos cafuzos.

Rondon, é claro, teria sido incluído no grupo de mestiços, não apenas no primeiro censo, mas em levantamentos subsequentes. Esse era um dos fatos centrais de sua vida e permaneceria assim durante seus muitos anos como figura pública. Devido a sua aparência, sua criação e suas origens geográficas, outros brasileiros sempre o chamaram de caboclo, palavra complexa por conter conotações raciais e de classe. Seu significado original era claramente pejorativo, aplicado a indivíduos de ascendência mista indígena e europeia, que eram vistos como "ignorantes, pobres, atrasados e de maneira geral inferiores aos outros, especialmente a gente urbana". Como afirmou o antropólogo americano Charles Wagley, "o caboclo amazonense, portanto, existe apenas no conceito dos grupos de maior status ao se referirem aos de menor status".[12]

Para o bem ou para o mal, Rondon exibia inúmeras características físicas associadas ao caboclo. Por exemplo, tinha a pele acobreada, o cabelo cor de azeviche e os malares acentuados associados a membros desse grupo. Também era baixo, com apenas 1,60 metro de altura na idade adulta, encaixando-se, desse modo, em mais um estereótipo. Além do mais, nascera em uma região rural pobre, que funcionava à base da subsistência e permuta, essencialmente alijada do esquema econômico brasileiro. Não só isso, ele era do Mato Grosso, que na época ocupava um lugar nebuloso e exótico no imaginário popular, precariamente situado "nos confins da civilização"[13] e fortemente associado à selvageria, ao "barbarismo" e ao atraso que os brasileiros viam como obstáculos à consumação de um glorioso destino nacional.

"Tais percepções [...] não ficaram restritas aos viajantes estrangeiros que ali estiveram entre a segunda metade do século XIX e as primeiras décadas do XX", Lylia da Silva Guedes Galetti escreve em seu *Sertão, fronteira, Brasil*, o mais completo tratado sobre o tema.[14] "Elas foram compartilhadas, em larga medida, por muitos brasileiros que acrescentaram à ideia de um Mato Grosso distante do mundo *civilizado* as imagens de uma região situada nos *confins da nação*." A imensa distância geográfica entre a província e os centros da vida brasileira, em outras palavras, "era também [...] sentida e percebida como distância histórica e cultural" e gerava "tensão entre estranhamento e pertencimento".[15]

Mato Grosso, durante a infância de Rondon, era a segunda maior província do Brasil, ocupando 1,5 milhão de quilômetros quadrados. Mas os recenseadores não puderam contar mais que 60 417 moradores nessa vasta área, nem sequer um quarto dos quais alfabetizado, e cerca de 10% (ou 6667) dos quais escravizados. A maioria deles era de ascendência africana, mas alguns povos indígenas também haviam sido sujeitados à servidão; assim como alguns cafuzos, que eram resultado da miscigenação entre povos indígenas e escravizados africanos que conseguiram fugir para levar uma vida em comunidade nos quilombos. Em todo caso, Rondon via escravizados diariamente nas ruas de Cuiabá — provavelmente até no armazém do tio, realizando tarefas para seus senhores, alguns com placas de metal no pescoço trazendo uma identificação —, e isso claramente deixou uma impressão negativa nele: o abolicionismo seria a primeira grande causa pública que abraçou, capturando sua atenção assim que entrou para o Exército, na época dominado pelo sentimento abolicionista, e chegou ao Rio de Janeiro, centro do movimento.

As ruas de Cuiabá também eram cheias de índios não aculturados vindos do interior do país. Em 1846, o governo provincial estabelecera uma Diretoria-Geral dos Índios para lidar com todos os aspectos dos assuntos indígenas e, assim, não era incomum que as tribos fossem à capital para, por meio da entidade, procurar cuidados médicos, ferramentas e armas, pleitear proteção contra grupos indígenas rivais ou simplesmente pedir dinheiro. Expedições militares punitivas contra tribos hostis também partiam de Cuiabá, e dessa forma os batedores e guias indígenas de povos amistosos empregados pelo Exército se reuniam por ali também. Embora tudo isso parecesse bastante exótico para exploradores europeus, como o naturalista francês Francis de Castelnau e o barão russo Grigory von Langsdorff, que comentaram a respeito em seus diários de viagem, para o menino Cândido Mariano tudo não passava de cenas cotidianas.

Na escola, o jovem Cândido se mostrou um aluno extraordinariamente aplicado, ainda que seu primeiro ano de experiência letiva em Mimoso tivesse sido precário e incompleto. Ele se destacava em todas as matérias, mas revelava particular aptidão e fascínio por matemática, ciências e geografia. Durante seu primeiro ano em Cuiabá, foi matriculado em uma instituição privada, mas depois o transferiram para uma escola pública, pois seu tio não tinha condições financeiras de continuar pagando as mensalidades e a escola não estava disposta a oferecer uma bolsa ao brilhante aluno mestiço.

Desde o início, Rondon se destacava em qualquer ambiente acadêmico. Se a maior parte das pessoas no Mato Grosso capaz de reivindicar uma ascendência europeia era inculta e analfabeta, o que dizer então dos descendentes de índios. E Rondon se sobressair na escola da maneira como o fez, tirando notas melhores do que alunos de condições sociais mais privilegiadas, era algo ainda mais incomum. Evidentemente, ele também mostrou qualidades de liderança, pois foi nomeado monitor logo no primeiro semestre após a transferência para a escola pública.

Nesse período, porém, Rondon se envolveu em uma briga que ele jamais esqueceria, algo que anos mais tarde o levaria a sentir remorso por seu comportamento. Uma unidade do Exército trouxera à cidade um menino de origem Bororo, com o patriótico nome de Américo, para aprender a ler, escrever, fazer contas e ter contato com os costumes dos brancos. Américo antagonizou Rondon rapidamente, chamando-o de mestiço e zombando dele por ser descendente pelo lado paterno dos mesmos bandeirantes que os Bororo haviam combatido por décadas em todo o Mato Grosso. Um dia, no pátio da escola, Rondon decidiu que sua paciência chegara ao limite. "Aqui não posso reagir, mas lá fora você me pagará."[16]

No fim das aulas, Rondon se lembraria: "E eu, descendente de bororos, seu futuro defensor, surrei valentemente o pequeno Bororo, meu colega". A sova foi tão feia que o coronel que comandava o forte local onde o pequeno índio estava alojado imediatamente procurou o professor de Rondon para se queixar de que o pobre Américo apanhara tanto que "fora preciso pôr o menino em salmoura".[17]

Quando cobraram uma explicação do episódio, Rondon não se mostrou arrependido, afirmando que se orgulhava de seu triunfo. "Ele insultou-me", lembrou-se de haver dito ao professor. "Nada respondi dentro da escola, mas lá fora tinha que bater nele." Ao que o professor respondeu: "Pois quem vai apanhar agora é você". Ordenou que Rondon fosse buscar uma régua e ministrou uma punição "certeira e cruel"[18] na palma das mãos do aluno. Rondon ficou em silêncio e não se encolheu, determinado a não dar mostras de fraqueza, mas disse: "Nada desse tipo jamais aconteceu novamente".[19]

Ao contrário de seus dias felizes em Mimoso, a "segunda infância" de Rondon em Cuiabá foi "solitária e triste",[20] como ele próprio descreveu. Seu tio enviuvara dois anos antes de Rondon ir morar com ele, e a presença do menino na família acabaria aliviando parte da intensa solidão sentida por Manoel Rodrigues da Silva. E como ele tinha de trabalhar no armazém após a aula, passava mais tempo entre adultos do que com outras crianças. À parte os clientes, as únicas pessoas de que se lembrava frequentando o estabelecimento de Manoel — eles moravam nos fundos da loja — eram as duas irmãs da esposa falecida, seus maridos e uma outra parenta chamada Nha Balbina.

Com a escola, as lições de casa e o trabalho na loja, "não tinha eu muito tempo para brincar",[21] Rondon viria a se lamentar. Ocasionalmente, essa rotina seria interrompida quando o jovem Cândido Mariano acompanhasse seu tio em excursões pela zona rural nas proximidades a fim de comprar provisões para o estoque da loja, como farinha de mandioca que, junto ao peixe frito, compunha a base da dieta local. E às vezes ele podia até sair de fininho na hora do trabalho para brincar. "Minha maior distração era ir à praia do Areão Grande [às margens do rio Cuiabá], em frente à casa de meu tio, nadar depois de minha ginástica predileta, andar de mãos no chão."[22] Já habituado a nadar desde os tempos de Mimoso, agora Rondon era capaz de cobrir facilmente os duzentos metros que separavam as duas margens do rio — talento que seria de grande utilidade para ele em diversas ocasiões durante suas expedições amazônicas.

Quando Rondon foi morar em Cuiabá, um grande grupo de índios Guaná também estava estabelecido ali, na margem oposta do rio Cuiabá, bem diante da loja de Manoel Rodrigues, onde é hoje um município de 300 mil pessoas chamado Várzea Grande. O jovem Rondon interagia diariamente com os Guaná, que ofereciam um serviço informal de balsa para atravessar o rio e também traziam bens e produtos que eles próprios haviam manufaturado para serem comercializados em Cuiabá: redes de dormir, peças de cerâmica, gêneros alimentícios, roupas de algodão, remédios naturais, couro e peles de cobra. A Diretoria-Geral dos Índios oficialmente os classificava como "confundidos" ou "misturados", pois pareciam à vontade entre os brasileiros "civilizados" e haviam adotado parte do vestuário ocidental. Mas os Guaná se aferravam a sua identidade indígena, preferindo viver juntos em sua própria aldeia e continuando a celebrar seus rituais e cerimônias tradicionais, cujos sons viajavam pelo rio e chegavam aos ouvidos de Rondon. Teria o jovem Cândido Mariano sentido algum tipo de identificação com eles, sabendo que descendia de uma princesa Guaná? Ele nunca disse, mas a relação que desenvolveu com esse grupo ganhou termos muito cordiais.

Rondon passou pelo ensino fundamental (o então ensino primário) com facilidade, completando essa fase de sua educação em 1878 quando, com treze anos, passou nas provas finais com distinção e recebeu especial elogio dos examinadores que conduziram as provas orais. No entanto, em vez de regressar a Mimoso, como fora assegurado a seu avô, preferiu continuar na capital e se matriculou, no início do ano letivo seguinte, na escola normal local, que logo mudou de nome para Liceu Cuiabano. Sob o sistema de ensino vigente na época, esperava-se que Rondon estudasse ali até completar dezesseis anos, quando receberia um diploma que o qualificaria como professor, muito provavelmente em algum vilarejo rural, como Mimoso.

Ele terminou o curso, mais uma vez se graduando com distinção, em novembro de 1881, aos dezesseis anos, e obteve sua licenciatura. Mas, segundo sua própria avaliação, era inquieto e queria mais: queria conhecer o mundo e ser alguém, subir na vida para além das restrições de sua história e classe social. Por ora, a ideia de manter a promessa feita ao avô oito anos antes e voltar a Mimoso estava descartada. Alguns colegas de escola falavam em entrar para o Exército, esperando algum dia estudar na academia militar, no Rio de Janeiro, e isso, segundo Rondon, o "inspirou".

Na estrutura social rigidamente estratificada do fim do Brasil Império havia basicamente dois caminhos para um menino pobre que queria escapar da sina à qual parecia destinado: o seminário ou o Exército. A vida eclesiástica não o seduzia. Embora inclinado já nessa época a uma espécie de ascetismo e capaz de grande autodisciplina e moderação, Rondon tinha um espírito que, por sua própria natureza, era inquisitivo e cobria um amplo leque de interesses, e que, nesse estágio, se rebelava contra dogmas de todo tipo. O Exército, por outro lado, apresentava uma série de possibilidades atraentes:

"Belo tempo em que uma simples praça de pré, paupérrima, poderia matricular-se na escola militar para estudar e se preparar para servir à nação sem outro recurso que não fosse o minguado soldo de 3$160, que era o do soldado de então",[23] relataria Rondon 75 anos depois.

Contudo, antes que pudesse iniciar a carreira militar, havia uma resistência a ser superada. Em 1873, foi o tio Manoel que combatera a oposição do avô João, levando a melhor ao convencer o velho parente a respeitar os desejos do falecido pai de Cândido Mariano e permitir que o menino fosse para Cuiabá. Dessa vez, porém, era o próprio Manoel que surgia como um impedimento. Pouco antes de terminar o curso normal, Rondon conversara com o tio, que ficou surpreso e triste quando o sobrinho pediu permissão para ir ao Rio de Janeiro — que além de ser longe era uma cidade cara — a fim de estudar.

"Como te poderei eu sustentar lá!", Rondon lembrava de seu tio exclamar, perplexo com a ideia. "Procurei satisfazer teus desejos nesse teu anseio de aprender, de progredir, mas mandar-te para o Rio não é possível, não tenho recursos para isso!"[24]

Rondon tentou acalmar o tio esclarecendo que não pedia apoio financeiro, apenas seu consentimento. Explicou que se alistaria como soldado comum e depois, em lugar de completar o tempo de serviço, tentaria ser aceito na academia o mais rápido possível. Mas tio Manoel não ficou convencido, observando que o rapaz nada sabia da vida militar. Sem saber como resolver a questão, buscou aconselhamento de um freguês e amigo, o dr. Malhado, que por acaso era professor no curso normal.

Manoel voltou dessa conversa com uma ideia sugerida pelo amigo que parecia ser a solução para o problema. Durante a Guerra do Paraguai, Manoel Rodrigues da Silva fora capitão da Guarda Nacional, e, pelo regulamento da época, filhos de oficiais no Exército regular ou na Guarda Nacional tinham a precedência nas nomeações para a academia militar. Assim, Manoel sugeriu formalizar a adoção do sobrinho, e o dr. Malhado, que escreveria de imediato uma enfática carta de recomendação, facilitaria o ingresso de Cândido Mariano no Exército e aumentaria suas chances de passar na academia.

Para espanto de Manoel, porém, seu sobrinho rejeitou sumariamente o "jeitinho" que ele e o dr. Malhado haviam planejado com tanto engenho. Antes de mais nada, Cândido Mariano não queria ser adotado: "Pai só posso ter um", disse um pouco rispidamente, e sem se preocupar muito com os sentimentos do tio. "És o senhor meu tio, um tio que muito prezo e a quem muito estimo. Nunca poderá, entretanto, ser meu pai!" E, a despeito da insistência do querido tio, também se recusou terminantemente a aceitar a carta de recomendação. "Se não puder me encaminhar sozinho, renunciarei a meus projetos e serei vaqueiro." Rondon alegaria posteriormente ter ainda completado: "Garanto-lhe que bom vaqueiro!".[25] O tio é que não ficou nem um pouco satisfeito com a recusa, além de ficar preocupado em ofender um querido amigo da família.

Diante da inamovível determinação de Rondon, Manoel, com grande relutância, finalmente cedeu e autorizou o alistamento militar do rapaz. E foi assim que a 26 de novembro de 1881, poucos dias após se formar no Liceu Cuiabano, aos dezesseis anos e meio, Cândido Mariano da Silva se apresentou para o serviço no $3^{\underline{o}}$ Regimento de Artilharia a Cavalo em um acampamento nos arredores de Cuiabá, batizado, talvez de forma previdente, em homenagem ao explorador, cientista e estadista José Vieira Couto de Magalhães, que em breve se tornaria uma de suas grandes inspirações intelectuais. Menos de uma semana mais tarde, o soldado raso embarcou em um vapor com destino ao Rio de Janeiro, capital do Império, e sua academia militar. Após passar toda a infância e adolescência confinado a um círculo de cerca de cem quilômetros de diâmetro e ainda mais restrito em termos de oportunidades, ele estava prestes a conquistar a primeira ambição de sua vida: conhecer e explorar o mundo além do Mato Grosso.

2. O "bicho peludo" na cidade imperial

Dono do próprio nariz pela primeira vez na vida, aos dezesseis anos o adolescente que se alistara no Exército sob o nome de Cândido Mariano da Silva imediatamente enfrentou uma série de desafios. O primeiro deles foi chegar ao Rio de Janeiro. Para isso, teve de viajar durante 29 dias por rio e depois por mar. Como soldado, sua passagem era custeada pelo governo e ele dormia sob o convés principal, numa rede, como todos os demais passageiros de poucos recursos, sem privacidade alguma.

Foi a viagem mais longa que já havia feito e serviu para abrir seus olhos para a precariedade dos elos que uniam o país. Ao longo das quatro décadas seguintes, até o advento do primeiro serviço ferroviário confiável, bem como da aviação comercial, ele repetidamente viajaria por essa mesma rota ou por outra ainda mais longa e cansativa na direção norte, partindo de Cuiabá. Na viagem à capital do Império, porém, a falta de um trajeto seguro por terra a leste e a sul, resultado das hostilidades entre o governo e os povos indígenas, significava que não havia outra opção senão subir a bordo de uma pequena embarcação na direção sul, passando perto de Mimoso e atravessando o Pantanal pelo rio Cuiabá antes de chegar ao movimentado porto de Corumbá, construído numa das margens do rio Paraguai.

Mas esse foi apenas o início da jornada. Após a baldeação para uma embarcação maior em Corumbá, ele teve de atravessar três países estrangeiros para chegar à capital. Isso porque a única via fluvial comercialmente viável desaguava na bacia do rio da Prata, que corre para o sul não só através do Paraguai, como também da Argentina e do Uruguai. Assim, Rondon fez uma primeira parada em Assunção, a ressentida capital do país que o Brasil acabara de derrotar no campo de batalha, e depois nas cidades argentinas de Corrientes — como sugere o nome, ponto onde a foz do rio Paraguai deságua no rio Paraná —, Santa Fé e Rosário antes de finalmente chegar a Buenos Aires.

Somente após uma parada em Montevidéu, no Uruguai, na margem esquerda do rio da Prata e a cerca de 2 mil quilômetros ao sul de Cuiabá, o barco finalmente pôde rumar para o norte pelo oceano Atlântico, que Rondon via pela primeira vez. Desse ponto em diante todas as paradas seriam em território nacional, incluindo Santos, o porto em rápida expansão que servia São Paulo e suas prósperas fazendas de café. Mas a rota tortuosa, com seu longo desvio para o sul, cobrava um alto preço em termos de tempo e distância: os cerca de 2 mil quilômetros entre Cuiabá e Rio por terra, nessa viagem combinada de rio e mar, chegavam aos 5 mil.

Após essa tediosa jornada, a chegada ao Rio de Janeiro só pode ter sido um choque para Rondon, que até esse momento nunca estivera em um lugar com mais de 16 mil habitantes. O Rio fora promovido a capital do Império luso em 1808, quando a invasão napoleônica na península Ibérica obrigou a família real portuguesa a fugir de Lisboa para sua maior colônia, pouco antes da chegada das tropas francesas. Em 1822, quando o Brasil conquistou sua independência de Portugal sem as campanhas militares sangrentas que marcaram a separação de outros países latino-americanos da Espanha, São Sebastião do Rio de Janeiro imediatamente virou a sede do governo da nova Monarquia brasileira. Tudo isso estimulou um rápido crescimento ao longo de toda a segunda metade do século XIX. E Rondon chegou em 31 de dezembro de 1881, um período de crescimento bastante explosivo, quase exatamente no ponto intermediário entre os dois primeiros censos demográficos: em 1872, o Rio tinha 275 mil habitantes, mas em 1890 sua população quase dobrara, indo para 532 mil.

No século XIX, porém, a capital estava longe de ser a cidade glamourosa e geograficamente impressionante que o mundo conhece hoje: assim como a reurbanização de Haussmann transformou Paris entre 1853 e 1870, o Rio só assumiria sua forma moderna após um projeto de revitalização que começou em 1902 e drenou pântanos, pavimentou e ampliou ruas e desocupou cortiços. Quando Rondon chegou, porém, era ainda uma cidade apertada e suja, sujeita a epidemias de febre amarela, cólera, malária e outras enfermidades tropicais virulentas, assim como a varíola. Não admira que na época a Cidade Maravilhosa, como passou a ser conhecida, tivesse de conviver com as alcunhas de Porto Sujo e Cidade da Morte.

O imperador, sua família e membros seletos da corte viviam em sua maioria ao norte do centro, no bairro de São Cristóvão, ou em propriedades rurais ainda mais para o norte e o oeste, em áreas como a Tijuca, onde se acreditava haver menor risco de contrair doenças. Comerciantes e estrangeiros prósperos tendiam a morar no sul, nos bairros emergentes da Glória, Botafogo e Laranjeiras, perto da academia militar onde Rondon queria estudar. Mas o centro em si, também conhecido como Cidade Velha, era populoso e fervilhante: do porto chegavam marinheiros do mundo inteiro, estivadores levavam produtos importados às variadas lojas da rua do Ouvidor, ambulantes apregoavam guloseimas e artesanatos de todo tipo nas esquinas e os pobres se espremiam nos cortiços, na periferia da cidade.

O Rio também era uma cidade cheia de escravizados, que compunham quase um terço de sua população. Como qualquer outro brasileiro de sua era, Rondon estava acostumado a vê-los nas ruas, às vezes com um colar de ferro em torno do pescoço ou apregoando mercadorias. Mas a escala e ubiquidade da escravidão no Rio eram muito maiores do que qualquer coisa a que pudesse ter sido exposto no Mato Grosso: de fato, a capital brasileira tinha a maior população de escravizados entre as cidades do hemisfério ocidental. Os açoitamentos públicos em pelourinhos nas praças da cidade já não eram tão frequentes quanto em épocas coloniais, mas tampouco haviam sido proibidos e, desse modo, não eram incomuns, como outras formas de maus-tratos que deixavam os estrangeiros visitantes horrorizados.

Em tal cenário, vivendo quase exclusivamente entre brasileiros de descendência europeia e africana, as origens de Rondon o destacavam como alguém incomum. Seus traços indígenas foram ficando mais acentuados à medida que envelheceu, mas mesmo suas fotos de adolescente de feições lisas recém-chegado à capital revelam que tinha "cara de índio". No censo de 1872, apenas 923 moradores da capital, ou 0,3% da população total, descreviam-se como descendentes de povos nativos, proporção que continuou praticamente inalterada no censo de 1890.

A chegada de Rondon ao Rio coincidiu com um período de tremenda efervescência intelectual e política, à qual ele foi logo exposto e na qual inevitavelmente mergulhou quando soldado. A primeira e mais urgente questão era a abolição da escravidão. Com o apoio de Pedro II, que via toda forma de servidão humana como uma iniquidade, o Congresso brasileiro passara uma lei em 1850 proibindo a importação de escravizados,[1] o que, na prática, punha um fim a trezentos anos de tráfico transatlântico para adquirir africanos de Angola, Benim e outros lugares. Mas como a economia brasileira — baseada nas fazendas e engenhos — permanecia fortemente dependente da mão de obra escrava, a medida teve o efeito perverso de aumentar o valor de mercado dos escravizados que já estavam no Brasil e de estimular esse comércio entre províncias.

Os escravizados muitas vezes reagiram a essa situação se rebelando ou fugindo para o interior remoto. Os fazendeiros e os traficantes achavam que era dever do Exército subjugar os revoltosos e capturar os "negros fujões", mas o Exército não se prestava a isso e logo virou um reduto de sentimento abolicionista. Os militares eram, na verdade, muito ligados a líderes proeminentes do movimento antiescravagista como Joaquim Nabuco, José do Patrocínio e André Rebouças, cujos panfletos e discursos arrebatados Rondon consumiu avidamente ao chegar à capital. Durante a infância de Rondon, os abolicionistas conseguiram algumas vitórias contra o sistema escravocrata: em 1871, por exemplo, a chamada Lei do Ventre Livre determinou que toda criança nascida de mãe escrava era automaticamente livre e que os escravizados também tinham direito de economizar dinheiro para comprar sua alforria.

De maneira lenta e inevitável, essa medida teria levado ao definhamento do sistema escravagista, mas os abolicionistas não estavam dispostos a esperar uma geração ou mais e se agastavam em ter de aceitar novas iniquidades. Em 1885, quando Rondon estava na academia militar, outra lei libertaria escravizados com sessenta anos de idade ou mais.[2] Isso, na realidade, operou em prol dos senhores, pois os aliviou da obrigação de cuidar dos trabalhadores cativos cuja utilidade nas fazendas e plantações haviam diminuído com a idade, e não satisfez aos abolicionistas, tanto civis como militares, que se opunham a uma abordagem gradativa. Mais do que nunca, a liderança do Exército estava determinada a pôr um fim imediato e permanente à escravidão no Brasil.

"Diante de homens que fogem calmos, sem ruído, mais tranquilamente que o gado que se dispersa pelos campos, evitando tanto a escravidão como a luta, e dando, ao atravessar cidades inermes, exemplo de moralidade cujo esquecimento tem feito muitas vezes a desonra dos exércitos mais civilizados", escreveu o general Deodoro da Fonseca à família imperial, "o Exército brasileiro espera que o governo imperial lhe concederá o que respeitosamente pede, em nome da honra da própria bandeira que defende."[3] Por essa temeridade, Fonseca foi banido da corte e transferido para o Mato Grosso.

Nem bem Rondon se apresentou para o serviço, no início de 1882, após as festividades de Ano-Novo, recebeu notícias que contrariavam completamente seus planos: seu diploma do secundário no Mato Grosso não era reconhecido na capital e, se ele quisesse ser aceito na academia militar, teria de voltar a estudar e obter seu diploma em uma escola local. Isso levaria três anos, talvez mais. Assim, em vez de se tornar logo um cadete, como sonhara, ele teria de continuar como soldado raso até se qualificar para a academia. Rondon viajara à capital com vários outros rapazes do Mato Grosso com as mesmas aspirações que ele e a notícia foi tão desanimadora que os outros simplesmente jogaram a toalha e voltaram para casa, seus sonhos de se tornarem oficiais militares destruídos por esse empecilho burocrático inesperado.

Mas não Rondon. "Mantive-me firme no propósito de contornar a dificuldade",[4] lembraria mais tarde. Então, começou imediatamente a procurar alternativas e logo descobriu que passar numa série de provas em algumas disciplinas específicas da escola pública bastaria para atender às exigências da academia militar. Desse modo, decidiu se matricular no programa de extensão oferecido pelo Colégio Pedro II, a escola secundária mais prestigiada do Brasil, e fazer o curso ao mesmo tempo que servia no Exército. Fundado em 1837, o colégio tinha por objetivo "atender tanto aos filhos das elites quanto aos destituídos", com a admissão baseada puramente no mérito, "preparando os alunos para o comércio, a indústria e a administração pública".[5] Para prepará-los para essas carreiras, o colégio contava com um corpo de professores que incluía alguns dos principais estudiosos e intelectuais do país, atraídos pelo que era obviamente uma sinecura invejável: para encorajar o desenvolvimento da ciência e da literatura, o imperador, que nutria um profundo interesse pessoal na escola que ostentava seu nome, havia autorizado salários generosos e cargas horárias reduzidas.

Já era tarde demais para se matricular no ano escolar de 1882, de modo que Rondon teria de esperar um ano para começar o programa de extensão. Seu plano, porém, era acelerar o processo cursando, após a matrícula, apenas um ano, pulando assim todo o restante do trabalho normal em sala de aula antes de fazer as provas finais. Seus novos amigos estavam convencidos de que ele ficara louco e não tinha chance de conseguir: "Bicho peludo! Pensas que com matemática de Cuiabá vais vencer! É muito atrevimento. Vais levar bomba na certa!",[6] advertiram-no. Rondon, porém, era dotado de uma confiança inabalável em suas capacidades e estava certo de que a escola no Mato Grosso o suprira de "todos os preparatórios necessários, que só não poderiam ser aproveitados por não serem reconhecidos oficialmente".[7] Porém, antes que pudesse pôr sua teoria à prova, teria de encontrar uma maneira de se sustentar no Rio por um ano. Voltar a Cuiabá estava fora de cogitação.

Assim, fosse por pura teimosia, fosse pelo desejo admirável de encontrar seu lugar no mundo por méritos próprios, Cândido Mariano da Silva iniciou a vida militar no patamar mais baixo possível, como soldado raso. Como outros de sua condição, foi destacado para o quartel principal em São Cristóvão, anexo ao Palácio Imperial, e no começo só teve incumbências maçantes. Dificilmente teria parecido assim na época, mas isso se revelou uma feliz coincidência: Rondon foi destacado para a 4ª Bateria do 2º Regimento de Artilharia a Cavalo, sob o comando imediato do capitão Hermes da Fonseca, futuro presidente do Brasil que muito ajudaria na carreira e nos objetivos políticos de Rondon.

Naquele tempo, como hoje, um soldado raso no Exército ganhava uma ninharia e vivia em condições espartanas. Os recrutas costumavam gracejar que os cavalos nos estábulos do quartel, alimentados com milho, alfafa e capim, tinham uma dieta mais nutritiva, melhores cuidados médicos e alojamentos mais confortáveis do que eles. Claro que há nisso certo exagero, mas nem tanto. Um bom cavalo custa dinheiro, mas soldados rasos eram descartáveis e fáceis de substituir. Em todo caso, a taxa de mortalidade entre eles era elevada.

Os demais recrutas provinham de um estrato tão humilde quanto o seu ou, em alguns casos, até pior. Durante a última década do Império, "o grosso da massa das praças de pré era constituído da escória social",[8] observaria muitos anos mais tarde o ajudante de ordens de Rondon, coronel Amílcar Armando Botelho de Magalhães, com base nas conversas que teve com ele. Muitos não sabiam ler nem escrever quando entraram para o Exército ou então já chegavam sofrendo de desnutrição ou enfermidades graves. Um estudo oficial conduzido em 1884 revelou que mais da metade dos 13 mil homens no serviço haviam sido presos por delitos cometidos na vida civil ou por indisciplina após entrar para a corporação. "Muito me fazia sofrer o alojamento com os cadetes. Minha vida de menino que só tinha um sonho, estudar para bem servir sua Terra, não me preparara para a convivência com rapazes de tão descabelada linguagem",[9] dados a bebedeiras, jogatinas, roubos e ao comodismo.

Em meio a esse ambiente cruel e desorganizado, a seriedade, o amor aos estudos e a franqueza de Rondon fizeram com que se destacasse, assim como a bela caligrafia que adquirira na escola em Cuiabá, e em pouco tempo ele trabalhava como escrivão para o secretário do quartel, copiando ordens oficiais e outros documentos. Porém, mal se acomodara na função, foi transferido para o Quartel-Mestre General, que ficava separado do quartel. Com isso, toda manhã ele podia andar algumas quadras até seu novo local de trabalho e não demorou a criar uma confortável rotina: no caminho fazia uma parada na barraca de uma negra alforriada que vendia quitutes baratos, os quais consumia sempre que tinha algum trocado no bolso, para complementar o parco desjejum oferecido pelo Exército.

A apenas uma quadra da rua onde ficava o quartel em São Cristóvão havia a Quinta da Boa Vista, uma antiga fazenda dos jesuítas que João VI, rei de Portugal, escolhera como sua residência quando chegou ao Rio de Janeiro, em 1808, com sua corte. A família imperial, inicialmente liderada pelo filho de d. João, Pedro I, continuou a viver ali depois que o país conquistou sua independência, e Pedro II, neto do rei de Portugal e filho do primeiro imperador do Brasil, contratara em 1869 um paisagista francês para embelezar o terreno e expandir seus jardins. Como humilde recruta, Rondon muitas vezes ficava incumbido de montar guarda no Palácio Imperial ou nos limites da propriedade por horas a fio, serviço que continuou a fazer mesmo depois de ter sido promovido a escrivão, e que ele achava profundamente tedioso.

Mas a Quinta da Boa Vista também era aberta ao público e era onde Rondon passava, sempre que podia, a maior parte de suas horas de folga. Ele fazia isso não só para se distanciar do ambiente desagradável do quartel e buscar alguma paz de espírito, mas também para refletir sobre o passado e pensar no futuro. Os luxuosos jardins o lembravam da paisagem onde nascera, e parte da vida silvestre que observava na propriedade imperial, sobretudo os grandes bandos de pássaros, era muito familiar. Ele se enamorou particularmente das cotias, roedores ariscos que observava pegando castanha-da-índia ou cavando buracos para enterrar os coquinhos, de modo a amolecer a casca para comerem mais tarde. Mas os animais que faziam a saudade de casa bater mais forte — "meu maior divertimento" — eram as ágeis antas, que desfilavam com sua curta tromba pela propriedade. Perdia a noção do tempo "vendo-as banhar-se na água fresca, resfolegando ondas, borrifando-me. Sentia-me feliz naquele contato com a natureza que sempre amei apaixonadamente".[10]

Além dessas coisas, o que o atraía nos extensos jardins, com sua tranquilidade e sombra, era a oportunidade de estar em um lugar ideal para os estudos: ele sempre conseguia encontrar um cantinho isolado para preparar-se para as provas que teria de passar se quisesse ter êxito nos planos que traçara para sua vida. Rondon logo adquiriu o hábito de "passear sob as frondosas árvores" do terreno do palácio "em longas e intermináveis caminhadas",[11] lendo seus livros didáticos e memorizando as respostas das questões para as provas que em breve faria. Perto do fim de 1883, após um ano exaustivo e estressante equilibrando os deveres militares com os estudos, ele fez as provas e passou com distinção, tirando nota máxima em matemática. Em 4 de dezembro de 1883, foi aceito pela academia militar para as aulas que começavam no fim do verão, em 1º de março de 1884. Sua arriscada aposta — de que conseguiria condensar três anos de curso em um — compensara.

Durante os anos de Rondon como cadete, a Escola Militar era situada na Praia Vermelha, base de uma pequena porém estratégica península que se projetava no mar. O lugar era de uma beleza estonteante, encravado entre os 396 metros de altura do Pão de Açúcar e o majestoso morro da Babilônia e abrigado por uma angra que ficava de frente para a baía da Guanabara e o oceano Atlântico, com uma vista magnífica das águas plácidas pontilhadas de pequenas ilhas. Em dias nublados, às vezes as montanhas próximas podiam ser vistas perfurando o manto de nuvens, e, nos dias claros, o sol poente lançava seus reflexos nos cristais cor de granada que salpicavam a areia, tingindo-a de matizes róseos, escarlates, carmesins e cinabres — trata-se da origem do nome da praia.

O prédio principal da academia, porém, não oferecia esse mesmo apelo visual: estava mais para um sombrio asilo saído de Dickens do que para um local de ensino, impressão reforçada pelas barras de ferro em suas janelas. Um contemporâneo de Rondon lembrava que, ao ver a academia pela primeira vez, não sabia dizer se estava entrando em um "convento ou prisão".[12] Lá dentro, as condições não eram muito mais atraentes. Os cadetes ficavam acomodados em alojamentos apertados e as salas de aula também eram abarrotadas. Quando uma brisa soprava do mar, normalmente na primavera, as altas temperaturas, muitas vezes chegando a 37°C, eram ao menos suportáveis, pois de outro modo o calor seria sufocante. O suprimento de água fresca era irregular e, no tempo de Rondon, a eletricidade ainda não fora instalada. Assim, ele e os demais cadetes tinham de estudar, lavar a roupa e fazer as abluções noturnas à bruxuleante luz de uma lamparina.

Tendo passado a primeira parte de sua infância no ermo interior, Rondon considerava suas acomodações um avanço. Mas para alguns de seus colegas mais privilegiados, a Praia Vermelha representava uma dura realidade e eles volta e meia reclamavam das condições de vida. O principal motivo de queixas era o saneamento — ou a falta dele. "Dos nossos banheiros, nem é bom falar", um dos contemporâneos de Rondon, o futuro general Afonso Monteiro, escreveu mais tarde. "Também naquele tempo ainda não havia mármores, nem mosaicos em profusão, como hoje."[13] Com malícia característica, os cadetes apelidaram os urinóis de "polidoros", referência ao nome do comandante da academia — o brigadeiro Polidoro da Fonseca Quintanilha Jordão — quando o encanamento foi instalado, na década de 1860.

Em geral, recordou o antigo cadete, os alojamentos não tinham "conforto" e eram "sem higiene". Não obstante, acrescentou ele, "coisa singular, eram raros os casos de morte em nosso tabernáculo".[14] Mas a taxa de mortalidade entre os cadetes era bastante alta, a ponto de um dos escrivães da academia ganhar o apelido mordaz de "Sepulte-se", porque "estava acostumado a despachar diariamente papéis relativos a falecimentos e do seguinte modo: 'Sepulte-se na forma da lei'".[15]

A alvorada soava às seis da manhã, mas Rondon tinha o hábito de se levantar bem mais cedo, enquanto ainda estava escuro, para aproveitar melhor o dia. Em geral pulava da cama às quatro, hábito que conservou por toda a vida. Saía para algumas braçadas no mar, mesmo com águas encrespadas ou sob a chuva, e depois tomava um rápido banho frio sob a torneira aos primeiros raios pálidos do sol. Às cinco estava de volta a suas austeras acomodações, onde conseguia estudar ainda por pelo menos uma hora antes que seus colegas acordassem, lendo à luz fraca da lamparina, sem incomodar os demais. Isso em geral não era problema: embora o alojamento fosse enorme, acomodando toda a turma de cadetes de um mesmo ano, era subdividido em dúzias de "quartos" menores sem paredes e com apenas cinco peças de mobília — um par de catres de cada lado de uma mesa e duas cadeiras.

Depois das aulas, muitos cadetes mais ricos saíam para passear pelos cafés e parques nos arredores, discutindo política e literatura ou fofocando sobre assuntos acadêmicos. Rondon dificilmente se juntava a esses grupos: ele não bebia e, mesmo que o fizesse, sabia que não tinha dinheiro para sustentar o hábito, muito menos pagar rodadas para os colegas, como a etiqueta exigia. Em vez disso, costumava ficar para trás, mesmo em fins de semana e feriados, estudando no quarto, na biblioteca dos cadetes ou nas mesas das áreas comunitárias. Como não tinha dinheiro para comprar livros didáticos, anotava tudo que era dito nas aulas ou pedia livros emprestados para os colegas que estavam fora, farreando. Era, admitiu Rondon mais tarde, "uma vida à parte" da de um cadete comum, "austera e afanosa".[16]

A motivação de Rondon em se destacar nos estudos não era apenas orgulho, mas tinha um lado pragmático. Segundo o sistema adotado pelo Exército brasileiro, uma herança de Portugal que continuaria a prevalecer até ser revogado por Getúlio Vargas em 1930, os alunos eram divididos em dois grupos: "alunos" e "alferes-alunos". A distinção era baseada no desempenho acadêmico, com os que se destacavam no curso sendo designados alferes-alunos. Não só o título era considerado o primeiro passo no caminho para uma carreira distinta de oficial em um Exército que se via como uma meritocracia — afinal, o duque de Caxias e outros venerandos generais haviam começado sua carreira assim —, mas também vinha com uma substancial remuneração mensal acrescentada ao parco soldo do cadete. E Rondon, de origem tão humilde, ansiava por esse dinheiro extra ainda mais do que seus colegas.

Às vezes, porém, o desejo de brilhar sobrepujava seu bom senso e o levava a gabar-se de sua inteligência. Isso, por sua vez, fazia os outros tentarem colocá-lo em seu devido lugar, com consequências desastrosas para Rondon. Em um curso de engenharia mecânica, por exemplo, o professor Manuel Peixoto do Amarante, que combatera com distinção na Guerra do Paraguai, pediu aos alunos que resolvessem um problema prático. Rondon, esperando tirar a maior nota da classe, chegou à resposta usando uma equação diferencial, que lhe permitia demonstrar seu domínio do cálculo avançado. Mas ele ficou em choque quando as provas foram devolvidas e viu que sua nota não era a maior de todas. Quando perguntou o motivo, Amarante lhe disse que a melhor solução para um desafio de engenharia sempre é a menos complicada e que seu cálculo não atendia a esse critério.

Rondon deveria ter deixado por isso mesmo, como admitiu décadas mais tarde, ao contar o incidente para familiares e amigos. No entanto, não foi o que fez. Pelo contrário, teve um chilique e saiu intempestivamente da classe. Como forma de protesto, passou a entregar as provas de Amarante em branco pelo resto do semestre, ganhando zero em cima de zero e terminando por não obter a média para passar na disciplina. Então, no fim do curso, para tentar remediar a situação, solicitou uma prova oral perante uma banca examinadora do departamento, ao que Amarante por algum motivo aquiesceu.

A notícia da postura desafiadora e da cabeça dura de Rondon se espalhou pela instituição, de modo que muitos colegas compareceram à prova, assim como o comandante da academia, o brigadeiro Agostinho Marques de Sá. Algo no comportamento de Rondon deve tê-lo desagradado, pois vários amigos de Rondon se lembravam de ver o comandante saindo no meio da prova, claramente irritado. "Este cadete precisava é ser trancafiado numa fortaleza! É um indisciplinado!"[17] Mas Amarante e os demais não foram tão intransigentes: graças ao seu desempenho nessa prova oral, Rondon passou com distinção, obtendo a média necessária e escapando de uma possível expulsão ou detenção. (Anos mais tarde, depois que os dois se tornaram amigos íntimos, a filha mais velha de Rondon, Aracy, se casaria com o filho de Amarante, Emmanuel, que a essa altura se tornara um dos subalternos mais confiáveis de Rondon, enquanto a irmã dela, Clotilde Teresa, se casaria com outro filho de Amarante, João Estanislau.)

No fim do período imperial, os cadetes se dividiam em duas categorias distintas fora da sala de aula: os que frequentavam a corte e os demais. Este segundo grupo era conhecido, na gíria militar da época, como "laranjeira", e Rondon fazia parte dele. "O laranjeira, em geral, pertencia ao grupo de alunos de poucos recursos pecuniários e muitas vezes sem recurso algum", o futuro general Afonso Monteiro se lembraria mais tarde. "Quase sempre só tinha o fardamento ou algum sebo ainda em condições de ser vestido [sebo, roupa já muito usada e fora de moda]."[18] No caso de Rondon, peitilho de celuloide com colarinho e gravata removíveis.

Talvez o único momento de socialização de Rondon fosse o Carnaval: em uma de suas fotos mais antigas, ele está junto a um telescópio com um grupo animado de colegas fantasiados de vizires e magos orientais. Normalmente, porém, enquanto os colegas mais abastados estavam passando o fim de semana e outras horas livres flertando com as jovens aristocratas na corte ou indo ao teatro no centro da cidade, ele passava o tempo no "Recreio Instrutivo", apelido da biblioteca que os cadetes da 4ª Companhia, ou turma de veteranos, haviam organizado.

"O movimento de romances era mensalmente extraordinário, havendo igualmente grande número de consultas às obras científicas", se lembraria um contemporâneo de Rondon. "Nesse tempo, não havia aluno que não conhecesse" a obra de mestres da ficção como Victor Hugo, Alexandre Dumas e Jules Verne, sempre lidos no original francês, ou dos romancistas brasileiros e portugueses da época, como José de Alencar, Alexandre Herculano, Eça de Queirós e Alfredo Taunay. "Também muito se lia Comte, Spencer, Buchner, Bichat, Flammarion, Calvo, Teixeira de Freitas, Lafayette, Laffite, Lagrange, Bertand, Platão e tantos outros auxiliares do progresso humano."[19]

O Clube Acadêmico, onde os cadetes se reuniam para discutir suas leituras, também desempenhou um papel essencial em moldar o perfil intelectual e as preferências culturais de Rondon. "Os sócios do Clube Acadêmico não só preparavam estudos diversos, para serem discutidos em sessão pública, como também não deixavam de comemorar, com sessões adequadas, os fatos importantes que tivessem lugar no Brasil ou no estrangeiro."[20] Quando, por exemplo, o romancista Victor Hugo morreu, em 1885, no segundo ano na academia, "o fanatismo de muitos alunos" por ele, Rondon entre eles, levou o clube a organizar uma celebração especial "em que brilhantes oradores discorreram".[21]

Por ser uma pessoa de mentalidade particularmente científica, Rondon também fazia questão de ler a obra dos grandes naturalistas. Von Humboldt, que ele idolatrava, figurava no topo de sua lista, mas ele nutria especial interesse pelos europeus que visitaram o Brasil: Von Martius, Von Spix, Von Langsdorff, Darwin, Wallace, Bates, Agassiz. Ele também mergulhou nos estudos e nos relatos de exploradores e cientistas brasileiros eminentes como José Bonifácio de Andrada e Silva, José Vieira Couto de Magalhães e Augusto Leverger. Anos mais tarde, quando recebia um salário regular e podia se dar ao luxo de comprar livros, os escritos desses grandes exploradores e pensadores estavam entre as primeiras coisas que adquiriu para sua biblioteca pessoal.

O que poupou o abstêmio Rondon de ser marginalizado por seus colegas e tratado como um cê-dê-efe chato e sem graça foram suas capacidades atléticas. No fim do

Império, grupos de cadetes regularmente competiam com outras equipes, patrocinadas pelos clubes chiques frequentados pelos filhos da nobreza e da aristocracia, em esportes como natação, remo, corridas de curta distância e alpinismo. Por ter sido criado em meio à natureza, Rondon naturalmente se destacava em todas essas atividades, sobretudo em esportes aquáticos, e com frequência era escolhido para compor as equipes que a academia enviava para as competições. Ele claramente encarava essas disputas como assunto sério: para aperfeiçoar sua técnica no alpinismo, costumava escalar o Pão de Açúcar sozinho em suas horas livres. Com isso, os cadetes da Praia Vermelha sempre se saíam bem nas provas, e isso fez de Rondon uma figura popular e respeitada entre os colegas, que no fundo gostavam dele, a despeito de suas idiossincrasias.

"Só quem ali subiu pelo único processo empregado, a pulso, por meio de sapatos de corda e cordas, pode avaliar o perigo de tais excursões", escreveu um colega de Rondon com admiração sobre seu hábito de escalar o famoso penhasco próximo à academia. "Era, no entanto, a diversão predileta dos 'escovados' daquele tempo."[22] Em 1889, um grupo de cadetes monarquistas escalou o Pão de Açúcar e pendurou uma faixa gigante no topo, dizendo "DEUS SALVE O IMPERADOR", em letras garrafais de mais de cinco metros de altura.[23] Republicano fervoroso, Rondon não tomou parte nisso, mas era o tipo de ato de bravura que ele e seus colegas tanto apreciavam.

Como tantas vezes é o caso entre militares e outras organizações de hierarquia rígida ao longo da história, os "bichos" da academia (os veteranos não chamavam os calouros pelo nome, simplesmente se referiam a eles como "bichos") eram sistematicamente submetidos a trotes ou obrigados a realizar tarefas servis, como engraxar os sapatos dos mais velhos ou encher de água fresca a moringa que ficava junto à cama de cada um; no refeitório, às vezes tinham de ceder a própria sobremesa; também eram forçados a emprestar dinheiro ou roupas, que podiam ou não ser devolvidos. "Todo bicho tem direito a não ter direito a coisa alguma"[24] era um dos lemas informais da academia, que os pobres calouros deveriam recitar a uma ordem dos mais velhos.

Após a primeira noite na academia, todos os calouros, incluindo, claro, o próprio Rondon, compareciam a um encontro promovido pelos veteranos, em que um extenso "Código dos Bichos" era lido em voz alta, constantemente interrompido pelo "esfuziar de pilhérias e dichotes, mais ou menos apimentados" dos cadetes mais velhos. Um dos primeiros artigos do credo proclamava: "Bicho, animal, imundo, são expressões sinônimas". Outro dizia que "o bicho não pensa, não raciocina, age por instinto; não vive, vegeta, é burro por índole". E "o bicho só tem deveres a cumprir para com seus ilustres veteranos".[25]

Os oficiais na academia tratavam os calouros da mesma maneira. "Naqueles tempos, que bem longe vão, o cidadão transmudado em soldado perdia a própria personalidade, para ser uma simples expressão numérica, de um ou mais algarismos", recordou Lobo

Vianna, que frequentara a escola na mesma época que Rondon. "Não era o sr. Fulano, mas o número 25, ou 107 ou 264 de tal companhia de tal batalhão. Esgotada a chamada, os sargenteantes passam ligeira revista para verificar se os alunos, principalmente os bichos, se apresentam limpos, asseados, uniformizados."[26]

Em nenhuma parte de seus escritos Rondon menciona ter sido vítima de trotes ou se queixa de ter sofrido discriminação por suas origens sertanejas ou indígenas. A única alusão a um certo preconceito talvez fosse o apelido "bicho peludo", evocativo de animais nativos dos trópicos, como preguiças, macacos, gambás, taturanas e outros — ou ainda o mapinguari, criatura do folclore amazônico similar ao pé grande, de odor fétido, olho ciclópico, aspecto símio, coberto de pelos vermelhos e com os pés virados ao contrário. Como Rondon tinha poucos pelos no corpo, não usava barba e não tinha um temperamento particularmente agressivo ou extrovertido quando chegou à academia, o apelido parece estranho — a não ser que tenha sido uma brincadeira, ainda que racialmente cruel. O mesmo se aplica a seu outro apelido: bicho do mato.

Aprovasse ou não as alcunhas que lhe pespegavam, não havia outra escolha para Rondon a não ser aturá-las, considerando o ambiente de dura sobrevivência reinante na caserna. Em noites "cheias de apreensões e temores [...] quando os alunos estão dormindo, muitas vezes uma voz esganiçada, afeminada, semelhante à dos mascarados em dia de Carnaval, parte de um dos cantos escuros do alojamento, reavivando o apelido que pela manhã fora dado a determinado bicho", lembrou um dos contemporâneos de Rondon. "É o quanto basta para que o alojamento todo comece a gritar [...]. Se o apelidado levava a sério e tentava reagir, estava perdido. Muitas vezes era então cronificado. Não raro, as vaias eram acompanhadas de chuvas de coturnos velhos, chinelos etc."[27]

Era comum que os veteranos punissem pequenas violações das regras — escritas ou não — com bom humor tipicamente brasileiro: ao término da semana, um bando burlesco circulava pelos dormitórios para zombar dos infratores. Cerca de meia dúzia de veteranos fantasiados e mascarados, ao acompanhamento de violão e cavaquinho, iam de unidade em unidade entoando paródias de canções populares ou encenando uma opereta-bufa. Ninguém gostava de ser o alvo dessas "cavatinas", como se referiam à serenata satírica, mas era melhor do que acumular transgressões e receber punições mais severas. Em mais de uma ocasião, sobretudo depois de confrontar um professor ou ostentar seus conhecimentos na sala de aula, Rondon teve de se sujeitar a essas brincadeiras.

Nos fins de semana, Rondon não estudava sozinho. A academia militar não era diferente de qualquer outra instituição acadêmica: amigos se reuniam para fazer os trabalhos escolares, e o grupo de estudo regular de Rondon incluía Euclides da Cunha, Augusto Tasso Fragoso e Lauro Müller. Era uma turma peculiar, com personalidades e temperamentos marcadamente distintos. Rondon, sempre levando o curso muito a sério, concentrava-se na resolução de complicadas equações matemáticas ou problemas de engenharia, enquanto do outro lado da mesa Euclides da Cunha matava o tempo rabiscando versos. Tasso era brincalhão e travesso, além de encrenqueiro. Certa vez, virou-se para Euclides e disse: "Você sabe... você é realmente feio". Euclides, tão neurótico que um colega o descreveu como dono de uma "personalidade de um dente inflamado",[28] saiu abruptamente da sala de estudos com os sentimentos feridos e ficou sem falar com Fragoso por vários dias. No fim, coube a Rondon bancar o conciliador e pôr panos quentes na briga.

Por tradição, porém, os cadetes mais privilegiados também tinham a obrigação de ajudar financeiramente seus colegas menos afortunados, entre eles, obviamente, Rondon. "Atendendo a isso, organizavam-se associações secretas", escreveu o ex-cadete Afonso Monteiro. "Num dos primeiros dias de cada mês, alta noite, sem que esses colegas pressentissem, alguém colocava, debaixo do travesseiro de cada um deles, um invólucro contendo dinheiro [...]. Era a caridade feita às ocultas, absolutamente avessa à ostentação."[29]

Em junho de 1885, na metade de seu segundo ano na academia, com o clima mais fresco se aproximando (que ele responsabilizava por qualquer eventual problema de saúde que tivesse), Rondon passou por uma situação inusitada que quase lhe custou a vida antes mesmo de sua carreira começar — e da qual foi salvo apenas graças à intervenção de amigos mais ricos. Ele passava por um corredor, a caminho da aula, quando desmaiou e caiu na escada. Ao acordar, não estava em um leito no hospital militar, mas em um alojamento fora da academia dividido por Jorge Otaviano da Silva Pereira e Manuel Lopes Carneiro da Fontoura, amigos do Mato Grosso que teriam uma carreira de sucesso no Exército. Temendo pela saúde de Rondon, os dois haviam decidido tomá-lo sob seus cuidados em vez de entregá-lo à enfermaria, onde poderia terminar na lista do "Sepulte-se".

Por meses, Rondon forçara o corpo ao limite da exaustão e, esticando o orçamento o máximo que podia, ficara mal alimentado, com a parca dieta do refeitório suplementada quase exclusivamente por feijão e pão. "Nesse ano de 1885, baixei frequentemente à enfermaria, com perturbações gastrointestinais, consequência talvez do excesso de trabalho logo depois das refeições ou da avitaminose causada pelas deficiências alimentares anteriores",[30] escreveu depois. Então, quem sabe, pensaram ele e seus amigos, um descanso forçado lhe faria bem.

No entanto, o quadro de Rondon se agravou e o médico de uma clínica próxima, no bairro de Botafogo, foi chamado. "Meu estado de fraqueza não me permitia esforço intelectual", recordou mais tarde. "Passava horas e horas sozinho. [...] Punha-me a contar as tábuas do teto ou as manchas da parede", às vezes indo e voltando de sonhos febris e alucinações, "enquanto meus amigos iam para a escola militar."[31] A despeito dos remédios prescritos, Rondon continuou perdendo as forças e o peso: sua condição piorou de tal forma que os dois amigos promoveram uma vaquinha para comprar um caixão decente e fazer um enterro apropriado quando porventura falecesse.

Então ocorreu uma reviravolta que deixou o médico "boquiaberto". Rondon ficou com vontade de comer abacaxi e pediu aos amigos que comprassem. Quando perguntou ao médico se era aconselhável, o homem "deu de ombros e teve um olhar de quem pensa: para que contrariá-lo se nada mais há a fazer!". Assim, Fontoura e Pereira serviram fatias de abacaxi a Rondon. "Saboreei-o com delícia, com intenso prazer", lembrou. Depois pegou no sono e, quando acordou, "era como se vida nova me tivesse sido instilada". Ele prosseguiu nesse "tratamento" por mais alguns dias e, quando voltou a visitá-lo, o médico "suspendeu toda medicação, prescrevendo dieta de frutas e alimentos leves".[32] Contra todas as probabilidades, Rondon sobreviveu.

Sem registros médicos, é impossível, após mais de 130 anos, saber que enfermidade afligiu Rondon. Porém, os poderes de recuperação que ele atribuiu ao abacaxi nos fornecem possíveis pistas ou pelo menos margem para especulação. Abacaxi é rico em vitamina C e manganês e também contém quantidade significativa de tiamina, vitamina B6 e cobre. A dieta de "pão e feijão" de Rondon também oferecia bastante tiamina, que teria prevenido o beribéri, mas não vitamina C. Entre as doenças associadas à falta de vitamina C está o escorbuto, que até o início do século XX era comum entre militares numa dieta restrita como a de Rondon.

Rondon, no entanto, também exibia vários sinais clássicos de deficiência de manganês, entre os quais fraqueza generalizada, náusea, vômitos e tontura. Além do mais, os dois alimentos que consumia quase exclusivamente, feijão e grãos integrais, contêm ácido fítico, que sabidamente inibe a absorção de manganês. E deficiência de manganês altera o metabolismo de carboidratos, uma classe de nutrientes que inclui pão e feijão. De modo que uma enfermidade derivada da falta de manganês parece igualmente plausível.

Por outro lado, a convalescença de Rondon, pelo menos da maneira como ele a recordava, foi tão rápida, tão dramática, que escorbuto e deficiência de manganês talvez possam ser descartadas, pois o processo de recuperação desses distúrbios é em geral bem mais longo. Então o problema de Rondon teria sido psicossomático em vez de físico? Franz Alexander e Sigmund Freud ainda não haviam desenvolvido suas teorias de medicina comportamental, mas está claro que, em seu desejo de superar os colegas de condição mais privilegiada, Rondon se submetera a uma rotina física e mental extenuante. O resultado foi estresse e ansiedade, que sabemos que podem produzir mal-estar físico exatamente do tipo sofrido por ele.

Após o episódio do abacaxi, "fortalecia-me e engordava como um urso depois de longa invernada". Mas, devido a sua crise de saúde, Rondon perdeu quase seis meses de aulas e acabou repetindo de ano. Inicialmente, "pensei, então, em reaver o tempo perdido", escreveria mais tarde, e, contrariando o bom senso, decidiu fazer as provas finais com os colegas como se não tivesse perdido matéria alguma, pois não queria ficar para trás. "Entretanto, traíram-me as forças, o físico não obedeceu ao comando do cérebro e perdi os sentidos na ocasião da prova."[33] Pela primeira vez na vida, teve de engolir o fracasso acadêmico, e a experiência lhe deixou um travo amargo.

Pior ainda, pelo regulamento da academia, os cadetes que não passavam nas provas finais no primeiro ou no segundo ano deveriam ser dispensados e reintegrar as fileiras da soldadesca. Acontece que o desempenho acadêmico de Rondon fora tão excepcional que o comandante abriu uma exceção e evitou esse desastre. A média insuficiente foi apagada de seu histórico escolar — oficialmente foi como se nunca tivesse realizado essas provas finais —, e ele recebeu autorização para refazer as disciplinas que perdera. "Tornei-me por isso o explicador dos companheiros mais atrasados, varando às vezes noite adentro para lhes ensinar o ponto sorteado", escreveu. E como "já estava senhor de quase toda a matéria",[34] devotou suas leituras e estudos ao currículo do terceiro ano; assim, poderia permanecer um ano adiantado em relação ao curso pelo restante de seu tempo na academia. Quando se debruçou de volta sobre os estudos, seu cronograma imediatamente ficou tão intenso que nem parecia ter passado pela prostração que o deixara às portas da morte apenas alguns meses antes.

A rotina exaustiva lhe deixava pouco tempo para as atividades extracurriculares, com uma exceção significativa. Em 1887, ele integrou um grupo de cadetes envolvido com a publicação do periódico de literatura recém-criado da academia, chamado *Revista da Familia Academica*, e com isso estabeleceu relações que se mostrariam importantes durante toda a sua vida. É raro um grupo tão talentoso se juntar num mesmo lugar. Lauro Müller seria um dia ministro das Relações Exteriores, e nessa atribuição sugeriu a Theodore Roosevelt que se unisse a Rondon numa expedição amazônica. Tasso Fragoso, como Rondon, chegaria a general e, em 1930, até serviria brevemente como chefe de Estado. Alberto Rangel se tornaria ministro e diplomata, estreando na literatura com a coletânea de contos *Inferno verde*, que tem um personagem aparentemente inspirado em Rondon. E Euclides da Cunha, é claro, é considerado um dos maiores escritores brasileiros de todos os tempos, graças sobretudo a sua obra-prima, *Os sertões*, escrito cerca de uma década após deixar a academia.

A *Revista da Familia Academica* foi lançada em novembro de 1887, quando Rondon estava com 22 anos, e durou quase dois anos. Rondon ainda não adotara o sobrenome pelo qual o conhecemos, aparecendo no expediente simplesmente como Cândido Mariano da Silva. A publicação era em muitos aspectos tipicamente estudantil, com uma mistura de poemas, contos, resenhas e ensaios, bem à moda da época. Todavia, também era mais que isso: dadas as propensões políticas e filosóficas progressistas de seus fundadores, e seus status de oficiais militares em treinamento que presumivelmente serviriam a nação, tornou-se um veículo para expor as virtudes do republicanismo, da ciência e da racionalidade.

O primeiro número da *Revista da Familia Academica* abre com um manifesto idealista — e em alguns aspectos darwinista — de propósitos e objetivos traçados coletivamente e assinado pelos cinco membros do conselho editorial, entre os quais Rondon. "Sob a ação incoercível da lei biológica da adaptação", a revista buscava "adquirir a feição local do momento histórico que atravessamos",[35] afirmavam seus fundadores. O programa, continuavam eles, "reduz-se ao seguinte: cultivar a arte, a ciência, a filosofia e a religião — tanto quanto nos for possível, com plena liberdade para o direito de discussão, de análise e crítica, sob o influxo da mais severa disciplina moral".[36]

Do grupo da *Revista da Familia Academica*, que também incluía os irmãos Antônio e Alexandre Vieira Leal, Euclides da Cunha era o mais próximo de Rondon. Na revista, Rondon provavelmente trabalhava com mais frequência com Lauro Müller, com quem compartilhava as responsabilidades editoriais, mas, fora da redação, seu amigo mais íntimo era Euclides, sete meses mais novo. Os dois se conheceram quando sentaram lado a lado no curso de geometria analítica, no segundo ano, e logo descobriram uma série de afinidades. Euclides, por exemplo, também era órfão. Perdeu a mãe quando estava com três anos e foi entregue a parentes dela para criá-lo; o pai ainda era vivo, mas voltou a se casar e praticamente não participou da vida do rapaz. Euclides, assim como Rondon, provinha de uma família de origem humilde, para utilizar o linguajar eufemístico da época. Ambos, além disso, tiveram um Manoel Rodrigues como uma espécie de figura paterna substituta, pois o avô de Euclides tinha o mesmo nome do tio de Rondon, Manoel. E, curiosamente, ele e Rondon eram os dois cadetes mais baixos e magros em seu ano, com 1,60 metro de altura e pesando menos de 55 quilos.

Política e filosoficamente, suas opiniões também estavam bem alinhadas. Os dois eram abolicionistas e republicanos fervorosos, profundamente influenciados por seus superiores militares. E Rondon esteve presente com Euclides em um incidente em novembro de 1888 que se tornou famoso na história do Brasil. Para impedir os cadetes de ir às docas no Rio, a fim de saudar um político pró-República que voltava da Europa, o comandante da academia programou uma revista de tropas pelo ministro da Guerra, Tomás Coelho, para o mesmo horário. Mas quando os cadetes desfilavam diante do ministro, Euclides saiu da formação e tentou quebrar o espadim em dois, como forma de protesto; não conseguindo, simplesmente jogou a espada no chão, na direção do ministro, e se afastou.

O resultado foi um escândalo que a academia militar e o Ministério da Guerra tentaram abafar. Euclides foi inicialmente hospitalizado, com um suposto caso de "estresse" que teria levado ao colapso nervoso, e depois preso, enquanto seu destino era decidido. Pelo duro regulamento militar do momento, teoricamente sua punição poderia ter sido a forca. Mas Rondon e os demais cadetes depuseram a seu favor e Euclides foi poupado, acabando, no entanto, por ser expulso da academia.

A amizade de Rondon com Euclides da Cunha continuaria após saírem da academia. Os dois foram trabalhar em diferentes regiões do país, então não se viam com a frequência que teriam desejado, mas se correspondiam e, sempre que possível e quando estavam no Rio, encontravam-se para pôr a conversa em dia. Quando Euclides se casou com Ana Emília Ribeiro, a filha de dezoito anos do major Frederico Sólon Ribeiro, um dos líderes da rebelião que derrubou a Monarquia, em setembro de 1890, pediu a Rondon que fosse seu padrinho de casamento, desejo que foi frustrado porque o amigo participava de uma missão militar no interior do Brasil. Quando o primeiro filho do casal, Solon, nasceu em 1892, Euclides pediu a Rondon que fosse padrinho do menino, e ele aceitou — decisão que anos mais tarde teria graves repercussões.

Ao contrário de seu amigo, durante os anos como cadetes, Rondon continuou preocupado em conquistar a distinção acadêmica e ficou indignado quando sentiu que não recebia o devido reconhecimento. Acima de tudo, queria ser promovido à cobiçada patente de alferes-aluno. Após se recuperar da doença, quando "fora classificado em segundo lugar, a resposta foram lágrimas insopitáveis, que me rolaram pela face impassível". O ano seguinte foi parecido: embora fosse o primeiro na lista para ser promovido a alferes-aluno e receber a tão necessária paga extra, "em tão pequeno quadro havia, entretanto, pouquíssimas vagas", e ele foi deixado em uma situação desconfortável que descreveu tempos depois como de "indefinida expectativa".[37]

Entretanto, Rondon era incapaz de aceitar tal situação e redigiu de maneira impetuosa uma petição ao comandante Marques de Sá "pedindo que providenciasse" a promoção que acreditava já fazer por merecer. Quase na mesma hora foi convocado à sala do superior, que não podia acreditar na audácia do rapaz. "Explicou que meu requerimento constituía grave ato de indisciplina, passível de prisão na fortaleza de Santa Cruz, mas que, me conhecendo, se limitaria à afetuosa admoestação." Mais uma vez, Rondon perdeu o controle emocional: escutando a reprimenda, "borbulharam-me ainda uma vez lágrimas grossas e silenciosas", então o comandante fez meia-volta e deixou a sala, "ereto, firme".[38]

Quando a promoção a alferes-aluno finalmente veio, em 4 de junho de 1888, Rondon ficou exultante. Para começar, seu soldo passou imediatamente a 50 mil-réis, "uma fortuna naquela época, sobretudo para mim, que me habituara a uma vida estoica".[39] Ele não precisaria mais viver economizando. A bem-vinda melhoria de sua situação material, porém, também simbolizou algo maior e mais significativo: em menos de sete anos, alçara-se de soldado raso a primeiro de sua classe na academia militar, realização que justificou seu anseio por se destacar e todos os sacrifícios que fizera. Mas, em seu último ano na academia, essas considerações provincianas seriam eclipsadas por assuntos muito mais prementes, conforme o Brasil ingressava numa nova fase de sua história com Rondon como testemunha ocular e figura atuante.

3. A República

No fim de 1888, o governo imperial anunciou uma reforma abrangente do ensino militar, talvez na esperança de esfriar o sentimento republicano entre os futuros oficiais do Exército. Muitos calouros e cadetes permaneceram na academia militar da Praia Vermelha, mas os alferes-alunos como Rondon e alguns outros veteranos foram transferidos para a recém-fundada Escola Superior de Guerra (ESG), perto do palácio do imperador, em São Cristóvão, e, não por coincidência, o quartel dedicado a sua proteção. Assim, o foco da vida acadêmica e social de Rondon mudou da Praia Vermelha e voltou a São Cristóvão, onde conhecera tantas privações ao chegar ao Rio de Janeiro, após se alistar. Em seu primeiro ano na ESG, que seria o último como cadete, ele estudou cálculo avançado, curso dado por Benjamin Constant, e também começou a aprender alemão com Karl Fraenkel, de 34 anos e natural de Frankfurt, que emigrara para o Brasil e se casara com uma das filhas de Benjamin Constant, Aldina.

Rondon conhecera Benjamin Constant Botelho de Magalhães em seu terceiro semestre na academia, quando ele e Euclides da Cunha cursavam geometria analítica. Rondon, inclusive, estava a caminho dessa aula quando desmaiou e caiu da escada, em junho de 1885. Benjamin Constant era talvez o instrutor mais admirado pelos cadetes e devia sua popularidade em grande parte à feroz defesa da causa abolicionista e a sua rejeição igualmente apaixonada da Monarquia. Mas ambos os princípios, como explicava aos jovens militares idealistas e intelectualizados que se reuniam a sua volta, estavam lastreados em um sistema filosófico mais abrangente que, assim lhes assegurava, podia explicar o passado e, se adotado, guiar o Brasil e toda a humanidade rumo a um auspicioso futuro: o positivismo.

Para Rondon, a proximidade com Benjamin Constant e a exposição ao positivismo transformaram sua vida em todos os aspectos imagináveis. Meses depois de se conhecerem, ele adotou esse sistema filosófico como um credo pessoal e continuaria um positivista ferrenho pelo resto da vida. Quando um templo positivista foi inaugurado no Rio de Janeiro, em 1897, ele não só passou a frequentá-lo, comparecendo ao serviço dominical de três horas quando estava na capital, como também permitiu que os ensinamentos dele orientassem suas ações como funcionário público. Ele organizou sua vida familiar e criou os filhos segundo os preceitos positivistas. Adotou o calendário especial do positivismo para datar tanto sua correspondência particular quanto os relatórios oficiais que apresentava. Acatou sem queixas as restrições positivistas que o impediriam de ocupar cargos eletivos e, durante suas inúmeras expedições pelo interior do Brasil, tentou constantemente aplicar princípios positivistas no trato com os povos indígenas que encontrou. Não é exagero dizer que o positivismo se tornou a influência mais importante da vida de Rondon, moldando sua visão de mundo e proporcionando--lhe a energia física e moral necessária para suportar as dificuldades quase inimagináveis que enfrentaria em suas expedições.

Como tantos outros movimentos intelectuais e culturais que impactaram o pensamento brasileiro, o positivismo era originário da França. Reagindo ao derramamento de sangue e tumulto da Revolução Francesa, o filósofo social Auguste Comte, nascido em 1798, empreendeu sua busca por uma nova ideologia capaz de oferecer uma solução pacífica e laica para o que via como uma crise iminente ocasionada pela primeira onda de industrialização na Europa. Quando jovem, após a derrocada de Napoleão, ele chegara a trabalhar como secretário particular de Henri de Saint-Simon, pai do socialismo utópico, mas Comte pouco a pouco chegou à conclusão de que a solução para os problemas da humanidade residia na ciência, não na política ou na religião, e rejeitava o socialismo da forma que fosse. "O princípio revolucionário", escreveria, "consiste em não reconhecer outra autoridade espiritual além da razão individual, sobretudo no que tange às questões essenciais."[1]

Mas quais ciências ofereciam a salvação? Nisso Comte concebeu o que chamou de "classificação das ciências", arranjada em ordem de generalidade decrescente e complexidade crescente. Na base dessa hierarquia, e fundamental para todas as demais, estava a matemática, sucedida por astronomia, física, química e biologia, nessa ordem. No ápice, porém, havia uma ciência nova em folha, devotada ao estudo da própria humanidade e, portanto, a mais intrincada, multifacetada e complicada dentre todas as disciplinas, que o próprio Comte se propunha a fundar. Ele a batizou de sociologia e, convencido de que toda a experiência humana podia de algum modo ser codificada da mesma maneira que as estrelas, a fauna ou os minerais, chamou-a de "a rainha" das ciências.[2]

Finalmente, como Rondon descobriu quando mergulhou nas leituras sugeridas por Benjamin Constant, Comte formulou o que chamou de "lei dos três estados", que se tornou a doutrina fundadora do positivismo, em conjunção com sua "hierarquia das ciências". A humanidade, argumentava Comte, inicialmente existia em um estado teológico, dependente de explicações sobrenaturais — como a religião — para organizar e elucidar o mundo exterior. Além do mais, dentro dessa fase teológica, três níveis distintos podiam ser discernidos: o fetichista, o mais primitivo, era seguido dos períodos politeísta e monoteísta, este último dominado pelo cristianismo, judaísmo e islã e prevalecente na maior parte do mundo no século XIX.

Na esteira do Iluminismo, porém, alguns indivíduos e sociedades já haviam progredido para uma segunda fase, que Comte chamou de estado metafísico ou estado abstrato. Nessas circunstâncias mais avançadas, a razão e o questionamento predominavam, e tanto a religião quanto a autoridade laica começaram a ser criticamente examinadas. No entanto, argumentava Comte, somente desenvolvendo e aplicando plenamente as ciências, especialmente a sociologia, os homens poderiam sonhar em atingir a fase final, ideal, da existência. Isso, é claro, era o estado positivista da história, em que a humanidade não se curvaria a nenhum poder superior e o racionalismo reinaria supremo. Mas para atingir o terceiro e último estado, uma sociedade deve inevitavelmente passar pelas duas fases anteriores: nenhum atalho era permitido.

Em seus últimos anos — e para horror de alguns de seus primeiros adeptos —, Comte reformulou sua filosofia de base científica como uma fé secular, que ele chamou de "Religião da Humanidade", e escreveu um *Catecismo positivista*, para ser estudado por seus seguidores. Seu objetivo, afirmou, era "reorganizar [a sociedade] sem deus ou rei mediante a adoração sistemática da humanidade"[3] e, com esse fim, ele criou todas as pompas de uma religião convencional: liturgia, sacramentos, corpo clerical, rituais, repertório iconográfico, casas de adoração e dogma. Isso levou os críticos de Comte, incluindo alguns que antes haviam se mostrado favoráveis ao positivismo em sua forma puramente filosófica, a descartar a Religião da Humanidade, alegando tratar-se simplesmente de uma forma de "catolicismo sem cristianismo". Há um mérito considerável nesse argumento, uma vez que a Igreja Positivista de Comte emulou inúmeros aspectos do catolicismo em que ele fora criado.

Visto em retrospecto no século XXI, o positivismo soa risível, um saco de gatos de ideias mal-ajambradas, uma "síntese labiríntica de filosofia, ciências, sociologia, política e religião",[4] na descrição de um crítico moderno. Mas o que poderia explicar seu apelo sobre Rondon e outros jovens intelectuais em idade de formação no fim do longo reinado de Pedro II? Uma resposta é que sua doutrina era evolucionária, não revolucionária, oferecendo a perspectiva de progresso e transformação social sem violência: o historiador José Murilo de Carvalho, por esse motivo, descreveu-a como "bolchevismo de classe média".[5] O Brasil é uma sociedade que, para o bem ou para o mal, sempre valorizou uma doutrina da cordialidade, de maneira que isso era uma característica importante, sobretudo para os professores de Rondon que haviam vivenciado a carnificina da Guerra do Paraguai e saído do conflito como pacifistas. A filosofia de Comte, desse modo, se apresentava em nítido contraste com o comunismo contemporâneo de Karl Marx e Friedrich Engels, que só poderia ser conquistado mediante a luta de classes, presumivelmente incluindo o tipo visto na Comuna de Paris de 1871, ainda muito recente na memória das francófilas elites brasileiras.

Além do mais, o positivismo parecia proporcionar uma refutação de antigas teorias de "racismo científico" que ganharam força e respeitabilidade na segunda metade do século XIX em toda a Europa e América do Norte, e que eram profundamente degradantes para países como o Brasil. A ideia de uma hierarquia de raças era muito antiga, mas a publicação de *A origem das espécies*, em 1859, forneceu nova munição para os que acreditavam que a raça "branca" ou "europeia" era superior às demais. Darwin não faz menção ao *Homo sapiens* em sua obra revolucionária, mas para os adeptos do racismo científico, o status avançado da civilização europeia só poderia resultar do processo evolucionista de seleção natural. Daí se depreendia que raças "selvagens" e "inferiores" como os africanos e ameríndios, por serem menos aptas, estivessem fadadas à extinção.

Alguns dos principais defensores do racismo científico, como o aristocrata francês Arthur de Gobineau, que concebeu a ideia de raça ariana superior, e o naturalista suíço-americano Louis Agassiz, haviam na verdade viajado pelo Brasil e baseado seus conceitos, ao menos em parte, no que acreditavam ter descoberto no país. Como principal diplomata francês no Rio de Janeiro em 1869 e 1870, Gobineau ficou horrorizado com a miscigenação que testemunhou e achava a população brasileira "viciada no sangue e no espírito e assustadoramente feia [...]. Nem um só brasileiro tem sangue puro [...]. As nuanças de cor são infinitas, causando uma degeneração do tipo mais deprimente tanto nas classes baixas como nas superiores", escreveu.[6] Devido a essa "degeneração genética", previu ele, a nação brasileira definharia dentro de duzentos anos, a menos que a "linhagem ariana" fosse encorajada a emigrar para o país e as "raças inferiores" proibidas de procriar.

Um dos princípios fundamentais do positivismo, porém, era a crença na igualdade essencial dos seres humanos. Sem dúvida, as sociedades existiam em níveis marcadamente diferentes de desenvolvimento material e intelectual, mas isso se devia a fatores culturais e históricos, não à biologia. Ou para pôr em um contexto especificamente brasileiro que encontraria profunda ressonância em Rondon: os índios de Mato Grosso podiam ser atrasados, mas não porque pertenciam a uma raça inerentemente "inferior". Na verdade, a sociedade em que estavam inseridos é que ainda operava no nível fetichista do estado religioso da história, situação que podia ser remediada pela devida exposição às ciências e, acima de tudo, aos ensinamentos positivistas. A sociologia e suas disciplinas correlatas, como a antropologia e a etnologia, poderiam desempenhar um importante papel no processo de impulsão tanto do índio quanto do afro-brasileiro, mas esse conhecimento vital só conseguiria ser difundido após a construção de estradas, linhas telegráficas e ferrovias que permitissem a chegada do progresso ao interior atrasado. E quem seria o responsável por construir tal infraestrutura? Engenheiros militares como Rondon.

Isso não significava, no entanto, que o positivismo fosse uma filosofia democrática. Como poderia ser, se a sociedade humana funcionava em três níveis muito distintos de desenvolvimento? As opiniões dos que continuavam presos no estado teocrático não poderiam de modo algum ter o mesmo valor das de alguém que já abraçara o positivismo. Na verdade, era dever da elite positivista, precisamente por ser mais racional e iluminada, orientar os outros a sair da ignorância. Assim, nem a democracia nem a República eram formas ideais de governo: mão firme e forte, com governança sábia, era necessária no topo. Benjamin Constant escreveria: "Precisamos de uma ditadura progressista com o respeito devido às liberdades públicas".[7]

Como parte de seu esforço em criar uma "brecha de continuidade"[8] com antigos padrões de pensamento, Comte elaborou também um calendário positivista, com treze meses de 28 dias. Como isso somava apenas 364 dias, o último dia do ano era dedicado a celebrar os mortos. Fora do ciclo de semanas e meses, para acomodar o ano bissexto, Comte acrescentou um dia extra a cada quatro anos para homenagear mulheres célebres. Os meses foram batizados com nomes de grandes homens da história, da ciência, da literatura ou da filosofia, a começar por Moisés e prosseguindo em ordem cronológica por figuras como Homero, Aristóteles, Gutenberg, Shakespeare, Descartes etc. Os dias tinham tanto um número como o nome de um luminar intelectual menor e o início da Revolução Francesa, em 1789, era considerado o ano zero.

Assim, quando Rondon se filiou ao movimento positivista, sua data de nascimento foi registrada como o oitavo dia do mês de César — uma segunda-feira, que levava ainda o nome do célebre estadista e general grego Péricles — no ano 76. Isso era sem dúvida uma combinação particularmente auspiciosa para um jovem cadete que aspirava a uma carreira militar notável e a servir sua nação. Quando mais tarde solicitou que o governo brasileiro mudasse o dia e o mês de seu nascimento no calendário convencional de 30 de abril para 5 de maio, Rondon não fez o mesmo entre os positivistas, que passariam seu aniversário para um sábado, o 13º dia de César, que homenageava o antigo historiador grego Políbio. Chame de superstição, se quiser, mas parece que Rondon queria manter a aura de distinção associada ao primeiro registro de sua data de nascimento.

Em muitas partes da Europa e da América do Norte, o positivismo se revelou mais uma moda intelectual passageira do século XIX, e sua influência foi efêmera. John Stuart Mill, George Eliot e Thomas Huxley foram simpatizantes no começo, mas rejeitaram a reformulação, promovida por Comte, da filosofia em uma religião. Em todo caso, duas doutrinas conflitantes recém-surgidas — uma difundida por Marx e Engels, a outra por Darwin — logo sobrepujaram a filosofia de Comte e fizeram dela pouco mais que uma nota de rodapé da história. Exceto na América Latina. Após a morte de Comte, em 1857, o positivismo permaneceria influente em lugares como México e Chile, por exemplo. Mas em nenhum lugar o movimento se mostraria mais importante do que no Brasil, e não houve ninguém mais fundamental para sua propagação do que o mentor de Rondon, Benjamin Constant.

Nascido em Niterói, em 1836, Benjamin Constant aderiu ao positivismo depois do morticínio que presenciou no front durante a Guerra do Paraguai. Seu nome indica que provinha de uma família progressista: o Benjamin Constant original, por alguns considerado pai do liberalismo moderno, foi um filósofo político suíço-francês e um dos primeiros defensores de conceitos como liberdades civis e federalismo. No entanto, foi a guerra que transformou seu homônimo brasileiro em um opositor e crítico virulento não só da monarquia, como também dos vários barões, condes, duques e marqueses que controlavam os ministros civis e as Forças Armadas. Benjamin Constant Botelho de Magalhães crescera em circunstâncias financeiras difíceis — seu pai foi um oficial militar português que emigrara para o Brasil em 1822 e era professor particular de matemática, mudando constantemente de emprego e de cidade em busca de melhor remuneração — e isso também contribuiu para seu desdém pelas classes privilegiadas.

Em 1876, Constant, na época lecionando matemática na academia militar e em um colégio particular de elite, fundou a Sociedade Positivista Brasileira, no Rio de Janeiro, com dois outros homens que haviam aderido à filosofia de Comte quando estudavam medicina em Paris: Miguel Lemos, que ali fora ordenado aspirante ao sacerdócio da humanidade,[9] e Raimundo Teixeira Mendes. Ao longo da década seguinte, os três trabalhariam para difundir o positivismo — Constant na academia e no Clube Militar, que ajudou a fundar em 1887, e Lemos e Teixeira Mendes em incontáveis discursos, cartas para editores, artigos de jornais e revistas e, principalmente, numa série de panfletos em que usaram o sistema de Comte para explicar os acontecimentos no Brasil e sugerir soluções para suas mazelas.

Não é difícil entender por que o positivismo, com suas hierarquias preconcebidas, mas ainda assim oferecendo a possibilidade de transcendência, teria exercido um apelo tão forte entre os intelectuais brasileiros do século XIX. Dentro de suas fronteiras, o Brasil parecia conter todos os estados do desenvolvimento humano, sobretudo a tríplice divisão do teológico. Longe das grandes cidades, os povos indígenas continuariam chafurdando no período fetichista inicial, a despeito dos esforços dos missionários, enquanto o politeísmo, na forma de religiões e cultos afro-brasileiros, prevalecia entre a população escrava rural e urbana. Mas o grosso da população era teoricamente católica, significando que estaria na fase monoteísta, e umas poucas mentes mais evoluídas teriam até avançado ao estado metafísico.

Que a maior concentração de positivistas no Brasil se encontrasse entre engenheiros, cientistas e outras profissões técnicas tampouco deve constituir surpresa. O treinamento deles nessas áreas especializadas e sua exposição aos mais recentes avanços feitos na Europa e na América do Norte serviam de lembrete permanente sobre como o Brasil ficara para trás e quanto trabalho havia por fazer se esperavam algum dia compensar esse atraso. Eles poderiam obter algum consolo, porém, do fato de que o positivismo atribuía a eles, não a advogados e escritores, o papel de liderança em alçar o Brasil ao estado positivista de desenvolvimento humano. Esse sentimento pode ter sido especialmente prevalecente entre oficiais militares treinados tais quais cientistas e engenheiros, como Rondon e seus amigos, cujos anos na academia já lhes haviam inculcado a vocação para construir uma nação, bem como a forte percepção de "destino manifesto".*

Mas o positivismo ortodoxo também continha uma dose elevada de pacifismo. "O Amor por princípio e a Ordem por base; o Progresso por fim" era um dos preceitos mais fundamentais de Comte. O positivismo, desse modo, rejeitava o governo militar ou até a existência de militares, e isso criava um dilema para jovens oficiais como Rondon. Porque Comte e seus seguidores estavam convencidos de que a ciência e a tecnologia iriam levar a humanidade ao estado positivista, ensejando paz e prosperidade eternas no processo, o que significava que as guerras, um vestígio de estágios mais primitivos, inferiores, necessariamente desapareceriam, e assim não haveria mais necessidade de forças armadas. Em vez disso, Benjamin Constant previu para Rondon e seus colegas, que "os exércitos se tornariam brigadas de desenvolvimento nacional lideradas por engenheiros militares".[10] Embora Rondon tenha abraçado essa visão pacifista do papel dos militares e tentado permanecer fiel a ela até o fim da carreira, muitos colegas seus, especialmente na artilharia ou na infantaria, a rejeitaram, e isso impediria o positivismo de se disseminar ainda mais entre os círculos militares.

Rondon continuou devotado a Benjamin Constant (que morreu precocemente pouco depois de completar 54 anos), e à sua memória pelo resto da vida. Todo ano, no aniversário da morte de Constant, 22 de janeiro, ele visitava a viúva, dona Maria Joaquina, em sua casa no bairro de Santa Teresa, ou, se estivesse longe em alguma expedição, enviava a ela um telegrama exaltando o intelecto e as qualidades pessoais de seu mentor. E quando Maria Joaquina morreu, em 1921, foi Rondon que organizou os arquivos e a biblioteca de Benjamin Constant e supervisionou um inventário das posses pessoais

---

* Doutrina expansionista nascida nos Estados Unidos em meados do século XIX que pregava que o destino manifesto norte-americano era se estender por todo o continente que lhes teria sido atribuído pela Providência, para o desenvolvimento da grande experiência de liberdade e autogoverno. Por extensão, surgiu a ideia de que todo país de dimensões continentais, incluindo o Brasil, teria a missão de levar suas instituições e valores para áreas menos civilizadas.

dele. "Foste o meu mestre amado — que a todos se impunha pela extensão do cultivo intelectual, pela integridade do caráter diamantino, pela pureza do coração," Rondon escreveu. "Trato ameno, aureolado de doçura e bondade absoluta e sincera franqueza, realçavam aqueles predicados."[11]

Imbuído de uma profunda fé no positivismo e na liderança de Benjamin Constant, Rondon começou seu sexto e último ano como cadete em março de 1889, com o Brasil mergulhado em uma profunda crise institucional. Em 13 de maio de 1888, quando seu pai estava na Europa recebendo tratamento médico, a princesa Isabel, herdeira do trono, decretara a abolição imediata e irrestrita da escravidão. Isso era uma antiga exigência de todos os republicanos e até mesmo dos monarquistas desejosos de um Brasil mais igualitário. Mas a Lei Áurea, como ficou conhecida, enfureceu a poderosa classe de proprietários de escravizados: os fazendeiros viram-se subitamente privados da mão de obra usada em suas plantações de cana e café, e parte da classe alta urbana não estava disposta a perder a criadagem tão essencial para a manutenção de seu confortável estilo de vida. Não só ambos os grupos de elite teriam de começar a pagar salários para os trabalhadores agora livres, como também não receberiam compensação alguma pela perda de sua "propriedade".

Os republicanos, por sua vez, não se tornaram defensores da família imperial de uma hora para outra só porque Isabel pusera fim a uma instituição que claramente perdera sua utilidade e passara a ser tanto um entrave à economia como uma mancha na imagem do país no exterior. Se alguma coisa mudou, o sucesso da campanha abolicionista encorajou os republicanos a pressionar ainda mais para concretizar o resto de seu programa. A Monarquia viu seus adversários criarem coragem e percebeu que muitos dos que no passado haviam figurado entre seus defensores mais zelosos agora se afastavam. Pedro II claramente interpretara mal a situação política em rápida deterioração quando voltou da Europa e comentou de maneira jocosa, em resposta a informes de complô e sentimento antimonárquico crescente na academia militar, que lecionar republicanismo para os cadetes "não vai fazer mal — talvez consiga convertê-los" à causa monarquista.[12]

Com todos esses novos desdobramentos, os cadetes tiveram dificuldade de se concentrar em aulas e treinos da academia. Entusiasmados, mas distraídos, eles se reuniam todos os dias para debater o melhor curso para o futuro do Brasil antes, durante e depois das classes, refeições e sessões de estudo — Rondon entre eles. Descrevendo esse período, ele depois afirmou: "O estudo caminhava paralelamente às preocupações sociais, ao entusiasmo com que prometera dar a vida pela organização de uma sociedade melhor, mais fraterna".[13] A essa altura, não só um positivista absolutamente convicto, como também francófilo ferrenho, ele estava ansioso para ver os ideais da Revolução Francesa de liberdade, igualdade e fraternidade aplicados no Brasil e achava que havia um único caminho para alcançá-los: mediante a participação em "dois movimentos cívicos

71

que logicamente se encadeiam: a Lei Áurea (libertação dos escravos) e a Proclamação da República".[14]

Esses sentimentos eram amplamente disseminados entre os cadetes, para grande alarme do comandante da academia, o brigadeiro Agostinho Marques de Sá. No início do ano escolar, ele convocou os alunos para uma assembleia especial e, buscando um meio-termo, aconselhou-os que seria melhor para eles, pessoalmente e para o Exército enquanto instituição, que se mantivessem à distância de reuniões políticas promovidas para derrubar a Monarquia. Caso insistissem em frequentar tais sessões, acrescentou, estavam proibidos de usar o uniforme e só poderiam comparecer trajados como civis.

A reação de Rondon foi atipicamente rebelde e ele se levantou da cadeira na mesma hora. "Não posso ir a parte alguma sem ser fardado", declarou, sendo aplaudido pelos colegas. "O sr. comandante fará o que julgar de seu dever."[15] Após alguma reflexão, Marques de Sá emitiu uma diretriz proibindo os cadetes de comparecer a quaisquer reuniões políticas. Mas Rondon e seus amigos republicanos simplesmente desprezaram a ordem, alguns até chegando a pular o muro da Escola Superior de Guerra depois que o comandante decretou um toque de recolher mais cedo para fazer valer sua determinação.

Como veterano, Rondon agora tinha permissão de morar fora do quartel e, graças ao estipêndio melhorado de alferes-aluno, podia de fato se dar a esse luxo. Assim, ele e vários amigos montaram uma república. Suas novas acomodações ficavam no coração de um dos bairros mais prestigiosos da capital imperial, a poucas quadras da ESG, na rua Duque de Saxe (atual rua General Canabarro), e a uma pequena distância do Palácio Leopoldina, onde moravam dois netos do imperador. Além dos irmãos Leal, seus colegas de moradia incluíam Fileto Pires Ferreira, Ovídio Abrantes e Hastínfilo de Moura. Como Rondon, a maioria de seus novos colegas era oriunda de rincões remotos, menosprezados ou esquecidos do Império — Goiás, Maranhão, Piauí —, e todos futuramente teriam carreiras distintas como governadores estaduais, membros do Congresso, generais ou assessores presidenciais. Em décadas vindouras, mesmo quando assumiram posições políticas diferentes das de Rondon, permaneceram solidários a ele em um nível pessoal, sentimento que foi retribuído, e seguiriam para sempre numa leal rede de apoio.

O que unia o grupo de cadetes era sua admiração por Benjamin Constant, com quem tentavam passar o máximo de tempo possível. Não está claro se Constant fazia a apologia do positivismo em sala de aula, o que teria sido uma grave violação dos regulamentos, ou se restringia seu ativismo aos encontros depois do horário escolar com seu grupo cada vez maior de admiradores. Tasso Fragoso afirmou que "o nosso mestre nunca se utilizou de suas aulas para fazer propaganda política; limitava-se nelas aos deveres de lente".[16] Ele lembrava que Constant convencia pelo exemplo, pela força de sua personalidade e seu intelecto: "Penetrava na sala, em que seus discípulos o aguardavam, sereno e impecável no traje; sentava-se, pedia um livro, abria-o, quiçá como simples testemunho de modéstia, e começava a preleção sem nunca mais olhar para ele".[17]

Mas Rondon, nas memórias que ditou no fim da vida, tinha lembranças bem diferentes, assim como outros admiradores de Constant. "Não ocultava Benjamin Constant suas convicções republicanas", declarou. "Ao contrário, expunha-as [...]. Foi da cátedra que espalhou as sementes de idealismo que frutificaram a 15 de novembro."[18] João de Albuquerque Serejo, outro morador da república na Duque de Saxe — que um dia se casaria com uma das filhas de Benjamin Constant e alcançaria a patente de marechal —, recordou, décadas depois: "Quem tivesse ouvido as aulas de Benjamin tinha que tornar-se republicano, a menos que não tivesse sensibilidade".[19]

Em meados de outubro, a situação da Monarquia começava a parecer insustentável. Em 23 de outubro, num baile na Praia Vermelha para dar as boas-vindas a uma delegação da Marinha chilena, republicanos e monarquistas brigaram abertamente na frente dos visitantes. Benjamin Constant, que era um dos oradores, começou a fazer uma fervorosa refutação contra as acusações de que o Exército estava sendo insubordinado, acusando o governo imperial de querer meramente "um exército de janízaros", ou seja, um bando de soldados leais ao imperador. Mas isso não iria acontecer, argumentava Constant, porque "sob a farda de cada soldado pulsa o coração de um cidadão e de um patriota". Ele foi ovacionado pelos cadetes, Rondon entre eles, que gritaram vivas ao seu "líder" por vários minutos. O então ministro da Guerra, Cândido Luís de Oliveira, por outro lado, ficou tão ultrajado que saiu antes de Constant terminar seu discurso, sendo bombardeado por exclamações de zombaria e cadetes gritando "Viva a República... do Chile!".[20]

Quando a notícia do incidente chegou ao visconde de Ouro Preto — Afonso Celso de Assis Figueiredo, que na condição de presidente do Conselho de Ministros do imperador era o efetivo primeiro-ministro do país —, ele ficou furioso. Convocou seu ministro da Guerra e o advertiu, dizendo que em vez de deixar o recinto, seu dever teria sido prender Constant imediatamente, na frente dos cadetes e dos chilenos. O visconde também levou a questão a Pedro II, requisitando permissão de remover Benjamin Constant do corpo docente da academia, rebaixá-lo de patente e encarcerá-lo. Mas d. Pedro, cujos netos tinham aulas particulares de matemática com Constant, não aceitou: "Olha, o Benjamin é uma excelente criatura, incapaz de violência", respondeu o imperador. "É o homem de X mais B, e além disso muito meu amigo. Mande chamá-lo, fale com franqueza e verá que ele acabará voltando ao bom caminho."[21] Alguém tinha de ser punido pela ousadia dos cadetes e alferes, porém. Assim, o brigadeiro Marques de Sá acabou pagando o pato e foi exonerado do cargo de diretor da academia.

O primeiro-ministro e seus aliados — entre os quais o marido da princesa Isabel, Gastão d'Orléans, mais conhecido por seu título de nobreza, conde d'Eu — também consideravam uma série de medidas visando enfraquecer o Exército como instituição e desse modo diminuir a ameaça que os militares representavam para a Monarquia. Ele e seu gabinete transferiram algumas unidades para fora da capital e discutiram uma legislação que fortalecesse a Guarda Nacional, uma força importante na Guerra do Paraguai que desde então entrara em declínio, além de aumentarem seu orçamento. Ao mesmo tempo, a Guarda Negra da Redentora — milícia estimada em 1500 homens, composta na maioria de ex-escravizados, todos devotados à princesa Isabel e à ideia de preservar o trono de modo que ela pudesse um dia assumi-lo — foi formada dois meses após o decreto da abolição. Isso alienou ainda mais os conspiradores republicanos no Exército, que desprezavam particularmente o conde d'Eu, um francês de nascimento que falava português com forte sotaque. "Era grande a apreensão pelo Terceiro Reinado em mãos de um príncipe estrangeiro", relatou Rondon, sempre o nacionalista fervoroso.[22]

Na noite de 9 de novembro de 1889, sábado, dois eventos notáveis aconteceram no Rio de Janeiro, com Rondon presente em ambos — em um como espectador, no outro como participante ativo. O primeiro foi um extravagante baile promovido pela família real em homenagem aos visitantes chilenos e como comemoração do aniversário de casamento de 25 anos da princesa Isabel, realizado na Ilha Fiscal, um posto alfandegário situado na baía de Guanabara. Para a festa, o visconde de Ouro Preto, encarregado dos preparativos, não poupou despesas. Lanternas foram penduradas por toda a ilha, uma floresta artificial de palmeiras foi plantada e o interior do farol francês em estilo gótico recebeu luxuosa decoração.

Entre os 5 mil que compareceram ao baile, havia membros da corte, senadores e deputados, o corpo diplomático, oficiais militares e a nata da alta sociedade civil; todos em trajes de gala, os homens exibindo as medalhas concedidas por Pedro II e as mulheres ostentando suas joias. Com duas orquestras em extremidades opostas da pequena ilha, os convivas se refestelaram com o banquete de faisão, peru, oitocentos quilos de camarão e lagosta, bandejas carregadas de aspargos e trufas, 304 engradados de vinho, conhaque e champanhe importados, milhares de litros de cerveja e travessas de doces, sorvetes, frutas tropicais e outras sobremesas.

O baile, aparentemente uma tentativa do visconde de Ouro Preto de convencer a imprensa e o populacho da robustez do Império, foi, na verdade, o derradeiro sopro de ostentação da pompa monárquica e entrou para a história como o exemplo mais gritante da cegueira da elite imperial para a fermentação política que borbulhava à sua volta. Na realidade, vários dos principais conspiradores envolvidos na derrubada do imperador compareceram ao baile, não apenas Rondon. No entanto, pouco depois da meia-noite, ele e outros cadetes deixaram de fininho o evento, que continuaria até o amanhecer, e discretamente se dirigiram a outro compromisso com propósitos mais sérios, dessa vez no Clube Militar, que ficava ali perto, no centro da cidade.

A reunião no Clube Militar já começara havia várias horas quando Rondon e seus colegas, trajando ainda uniformes azuis e capas vermelhas, chegaram. Mas nenhum consenso fora atingido com respeito ao assunto que motivara o encontro: o futuro da Monarquia, se é que havia algum. O presidente do clube, marechal Deodoro da Fonseca, acamado por uma febre que contraíra no Mato Grosso, não pôde comparecer, assim coube a Benjamin Constant mediar o debate, que foi ficando cada vez mais acalorado à medida que a noite avançava.

Constant conclamava abertamente à revolta, uma postura surpreendente em vista de suas convicções positivistas. Comte sempre se opusera à violência e à revolução em todas as suas formas, mas Constant a essa altura "refinara" a doutrina positivista ortodoxa para admitir a intervenção militar "em casos especialmente extremos". Ele argumentava que tais condições haviam sido cumpridas e que era dever dos "cidadãos-soldados" resgatar o país do "estado de coisas tão lastimável a que a política de homens sem critério pretendia nos reduzir". A certo momento, Constant até mesmo sugeriu que em vez de liderar uma rebelião, podia abandonar o Exército para protestar contra as políticas imperiais. A assembleia, contudo, vociferou, rejeitando a ideia, e o encontro terminou com Constant prometendo "alcançar um resultado digno em oito dias", ou seja, no máximo até 17 de novembro.[23]

As coisas nesse ponto começaram a avançar rapidamente. Em 10 de novembro, Constant visitou o marechal Deodoro, informou que os militares estavam prontos para entrar em ação e lhe pediu que liderasse a revolta, ao que ele aceitou, embora relutante: em carta a um parente, escreveu que a "República no Brasil é coisa impossível porque será uma verdadeira desgraça. Os brasileiros estão e estarão muito mal-educados para republicanos. O único sustentáculo do nosso Brasil é a Monarquia. Se mal com ela, pior sem ela".[24] No dia seguinte, Rondon e 55 outros cadetes da ESG, positivistas na maioria, assinaram uma breve declaração prometendo acompanhar Benjamin Constant "em todo o terreno, até o da resistência armada".[25] Também em 11 de novembro, Benjamin Constant recebeu em casa um grupo de políticos e jornalistas proeminentes, conquistando seu apoio.

Na tarde de 14 de novembro, os irmãos Leal chamaram Rondon para a festa de aniversário de um vizinho. Como de início ele declinou do convite, os amigos tentaram persuadi-lo contando que Francisca Xavier, que Rondon cortejava e que mais tarde se tornaria sua esposa, também estaria presente. Sabendo que o golpe poderia acontecer a qualquer momento, Rondon continuou relutante: "Sentia-me assim dividido entre o desejo ardente de estar ao lado de Chiquita e a preocupação de estar alerta"[26] para um possível chamado às armas. No fim, um dos colegas da república concordou em ir à sua procura na festa caso percebesse que algo estava prestes a acontecer. E, de fato, Rondon, trajado em roupas civis, estava sentado ao lado da amada quando uma carruagem chegou pouco depois das dez da noite e ele escutou seu nome sendo chamado. Ele e os irmãos Leal entraram correndo no coche, voltaram para casa, vestiram o uniforme e se dirigiram ao quartel-general do 2º Regimento.

"Estava cheio o quartel"[27] quando Rondon e os outros chegaram e armas foram distribuídas, antecipando um confronto. Rondon pediu — e obteve — sua arma predileta, um revólver Nagant que guardaria pelo resto da vida como uma lembrança do que estava prestes a acontecer.[*] Às duas da manhã, Benjamin Constant chegou e imediatamente se fechou na sala de reuniões com outros oficiais de alto escalão. Por algum motivo, o líder positivista Raimundo Teixeira Mendes também estava presente no quartel, exigindo em altos brados que os militares instaurassem uma ditadura. Quando Constant saiu da reunião, chamou Rondon e seu amigo Augusto Tasso Fragoso, retirou-se com eles para um canto e explicou que os estava incumbindo de uma delicada missão.

O Exército estava pronto para se insurgir e seguro do apoio de todas as suas fileiras, disse-lhes Constant. Mas ainda não estava claro como a Marinha reagiria: o almirante Eduardo Wandenkolk assumira uma posição ambivalente, afirmando que apoiava os objetivos dos rebeldes "até certo ponto". Constant precisava que Rondon e Fragoso levassem uma carta lacrada para Wandenkolk contendo uma pergunta crucial: estava contra ou a favor? Permitiria liberdade de movimento aos insurgentes quando se mobilizassem para depor o imperador? Se a resposta fosse sim, ou se a Marinha decidisse permanecer neutra, então os cadetes regressariam com a notícia encorajadora após um breve desvio para alertar o 7º Batalhão de Infantaria de que a revolta começara. Por outro lado, se a Marinha decidisse continuar leal à Monarquia, então tanto Rondon quanto Fragoso muito provavelmente seriam detidos e mandados para a prisão; em teoria, podiam até enfrentar a corte marcial e, se julgados culpados, executados. Esse era o risco que ele lhes pedia que assumissem.

Pouco antes das quatro da manhã, Rondon e Fragoso partiram para o quartel-general da Marinha. Galopando pela cidade silenciosa, o eco dos cascos dos cavalos nos paralelepípedos soava para Rondon como trovoadas, "mas prosseguimos sem obstáculos". A meio caminho de seu destino, na Cidade Nova, os dois emissários dos rebeldes acharam melhor reduzir a velocidade e trotar junto à grade que cercava o prédio, usando a treliça coberta de trepadeiras como cobertura. O quartel-general estava "todo iluminado, como que para advertir de que o governo vigiava",[28] e isso os deixou ainda mais cautelosos — que continuasse havendo sinais de atividade a hora tão avançada era mau presságio.

O Clube Naval, onde o almirante Wandenkolk passava a noite, localizava-se no centro, no largo do Rossio, onde hoje fica a praça Tiradentes, a alguns quilômetros do

---

[*] O revólver está exposto no Espaço Cultural Marechal Rondon, do 1º Batalhão de Comunicações, em Santo Ângelo, no Rio Grande do Sul.

ponto de partida de Rondon. Seu cavalo, espumando e suando com o tremendo esforço, deve ter percebido seu nervosismo, pois de repente começou a refugar, obrigando-o a acalmá-lo conforme se aproximavam. Os dois apearam, bateram três vezes na porta e esperaram, segundo um Rondon muito tenso, "alguns minutos" antes de alguém aparecer.[29] Do lado de dentro escutaram o guarda dizer a senha, ao que responderam com uma contrassenha fornecida por Constant, repetida três vezes. Uma fenda se abriu na porta e eles entregaram a carta de Constant para o comandante da Marinha. Depois disso, a única coisa que Rondon e Fragoso podiam fazer era esperar enquanto seu destino — e o do Brasil — era determinado.

Para seu alívio, após longa e angustiante demora, a fenda tornou a se abrir e lhes foi entregue outra carta, endereçada a Benjamin Constant. Nenhuma unidade armada apareceu para levá-los sob custódia e assim eles rumaram para o quartel do 7º Batalhão, a menos de um quilômetro dali, contíguo ao mosteiro de Santo Antônio, no Largo da Carioca. Transmitiram as instruções de Benjamin Constant para o capitão encarregado, depois voltaram galopando a todo vapor a São Cristóvão com a carta do almirante Wandenkolk na mão, chegando ao quartel-general dos rebeldes aos primeiros raios do sol.

Por mais exausto que Rondon pudesse estar após a longa e tensa cavalgada, não havia tempo para dormir agora que o apoio da Marinha estava assegurado. Inicialmente, Benjamin Constant deixou Rondon encarregado de uma unidade de artilharia e ordenou que pusesse seus homens em marcha, na companhia de vários outros destacamentos de infantaria e cavalaria, de volta ao quartel-general do Exército, onde o visconde de Ouro Preto e o restante de seu gabinete estavam agora reunidos numa sessão de emergência. Uma altercação já ocorrera ali: quando o ministro da Marinha chegou atrasado para a reunião, um alferes rebelde tentou prendê-lo, tiros foram trocados e o ministro ficou ferido no braço. O objetivo de Benjamin Constant era fazer uma demonstração de força esmagadora, a fim de evitar mais derramamento de sangue e forçar a capitulação do governo; a unidade de artilharia de Rondon era parte dessa demonstração.

A essa altura o dia amanhecera e uma multidão de civis, muitos deles em um passeio matinal com seus cachorros e sombrinhas, se juntara em torno do campo de manobras para observar o desenrolar do confronto: um amigo de Rondon chegara até a se encontrar com o dr. Francisco Xavier e suas filhas em uma rua próxima e os aconselhara a voltar para casa. O professor Xavier perguntou por quê, pois Rondon e os irmãos Leal haviam deixado a festa de aniversário na noite anterior sem oferecer qualquer explicação para a missão da qual estavam incumbidos. Até esse momento, a família Xavier, como cerca de meio milhão de outros civis morando na capital imperial, não fazia ideia de que uma rebelião militar estava em andamento.

Por sua vez, ao chegar ao quartel-general do Exército, o próprio Benjamin Constant pôde ver que sua estratégia estava funcionando. Quando o gabinete ordenou que o comandante das forças legalistas no quartel, o general Floriano Peixoto, um herói da Guerra do Paraguai, atacasse os rebeldes, ele se recusou, dizendo que, embora não fizesse objeção a usar de violência para defender o país contra um invasor estrangeiro, "aqui somos todos brasileiros. Estes bordados ganhei-os a serviço da pátria, não a serviço de ministros".[30] Pouco depois das nove da manhã, os portões de ferro do quartel-general se abriram e as tropas legalistas saíram, entre vivas e abraços de seus camaradas rebeldes, sendo recebidas com uma salva de 21 tiros. Brados de "Viva a República!" começaram a encher o ar, para perplexidade dos curiosos que assistiam. Rondon se juntou ao coro, mas até o fim da vida afirmaria ter escutado Deodoro da Fonseca, suposto chefe da rebelião, inadvertidamente (para outros, deliberadamente) gritar "Viva o imperador!".

Chegando ao campo de Santana, Benjamin Constant ordenara que Rondon permanecesse a seu lado, como parte de um pequeno grupo de guarda-costas. Agora Constant e Deodoro da Fonseca faziam uma entrada triunfal no quartel-general do Exército e iam diretamente à sala onde o gabinete derrotado do imperador os aguardava. Constant — ladeado por Rondon, o único de pele escura em ambos os grupos, revólver no coldre — anunciou aos ministros que estavam sendo destituídos do cargo e lhes deu voz de prisão, para que ficassem "à disposição" do novo regime revolucionário. Rondon jamais esqueceria a maneira como o visconde de Ouro Preto reagiu a essa afirmação de autoridade: "Não deixava de olhar fixamente para Benjamin Constant", raiva e arrependimento em seu olhar. "Previra sempre que aquele moço daria com a Monarquia em terra", e agora a premonição se concretizara.[31]

Pelo resto da vida, Rondon sempre se referiria à proclamação da República dos Estados Unidos do Brasil nesse 15 de novembro como "Revolução de 1889". Quase todos os historiadores brasileiros modernos, porém, consideram a queda da Monarquia um golpe militar, e do tipo mais prosaico, aliás. Porém, a despeito da nomenclatura que apliquemos aos eventos desse dia, eles permanecem únicos por um motivo: são o primeiro e único exemplo na história mundial de uma tomada de poder positivista bem-sucedida.

Como um dos guarda-costas de Benjamin Constant, Rondon acompanhou o professor até sua nova sala no Ministério da Guerra, onde uma multidão de apoiadores e oportunistas logo se juntou. Miguel Lemos, chefe do Apostolado Positivista do Brasil, veio oferecer suas bênçãos ao novo governo, e quando Benjamin Constant respondeu, a voz "embargada de comoção" e à beira das lágrimas, que a nova República "não poderia [...] ter melhores conselheiros" do que Lemos e Teixeira Mendes, Rondon ficou emocionado.[32] Era o raiar de uma nova era, assim lhe pareceu, e aos 24 anos ele teve a honra não só de presenciar seu nascimento, como também de ter desempenhado um papel, pequeno mas importante, para sua chegada.

PARTE II

Rondon distribuindo presentes aos Paresí, em 1913, no Mato Grosso.
O registro é de Luiz Thomaz Reis.

PART II

4. "Ali começa o sertão chamado bruto"

O sentimento de euforia entre os republicanos, ocasionado pelo nascimento de uma nova ordem política, não durou muito. No início de 1890, semanas após a derrubada do imperador, eles já brigavam entre si e puxavam o tapete uns dos outros para conquistar uma posição mais vantajosa no novo governo. Como resultado, os membros do gabinete iam e vinham: entre as primeiras baixas estava Benjamin Constant, que entregaria o cargo de ministro da Guerra em março, para passar à posição bem menos influente de ministro da Instrução Pública, Correios e Telégrafos, na vã esperança de implantar um sistema de ensino positivista. No fim do ano, Benjamin Constant foi afastado de vez do governo e, em janeiro de 1891 morreu de malária. Por sua vez, seu sucessor no Ministério da Guerra, o almirante Wandenkolk, duraria apenas um mês antes de ser substituído por Floriano Peixoto, que no início de 1891 se tornara vice-presidente — e no fim do ano viraria presidente.

Embora a facção positivista dentro do Exército estivesse claramente perdendo força, os militares como um todo não estavam. Pelo contrário, consolidavam seu controle no governo, muitas vezes mediante o autoritarismo, e Rondon se beneficiou diretamente disso. Em 4 de janeiro de 1890 foi promovido a segundo-tenente de artilharia, patente geralmente conferida para alguém com seu treinamento em matemática, física e engenharia. Nem bem duas semanas depois, porém, foi notificado da invejável promoção a primeiro-tenente, vinculado ao Estado-Maior, em reconhecimento por "serviços relevantes".[1] Isso, sem dúvida, era uma referência à sua participação na derrubada de Pedro II e no estabelecimento da República.

Rondon não foi o único recompensado dessa forma: o mesmo se deu com Tasso Fragoso e todos os demais cadetes e oficiais diretamente envolvidos no golpe de Estado. E, por insistência de Rondon e outros que haviam servido no conselho editorial da *Revista da Familia Academica*, o amigo Euclides da Cunha, antes exonerado, foi reintegrado ao corpo de oficiais. Com a República agora instituída e o novo regime tentando identificar quem eram seus inimigos e quem eram seus amigos, ter tomado parte na queda de Pedro II era uma distinção que punha todo um grupo de jovens soldados, Rondon entre eles, na rota do sucesso. Nem todos iriam tão longe quanto Rondon — Euclides da Cunha, por exemplo, se envolveria em problemas políticos novamente em 1894 e deixaria o Exército em 1896 para se tornar engenheiro civil — e muitos outros abandonariam o positivismo. Eles, no entanto, tinham uma identidade de grupo ainda mais forte do que a usual entre alunos da mesma turma e haviam forjado um profundo senso de camaradagem que perduraria pelos quarenta anos seguintes.

Em 1º de fevereiro de 1890, quando Rondon começava a usufruir tanto do novo soldo que acompanhou suas promoções quanto da sensação de segurança que isso trazia, ele e Chiquita Xavier anunciaram o noivado, marcando a data do casamento para exatamente dois anos depois. Nenhum amigo de Rondon se surpreendeu com a notícia, tampouco os pais de Chiquita. O relacionamento fora sério desde o começo, os pais da moça gostavam de Cândido Mariano e achavam que estava destinado a uma carreira brilhante. Todo mundo acreditava que a união do jovem oficial circunspecto, mas ambicioso, com a talentosa jovem de classe média era ideal, e a complicada questão da origem racial e da classe social de Rondon aparentemente nunca foi um problema.

Nascida em 14 de abril de 1872, no Rio de Janeiro, Francisca Xavier era sete anos mais nova que Rondon. Foi batizada em homenagem ao pai, Francisco José Xavier, um médico ilustre especializado em tuberculose, e, quando a Santa Casa de Misericórdia inaugurou um hospital especial para tísicos, ele foi escolhido para administrá-lo. Além disso, o dr. Xavier também lecionava no Colégio Pedro II e foi graças a essa ligação que Rondon o conheceu quatro anos antes da filha: em 1883, foi professor de geografia e português de Rondon, e nessa atribuição se tornou um dos primeiros a enxergar uma promessa intelectual no "pequeno mestiço" vindo das províncias. Na verdade, ele rapidamente passaria a ser um dos mais importantes defensores e aliados de Rondon.

O ensino de Francisca, por sua vez, começou em casa, com a mãe, Teresa Dias Xavier, e depois, quando ficou óbvio que era academicamente dotada, com o pai. Depois o próprio reitor do Colégio Pedro II assumiu a responsabilidade de lhe dar aulas particulares: durante o fim do período imperial, mulheres não tinham permissão de cursar a escola, mas ele ficou "preocupado com o descaso que havia naquele tempo pela instrução feminina"[2] e não queria ver os talentos de Francisca sendo desperdiçados. Aos dezesseis anos, ela se matriculou na Escola Normal, pretendendo exercer o magistério, mas, quando o noivado com Rondon foi anunciado, quase imediatamente parou de estudar, pouco antes de obter o diploma de normalista.

Rondon fora apresentado a Chiquita por dois amigos da *Revista da Família Acade-mica*, os irmãos Alexandre e Antônio Vieira Leal, o primeiro dos quais chegaria a chefe de Estado-Maior do Exército perto do fim de sua carreira. Como Rondon contaria mais tarde, quando exercícios militares foram programados para fevereiro de 1887 no campo de manobras da academia, os irmãos Leal convidaram toda a família Xavier para comparecer ao evento. O pai dos irmãos recentemente se tornara diretor do Colégio Pedro II e os dois sabiam que o professor Xavier tinha duas filhas atraentes, Teresa e Francisca, que eles queriam apresentar aos seus colegas cadetes.

Durante um intervalo nas manobras, os irmãos Leal levaram as jovens até o grupo de cadetes para fazer as apresentações formais. Rondon manteve distância, circunspecto e um pouco tímido, como era sua natureza quando estava perto de pessoas que não conhecia. Ao perceber isso, um dos irmãos se aproximou dele e tentou, em vão, fazê-lo se juntar ao grupo. "Apresentar-me à família do dr. Xavier!", protestou Rondon, meio brincando. "Pois vocês não sabem que sou 'bicho do mato', que só sei lidar com livros e, a não ser o de meus companheiros, qualquer contato me faz morrer de acanhamento?!"[3]

Só depois que seus amigos lhe disseram que sua conduta estava deixando todo mundo constrangido, ele deu o braço a torcer, "muito a contragosto". Alexandre Leal fez as apresentações: "É este o melhor aluno da escola", disse para as irmãs Xavier. Mas Rondon continuou fechado em copas, e nos 55 anos de casamento Chiquita sempre o provocaria por esse momento: "Manteve-se em silêncio diante da cordialidade com que foi recebido, empertigado como se estivesse em forma", reclamaria ela, em tom de gracejo. "Depois fugiu, eclipsou-se." Ao que Rondon, que em 1887 já estava inteira-mente recuperado da enfermidade que quase o matara alguns meses antes, responderia que seu acanhamento se devia ao fato de ter escutado Chiquita sussurrar para a irmã: "Como é gordo!".[4]

Mas não demorou para Rondon deixar a timidez de lado e aproveitar qualquer pre-texto para passar o máximo de tempo possível na casa da família Xavier, em Piedade, com ou sem os irmãos Leal. A corte de quatro anos a Chiquita foi devidamente feita à moda antiga, como exigido pelos códigos sociais conservadores do fim do período imperial. O casal quase não passava tempo sozinho: na maioria das vezes, ele se juntava ao grupo na residência familiar ou acompanhava a família a piqueniques e outros passeios, e sempre que ela saía de casa, a irmã ia junto como acompanhante. Às vezes, a família toda se deslocava até a cidade para ver Rondon competir em um evento esportivo ou exercício militar, ou então ele era convidado a acompanhá-los em concertos e peças. Mas essas ocasiões, a despeito do limitado contato que ofereciam, foram, ao que tudo indica, o suficiente para permitir a Chiquita avaliar o caráter e a idoneidade de seu pretendente. Por fim, quando ele pediu sua mão, ela aceitou sem hesitar. Se ele era obviamente uma pessoa séria, ela também era.

Infelizmente, Rondon e Chiquita seriam obrigados a passar quase o primeiro ano inteiro de noivado longe um do outro, comunicando-se só por cartas e ocasionais telegramas. Apenas dois dias antes do Natal de 1889, mesmo antes de suas promoções serem anunciadas, quando estava prestes a se formar na Escola de Guerra mas tecnicamente ainda era alferes-aluno, Rondon ganhou sua primeira missão como oficial: recebeu ordens de integrar uma unidade de engenharia e construção que, tão logo cessasse a estação chuvosa, retomaria as obras de uma linha telegráfica de Cuiabá ao estado de Goiás e o rio Araguaia, a leste, iniciada durante o Império, mas paralisada por problemas logísticos e de engenharia, além de confrontos com grupos indígenas hostis.

Assim, em 6 de março de 1890, de partida para sua missão e se despedindo de Chiquita e outros membros da família Xavier, Rondon zarpou do porto do Rio, rumo a sua região de origem pela primeira vez em quase uma década. Ele partira do Mato Grosso mergulhado em dúvidas sobre o futuro, temeroso de que o fracasso o condenaria a uma vida de insignificância, mas agora, após a costumeira viagem de barco de um mês, voltaria em triunfo a Cuiabá, com um diploma de ciências e o uniforme de oficial do Exército brasileiro. "É fácil avaliar minha emoção ao rever meu estado natal depois dessa longa ausência", Rondon escreveu. "Partira empolgado pelo ardente desejo de vencer, e voltava feliz."[5]

A incumbência era perfeita para Rondon, porque ligar Goiás e Mato Grosso ao restante do Brasil, sua aspiração de adolescente, despertava tanto o lado científico quanto idealista de sua personalidade. Mas ele também ficou atraído pela oportunidade de aprender com um oficial mais velho e companheiro de positivismo que admirava profundamente, Antônio Ernesto Gomes Carneiro. Quase duas décadas mais velho, Gomes Carneiro nascera em Minas Gerais, no fim de 1846. Teve uma educação católica e quando criança pensava em ser padre: após passar por dois seminários em Minas Gerais, foi enviado a um mosteiro beneditino no Rio de Janeiro. No entanto, quando eclodiu a Guerra do Paraguai, um ímpeto de ardor patriótico levou Gomes Carneiro a mudar de planos e se alistar no Exército, pouco depois de completar dezoito anos — e, exatamente como Rondon, entrou na corporação não como oficial, mas como soldado raso. Como membro do corpo de voluntários,* foi mandado para o front, onde combateu em diversas batalhas, feriu-se em três ocasiões e foi promovido duas vezes, primeiro a sargento e em seguida a alferes.

A guerra marcou fortemente Gomes Carneiro. Ele abandonou sua fé e, em vez de voltar ao seminário, matriculou-se na academia militar quando a luta terminou. Ali se destacou em sua turma e, como tantos colegas, ficou fascinado pelas ideias de Auguste Comte e seu séquito crescente de discípulos brasileiros. Quando se formou,

---

* Na época, o alistamento era facultativo.

as promoções vieram rapidamente, assim como as honrarias: em 1881, aos 34 anos, foi convocado para acompanhar a comitiva de Pedro II em uma viagem por Minas Gerais. Quando Rondon o conheceu na academia militar, Gomes Carneiro, então professor de engenharia, estava prestes a ser promovido a major e, ao ser incumbido do projeto das linhas telegráficas no Araguaia, em 1890, também foi alçado a tenente-coronel, ainda que não houvesse participado diretamente na queda do imperador.

"[Ele] foi verdadeiramente meu mestre prático do sertão", escreveria Rondon mais tarde. Graças à ajuda de Gomes Carneiro durante duas longas missões de reconhecimento que fizeram pouco após o retorno de Rondon, acompanhados apenas por dois ordenanças, "pude assim [me] tornar perfeito conhecedor" do leste do Mato Grosso e adquirir as habilidades exigidas para instalar uma linha telegráfica. Além do mais, os dois forjaram um laço pessoal que os manteve "estreitamente ligados pelo resto da vida", recordou ainda. Cavalgando lado a lado como "chefe e ajudante" através do sertão não mapeado, Gomes Carneiro "satisfazia meu ardente desejo de saber, dando-me os nomes científicos e vulgares de todas as plantas, familiarizando-me com os animais que encontrávamos, explicando-me a constituição das rochas, piçarras, carbonatos, ao mesmo tempo que fazia observações e cuidadosamente anotava localidades e acidentes geográficos" em seu caderno de campo.[6]

Foi ainda Gomes Carneiro o primeiro a semear na mente de Rondon a ideia de que uma abordagem pacífica às tribos hostis podia render resultados melhores do que o incessante conflito com elas. Isso se devia a motivos tanto práticos quanto morais. Rondon mais tarde se lembraria como seu comandante, alinhado com a doutrina positivista, referia-se aos povos indígenas como "nossos irmãos das selvas" e, a fim de protegê-los da destruição promovida por colonos brancos e de suas próprias tropas, nervosas e com o dedo sempre no gatilho, instruiu que folhetos fossem afixados aos postes telegráficos por toda a linha, com a seguinte advertência: "Quem, dora em diante, tentar matar ou afugentar os índios de suas legítimas terras, terá de responder, por esse ato, perante a chefia desta comissão".[7]

Os primeiros duzentos quilômetros da rota projetada da linha telegráfica do Araguaia eram habitados, ainda que esparsamente, por brasileiros oriundos do litoral, na maior parte fazendeiros e seus antigos escravizados, que após a emancipação continuaram a trabalhar como mão de obra agrária mal remunerada. Em seu romance de 1872, *Inocência*, o visconde de Taunay oferece uma vívida descrição da inóspita região onde servira durante a Guerra do Paraguai, e que não mudara em nada desde essa época. "Anda-se comodamente, de habitação em habitação, mais ou menos chegadas umas às outras", escreve Taunay. "Rareiam, porém, depois as casas, mais e mais, e caminham-se largas horas, dias inteiros sem se ver morada nem gente [...]. Ali começa o sertão chamado bruto. Pousos sucedem a pousos, e nenhum teto habitado ou em ruínas, nenhuma palhoça ou tapera dá abrigo ao caminhante contra a frialdade das noites, contra o temporal que ameaça, ou a chuva que está caindo. Por toda a parte, a calma da campina não arroteada; por toda a parte, a vegetação virgem, como quando aí surgiu pela vez primeira."[8]

Mas à medida que avançava para leste, nos quatrocentos quilômetros remanescentes da linha, a expedição penetraria em território habitado pelos Bororo e, quanto mais a leste fossem os soldados, mais hostis seriam as tribos cujos domínios eram invadidos. Ali não era o coração da Amazônia, onde a própria natureza, com seus rios turbulentos e animais perigosos, constituía a principal causa de preocupação. Como Gomes Carneiro bem sabia e rapidamente comunicou a Rondon, o verdadeiro desafio em alcançar o Araguaia, como ficara provado em antigas tentativas de controlar a área, residia em superar a feroz resistência humana que provavelmente enfrentariam.

Um dia, quando estavam juntos numa missão de reconhecimento, Rondon e Gomes Carneiro toparam com carvões fumegantes de fogueiras recentes, sinal claro de que havia Bororo por perto. Por volta da meia-noite, quando dormiam na barraca, foram despertados pelos sons de pássaros e macacos. "Era como se toda a fauna em torno confabulasse",[9] lembraria Rondon mais tarde, e a algazarra os deixou alarmados. Eles identificaram alguns chamados como sendo de pássaros diurnos, o que significava que estavam escutando na verdade os Bororo se comunicarem entre si por longas distâncias. E como os Bororo evitavam lutar à noite, isso sugeria que um ataque sobreviria ao nascer do sol.

O que aconteceu a seguir deixou Rondon tão impressionado que ele se lembraria disso pelo resto da vida. "Estou no firme propósito de não lutar nunca com os índios", Gomes Carneiro lhe disse, ainda que os dois contassem com poder de fogo muito superior. "Seria, além de injusto, comprometer os resultados da expedição. Só nos resta um recurso: levantar acampamento e partir."[10] Assim, à luz bruxuleante de uma pequena fogueira no meio da noite, sem dúvida observados pelos Bororo, eles desmontaram a barraca, pegaram os cavalos e partiram, galopando à velocidade máxima nas trevas, até chegarem a Registro do Araguaia quando o dia amanheceu.

Como ditava o procedimento-padrão de projetos de engenharia no interior do país, Gomes Carneiro dividiu os soldados sob seu comando em três seções. Uma equipe avançada fazia o reconhecimento do terreno e escolhia o que considerava a melhor rota para a linha telegráfica. Os homens da equipe principal ficavam encarregados da efetiva construção: abatiam árvores, terraplenavam morros, abriam caminho na mata, entalhavam postes com os troncos, instalavam isolantes de porcelana nos braços de madeira aparafusados aos postes, depois erguiam o poste, chumbavam-no no chão e finalmente puxavam a fiação para o poste seguinte. Quando o trabalho estava terminado, uma equipe de retaguarda fazia o levantamento topográfico da linha construída e determinava suas coordenadas geográficas.

Como oficial de menor patente da equipe de Gomes Carneiro, após as primeiras excursões junto ao comandante, Rondon ficou encarregado da equipe de retaguarda, cujas responsabilidades eram menos penosas do que as das duas outras seções. Ele tinha vinte soldados sob seu comando e as operações ocorriam a cerca de quinze quilômetros do grupo de construção principal. No meio do mato, longe da rota de suprimentos, Rondon muitas vezes era obrigado a empregar as habilidades de sertanista que adquirira na infância. Como logo descobriria, não as perdera na década vivida no Rio de Janeiro. Se o suprimento estivesse escasso, ele podia, por exemplo, extrair açúcar do buriti, usando-o para adoçar um chá feito com uma espécie de samambaia encontrada nas fissuras das rochas calcárias, que Gomes Carneiro lhe mostrara; também sabia transformar a seiva do buriti numa bebida refrescante e até fermentá-la para fazer um tipo de vinho.

Para os homens sob seu comando, a maioria deles vindos de cidades ou fazendas próximas ao litoral, o conhecimento que Rondon exibia da fauna e da flora locais significava que nunca passariam fome. Havia, contudo, ocasiões em que resistiam ao que ele lhes oferecia. Quando voltava da caçada com um jacu nos ombros, ave de grande porte e capacidade de voo reduzida, ou com um mutum-grande, outra grande ave arbórea igualmente saborosa, era um banquete. Também podiam receber com água na boca a chegada de um tapir abatido nos vaus dos rios e nos baixios dos pântanos. "Frequentemente, porém", Rondon lembraria, "ficávamos reduzidos a... cobras, macacos, como carne". E quando a "abstinência nos fizera apertar o cinto até o último furo",[11] Rondon abatia um lobo ou um urubu, que ao serem cozidos produziam uma "espuma escura de cheiro nauseante". Nesse caso, os soldados torciam o nariz e comiam com relutância, entre resmungos, mas somente depois de Rondon levar à boca os primeiros nacos. "De fato, a 'bicharada' foi ingerida... porque eu dava o exemplo."[12]

Mas nada disso, nem qualquer outra forma de desconforto, tinha importância para Rondon. O que importava era que "a floresta que aprendi a amar não nos deixaria nunca morrer de fome".[13] Essa foi uma experiência crucial que no futuro afetaria o planejamento, a organização e a execução de todas as suas incursões, incluindo a célebre expedição com Theodore Roosevelt.

Às vezes era exequível transportar muitas provisões, pelo menos no início de uma missão. Mas, quando necessário, também ocorria de se deslocarem com pouca bagagem e viverem do que encontravam. Rondon desdenhava do costume europeu de viajar com enormes comboios de bestas de carga, soldados e carregadores nativos, transportando enlatados, porcelana fina e alimentos básicos que podiam facilmente apodrecer no calor tropical. Não, eles eram brasileiros vigorosos, calejados pela privação, atravessando seu próprio território, munidos do tipo de conhecimento local que lhes permitia marchar com pouca bagagem por um território inexplorado, por mais árduo que fosse. Ou assim ele veio a acreditar à medida que ganhava experiência sob o comando de Gomes Carneiro.

Mas Rondon também enfrentava outros desafios, testes mais difíceis para as capacidades de liderança de um jovem oficial. Os soldados do Exército brasileiro no início da República continuavam provindo em sua maioria dos estratos mais baixos da sociedade, como fora durante os últimos tempos do Império. Muitos eram analfabetos, outros sofriam de desnutrição ou doenças, alguns tinham sido simplesmente instados a se alistar pela propaganda do governo ou recrutados à força pelas forças policiais, e outros ainda eram escravizados alforriados sem meios de obter a própria subsistência. Nenhum deles estava em Mato Grosso por vontade própria e nenhum mostrava grande entusiasmo em construir 583 quilômetros de linhas telegráficas em pleno território indígena hostil.

Essa falta de motivação e confiabilidade era um problema constante para o Exército e a Marinha no século XIX, mesmo durante a onda de patriotismo que acompanhou a Guerra do Paraguai, e continuaria assim até as primeiras décadas do século XX. Um estudioso americano descreveu o Exército no tempo de Rondon como "uma instituição protopenal" que servia "como a principal ponte institucional entre o Estado e o submundo 'criminal' no fim do século XIX". A justiça e a polícia local rotineiramente condenavam os delinquentes — ou às vezes até inocentes que tinham a infelicidade de cair nas garras do governo — a sentenças de até seis anos no Exército. Além do mais, crianças de rua eram às vezes entregues a orfanatos do Exército, onde aguardavam sua vez de cerrar fileiras assim que atingissem a idade mínima de serviço militar. E todo ano cerca de mil homens eram forçados a servir como resultado de conduta considerada "desordeira, imoral e violenta".[14]

Não admira que fosse difícil manter a disciplina ou o moral elevado em tais circunstâncias, e os oficiais muitas vezes recorriam a castigos corporais para combater a indisciplina e sufocar motins antes que pudessem ganhar força. Como o próprio Rondon iniciara a carreira militar na condição de soldado raso, talvez compreendesse melhor do que a maioria dos oficiais o que levava os conscritos a se comportarem da maneira como o faziam. Ele certamente não temia as duras condições que eram forçados a suportar, pois não hesitava em se sujeitar às mesmas — ou piores — privações quando acreditava ser necessário dar o exemplo. Ele, porém, também exigia muito de seus homens, quase tanto quanto de si mesmo, e quando se indispunham contra suas ordens, ameaçavam se rebelar ou abandonavam a missão da qual estavam incumbidos, não pensava duas vezes antes de mandar amarrá-los a postes ou árvores e condená-los ao açoite.

Sempre extremamente reservado sobre o assunto, Rondon evitava chamar o castigo pelo devido nome. Em vez de se referir a açoitamento, chicotada, flagelação e até a chibatada, até o fim da vida costumou empregar um eufemismo obscuro: "Processo do conde de Lippe". A referência aqui é a Friedrich Wilhelm Ernst zu Schaumburg-Lippe-Bückeburg, oficial militar prussiano do século XVIII que comandou as tropas portuguesas contra a Espanha e a França durante a Guerra dos Sete Anos e depois ficou no país para reorganizar, treinar e "modernizar" o Exército português. Parte da herança deixada pelo conde de Lippe foi um código disciplinar germânico muito rígido, que migrou para os trópicos junto com a família real portuguesa em 1808 e continuou depois que o Brasil conquistou sua independência.

O regulamento de Lippe autorizava os oficiais a infligir graus variados de punições em soldados que cometessem atos de indisciplina. Dependendo da gravidade da ofensa, os castigos incluíam surras, açoitamentos, detenções e até, como às vezes ocorreu durante a Guerra do Paraguai, o pelotão de fuzilamento, no caso de desertores e outros acusados de covardia. Em tempos de guerra, e também quando saíam a campo nas missões em áreas remotas onde instituições e procedimentos normais ainda não existiam, oficiais gozavam de enorme autoridade sobre seus homens — e eram encorajados a exercê-la. Eram, em essência, juiz, júri e, ocasionalmente, carrasco.

Rondon tinha uma impressão ambivalente quanto ao uso de castigos corporais e continuaria assim por toda a sua carreira militar. Ele dizia abominar a prática, em parte porque era algo conflitante com suas convicções positivistas. Surras e açoitamentos eram desumanos, admitia. Mas havia ocasiões, argumentava, que constituíam a única ferramenta eficaz para preservar suas vidas e manter a ordem. Nessas ocasiões, "fui forçado a agir com maior energia e usar o processo do conde de Lippe"[15] de modo a manter "o princípio da autoridade".[16] Décadas mais tarde, ele admitiria para seu ajudante mais próximo e confidente, Amílcar Armando Botelho de Magalhães, sobrinho de Benjamin Constant, que tais atos eram "uma violência em face dos regulamentos militares, que não previam todavia nem fatos como esse, nem as regras excepcionais da disciplina para o caso dos destacamentos em serviço no sertão, onde não se pode contar com reservas e apoio de outras tropas militares".[17]

Não muito depois de completar o primeiro estágio da missão, que consistia em 84 quilômetros de telégrafo de São Bento a uma fazenda chamada Capim Branco, dois acontecimentos inesperados mudaram o status de Rondon na expedição. O primeiro foi que o major encarregado da equipe avançada, Caetano Manoel de Faria e Albuquerque, renunciou ao posto para concorrer (com sucesso) a uma vaga na Assembleia Constituinte de 1891, que redigiria a primeira Constituição republicana do Brasil. Faria e Albuquerque era mato-grossense, como Rondon, mas, ao contrário deste, vinha de uma família influente. Seu pai era comandante militar da província quando ele nasceu, em 1857, e pertencia a uma das famílias mais poderosas de Pernambuco. Seus caminhos se cruzariam diversas vezes no futuro: ele participaria da construção de fortes, linhas telegráficas e até de uma ferrovia em regiões do Mato Grosso próximas de onde Rondon servia e, após se aposentar do Exército, em 1913, com a patente de general de brigada, foi eleito governador do estado em 1915, servindo até 1917. Nessa função, ele e Rondon colaboraram em inúmeros projetos de construção e cartografia, bem como nas tentativas de diminuir a violência que infestava a política em seu estado natal. Mais importante, ele sempre estava disposto a financiar os projetos de Rondon quando o governo federal o deixava na mão.

Rondon parece ter se destacado como comandante das tropas de retaguarda, pois Gomes Carneiro imediatamente o designou para suceder Faria e Albuquerque como chefe da equipe avançada — um mero tenente assumindo uma incumbência que fora dada a um major. Mas então um novo acontecimento ameaçou atrapalhar esse plano: por recomendação de Benjamin Constant, agora ministro da Instrução Pública, Correios e Telégrafos no novo governo, o Estado-Maior do Exército decidira nomear Rondon lente de astronomia e mecânica celeste na academia militar.

Rondon tinha sentimentos um pouco contraditórios acerca da nova missão que lhe era oferecida. Era uma promoção e se tratava de um trabalho estável e prestigioso na capital, onde poderia passar longos períodos com Chiquita assim que se casassem. Além do mais, oferecia a perspectiva de um tipo de vida completamente diferente, uma vida "calma e metódica", estabelecida e segura, com uma sinecura que lhe daria a liberdade de perseguir suas aspirações científicas. Tudo isso era atraente. Mas ele também apreciava os desafios de engenharia e cartografia envolvidos na construção de uma linha telegráfica, bem como a vida "empolgante", de ação, que os acompanhava. Ficou, portanto, dividido com a nomeação.[18]

Gomes Carneiro, porém, não era afligido por conflito semelhante: o que o preocupava era não só a possibilidade de perder outro oficial mato-grossense — havia tão poucos no Exército! —, como também, e principalmente, a perspectiva de ver um oficial tão talentoso e dedicado sendo tirado de suas mãos. Ele enviou na mesma hora uma mensagem de protesto para o alto-comando no Rio, comunicando sua insatisfação: "Acabo receber seu telegrama infelizmente não posso cumprir ordem faço seguinte consulta sendo esse ajudante indispensável recolher-se-á quando terminada comissão assumindo, então, função para que foi nomeado. Gomes Carneiro."[19]

"De acordo consultei ministro Guerra"[20] foi a resposta telegrafada do Rio de Janeiro, assinada por ninguém menos que Floriano Peixoto. Vendo em retrospecto, tudo isso é bastante extraordinário. Rondon mal completara 25 anos e, contudo, vemos três das figuras mais poderosas e notáveis do Exército, dois dos quais líderes da República recém-criada e que haviam desempenhado papéis decisivos na queda do imperador, brigando pelo futuro de um mero tenente. Isso é um indicativo da grande estima que ele gozava nos escalões mais altos desde o início de sua carreira como oficial e dos poderosos protetores que conquistara.

Foi também por volta dessa época que Rondon finalmente virou Rondon — ou seja, quando adotou formal e oficialmente o nome pelo qual se tornaria famoso. Em 28 de novembro de 1890, uma circular do Exército determinava que o tenente Cândido Mariano da Silva doravante tinha "permissão para acrescentar ao seu nome o apelido de Rondon".[21] Ao longo dos anos, várias explicações foram dadas para essa mudança de identidade e todas elas podem de fato ter algum grau de verdade. Em suas memórias, o próprio Rondon explicou a atitude como, antes de mais nada, uma forma de prestar tributo a seu tio Manoel. "Meu coração transbordava de grato afeto com aquele que me fizera as vezes de pai e cujo nome — nome de minha avó paterna — usava eu agora para o homenagear."[22] Mas o sobrenome de Manoel era Rodrigues da Silva, não Rondon, e quando adolescente, uma década antes, Cândido recusara a sugestão de ser adotado pelo tio, o que teria levado a sua adoção desse sobrenome.

Outras explicações, oferecidas em várias ocasiões pelo próprio Rondon, sugerem que havia em jogo algo mais do que uma simples homenagem ao parente vivo mais próximo pelo lado paterno. Como Silva é um dos sobrenomes mais comuns do Brasil, havia muitos homônimos pelo país, e um deles aparentemente era um trapaceiro que aplicara vários golpes. O nome Cândido Mariano da Silva, desse modo, adquiriu uma associação desagradável, e Rondon poderia, teoricamente, ter sido implicado em algum processo legal e obrigado a provar que ele e o trapaceiro não eram a mesma pessoa. Ou poderia ainda ter encontrado dificuldades em obter crédito e sido vítima de comentários maldosos, possibilidades impensáveis para um homem de seu caráter.

Porém, se Rondon simplesmente quisesse um nome livre de conotações negativas, poderia facilmente ter adotado Evangelista, o sobrenome por parte de mãe, que ele estimava tão profundamente, e também do avô materno e da tia-avó que o criara durante os cinco primeiros anos após o falecimento de sua mãe. A adoção do nome Rondon, por outro lado, lhe permitia insinuar laços de sangue e ligações, por mais remotas e nebulosas que fossem, com uma família bem mais prestigiosa e influente que os Evangelista — o sobrenome Rondon, vale lembrar, gozava de considerável importância no Mato Grosso. E também seria crível imaginar que ele se sentiria incomodado, como positivista, em adotar um nome com associações bíblicas tão fortes.

Em março de 1891, com o projeto da linha telegráfica chegando ao fim e tendo Rondon vivido quase um ano no Araguaia, o alto-comando do Exército finalmente exigiu que Gomes Carneiro o liberasse, para que pudesse começar seus deveres na academia militar, no Rio de Janeiro. Isso alegrou Rondon imensamente, e não só porque estaria de volta ao lado de Chiquita. Além de lecionar astronomia, mecânica celeste e mecânica racional e analítica, descobriu ele, suas responsabilidades incluíam projetos de pesquisa no Observatório Nacional, onde se juntou aos amigos Tasso Fragoso e Hastínfilo de Moura, outro membro do círculo positivista de Benjamin Constant na academia militar.

Fundado por d. Pedro II em 1827 com o nome de Observatório Astronômico, o Observatório Nacional era dirigido desde 1881 por Louis Ferdinand Cruls, renomado astrônomo belga especializado em geodésia, mas que também documentara o trânsito de Vênus no hemisfério Sul e ajudara a demarcar as fronteiras precisas de várias províncias brasileiras. Sob a liderança dinâmica de Cruls, que também fora professor de Rondon na academia militar, o observatório se tornou um dos centros de pesquisa científica mais ativos do Brasil, tanto antes quanto depois do golpe militar de 1889.

Cruls se casou com uma brasileira, Maria de Oliveira, e, devido à amizade que fez com o líder abolicionista Joaquim Nabuco durante sua primeira viagem de barco vindo da Europa, tornou-se uma figura popular e respeitada na vida intelectual da capital. "Quem, como eu, com ele lidou seguidamente", Hastínfilo de Moura escreveria com nostalgia anos depois, "teve oportunidades várias de lhe surpreender gestos e atos elegantes, que o tornavam alvo de apreço e admiração, pelo caráter íntegro, probidade científica modelar, lealdade exemplar, honestidade apurada, bondade invejável, coração acessível a sentimentos nobres e altruísticos e chefe de trato ameno e discreto" com que empregava sua autoridade.[23] De fato, Rondon, Tasso Fragoso e Moura davam-se tão bem com o chefe que eram com frequência convidados para refeições e conversas na residência familiar dos Cruls, contígua ao observatório. (A animada família dos Cruls incluía um garoto de três anos chamado Gastão, que corria pela casa e vivia por perto enquanto os adultos discutiam ciência, artes e política em seu salão.)

O Observatório Nacional e, portanto, a residência dos Cruls ficavam no topo do morro do Castelo, no centro do Rio, localização curiosa para uma instituição tão distinta. O observatório começara funcionando em um prédio que foi construído no século XVIII como igreja, mas passou a ser usado como convento, colégio e hospital infantil; com o passar das décadas crescera, assim como outras casas na colina. Quando Rondon começou a trabalhar no observatório, o morro do Castelo, que seria arrasado em 1922, fora tomado por ocupações ilegais. A palavra "favela" ainda não era utilizada, mas já havia os barracos precários e cortiços superlotados ocupados por gente pobre recém-chegada à capital e escravizados alforriados. Era isso que Rondon presenciava todos os dias, além das cabras pastando, dos esgotos a céu aberto e dos odores fétidos, ao subir o morro, em coche ou a pé, para contemplar o céu, e então voltar para casa depois do trabalho. A pobreza urbana que os positivistas juravam erradicar em seus folhetos não era mais uma abstração para ele: estava bem na sua frente, agredindo seus sentidos diariamente.

A ligação de Rondon com a família Cruls se mostraria duradoura. Louis Cruls morreu em 1908, mas Gastão cresceu para se tornar um escritor muito conhecido e amigo, bem como admirador e incentivador do trabalho de Rondon. Depois de alcançar sucesso em 1925 com *A Amazônia misteriosa*, romance de ficção científica à la H. G. Wells, Gastão Cruls se uniria a Rondon numa de suas últimas expedições amazônicas. Essa aventura renderia tanto um tratado médico-científico chamado *Hileia amazônica* como o segundo best-seller de Cruls, uma obra de não ficção chamada *A Amazônia que eu vi*. Este último ajudou a elevar ainda mais o status importante de Rondon entre seus conterrâneos, incluindo um jovem antropólogo e sociólogo chamado Gilberto Freyre. Gastão Cruls e Freyre eram bons amigos, e foi Cruls que, no fim da década de 1920, apresentou Rondon a Freyre, que exaltaria a miscigenação racial em obras como *Casa-grande e senzala* e *Ordem e progresso*. Ele sempre elogiaria Rondon como a personificação desse personagem mestiço sagaz e de quintessência brasileira.

Em seu período no Observatório Nacional, cujas responsabilidades também incluíam meteorologia e medição do tempo, Rondon trabalhou diretamente com Henri Charles Morize, astrônomo, físico e matemático natural da França que sucederia Cruls como diretor da instituição em 1908 e se beneficiaria significativamente das anotações científicas que Rondon e seus homens fizeram durante suas expedições. O observatório estava completando um ambicioso estudo de quarenta anos sobre o clima do Brasil quando Rondon começou a trabalhar lá, ocupando-se disso no início, embora também ajudasse em outros projetos e, sendo um matemático soberbo, com frequência verificasse os cálculos dos colegas.

No início de 1892, Cruls foi nomeado diretor de uma expedição para explorar a região central do Brasil. A nova Constituição, aprovada um ano antes, incluía um artigo requisitando a transferência da capital do Rio de Janeiro para um local não especificado no vasto interior, e a missão de Cruls era determinar o melhor ponto. Como a viagem poderia ser rigorosa, exigindo resistência física e intelecto aguçado, ele queria os três jovens oficiais militares ao seu lado. Mas como Rondon estava prestes a se casar e depois seguir para a lua de mel, o alto-comando ficou relutante em mandá-lo. Como resultado, Rondon perdeu uma esplêndida aventura, e apenas seus amigos Tasso Fragoso e Hastínfilo de Moura foram nomeados para acompanhar Cruls e Morize.

O grupo ficou na missão por quase um ano e, quando a Comissão Exploradora do Planalto Central do Brasil apresentou seu relatório, em 1893, recomendou um local em Goiás, cerca de quatrocentos quilômetros a leste do fim da linha telegráfica de Rondon, próximo à divisa com Minas Gerais. Durante os sessenta anos seguintes, o documento ficou engavetado, mas na década de 1950 a ideia foi retomada e a recomendação da Comissão Cruls ganhou endosso oficial. Rondon, a essa altura o único membro ainda vivo da equipe do observatório, emprestou todo o seu considerável prestígio ao projeto, que ele apoiou desde 1890 e viu como essencial para o desenvolvimento do interior. A pedido de Juscelino Kubitschek, ele fez um forte lobby para sua continuidade, e quando morreu, em 1958, a construção de Brasília finalmente começara.

Além de seus deveres no observatório e na academia militar, Rondon se preocupava com o casamento que se aproximava. Durante sua breve estada em Cuiabá, no início de 1890, antes de viajar com Gomes Carneiro, Rondon estivera com seu tio Manoel, que teve "a alegria de ver coroados de êxito seus esforços".[24] Manoel a essa altura já fora informado do noivado de Rondon com Chiquita, algo que o deixou tão feliz quanto os demais triunfos do sobrinho, e da missão da linha telegráfica que ele estava iniciando. Ficou combinado que Manoel, quando a obra no Araguaia estivesse suficientemente avançada, se juntaria ao sobrinho no Rio e ficaria com ele na cidade até o casamento. E assim aconteceu que, cerca de seis meses antes da data programada, Manoel visitou a capital pela primeira vez.

Juntos, ele e Rondon se mudaram para uma pensão no bairro do Catete, gerenciada por uma portuguesa. Os dois se deram bem dividindo as mesmas acomodações, mas Manoel achou difícil se ajustar ao barulho e ao atropelo da capital, coisas a que seu sobrinho já estava acostumado. "À noite, não mais gozava aquele doce silêncio que o cri-cri dos grilos cortava de quando em quando", Rondon se lembraria quando estava em uma idade mais avançada do que a que seu tio tinha quando moraram juntos no Rio. "Mal ia adormecendo, despertava-o o barulho dos bondes a rodar nos trilhos e a fazer estremecer a casa."[25]

"E as manhãs!", Rondon continuou, com uma delicadeza de sentimentos que parecia indicar que pensava nas tão acalentadas lembranças de infância. "Não mais poderia dar bom-dia a Vênus, que, no seu Cuiabá, piscava meigamente para ele; não poderia contemplar o disco rubro do Sol a se erguer rapidamente no horizonte; não poderia encher os pulmões de ar puro e perfumado nem ouvir os passarinhos romperem alvorada. Ao abrir a janela, deparavam-se-lhe as fachadas poeirentas dos prédios fronteiros, atordoavam-no os garis a fazer a limpeza, a remover detritos com grandes pás."[26] Um mês depois, Manoel partiu. "Não aguento mais", disse ao sobrinho.[27] Era um sinal de como a vida de Rondon havia se transformado: ele não era apenas mais um filho da natureza, mas também uma criatura urbana plenamente adaptada.

Com a data do casamento muito próxima, Rondon e Chiquita tinham decisões importantes a tomar, tanto sobre o futuro imediato quanto sobre suas perspectivas de longo prazo. A essa altura, Rondon tinha convicções positivistas firmemente arraigadas, bem como uma veia anticlerical que só faria ficar mais forte com a idade. Mas, para satisfazer a futura esposa e os sogros, ele concordou com uma cerimônia católica, contanto que não tivesse de se confessar. Com um frade chamado Ambrósio oficiando o serviço, Gomes Carneiro de padrinho e a viúva de Benjamin Constant, Maria Joaquina, como madrinha, as núpcias ocorreram na igreja de Nossa Senhora do Amparo, no bairro de Cascadura; foram seguidas imediatamente de uma cerimônia civil na casa da família Xavier, ali perto, que também foi o local da recepção. A lua de mel durou um mês, mas o jovem casal não viajou para longe: passaram esse período em uma casinha perto da estação de trem de Piedade.

Mais difícil era decidir que tipo de vida os recém-casados levariam ao final de sua lua de mel. "Iniciávamos nossa vida, pondo ambos o interesse geral acima de quaisquer considerações de ordem pessoal", contou ele.[28] A construção da linha telegráfica atendeu o desejo de Rondon de fazer algo importante para beneficiar seu país; no mínimo, a experiência despertou ainda mais seu patriotismo. Mas continuar como engenheiro e explorador do Exército exigiria dele passar longos períodos longe de Chiquita e dos filhos que planejavam ter ou forçaria a jovem a passar grandes temporadas em regiões ermas do Brasil, afastada dos pais, da irmã e do único mundo que conhecia.

A alternativa era que Rondon tentasse levar uma rotina mais fixa e estável, centrada em seu trabalho na academia militar e no Observatório Nacional. "Delineava-se-me o futuro quando me punha a pensar na vida remansosa que passaria a ter entre a família que iria fundar e as funções de lente", relatou.[29] Embora não se mostrasse particularmente entusiasmado em lecionar, a oportunidade de conduzir uma pesquisa significativa o encantava; essa também era uma maneira de servir ao país e contribuir para o conhecimento humano.

Entretanto, almejar uma carreira na ciência era uma escolha arriscada para Rondon ou, aliás, para qualquer jovem intelectual brasileiro determinado a ter algum impacto na vida nacional. Sob Pedro II, os que eram formados em direito ou literatura dominavam a vida política da corte imperial, tendência que só fez acelerar na década de 1890 à medida que a presença dos militares no poder perdia força e era substituída pelo que se convencionou chamar "República dos bacharéis". E mesmo nas fileiras do Exército, o prestígio era reservado principalmente àqueles que previam para si um papel de combatente — não administrativo ou técnico — na artilharia, cavalaria ou infantaria. Embora os positivistas gravitassem em torno da engenharia e outras funções técnicas, esse não era considerado o caminho mais seguro para a glória e as promoções, coisas que Rondon, como qualquer outro jovem oficial ambicioso, buscava.

Rondon também tinha de levar em conta o estado incerto da ciência no Brasil no fim do século XIX. Os brasileiros costumam aprender que as ciências floresceram sob Pedro II porque o imperador era fascinado por ciência, tecnologia e educação. Na realidade, o monarca estava tão interessado nesses temas que se achava um especialista em todos eles. Com frequência interferia até nos detalhes mais minuciosos, insistindo, por exemplo, em exercer o direito de aprovar a contratação não só dos diretores de instituições científicas como o Jardim Botânico ou o Observatório Astronômico, mas até de contratar professores universitários.

Pedro era um francófilo que se tornou membro da Academia Francesa de Ciência, e esse amor por tudo que vinha da França teve impacto na ciência brasileira. Embora se encontrasse ou se correspondesse com cientistas e filósofos eminentes da época, como Charles Darwin, Louis Agassiz e Friedrich Nietzsche, o imperador claramente preferia indicar cientistas franceses ou belgas quando queria trazer um estrangeiro ao Brasil para dirigir uma instituição ou chefiar uma missão. Ele estava muito menos interessado no que acontecia na ciência alemã ou inglesa e, desse modo, ficava alheio a desdobramentos teóricos cruciais em áreas como a física.

Além do mais, determinados ramos da ciência e tecnologia interessavam d. Pedro muito mais do que outros, e, como seu patrocínio e suas preferências pessoais determinavam as políticas do governo, algumas áreas eram favorecidas às expensas de outras que não o atraíam tanto. Por exemplo, ele tinha um daguerreótipo, aparelho que precedeu a câmera fotográfica, já em 1840; também percebeu rapidamente a utilidade das estradas de ferro para ampliar seu reino e trouxe um telefone para o Brasil depois de conhecer Alexander Graham Bell na Filadélfia, na Exposição Universal de 1876. Mas especialistas em áreas que não caíam no gosto do monarca percebiam ser quase impossível obter financiamento do governo. Lembrando Luís XIV, que afirmou "L'État c'est moi" [O Estado sou eu], o médico Joaquim Murtinho se queixou na fase final do reinado de 58 anos de Pedro II, que, "em todas as suas ações, Sua Alteza Real parece dizer: A ciência sou eu".[30]

Com a chegada da República, as coisas de repente mudaram de figura, e muitas áreas que d. Pedro apoiara com entusiasmo perderam prestígio. A astronomia, com aplicações práticas evidentes em um país que ainda não sabia exatamente onde ficavam suas fronteiras e ansioso em mapeá-las, não era uma delas, de modo que Rondon não sofreu ameaça imediata ou direta. Mas o novo governo via o Museu Nacional, que o avô de d. Pedro, João VI, fundara em 1818, como pouco mais que "o brinquedo do imperador", e cortou abruptamente o financiamento oficial ao determinar a transferência do museu para o palácio real da Quinta da Boa Vista, repentinamente abandonado e vazio. Nas palavras do eminente historiador da ciência brasileiro Simon Schwartzman, esse foi o início de "um período de decadência institucional. A República trouxe novas urgências e prioridades e não encontrou um lugar para o velho museu, que se tornou principalmente uma coleção de curiosidades científicas inertes para o visitante eventual".[31]

Essa política de negligência deliberada acabou por afetar não só a pesquisa em áreas como biologia, zoologia, botânica, ornitologia, ictiologia, herpetologia e geologia, mas também nas incipientes ciências sociais (particularmente relevantes para a situação do Brasil e que interessariam profundamente Rondon conforme ele penetrava em regiões inexploradas), incluindo a antropologia, a etnografia e a linguística. Esse padrão de desinteresse oficial prosseguiria por quase vinte anos em uma instituição que pouco a pouco se tornaria crucial para a vida profissional de Rondon, e isso complicou o trabalho de campo de suas expedições durante todo esse período.

Com efeito, foi só em 1907, quando o governo autorizou formalmente Rondon a coletar animais, plantas e minerais durante a construção das linhas telegráficas, que o Museu Nacional começaria a recuperar parte do seu brilho. Rondon reuniu inúmeros exemplares das espécies que encontrou, muitos dos quais eram raros ou completamente desconhecidos de diretores de museus na Europa e na América do Norte. Isso não só permitiu ao Museu Nacional fortalecer sua coleção como também forneceu aos seus sucessivos diretores valiosos trunfos para barganhar com outros museus do mundo, possibilitando a aquisição de espécimes que de outro modo nunca teriam estado ao alcance do limitado orçamento da instituição.

Mas parecia haver uma incoerência intelectual aí, quando não uma completa contradição. Se para os positivistas, Rondon incluso, a ciência era uma verdadeira religião, por que a República que criaram não dava maior apoio à exploração e pesquisa científicas? Para serem ideologicamente coerentes, eles não deveriam ter promovido pelo menos as ciências sociais com mais entusiasmo? O mentor de Rondon, Benjamin Constant, ofereceu uma possível explicação para essa contradição, argumentando que o pai e fundador da sociologia, "esse gênio admirável Auguste Comte", "colhendo a ciência em sua forma absoluta", dera à humanidade "a religião definitiva", uma religião que era "a mais racional, a mais filosófica e a única que emana das leis que regem a natureza humana".[32] Isso significava que "a ciência era uma meta já atingida, e o mundo havia sido completamente compreendido", explica Schwartzman. "Assim, não podia haver mais espaço para questionamentos, dúvidas ou experiências. Só restava a necessidade de levar à ação, de convencer os incrédulos. Dentro desse quadro, onde se coloca a ideia de um laboratório, um centro de pesquisa, uma universidade interessada em ampliar as fronteiras do conhecimento?"[33]

Podemos ver um exemplo dessa ideia no Templo da Humanidade positivista, no Rio de Janeiro, frequentado por Rondon. Adornando os sete degraus que levam à entrada do templo e seu santuário estão os nomes de vários ramos da ciência, com a sociologia, refletindo seu status no edifício positivista como "a rainha das ciências", e a moral nos dois últimos degraus. A mensagem subliminar é óbvia: esse é o pináculo, a humanidade não pode ir além. Em torno há bustos e placas celebrando as grandes mentes que compõem o cânone positivista: Aristóteles, Shakespeare, Newton, Descartes. (Uma ausência notável, porém, é Darwin, cuja teoria da evolução punha em xeque a convicção positivista de que Comte era o ápice e o resultado final do pensamento humano e jamais poderia ser ultrapassado ou melhorado.)

Rondon lutou contra esse dilema ao longo de toda a vida, sem nunca chegar de fato a uma resolução. Por natureza, tinha uma mente flexível e inquisitiva, feita sob medida para o trabalho científico e a formulação de hipóteses que necessariamente o acompanha. Seus cadernos de anotações de campo meticulosamente mantidos por um período de quarenta anos, com página após página cobertas de observações, medições e conjecturas, iam de encontro à ideia positivista de que, graças ao gênio de Comte, a ciência era um assunto resolvido. Isso sem contar com os inúmeros relatórios que a Comissão Rondon publicava, repletos de teorias e novas descobertas, em campos que iam da astronomia à zoologia. Mas ao mesmo tempo sua fé duradoura no positivismo, e a lealdade pessoal a seus líderes, empurravam-no em direção contrária, para uma aceitação do dogma comtiano. Claramente havia algum tipo de dissonância cognitiva firmemente alojada no espírito de Rondon, pois as duas correntes intelectuais que o puxavam são fundamentalmente incompatíveis.

No fim, obrigado a escolher entre uma existência acadêmica contemplativa passada na maior parte em sala de aula e em laboratórios e outra dominada pela ação e pelos desafios oferecidos pelo trabalho de campo, Rondon optou pela última: "Eu decidira mudar de rumo depois de maduras reflexões, trocando ideias com minha noiva", escreveu.[34] Chiquita, segundo ele, concordara com sua decisão, na verdade até o encorajara a fazer o que achasse melhor para servir ao país: "Quem mais vai sentir é papai",[35] ele se lembra de ouvi-la dizer. Assim, ele abriu mão de seus compromissos acadêmicos e pediu para voltar ao sertão. De modo que, pouco após o fim de sua lua de mel, Rondon estava novamente a caminho de Mato Grosso, dessa vez com a jovem Chiquita de dezenove anos a seu lado, no que para ela era não só a primeira viagem ao Centro-Oeste, como também a primeira viagem para fora do Brasil (pois o itinerário previa a saída de nossas fronteiras) ou mesmo para longe da capital.

A decisão de Rondon rapidamente lhe rendeu frutos. Não muito depois de ele retomar as obras da linha telegráfica no Araguaia, Gomes Carneiro recebeu um telegrama comunicando que seria transferido para o Sul, onde havia uma crescente inquietação política. A situação acabou enveredando para um conflito armado, que debelou uma das inúmeras rebeliões que eclodiram nos primeiros anos da República, nesse caso a Revolução Federalista, liderada por separatistas gaúchos e monarquistas insatisfeitos. Para seu sucessor, Gomes Carneiro sugeriu Rondon, que, embora não fosse o próximo na cadeia de comando, demonstrara notável aptidão para executar essa incumbência. Após aprovar a recomendação, o alto-comando do Exército despachou Gomes Carneiro para defender Júlio de Castilhos, governador positivista do Rio Grande do Sul, e Rondon nunca mais voltou a ver o mentor: em 9 de fevereiro de 1894, Gomes Carneiro foi morto no Cerco da Lapa, tornando-se assim um mártir das causas republicanas e positivistas, que por fim sufocaram a rebelião.

Novamente — pela terceira vez, na verdade — Rondon perdera uma figura paterna que estimava. Seu pai morrera antes de ele nascer e sua intensa ligação intelectual com Benjamin Constant terminara de forma triste, com o falecimento prematuro do Pai da República Brasileira e Rondon incapaz de comparecer ao enterro. A morte de Gomes Carneiro foi mais um choque doloroso, mas também lhe deixou um duplo legado: como resultado do apoio de Gomes Carneiro, Rondon, aos 27 anos, recebeu um comando pela primeira vez e seria promovido a capitão antes do fim de 1892. Seu futuro, desse modo, parecia assegurado. Mas sua carreira em breve entraria em compasso de espera, e o restante da década seria cheio de insatisfação e decepções. Onze anos longos e frustrantes se passariam antes que voltasse a conhecer uma promoção.

5. Trabalhos penosos e obediência forçada

De volta ao interior bravio, agora vendo com clareza o caminho a seguir, Rondon tinha uma dupla missão. A primeira era consertar — e até certo ponto reconstruir — a linha telegráfica feita sob o comando de Gomes Carneiro, que se revelara inadequada para os rigores do clima tropical. A fim de economizar dinheiro, o governo federal determinara o uso de fios de bitola pequena na construção, o que rapidamente se revelou um erro. Na estação chuvosa, de outubro a abril, as tempestades e os ventos fortes chacoalhavam e rompiam a frágil fiação, enquanto as inundações frequentes deterioravam a base dos postes e faziam com que se inclinassem em ângulos perigosos ou até caíssem, comprometendo ainda mais a linha. Por mais desagradável que fosse a tarefa, Rondon teria de puxar uma fiação de maior bitola ao longo da linha original e assegurar que os postes fossem mais robustos e ficassem mais alicerçados no solo. Isso se mostrou uma lição valiosa: pelo resto de sua carreira, Rondon sempre insistiria em receber material de primeira qualidade, mesmo que os burocratas se queixassem do custo adicional, como sempre faziam.

Mesmo nessas condições precárias, porém, a linha telegráfica teve um impacto instantâneo na fronteira, daí a insistência para que o serviço fosse imediatamente restabelecido e expandido. A importância estratégica de comunicações confiáveis para o setor militar era óbvia, mas o comércio e outras atividades econômicas foram os beneficiários imediatos da construção da linha: os bancos abriram novas filiais e logo emitiram linhas de crédito, enquanto os comerciantes locais podiam repor os estoques e encher as prateleiras mais rapidamente ou se unirem para criar empreendimentos maiores, expandindo seu mercado. Fazendas de gado e de chá-mate, os dois produtos mais importantes da fronteira, tornaram-se mais eficientes e prósperas: seus donos estavam agora ligados a um mercado global, podendo comprar equipamentos indispensáveis de fabricantes distantes ou prontamente verificar preços não apenas em São Paulo ou no Rio, mas também em Londres e Buenos Aires. Como o serviço telefônico regular e de fácil acesso entre o Mato Grosso e as cidades desenvolvidas do litoral só seria estabelecido nos anos 1960, o telégrafo conservaria sua importância por décadas e constituiria a principal e mais confiável ligação com o mundo exterior. Para os agradecidos moradores de seu estado natal, Rondon não era apenas um herói, mas um avatar do progresso — status que para ele, como positivista, exercia particular apelo.

Mas era a segunda parte da missão de Rondon que o alto-comando no Rio de Janeiro encarava como particularmente urgente. Brasil e Argentina brigavam havia tempos por causa de sua fronteira comum, com a Argentina citando o Tratado de Madri (1750) entre Espanha e Portugal para reivindicar vastas porções dos estados de Santa Catarina e Paraná, uma área de 30 621 quilômetros quadrados,[1] um pouco maior do que a Bélgica ou Alagoas. Os dois países chegaram a negociar um tratado dois meses após o estabelecimento da República, mas o Congresso brasileiro considerou os termos generosos demais e se recusou a ratificar o acordo, enfurecendo os argentinos.

O Brasil aspirava a uma solução pacífica para a disputa, mas também queria estar preparado para a guerra, se chegasse a tanto, de modo a não ser pego de surpresa como ocorrera em 1864. Por esse motivo, Rondon também recebeu ordens de construir uma estrada paralela à linha telegráfica atravessando Goiás e o sul do Mato Grosso, apropriada para o transporte de tropas, artilharia e suprimentos: no caso de eventuais hostilidades, o Brasil esperava ser capaz de flanquear pelo norte qualquer força argentina que tentasse chegar ao Paraná. Que essa missão vital coubesse a Rondon, que ainda nem completara trinta anos, foi uma demonstração marcante de confiança em suas capacidades de engenheiro militar.

Conforme a carreira de Rondon começava a progredir, sua família também crescia. Em 13 de dezembro de 1892, dez meses após seu casamento com Chiquita, nascia a primeira filha do casal, Heloísa Aracy, batizada com o nome da filha mais nova do amigo recém-falecido, Benjamin Constant. Chiquita e a bebê permaneceram na base de operações em Cuiabá, enquanto ele explorava o interior. E, em 29 de abril de 1894, nascia o segundo filho deles — o único menino que teriam. Seu nome era Bernardo Tito Benjamin, mas seria chamado simplesmente de Benjamin, também em homenagem ao mentor de Rondon.

Chiquita, entretanto, não se sentia à vontade em Mato Grosso. Ela sabia cavalgar bem e aprendeu outras habilidades valiosas para a vida na fronteira, mas mesmo sendo a esposa de um oficial militar, algumas necessidades básicas para uma vida confortável, baratas e acessíveis no Rio de Janeiro, eram difíceis, quando não impossíveis, de obter em Cuiabá. Mais do que as dificuldades materiais, porém, sua maior preocupação era a saúde dos filhos, principalmente a do pequeno Benjamin. Pouco depois de seu nascimento, o casal decidiu que ela deveria voltar para a capital com as crianças. Rondon iria acompanhá-los e depois retornaria sozinho ao Mato Grosso.

Na manhã da partida, no fim de junho, a bagagem já estava a bordo da embarcação que os levaria pelo rio Paraguai até Buenos Aires quando Rondon foi informado de um acontecimento ameaçador nas proximidades. Soldados em um acampamento conhecido como Quebra-Pote haviam se rebelado contra os oficiais que Rondon deixara no comando, expulsando-os e depois promovendo "a mais desenfreada orgia, quase todos em estado de embriaguez". Rondon ficou sem saber o que fazer: ele prometera à esposa que viajaria com a família, mas percebeu que "o tempo era limitadíssimo para agir" sem que quebrasse a promessa. "Por outro lado, como partir, deixando a Comissão entregue à indisciplina?"[2]

O dever falou mais alto, e Rondon, ainda que relutante, ordenou que um cavalo fosse preparado. "Embora temendo que não me fosse possível regressar a tempo, acatou minha esposa essa decisão."[3] Em seguida, ele galopou para o acampamento o mais rápido que pôde e, chegando desarmado, imediatamente ordenou o toque do clarim para convocar uma assembleia. À força do hábito, até os soldados mais embriagados obedeceram, e os oficiais assustados que haviam fugido para o mato também voltaram. Uma vez em formação, Rondon severamente advertiu tanto os soldados quanto seus superiores, mas sobretudo os últimos, que considerou uns verdadeiros covardes. "Um oficial não pode abandonar o seu posto", censurou-os. "Nele morre se necessário for."[4]

Para os soldados amotinados, a punição foi além de uma descompostura. Rondon despachou uma turma para "ir à mata buscar varas" e, quando voltaram, "durante uma hora, foram os soldados, em forma, vergastados".[5] Ao terminarem as chibatadas, Rondon montou em seu cavalo e voltou para o porto ribeirinho. Ele chegou a tempo para a viagem, mas num estado de espírito sombrio — furioso com os soldados por sua insubordinação, com os oficiais por sua covardia, consigo mesmo por haver violado seus próprios princípios e com os superiores por lhe impingir homens que claramente não estavam à altura do serviço militar.

"Regressei amargurado", escreveu. "Doía-me profundamente ter sido forçado a recorrer ao processo do conde de Lippe. Entreguei-me a amargas reflexões sobre o fato de serem sempre enviados para trabalhar na Comissão homens indisciplinados, na fase ainda da 'obediência forçada'".[6]

O humor de Rondon não melhorou muito depois que o barco zarpou. À medida que ele e a família avançavam para o sul, o tempo ficava cada vez mais frio e, quando chegaram a Buenos Aires, era o auge do inverno. Chiquita temia pela saúde de Benjamin, que estava com pouco mais de dois meses, e não quis permanecer na capital argentina. Para aliviar a esposa das preocupações, Rondon comprou passagens para o primeiro barco de partida para o norte, um cargueiro transportando gado para ser abatido na Europa que faria uma parada no Rio de Janeiro. As acomodações eram básicas, os animais mugiam o tempo todo e o fedor de esterco era onipresente. Os únicos outros passageiros a bordo eram um grupo de salesianos franceses a caminho de casa — não exatamente a primeira opção de colegas de viagem para um positivista, mesmo sendo franceses. Mas o navio, *Vercingetorix*, contava com um capacitado médico russo que ajudou a cuidar de Benjamin, Rondon e os salesianos se mantiveram em bons termos e a família chegou ao Rio sem problemas.

O pai de Chiquita conseguiu encontrar alojamentos para a filha e os netos perto da igreja onde ela e Rondon haviam se casado, não muito longe da residência dos Xavier, e foi assim que a jovem família passou a morar em Cascadura, um bairro nascido de um entroncamento ferroviário, ainda semirrural, a quinze quilômetros da então estação Dom Pedro II, atual Central do Brasil. Por trem era possível chegar rapidamente ao centro, mas algumas fazendas e granjas continuavam funcionando, estimulando o comércio de carne, legumes e frutas e emprestando à região um ar bucólico que agradava bastante a Rondon, que descreve a propriedade que alugou como uma "chácara", com seu próprio pomar. Segundo ele, o tempo passado ali, ajudando a esposa a se ajeitar com as crianças, foi "uma temporada deliciosa".[7] Pelo restante do século — até uma promoção lhe proporcionar um salário mais robusto que lhe permitiu pagar por um lugar maior —, Cascadura seria seu lar no Rio.

Rondon, porém, tinha ordens de voltar a Mato Grosso assim que possível para começar a construção da estratégica rodovia. Dessa vez, viajando sozinho, sua rota foi exclusivamente terrestre: por trem até o fim da linha, em Uberaba, e depois a cavalo — ou melhor, em sua leal mula, Barétia — até Cuiabá, acompanhando a linha telegráfica, com uma parada em Goiás. Era um itinerário árduo, mas necessário, porque, durante sua ausência, Rondon recebera relatórios do acampamento de reconstrução relatando novos episódios de insubordinação que tiveram de ser debelados à força e queria se reunir com os comandantes locais para providenciar reforços se e quando voltassem a ser necessários.

Ao chegar ao local onde a linha telegráfica estava sendo reparada, Rondon ficou preocupado com o que encontrou. "Tudo estava sanado quando cheguei", escreveu, "mas a atitude dos soldados era de franca indisciplina."[8] Em setembro de 1893, elementos dissidentes da Marinha haviam se rebelado contra o presidente em exercício, Floriano Peixoto, e bombardeado fortificações na capital. Os rebeldes, que incluíam o almirante Eduardo Wandenkolk, o mesmo oficial a quem Rondon entregara a carta de Benjamin Constant quatro anos antes, acabaram fugindo para o sul e se juntaram aos separatistas gaúchos, aos defensores da autonomia dos estados e aos partidários da volta da Monarquia. Dois meses após a morte de Gomes Carneiro, em fevereiro de 1894, a

Revolta da Armada foi finalmente debelada com brutalidade extraordinária: pelo menos 185 insurgentes, civis e militares foram sumariamente executados na fortaleza de Santa Cruz de Anhatomirim, em Santa Catarina, e mais de cem outros soldados e marujos submetidos à corte marcial, sentenciados a trabalhos forçados e imediatamente transportados para o Mato Grosso, a "Sibéria tropical" do Brasil, onde foram incorporados à equipe de construção da linha telegráfica de Rondon.

Esses sobreviventes do massacre na fortaleza de Santa Cruz foram os homens mais recalcitrantes que Rondon teve de aturar ao voltar para o Mato Grosso nos últimos meses de 1894. "A construção da linha telegráfica exigia trabalhos penosos a que se não queriam submeter os soldados", ele se queixou, chamando-os de "maus elementos indisciplinados".[9] Deserções em massa eram comuns, com os soldados amotinados preferindo arriscar a sorte na mata selvagem e desconhecida, em um território habitado por índios hostis, a continuar se esfalfando sob seu comando e vigilância. A resposta de Rondon foi enviar contingentes para caçar os desertores e trazê-los de volta ao acampamento para receber castigos corporais e sujeitar-se a mais trabalhos forçados sob o olhar atento de sentinelas armadas.

Isso em pouco tempo levou a um confronto. Como republicano fervoroso, Rondon nutria pouca simpatia pelos rebeldes derrotados. Chegara a escrever para Floriano Peixoto pedindo para lutar contra eles no Sul, mas foi informado de que o trabalho que estava fazendo era valioso demais para que autorizasse sua transferência. Além do mais, continuava em luto pela morte de Gomes Carneiro. Rondon ficou ressentido e não fez segredo do fato.

Dois anos antes, ele assumira postura semelhante durante uma revolta ocorrida ainda mais perto de casa: após Deodoro da Fonseca renunciar à presidência durante uma crise política, em novembro de 1891, e ser substituído por Peixoto, uma rebelião liderada pelos militares eclodiu no Mato Grosso e dois meses depois uma República Transatlântica do Mato Grosso independente foi declarada. Vários oficiais de alto escalão aderiram à causa separatista e marcharam sobre Cuiabá, incluindo o ex-governador do estado, o general Antônio Maria Coelho. Em gritante contraste, Rondon, ocupado na capital com os preparativos de seu casamento, mas fiel ao governo central durante toda a rebelião, voluntariou-se para postergar as núpcias e regressar ao Mato Grosso a fim de lutar contra os rebeldes. Sua ajuda não foi necessária, e em meados de 1892 a revolta separatista foi suprimida. Mas a predisposição de Rondon em defender o governo abrilhantou ainda mais suas credenciais republicanas e aprofundou sua lealdade pessoal a Floriano Peixoto.

Os rebeldes de Santa Cruz banidos para o Mato Grosso, por outro lado, viam Peixoto, cujo apelido era Marechal de Ferro, como aspirante a ditador impiedoso e estavam determinados a continuar resistindo a ele e a todos que o apoiavam — incluindo

103

Rondon. Não muito depois de chegarem ao Mato Grosso, os antigos insurrectos uniram forças com um grupo de soldados igualmente descontentes que já trabalhavam na linha telegráfica e juntos arquitetaram um complô para assassinar Rondon. Eles já haviam eliminado dois oficiais na rebelião original em Santa Catarina, de modo que matar mais um não parecia motivo de grande preocupação. O plano era atacar no dia do pagamento, assassinar Rondon e os demais oficiais, apoderar-se do cofre cheio que havia na sede da obra da linha telegráfica, dividir o dinheiro e fugir para a Bolívia.

Infelizmente para os conspiradores, cerca de vinte soldados rasos hesitaram, fugiram antes da data combinada e, quando foram rapidamente capturados, revelaram a um oficial sobre o complô homicida. Rondon reuniu toda a tropa, mas decidiu punir apenas o cabeça da conspiração. Ele disse a seus homens que como não havia corte militar no interior do Mato Grosso, aplicaria a lei da fronteira. O líder do complô foi amarrado ao pau da bandeira diante da barraca de Rondon e mantido ali por uma semana, sob o sol escaldante, as chuvas torrenciais e as noites frias do sertão. O sujeito não tardou a desmoronar, "levando as noites a chorar em altos brados", mas Rondon permaneceu impassível, chegando até a fazer suas refeições na frente do prisioneiro, para castigá-lo ainda mais, e dizendo: "Você se emociona agora, mas não deu provas de sensibilidade quando planejou matar seu comandante".[10] A punição terminou apenas quando Rondon se deu conta de que os outros soldados estavam começando a sentir pena do traidor, que teve suas divisas imediatamente arrancadas, foi expulso da unidade e mandado para um batalhão penal.

Se Rondon pensou que isso acabaria com o que descreveu como "efervescência" entre seus homens, estava enganado. As deserções continuaram, assim como os complôs de assassinato. Mais uma vez, relatou, "fui forçado a ir de encontro a meus princípios religiosos e lançar novamente mão do processo do conde de Lippe".[11] Foi durante um desses açoitamentos que uma coisa terrível e inesperada aconteceu, algo que deixaria uma profunda marca no espírito de Rondon e quase arruinaria sua carreira. Quando um soldado, nu da cintura para cima, levava chibatadas com uma vara de bambu, ela se partiu e perfurou seu pulmão. Rondon ordenou que o castigo fosse imediatamente interrompido, mas já era tarde demais. O ferimento infeccionou, o soldado adoeceu, primeiro com peritonite e depois septicemia, e, sem acesso a rápido atendimento médico, morreu dias depois.

Um dos colegas de Rondon, um capitão chamado Távora, encarregado do 8º Batalhão de Infantaria, ficou ultrajado com o ocorrido e escreveu uma carta acusatória para Rondon, criticando sua conduta. "Reclamou contra medidas disciplinares e métodos de trabalho que ele considerava prejudiciais aos soldados." Rondon ficou indignado por dois motivos. O primeiro era simples questão de protocolo: ele argumentou que um oficial de mesma patente não deveria se dirigir a ele diretamente, mas sim ater-se à "boa ética"[12] e dar queixa ao capitão-chefe da Comissão por meio do comandante do distrito militar e da Diretoria de Engenharia. O segundo e mais importante era que a condenação de Távora era simplesmente pouco realista, considerando as condições em que os oficiais tinham de operar na fronteira.

"Sempre me repugnara o processo do conde de Lippe", Rondon relatou em suas memórias. Mas, ao mesmo tempo, prosseguia ele, "lançara eu mão do único meio de manter disciplina no sertão entre homens que eram afastados de suas funções no Rio justamente por serem insubordinados [...]. Fora em desespero de causa que me vira forçado a dele lançar mão". Mas na carta (que não sobreviveu) escrita em resposta a Távora, Rondon adotou tom bem mais ríspido. "Minha resposta foi altiva, reação de intensidade igual à da agressão",[13] lembrou ele, também em suas memórias. Então foi a vez de Távora ficar ofendido: ele encaminhou uma cópia da carta de Rondon para o comandante do distrito, junto com o pedido de que um inquérito militar formal fosse instaurado.

Num confronto desse tipo, Távora contava com muitas vantagens sobre Rondon. Embora ambos tivessem a patente de capitão, Rondon era mais novo, assim Távora gozava de status ligeiramente mais elevado na estrutura hierárquica, devido ao tempo no posto, e podia alegar que Rondon estava sendo insubordinado. Além do mais, e especialmente em uma instituição com forte tradição burocrática, alguns soldados que foram castigados tinham sido apenas emprestados para o destacamento de construção da linha telegráfica; em um sentido estritamente formal, faziam parte do batalhão de infantaria. Távora, desse modo, podia argumentar — como o fez — que Rondon abusara de sua autoridade, que não tinha direito de infligir castigos corporais em soldados de infantaria oficialmente sob comando de outro oficial.

Os membros da comissão de inquérito consideraram esse argumento persuasivo, e uma corte marcial foi instaurada, com acusações sendo feitas tanto contra Rondon quanto contra os soldados que ministraram as chibatadas sob suas ordens. Chamado para testemunhar, sob juramento "sustentei que fora levado a tomar medidas excepcionais pela necessidade iniludível de manter a disciplina e a ordem militar".[14] Mas o tribunal, reunido em Cuiabá, não conseguiu chegar a um veredicto e decidiu encaminhar o processo para instâncias superiores no Rio de Janeiro. Como resultado — a transcrição do processo original no Mato Grosso não parece ter sobrevivido —, Rondon foi convocado à capital em janeiro de 1895 para ser submetido a novo inquérito.

O destino de Rondon agora estava nas mãos de um único homem: o coronel Belarmino de Mendonça Lobo, ajudante-general do Exército. Mendonça se alistara na corporação aos catorze anos, em 1865, na onda de fervor patriótico que acompanhou a irrupção da guerra contra o Paraguai e, como Rondon, serviu como soldado raso antes de conseguir ingressar na academia militar. Depois de se formar em engenharia, como

Rondon, foi incumbido de chefiar destacamentos de construção de estradas, ferrovias e bases militares no Sul; nessa atribuição fundou o povoamento de Foz do Iguaçu, em 1888. Após a queda do Império, foi eleito membro da Assembleia Nacional Constituinte e em seguida cumpriu um mandato no Congresso para voltar ao Exército poucos meses antes do processo de Rondon cair em suas mãos.

Como a carreira de Mendonça era parecida em muitos aspectos com a sua, Rondon tinha motivos para pensar que ele pudesse ser o árbitro ideal das acusações. Imaginou que provavelmente se mostraria solidário com seus argumentos e ações, pois estava bem familiarizado com soldados desobedientes em missões e com os desafios disciplinares que isso representava. O ministro da Guerra, Bernardo Vasques, acabara de assumir seu posto e também tinha uma cadeira no Supremo Tribunal Militar, de modo que estava sobrecarregado, distraído e possivelmente inclinado a aprovar qualquer decisão tomada por Mendonça.

Não obstante, Rondon, temporariamente de licença, angustiou-se com sua situação e, sem nada melhor para fazer, passou bastante tempo refletindo sobre sua conduta e a dos demais envolvidos: a morte do soldado punido poderia ter sido evitada? Ele estava no Rio com Chiquita e as crianças, mas não conseguia relaxar nem usufruir da companhia dos três, não com uma acusação tão séria pairando sobre ele e um homem morto em sua consciência. Se fosse considerado culpado, corria o risco de ser rebaixado, no mínimo, ou mesmo cair em desgraça e enfrentar uma situação desastrosa em que seria expulso do Exército ou, teoricamente, sentenciado à prisão.

Mas não precisava ter se preocupado. Quando o Ministério da Guerra anunciou sua decisão, pouco antes de Rondon completar trinta anos, ficou decidido que o caso seria "arquivado por improcedente".[15] Rondon foi "repreendido" pelo "modo inconveniente e altamente indisciplinar por que se dirigiu em ofício ao comandante do 8º Batalhão de Infantaria, seu superior hierárquico",[16] mas absolvido, e pôde retomar seus deveres de imediato. Não só isso: uma declaração foi telegrafada para o comandante do distrito no Mato Grosso para que uma ordem do dia fosse lida diante dos soldados e dos oficiais dizendo que Rondon deveria ser "louvado e agradecido por serviços prestados".[17] Isso significou uma censura implícita ao capitão Távora e um endosso da conduta de Rondon, por mais ríspida que pudesse ter sido.

Por pura coincidência, o timing do indesejável interlúdio de Rondon na capital foi tal que ele também acabou testemunhando profundas mudanças nos escalões mais altos do governo. Os dois primeiros presidentes do Brasil, Deodoro da Fonseca e Floriano Peixoto, eram generais que favoreciam um Estado fortemente centralizado e governaram em estilo autoritário, prestando poucas contas ao Congresso, à imprensa ou até aos próprios gabinetes. Mas em 15 de novembro de 1894, quando Rondon estava prestes a se apresentar perante a corte marcial no Rio, o Brasil celebrou a tomada de posse do seu primeiro presidente civil, Prudente de Morais, eleito em março para um mandato de quatro anos. Advogado nascido em Itu (SP), ele fora governador do estado e depois presidente da Assembleia Nacional Constituinte e presidente do Senado Federal. Prudente era oriundo da oligarquia econômica emergente de seu estado natal, especialmente os poderosos cafeicultores, e pretendia interromper a ascendência dos militares no poder e sujeitá-los ao controle civil.

Para Rondon, a chegada ao poder de um novo governo conduzido por civis teve implicações fundamentais. Ele conhecia os dois primeiros presidentes pessoalmente e, embora fosse só um capitão e não tivesse completado trinta anos, podia se comunicar diretamente com o chefe de Estado quando achava vital fazê-lo, passando por cima de ministros e da cadeia de comando militar. Essa liberdade agora iria desaparecer: Rondon não tinha relacionamento pessoal com Prudente de Morais e dali em diante teria de passar pelos canais burocráticos de praxe, em geral um processo lento e trabalhoso. Em graus variados e com pouquíssimas exceções dignas de nota, seria uma situação com a qual ele teria de lidar pelos 35 anos restantes da Primeira República: a cada quatro anos, ou às vezes menos, um novo presidente e um novo gabinete assumiriam o poder, e Rondon teria de aprender a trabalhar com essas pessoas e com os oficiais por elas indicados. No fim, acabou ficando extremamente ágil no jogo burocrático, mas foi uma habilidade que teve de aprender, não era algo que lhe vinha naturalmente.

Enquanto aguardava o Ministério da Guerra decidir se ele tinha futuro como oficial, Rondon aprofundou seu envolvimento — e obteve um grau de consolo de sua convicção — no positivismo. Nessa época, quando o positivismo estava perdendo força e relevância como força política, uma ruptura interna que já há alguns anos dividia os seguidores brasileiros de Comte em duas facções rivais e amargamente antagônicas ficou ainda mais aguda, refletindo uma cisão similar ocorrida alguns anos antes na França. Um grupo, conhecido como "positivistas filosóficos" ou bloco "heterodoxo", aderia à doutrina inicial, puramente científica, do mestre, sobretudo seu foco na sociologia como disciplina capaz de guiar a humanidade para a forma de governo ideal. O outro, chamado "positivismo religioso" ou facção "ortodoxa", enfatizava os ensinamentos posteriores de Comte, que continham um elemento espiritual pronunciado e defendiam a criação de uma igreja que rejeitasse o sobrenatural e se baseasse na lógica e na ciência.

Rondon se alinhava com os positivistas religiosos, liderados por Raimundo Teixeira Mendes e Miguel Lemos. Eles haviam criado um posto avançado brasileiro para a Religião da Humanidade de Comte que incluía serviços dominicais regulares na sede do movimento, no centro do Rio, incluindo liturgia, sacramentos, santos e padres. Muitas características externas do positivismo religioso pareciam copiar o cristianismo, principalmente da Igreja católica. Em lugar da Santíssima Trindade cultuada por todos os grupos cristãos, havia por exemplo a Trindade Positivista, com seu próprio Grande Ser, composto das almas de todos os seres humanos que já viveram, vivem na atualidade ou viverão um dia, no topo. Isso era complementado pelo Grão Fetiche, que era a própria Terra e o material biológico que a compõe, e o Grão Meio, composto do espaço sideral, das estrelas, das galáxias e do resto do universo. Ao contrário do cristianismo, porém, todos os três componentes da Trindade Positivista eram tidos como sujeitos às leis da ciência e da natureza.

A Religião da Humanidade de Comte era assim, em essência, um Alto Templo da Ciência, com ele como papa. Abaixo dele, ou como seu eventual sucessor, haveria um clero cujos membros deviam ser rigorosamente selecionados e treinados, um processo de catorze anos de instrução em escolas positivistas especiais que começaria na idade de 28 anos. Esses sacerdotes deveriam encarnar o princípio do altruísmo e, por isso, eram proibidos de ganhar dinheiro ou ocupar cargos seculares. E como seus deveres exigiam que ensinassem pelo exemplo, orientando a formação da opinião pública, e se utilizassem do exercício imparcial do juízo na resolução de disputas sociais, econômicas e políticas, o ideal era que fossem cientistas, médicos, engenheiros, eruditos ou artistas. Na verdade, todas as artes, incluindo canto e dança, deviam ser praticadas por eles, como bardos em sociedades antigas.

Na liturgia positivista, a humanidade era personificada pela estátua de uma jovem com uma criança no colo. Comte recomendara que essa imagem, semelhante à Nossa Senhora, tivesse as feições da Virgem Maria representada na pintura de Rafael na Capela Sistina ou de Clotilde Marie de Vaux, uma aspirante a escritora e poetisa por quem ele se apaixonara quando estava com 47 anos e ela, trinta. Ela morreu de tuberculose um ano depois, em 1846, mas ele continuou a vê-la como sua musa e atribuiu a ela o crédito por mudar seu pensamento da filosofia pura para a religião. O ramo brasileiro da Igreja Positivista era particularmente interessado em promulgar o culto de Clotilde de Vaux, que veio a adquirir uma importância quase igual à de Comte.

Em sua vida diária, os positivistas deveriam viver segundo três máximas principais, as quais Rondon frequentemente escrevia em seus diários, como que procurando inspiração. A primeira era "viver para outrem", significando deixar de lado o ego, a ambição e o egoísmo a fim de acabar com a competição e a guerra, possibilitando que a Ordem gerasse o Progresso. ("Não existe Progresso sem Ordem e não existe Ordem sem Progresso", Comte escreveu.[18]) A segunda era "viver às claras", que, se seguida corretamente, eliminaria a necessidade de segredos, disfarces e subterfúgios na conduta humana. E finalmente, todos os positivistas deveriam "viver para o Grande Dia",[19] ou seja, em algum momento no futuro a humanidade finalmente atingirá um estado coletivo em que os preceitos do positivismo reinarão e uma idade de ouro do progresso se anunciará. Como foi Comte quem cunhou o conceito de altruísmo, não causa surpresa que todas as três máximas defendam a sublimação da individualidade para o bem coletivo.

Rondon comparecia aos serviços positivistas sempre que estava no Rio, às vezes com Chiquita, ou então desacompanhado, e também tinha aulas particulares na doutrina com Teixeira Mendes e Lemos. Os dois homens frequentemente escreviam panfletos expondo a posição positivista sobre questões atuais da época, indo de ensino, saúde pública e secularização dos cemitérios[20] a relações exteriores, o papel adequado dos militares em uma república e a guerra de classes. E Rondon lia tudo isso assiduamente. Mas ele prestava atenção especial aos que tratavam dos problemas dos povos indígenas e tentaria implementar as recomendações de Teixeira Mendes e Lemos na própria vida.

Livre de todas as acusações, Rondon não perdeu tempo em voltar ao Mato Grosso. A prolongada disputa de fronteira com a Argentina fora resolvida em favor do Brasil em 5 de fevereiro de 1895, enquanto Rondon ainda estava no Rio, graças à decisão de um árbitro, o presidente americano Grover Cleveland, e assim a intensa pressão para terminar a estratégica rodovia dera uma trégua. Mas o cronograma da construção das linhas telegráficas continuava de pé, e por ter perdido um tempo valioso na capital, Rondon retomou sua missão com vigor e determinação ainda maiores. Durante os dois anos seguintes, permaneceria trabalhando com afinco na selva, comunicando-se apenas por cartas e telegramas com a família.

Nesse ínterim, Rondon continuou seus estudos do positivismo, empenhando-se numa espécie de autodoutrinação. Ele e seus homens trabalhavam longas horas, seis dias por semana, e no sétimo dia ele descansava lendo o *Catecismo positivista* no mesmo horário em que, caso estivesse no Rio, compareceria ao culto religioso positivista. Era, explicou ele, um modo de manter um reconfortante "laço subjetivo com meus irmãos de crença",[21] de quem estava separado fisicamente por 1,5 mil quilômetros de terreno não mapeado. Como Rondon lembraria mais tarde, alguns soldados seus ficaram curiosos em saber o que absorvia tão intensamente o comandante, e faziam perguntas. Assim, ele começou a ler para eles, "e essa leitura dominical, com as necessárias explicações, foi feita até o fim da reconstrução".[22] Outros relatos, porém, dizem que Rondon obrigava seus homens a participar de uma leitura semanal que consumia boa parte da manhã do único dia que tinham de folga. Fosse como fosse, Rondon se orgulhou muito quando dois homens seus se converteram ao credo positivista, anotando seus nomes no diário.

Em 1896, um projeto de estrada de ferro de São Paulo a Aquidauana, no extremo meridional do Pantanal, no sudoeste do Mato Grosso, foi traçado, e Rondon recebeu ordens de começar os planos para um prolongamento da linha telegráfica até esse povoamento. Aquidauana fora fundada apenas alguns anos antes pelo major Teodoro Rondon, um parente distante e veterano da Guerra do Paraguai, e como ficaria no ponto final da nova ferrovia e no coração da nova zona pecuária, subitamente adquirira importância estratégica e econômica. Rondon achou o trabalho em si bastante agradável: nada lhe dava mais prazer do que um pretexto para cavalgar pela paisagem rural e observar o mundo natural à sua volta. "Fazia eu excursões extraordinárias, com penetração, às vezes, de sessenta quilômetros" da ferrovia, escreveu. "Não só ficava assim com ideia exata do terreno e dos elementos para a construção como também colhia dados para futuros trabalhos."[23]

No entanto, a nova incumbência também pôs Rondon em contato com o diretor técnico da Repartição Geral de Telégrafos, o engenheiro Leopoldo Ignacio Weiss, nascido no Império Austro-Húngaro, e desde o início o filho do sertão e o imigrante europeu se estranharam. A certa altura, Weiss mandou um memorando para Rondon expressando discordância em relação a certos detalhes técnicos do trabalho que ele estava fazendo, e Rondon, como acontecera em seu conflito com o capitão Távora, sentiu-se ofendido. "Respondi com minha habitual firmeza, discordando das observações e fazendo-o sentir que só quem agia no local, em face das dificuldades, estava em condições de decidir sobre modificações a introduzir no serviço."[24] Para Rondon parecia uma presunção, quando não um absurdo, que um estrangeiro quisesse instruí-lo, um nativo da região, em qualquer aspecto do conhecimento local.

Como na briga anterior com o capitão Távora a respeito do uso de punição corporal, a resposta indignada de Rondon ofendeu Weiss, que se queixou ao diretor dos Telégrafos. Por Rondon tudo bem: ele estava pronto para resolver a disputa e esperava que terminasse com seus superiores endossando plenamente sua postura. Mas o diretor não estava tão empenhado na briga quanto Rondon e queria acima de tudo manter seu relacionamento com outro departamento do Ministério da Indústria, Viação e Obras Públicas em termos pacíficos. Assim, o melhor que pôde fazer foi obter uma declaração anódina de que o trabalho poderia ser realizado "de outra forma",[25] igualmente aceitável.

Isso, porém, não satisfez Rondon, que continuou descontente. Então, quando uma crise econômica se instalou na capital, em 1898, forçando cortes de orçamento e a redução temporária de seu trabalho de levantamento topográfico, Rondon pediu para ser permanentemente liberado de seus deveres, renomeado para o Ministério da Guerra e transferido para o Rio de Janeiro. Outro fator que também influenciou o pedido de Rondon era a saúde de Chiquita. As frequentes e exaustivas viagens entre o Rio de Janeiro e a fronteira que ela realizara ao longo da década mais uma vez a levaram com os filhos ao Mato Grosso, onde contraiu malária e uma doença chamada bouba, uma infecção tropical dolorosa, debilitante, que atinge a pele, os ossos e as juntas, comum na época, embora hoje extremamente rara. Além do mais, Benjamin também vivia doente. Considerando a combinação pouco oportuna de circunstâncias, uma retirada digna para a capital parecia ser a estratégia mais inteligente.

Rondon chegou ao Rio em janeiro de 1899, com a família a reboque, e encontrou a capital abalada pelas crises política e econômica. Prudente de Morais deixara a presidência apenas algumas semanas antes, sendo sucedido por outro advogado, Manuel

Ferraz de Campos Sales, que imediatamente se viu confrontado com uma ampla gama de problemas que Prudente fora incapaz de resolver. Entre eles havia a relação tensa com as Forças Armadas: em 5 de novembro de 1897, quando Prudente de Morais passava as tropas em revista no Rio, um soldado de infantaria tentou assassiná-lo. O presidente só sobreviveu porque seu ministro da Guerra, o general Carlos Machado de Bittencourt, entrou na frente, levando o tiro em seu lugar e morrendo mais tarde, naquele mesmo dia.

O atentado, porém, era meramente o sintoma de um problema muito mais profundo nas relações entre civis e militares. Pouco tempo antes, em 1896, um conflito milenarista que veio a ser conhecido como a Guerra de Canudos eclodira no sertão baiano. Um autoproclamado profeta chamado Antônio Conselheiro atraiu milhares de seguidores paupérrimos ao local, afirmando que a República e as medidas progressistas de inspiração positivista que ela promulgara — casamento civil e separação entre Igreja e Estado sendo as principais — eram obra do anticristo e um sinal de que o fim dos tempos se aproximava. A resposta do governo federal foi enviar milhares de soldados para suprimir o movimento e destruir o povoamento de Canudos, que chegou a ter uma população de mais de 25 mil pessoas.

Mas a primeira campanha militar contra Antônio Conselheiro, em 21 de novembro de 1896, foi um fracasso espetacular que tornou o Exército objeto de escárnio. Uma segunda ofensiva, poucos dias depois, e em seguida uma terceira, em fevereiro de 1897, trouxeram resultados idênticos. Apenas a quarta campanha, que começou em maio de 1897, conseguiu acabar com a rebelião em outubro, mas a um tremendo custo. No fim, estima-se que 12 mil soldados foram necessários para subjugar um bando heterogêneo, composto de camponeses e ex-escravizados. O número de mortos foi estimado em 25 mil pessoas, entre os quais 5 mil soldados do governo, centenas de prisioneiros depois degolados, incluindo o coronel que liderou uma das campanhas; e, na campanha final, o próprio Antônio Conselheiro morreu, ou de uma doença ou de ferimentos provocados por uma granada, e seu corpo foi desenterrado e sua cabeça cortada. A carnificina traumatizou a nação e manchou a reputação do Exército, que passou a ser visto como sanguinário e, ao mesmo tempo, inepto para o combate.

Rondon parece ter tido sentimentos ambíguos sobre o conflito desde o início, o que talvez explique por que aparentemente não se empenhou em ser transferido para uma unidade de combate — ao contrário de seus pedidos durante rebeliões contra Floriano Peixoto. Como positivista, ele certamente apoiava a República e as reformas que ela instituíra, bem como desdenhava do misticismo religioso irracional representado por Antônio Conselheiro. Mas ele era oriundo do mesmo estrato social que inúmeros caboclos e sertanejos que acorreram a Canudos e se solidarizava profundamente com sua situação social e econômica, valorizando também sua sabedoria popular, por mais rude que pudesse considerar a sagacidade camponesa.

Muitos colegas militares de Rondon combateram em Canudos, alguns morreram lá, e ele lamentou seus destinos. Mas vale a pena observar que seu amigo mais próximo dos anos de academia, Euclides da Cunha, esteve em Canudos não como soldado, após deixar o Exército em 1896, mas como jornalista, cobrindo o combate para o jornal *O Estado de S. Paulo*, e nessa atribuição fez duras críticas contra o alto-comando do Exército e sua conduta. Quando Rondon regressou ao Rio de Janeiro, Euclides já estava de volta a São Paulo, trabalhando no que chamou de seu "livro vingador", o brilhante e tremendamente influente *Os sertões*, em que ele exalta as qualidades do sertanejo e, numa famosa passagem, condena a conduta do governo como "um crime. Denunciemo--lo".[26] A despeito da lealdade inabalável de Rondon ao governo e ao Exército, o feroz libelo de Euclides da Cunha, que seria publicado na forma de livro em 1902, não levou a uma ruptura da amizade.

Porém, a crise econômica teve um impacto mais direto em Rondon. Campos Sales herdara uma grande dívida externa e uma taxa de inflação elevada e não teve escolha a não ser renegociar os termos das dívidas que o país contraíra junto a seus credores estrangeiros, liderados pela Grã-Bretanha. O pagamento de um novo empréstimo de 10 milhões de libras, porém, era garantido pelos rendimentos alfandegários brasileiros, que, por sua vez, limitavam seriamente a receita do governo e o forçavam a apertar o cinto. O novo ministro da Fazenda, Joaquim Murtinho, era mato-grossense como Rondon e obviamente estava ciente da importância de projetos de infraestrutura para desenvolver a fronteira e integrá-la à nação. Contudo, a fim de reduzir o gasto público deficitário e inflacionário e pagar as contas do Brasil, ele cancelou dezenas de projetos de obras públicas e outros investimentos do Estado, incluindo ferrovias e linhas telegráficas.

Isso significou que Rondon ficaria preso atrás de uma escrivaninha na capital até a crise passar. E ele, de fato, recebeu um trabalho de cartografia no quartel-general, supervisionando, no ano seguinte, a criação de um mapa detalhado do Mato Grosso, baseado, em sua maior parte, nos dados que já coletara no campo. Rondon saboreava a vida doméstica estável que passou a ter de uma hora para outra, mas não se sentia particularmente desafiado em sua tarefa, que descreveria em suas memórias como "uma comissão passageira, intermediária entre a segunda e a terceira fases da minha vida".[27]

Mas pelo menos estava de volta a companhias que considerava agradáveis: reencontrou seu colega de academia e amigo Antônio Leal e servia sob o comando direto do general Francisco de Paula Argolo, que fora por um breve período ministro da Guerra em 1897 e voltaria a ocupar esse cargo de 1902 a 1906. Rondon e Argolo não tardaram a nutrir respeito e admiração mútuos, e, se a reputação de Rondon sofrera algum tipo de arranhão como resultado de sua corte marcial em 1895, todas as suas preocupações foram se dissipando à medida que conquistava a confiança do importante figurão militar.

"A convivência me aproximou muito do general Argolo", Rondon escreveu. "Não perdia ele ocasião de me patentear estima de um modo que muito me desvanecia. E cada vez maiores eram as provas de confiança com que me honrava."[28]

O acontecimento mais significativo durante esse período foi o ingresso formal de Rondon na Religião da Humanidade. Durante seus estudos do catecismo positivista, quando realizava trabalhos em campo, Rondon lera e absorvera as "quinze leis universais da fatalidade suprema", bem como as leis das sete ciências reverenciadas pelo positivismo. Agora estava pronto para a iniciação, que ocorreu no novo Templo da Humanidade, no bairro da Glória, na zona sul da cidade. Rondon, na verdade, estava um pouco velho para o rito de "admissão", que segundo os ensinamentos do positivismo religioso normalmente acontecia quando o iniciado tinha entre 22 e 28 anos. Como alguém que entrara relativamente tarde na fé, Rondon era elegível para o estágio seguinte, que os positivistas chamam de "destinação", quando o adepto escolhe uma carreira e faz o juramento, ministrado por um sacerdote, de exercê-la em prol da humanidade.

A trajetória de Rondon já estava claramente determinada, mas sua adoção da fé positivista lhe dava um lastro espiritual que ele recebeu de braços abertos. O novo Templo da Humanidade fora consagrado em 1º de janeiro de 1897, o sagrado Dia da Humanidade no calendário positivista, e Rondon passaria um bocado de tempo ali, não apenas nos serviços dominicais, mas também conversando com outros positivistas, especialmente seu orientador espiritual pelos próximos trinta anos, Raimundo Teixeira Mendes. O templo era uma estrutura imponente, com colunas de inspiração grega e bustos de grandes sábios, desde gregos até contemporâneos, estrategicamente colocados nas entradas das catorze capelas laterais.

O plano original fora construir o templo com a face voltada para Paris, de modo a celebrar Comte, mas, quando isso se revelou impossível, uma rosa dos ventos de mármore rosa adornada foi entalhada diante do nártex, com o norte verdadeiro apontando para a capital francesa. Em outra homenagem, a fachada foi projetada como uma réplica do Panteão em Paris; no altar, de frente para a congregação, havia um busto de Comte, uma pintura de Clotilde de Vaux e um verso da *Divina comédia*, de Dante, em louvor à Virgem Maria. Uma inscrição acima da entrada principal, em letras de ferro fundido, reproduzia um dos aforismos mais enigmáticos de Comte: "Os vivos são sempre e cada vez mais governados necessariamente pelos mortos".

Pelo resto da vida, um pouco mais de sessenta anos, Rondon seria, quando estava no Rio, uma presença familiar no Templo da Humanidade, que está de pé até hoje, na rua Benjamin Constant, embora em um estado de conservação deplorável, após os danos causados por uma tempestade e o colapso do teto, em 2009. Membros mais velhos da igreja ainda se lembram de, quando crianças, verem um idoso Rondon, quase cego e apoiado na bengala, frequentando o serviço de domingo. Eles contam que sempre sentava no mesmo lugar: ele avançava devagar e com cautela pelo corredor, parava ao chegar ao transepto e ia para um banco à direita, na primeira fileira. Mesmo na velhice, participava ativamente do culto e também socializava com os demais membros da congregação, às vezes os visitando em casa para almoçar e conversar.

Ainda mais importante que um refúgio físico, o Templo da Humanidade oferecia abrigo espiritual. Isso talvez tivesse menos a ver com encorajar o senso de vocação de Rondon, que já era intenso, do que com o ambiente de companheirismo que a Igreja Positivista representava para sua família durante suas prolongadas ausências do Rio. Teixeira Mendes era particularmente diligente nesse aspecto: ele e Miguel Lemos costumavam acompanhar Rondon ao porto quando ele partia nas missões, mas a saúde de Lemos já estava se deteriorando nessa época e cada vez mais ele abria mão de seus deveres como líder. Assim, coube a Teixeira Mendes, praticando o altruísmo pregado pela igreja, ajudar Chiquita e as crianças quando Rondon estava fora. A família em breve se mudaria de Cascadura para ficar perto dele. Teixeira Mendes virou uma espécie de tio para os pequenos, que, no fim do século XIX, se transformara em trio após o nascimento de Clotilde Teresa. "Você inspira e faz parte de nossa família, além de todos os nossos sentimentos de suprema gratidão ao verdadeiro Pai espiritual", escreveu Rondon em uma carta para Teixeira Mendes em 1900, alguns meses após esse arranjo ter sido efetivado.*

Rondon sempre foi atormentado por esse senso de dever conflitante para com seu país e sua família e desabafava com Teixeira Mendes, talvez a única pessoa a ouvir suas aflições além de Chiquita. "Sinto muito por me encontrar longe das redondezas por onde sempre conheci a verdadeira felicidade, e onde devo permanecer com mais frequência para educar meus queridos filhos", escreveu do Mato Grosso. "Mas esta é a única maneira pela qual posso dar minha contribuição para a Cruzada Santa da qual você é o enérgico e sábio propagador e cativante Apóstolo."[29] ("Cruzada Santa", é claro, refere-se à transformação da sociedade humana em um estado positivista universal.)

---

* A correspondência entre Teixeira Mendes e Rondon foi arquivada no Templo da Humanidade no Rio de Janeiro, mas ficou completamente encharcada quando o teto da igreja desabou, em 2009. Entre 2015 e 2016, fui várias vezes à igreja, e, apesar de ver as caixas mofadas, não tinha como acessar nada do arquivo sobre Rondon. Porém, em 2017, encontrei nos Estados Unidos trechos de várias dessas cartas com tradução para o inglês feita por um professor americano, Donald F. O'Reilly, quando fazia pesquisas para o seu doutorado na Igreja Positivista, em 1963. Por esse motivo é que os trechos citados aqui foram traduzidos do inglês, a despeito de originalmente terem sido escritos em português. Donald F. O'Reilly, *Rondon: Biography of a Brazilian Republican Army Commander*, tese de doutorado, Universidade de Nova York, 1969, p. 65.

Mas ser um membro plenamente integrado à Igreja Positivista também exigia uma série de sacrifícios e restrições, cuja verdadeira importância se tornaria óbvia apenas quando a carreira de Rondon prosperou e ele se tornou um herói nacional durante as duas décadas seguintes. Todos os novos iniciados, incluindo Rondon, deveriam fazer um juramento prometendo "consagrar toda a sua atividade e todo o seu devotamento à incorporação do proletariado na sociedade moderna, resumo de toda a ação positivista".[30] Em termos concretos, significava que nenhum positivista em pleno gozo de seus direitos tinha permissão de concorrer numa eleição ou assumir um cargo político, nem mesmo ser nomeado. Um positivista religioso de boa posição tampouco podia lecionar, entrar para associações científicas ou literárias, trabalhar no jornalismo ou aceitar remuneração da forma que fosse por algo que escrevera.

O propósito dessas limitações tinha a ver com a ênfase no altruísmo da Religião da Humanidade. Em tese, impedir que seus adeptos ascendessem às classes ricas e privilegiadas os tornariam mais solidários com a classe proletária. Na prática, porém, era uma política eminentemente autodestrutiva, míope e ingênua, que terminaria por levar o positivismo à irrelevância. Essas interdições eram "incompatíveis com os seus próprios objetivos e de todo inconciliáveis com a situação real do meio brasileiro", escreveria posteriormente o principal historiador do positivismo no Brasil, o ensaísta e médico Ivan Monteiro de Barros Lins, ele mesmo um simpatizante do movimento. "Apresentando a ascética austeridade e a inflexível rigidez das ordens monásticas, os Estatutos da Igreja e Apostolado Positivista do Brasil isolavam do mundo os seus sequazes e transformavam o seu grêmio num grande cenóbio."[31]

Na realidade, essa inovação debilitante era uma interpretação peculiarmente brasileira da doutrina de Comte, pois o fundador do positivismo pretendia que tais restrições se aplicassem exclusivamente aos sacerdotes da Igreja Positivista, não a seus seguidores comuns. Muitos dos amigos mais antigos de Rondon, incluindo Euclides da Cunha e Tasso Fragoso, recusaram-se a entrar para a Religião da Humanidade ou romperam completamente com o movimento por esse motivo específico; e eles tentaram convencê-lo a fazer o mesmo, citando o exemplo do mentor Benjamin Constant, que aceitara dois cargos no governo. Quando Euclides foi admitido na Academia Brasileira de Letras, por exemplo, seu discurso de posse continha um ataque irônico à Religião da Humanidade, que segundo ele "arregimentou-se em torno de um filósofo e afastou-se. Ninguém mais o viu — e mal se sabe que ele ainda existe, reduzido a dois homens admiráveis, que falam às vezes, mas que se não ouvem, de tão longe lhes vem a voz, tão longe eles ficaram no território ideal de uma utopia".[32]

Não há evidência nos diários de Rondon de que algum dia ele tenha compartilhado do ceticismo expressado por seus amigos mais próximos. Pelo contrário, ele se tornou um dos defensores mais fervorosos da Religião da Humanidade e também seu maior trunfo quando a importância do positivismo na vida política brasileira diminuiu. Mas mesmo que compreendesse as dúvidas de ex-colegas como Euclides e Fragoso, ele não se afastou de sua posição; preferiu atrelar o curso de sua vida pública aos "dois homens admiráveis" e se manter fiel a outra máxima de Comte: "A submissão é a base do aperfeiçoamento individual".[33] Essa decisão teria enormes consequências para ele, quase sempre negativas, nos anos por vir.

6. Artigo 44, parágrafo 32

Na primeira semana do novo ano e do novo século, Rondon foi chamado para uma reunião no quartel-general, no Rio de Janeiro, com o general Francisco de Paula Argolo, o intendente-geral do Exército e futuro ministro de Guerra, e encarregado de um novo desafio. Após fracassar repetidas vezes na tentativa de construir uma linha telegráfica de Cuiabá a Corumbá, importante porto e praça-forte no rio Paraguai, na fronteira do Brasil com a Bolívia, e depois para Forte Coimbra, a sul, na fronteira com o Paraguai, o Exército estava determinado a tentar outra vez e decidiu incumbir Rondon da missão.

Como todo mundo no Exército bem sabia, era uma missão com potencial de arruinar uma carreira promissora. A primeira tentativa de construir essa linha fora em 1888, quando Deodoro da Fonseca — então comandante das forças de fronteiras em Mato Grosso — ordenou o início das obras para ligar Corumbá a Forte Coimbra. Essa ideia foi prontamente deixada de lado com a queda da Monarquia, um ano depois, mas em 1892 Alberto Cardoso de Aguiar, futuro general e ministro da Guerra, realizou um estudo preliminar da rota entre Cuiabá e Corumbá. No entanto, concluiu que o custo da construção seria elevado demais (tanto pelo lado monetário quanto pelo número de vidas que imaginavam perder) e convenceu seus superiores a lhe dar uma missão diferente. Um ano depois, Bento Ribeiro, engenheiro militar que construíra linhas telegráficas em seu estado natal, o Rio Grande do Sul, começou efetivamente a trabalhar no projeto, mas não demorou a desistir devido ao que descreveu como dificuldades logísticas "insuperáveis".[1]

Como mato-grossense legítimo, Rondon, ainda mais do que seus superiores, sabia disso tudo e não pediu a missão. Na verdade, sentiu-se coagido a assumi-la e ficou ressentido com isso. "Aceitei sob condições que você conhece muito bem", escreveu depois a Teixeira Mendes. "Eu não queria provocar a ira de um ministro que já tinha sido bastante duro comigo durante o processo de organização do trabalho. Pelo contrário, eu iria fazer o jogo até ter a chance de sair, preservando minha autoestima de militar." Não levaria muito tempo, presumiu, "porque eu sabia, de longa experiência, que nossos pretensos administradores não levavam a sério nada do que começavam". Assim que um novo presidente assumisse o poder, em 1902, assegurou ele a Teixeira Mendes, um conjunto novo e completamente diferente de prioridades seria anunciado e "é muito provável que eu retorne ao seio de minha pequena e maravilhosa família".[2]

Só que Rondon estava enganado. O projeto acabaria consumindo seis anos, tamanha sua complexidade. O maior problema enfrentado era um simples fator geográfico: o caminho mais direto de Cuiabá à fronteira com a Bolívia passava diretamente pela vastidão do Pantanal. Isso significava que Rondon e qualquer equipe de exploração que ele montasse, por mais experiente que fosse, teria de enfrentar não só enfermidades tropicais, tribos hostis e animais perigosos, como de costume, mas também desafios sem precedentes de engenharia. Em um ambiente permanentemente alagado, sem terra firme, como instalar um poste telegráfico que permaneça de pé, sem se inclinar perigosamente ou sem afundar no lodo? Aliás, como fazer com que os homens e equipamentos cheguem ao local onde será realizado o trabalho? Como e onde construir os postos de telégrafo? Essas questões haviam frustrado uma geração de engenheiros militares capazes e experientes. Agora se esperava que Rondon encontrasse respostas e, ao mesmo tempo, realizasse o levantamento topográfico da região que o governo no distante Rio de Janeiro, sem o menor conhecimento real das condições enfrentadas, enxergava como um prelúdio para a construção de uma rodovia e uma ferrovia paralelas à linha telegráfica.

Para conseguir fazer tudo isso, Rondon recebeu um reforço escasso de meros cinquenta soldados — que seriam emprestados de um batalhão de infantaria estacionado no estado vizinho de Goiás — para suplementar sua pequena unidade permanente. Por experiência própria, ele sabia que isso não seria boa coisa: o comandante local sem dúvida tentaria empurrar para ele os refugos de sua força, transferindo para o seu comando os soldados mais problemáticos, incompetentes ou debilitados por doença. Além disso, Rondon foi informado de que teria de ir pessoalmente a Goiás para se encarregar dos soldados suplementares, depois marchar rapidamente com eles através de quase oitocentos quilômetros de mata até o único posto telegráfico construído ao longo da nova linha, no momento abandonado, exceto pelos dezenove praças e um único oficial de pequena patente estacionados ali, para a proteção do lugar.

Não que contar com força de trabalho e know-how de engenharia adequados fosse o suficiente para assegurar o sucesso da missão. Como Rondon sabia perfeitamente, ele teria de se empenhar também em fazer um pouco de lobby e diplomacia, valendo-se de muito tato. Desde o fim da Monarquia, uma década antes, o poder na República ficara significativamente descentralizado: embora o governo federal no Rio pudesse aprovar leis, determinar orçamentos e proclamar éditos, cabia ao chefe do Executivo em cada estado, ainda chamado oficialmente de "presidente", decidir até que ponto seria obedecido e seguido, se e quando fosse. "Neste regime", disse o presidente Campos Sales pouco depois de assumir o poder, no fim de 1898, "a verdadeira força política, que no apertado unitarismo do Império residia no poder central, deslocou-se para os estados [...]. O que pensam os estados pensa a União."[3]

Assim, antes de começar a trabalhar com seu pelotão heterogêneo, Rondon decidiu viajar para Cuiabá, supostamente em observância do protocolo militar, para prestar seus respeitos ao comandante de todas as tropas no Mato Grosso, o general Arthur Oscar de Andrade Guimarães. Seu propósito principal, porém, era tentar uma audiência com o governador do estado, um almirante aposentado chamado Antônio Pedro Alves de Barros, e assegurar que ele não faria oposição ao projeto. Embora a linha telegráfica fosse obviamente "de imediato interesse para o estado",[4] escreveu Rondon mais tarde, ele tinha de conquistar o apoio político e financeiro do governador: não era tão incomum durante a primeira República que governadores sabotassem empreitadas que pudessem afetar seus interesses comerciais privados ou os de seus aliados. "Pleiteava um auxílio dele", escreveu Rondon em seu diário, "uma vez que era diminuta, em face do vulto da obra, a verba de que dispúnhamos."[5] O governador concordou, e não só concedeu a Rondon vinte contos de réis, quase o equivalente à parcela inicial que o governo no Rio havia autorizado, como também escreveu uma carta ordenando que todas as agências do governo ajudassem o projeto sempre que solicitado.

Depois de lidar com o poder civil, Rondon se concentrou em obter o consentimento das demais autoridades na região que estava prestes a atravessar: seus habitantes indígenas. Eles eram Bororo, vivendo ao longo do rio São Lourenço e talvez até mesmo com algum parentesco com a família de sua mãe, que nascera em uma comunidade a norte dessa área. Essa ligação possivelmente beneficiaria Rondon, mas ele não podia ter certeza disso. Assim, mais uma vez seguiu o protocolo e cavalgou sozinho para a aldeia de Kejare (buraco de morcego), para se encontrar com Oarine Ecureu (ou Andorinha Amarela), chefe do maior aldeamento Bororo na bacia do São Lourenço. Uma vez lá, foi recebido com abraços calorosos e cantos rituais que diziam: "Nosso grande chefe chegou! Salve o grande chefe Bororo!". Nessa noite, ele foi homenageado com um banquete que avançou até tarde, com travessas de peixe fresco, narrações de lendas e feitos heroicos e invocações rituais em homenagem aos mortos.

No dia seguinte, Rondon distribuiu presentes para todo mundo na aldeia, cumprindo assim uma de suas obrigações como pagmejera, o "chefe dos chefes". A verba fornecida pelo governador Alves de Barros já estava se revelando útil, observou ele. E por que

Rondon mereceu um acolhimento tão caloroso e respeitoso? Na realidade, sua fama o precedia: através da versão Bororo do telégrafo, ou seja, a transmissão oral, todas as aldeias do rio São Lourenço sabiam de antemão quem era Rondon. Sabiam que tinha ascendência Bororo, que era oficial do governo, um militar com poderes extraordinários no mundo restrito que os Bororo habitavam. Sabiam que há uma década ele trabalhara na linha telegráfica de Cuiabá ao Araguaia e que havia evitado confrontos com os aldeamentos Bororo daquela região, chegando até a protegê-los. Enfim, sabiam que ele era amigo e aliado. Confiavam nele como um parente e líder comprovadamente fiel a sua palavra.

Rondon estava ansioso para seguir com sua missão e voltar para seus homens, mas Andorinha Amarela lhe pediu que ficasse por mais dois dias. Felizes com a presença do pagmejera, os moradores da aldeia Kejare queriam prestar mais homenagens a Rondon com um bacororo, cerimônia associada a uma figura mítica de mesmo nome que, na cosmologia Bororo, governa uma das duas Aldeias dos Mortos. Para fazer isso de maneira adequada, porém, eles precisavam chamar os vizinhos dos arredores para participar. Quando estes chegaram, houve muita cantoria e dança, que Rondon descreveu como cheias de "leveza" e com "graça de movimentos", e quando o ritual se encerrou, ele pôde partir sem ferir suscetibilidades, prometendo "Aregôdo Aúgai curimata" ou "Adeus, partimos, mas voltaremos".[6]

À medida que a construção da linha telegráfica avançava lentamente, os homens de Rondon, desacostumados ao clima e ao terreno, vacilavam. Ele começara com 81 soldados, mas a doença e o desânimo não tardaram a cobrar seu preço. Dezessete soldados haviam desertado, e o dobro disso contraíra alguma enfermidade — a maioria malária —, tendo morrido ou sido evacuado para Cuiabá: entre as baixas, logo no começo, estava o jovem oficial de cavalaria que Rondon deixara encarregado de supervisionar a força de trabalho, Joaquim Leite Lima, que foi subjugado pela malária a bordo do vapor que o levava para o hospital, na capital do estado. Com a força de trabalho reduzida para apenas trinta homens, a situação de Rondon se agravou bastante. Assim como os comandantes das três tentativas anteriores de construir uma linha Cuiabá-Corumbá, ele se arriscava a ver sua missão ir por água abaixo, representando um fracasso pessoal e a humilhação profissional.

No fim, os Bororo foram sua tábua de salvação. Quando Rondon visitou a aldeia de Andorinha Amarela pela primeira vez e lhe explicou sobre a missão telegráfica, o chefe prometeu retribuir a visita e comparecer à inauguração do posto do telégrafo, quando estivesse terminado. Agora, ele e Báru, ou Céu Claro, pajé de uma aldeia vizinha, apareciam sem aviso, acompanhados de uma dúzia de guerreiros. Estavam numa expedição de caça e haviam decidido visitar o pagmejera. Em seu desespero, sem alternativa à vista, Rondon decidiu pedir ajuda a eles para construir a linha.

Não há como saber exatamente o que Rondon, Andorinha Amarela e Céu Claro disseram uns para os outros em abril de 1900, de modo que não fazemos ideia da linha de argumentação empregada para convencer os índios a ajudá-lo. Eles conversaram em bororo, língua que nenhum dos suboficiais de Rondon compreendia, e que, em todo caso, ainda não existia na forma escrita: foi o próprio Rondon que, duas décadas depois, compilou o primeiro glossário e escreveu a primeira gramática do idioma. Assim, nem Andorinha Amarela, nem Céu Claro, sendo incapazes de falar, ler ou escrever português com fluência, puderam deixar registro escrito da conversa. Quanto ao próprio Rondon, pelo visto não considerou o encontro suficientemente digno de nota para registrá-lo em seu diário de campo, a não ser pelo fato de que uma reunião havia se passado.

Mas em vista do que aconteceu a seguir, a conversa foi claramente um momento crucial, que em última análise assegurou o sucesso da missão. Dias depois, Céu Claro voltou com 120 Bororo, não apenas homens adultos capazes de enfrentar o árduo trabalho de construir a linha telegráfica, mas também mulheres e crianças, trazendo inclusive seus animais de estimação, como cachorros, macacos e papagaios. Andorinha Amarela chegou alguns dias depois com um grupo ainda maior, de cerca de 150 pessoas. Em outras palavras, dois povoamentos Bororo inteiros, obedecendo às instruções de seus líderes, haviam se deslocado com o único propósito de ajudar o amigo Rondon. Durante a primeira fase da missão, que durou pouco mais de um ano, viajariam com ele e seus homens, retomando a existência nômade que, historicamente, fora costume entre seu povo. À medida que a linha avançava através do Pantanal em direção a Corumbá, eles levantavam acampamento juntamente com Rondon e o que sobrara de seu destacamento original, seguindo para a base de operações seguinte.

Da parte de Rondon, trata-se de um feito extraordinário, e em muitos níveis. O aspecto mais óbvio, e claramente mais significativo, foi este: Rondon lançara por terra o que sempre fora aceito no Brasil e no resto do mundo como a ordem natural e imutável das coisas. Povos indígenas eram e sempre seriam tidos como inimigos da disseminação da "ordem e do progresso" defendida pela sociedade "civilizada", não colaboradores em sua expansão. Essa certamente foi a ideologia dos Estados Unidos nas décadas finais do século recém-encerrado, que as classes dirigentes no Brasil viam como uma lição ilustrativa. Valendo-se de meios puramente pacíficos, porém, Rondon não só assegurara o consentimento de um povo considerado hostil, como também alcançara a proeza de persuadi-los a participar, de livre e espontânea vontade, no "projeto nacional brasileiro", convencendo-os de que traria benefícios também para eles.

Para o debate filosófico que acontecia no Brasil nesse momento, e que só faria intensificar durante a década seguinte e consumiria grande parte da energia de Rondon, esse era um fator novo, importante e surpreendente a considerar. Antes de Rondon, presumia-se que a única maneira de fazer os índios abandonarem seu estilo de vida de caçadores-coletores e trabalhar de maneira "produtiva" e "confiável" era através da força e da intimidação. Não era assim desde que Pedro Álvares Cabral aportara no sul da Bahia, em 1500? E, mesmo quando obrigados a trabalhar, os índios nunca revelaram muito entusiasmo, não é mesmo? Agora Rondon — usando apenas palavras gentis, ferramentas e bugigangas como presentes e dando também outras mostras de amizade — demonstrava que era de fato possível recrutar povos indígenas como parceiros ao estender as tecnologias mais modernas aos rincões mais remotos do país.

Mas em um nível eminentemente prático, Rondon também se beneficiou do arranjo. Os Bororo viviam alijados da economia do dinheiro, de modo que não precisavam receber salário regular, como os soldados e os moradores locais. Em vez disso, era possível assegurar sua cooperação oferecendo presentes em momentos estratégicos. Tampouco tinham de ser supridos de comida ou roupas; podiam viver do que colhiam, da pesca e da caça, como era sua tradição, e até oferecer aos homens de Rondon alimentos, medicina natural e dicas valiosas sobre a geografia local, a fauna e a flora selvagens, quando necessário. Eles até tinham as próprias bestas de carga para transportar seus poucos pertences. Em vista da apertada verba de Rondon, foi uma dádiva divina.

"Facilmente se sujeitaram os índios ao regime militar e ao trabalho acurado"[7] exigidos pela missão, relatou Rondon. Após uma segunda conversa com os dois líderes Bororo que Rondon descreveu como "longas, cheias de palavras amáveis e expressivas figuras de pensamento",[8] ficou combinado que os índios abririam caminho para a linha telegráfica, derrubando árvores e removendo os tocos. As equipes de trabalho foram organizadas em rodízios, assim os Bororo poderiam continuar a caçar e a pescar, como de costume. A única condição imposta pelos chefes indígenas foi que o próprio Rondon coordenasse as equipes e não um oficial menor que não falasse a língua deles.

Os diários de campo de Rondon sugerem que ele estava mais preocupado com o comportamento de seus homens do que com o dos índios. Assim, ele reuniu os dois contingentes e anunciou novas regras, mais duras, primeiro em português e depois em bororo. Após o horário de trabalho, quando os dois grupos se retiravam para seus respectivos acampamentos, que eram separados à distância de uma caminhada um do outro, os soldados estavam terminantemente proibidos de ir ao acampamento bororo, sozinhos ou em grupo, a menos que tivessem a devida autorização. Se os Bororo pegassem um soldado intruso entre eles, deveriam levá-lo a Rondon, que aplicaria a punição adequada. Somente dessa maneira, acreditava Rondon, ele podia impedir seus soldados de roubar comida e tabaco dos índios e tentar fazer sexo com suas mulheres e meninas. Ele também queria manter os índios longe do álcool e temia que o contato entre os dois grupos pudesse espalhar doenças contra as quais os índios não tinham resistência.

No começo, tudo saiu às mil maravilhas. Mas então, na calada da noite, algumas semanas após o início da missão colaborativa, Rondon acordou com uma súbita gritaria seguida de uma procissão de índios, quatro deles carregando um soldado acima de suas cabeças. Enquanto a multidão se juntava, Rondon repreendeu o homem nas duas línguas por sua conduta vergonhosa e prometeu uma punição pela manhã. "Ninguém dormiu" durante o resto da noite, ele escreveu em seu diário, e ao raiar do dia os Bororo já estavam se reunindo, "ansiosos por conhecer a decisão de pagmejera",[9] cismados e duvidando um pouco de que ele realmente manteria a palavra. E manteve: como não havia cadeia para prender o soldado, Rondon ordenou que fosse amarrado a uma árvore e deixado sob o sol durante o dia, sem água. Para aumentar o tormento, todos faziam as refeições na sua presença, mas sem lhe oferecer comida. Em seus diários, Rondon comenta que "Oarine Ecureu [Andorinha Amarela] exultou" ao ver a justiça sendo feita de verdade. Rondon cumprira a promessa, justificando a fé que ele e Céu Claro haviam depositado e consolidando sua amizade.

Os Bororo continuaram com a expedição durante um ano inteiro, e somente no fim desse período houve outro ato de indisciplina similar. Mais uma vez, o transgressor foi preso e levado a Rondon. Dessa vez "fui forçado a agir com maior energia", relatou ele, "e usar o processo do conde de Lippe". Ou seja, Rondon mandou açoitar o homem. Antes de o castigo começar — o número de chibatadas não está registrado —, Rondon falou com o soldado e com o grupo reunido. "Esta surra é a que os índios tinham o direito de lhe aplicar. Penso que, para sua dignidade, é melhor que seja vergastado por ordem de seu próprio comandante."[10]

Os dois contingentes finalmente se separaram em 19 de maio de 1901, e a estação telegráfica do Itiquira, o coroamento desse trabalho conjunto, havia sido finalmente inaugurada. Ao chegar ao povoamento no fim de abril, a expedição de Rondon — tanto soldados quanto índios — foi recebida em júbilo pelos moradores, que agora podiam finalmente se comunicar de forma instantânea com o resto do mundo. Para celebrar, organizaram um banquete, para o qual todos foram convidados. Para retribuir a cortesia demonstrada, Andorinha Amarela e Céu Claro providenciaram outro lauto bacororo, com Bororo que haviam trabalhado no projeto da linha telegráfica dançando e cantando até tarde da noite, vestidos com peles de onça. Na manhã seguinte, eles voltaram para o mato, transportando seus poucos pertences em cestas de vime penduradas no ombro.

Duas coisas levaram os Bororo a se separar da expedição de Rondon. Uma era que estava prestes a começar a estação seca, a melhor época para a caça, principalmente da onça, cuja pele era estimada para cerimônias formais como o bacororo. Outra foi que a expedição chegara à margem leste do rio Taquari, o limite do que os Bororo consideravam seu território. Na margem oposta começavam os domínios de outros povos. "Aqui fico; Bororo não entra em terra de Caiamo, terra de Terena, Guaiacuru, Uachiri...", Andorinha Amarela falou.[11] Daquela margem em diante, Rondon teria de começar todo o trabalho a partir do zero, negociando com cada tribo à medida que a linha telegráfica avançasse

123

para o sul e o oeste. Mas sua relação com os Bororo ao menos lhe forneceu um modelo para assegurar a cooperação dos grupos indígenas e ele aplicaria essa técnica repetidas vezes conforme a construção avançava. Além disso, em reconhecimento a esse sucesso inédito, Rondon obteve a tão ansiada promoção a major "por merecimento", anunciada em 7 de julho de 1903.[12]

Com a equipe de Rondon avançando para o sul, em direção a Aquidauana, o terreno começou a mudar e ele enfrentou novos desafios. Em vez do Pantanal e seu solo encharcado, ele e seus homens começaram a se deparar com areia movediça, o que tornou a instalação das linhas telegráficas ainda mais difícil. Mesmo com a ajuda das tribos Terena e Kadiwéu, com quem fizera amizade, e que conheciam a região e suas características, o trabalho ficou tão lento que praticamente estagnou: em vez de instalar cem postes por dia, Rondon e seus homens agora tinham de se contentar em instalar apenas cerca de meia dúzia e às vezes levava três horas só para posicionar um poste. Sempre que possível, Rondon optava por usar vigas de jacarandá e, seguindo o costume local, preferia que as árvores fossem abatidas no período da lua minguante, de modo que a seiva não tivesse subido para as partes mais altas da planta, prática que torna a madeira mais resistente, resultando em postes mais duráveis e menos propensos a ataques de cupins e outros insetos. Os postes depois eram afiados numa ponta, transportados por canoa ao local da obra e então laboriosamente fincados na areia movediça até chegar ao lodo, no fundo. Somente dessa maneira, tão trabalhosa, Rondon podia ter certeza de que eles depois não cairiam nem perderiam a estabilidade.

Tudo isso era acompanhado de doses diárias de perigos mortais que podiam surgir a qualquer momento e que custaram a vida de alguns dos melhores e mais dedicados homens da expedição. No fim de 1903, por exemplo, Rondon estava fora em uma visita de inspeção quando recebeu a notícia de que um de seus jovens oficiais mais promissores, o alferes-aluno Francisco Bueno Horta Barbosa, desaparecera. Correndo para o acampamento onde os seus homens aguardavam a volta do oficial, Rondon soube que ele partira de canoa numa missão de reconhecimento, mas generosamente trocara de lugar com um de seus homens montados que não sabia nadar e temia ser derrubado e cair na água. Montando na mula do soldado, Horta Barbosa partira, mas não regressara. Quando uma chuva torrencial começou a cair, seus homens se refugiaram numa elevação de terra para escapar das águas que subiam e mandaram um pedido de socorro para o acampamento-base.

Rondon acompanhou as buscas pelo desaparecido, mas logo chegou um mensageiro a cavalo. O corpo do oficial fora encontrado — ou pelo menos o que restava dele. Aparentemente, a mula o derrubara após empinar, talvez de medo, ao pressentir algum animal perigoso como uma cobra ou um jacaré no pântano. Em todo caso, Horta Barbosa caiu na água e foi rapidamente devorado por piranhas: a única coisa que restou do homem foi o esqueleto, com apenas os pés incólumes dentro dos pesados coturnos do Exército.

Rondon ficou arrasado. Ele estava acostumado a perder homens, estava até mesmo calejado contra isso, mas dessa vez era diferente. Cinco membros da família Horta Barbosa haviam se voluntariado para trabalhar sob seu comando e todos eram oficiais diligentes, bem como positivistas leais e dedicados. Ele via essa relação com a família como algo quase paternal e anteviu com desolação o fato de que teria de informar aos outros quatro, e à liderança positivista no Rio, sobre o falecimento de Francisco; talvez até mesmo sentisse certa responsabilidade pela morte macabra do jovem oficial, postumamente promovido a tenente. Os homens de Horta Barbosa no outeiro ficaram sobressaltados ao ver Rondon, seu comandante normalmente composto e digno, prorromper em lágrimas e soluços incontroláveis. Nessa noite, Rondon voltou para Aquidauana sob um aguaceiro, "com frio, fome e deprimido".[13]

Quando a rota da linha telegráfica acabou enveredando novamente por território Bororo, Rondon pôde mais uma vez chamar os amigos indígenas para ajudar. E como em ocasiões anteriores, a sorte desempenhou seu papel: os soldados de Rondon estavam transportando suprimentos pelo rio Piquiri quando a canoa principal virou e afundou, jogando tudo na água. Pouco depois, um grupo de caça Bororo passou pelas proximidades e, após confabular com o pagmejera, entrou em ação. Os guerreiros mergulharam no fundo do rio e recuperaram a fiação, as caixas de isolantes, as cruzetas e os mantimentos. "Tudo foi salvo",[14] Rondon relatou, agradecido. Mais do que isso, os Bororo também transportaram o material nos ombros por muitos quilômetros até o depósito improvisado que os homens de Rondon haviam erguido em seu posto avançado.

Em outra ocasião, parte da rota que Rondon originalmente planejara para a linha telegráfica se revelou alagadiça demais, e ele precisou encontrar uma alternativa quando a expedição atolou. Diante da única possibilidade viável, um trecho de terreno muito acidentado e cheio de morros, ele já se preparava para avisar aos homens sobre as dificuldades que enfrentariam quando outra expedição de caça Bororo apareceu de repente. Após os abraços rituais e as declarações de amizade, Rondon explicou seus apuros e eles rapidamente concordaram em ajudar. Com água na cintura, os guerreiros carregaram os mantimentos, a bagagem e os materiais de construção da expedição até o sopé do morro, poupando os homens da expedição dessa tarefa. Sem a ajuda deles, escreveu Rondon em seu diário, "Teria a Comissão sofrido demora — quiçá insucesso —, pois os soldados", muitos dos quais eram jovens da cidade, aterrorizados com as grandes sucuris e jacarés que habitavam o pântano, "teriam de ser desviados do serviço de construção para resolver os inúmeros problemas que se apresentavam".[15]

Como o próprio Rondon era natural da fronteira mato-grossense, ele também se beneficiava de outras redes (não indígenas) de parentesco e amizade para aliviar sua tarefa. Por exemplo, Miguel Lucas Evangelista, um tio materno, ficou por um bom tempo encarregado de cuidar das cabeças de gado da expedição. Rondon tomou essa providência depois de escolhas anteriores terem falhado nessa tarefa, permitindo que as vacas perdessem muito peso e, desse modo, ficassem propensas a contrair doenças. Além do mais, ele suspeitava que parte dos boiadeiros andava mancomunada com ladrões de gado, a julgar pela quantidade grande de cabeças que simplesmente evaporava de acampamentos ditos seguros. Tudo isso acabou quando tio Miguel foi admitido.

Rondon também contratou alguns primos do lado Evangelista da família — companheiros de brincadeiras na infância e, como ele, nativos de Mimoso — para serem seus batedores. Além disso, em uma fazenda na fronteira onde parou na esperança de comprar mais gado para alimentar os homens, descobriu que o capataz era um colega de classe de Cuiabá, que fez para ele um preço camarada. E quando a Comissão chegou ao vilarejo de Coxim, ele ficou surpreso ao descobrir que João Batista de Albuquerque, seu professor preferido na escola primária, era agora o comerciante mais bem-sucedido do local. Essa ligação se revelou duplamente vantajosa: não só Rondon soube que não seria passado para trás, como também Albuquerque, ciente da retidão e da confiabilidade do antigo aluno, estava disposto a lhe fornecer suprimentos a fiado, mesmo sabendo que a linha de crédito do governo ainda não fora providenciada, e a dar garantias de Rondon para os demais comerciantes locais. "Não estou negociando com o governo; com este não faria eu transação alguma em que não fosse à vista o pagamento", Albuquerque afirmou para um deles, que o advertiu que ele ficaria no prejuízo se aceitasse uma nota promissória. "Estou tratando com Cândido Mariano, e só nele confio."[16]

Mas de vez em quando o status de Rondon como filho da terra que fizera sucesso fora do Mato Grosso mais atrapalhava do que ajudava. O Mato Grosso conhecera considerável crescimento econômico desde o fim da Guerra do Paraguai, trinta anos antes, mas continuava sendo um estado fronteiriço indômito e muitas vezes violento. Ou como Rondon de forma memorável descreveu em uma carta para Teixeira Mendes, seu conselheiro espiritual no Rio de Janeiro, "a lei que impera aqui no Mato Grosso é o artigo 44, parágrafo 32",[17] sendo .44 o calibre do rifle Winchester, o preferido dos desbravadores brasileiros, e .32 o calibre do revólver Colt que muitos deles portavam.

Para não colocar em risco o sucesso do projeto da linha telegráfica, Rondon tentou de modo geral manter distância das rusgas locais que tantas vezes terminavam em tiroteios, emboscadas e guerra aberta. Mas com primos e tios espalhados por todo o estado, seu senso de obrigação para com a família raramente tornava isso possível. O lado do seu pai não foi tanto um problema: Manoel, seu tio paterno e pai adotivo, morreu em setembro de 1903, e, embora Rondon lamentasse profundamente seu falecimento, sua ligação com outros membros dos Rondon e Silva não era tão íntimo; após a morte de sua esposa, Manoel ficara praticamente sozinho. Mas os Evangelista, a família de sua mãe, eram uma história diferente. Havia um sem-número de parentes, Rondon nutria por eles uma gratidão eterna por adotá-lo quando ficou órfão e eles haviam se tornado talvez a família mais importante em Mimoso e região. Isso significava que estavam profundamente envolvidos em disputas de terra e na política local — com frequência a mesma coisa.

Muitos conflitos ocorridos no Mato Grosso nos primeiros anos do século eram de origem política e só fizeram intensificar após Francisco Rodrigues Alves assumir a presidência do Brasil, no fim de 1902. O paulista Rodrigues Alves implementou políticas que enfatizavam o desenvolvimento em seu estado natal, na capital e em Minas Gerais, basicamente deixando regiões remotas como o Centro-Oeste entregues à própria sorte. Assim, o Mato Grosso mergulhou em um estado de guerra civil não declarada que lançou dois homens poderosos, e as milícias que os apoiavam, um contra o outro. Antônio Pais de Barros, que combateu na Guerra do Paraguai quando era adolescente e era conhecido pelo inofensivo apelido de Totó, obteve grande parte de seu apoio dos fazendeiros de mate e cana-de-açúcar no sul do estado. Pecuaristas e seringalistas da parte norte do estado, por outro lado, tendiam a apoiar seu rival, Generoso Sousa Ponce, um jornalista e político que representava o Mato Grosso no Senado Federal e tinha parentesco distante com Rondon pela bisavó paterna.

Ambos os lados, porém, representavam uma oligarquia corrupta e com frequência recorriam a fraude eleitoral e intimidação para manter sua autoridade, além de serem temidos na zona rural pela brutalidade de seus capangas. No começo, Totó Pais, líder do Partido Republicano Constitucional, claramente era o mandachuva local e não hesitava em usar de violência para conservar sua posição. Em 1899, a polícia de Cuiabá prendeu 29 sequazes de Ponce, executou-os e jogou os cadáveres no rio para serem consumidos pelas piranhas; dois anos depois, um genro de Pais foi nomeado chefe da força. Nos dois anos seguintes, o estado teve quatro governadores e a violência ficou cada vez mais alarmante em toda a região. As frequentes anistias decretadas pelo governo federal apenas deixaram a situação mais caótica.

Inicialmente, Pais tentou cortejar Rondon, oferecendo-lhe um lugar na assembleia legislativa do estado. Rondon recusou educadamente a proposta, mencionando suas convicções positivistas, e fez o melhor possível para permanecer neutro à medida que o conflito se intensificava. Mas, gostasse ou não, ambos os lados o viam como potencial e poderoso aliado político, valorizando-o por suas ligações íntimas com patronos influentes no Rio de Janeiro e por seu acesso a verbas públicas, e assim continuaram a buscar seu apoio, sem sucesso. Mas, no começo de dezembro de 1905, Rondon foi finalmente forçado a escolher um lado: ele recebeu a visita de Francelino Evangelista, um de seus inúmeros tios maternos, que lhe disse que um assassino leal a Totó Pais matara outro tio, Pedro Evangelista, em um tiroteio perto de Mimoso. A família queria que Rondon, como seu parente mais influente e prestigiado, interviesse e impedisse novos derramamentos de sangue.

Acontecia de Rondon ter sido recém-convocado pelo alto-comando no Rio de Janeiro para uma série de reuniões e consultas. Prestes a embarcar em outra longa viagem, ele parou para visitar Totó Pais quando passou por Cuiabá. Ali, durante um almoço em que tio Francelino também estava presente, negociou uma trégua visando dar um fim à rixa entre o clã Evangelista e os aliados do governador: Pais mandaria a força policial do estado para Mimoso a fim de prender o assassino do tio Pedro, um paraguaio chamado Benedito Xavier, caso os Evangelista jurassem não fazer justiça com as próprias mãos, matando Xavier como vingança pelo assassinato de Pedro Evangelista.

Quando Rondon voltou para o Mato Grosso, no início de abril de 1906, ficou chocado e furioso ao chegar a Porto Murtinho, no rio Paraguai, e descobrir que, embora os Evangelista houvessem mantido sua parte do trato, Totó Pais e sua facção não o fizeram. A polícia de fato fora despachada para Mimoso, mas não para prender Benedito Xavier; na verdade, tentaram levar Francelino Evangelista sob custódia. O resultado foi um tiroteio entre a polícia e outro tio de Rondon, Antônio Lucas Evangelista, além de três primos. Os Evangelista seguraram os policiais à bala até tio Francelino conseguir fugir para o mato, depois pararam de atirar e se renderam. Após desarmá-los, a polícia levou os quatro homens para o mato e os amarrou, espancou e degolou; uma prima de Rondon, Mariquinha, também foi capturada na troca de tiros, e possivelmente estuprada pelos homens de Pais, que ainda incendiaram a casa de tio Francelino.[18] Mas Mariquinha conseguiu fugir e alertar o restante da família sobre o que acontecera.

Com isso, Rondon passou em definitivo para o lado de Generoso Ponce. "Essa desgraça vinha perturbar meus planos de trabalho", escreveu tempos depois, já com certa frieza, referindo-se à execução sumária de seus parentes. "Não poderia iniciar a exploração imediatamente" para estender a linha.[19] Em vez disso, de Corumbá ele enviou um par de telegramas ao Rio, um informando o Ministério da Guerra da violência que ocorrera em Mimoso e outro para o Ministério da Justiça com pedidos de habeas corpus para proteger Francelino Evangelista e outros dois primos seus, Antônio e Domingos Evangelista. Assim que Rondon recebeu a resposta afirmativa das autoridades na capital, enviou um emissário para escoltar o tio e os primos até a segurança de seu quarto de hotel em Corumbá. "Recebi telegrama da minha esposa pedindo que eu não me envolvesse na questão para tranquilidade sua e dos filhos."[20] Mas já era tarde demais para tentar manter distância dos problemas, por mais que ele quisesse.

No fim de abril, Rondon partiu para Cuiabá acompanhado de seus parentes ameaçados, dois tenentes ligados à Comissão de Linhas Telegráficas e cinco soldados fornecidos pelo comandante em Corumbá. No caminho, escutaram rumores alarmantes de que a situação se agravara na capital do estado. Primeiro, chegaram relatos de que Totó Pais procurava dar um fim à crescente violência negociando um acordo com Ponce e a oposição, mas logo seguidos de descrições vívidas de prisões em massa e ataques aos refúgios dos adversários. Em meados de maio, o Mato Grosso inteiro explodiu numa onda de revolta contra Pais, o que não surpreendeu Rondon nem um pouco: "Em sociologia, como em física, violadas as leis, é inevitável a explosão",[21] escreveu, expressando um típico sentimento positivista.

Em 17 de maio, Ponce começou uma incursão por Cuiabá, liderando uma força de cerca de quinhentos homens que, à medida que prosseguiam a norte de Corumbá, aumentou para mais de 2 mil combatentes. Ao mesmo tempo, outra força pró-Ponce de 1200 homens começou a avançar pelo norte para a capital do estado. Ambas as unidades foram reforçadas por criminosos e outros oportunistas, o que levou muitos do bando cada vez menor de apoiadores de Pais a fugir para a capital do estado, onde parte deles se refugiou no escritório da Comissão de Linhas Telegráficas. Quando descobriram o que acontecera em Mimoso e souberam dos laços sanguíneos e afetivos de Rondon com os Evangelista, eles temeram pela própria vida, imaginando que ele se vingaria do assassinato de seus parentes. Somente depois de Rondon repetidamente garantir que seriam poupados o medo arrefeceu.

Para Totó Pais, porém, o resultado foi longe de favorável. Ele enviou uma súplica aflita ao presidente Rodrigues Alves, no Rio, pedindo que enviasse soldados para apoiá-lo. O Exército, porém, demorou para responder a seus pedidos, em parte devido aos telegramas despachados por Rondon em que avaliava a deterioração da situação em seu estado natal, e o Congresso se recusou a decretar estado de sítio. Sem ajuda à vista, Totó Pais fugiu de Cuiabá no fim de junho, esperando resistir até a chegada de um destacamento federal. Mas as forças alinhadas com seu rival já haviam tomado duas fazendas pertencentes à família Pais e o governador foi forçado a se esconder em uma fábrica de pólvora no rio Coxipó, ao sul da capital. Como Pais não respondeu a um pedido de rendição, as forças de Ponce atacaram a fábrica no dia 6 de julho, capturaram Pais, executaram-no e esquartejaram seu corpo. As tropas federais chegaram apenas em meados de julho, e, em Mimoso, vários seguidores de Pais foram mortos, provavelmente por membros do clã Evangelista.

Com a ordem ao menos aparentemente restaurada e seus parentes fora de perigo, Rondon pôde se concentrar novamente no projeto da linha telegráfica. A construção continuara sob o comando dos tenentes Antônio Pyrineus de Souza e Manuel Rabelo — ambos importantes colaboradores de Rondon nos anos vindouros — enquanto ele estava fora, no Rio de Janeiro, e depois distraído pelo que veio a ser conhecido no local como a Revolução de 1906. De todo modo, Rondon precisava inspecionar as obras antes que começassem a funcionar. Um último ramal, a noroeste de Cuiabá para a antiga capital do estado, também chamada Mato Grosso, faltava ser construído; assim, Rondon passou o resto de 1906 supervisionando sua instalação.

No fim do ano, o projeto que quase todo mundo no Rio de Janeiro presumira ser impossível estava completado. Em apenas seis anos, ajudado pelos índios pacificados* e trabalhando em meio a incessantes tumultos políticos, Rondon conseguira instalar mais de 1700 quilômetros de linhas telegráficas e construir dezessete novos postos. Sua reputação não só estava a salvo, como também crescera. Na capital, seus superiores, civis e militares, estavam encantados e já imaginavam desafios ainda maiores e mais difíceis para ele. Aos 41 anos, finalmente promovido a major, sua ascensão como um símbolo do espírito empreendedor brasileiro estava prestes a começar.

* A ideia de "pacificar" índios como política de governo nasceu com o próprio Rondon. Atualmente, é uma palavra carregada de conotações negativas. A política de "pacificar" caiu em total descrédito e o termo chegou até mesmo a ser utilizado na operação militar que tomou as favelas do Rio de Janeiro em 2008. Mas Rondon utilizava-o com completa sinceridade, e a chamada "pacificação" de tribos até então isoladas se caracterizou por uma atitude de tutela, mas sem impor religião, costumes ou práticas econômicas ocidentais. Por esse motivo, e com essa acepção, resolvi mantê-lo no texto.

7. "Corrigindo o mundo"

Ao chegar ao Rio de Janeiro, no início de 1907, Rondon descobriu imediatamente que sua recompensa pelo trabalho bem-feito era justamente outra missão que havia muito frustrava os líderes da nação. O engenheiro e empresário João Teixeira Soares, envolvido numa briga pela concessão da Estrada de Ferro São Paulo-Rio Grande com o magnata americano Percival Farquhar (disputa que Farquhar venceria em 1908), decidira estender sua Linha Noroeste para Cuiabá como maneira de proteger e fortalecer seus outros interesses e ofereceu a Rondon o trabalho de construção, que teria de passar pelo território de povos indígenas hostis. Miguel Calmon, o ministro das Obras Públicas recém-empossado, por outro lado, queria que Rondon supervisionasse a construção de um porto grande e moderno em Corumbá.

Mas as duas poderosas figuras tiveram de abrir mão de seus planos quando o presidente Afonso Pena, que assumira o governo apenas dois meses antes, interessou-se diretamente pelo futuro de Rondon e o convocou ao palácio presidencial para discutir o projeto que tinha em mente — o qual, assim ele esperava, lhe reservaria um lugar de honra na história do Brasil. Advogado e mineiro, Pena, aos 59 anos, era experiente o bastante para ter servido na Monarquia como ministro da Guerra e ministro da Agricultura, Comércio e Obras Públicas. O lema de seu governo era "governar é povoar". Isso significava encorajar a imigração da Europa, do Oriente Médio e do Japão, mas também exigia abrir o vasto interior do Brasil de modo que tanto os imigrantes recém--chegados quanto os nascidos no país pudessem se estabelecer ali.

Afonso Pena tinha particular preocupação em incorporar o estado do Acre (rico em borracha, e que o Brasil tomara da Bolívia em 1903) e outras partes do noroeste remoto à vida nacional. Quando Rondon veio vê-lo, o presidente descreveu seu amplo plano de construir uma linha telegráfica de Cuiabá até o vale do rio Madeira e, mais além, para Amazonas e Acre. Queria também fazer o reconhecimento da região à procura de minerais e outras riquezas, levantar sua topografia, catalogar a fauna e a flora, construir estradas e ferrovias e estabelecer povoamentos. Como nenhum brasileiro tinha mais ciência das condições nessas regiões ermas do que Rondon, Pena queria sua opinião a respeito do assunto: "Acha exequível semelhante projeto naquelas zonas despovoadas e destituídas de recursos próprios?", perguntou.[1]

Rondon disfarçou sua empolgação ao ouvir o presidente delinear uma proposta tão extensa e abrangente, pois, como admitiu mais tarde, ele estava expressando "um ponto de vista que, aliás, foi sempre o meu".[2] De modo que não mostrou a menor hesitação em sua resposta: "É só querer", afirmou.[3]

"Pois eu quero", respondeu Pena.[4] E, com isso, o acordo foi selado: Rondon lideraria o projeto, formalmente batizado de Comissão de Linhas Telegráficas Estratégicas de Mato Grosso ao Amazonas (CLTEMA), mas logo conhecido como Comissão Rondon. Ele também contaria com a autorização e a verba necessárias para realizar as investigações que tanto ele quanto Afonso Pena consideravam essenciais para o sucesso a longo prazo da empreitada. Se a burocracia se revelasse algum tipo de estorvo ou mesmo desse o menor sinal de que poderia retardar o trabalho, acrescentou o presidente, as instruções eram claras: Rondon deveria tratar "do assunto diretamente comigo".[5]

Assim, em meados de fevereiro, Rondon foi transferido da Direção de Engenharia para o Ministério da Indústria, Viação e Obras Públicas — com incumbência bem mais ambiciosa do que a originalmente a ele destinada pelo ministro Miguel Calmon. Como chefe da nova comissão, Rondon ficaria encarregado não só de dezenas de engenheiros militares e soldados, mas também de grande quantidade de civis. Estes iam desde funcionários da Repartição Geral dos Telégrafos a cientistas altamente treinados, alguns deles estrangeiros. "Preferi a tarefa mais árdua"[6] à missão mais convencional de construir um porto, admitiu Rondon, mas havia muitas outras compensações por aceitar um risco maior: com quarenta e poucos anos e ainda major, ele ficava desobrigado dos empecilhos mesquinhos da hierarquia militar, no total controle de uma unidade sujeita à autoridade de ninguém mais além dele mesmo e do presidente, e livre para direcionar sua curiosidade para onde quisesse, qualquer área que julgasse com potencial de beneficiar a nação.

Rondon levou quase dois meses para montar sua equipe, traçar um plano de trabalho e adquirir os suprimentos e equipamentos necessários, depois mais um mês para regressar ao Mato Grosso. Mas na metade do ano ele estava pronto para começar a explorar e construir outra vez. Como sempre, Rondon se encarregava da tarefa mais desafiadora: "Grandes reconhecimentos do sertão e estudos preparatórios para fixar o traçado da linha-tronco".[7] E, como no caso da linha telegráfica através do Pantanal, a parte mais importante dessa preparação sem dúvida era obter o consentimento dos povos indígenas que habitavam a região pela qual passariam, trabalho para o qual Rondon estava particularmente qualificado.

A metade norte da nova linha telegráfica, que em sua totalidade se estenderia por mais de 1600 quilômetros, inevitavelmente passaria pela selva inexplorada cujos habitantes ainda eram desconhecidos. Mas ao longo da seção sul da linha, Rondon lidaria com dois grupos indígenas dominantes, os Paresí e os Nambikwára. Isso seria complicado, pois as duas tribos tinham um longo histórico de hostilidade mútua, que só havia se intensificado nas últimas décadas, conforme elas eram espremidas em um território cada vez menor, que às vezes tinham de compartilhar, como resultado do avanço de seringalistas e fazendeiros. Assim, Rondon tinha de ser cuidadoso para não se indispor com um grupo por parecer estar em termos cordiais demais com o outro. Ele precisava do apoio de ambos, mas as diferenças linguísticas e culturais entre eles, exacerbadas por sua tradicional inimizade, eram tão grandes que ele não podia empregar uma estratégia padrão. Cada grupo teria de ser abordado de forma cautelosa e separada, com o uso de táticas diferenciadas.

A ausência de detalhes sobre como Rondon pacificou tribos consideradas hostis, mesmo em seus diários, muitas vezes causa frustração, mas isso felizmente não é o caso dos Paresí, cujos domínios históricos abrangiam a seção mais ao sul da futura linha telegráfica e, desse modo, foram os primeiros com quem ele teve de lidar. Nas décadas de 1970 e 1980, a antropóloga brasileira Maria Fátima Roberto Machado entrevistou índios Paresí, em sua maioria idosos, então vivendo em bairros pobres de Cuiabá e redondezas. Alguns de seus entrevistados ainda se recordavam vividamente de quando Rondon chegou a suas aldeias, mais de seis décadas antes, e outros, imersos na tradição oral de seu povo, conheciam histórias a seu respeito que lhes haviam sido passadas por seus pais, tios e avós. Em alguns casos, a distinção entre memória e lenda era vaga, mas tomadas como um todo as recordações fornecem um relato coerente de como Rondon fez dos Paresí seus amigos e aliados.

Devido às experiências dele entre os Bororo e outros povos do sul, os Paresí obviamente já sabiam quem era Rondon muito antes de ele e seus homens chegarem a suas terras. A notícia sobre o pagmejera, os feitos que realizara e a cordialidade e generosidade para com os povos nativos se espalharam entre os grupos indígenas do sul da Amazônia ao longo das rotas comerciais e de viagens. Como consequência, havia grande curiosidade entre os Paresí para saber mais a respeito dele. Assim, antes mesmo de encontrá-los, Rondon já era algo como uma lenda entre o povo.

O contato inicial, porém, ocorreu na segunda metade de 1907 e, como tantas vezes foi o caso, o timing de Rondon não poderia ter sido melhor: calhou de ele chegar a uma aldeia conhecida como Buracão bem quando um elaborado banquete era preparado, incluindo entre os convivas visitantes de diversos outros povoamentos Paresí dos arredores. Assim, o clima era generoso e festivo quando Rondon chegou desacompanhado, sem causar alarme nem suspeita com sua presença.

As bandejas de carne, doces e bebidas passavam de mão em mão, e Rondon parecia feliz em partilhar da comida com todo mundo. Ele foi convidado a relaxar em uma rede e, quando grupos de crianças curiosas se juntaram em torno de Rondon, convidou algumas delas para subir na rede ou se sentar em seu colo — entre elas uma menina que mais tarde adotou o nome de Maria Zozokoialô. Músicos tocaram flautas de nariz (*xihâli*) e flautas de pã (ou taquarinha) enquanto outros cantaram. Além disso, ele assistiu deliciado aos homens e meninos Paresí jogarem uma espécie de futebol em que a bola só podia ser tocada com a cabeça. Isso exigia proezas de rapidez e agilidade, com os competidores dando peixinhos espetaculares para manter a bola em jogo, cena que deixaria Theodore Roosevelt admirado, posteriormente, quando ele e Rondon voltaram ao território Paresí, no início de 1914. Maria Zozokoialô lembrava-se de Rondon perguntar em tom de brincadeira se ela achava que ele deveria participar do jogo. "Ah, não" ela respondeu, levando-o a dar risada. "Olha, general, você se machuca, você é muito gordo."[8]

Quando chegou a hora de os homens começarem uma dança ritual que exigia batidas de pés no chão, Rondon simplesmente observou por algum tempo, fazendo cuidadosas anotações até pegar o ritmo, e depois se juntou a eles. Se o comportamento inicial, afável e sociável, lhe granjeara a afeição dos índios, esse gesto de respeito pela tradição e cultura dos Paresí, que também era uma declaração implícita de afinidade e empatia, selou uma amizade que duraria mais de cinquenta anos, até a morte de Rondon. Em futuras expedições, ele muitas vezes empregaria os Paresí como batedores e carregadores, sendo que alguns, após a construção da linha telegráfica, foram escolhidos e mandados para a escola, outros aprenderam código Morse e ficaram encarregados dos postos telegráficos em seu território.

Quando essa primeira festa aconteceu, um grupo de guerreiros, de volta à aldeia após uma expedição de caça, ficou surpreso não só com a presença de Rondon, mas também em vê-lo sendo tratado como convidado de honra. Maria Zozokoialô se lembrava do líder do grupo de caça perguntando ao seu pai, o chefe da aldeia, quem era aquele estranho, e de como ela ficou surpresa com a resposta. "Esse daí é nosso chefe, o que vai ser", foi a resposta. "Tá corrigindo o mundo!"[9]

O mundo que os Paresí conheciam mergulhara em um estado de caos e injustiça desde a chegada dos primeiros exploradores portugueses a suas terras, no fim do século XVII. Em 1723, o bandeirante e caçador de escravizados Antônio Pires de Campos publicou um relato de seus contatos "de tantos anos" com a tribo, que ele descreveu da seguinte forma: "Esses gentios não são guerreiros e só se defendem quando os procuram" e "todos vivem de suas lavouras, no que são incansáveis". "É esta gente de tanta quantidade, que se não podem numerar as suas povoações ou aldeias", escreveu. "Muitas vezes em um dia de marcha se lhe passam dez e doze aldeias, e em cada uma destas têm dez, até trinta casas, e nestas casas se acham algumas de trinta até quarenta passos de largo, e são redondas de feitio de um forno, muito altas."[10]

Cerca de 150 anos depois, porém, tudo mudara, e o reino pacífico que Pires de Campos conheceu praticamente desaparecera. Quando o explorador alemão Karl von den Steinen visitou o extremo sul do território Paresí, na década de 1880, "só um pequeno relicário ainda subsiste" do maravilhoso reino descrito por Pires de Campos, escreveu ele, e "não podemos reunir senão os destroços ainda conservados". A causa desse declínio era óbvia: "À caça de escravos seguem-se as explorações de ouro e diamante, que forçavam impiedosamente os índios".[11]

Igualmente previsível foi a reação de hostilidade da tribo a essa destruição. Quando verificou documentos do governo em Cuiabá antes de se dirigir à região conhecida como Campos dos Parecis, Von den Steinen encontrou relatórios advertindo que "não raro, atacam de perfídia os que viajam entre Diamantino e Vila Maria". Outros bandos foram descritos em documentos oficiais arquivados na Diretoria dos Índios como "inimigos, rapinantes, e incendiários na zona próxima da cidade de Mato Grosso",[12] a antiga capital provincial. Nessa situação de antagonismo mútuo, acentuado ainda mais pelo boom da borracha, que ganhou plena força logo após a expedição de Von den Steinen, não admira que os Paresí acolhessem Rondon como um possível salvador contra as forças que os ameaçavam de extinção.

Os anciãos Paresí calculam que Rondon permaneceu em sua aldeia por cerca de duas semanas. Durante esse tempo, ele estudou sua língua, da família Aruák, compilando um glossário e uma gramática que a Comissão Rondon publicaria mais tarde, e observou cuidadosamente os costumes e rituais da vida diária. Ele parece ter prestado particular atenção nas práticas médicas dos Paresí, pois seu diário está cheio de anotações sobre plantas e ervas com usos medicinais e as crianças se lembram dele passando muito tempo com o pajé e curandeiro da aldeia.

Quando Rondon disse aos Paresí que queria sua permissão para construir um posto telegráfico em um local chamado Ponte de Pedra, eles ficaram absolutamente atônitos. Em sua cosmologia, esse local — uma ponte natural no fim de uma série de quedas-d'água e corredeiras — era o centro do mundo, o lugar onde os Halíti — como os Paresí se referem a si mesmos — haviam se originado. Também foi ali que o herói mítico dos Paresí, Wazáre, organizou o povoamento do mundo, distribuindo as terras circundantes entre os vários clãs nos quais os Paresí se dividiam e nomeando os lugares onde eles viveriam.

Os Paresí não consideravam Wazáre o criador do mundo: em seu mito de origem, os seres que viam como seus ancestrais haviam surgido, com cabelos longos e caudas,

das fendas e fissuras nas rochas e matacões da Ponte de Pedra. Mas foi Wazáre que humanizou essas primeiras criaturas, ordenando-lhes que se casassem com as filhas de Atyáhiso, o rei das árvores, e apontando quais territórios pertenciam à sua linhagem.

Então, com os seringalistas criando cada vez mais pressão nos domínios dos Paresí, lá estava Rondon cumprindo uma função similar à de Wazáre, "corrigindo" um mundo que se tornara desordenado, instável e ameaçador. Ele mostrou mapas, que por sua vez pareciam milagrosos numa cultura sem escrita, e, na presença de líderes Paresí, decretou, como Wazáre fizera na aurora dos tempos: "Esse daqui é seu, daqui pra lá, já é do branco, do *imóti*".[13]

Não sabemos se Rondon escolheu deliberadamente a Ponte de Pedra como centro de operações por já estar ciente do mito e querer causar uma extraordinária primeira impressão, ou se fora apenas o acaso que o levara ao local. É muito provável que ele quisesse estabelecer sua base ali simplesmente porque o lugar oferecia as melhores condições geográficas e fácil acesso à água. Não resta dúvida, porém, de que sua decisão exerceu poderoso impacto nos Paresí, que — como os astecas, quando Cortés apareceu em suas praias — viram a decisão de Rondon de se instalar nesse local sagrado como o cumprimento de uma profecia divina. Isso, é claro, apenas fortaleceu sua autoridade.

Após consolidar a amizade com os Paresí, Rondon atuou da melhor forma que pôde como seu protetor. Era o que esperavam e exigiam dele, pois formavam uma sociedade fortemente hierárquica, com uma figura paterna no topo. Ele sempre era chamado para intervir em diversos assuntos, mesmo por telégrafo, quando não estava na região. Um incidente em particular entrou para o folclore Paresí como um exemplo da compaixão e do zelo de Rondon em relação ao povo.

Não muito depois que o primeiro posto na linha telegráfica a norte de Cuiabá entrou em operação, comerciantes brancos oriundos da capital do estado, bem como forasteiros atraídos pela promessa de lucro nas terras recém-desbravadas, montaram fazendas ao longo da rota. Um deles, um juiz da cidade vizinha de Diamantino chamado Caetano Dias, usava trabalhadores Paresí para desmatar "suas" terras para cultivo, mas sem pagar nada, conforme informaram a Rondon. Na verdade, eles eram forçados a trabalhar num regime de trabalho escravizado, em que pagavam preços exorbitantes pelas provisões e ferramentas, de modo que seus gastos iniciais ultrapassavam em muito seus parcos salários. Quando Rondon ficou sabendo disso, o sangue lhe subiu à cabeça e ele foi na mesma hora à fazenda do homem tirar satisfações.

"O senhor não é juiz de direito nenhum, o senhor é uma merda qualquer, hein?", exprobrou, segundo contam os índios. O juiz, alarmado, tentou justificar suas ações, dizendo que os Paresí não podiam partir antes de saldar a dívida contraída. Só que Rondon não engoliu a história. "Que devem nada!", retrucou. "O senhor já viu um índio dever? O índio tem vontade livre! Tem vida em liberdade, não é como nós, não! Eu não sei onde estou que não dou um jeito em você! Você não é autoridade nenhuma! Você não serve para isso!"[14]

A descompostura que Rondon passou em Dias, proprietário também de um seringal que empregava a mesma tática, ocorreu diante de diversas testemunhas Paresí. E, como forma de compensar um pouco os índios sujeitados à servidão, Rondon ordenou que o fazendeiro abatesse algumas cabeças de gado para oferecer um banquete a eles nessa mesma noite. Os índios precisavam comer bem, anunciou a todos os presentes, porque ao raiar do dia estariam de partida junto com ele, como homens livres.

"Ele tirava da escravidão aquelas pessoas que mereciam", contou com admiração quase setenta anos depois Maximiano Enoré, que em 1908 era ainda um jovem órfão de pai e mãe, levado por Rondon para a Estação de Utiariti para estudar telegrafia. "O que estava errado, metia-se na frente e acabava com aquilo."[15]

Em inúmeras outras ocasiões, segundo o folclore Paresí,* Rondon interveio para impedir forasteiros poderosos, recém-chegados do mundo "civilizado", de usarem os índios como escravizados ou criados, e se amasiarem com suas mulheres. Mas esse personalismo exagerado, na época típico tanto da sociedade brasileira quanto das culturas indígenas com as quais ela interagia, também tinha suas desvantagens. Rondon não podia estar em todos os lugares ao mesmo tempo, e, quanto mais afastado ficava desse palco de abusos e maus-tratos, mais difícil era para ele exercer sua autoridade. O governo tampouco tinha uma instituição responsável por proteger os povos indígenas, suas terras e seus interesses. Tudo era feito de modo fragmentado, com o bem-estar de grupos tribais inteiros dependendo em larga medida da boa vontade e dos escrúpulos de indivíduos isolados, como Rondon e seus subalternos ou os missionários, de cujas motivações ele desconfiava.

Isso claramente não era uma solução viável a longo prazo. Sobretudo à medida que o Brasil se modernizava, o Estado estendia seu alcance e colonos emigravam em massa para o interior. Rondon veio a admitir isso e, como resultado, passou a lutar pela criação de uma nova agência do governo que tivesse o objetivo específico de supervisionar os assuntos indígenas. Ele começou a procurar em todos os lugares possíveis por modelos para uma entidade desse tipo: em seus documentos da primeira década do século XX, por exemplo, encontramos um exemplar do manual organizacional e do estatuto federal que regulamentavam o Office of Indian Affairs (OIA) dos Estados Unidos, enviados

---

* De fato criou-se um folclore Paresí em torno de Rondon, que foi aumentando consideravelmente com seus feitos em prol dos interesses da tribo. Em 2015, viajando por Mato Grosso, ouvi da boca de índios Paresí de várias idades histórias sobre Rondon contadas como se fossem atuais. É uma característica da cultura indígena Paresí, em que a linha entre presente e passado, o real e o mito, é às vezes tênue.

pela missão diplomática brasileira em Washington. Mas, embora Rondon se admirasse de que, ocasionalmente, o comissário encarregado do OIA fosse um índio, ele nutria profundas reservas a diversos aspectos da política norte-americana, como restrições quanto ao uso de línguas, religiões e cultura indígenas nas escolas, e achava as diferenças culturais, políticas e sociais entre Brasil e Estados Unidos grandes demais para conseguir adaptar o modelo original. Isso o levou a investigar as políticas de outros países latino-americanos com populações indígenas significativas: ficou particularmente interessado no México, pois era um antigo admirador de Benito Juárez* e às vezes comentava sobre as similaridades entre suas histórias e carreiras.

Após a aliança com os Paresí já consolidada, Rondon pretendia começar a explorar o rio Juruena, cuja nascente ficava em algum lugar de seus domínios. Embora o Juruena fosse sabidamente uma das duas principais fontes do rio Tapajós, que por sua vez é um dos principais afluentes do Amazonas, o local onde nascia era um mistério que Rondon pretendia solucionar com a ajuda de seus novos parceiros. Assim, no fim de setembro ele e seus homens partiram em uma antiga trilha Paresí na direção de um rio que ele presumia ser o Juruena, com os caçadores a acompanhá-lo, parando ao longo do caminho em aldeias Paresí que haviam sido alertadas para a passagem deles e os receberam com entusiasmo. Em seu diário, Rondon descreveu a paisagem como luxuriante e maravilhou-se com as magníficas cataratas que o grupo de exploração encontrou à medida que avançava para o norte.

Mas tudo mudou em 10 de outubro. A trilha terminou abruptamente e os batedores de Rondon o informaram de que haviam chegado ao limite do território Paresí e que estavam prestes a entrar nos domínios dos Nambikwára. Os guias Paresí estavam dispostos a continuar, mas a tarefa da expedição ficaria bem mais difícil a partir dali. Para avançar, não só os exploradores teriam de usar facões e foices para abrir caminho na mata densa, mas também teriam de permanecer em alerta constante para possíveis emboscadas. Assim, com o feriado positivista de Dia de Colombo prestes a chegar, Rondon decidiu conceder a seus homens dois dias para descansar e se preparar para os desafios que os aguardavam. Montou então acampamento às margens de um riacho previamente não mapeado, que decidiu chamar de rio do Calor, devido a suas águas quentes e convidativas.

Poucas horas após a retomada da marcha, toparam com o primeiro indício de presença Nambikwára: dois rústicos abrigos de caça com entradas em arco. Não muito

---

* Benito Juárez, primeiro presidente indígena do México, governou o país entre 1858 e 1872. Nascido em 1806, ficou órfão aos três anos e foi criado por um tio e educado pelos franciscanos. Trabalhou como pastor de cabras e numa fábrica de charutos antes de cursar direito e virar juiz. Como presidente, nacionalizou os bens da Igreja, fez uma reforma agrária, derrotou uma invasão francesa e estendeu e protegeu os direitos legais dos povos indígenas.

depois, dois cachorros sumiram para nunca mais aparecer. Quando chegaram a um rio que Rondon batizou de Papagaio, devido aos grandes bandos desse espécime que havia por lá, encontraram mais um sinal: uma ponte de cordas atravessando o curso de água. Prosseguindo na caminhada, às vezes sob chuva torrencial, acabaram chegando a um cume que Rondon considerou ser o ponto de divisão de águas entre o Papagaio e o rio que estavam procurando. Ao chegar ao topo, com uma planície verdejante à sua frente, Rondon avistou, a uma média distância, seu primeiro Nambikwára: "Divisamos no meio do cerrado um índio completamente nu, o qual deveria pertencer à lendária tribo".[16]

Como os Nambikwára tinham uma reputação temível e eram famosos pela hostilidade em relação a europeus e demais povos indígenas, Rondon sabia que tinha de adotar uma estratégia de pacificação muito diferente da que empregara com os Paresí — não podia simplesmente ir entrando numa aldeia munido apenas de boas intenções e presentes. Aquele era seu primeiro teste, e ele avançou com grande cautela, para não alarmar o guerreiro Nambikwára. Rondon percebeu que o homem tirava uma colmeia da árvore, para pegar o mel, e que estava desarmado, pois deixara o arco e as flechas, bem como um porrete, no chão. "Para não o assustar, fiquei imóvel",[17] escreveu Rondon. Foi só quando os picadores da expedição se aproximaram de seu chefe que o Nambikwára se deu conta da presença dos forasteiros. "Ao ouvir o barulho dos foiceiros, voltou-se sem se mostrar assustado e continuou o caminho."[18] Rondon esperava que o índio, o qual sem dúvida notara que ele e seus homens estavam fortemente armados, voltasse para sua aldeia e contasse à sua gente sobre o encontro, que tivera tudo para terminar de forma violenta, mas não terminou.

Alguns homens de Rondon agora estavam apavorados com a perspectiva de sofrer uma emboscada, mas ele lembrou o juramento de não violência que haviam feito e simplesmente ordenou que seguissem marchando, ciente de que agora, com certeza, estavam sendo observados por sentinelas Nambikwára. Na manhã seguinte, bem cedo, ao retomarem a marcha, ele avistou uma sucupira particularmente majestosa, com suas flores roxas características, e trepou na árvore para ter uma vista melhor dos arredores. À distância, em um vale abaixo de onde a expedição se achava, corria um fio prateado de água que só podia ser o Juruena, Rondon não tinha dúvida. Com um pequeno grupo avançado para abrir uma picada, ele mergulhou na mata e, antes do fim da manhã, es-cutaram o rugido de uma catarata. Quando enfim avistaram a estrondosa queda-d'água, encontraram uma trilha indígena, que seguiram até chegar a um porto ribeirinho natural de águas cristalinas, com cerca de oitenta metros de largura. "Nosso entusiasmo foi indescritível", Rondon relatou. "Salvamos com tiros de minha Winchester e dois Colts de meus companheiros, exclamando: 'Que belo rio!'"[19]

Após uma caminhada de 48 dias e 618 quilômetros, Rondon e seus homens haviam finalmente alcançando a margem do Juruena. Agora ele tinha de decidir se prosseguia ou fazia meia-volta: mais da metade dos homens estava doente e os animais de carga haviam ficado debilitados com a falta de pasto. Mas a nova trilha sugeria que havia uma aldeia Nambikwára nas proximidades, uma possibilidade que se revelou irresistível para Rondon. Assim, ele decidiu que a expedição deveria continuar avançando. Enquanto seus homens e animais descansavam no aconchego do porto ribeirinho, ele mapeou os arredores, fez o reconhecimento do céu e inspecionou as bagagens da expedição para ter certeza de que ainda tinham um suprimento de itens para oferecer aos Nambikwára como prova de intenções amistosas. Ficou um pouco desapontado quando viu que havia apenas dois machados sobrando, um novo e o outro usado: os machados eram "a libra esterlina do sertão",[20] presentes muito valorizados. No dia 22 de outubro, a expedição, com ânimo relativamente renovado, partiu outra vez.

Não se afastaram nem um quilômetro do acampamento quando o ataque ocorreu. Um batedor chamado Domingos ia à frente, armado de uma Winchester e montado em uma mula, seguido de Rondon, que também ia montado e portava o rifle Remington que usava para caçar, além de dois auxiliares, ambos equipados com revólveres Colt de ação dupla. De repente, Rondon sentiu um movimento no ar e percebeu alguma coisa passando rente à sua cabeça, "rápido e fugaz, como se fosse um pássaro que cruzasse o caminho na altura dos meus olhos, bem perto de mim".[21] Instintivamente, virou a cabeça para seguir a trajetória do objeto e viu que ele se cravara no solo. Era uma flecha, a haste e as plumas ainda vibrando, que errara o alvo por pouco.

Rondon agora virava sua mula na direção de onde o ataque viera, mas não rápido o bastante para evitar completamente a saraivada de flechas, uma das quais veio na direção de seu rosto e atingiu a aba do capacete de safári que ia pendurado em seu pescoço pela correia. A seu lado, ele notou que Domingos também fora alvejado e, à sua frente, flagrou-se fitando diretamente uma dupla de guerreiros Nambikwára, cujos olhos descreveu como "duros, penetrantes, implacáveis como as pontas das suas flechas silenciosas".[22] Ele viu então os arcos sendo tensionados para novo ataque e sacou seu Remington, mas em vez de mirar os índios, disparou duas vezes no ar, com intenção de espantá-los.

Era tarde demais. Uma terceira flecha já fora disparada na direção de seu peito e o atingiu. Mas num incrível golpe de sorte, ela se cravou na bandoleira de couro que ele portava a tiracolo. Os guerreiros Nambikwára, assim como os batedores Paresí avançados, viram que a flecha acertara Rondon, a haste projetada de seu peito. Mas também perceberam que ele não caiu no chão, e, desse modo, assustados, deram meia-volta e desapareceram na mata. A essa altura, o restante da equipe avançada chegou, tendo acelerado a marcha ao escutar os tiros disparados por Rondon. No calor do momento, quiseram perseguir os "ousados"[23] Nambikwára e lhes ensinar uma lição, mas Rondon os proibiu. Não havia outra escolha, afirmou quando protestaram, senão regressar ao território Paresí. Sua incursão por domínios Nambikwára chegara ao fim, ao menos por ora.

"Fiel ao meu programa de só penetrar no sertão com a paz e jamais com a guerra, não consenti na menor represália", explicaria ele mais tarde. "Não viera eu conquistar índios pela violência, e sim trazer ao Juruena o reconhecimento indispensável à construção da linha telegráfica, meio de chamá-los à civilização." Nada, acrescentou ele, "justificaria uma insistência que poderia degenerar em guerra com os habitantes da região". Evitar as hostilidades, argumentou, não era apenas questão de justiça, "como também no interesse das futuras operações da Comissão".[24] Assim, após examinar e fotografar as flechas que os Nambikwára deixaram para trás (que, como eles descobriram, tinham ponta venenosa), Rondon começou a retirada.[25]

No entanto, quando a equipe avançada chegou ao acampamento-base, e os outros membros da expedição ficaram sabendo dos detalhes da emboscada, Rondon teve de vencer uma resistência tão intensa a suas ordens que beirava a insubordinação. Os homens "discutiam a vergonha que recairia sobre nós se não reagíssemos mostrando nossa superioridade", escreveu. "Tive muita dificuldade em fazer sentir quanto a nossa missão deveria ser fraternal e pacífica." No fim, ele conseguiu impedir a rebelião, insistindo que os soldados se colocassem no lugar dos Nambikwára. "Se alguém penetrasse na casa de um de vocês para assassinar e roubar, que fariam?", perguntou. "Matá-lo-íamos, sem dúvida alguma!", responderam. "E como querem vocês que os índios procedam de outro modo?", contra-argumentou.[26]

Depois que a raiva dos homens se reduziu a meros resmungos, Rondon ordenou que construíssem um jirau, uma plataforma elevada, sobre o qual foram colocados presentes para os índios. Rondon deixou as usuais ferramentas e bugigangas, mas também ordenou que os homens olhassem em suas mochilas e contribuíssem com ao menos um objeto cada um.

Os estágios subsequentes da retirada, porém, não acalmaram completamente os membros da expedição, nem os convenceram de que a abordagem pacífica do comandante fosse a correta. Estavam claramente sendo seguidos pelos Nambikwára; na selva ao redor da trilha podiam escutar os índios conversando entre si. Mas o pior era que continuavam atormentando a expedição: não houve mais ataques contra os homens, mas eles dispararam saraivadas de flechas em vários animais de carga, que tiveram de ser abandonados. Mais tarde, Rondon ficaria sabendo que ele e seus homens haviam sido tomados por seringueiros, membros de um grupo que invadira o território da tribo alguns meses antes e confrontara e matara vários guerreiros. Mas ao verem Rondon sair incólume após uma flechada envenenada, retirando ele mesmo a flecha do peito, os Nambikwára também hesitavam em atacar, acreditando que tivesse poderes mágicos.

Depois que seus batedores Paresí encontraram mais dois abrigos de caça dos Nambikwára, Rondon, na esperança de evitar novo contato e possivelmente outra emboscada, decidiu fazer um longo desvio, de cerca de noventa quilômetros, na direção oposta.

Os exploradores em pouco tempo chegaram a uma trilha rústica de seringueiros e a seguiram. Isso foi uma sorte, porque, como Rondon admitiu em seu diário, tanto os homens quanto os animais estavam cada vez mais famintos e exaustos, e abrir uma picada no mato agora parecia além de suas forças. "Até os mais resistentes", escreveu, "estavam aniquilados."[27] Mas parar para descansar e caçar parecia muito perigoso, de modo que Rondon decidiu seguir avançando até o Papagaio, onde pretendia atravessar de volta ao território Paresí e proporcionar à expedição o descanso tão necessário.

Mas ao chegar à margem do rio, em 4 de novembro, a expedição encontrou algo que minou ainda mais o moral. Quando penetravam em território Nambikwára, Rondon e seus homens haviam entalhado uma canoa para fazer a travessia do rio e a amarraram com cuidado na margem oposta, de modo a usá-la quando voltassem. Mas ela havia sumido: os índios evidentemente tinham chegado lá primeiro, soltado a canoa e maldosamente deixado que o rio a levasse. "Foi tão grande a decepção que tirou aos meus abatidos companheiros os últimos restos de coragem e energia", escreveu Rondon. Atravessar o rio a nado "seria impossível para homens famintos, derreados pela fadiga, doentes, apavorados com a possibilidade de um ataque".[28]

O que aconteceu a seguir foi uma proeza de força e resistência que contribuiu muito para ampliar a lenda crescente de Rondon. Enquanto os demais membros da expedição permaneciam deitados na margem, esgotados, ele juntou galhos de árvore e fez um grande aro, depois prendeu um couro de vaca na armação, improvisando uma balsa. Em seguida, amarrou uma corda na estrutura e começou a empilhar a carga. À uma da tarde, entrou na água com o primeiro carregamento e começou a nadar para a segurança da margem oposta do rio, dando braçadas e puxando a balsa por uma corda que segurava entre os dentes. Após descarregar a "balsa" na outra margem, ele nadou de volta até os companheiros e repetiu o processo até todo o equipamento ter sido transportado para a outra margem do rio. Logo depois, começou a transportar os mais enfermos e debilitados em sua balsa improvisada. Quando viram isso, os demais membros da expedição começaram a se mexer; se por vergonha ou num afã de determinação inspirado pelo exemplo de Rondon, os que sabiam nadar entraram na água um a um e chegaram à margem oposta. Às quatro da tarde, a travessia estava completa: os homens e seu equipamento haviam chegado à segurança do território Paresí sem que nenhuma vida fosse perdida e, uma vez lá, conseguiram reunir energia suficiente para dar vivas ao seu comandante, que por sua vez os elogiou pela bravura.

Após um teste tão severo, os desafios diários comuns de uma expedição em território inexplorado pareceram coisa menor, e o restante da jornada ocorreu sem maiores percalços. Novamente nas terras de seus aliados Paresí, os homens podiam mais uma vez caçar e reabastecer seus estoques de suprimentos, e, dois dias depois, cruzaram caminho com caçadores Paresí que prometeram espalhar a notícia de que a expedição regressara a salvo do território dos temíveis Nambikwára. Quando o grupo chegou à primeira aldeia Paresí, chamada Timalatiá, seus membros foram recebidos calorosamente e convidados para um lauto banquete preparado especialmente para eles. No fim do mês, após breves desvios pelas aldeias de origem de seus batedores, onde se despediram e os presentearam com facas, facões, foices e roupas, Rondon e seus homens estavam de volta a uma base do Exército ao norte de Cuiabá, com a missão inicial finalmente completada.

Rondon passaria os primeiros meses de 1908 inspecionando as obras de construção que haviam sido realizadas na primeira fase da linha telegráfica, quando fazia explorações mais a norte. Além disso, por ordens do médico da Comissão, ele se obrigou a um breve período de repouso após ser acometido pela malária e quase desfalecer quando fazia o discurso de inauguração de um novo posto telegráfico. Só que o problema dos Nambikwára — como obter sua cooperação — nunca saiu de sua cabeça e continuaria assim pelos cinco anos seguintes. Simplesmente não havia alternativa para se conseguir algum tipo de acomodação: o território da tribo bloqueava a única rota viável que a linha telegráfica podia seguir, conforme serpenteava primeiro a norte e depois a oeste, em direção ao rio Madeira. A prolongada truculência contra forasteiros, porém, impossibilitava qualquer tipo de acordo.

De fato, os Nambikwára pareciam, em quase todos os aspectos, um povo à parte, e determinados a continuar assim. Sua língua não tinha relação com nenhuma outra falada na Amazônia, e, embora vivessem com frequência junto às cabeceiras e beiras dos rios, não dependiam particularmente da pesca, nem participavam ativamente do comércio intertribal — em geral conduzido pelas vias fluviais. Sua organização social era extremamente descentralizada: com uma população estimada por Rondon em cerca de 10 mil pessoas, dividiam-se em mais de uma dúzia de diferentes subgrupos com identidades e costumes distintos, como Da'wendê, Âlapmintê, Yâlãkuntê, Yalakalorê, Mamaindê, Negarotê, Halotésu, Kithaulhu, Sawentésu, Wakalitesu, Alakatesu, Wasusu, Sararé, Alãntesu, Waikisu e Hahãitesu. Levavam uma vida primitiva até para os padrões das tribos vizinhas, caracterizada por poucos pertences e foco no espiritual: antropólogos um dia os descreveriam como tendo "uma cultura material aparentemente simples" e "uma cosmologia e um universo cultural extremamente complexos".[29] Seus inúmeros inimigos os acusavam de canibalismo, mas tratava-se de uma acusação não comprovada que, muitas vezes, tribos rivais por toda a Amazônia faziam umas contra as outras. Os Paresí em particular consideravam seus vizinhos Nambikwára atrasados, por seu hábito de dormir no chão e muitas vezes ao ar livre, em vez de se valer do conforto de redes.

O primeiro contato registrado entre os Nambikwára e o homem branco data de 1770, quando encontraram uma expedição militar colonial que procurava ouro e tentava construir uma estrada ligando um forte ao povoamento mais importante da província.

Uma década mais tarde, houve uma tentativa de assentar tanto os Nambikwára quanto os Paresí em uma missão católica, mas a ideia foi abandonada dois anos depois. A partir daí, os ataques Nambikwára contra vilarejos, fazendas, minas e expedições em busca de plantas medicinais eram relatados com frequência, assim como conflitos entre eles e quilombolas; às vezes outros grupos indígenas até se casavam com esses antigos escravizados ou mantinham laços comerciais com eles, mas não os Nambikwára. Durante o século XIX, as hostilidades entre os Nambikwára e o mundo exterior ficaram cada vez mais intensas à medida que as fronteiras em expansão da exploração da borracha avançavam sobre seu território. "Vivem em guerra continuada com seus vizinhos, especialmente com os apiacás", escreveu Karl von den Steinen na década de 1880, a caminho do rio Xingu. "Não querem a menor relação com os brasileiros, atacam canoas em trânsito para o Pará; têm muito medo das armas de fogo e não resistem abertamente."[30]

Diante desse registro histórico desencorajador, Rondon no fim decidiu que uma demonstração de força não violenta, mas suficientemente intimidadora, podia ser o jeito mais eficaz de convencer os Nambikwára a aceitar uma forma de coexistência pacífica, ainda que a contragosto, e assim prevenir novos ataques. No fim de junho de 1908, ele reuniu uma nova expedição, composta de 127 homens e dezenas de bestas de carga, e partiu para a Aldeia Queimada, a nova base de retaguarda que estabelecera no local de uma antiga aldeia indígena incendiada por seringueiros. Era uma abordagem arriscada e ele sabia disso: para começar, a locomoção através da selva com tropa tão numerosa acarretava o tipo de desafios logísticos que ele em geral preferia evitar. "O consumo de alimentos ameaçava exceder a capacidade dos precários meios de transporte de que dispunha a Comissão",[31] admitia, e assim que os exploradores deixassem a planície para trás e penetrassem na mata cerrada, seus animais não teriam mais pastagens para se alimentar.

Contudo, os expedicionários em si constituíam o pior risco. Quanto maior a força militar mobilizada, maior a probabilidade de um encontro casual com um grupo de caçadores Nambikwára — e de uma indesejada explosão de violência que podia sabotar o plano de Rondon. Muitos dos seus homens nunca haviam estado na fronteira e não sabiam como se comportar nessas paragens, incluindo os 52 recrutas inexperientes que Rondon pretendia deixar na base operacional permanente que planejava construir junto ao rio Juruena. Eles podiam facilmente entrar em pânico ou se meter de maneira atabalhoada em algum conflito. Mas revendo sua primeira incursão por território Nambikwára, Rondon chegou à conclusão de que o tamanho reduzido da equipe de exploração fora um convite ao ataque e que somente mediante uma exibição esmagadora de superioridade militar e tecnológica ele poderia alimentar esperanças de evitar "passar por duplo desgosto: ser a expedição hostilizada pelos índios; ser eu compelido a me defender".[32]

Desse modo, Rondon implementou um programa intensivo de doutrinação em não violência à medida que ele e seus homens marchavam pela selva. Em sua ordem do dia de 30 de julho, por exemplo, logo após deixar a Aldeia Queimada, ele comunicou aos soldados que mesmo que se ferissem num confronto com os Nambikwára não deveriam retaliar de forma alguma. Além disso, se encontrassem uma aldeia abandonada, não era para roubarem nem incendiarem nada: tudo deveria ser deixado intacto, demonstrando as boas intenções da expedição. Rondon reiterou também a afirmação que fizera no ano anterior para sua equipe de exploração inicial, de que eles, como membros do Exército brasileiro, eram os invasores, contra quem os habitantes da região tinham todo o direito de se defender, bem como defender suas famílias. "Sejamos fortes contra nossos sentimentos de vingança e tenhamos abnegação bastante para resistir à tentação do orgulho, para sacrificar certos preconceitos e melindres inerentes ao espírito militar," concluía.[33]

Assim que a expedição passou ao território Nambikwára, em agosto, Rondon teve certeza de que estavam sob a vigilância atenta dos índios, então tomou outras precauções para evitar o confronto. À noite, ele postava homens em torno do acampamento, mas ao final de cada marcha diária ordenava aos soldados que não estavam de sentinela para entregar suas armas, que ficavam guardadas para evitar reações de pânico a sons estranhos na selva. E como havia sons! Os exploradores podiam escutar a música persistente dos Nambikwára tocando suas flautas de nariz, assim como os chamados de animais que sabiam não ser noturnos e, portanto, só podiam se tratar de índios se comunicando no escuro. Os soldados ficavam inquietos e assustados e "pouco dormiam",[34] informa Rondon, mas ele continuou apregoando seu credo de não violência.

"É inegável que estamos invadindo suas terras", disse aos soldados, "embora preferíssemos nelas penetrar com seu prévio assentimento. Mostremos-lhes quanto almejamos merecer esse assentimento e como nos pesa não nos ser possível falar-lhes para os convencermos de que só desejamos protegê-los." Segundo Rondon, para serem exitosos na missão que o próprio presidente ordenara, os soldados deveriam ignorar tudo que haviam aprendido sobre bravura e abraçar uma forma mais elevada de disciplina: "Sejamos vigilantes para não ceder a impulsos de orgulho militar que a coragem facilmente exalta, fazendo esquecer a prudência e, sobretudo, a bondade".[35]

O primeiro grande teste para a doutrinação de Rondon veio no fim de agosto, um mês após o início da expedição, conforme se aproximavam do Juruena. O resultado não foi exatamente bem-sucedido. Rondon estava supervisionando a derrubada da árvore mais adequada para a construção de uma canoa quando escutou uma comoção na retaguarda da coluna, onde os sapadores abriam uma trilha. Um soldado veio ao seu encontro na metade do caminho, gritando: "Uma 'caboca' me flechou! Uma 'caboca' me flechou!". Os guerreiros Nambikwára tinham cabelos compridos e, em sua confusão, o homem tomara seu agressor por uma mulher. Rondon imediatamente ordenou o toque da corneta e, quando seus soldados estavam reunidos, marchou com eles de volta ao local do ocorrido, para lhes mostrar que os índios não estavam mais lá. Ele entrou sozinho no mato e deu um tiro para o alto, chamando os cachorros da expedição. "Foi quanto bastou para que todos atirassem convulsivamente, a custo ouvindo minha ordem de 'cessar-fogo.'"[36]

Ao longe, do outro lado do rio, a mais de um quilômetro de distância, Rondon conseguia discernir algumas formas escuras próximas ao chão, mas sem seus binóculos não sabia dizer se os índios buscavam abrigo ou procuravam o inimigo. Assim, ele disparou outro tiro, mais ou menos nessa direção, e para sua tristeza a cena anterior se repetiu: "Novos tiros para todos os lados"[37] dos soldados. Nenhum homem seu foi ferido no pânico do fogo cerrado que se seguiu, mas Rondon viu um par de figuras acocoradas se afastando ao longe e imediatamente chegou a duas conclusões: uma oportunidade para mostrar aos Nambikwára suas intenções pacíficas fora desperdiçada e seus homens ainda precisavam de muito treinamento.

Assim Rondon intensificou a doutrinação conforme punha seus homens para trabalhar na construção da nova base de retaguarda, às margens do Juruena. Em 7 de setembro, Dia da Independência, ele pôde inaugurar formalmente o Destacamento Central do Juruena, com uma exibição de pompa patriótica que também serviu ao propósito de demonstrar para os Nambikwára a capacidade tecnológica da Comissão Rondon. Um gramofone foi trazido e o hino nacional brasileiro ecoou pelo vale, algo que deixou os índios ao mesmo tempo fascinados e alarmados, como Rondon veio a descobrir mais tarde. Foguetes e fogos de artifício explodiram no céu e também foram detonadas bananas de dinamite, produzindo grandes trovões, "ribombando para o norte e para o sul".[38]

Rondon dirigiu o discurso que preparou para a ocasião principalmente aos 52 recrutas que seriam deixados para defender a nova base. Ele os advertiu dos perigos que provavelmente enfrentariam, mas reiterou a importância de não recorrer à violência. O sucesso da expedição, bem como a vida de seus colegas exploradores, afirmou, dependia de sua capacidade de exercer o autocontrole mesmo diante das provocações. Explicou que nenhuma pessoa "civilizada" penetrara na área que estavam prestes a explorar e, por isso, era importante causar uma primeira impressão positiva nos habitantes da região.

Três dias mais tarde, Rondon e o restante da força partiram, com dois batedores Paresí que o haviam acompanhado no ano anterior mais uma vez na dianteira. A tarefa deles era dupla: coletar a informação científica e cartográfica necessária para a construção da linha telegráfica e, se possível, estabelecer de algum modo contato pacífico com os Nambikwára, de preferência o mesmo grupo que os atacou em 1907.

Os primeiros sinais foram encorajadores: eles não demoraram a chegar a uma aldeia cujos moradores, em vez de resistir, haviam fugido com tanta pressa à aproximação da expedição que ainda havia brasas acesas na fogueira e potes com mingau. Entre outros

146

objetos deixados para trás — nenhum deles apreendidos pelos soldados —, Rondon descobriu alguns presentes que levara no ano anterior e, portanto, soube que estavam sendo utilizados. Um batedor Paresí em missão de reconhecimento encontrou um caçador Nambikwára, que preferiu fugir em vez de lutar. Em outro local abandonado, os exploradores encontraram uma flecha cravada na parede da casa principal, de onde pendiam dois feixes de milho. Os homens de Rondon interpretaram isso como um sinal de hostilidade, mas Toloiri, o Paresí mais velho acompanhando a expedição e, entre os índios, o mais próximo de Rondon, disse que não, que o simbolismo era exatamente o contrário: um gesto de agradecimento pelos presentes de Rondon. E, embora os Nambikwára deixassem um monte de rastros em torno dos currais improvisados onde o gado e os jumentos da expedição eram guardados toda noite, nenhum animal de carga foi flechado ou roubado. Evidentemente, algum progresso estava sendo feito.

Mas então chegaram dois mensageiros com um punhado de telegramas para Rondon, todos contendo más notícias. A disciplina estava desmoronando na base de Juruena. Perto da retaguarda, as obras na linha telegráfica haviam ficado "paralisadas". Além do mais, os recrutas estavam desertando em massa, "para fugir às torturas da fome".[39] E, talvez o pior de tudo, a linha de crédito da Comissão fora suspensa. O governo no Rio de Janeiro deixara de pagar os fornecedores no Mato Grosso.

Rondon tomou conhecimento dessa avalanche de problemas enquanto descia da copa de uma árvore, de onde acabara de avistar a mancha azulada de um planalto inexplorado assomando ao longe. Estava ansioso para mapear e coletar dados científicos naquele terreno elevado, sobre o qual até os Paresí haviam escutado rumores e que existia nos atlas com o vago nome de "serra do Norte". Mas o dever exigia que voltasse imediatamente para a retaguarda a fim de cuidar de detalhes administrativos, por mais desagradável que isso pudesse ser. "Formidável decepção!", escreveu.[40] Assim, mandou João Salustiano Lyra, seu subalterno mais confiável, corajoso tenente gaúcho de trinta anos, com uma equipe para seguirem em frente e verificarem como se aproximar do terreno escarpado enquanto os demais enterravam suprimentos, na expectativa de regressar posteriormente.

Rondon, por sua vez, começou a preparar sua resposta para os diversos escalões de funcionários públicos que teria de consultar, punir ou bajular: "Os ministros, diretores de Engenharia e dos Telégrafos, presidente do estado e comandante do Distrito".[41] Em essência, a expedição de 1908, promissora no começo, chegava ao fim: "Urgia agora regressar para que não desmoronasse o gigantesco empreendimento"[42] da linha telegráfica em si. A pacificação dos Nambikwára, tão vital para o sucesso da comissão a longo prazo, teria de ser novamente postergada.

8. "Volto imediatamente, pelo outro lado"

Para Rondon, a exploração sempre foi uma maneira de descobrir limites — tanto geográficos quanto pessoais — e depois ultrapassá-los. Cada expedição parecia mais audaciosa e ambiciosa que a anterior, como se planejada para testar o limiar da resistência humana. Desde sua primeira incursão pelo Araguaia, sob o comando de Gomes Carneiro, em 1890, ele invariavelmente tentava ampliar os obstáculos que enfrentaria em sua missão seguinte e recrutar colaboradores — fossem civis ou militares, brasileiros ou estrangeiros — que compartilhassem de seu espírito empreendedor, sua curiosidade científica, sua dedicação e seu patriotismo. Essa atitude lhe serviu bem por quase vinte anos e lhe proporcionou um know-how sem paralelos no Brasil.

No entanto, Rondon quase foi longe demais em 1909. Em seu afã por fazer avançar a linha telegráfica e cumprir a missão que lhe fora confiada pelo presidente, sujeitaria seus homens e a si próprio a um grau de perigos e também de cansaço físico e mental que superaria qualquer experiência anterior. Aos 44 anos, Rondon estava em ótima forma, e essa expedição se provaria a mais longa de sua carreira: 237 dias por terra firme e por rios, atravessando todo tipo de terreno. Mas no fim a empreitada se revelou insustentável. Ele exigiu demais de si mesmo e de todos e só foi salvo de sua própria tendência de continuar sempre avançando — independentemente dos rigores envolvidos — por um encontro na selva tão improvável que chamá-lo de fortuito ou de acaso feliz não lhe faria jus.

O ano começou sem grandes novidades. Rondon ficara separado da família por mais de dois anos, mas em 23 de fevereiro todos se reencontraram em Corumbá, onde Chiquita e as crianças — eram seis agora, após o nascimento de Marina Sylvia em 1903, Beatriz Emília em 1905 e Maria de Molina em 1907 — haviam acabado de chegar após a longa viagem por barco desde o Rio de Janeiro. Foi uma ocasião feliz, mas também marcada pela preocupação de Chiquita. Desde que Rondon fora atingido pela flecha dos Nambikwára, em 1907, ela temia um novo ataque e insistia para que ele se protegesse melhor. Na verdade, queria que ele usasse um colete à prova de flechas. Ele concordou, contanto que os demais membros de suas expedições pudessem dispor da mesma proteção. O governo rapidamente vetou a ideia, como Rondon sabia que faria, considerando o custo alto demais, e assim Chiquita teve de se conformar. Mas Rondon ao menos aquiesceu à insistência da esposa para viajar com menos desconforto físico e preservar melhor sua saúde. Comprou uma nova sela luxuosa, gasto que normalmente não faria, especialmente para satisfazê-la.

Com a família de regresso ao Rio de Janeiro após esse interlúdio de seis semanas juntos, Rondon, um pouco melancólico e ainda sentindo fraqueza devido à malária que o atormentara ao longo de 1908, começou em meados de abril a organizar uma nova incursão pela selva. Os preparativos levaram várias semanas: cerca de quinhentos bois e 160 mulas foram enviados de Cuiabá, mas todos os animais, com exceção de cinquenta, morreram de fome ou doença a caminho do acampamento-base de Rondon, a Aldeia Queimada, forçando-o a buscar animais para reposição em outras partes. Em maio, quando seguia para o norte, uma notícia ainda pior o aguardava. Ele havia saído em uma excursão breve com seu bom amigo Toloiri, esperando convencê-lo a se unir a ele mais uma vez como chefe dos batedores na expedição. Toloiri prometera considerar a proposta, mas quando Rondon voltou à aldeia no final do mês, encontrou o Paresí acamado com pneumonia e foi incapaz de salvar sua vida.

Os desafios mais graves aos planos de Rondon, entretanto, eram burocráticos e políticos. Ao voltar a contragosto do rio Juruena, bem antes do que imaginara, ele submetera ao ministério na capital detalhados relatórios de gastos para os anos de 1907 e 1908, esperando acelerar o processo de restauração completa da linha de crédito da Comissão, que fora excedida. Mas seis longos meses se passariam até ele obter a aprovação inicial de suas contas para depois ser reembolsado. Nesse ínterim, abandonou seus planos de exploração e não voltou a comprar presentes para os Nambikwára. Em vez disso, concentrou-se em colocar novamente em forma os destacamentos de obras, melhorando a logística e as comunicações entre a vanguarda e a retaguarda e restabelecendo laços amistosos com os comerciantes locais, ressentidos por terem sido traídos pelo governo federal, quase sempre retardatário.

Lidar com o complicado e ineficiente sistema de finanças e reembolsos do governo sempre foi uma enorme dor de cabeça para Rondon, ou para qualquer outro oficial do Exército nas primeiras décadas da República. Os oficiais eram responsáveis por todas as despesas das unidades que comandavam: pagavam os salários dos soldados e, no campo, compravam a comida da tropa, os mantimentos dos animais, adquiriam equipamentos etc. Era por isso que Rondon sempre viajava com uma caixa-forte quando estava a serviço.

Funcionava da seguinte forma: todo ano, o Congresso autorizava o orçamento do Ministério da Guerra, que por sua vez designava uma determinada quantia para Rondon, que, ao final de uma expedição, prestava contas para o departamento de contabilidade do Estado-Maior. Isso no papel. Na prática, "foi muito comum as unidades terem atrasos em receber fundos e a tropa não receber salário nenhum por meses a fio", diz Frank McCann, autor de vários livros sobre a história do Exército brasileiro. "Foi um sistema bastante incerto, e um grande número de rebeliões resultaram desses atrasos nos pagamentos."[1]

"Essa questão de crédito, ou de levantamento de verbas para pagamento de pessoal e material, acarretou muitos aborrecimentos, agravados pela maledicência", o marechal Boanerges Lopes de Sousa, integrante da Comissão Rondon nos seus tempos áureos, explicaria anos depois num depoimento ao escritor Edilberto Coutinho. "Quer durante a construção da linha do sul de Mato Grosso, quer durante os demais empreendimentos, pelo noroeste, rumo ao Madeira, os trabalhos estiveram ameaçados de paralisação. Um outro chefe teria abandonado tudo, por falta de verba, ou mesmo do apoio das autoridades, inclusive da parte de comandantes do Distrito Militar de Mato Grosso, sempre ciosos de suas prerrogativas, a criarem dificuldades que a mentalidade da época, se não justificava, pelo menos explicava."[2]

Comparada com a de outros oficiais, a situação de Rondon era ainda mais labiríntica, porque ele prestava contas para dois ministérios: não apenas o da Guerra, mas também o da Indústria, Viação e Obras Públicas, pois a construção da linha telegráfica era um empreendimento conjunto. Entretanto, os dois ministérios às vezes brigavam entre si sobre quem deveria arcar com determinado gasto, e isso acabava afetando o trabalho de Rondon, resultando em longos atrasos. (Depois de 1910, quando o Ministério da Agricultura também outorgou funções a Rondon, a situação dele ficaria ainda mais intrincada.)

Outro fator complicador foi a incompreensão por parte dos burocratas na capital — que desconheciam as duras realidades que Rondon enfrentava — dos problemas que inevitavelmente levavam a gastos adicionais não contemplados pelo orçamento oficial. Por exemplo, se uma manada de bois, burros ou cavalos sofria baixas por doenças ou falta de pastagem no caminho aos acampamentos da Comissão Rondon, ele teria que adquirir novo estoque de animais pedindo uma apropriação suplementar que só chegaria muitos meses depois. E quando conseguia ganhar a amizade de tribos previamente não contatadas, precisava comprar sortimentos de presentes, independentemente do custo. "Quando Rondon foi chefe da Comissão das Linhas Telegráficas, só em milho ele gastava mais de quinhentos contos por ano, porquanto tinha intensificado a agricultura entre os Nambikwára," queixou-se certa vez o escritor Lima Barreto, inimigo declarado de Rondon. "Sei disto porque nesse tempo era eu empregado da Secretaria da Guerra e vi os papéis a tal respeito."[3]

Os desentendimentos mais sérios até exigiam a intervenção pessoal de Afonso Pena. Mas com o presidente imobilizado pela doença — ele morreria de pneumonia em 14 de junho —, Rondon estava agora sem um benfeitor para protegê-lo e, subitamente, em posição vulnerável. Cada vez mais se ouviam reclamações no Exército sobre o ônus que sua aventura amazônica impunha ao orçamento militar, enquanto no Congresso o projeto estava enredado na acrimoniosa e crescente disputa política entre Afonso Pena, cada vez mais enfermo, e seus adversários, que tentavam enfraquecer ou até impedir a ascensão ao poder do vice-presidente, Nilo Peçanha, apontado pela Constituição como seu sucessor. Consequentemente, vozes tanto entre os militares quanto no Legislativo agora clamavam abertamente pelo fim das verbas para a linha telegráfica. Assim, enquanto Rondon não tivesse dinheiro suficiente em mãos, seus planos de uma expedição seriam frustrados. Para não ficar ocioso, ele ordenou que uma de suas equipes de engenharia começasse a construção de uma simples estrada de terra, destinada a ser usada por automóveis e veículos militares, a sul, ao longo do Juruena até São Luiz de Cáceres, porto à beira do Alto Paraguai.

Mas no dia 2 de junho, com seu crédito plenamente restabelecido após a acirrada batalha política no Rio, e com seu prestígio pessoal ainda mais engrandecido com uma promoção a tenente-coronel anunciada alguns meses antes, Rondon pôde enfim deixar de lado o Juruena. Seu plano para esse ano era ousado e também bastante arriscado. A fim de operar com maior eficiência, a expedição devia ser dividida em dois grupos, com Rondon na liderança de um e o capitão Manuel Teófilo da Costa Pinheiro e o tenente Amílcar Armando Botelho de Magalhães do outro.

O grupo de Rondon seguiria na direção noroeste por terra, a fim de encontrar a nascente do rio Jaci-Paraná, e depois desceria pelo trecho inexplorado de suas águas. O outro grupo, carregando suprimentos, viajaria de barco até o Madeira, seguiria para o sul e depois subiria o Jaci-Paraná até se encontrar com o grupo de Rondon em algum ponto intermediário. Até a reunião dos dois grupos, porém, o que levaria um longo período, Rondon e sua equipe seriam obrigados a viver do que encontrassem, extraindo seu sustento de um território selvagem que nunca fora devidamente mapeado.

A comitiva de Rondon, 42 homens no total, era uma mistura curiosa de veteranos e novatos. Não podendo mais contar com a sabedoria e o bom senso de Toloiri, ele levou uma dupla de batedores Paresí de outra aldeia. Rondon acreditava que pudessem ser de confiança devido a um acordo recém-concluído de amizade e aliança entre eles e o governo brasileiro, que o próprio Rondon ajudara a criar, prometendo aos indígenas a demarcação e posse formal de suas terras em troca de apoio e ajuda na construção da linha telegráfica. Ele também selecionou vários de seus subordinados mais experientes para acompanhá-lo: Lyra, Amarante, Pyrineus de Souza. Cientistas do Museu Nacional que viajaram com ele no passado, especialmente o botânico Frederico Carlos Hoehne e o zoólogo Alípio de Miranda Ribeiro, também faziam parte do grupo.* Mas Rondon comandava ainda uma equipe um tanto heterogênea e inexperiente de catorze recrutas e dezoito peões contratados na região que, embora perfeitamente capazes de cuidar dos animais de carga, nunca haviam sido testados em uma jornada de meses através da selva.

Enquanto Rondon e sua reduzida equipe avançada exploravam a região, tentando determinar a melhor rota para a linha telegráfica, o grosso dos seiscentos homens sob seu comando permanente ficou incumbido de erguer postes telegráficos nas áreas já exploradas. Da Aldeia Queimada, Rondon seguia para o norte enquanto cerca de 250 homens seus iam na direção oposta; e, se tudo desse certo, acabariam cruzando com outra equipe de construção de 350 homens que partiria de Diamantino no rumo norte. Os oficiais encarregados das duas unidades lidariam com dificuldades rotineiras, mas, na eventualidade de problemas graves de engenharia ou com os índios, mensageiros seriam enviados por terra desde o Juruena, o último posto telegráfico, e seguiriam por trilhas até alcançar Rondon. Depois aguardariam uma ordem sua que teriam de transmitir à retaguarda. Era um processo lento, trabalhoso e ineficaz, bem como altamente personalista, não permitindo muita autonomia para os oficiais de escalão inferior e concentrando a autoridade máxima nas mãos de Rondon. Mas teria de bastar até a linha telegráfica estar completa e as comunicações na fronteira, melhoradas.

A expedição não começou de forma auspiciosa. Rondon sofria com febre alta havia mais de um mês, resultante de um persistente ataque de malária. No início de maio, quando visitava os Paresí, escreveu em seu diário: "Afinal a febre não me deixa; desde 28 de abril que ela reaparece regularmente, todas as noites, não obstante os medicamentos tomados". Quando junho chegou, sua saúde ainda não havia melhorado. Isso era atípico e ele ficou preocupado, embora houvesse passado por um problema similar em 1908. No mesmo dia em que a expedição partiu, ele confessou em seu diário que "malogrados os cuidados médicos, o meu estado continua a não inspirar confiança".[4]

---

* O mineiro Frederico Carlos Hoehne (1882-1959) foi um pioneiro entre os cientistas brasileiros do século XX, ao contribuir para o surgimento do que hoje chamaríamos de uma consciência ambientalista, realizando estudos sistemáticos e abrangentes sobre a nossa flora nativa. Atuou também como escritor e dirigente de instituições científicas. O também mineiro Alípio de Miranda Ribeiro (1874-1939) deixou uma extensa obra sobre a fauna brasileira e fundou a Inspetoria de Pesca, o primeiro órgão oficial dedicado a essa atividade.

No entanto, insistiu em seguir em frente. Quando estavam a caminho, recusou a ser examinado pelo médico da expedição, Joaquim Augusto Tanajura, ainda que houvesse dado ordens de que todos os membros se submetessem a um check-up completo. Como resultado, vários soldados e civis, incluindo um geólogo, foram mandados de volta para o acampamento-base, na Aldeia Queimada. Rondon não queria perder mais homens nem mais tempo, então reuniu os soldados restantes para um discurso motivacional que se transformou em desafio. "Eu irei sozinho se for preciso", declarou, "mas todos que quiserem ir comigo deem um passo à frente." Vendo que ninguém arredou, ele então bradou: "Avante!".[5]

E assim foram eles. Mas Tanajura, que provinha de uma tradicional família da Bahia e viria a ser um político de sucesso no Amazonas e um dos melhores amigos de Rondon, percebeu que o colega continuava doente. Ele insistiu que Rondon viajasse montado em um boi, em vez de caminhar, de modo a poupar energia e dar uma chance à recuperação. No início, relutante, Rondon aquiesceu, mas como todos seguiam a pé — "a cada metro, meu amor-próprio diminuía um pouco mais" —, após alguns quilômetros, Rondon apeou, ignorando as objeções do médico e dizendo que "é meu dever dar o exemplo" mesmo que, reconhecia ele, "eu fique doente como o inferno".[6]

Uma semana após o início da expedição, em 9 de junho, Rondon avistou o primeiro grupo de Nambikwára. Quando atravessava um bambuzal, vislumbrou dez caçadores numa clareira, que o ignoraram e seguiram seu caminho, indiferentes, penetrando na densa mata. Dois dias depois, os exploradores chegaram a um ponto de reabastecimento, onde haviam embrulhado e enterrado provisões e equipamentos um ano antes, mas descobriram na mesma hora, para sua enorme frustração, que os Nambikwára tinham chegado antes e destruído o máximo de coisas que conseguiram. Felizmente, os índios não souberam o que fazer com os alimentos enlatados; assim, as latas recuperadas serviram como pequeno consolo. Mas ambos os incidentes foram vívidos lembretes para Rondon de que, à medida que avançavam, seus homens teriam de permanecer em constante vigilância se quisessem evitar os confrontos e ataques que inviabilizaram suas duas expedições prévias à região.

A imponente cadeia montanhosa da serra do Norte agora era visível ao longe, o que pareceu renovar as energias de Rondon. A expedição entrou em um vale profundo de relva abundante — uma raridade na região —, e Rondon descobriu, para sua grande alegria, que parte do gado doente que haviam abandonado no ano anterior não só sobrevivera como também prosperara, engordando com a alimentação na verdejante pastagem. Rondon decidiu criar uma fazenda no local, que chamou de Campos Novos, e ordenou que um punhado de homens se estabelecesse ali com mais de sessenta animais e plantasse mandioca e verduras. Quanto aos Nambikwára, que deviam estar por perto observando cada movimento da expedição, as instruções de Rondon eram simples e inequívocas: evitar qualquer contato com os índios e, quando eles roubassem a colheita ou as cabeças de gado, como sem dúvida fariam, não fazer represálias. Na eventualidade de aparecerem por curiosidade, era para tentarem "entabular relações de amizade".[7]

No último dia de junho, a equipe de Rondon estava no alto da Serra do Norte, preparando-se para uma longa e agradável estadia enquanto mapeavam a área: no topo desse terreno elevado, a caça era abundante, o solo fértil e o clima ameno, que afastava os mosquitos — coisas que deixaram os exploradores mais animados. Rondon pretendia construir outro posto avançado ali, que decidiu chamar de Comemoração de Floriano, em homenagem a Floriano Peixoto, e seus homens puseram mãos à obra. Quase de imediato, porém, chegou um mensageiro da retaguarda com uma série de telegramas, cartas e mensagens manuscritas que, lidas todas de uma vez, azedaram o humor de Rondon e puseram a missão efetivamente em risco.

Em Juruena, assim ele era informado, dois homens haviam morrido de beribéri, incluindo um dos soldados que Tanajura avaliara como incapacitado para o serviço, no início de junho. A partir daí, as notícias só pioraram: Rondon também ficou sabendo da morte do presidente Afonso Pena, "o grande amigo e protetor da Comissão de Linhas Telegráficas",[8] e um telegrama subsequente enviado por funcionários da Comissão no Rio de Janeiro alertou-o sobre a ameaça de a expedição ser completamente dissolvida. Uma outra mensagem parecia confirmar a desoladora possibilidade: era do quartel-general, que ordenava a volta imediata de Rondon para a capital. Enquanto o mensageiro esperava pela resposta, Rondon avaliou sua situação e então ditou uma breve mensagem a ser transmitida ao alto-comando: "Volto imediatamente, pelo outro lado".[9]

A resposta astuciosa e ambiguamente enganadora de Rondon é um clássico exemplo de seu jogo de cintura. Dando a entender que aquiesceria à ordem sem obedecer de fato, Rondon minimizava o risco de enfrentar acusações de insubordinação quando por fim voltasse à capital. Quem sabe, a essa altura, o cenário político tivesse se tornado mais favorável. E certamente os aliados de Rondon no Congresso e seus amigos na imprensa, em coordenação com os funcionários da Comissão no Rio, teriam mais tempo e condições para ajudá-lo.* Porém, ao mesmo tempo, ao optar por entrar na selva em vez de dar meia-volta, Rondon aumentava a pressão sobre si mesmo: a expedição agora necessitava mais do que nunca alcançar feitos espetaculares a fim de justificar as despesas e a postura desafiadora (e dissimulada) de Rondon.

---

* Os principais integrantes do chamado Escritório Central da Comissão eram Amílcar Armando Botelho de Magalhães, sobrinho de Benjamin Constant, o encarregado de contabilidade Pedro Malheiros, o encarregado de cinematografia e fotos Luiz Thomaz Reis e o encarregado de desenho e cartografia, o futuro general Francisco Jaguaribe de Matos (pai de Hélio Jaguaribe).

Durante todo o mês de julho, e com agosto já bem avançado, à medida que a saúde de Rondon gradualmente voltava ao normal, os exploradores mapearam toda a bacia da serra do Norte:* a certa altura, Lyra, que fazia o levantamento topográfico a oeste, avisou Rondon que ele estava entrando na "mais densa e profusamente fechada floresta que já tinha visto".[10] Conforme trabalhavam, "encontrávamos por todos os lados sinais de índios: caminhos muito batidos, esperas de caçadores e outros indícios de estarmos próximos de uma ou mais malocas. Víamos, para o lado do noroeste, levantarem-se grandes nuvens de fumaça".[11]

Certo dia em que saíram para caçar, Pyrineus de Souza e o zoólogo Miranda Ribeiro alvejaram um cervo e viram dois índios, que aparentemente espreitavam a mesma presa. Assustados com o estampido dos tiros, deixaram o esconderijo e saíram correndo pelo mato. Os exploradores voltaram com o animal para o acampamento, mas seguindo o usual protocolo da Comissão, deixaram para trás facas e facões para os caçadores indígenas, "para eles verem ser nossa intenção permutar os objetos, e não tomar o que lhes pertencia".[12]

Em meados de agosto, parecia que a expedição descobria diariamente um novo rio. A região explorada compreendia nascentes de uma série de cursos de água, todos com poucos quilômetros de distância entre si, fluindo em várias direções, ao menos um para cada ponto cardeal. Muito rapidamente, eles ficavam mais largos e profundos, sugerindo que deviam ser tributários de rios maiores. Em 16 de agosto, por exemplo, Rondon anotou de forma um tanto lacônica em seu diário as especificações de um riacho de doze metros de largura, meio metro de profundidade e velocidade média de um decímetro por segundo; era o auge da estação seca, e, embora alguns trechos do rio fossem subterrâneos, Rondon percebeu quedas-d'água adiante e decidiu dar meia--volta. Visto que ninguém sabia onde desembocava o curso de água, batizou-o de rio da Dúvida, mal imaginando que cinco anos depois esse rio representaria o maior desafio de sua carreira de explorador.

À medida que as missões o levavam a penetrar cada vez mais em território remoto ou inexplorado, Rondon encontrava novos acidentes geográficos ainda por nomear — não só rios, mas também cataratas, corredeiras, lagos, pântanos, cadeias montanhosas, vales e picos. Durante os primeiros quinze anos de sua carreira como explorador e cartógrafo, trabalhara principalmente em áreas que haviam sido povoadas nos tempos coloniais e, portanto, já estavam mapeadas. Mas a partir de 1907, seu interesse se voltou ao território a noroeste de Cuiabá, cujas grandes extensões permaneciam um mistério topográfico. Como agente do Estado brasileiro, reivindicando soberania sobre uma

---

* A serra do Norte fica no extremo noroeste do Mato Grosso, compreendendo partes do que hoje são os municípios de Aripuanã (extremo norte) e, descendo para o sul, Castanheira, Juína, Brasnorte, Sapezal e Campo Novo dos Parecis.

região dita "selvagem" e até então ignorada, Rondon tinha autoridade para nomear não só os lugares que encontrava como também os projetos de construção aí erguidos.

Ele faria uso vigoroso dessa prerrogativa pelo resto de sua carreira como explorador. Examinando o mapa do Brasil de um século depois, salta aos olhos a quantidade – existente até hoje – de topônimos no quadrante noroeste referentes a acidentes geográficos ou construções humanas dados por Rondon. São na casa das centenas e estão espalhados por todo o mapa: em seu estado natal do Mato Grosso, na fronteira meridional da Amazônia, no estado de Rondônia (que o Congresso brasileiro batizou em sua homenagem, no fim de sua vida) e ao longo de toda a fronteira brasileira com os vizinhos do norte, onde hoje ficam o Amazonas, o Amapá, Pará e Roraima.

Às vezes as escolhas de Rondon eram óbvias ou prosaicas. Quando decidiu construir um posto telegráfico no local de uma antiga aldeia indígena que fora incendiada por seringueiros a fim de forçar seus moradores a fugir, ele a chamou de Aldeia Queimada. Um local junto a um descampado semiárido cuja característica distintiva eram três palmeiras muito próximas entre si foi batizado de Três Buritis. Quando um cavalo estimado tombou de repente, morto de exaustão, o local foi batizado instantaneamente de Cavalo Morto.

Em outros casos, Rondon decidiu homenagear indivíduos que haviam se destacado em outras expedições ou empreitadas científicas. A exploração era um trabalho perigoso, cuja taxa de mortalidade entre os membros da Comissão Rondon podia ser elevada; batizar acidentes geográficos com o nome dos mortos era uma maneira tanto de preservar sua memória quanto de lembrar aos vivos que, se morressem, teriam seus nomes lembrados. Assim, encontramos corredeiras batizadas em homenagem a humildes remadores que se afogaram no local e rios com os nomes dos colegas de Rondon que morreram no cumprimento do dever, como Francisco Horta Barbosa. Intrépidos exploradores brasileiros do passado, cujos feitos Rondon admirava, também eram lembrados: pico Ricardo Franco; os postos telegráficos Pimenta Bueno e Pontes e Lacerda; e os rios Couto de Magalhães, Teles Pires e Peixoto de Azevedo.

Em outras ocasiões, Rondon simplesmente continuava a empregar o nome pelo qual um local particular era conhecido entre os índios que viviam nas proximidades, ou apenas traduzia seu nome para o português, como no caso do rio Ananás e do rio do Sangue, ambos com cabeceiras no interior de Mato Grosso. E se um grupo indígena fosse especialmente amistoso ou prestativo, ele faria homenagem à sua cooperação dando seu nome a alguma grande massa de terra, como a chapada dos Parecis, ou a uma construção, como a estação telegráfica de Ariquemes (por causa do povo Arikeme), que acabaria se tornando uma cidade de mais de 100 mil habitantes.

Mas Rondon muitas vezes usava essa atribuição para promover seus propósitos patrióticos ou ideológicos, em geral positivistas ou republicanos. Além do rio que batizou de Comemoração de Floriano, dois outros rios descobertos por Rondon foram batizados de 15 de Novembro e Festa da Bandeira. Ao chamar de Benjamin Constant um povoamento na confluência dos rios Javari e Solimões, Rondon evocava associações ao mesmo tempo republicanas e positivistas. Certamente ele também tinha princípios positivistas em mente quando batizou mais um rio de 12 de Outubro, já que o Dia de Colombo é uma data importante no calendário positivista. E repetidamente homenageou José Bonifácio de Andrada e Silva, o Patriarca da Independência brasileira, batizando uma estação telegráfica, um rio e uma serra com seu nome.

Finalmente, Rondon foi astuto o bastante para às vezes se valer dessa prerrogativa como forma de agradecer ou bajular benfeitores políticos poderosos, fossem efetivos ou potenciais. Ele batizou a estação telegráfica Vilhena, hoje um município de Rondônia com quase 100 mil habitantes, em homenagem a Álvaro Coutinho de Melo Vilhena, diretor-geral então recém-falecido dos Correios e Telégrafos, e posteriormente chamou de Afonso Pena e Hermes da Fonseca duas outras estações. Ministros do governo e congressistas que ajudaram Rondon nas árduas batalhas para manter viva a Comissão — e com verbas adequadas — também foram homenageados com postos de telégrafo levando seus nomes. Entre eles estão Joaquim Murtinho, que tinha sido ministro da Fazenda no governo Campos Sales e representante do Mato Grosso no Senado de 1902 a 1911; e o deputado federal Ildefonso Simões Lopes, que participou intensamente das comissões de orçamento, finanças, transporte e agricultura da Câmara, e mais tarde também viria a se tornar ministro da Agricultura, no governo Epitácio Pessoa.

No alto da serra do Norte, as medições topográficas revelaram um vale de fácil acesso que seguia pelo norte e depois virava a leste, mas o projeto da linha telegráfica determinava que ela avançasse pelo noroeste. Sendo assim, no fim de agosto, foi nessa direção que a expedição seguiu. Quase imediatamente o progresso tornou-se bem mais difícil: conforme desciam a altitudes mais baixas, a selva se adensava e a quantidade de rios a serem vadeados aumentava enormemente. O avanço da expedição ficou mais lento, uma vez que a mata cerrada dificultava aos animais de carga achar onde pisar ou, aliás, encontrar algum tipo de trilha natural para seguir. Para aliviar sua carga, Rondon ordenou que todas as "coisas menos necessárias"[13] da expedição fossem abandonadas. Mas ele manteve os presentes para os índios que esperava encontrar; eram considerados essenciais.

Após três meses de fugazes encontros ocasionais com grupos indígenas, a expedição finalmente começou a fazer contatos mais sólidos, no início de setembro. Não com os Nambikwára, mas com outras tribos cuja docilidade parecia indicar que nunca haviam tido contato com gente "civilizada" — e decerto não com os vorazes seringueiros, que faziam inimigos por onde passavam. O tenente Lyra e o batedor Paresí Koluizorecê foram os primeiros a topar com um desses grupos: dois homens e duas mulheres que sumiram na mata assim que os exploradores se aproximaram de suas casas em uma clareira e depois observaram passivamente enquanto Lyra examinava as habitações e o que continham. O batedor Paresí tentou conversar com o cauteloso grupo, mas não conseguiu se fazer compreender, então os dois se retiraram não sem antes colocar presentes no chão e gesticular para tentarem transmitir suas intenções amistosas.

A caminho do acampamento da expedição, Lyra e Koluizorecê viram uma mulher levando um grande cesto carregado de ananás, acompanhada de uma criança pequena, e mais uma vez tentaram entabular uma conversa. Depois de quase trombar com eles, ela não fez "nenhum gesto de surpresa ou susto, afastando-se para o lado do caminho para indicar aos estranhos o rumo que deveriam seguir".[14] Encorajado por seu comportamento, o batedor Paresí perguntou para que lado ficava o "rio grande", mas só conseguiu compreender uma palavra da longa e cordial resposta da mulher, "água". Lyra, enquanto isso, protagonizava uma cena divertida ao pegar a criança em seus braços e brincar para que começasse a rir. Quando relataram o acontecido a Rondon, ele ficou muito satisfeito, pois isso sugeria que a Comissão não se depararia com hostilidades quando as equipes de construção voltassem para construir a linha telegráfica.

Os contatos com grupos indígenas agora se tornavam mais frequentes, e Rondon continuava fazendo tudo a seu alcance para conquistar a confiança deles. Dias após a aventura de Lyra, o próprio Rondon estava com dois batedores Paresí quando escutaram um grupo enorme marchando através da floresta, com todos os seus pertences, muito provavelmente uma comunidade nômade inteira à procura de um novo local para se fixar. Os cães de Rondon avançaram, assustando os índios, que fugiram em pânico. Um menino acabou se separando dos pais, tropeçou e ficou para trás. A criança, porém, não pareceu intimidada, e foi se sentar calmamente no colo de Rondon, tagarelando numa língua que soava aos Paresí com a de uma tribo de sua região, os Salumã.* Rondon decidiu que era melhor deixar o menino onde estava, presenteá-lo com um canivete de prata e deixar diversos outros presentes para o restante do grupo como sinal de suas intenções pacíficas. Assim ia sendo construída a lenda do pagmejera, o chefe dos chefes.

Em seu diário, Rondon se permitia dar asas à imaginação. Em torno dos povoamentos indígenas que ele e seus homens encontraram, havia plantações com os produtos preferidos dos agricultores, fossem fazendeiros ricos ou humildes camponeses: mandioca, feijão, milho, batata, amendoim, algodão, banana, abacaxi, mamona. Ocasionalmente, viam-se descampados feitos pelo homem e usados como pasto, formados "pela ação

---

* Na década de 1980, missionários jesuítas entenderam que esses índios se autodenominavam Enawenê-Nawê e, desde então, este termo passou a ser usado para identificá-los, segundo relato do padre Tomás Aquino de Lisboa, que em 1985 publicou um livro sobre os primeiros contatos com os Enawenê-Nawê.

destruidora do fogo, ateado pelos primitivos habitantes da zona, nas derrubadas preparatórias de suas roças", descreveu. "A continuidade dessa ação modificadora, prolongada por muitos decênios, acabara produzindo a transformação definitiva das antigas matas em campos" adequados para os animais de carga.[15] Em torno dessas clareiras abundavam madeiras de lei e outras apropriadas para a construção de móveis, carpintaria e edificação, e às margens dos rios os cientistas acharam vários sinais de jazidas de ouro, mercúrio e outros metais preciosos. Tudo isso levou Rondon a conceber um futuro não muito distante em que colônias, vivendo em harmonia com os habitantes indígenas originais, prosperariam e forneceriam uma alternativa sustentável para o modelo econômico brutal, destrutivo e extrativista representado pelo oligopólio da borracha.

A estação chuvosa começou em outubro, com Rondon mais embrenhado na selva do que nunca e ainda sem o menor indício de estar próximo do rio que avistara do alto da serra do Norte, três meses antes. O terreno ficava cada vez mais traiçoeiro e intransponível. Em alguns lugares, bosques inteiros de majestosas árvores de madeira de lei haviam sido derrubados por tempestades e caído em padrões que formavam um zigue-zague, exigindo o árduo trabalho de subir e descer dos troncos constantemente. Por todos os lados, a cobertura do solo era uma mistura de galhos estilhaçados e piscinas naturais recém-formadas, com afiadas pedras submersas e trechos tão perigosos que forçavam os exploradores a fazer longos desvios pela margem. De vez em quando encontravam vestígios de alguma trilha indígena, mas Rondon, com medo de sofrer uma emboscada, preferia evitá-las. Após o tranquilo interlúdio no alto da serra do Norte, seus homens estavam ficando desanimados e apreensivos com o que os aguardava; um soldado desertou e até o confiável Lyra insistiu com Rondon para voltarem, argumentando que a expedição conheceria melhor sorte descendo o rio da Dúvida, que ele acreditava ser um possível tributário do Jaci-Paraná.

Rondon, contudo, insistiu em prosseguir, embora tenha feito uma concessão às circunstâncias cada vez mais complicadas: os animais de carga seriam deixados para trás e, dali em diante, os homens levariam nas costas o máximo que pudessem carregar. Isso significava abandonar valiosas amostras científicas — material zoológico e antropológico coletado para o Museu Nacional, por exemplo, bem como chapas fotográficas —, mas o principal interesse de Rondon agora era acelerar a marcha. Após descansarem no Dia de Colombo, quando Rondon aproveitou o feriado para exortar seus homens a igualar-se em coragem e senso de dever ao explorador genovês — "Devemos avançar, com a audácia dos bandeirantes, o amor de padre Anchieta e a força de vontade de Colombo!" —,[16] eles começaram a construção de uma grande canoa. Um terço dos membros da expedição, decidira Rondon, desceria o rio Pimenta Bueno, ali perto, na rústica embarcação entalhada. Como suas ordens eram para subsistir do que conseguissem encontrar, isso reduziria a pressão sobre os suprimentos.

Só que em dez dias ficou claro que medidas ainda mais drásticas se faziam necessárias. No dia 23 de outubro, uma equipe de retaguarda transportando suprimentos alcançou o grupo de Rondon, mas do total de mais de duzentos animais com que partiram, apenas dois burros e dois bois haviam sobrevivido — "esses mesmos tão magros e cansados que mal se aguentavam de pé".[17] A solução para esse problema desafiador foi dividir ainda mais a expedição, agora em três grupos menores. Um voltaria a Campos Novos, recuperando animais, provisões e espécimes científicos que haviam sido abandonados ao longo do caminho. O segundo exploraria o rio Jamari, que de acordo com os mapas da expedição desembocava no Pimenta Bueno. E o terceiro, sob o comando de Rondon, continuaria avançando por terra na direção noroeste.

A capacidade de Rondon de sobreviver com uma pequena quantidade de alimento, e de passar várias horas em jejum entre uma refeição e outra, às vezes o levava a negligenciar as necessidades alheias, e foi o que aconteceu quando as provisões começaram a escassear. Um grupo de caçadores, certo dia, matou um cuatá [um tipo de macaco] e voltou com o animal ao acampamento para prepará-lo. Mas Miranda Ribeiro, o zoólogo da expedição, notou imediatamente que seu pelo era de uma cor e padrão incomuns. Concluindo que provavelmente se tratava de uma nova espécie, pediu que o animal fosse preservado. Dividido entre a fome de seus homens e seu amor pela ciência, Rondon optou pelo último, e o almoço nesse dia acabou sendo a usual refeição de sementes e frutas silvestres, em vez da tão sonhada carne.

Entrementes, de volta ao Rio de Janeiro, o alarmismo começava a dominar a extensa cobertura da expedição feita pela imprensa, o que sem dúvida contribuiu para o já elevado grau de ansiedade de Chiquita. Em 2 de outubro, o *Correio da Manhã* noticiou em tom sensacionalista um ataque Nambikwára contra a força de reabastecimento, e ela tentou em vão obter mais notícias com alguns membros da Comissão que haviam ficado na capital a fim de trabalhar em mapas de expedições anteriores. Como a equipe de Rondon a essa altura avançara muito além do último posto telegráfico, ele não podia lhe enviar nenhum tipo de mensagem assegurando que estava bem, muito menos despachar as detalhadas cartas que escrevia para ela diariamente.

Até mesmo os membros da equipe de reabastecimento ficavam cada vez mais preocupados à medida que as semanas passavam e o paradeiro de Rondon continuava ignorado. Haviam chegado ao ponto de encontro combinado no Jaci-Paraná em meados de setembro e toda noite desde então, prontamente às oito horas, enviavam sinais para o céu, na esperança de que Rondon estivesse por perto e de que conseguissem chamar sua atenção. Às vezes disparavam uma salva de tiros, às vezes lançavam sinalizadores, em outras noites detonavam uma banana de dinamite e escutavam a ruidosa explosão reverberando através da selva. Quando as noites estavam claras, de vez em quando despachavam um balão meteorológico branco muito acima das árvores, como uma espécie de farol. Entretanto, a decepcionante resposta era sempre a mesma: silêncio, em vez de gritos de júbilo ou uma salva de tiros.

"Continuamos na mesma preocupação quanto à demora do chefe", Botelho de Magalhães escreveu em seu diário de campo no dia 19 de dezembro. "Ainda repelimos qualquer hipótese desastrosa, confiantes como estamos na sua competência, longo e reputado tirocínio do sertão e tenacidade insuperável para vencer todas as dificuldades, mas [...] já estamos três meses adiante da época marcada para nosso encontro, e isso nos impacienta e muito nos aflige! [...] E estamos todos adoentados, abatidos, infiltrados pelo impaludismo!"[18] Três dias depois, ele voltou a tocar no assunto: "Por onde andará o Chefe hoje? Com que recursos contará ele ainda? Em que estado estarão ele e o pessoal que o acompanha? Tais são os pensamentos que nos mergulham, a mim e ao [Manoel Theophilo da Costa] Pinheiro, em constante meditação".[19]

O que estava acontecendo era o seguinte: os contatos de Rondon com grupos indígenas haviam pouco a pouco diminuído, para então cessar por completo. Em certo sentido, era um alívio, pois significava que ele não tinha mais de se preocupar com encontros hostis em que corria o risco de perder seus homens ou vê-los disparando contra os índios. Mas a mensagem nas entrelinhas era funesta e não passou despercebida aos exploradores: o terreno que adentravam era tão difícil, cercado de montanhas aparentemente tão impenetráveis e com uma floresta tão primitiva, que até os índios, mestres da sobrevivência na selva, faziam questão de evitá-lo.

Não muito depois que a expedição se dividiu em três, o grupo de Rondon chegou a uma região acidentada, cada vez mais marcada por rochedos e penhascos conforme avançavam. No fim, a escarpa ficava quase perpendicular, e não havia maneira de contorná-la. Não havia escolha a não ser escalar, mas, pela primeira vez, Rondon duvidava que seus homens estariam à altura da tarefa. Eles estavam exaustos e enfraquecidos após semanas de fome, suas roupas em farrapos devido aos insetos vorazes, a chuva e o bolor e, pior de tudo, carregavam pesadas mochilas que nas etapas iniciais da expedição tinham sido transportadas pelos animais de carga. Contudo, de algum modo conseguiram galgar o despenhadeiro, rastejando e fraquejando, até chegar ao cume, onde avistaram ao longe um vale promissor.

Rondon nutria grande admiração pela resistência e confiabilidade humilde dos canoeiros, mateiros e batedores, a quem se referia como "nossos admiráveis sertanejos",[20] e a árdua subida só fez aumentar seu respeito. Ele se afeiçoara sobretudo a um deles, Antônio Correia, que parecia sempre animado, mesmo em face das piores adversidades, e que era extraordinariamente generoso em ajudar os outros. No começo da expedição, quando Rondon estava claramente fraco pela malária, Correia, sofrendo sob o peso da própria mochila, oferecera-se para carregar também a do comandante. Rondon apreciou o gesto, mas respondeu: "Vá ajudar seus companheiros!".[21] Mas, para si mesmo, disse:

ali estava um homem que gostaria de ter como companheiro em futuras expedições, sempre que possível. Nada do que presenciou durante os cinco meses seguintes o fez mudar de ideia. Subindo a escarpa, Correia fora o mesmo de sempre, estendendo a mão para puxar os camaradas mais debilitados, bradando palavras de encorajamento e oferecendo-se para carregar peso extra.

Em meados de novembro, os instrumentos de Rondon indicaram que haviam chegado a um ponto onze graus a sul do equador e sessenta e três graus a oeste do meridiano primário. Se tudo dera certo, ou ao menos de acordo com os mapas pelos quais se orientavam, estavam bem próximos à nascente do Jaci-Paraná. Pouco depois, quando encontraram um riacho, decidiram descer por ele. Após vários dias, avistaram na margem duas árvores com letras inscritas, certamente iniciais representando a reivindicação de posse de algum seringueiro que trabalhara ali recentemente. Ao chegarem a uma pequena clareira, oito quilômetros rio abaixo, encontraram sinais ainda mais encorajadores: diversas latas abertas de leite condensado e frutas em calda, além de cacos de louça. O rio fizera uma curva para nordeste, afastando-se da direção que esperavam, mas decidiram insistir, convencidos de que não passava de uma pequena imprecisão cartográfica, e à noite começaram a perscrutar o céu procurando por balões ou foguetes, os sinais que a equipe de reabastecimento deveria lançar para Rondon e seu grupo.

Em 26 de novembro, porém, Lyra ia à frente da equipe avançada, abrindo uma picada no matagal, quando escutou um barulho próximo, seguido de uma voz ansiosa pedindo ajuda: "Estou perdido nesta mata!". A reação inicial de Lyra foi de júbilo: presumiu que finalmente fazia contato com alguém do grupo de Pinheiro. Mas a alegria rapidamente deu lugar ao choque e à perplexidade. Diante dele, vestido em andrajos e chorando de emoção e fadiga, havia um estrangeiro alto e encovado, de cabelo loiro desgrenhado e olhos azuis, "no último estado de miséria física a que pode ficar reduzido um ser humano, depois de longuíssimos padecimentos e privações".[22]

O homem se chamava Miguel Sanka, de 24 anos, de ascendência húngara, criado em uma colônia de imigrantes no estado de São Paulo. Sanka fora tentar a sorte em Manaus, mas o cargo de escriturário que lhe fora prometido não deu certo. Assim, ele acabou na Ascenzi & Cia. como "administrador" em um seringal. Uma vez na selva, no entreposto da companhia, ele se deu conta de seu terrível erro: o regime de trabalho, na verdade, era escravo, ele não passava de mais um peão atrelado ao "adiantamento de salário" gasto no armazém da companhia, onde recebera suas provisões e seus equipamentos ao chegar. Mas escapar era impossível: os preços da borracha estavam despencando, de modo que teria de trabalhar o dobro de tempo para pagar a dívida contraída junto ao patrão. Além disso, como ele ficou sabendo após a viagem de ida subindo o rio, a companhia tinha postos de controle em vários pontos da região, com capangas armados que espancavam e às vezes até matavam os foragidos, de modo que escapar pela rota por onde viera estava fora de cogitação.

A situação de Sanka piorou ainda mais quando ele pegou malária, após chegar ao seringal. Com febre, decidiu fugir do alojamento à beira do rio, mas quando se deu conta de que isso seria outro tremendo erro de cálculo de sua parte, era tarde demais e ele não conseguiu encontrar o caminho de volta. Era início de julho, contou ele a Lyra, de modo que fazia quase cinco meses que vagava pela selva, não inteiramente a esmo, mas sem bússola para se orientar, nem sequer fósforos para acender uma fogueira. No começo, seguindo o sol, ele rumou para oeste, munido apenas de linha de pesca, facão, rede de dormir e um almanaque Ayer, onde assinalava os dias, pensando em chegar à Bolívia. Quando percebeu que isso também era impossível, passou mais um mês contornando a base da serra do Norte, sentindo que as forças lhe esvaíam pouco a pouco — bem como sua sanidade —, e subsistindo de uma dieta de coco de babaçu, larvas e castanha-do-pará.

Quando Sanka acompanhou Lyra de volta ao acampamento e lhe contou sua história, Rondon presumiu que continuava confuso e sofrendo de alucinações. O sujeito afirmou que o seringal ficava no rio Urupá, um braço do Ji-Paraná, e que ele atravessara apenas mais um rio na tortuosa rota em zigue-zague que o levara a cruzar o caminho da expedição. Isso não parecia crível, pois todos os mapas consultados por Rondon antes de iniciar a expedição indicavam que Sanka teria de ter atravessado diversos rios importantes. Sanka só podia estar delirando, ou todos os mapas existentes, a maioria datando do século XVIII e dos tempos coloniais, estavam gravemente errados. Sanka, por outro lado, manteve sua versão da história, contando que em setembro construíra uma balsa para descer um rio desconhecido, mas que sua embarcação precária se desmanchou nas primeiras corredeiras.

Sentindo crescente apreensão, Rondon começou a desconfiar que Sanka realmente dizia a verdade. Nesse caso, a expedição enfrentava um sério perigo. Seus homens já estavam fracos e esgotados, seus corpos infestados de parasitas que penetravam sob a pele ou entravam no estômago. A chuva caía sem cessar e o período de seca só deveria chegar em abril. Era simplesmente impossível, percebeu Rondon, pedir ao grupo que atravessasse outro trecho acidentado e inexplorado de selva para chegar a um rio que talvez nem estivesse onde os mapas indicavam. Havia ainda a situação de Sanka: ele não tinha a menor condição de empreender tal jornada, mas também não poderia ser deixado para trás. Por falta de alternativa, os exploradores teriam de continuar a descer o rio em que navegavam, aonde quer que a correnteza os levasse.

Esse acabou se revelando o curso de ação correto e provavelmente salvou a vida de todos os envolvidos. Os mapas de fato estavam errados — e como! Na verdade, o rio Jaci-Paraná ficava a pouco mais de um grau de latitude leste de onde os antigos mapas apontavam. Isso significava que Rondon precisaria ter liderado seus homens por mais de cem quilômetros de selva impenetrável antes de poderem pensar em subir a bordo de novas canoas de tronco escavado que os levariam até Theophilo da Costa Pinheiro e à equipe de reabastecimento.

Agora sem perspectiva de encontrar a equipe de reabastecimento rio abaixo e com as provisões praticamente no fim, a expedição foi forçada a subsistir de palmito e do que conseguissem pescar. Rondon e seus homens estavam com um estoque de suprimentos tão baixo que não podiam providenciar sequer o sal pelo qual Sanka tanto ansiava. E quando as piranhas abocanhavam algumas de suas linhas de pesca, levando-as embora com anzol e tudo, os exploradores tinham de improvisar ainda mais: o tenente Amarante, sempre engenhoso, aproveitou as pequenas limas metálicas que acompanhavam as ampolas de quinino usadas no combate à malária para fazer novos anzóis com os elos de uma corrente de agrimensor, endurecendo-os no fogo de modo que as piranhas não conseguissem arrancá-los. Antônio Pyrineus, por sua vez, costumava pescar com dinamite pouco acima de uma queda-d'água. Quando os peixes atordoados caíam na piscina natural abaixo, ele rapidamente os apanhava e punha em um cesto. Certa vez, porém, na esperança de aumentar sua pescaria, colocou vários peixes na boca para, com as mãos livres, poder agarrar mais deles. Um dos peixes era uma piranha e mordeu a ponta de sua língua, causando uma hemorragia. Tanajura conseguiu estancar o sangue aplicando um musgo que ele vira os povos indígenas usarem como emplastro.

Rio abaixo, Rondon acabou reencontrando as duas equipes menores que despachara no fim de outubro; ambas aguardavam na sede da floresta da Ascenzi & Co., os patrões de Sanka. Compadecendo-se da situação do húngaro, Rondon providenciou sua liberação[*] e o despachou com outros membros da expedição no primeiro barco para Manaus, onde ele pôde receber o tratamento médico de que precisava. Rondon tinha uma dívida de gratidão para com Sanka e sabia disso: sem o improvável encontro, equivalente a achar uma agulha num palheiro, ele e seus homens teriam continuado a vagar sem rumo pela selva, na iminência de um desastre.

Como resultado de todo esse calvário que se prolongou até o início do ano, a saúde de Rondon foi ficando debilitada. Sua malária voltou mais forte do que nunca e, em 1º de janeiro, ele estava com uma febre de 41 graus. A doença o obrigou a ir para Manaus, em vez de aguardar Pinheiro, Botelho de Magalhães e a equipe de reabastecimento que tão pacientemente permaneceram no Jaci-Paraná para encontrá-lo. No caminho de volta ao Rio de Janeiro, a doença avançou de tal forma que ele precisou desembarcar do navio

---

[*] Tentei de todas as formas descobrir como, mas não foi viável. Possivelmente Rondon pagou à Ascenzi & Co. o valor que Sanka devia ou mesmo ameaçou a empresa, como no caso do juiz em Diamantino. O mais, são apenas conjecturas.

em Salvador e ser hospitalizado por vários dias. Mas o fato é que ele sobrevivera à prova mais severa de sua vida e, fazendo isso, mais do que justificara sua decisão ousada de voltar "pelo outro lado".

Como era seu costume ao final de uma expedição, Rondon conduziu uma espécie de inventário de realizações, enquanto convalescia no navio que o levava para casa. No total, ele e sua equipe haviam viajado 1297 quilômetros por terra, 1138 quilômetros por vias fluviais (em canoas escavadas) e mais cerca de duzentos quilômetros medindo a extensão da serra do Norte. Ao mesmo tempo, a equipe de construção da linha telegráfica, compreendendo o grosso de sua força, completara com sucesso a linha conectando Diamantino a Juruena, cobrindo cerca de 650 quilômetros. Em todo o processo, Rondon perdera apenas três homens: dois para doenças e outro que se matara acidentalmente quando limpava o rifle. "Malgrado tudo quanto sofremos, devo dizer que vivemos num novo mundo, cheio de maravilhas."[23]

Mas seu feito mais notável em 1909 foi ter literalmente redesenhado o mapa de uma das regiões mais remotas e inóspitas do planeta. Ele mostrou que tudo que os cartógrafos pensavam saber sobre a área entre sessenta e 63 graus de longitude oeste e 8 e 12 graus de latitude sul estava errado, que os mapas remontando às primeiras expedições coloniais europeias e ainda em uso nos atlas do mundo todo estavam cheios de imprecisões. A região consistia de quase 53 mil quilômetros quadrados, e abrangia rios, montanhas, planaltos e planícies inexplorados. Como reconhecimento pelas conquistas de Rondon, a parte central dessa área hoje é o estado de Rondônia e um ponto ao leste de onde saiu a expedição de 1909 passou a ser conhecido como Meridiano Rondon — o único meridiano no mundo a receber o nome de uma pessoa.

9. Com presentes, paciência e bons modos

Exausto, debilitado e exaurido da energia física e mental que lhe granjeara a reputação de ser talvez o oficial do Exército mais resistente de sua geração, Rondon chegou ao Rio de Janeiro em 6 de fevereiro de 1910. Era domingo de Carnaval, e seu regresso após meses de constante especulação na imprensa de que estaria morto, perdido ou incapacitado foi um evento tão aguardado que, além das autoridades civis e militares que compareceram aos cais Pharoux para testemunhar o seu desembarque, assistiram também milhares de populares, incluindo o rei do Carnaval e foliões cantando marchinhas e maxixes recém-criados que celebravam suas façanhas; alguns até mesmo vieram fantasiados como exploradores, índios e feras selvagens.

Depois de ficar com a vida por um fio na Bahia, Rondon tinha ordens estritas tanto de seus médicos quanto de seus superiores no Exército para repousar e recobrar a saúde. Assim, ele passou quase todo o restante do ano na capital, em casa com Chiquita e as crianças. Mas, conforme recuperava as forças, foi pouco a pouco mergulhando na política, usando a licença forçada não para descansar, mas para lutar por suas tão almejadas políticas públicas. Mais uma vez sofreria ataques, agora verbais: encontrou feroz resistência em inúmeras frentes em sua campanha pela criação de um novo órgão público para proteger os povos indígenas do Brasil, suas terras e seus interesses. A palavra "genocídio" ainda não fora inventada, mas, vendo em retrospecto, podemos dizer que a luta de Rondon nesse ano pode ter ajudado a evitar um.

Havia muito tempo, fruto de suas amargas experiências com o desinteresse — ou o interesse próprio — de autoridades municipais, estaduais e federais, Rondon sonhava em criar uma agência oficial para defender os interesses coletivos das centenas de etnias indígenas do país, sendo que a grande maioria delas nem sequer sabia da existência das outras. Esse é um componente fundamental dos ideais pessoais e positivistas de Rondon. A Igreja Positivista inclusive exigia medidas dessa natureza em seus panfletos e pregações. Como já mencionado, Rondon começou a pesquisar como os Estados Unidos e outros países latino-americanos lidaram com a questão indígena. Também se dedicou a estudar a história do Brasil para buscar precedentes relevantes. Agora, relegado temporariamente ao banco de reservas num momento de indefinição nacional, podia se dar ao luxo de focar nesse objetivo tão ansiado e ambicioso: a construção de uma Nova Inspetoria Federal de Proteção Fraterna aos Indígenas do Brasil, como Rondon originalmente denominou o que nasceria como Serviço de Proteção aos Índios (SPI).*

Para o Brasil, 1910 foi um ano de tensão, incerteza e intensos conflitos políticos: começou com uma eleição presidencial ferozmente contestada e terminou com uma rebelião na Marinha em que os amotinados tomaram navios na baía de Guanabara e ameaçaram bombardear a capital. Nilo Peçanha assumira a presidência em meados de 1909, após a morte repentina de Afonso Pena, e seu governo estava fadado a ser fraco desde o minuto em que iniciou o mandato de apenas dezessete meses. A eleição do sucessor de Pena já estava programada para ocorrer em 1º de março de 1910, mas o novo presidente, que seria Hermes da Fonseca, primeiro comandante militar de Rondon e sobrinho de Deodoro da Fonseca, só assumiria o cargo em 15 de novembro. Com isso, Peçanha passou a maior parte de 1910 servindo como mero tampão, sua autoridade seriamente solapada pelo fato de que não continuaria no cargo e, desse modo, sem muito poder para efetivar suas prioridades políticas.

Não obstante, Rondon e Nilo Peçanha rapidamente forjaram uma relação cordial e puderam trabalhar com relativa eficiência em prol dos objetivos do primeiro. Talvez isso se devesse a certas afinidades e similaridades em suas carreiras. Como Rondon, Peçanha nascera na zona rural e subira na vida por conta própria: seu pai era dono de uma pequena padaria numa cidadezinha do interior da província do Rio de Janeiro e o jovem Nilo teve de viajar à distante Recife para obter o diploma de direito que lhe permitiria galgar a hierarquia social. Além do mais, as origens raciais de Peçanha (que o então presidente, ao contrário de Rondon, tentou esconder) o puseram na berlinda. Embora Peçanha não admitisse publicamente sua ancestralidade negra, esse fato costu-

---

* Pesquisando a documentação da primeira etapa do SPI (anos 1910-30), notei o uso de outra nomenclatura para a sigla: Serviço de Proteção ao Índio, no singular. Quando Rondon voltou de sua missão diplomática em 1938 e assumiu a presidência do recém-criado Conselho Nacional de Proteção aos Índios (esse sempre no plural), o SPI passou a definitivamente usar o plural, talvez para coincidir com o CNPI. De todo modo, nunca encontrei nenhum documento oficial ratificando que houve uma alteração de nome. Por esse motivo, e para não confundir o leitor, optamos por usar uma só forma: Serviço de Proteção aos Índios.

mava ser retratado nas inúmeras charges que o satirizavam como "mulato" e criticavam seu programa político.

Entre os diversos problemas que enfrentava na época, o mais importante para Rondon, mais até do que a batalha anual por verbas para a Comissão da Linha Telegráfica, era a política em relação aos índios. Curiosamente, considerando a distribuição dos povos indígenas pelo território brasileiro, o que impôs a questão à pauta nacional em 1910 não foi tanto o que acontecia na Amazônia, onde vivia a maior parte das etnias, mas o que se passava em São Paulo, cuja economia era a mais dinâmica do Brasil e a que se modernizava mais rapidamente. Como na Amazônia, porém, o debate dizia respeito a uma questão de infraestrutura. Só que dessa vez, em lugar da construção de linhas telegráficas, o foco da polêmica foi a construção de uma ferrovia para ser a nova ligação entre São Paulo e Mato Grosso, mas que estava sendo obstruída pelos Kaingáng.

Por conta de sua saúde, mas também porque estava preocupado com a questão mais abrangente de elaborar uma política única em relação aos povos indígenas que deveria ser implementada e imposta pelo governo federal, Rondon não foi pessoalmente a São Paulo para aplicar com os Kaingáng os métodos pacíficos que desenvolvera em Mato Grosso. Em seu lugar, enviou Manuel Rabelo, um promissor oficial que participava, com particular distinção, das expedições da Comissão Rondon desde 1906.

Nascido em Barra Mansa, na fronteira entre os estados do Rio de Janeiro e São Paulo, Rabelo era treze anos mais novo do que Rondon e descendia de nobres, pelo lado materno. Ele se alistou no Exército aos quinze anos, combateu logo em seguida na defesa da República e se tornou positivista assim que entrou para a academia militar. Formou-se com louvor em engenharia militar em 1901, e Rondon já o promovera duas vezes; os dois permaneceriam amigos próximos e colaboradores políticos até a morte de Rabelo, em 1945. Ele era "de confiança" e, desse modo, a pessoa ideal para essa missão extraordinariamente delicada e arriscada.

São Paulo é hoje o estado mais populoso e rico do Brasil, respondendo por mais de um quinto da população e cerca de um terço da economia nacional, com muitas cidades prósperas de meio milhão de habitantes ou mais e com a melhor infraestrutura viária do país. No início do século XX, porém, a vertiginosa ascensão de São Paulo ainda estava numa fase incipiente e se concentrava nas regiões leste e sul do estado, sobretudo em torno da capital, a cidade de São Paulo. Em seu livro *Saudades do Brasil*, o antropólogo franco-belga Claude Lévi-Strauss conta como, em 1935, ao chegar à cidade e procurar mapas para guiá-lo na expedição científica que planejava fazer ao longo da linha telegráfica de Rondon no Mato Grosso, "encontravam-se no comércio mapas geográficos de menos de vinte anos, nos quais todo o oeste do estado [de São Paulo] era deixado em branco com esta única menção: 'territórios desconhecidos habitados pelos índios'".[1]

Os Kaingáng haviam tradicionalmente dominado uma fatia significativa desse território, bem como a província argentina de Misiones e partes dos planaltos igualmente não mapeados no interior dos três estados da região Sul do Brasil. Povo nômade, de ramo Jê, eles haviam fugido para a mata durante o período colonial. Fizeram isso em parte para escapar das expedições de caça a escravizados que partiam de São Paulo, mas também pela aversão às missões jesuíticas que se espalhavam por Paraguai, Argentina e sul do Brasil nos séculos XVII e XVIII como uma parte essencial do plano da Igreja católica de catequizar e civilizar os povos indígenas. No século XIX, porém, os colonizadores e as expedições militares começaram a penetrar cada vez mais por seu território, insistindo que tanto os Kaingáng quanto seus aliados, o povo Xokleng, etnicamente aparentado a eles, se transferissem para assentamentos. E isso ameaçava seu modo de vida tradicional.

Com a queda do imperador, em 1889, conflitos entre colonos e índios, que haviam se tornado uma característica constante da vida na fronteira ao longo do século XIX, até mesmo no Sul, intensificaram-se ainda mais. Uma vez abolida a escravidão, o novo governo republicano precisava encorajar a imigração em massa da Europa por dois motivos: como fonte de mão de obra substituta nas fazendas e fábricas e também como parte de um plano mais amplo de "embranquecer" a população do Brasil, considerada dona de um componente africano e indígena grande demais. Devido ao clima e à topografia que lembravam a Europa Central, o Sul era considerado particularmente propício, e assim dezenas de milhares de colonos vindos da Alemanha, da Itália e da Polônia se estabeleceram ali.

Os recém-chegados foram atraídos por promessas de "terras livres", mas descobriram imediatamente que as terras oferecidas já eram ocupadas por povos indígenas que viviam ali havia séculos, muito antes de o Brasil existir como nação ou até mesmo como colônia portuguesa. O resultado foi a guerra aberta, com os colonos europeus, especialmente os alemães, queixando-se de que o governo brasileiro não lhes fornecia proteção suficiente — e às vezes resolvendo as coisas por conta própria, levando ao extermínio os habitantes nativos da região. Os europeus eram mais bem armados do que os Kaingáng e Xokleng, de modo que o resultado desse choque de civilizações foi fácil de prever.

Nessas circunstâncias, os últimos grupos autônomos remanescentes de Kaingáng naturalmente interpretaram o início da construção da Estrada de Ferro Noroeste do Brasil, entre São Paulo e Mato Grosso, como sua sentença de morte, e concluíram que não havia outra escolha senão resistir. A construção da linha principal começou em 1905 a partir de Bauru, a 280 quilômetros de São Paulo, e o primeiro trecho, com cerca de noventa quilômetros, foi formalmente inaugurado quinze meses depois, sem incidentes. Mas, à medida que o projeto avançava mais e mais para o norte e o oeste, a

169

postura desafiadora dos Kaingáng ficava cada vez mais acintosa: as equipes de construção eram atacadas numa guerrilha constante, com trabalhadores mortos, seções inteiras de trilhos arrancadas, suprimentos e equipamentos interceptados, que eram roubados ou destruídos. Entre os Kaingáng, o número de mortos e feridos também aumentava.

Como a linha telegráfica Mato Grosso-Amazonas, a Estrada de Ferro Noroeste do Brasil era uma prioridade estratégica do governo, portanto, as autoridades no Rio de Janeiro se recusaram a recuar. A ideia da ferrovia fora sugerida primeiro durante o reinado de d. Pedro II, imediatamente depois que a Guerra da Tríplice Aliança expôs as vulnerabilidades do país, mas levara quase trinta anos para se levantar o dinheiro, decidir a rota e depois fazer o reconhecimento do território escolhido. Os pontos finais da linha eram as cidades fronteiriças e estratégicas de Corumbá e Ponta Porã, lugares bem conhecidos para Rondon. Esperava-se que a linha possibilitasse o transporte de matérias-primas como minerais e madeira do Mato Grosso para São Paulo. Assim, ceder aos Kaingáng estava fora de questão, e como Rondon era o principal especialista do governo nessas questões, a resolução do impasse recaiu sobre seus ombros.

Não era tarefa fácil. Como os Kaingáng viviam muito próximos às fazendas cafeeiras em rápida expansão de São Paulo, e eram vistos como um empecilho ao progresso prometido na bandeira de inspiração positivista, o sentimento da opinião pública contra eles tornou-se particularmente veemente. Para paulistas e cariocas, uma tribo qualquer nos distantes estados do Amazonas ou do Pará era uma abstração exótica, algo que podia até ser romantizado. Já com os Kaingáng a história era diferente: em vez de serem chamados apropriadamente por seu nome tribal, eram nomeados simplesmente de "bugres", antiga palavra dos tempos medievais que significava "herético", mas que no português do fim do século XIX e início do XX no Brasil passou a querer dizer algo como "selvagem" ou "bárbaro".

A conotação pejorativa que a palavra "bugre" carrega sugere algo de "sub-humano", e os Kaingáng sentiriam as consequências disso na pele. Nos séculos XVII e XVIII, muitas expedições que partiam de São Paulo para escravizar e exterminar os índios eram nobremente chamadas de "entradas e bandeiras", e até hoje muita gente vê os bandeirantes como patriotas. Mas, no tempo de Rondon, o termo "bugreiro" passou a ser aplicado a quem caçava os Kaingáng e Xokleng. "Os brasileiros mataram muitas mulheres e crianças, a taxa de mortalidade que eles infligiram às mulheres é o dobro da dos homens", escreveu o antropólogo Jules Henry em seu clássico estudo sobre os Kaingáng de Santa Catarina. Como viviam em pequenos grupos familiares, "os Kaingáng não sabiam se organizar coletivamente para formar uma unidade sólida contra o agressor estrangeiro. Para eles, segurança consistia em vigiar ou fugir. Quem os perseguisse com afinco os teria sob seu jugo; em pânico, eles nunca voltavam para enfrentar seus perseguidores até serem encurralados como animais caçados".[2]

O adversário mais ativo de Rondon no debate que dominou toda a primeira década do século XX e culminou em 1910 foi o zoólogo Hermann von Ihering, diretor do Museu Paulista. Von Ihering nasceu na Alemanha em 1850, formou-se em medicina em Berlim, mas migrou para o Brasil em 1880, estabelecendo-se no Rio Grande do Sul, onde clinicou inicialmente na colônia alemã próxima a São Leopoldo. Três anos depois sua carreira mudou de rumo e ele passou a trabalhar como naturalista, viajando para coletar espécimes de aves e outros animais para o Museu Nacional do Rio de Janeiro. Em 1894, ajudou a fundar o novo Museu Paulista, um sinal da influência crescente de São Paulo, para rivalizar com o Museu Nacional, na capital federal.

Em 1904, por ocasião da Exposição Universal, em Saint Louis, Von Ihering se aventurou muito além das áreas que estudara e escreveu um folheto, um exercício clássico de racismo científico, intitulado "The Anthropology of the State of São Paulo" [A antropologia do estado de São Paulo], para ser distribuído no pavilhão brasileiro da Feira Mundial. Nele, discorria sobre as tribos indígenas que habitavam São Paulo antes da chegada dos portugueses, bem como sobre seus desafortunados descendentes, cujas perspectivas futuras via como trágicas. Criticando o que entendia como a incapacidade absoluta dos povos indígenas de se adaptar a um Estado e uma economia em estilo europeu, Von Ihering previa que os índios brasileiros, tanto os já aculturados quanto os que resistiam à incorporação à nação, em pouco tempo seriam completamente esmagados pelas forças da modernidade.

"Os atuais índios do estado de São Paulo não representam um elemento de trabalho e de progresso", escreveu ele. "Como também nos outros estados do Brasil, não se pode esperar trabalho sério e continuado dos índios civilizados, e, como os Kaingáng selvagens são um empecilho para a colonização das regiões do sertão que habitam, parece que não há outro meio de que se possa lançar mão senão o seu extermínio."[3]

Quando o ensaio de Von Ihering, originalmente publicado em inglês, foi traduzido para o português, em 1906, ocorreu um erro escabroso. Em inglês, o comentário de Von Ihering sobre o "extermínio" dos Kaingáng pode ser interpretado como meramente descritivo, referindo-se a um processo histórico inevitável. Em português, porém, essa nuance se perdeu completamente e a frase foi escrita de tal maneira que dava a entender que o massacre dos povos indígenas que estavam no caminho do progresso era uma prescrição de Von Ihering, e que um genocídio era a única solução para o problema enfrentado: "A única alternativa é exterminá-los", era o que parecia dizer.*

Não sabemos se Rondon chegou a ler o original em inglês do panfleto de Von Ihering. Mas ele e seus aliados certamente conheciam a versão em português e a usaram repetidas vezes como instrumento para mobilizar a opinião pública no apoio à criação

---

* Em inglês: "[...] no other result seems possible than that of their extermination".

de um serviço de proteção aos índios. Em meados de outubro de 1908, por exemplo, um dos colegas positivistas de Rondon, Sílvio de Almeida, escreveu uma carta aberta atacando Von Ihering, incluindo o parágrafo acintoso, que foi publicada na primeira página de O Estado de S. Paulo. Um mês depois, Luís Bueno Horta Barbosa, futuro colaborador de Rondon e também positivista, escreveu outra carta aberta, mas para o Jornal do Commercio, na época um dos principais jornais do Rio de Janeiro, em que adotava uma veia profundamente nacionalista, descrevendo o texto de Von Ihering como "inqualificável e bárbara teoria de um cientista estranho aos nossos sentimentos".[4]

Nada disso pareceu deter Von Ihering, cujas opiniões encontraram um público receptivo entre a emergente classe empresarial paulista, que fornecia apoio financeiro tanto para o museu que empregava o cientista alemão naturalizado brasileiro quanto para os jornais e revistas que publicavam suas teorias. Ele atacava não apenas Rondon como também qualquer outro brasileiro que assumisse um ponto de vista benevolente com as culturas indígenas, criticando o que via como "a predileção sentimental do brasileiro". Para ele, "a índole generosa do povo apaixona-se pela sorte dos donos primitivos da Terra de Santa Cruz".[5] Essa avaliação pouco realista, argumentou ainda, significava que a decisão tomada por Rondon de mandar Rabelo "pacificar" os Kaingáng era pura tolice e estava fadada ao fracasso.

"Divirjo ainda do sr. Rondon ao referir-se ao caráter pacífico e sincero dos indígenas já submetidos", afirmava Von Ihering. "Índios com quem julgamos viver em perfeita paz cometem improvisamente crimes contra seus benfeitores ou incitam a perpetrá-los a índios com eles em contato."[6] A aparente "docilidade" de algumas tribos é "um ardil para mais facilmente assassinar os seus benfeitores", continuou ele, e o método "fraternal" de Rondon para lidar com povos indígenas era meramente fruto de suas "ideias extravagantes e rematadamente falsas sobre o caráter dos índios",[7] ideias responsáveis por perda de vidas entre os colonos e até mesmo entre os próprios homens de Rondon.

Os métodos pacíficos de Rondon não teriam diminuído "a anarquia que atualmente caracteriza as relações das autoridades nacionais com os índios bravios", "nem toca de leve" o "lado científico do assunto",[8] continuava Von Ihering, de modo que uma abordagem nova e mais rígida deveria ser adotada. "A marcha ascendente da nossa cultura está em perigo", advertia ele, "é preciso pôr cobro a esta anormalidade [...]. Se se quiser poupar os índios por motivos humanitários, é preciso que se tomem, primeiro, as providências necessárias para não mais perturbarem o progresso da colonização. [...] Em primeiro lugar se devem defender os brancos contra a raça vermelha. Qualquer catequese com outro fim não serve."[9]

Até hoje Von Ihering tem seus defensores, que afirmam que Rondon e outros no lado pró-indígena agiram inescrupulosamente ao usar o ensaio do cientista para atiçar o sentimento nacionalista e antiteutônico. Mas vale observar que Von Ihering, que falava e escrevia em português com considerável proficiência, nunca questionou publicamente a má tradução. Além disso, seu folheto estava repleto de outros exemplos preconceituosos contra os povos indígenas brasileiros. "A conversão dos índios não tem dado resultado satisfatório; aqueles índios que se uniram aos portugueses imigrados só deixaram uma influência maléfica nos hábitos da população rural", escreveu ele também, e seria devido à sua preguiça e inconfiabilidade que o estado de São Paulo "é obrigado a introduzir milhares de imigrantes [...] para os trabalhos que a lavoura exige".[10]

Mas a oposição à campanha de Rondon em estabelecer um serviço de proteção aos índios não veio apenas de Von Ihering ou dos interesses comerciais que viam nos escritos e teorias do cientista uma justificativa para seu anseio de controlar as terras do interior brasileiro. A Igreja católica também estava profundamente preocupada com o que via como uma crescente invasão do governo em um de seus domínios tradicionais. Desde os tempos do Brasil colônia, a Igreja fora a maior responsável pelo "bem-estar" dos povos indígenas, sobretudo na remota Amazônia. Os padres e frades não só apresentavam o catecismo às tribos, como ofereciam ensino e cuidados médicos. Agora o governo republicano, cujas origens seculares desde 1889 haviam sido fonte de atrito com o Vaticano e o clero no Brasil, propunha privar a Igreja de uma de suas principais razões de ser: cuidar e evangelizar os povos "pagãos".

Essas preocupações eram particularmente agudas entre os salesianos, conhecidos oficialmente como a Ordem de São Francisco de Sales. Fundada na Itália em meados do século XIX especificamente para trabalhar com crianças pobres, vítimas da Revolução Industrial, os salesianos obviamente não podiam reivindicar a longa história de atividades no Brasil que distinguia outras ordens como os jesuítas, os franciscanos e os dominicanos. Mas quando o papa Pio IX aprovou a congregação em 1874, permitindo aos salesianos se especializarem "no exercício de obras espirituais e materiais de caridade para com os jovens, especialmente os pobres, e a instrução de meninos para o sacerdócio",[11] rapidamente se tornaram uma presença ativa no Brasil. Por convite de d. Pedro II, abriram seu primeiro colégio, em Niterói, em 1883, cerca de um ano após a chegada de Rondon à capital, e se espalharam rapidamente para as regiões mais inóspitas do país.

Inevitavelmente, isso significou um foco especial no Mato Grosso, que passou a ser o único estado brasileiro com uma inspetoria própria, como os salesianos chamam suas unidades administrativas regionais. Como em Niterói, um convite oficial abriu as portas: o governador Manuel Murtinho estava ansioso para passar o bastão das colônias agrárias geridas pelo estado, que haviam se revelado caras de manter e a cada ano pareciam mais e mais um experimento fracassado. Assim, em abril de 1895 ele transferiu a jurisdição formal de uma colônia chamada Teresa Cristina para os salesianos, nomeando o padre Giovanni Balzola seu novo diretor.

Teresa Cristina era nessa época uma colônia com cerca de trezentos Bororo e um quartel de 25 soldados. O governo estadual havia esperado que todos os Bororo do vale de São Lourenço — alguns dos quais Rondon e Gomes Carneiro haviam começado a tentar pacificar conforme o projeto telegráfico Cuiabá-Araguaia avançava, em 1890 — migrassem voluntariamente para Teresa Cristina ou para uma outra colônia, chamada Santa Isabel. Os salesianos estavam ansiosos para cuidar dessa missão, "pelo amor à humanidade tão decadente e degradada sob a forma desses infelizes índios".[12] No entender dos salesianos, os mesmos métodos que haviam usado para catequizar menores abandonados em Turim deveriam funcionar no Mato Grosso, pois os próprios índios não eram como crianças pobres precisando de orientação?

No entanto, ao contrário de Rondon, os salesianos não haviam crescido entre povos indígenas e cometeram seguidos erros de principiante. O padre Balzola decidiu introduzir a lavoura, mas não levou em consideração que a tradição dos Bororo era de caçadores nômades. Quando os índios incumbidos de arar os campos abandonavam suas enxadas, ferramenta desconhecida para eles, e saíam à caça de animais selvagens que avistavam na mata próxima, os religiosos ficavam cada vez mais frustrados. Esse hábito provava, segundo Balzola, que os Bororo não tinham "inclinação para o trabalho" e teriam de ser convencidos ou até forçados a abrir mão de seu modo de vida nômade e se fixar num lugar. Pois, se não fosse assim, como os salesianos conseguiriam catequizar e civilizar os Bororo? "Eu não tenho homens e cavalos para evitar que eles se dispersem e, quando eles fogem para a floresta, reuni-los é um grande problema", queixou-se Balzola em seu diário. "Entretanto, é preciso assumir a tarefa de fornecer trabalho e comida para esses pobres índios."[13]

Enquanto abria um posto telegráfico após outro na primeira década do século XX, com intenção de que servissem como polos de atração para os povos indígenas, Rondon descobriu que os salesianos muitas vezes estavam entre os primeiros a aparecer e tirar vantagem das oportunidades que isso oferecia para a colonização. A ordem não só construiu escolas ali e em outras partes do estado, sobretudo às margens de rios que corriam por territórios indígenas, mas também estabeleceu fazendas onde jovens índios formados em suas escolas podiam encontrar trabalho; em alguns aspectos, foi uma tentativa de recriar uma versão moderna das chamadas "reduções" que os jesuítas haviam estabelecido por todo o interior da América do Sul nos séculos XVII e XVIII.

Rondon e sua equipe às vezes visitavam os povoamentos salesianos quando viajavam para o interior distante e ficaram alarmados com o que viram. Eles admiravam a verve, a coragem e o espírito de sacrifício dos salesianos — mas, filosoficamente, a abordagem dos religiosos no trato com os povos indígenas não poderia ser mais diferente da deles.

Na sala de aula, os alunos eram proibidos de falar sua língua nativa e só podiam conversar em português (ou, em alguns casos, italiano, como descobriram, para seu

174

horror, Rondon e seus homens). Muitos colégios salesianos eram internatos, com as crianças separadas dos pais por longos períodos, o que tocava no princípio do consentimento informado. Para o laico Rondon e seus colegas, parecia uma receita para a destruição cultural, feita para transformar índios em obedientes cristãos distanciados de sua própria história, cultura e caráter: o lema salesiano em latim dizia "*Da mihi animas, cetera tolle*", que significa: "Dai-me almas, ficai com o resto". Além disso, havia relatos de jovens índios abusados sexualmente pelos padres, algo que nunca foi comprovado, mas ajudou a nutrir o ressentimento contra sua presença.

Em 1910, a questão da posse e do direito à terra também se tornara um pomo de discórdia entre Rondon e os salesianos. Em alguns casos, grupos tribais que Rondon acreditava incapazes de compreender o conceito de propriedade privada assinaram escrituras de grandes extensões, em prol dos salesianos, de terras férteis que sempre haviam sido de usufruto coletivo; em outras ocasiões, o governo do estado ignorou a milenar presença de povos indígenas e simplesmente passou o título de propriedade de suas terras para a ordem religiosa. Rondon sempre se opusera sistematicamente a essa apropriação pelo homem branco e não estava disposto a fazer uma exceção para um bando de padres italianos.

Além do mais, muitos índios que trabalhavam nas fazendas salesianas pareciam não receber salário, apenas acomodações e comida. Na verdade, os lucros gerados por seu trabalho iam para a Sociedade Salesiana, que, para irritação ainda maior de Rondon, às vezes se recusava a vender comida e outras provisões para sua Comissão quando ele e seus homens prosseguiam com a obra. Assim, no entender de Rondon e seus colegas positivistas, um serviço de defesa aos índios era necessário para proteger os povos indígenas precisamente desse tipo de exploração disfarçada de caridade.

A mais longa e apaixonada expressão da oposição à abordagem salesiana — e da defesa dos valores positivistas — pode ser encontrada em um folheto chamado *A mistificação salesiana*, escrito pelo oficial militar Alípio Bandeira, amigo e antigo subordinado de Rondon. "Não se contentam os padres católicos de escravizar e explorar os nossos pobres indígenas", declara Bandeira logo na primeira página. "No intuito de emprestar benemerência deste sistema de especulação, difamam-nos." O real interesse dos salesianos, continuava ele, não era religioso, mas "puramente mercantil", e nessa busca eles forneciam uma falsa história das tribos com as quais trabalhavam, especialmente os Bororo, de modo a obter verbas e apoio do governo e da população em geral. Era uma mentira descarada, argumentava Bandeira, descrever os povos indígenas de Mato Grosso como naturalmente belicosos ou "selvagens", e os sucessos da Comissão Rondon entre eles demonstrou reiteradas vezes a falácia do argumento salesiano.[14]

E assim foi armado o palco para uma batalha política épica. Os inimigos seculares de Rondon e seus adversários religiosos começaram a unir forças, o que, por sua vez, intensificou a procura de aliados por parte de Rondon. Jornais e revistas simpáticos à Igreja — e eram muitos — criticavam Rondon acerbamente e conclamavam os leitores a se queixarem junto a seus representantes eleitos. Von Ihering até argumentou, muito astutamente, que a oposição de Rondon à doutrinação religiosa dos povos indígenas violava a doutrina e os princípios positivistas. "Como positivista, o sr. coronel Rondon nem ao menos é consequente", escreveu Von Ihering, "visto como exclui o ensino religioso da catequese dos indígenas, quando na conhecida opinião de Comte, o espírito passa em primeiro lugar pela fase teológica."[15]

Ao mesmo tempo que esse debate interno ocorria, aumentava a pressão exterior para que o Brasil adotasse políticas mais humanitárias em relação aos índios. Desde 1900, por exemplo, o Congresso Internacional de Americanistas (o ICA, International Congress of Americanists) se reunia a cada dois anos para que estudiosos de várias disciplinas discutissem assuntos atuais do hemisfério ocidental: no encontro em Viena, em 1908, Alberto Vojtěch Frič, um jovem e idealista etnólogo e botânico tcheco recém-chegado do sul do Brasil, denunciou a atividade dos bugreiros, relatando os massacres dos Kaingáng e Xokleng de forma horrivelmente detalhada.

Isso provocou muitas manchetes condenatórias na imprensa europeia, devidamente observadas pelas missões diplomáticas em todo o continente e comunicadas ao Itamaraty, no Rio. Documentos arquivados ali mostram que essa publicidade negativa gerou o temor de que a imagem internacional do Brasil pudesse ficar permanentemente arranhada e, talvez mais importante, que o processo de colonização pudesse ser interrompido e os empréstimos bancários, cortados. Naquela época, tal como hoje, os bancos estavam sempre evitando escândalos e costumavam fugir dos clientes encrencados, cortando relações e exigindo pagamento imediato de suas dívidas. O renomado defensor dos direitos humanos e abolicionista irlandês Roger Casement, que foi cônsul britânico no Brasil em 1910, chamou a atenção mundial para os abusos contra os povos indígenas escravizados nos seringais da região de Putumayo, na Amazônia peruana, e o Brasil temia ser alvo desse mesmo tipo de denúncia. Assim, o Itamaraty, sob a astuciosa liderança do barão do Rio Branco, formou discretamente uma aliança com Rondon: a criação de um Serviço de Proteção aos Índios sob sua direção seria algo para o ministro das Relações Exteriores alardear mundo afora como prova de que o país tentava combater o problema com seriedade e que não permitia tacitamente o genocídio, como os peruanos.

Essa estratégia foi muito eficaz. Em anos vindouros, o Itamaraty divulgaria constantemente o trabalho do SPI e de Rondon, especialmente sua política de não violência, melhorando muito a imagem do Brasil no exterior. Mas houve também um impacto imediato: embora não haja evidência de que Rondon e Casement tenham se encontrado quando o diplomata foi destacado para Santos, Belém, Manaus e finalmente para o Rio de Janeiro, os dois claramente ouviram falar um do outro e nutriam admiração mútua.

"Acredito que Rondon seja um homem muito capaz", Casement escreveu para o Ministério das Relações Exteriores em Londres quando o Serviço de Proteção aos Índios estava sendo criado, em 1910. "É ótimo ver que uma dessas repúblicas está começando a perceber seus deveres e responsabilidades para com as tribos indígenas." Em outros cabogramas, Casement elogiou Rondon, chamando-o de "protetor dos índios nativos", e até sugeriu que Rondon e o SPI fossem persuadidos a desempenhar o papel de supervisores da cooperação peruana na reforma da indústria da borracha amazonense.[16]

"Por seu recente gesto humanitário em criar um departamento governamental para a proteção das raças indígenas, e entregando-o nas mãos de um de seus soldados mais distintos, o coronel Rondon, [o Brasil] ficou na melhor condição entre todos os países sul-americanos de assegurar a proteção temporária dos índios vizinhos de Putumayo",[17] Casement escreveria para o secretário das Relações Exteriores, Sir Edward Grey, em 1912. De sua parte, Rondon colecionava recortes de jornal sobre Casement e sua luta, às vezes inserindo-os em seus diários, e em meados da década de 1930, após deixar o Exército, ele seguiria os passos do irlandês e faria sua própria incursão pelo Putumayo para denunciar os constantes maus-tratos aos indígenas.

Como parte de sua luta pela criação do Serviço de Proteção aos Índios, Rondon também procurou se aliar a um dos membros mais influentes do Congresso, um deputado mineiro que exerceu seu mandato por quase todo o período da Primeira República, de 1899 a 1930, José Bonifácio de Andrada e Silva. Isso fazia todo sentido, pois a figura histórica brasileira mais venerada da vida de Rondon era o xará e tio-avô do deputado. Por insistência de Benjamin Constant, Rondon, quando cadete, lera os ensaios do José Bonifácio original sobre escravidão e direitos dos indígenas e com frequência citava palavras dele em seus próprios textos e discursos. O mais importante, talvez, era que via a carreira incrivelmente abrangente de José Bonifácio como um modelo a ser seguido.

Estadista e cientista ilustre, José Bonifácio nascera em uma família aristocrática em Santos, em 1763. Logo se destacou nos estudos, mas como não havia universidades no Brasil colônia, aos vinte anos embarcou para Portugal, onde se matriculou na Universidade de Coimbra para obter o diploma em duas disciplinas bem diferentes: direito e ciências naturais. Quando se formou, foi nomeado pelo governo português para continuar seus estudos nos grandes centros de pesquisa científica europeus. Estava em Paris, estudando química e geologia, durante os primeiros anos da Revolução Francesa, que estourou em 1789, mas acabou trocando a França pela Alemanha e depois pela Itália, onde se dedicou à mineralogia, à metalurgia e à geognósia. Em 1796, estava na Suécia, onde descobriu quatro novos minerais — um dos quais batizado de "andradita" — e foi convidado a se tornar membro da Academia Real das Ciências sueca. Nesse meio-tempo, aprendeu várias línguas e fez amizade com cientistas como Antoine Lavoisier, Alessandro Volta e os irmãos Von Humboldt.

Regressando a Portugal apenas em 1800, José Bonifácio deu aulas de metalurgia na Universidade de Coimbra e foi nomeado intendente-geral das Minas e Metais do Reino português, que na prática o deixou encarregado da Casa da Moeda. Ele não se juntou à família real quando esta fugiu para o Brasil, em 1808, tendo permanecido para comandar um batalhão na luta contra a invasão napoleônica. Voltou para seu país de origem apenas em 1819, após 36 anos no exterior, e imediatamente retomou a pesquisa científica. Dois anos mais tarde, porém, quando o Brasil começava a se separar de Portugal, envolveu-se forçosamente na política: como funcionário do governo provincial em São Paulo, instou Pedro I a se proclamar imperador do Brasil, em vez de voltar para Portugal com seu pai, e depois, quando d. Pedro tomou esse curso de ação, tornou-se o efetivo primeiro-ministro do novo imperador. Mas em 1823 a aliança se rompeu e José Bonifácio virou líder da oposição. Quando Pedro II, aos cinco anos, sucedeu seu pai, em 1831, José Bonifácio atuou como tutor por dois anos, antes de cansar das intrigas políticas e se retirar para sua propriedade a fim de escrever poesia; ele morreu em Niterói em 1838.

Para Rondon, não era apenas o arco notável da carreira de José Bonifácio que ele admirava e cujo exemplo buscava seguir. Eram também os ideais que o outro defendia, muitos deles bastante progressistas para sua época. Na assembleia para redigir a primeira Constituição brasileira, em 1823, José Bonifácio lutou pela abolição gradual da escravidão e, ao não conseguir a aprovação para isso, propôs outra medida que proibisse imediatamente o tráfico de escravizados para o Brasil. Também foi favorável a uma espécie de reforma agrária: ele queria que as terras públicas não aproveitadas fossem distribuídas entre os lavradores comuns explorados como meeiros pelos grandes fazendeiros, cujas vastas propriedades esperava limitar. Na esperança de desenvolver também o interior, defendeu a mudança da capital do Rio de Janeiro para um local bem mais no interior do Brasil. Suas propostas foram consideradas tão radicais que a Assembleia Constituinte acabou sendo dissolvida e José Bonifácio foi condenado ao exílio na França por seis anos.

Mas foi outro documento por ele apresentado à Assembleia, "Apontamentos para civilização dos índios bravos do Império do Brasil", que mais influenciou Rondon. José Bonifácio não negava que os povos indígenas eram muitas vezes violentos nos encontros com o homem branco, mas argumentava que isso era culpa dos europeus: "Com o pretexto de os fazermos cristãos, lhes temos feito e fazemos muitas injustiças e crueldades", escreveu. "Faz horror refletir na rápida despovoação desses miseráveis depois que chegamos ao Brasil." Seu objetivo final ainda era "catequizar e aldear os índios bravos do Brasil" de modo a "converter esses bárbaros em homens civilizados", mas queria se valer de métodos pacíficos para isso. "Os índios são um rico tesouro para o Brasil se tivermos juízo e manha para aproveitá-los", argumentou. "Cumpre ganhar-lhes a vontade tratando-os com bom modo", seguindo o exemplo dos jesuítas, que, segundo ele, foram ao encontro dos povos indígenas "com o evangelho em uma mão, e com presentes, paciência e bom modo na outra".[18]

Os "Apontamentos" de José Bonifácio se revelaram importantes para Rondon em dois aspectos. Primeiro, forneceram-lhe um modelo para lidar com os povos indígenas, particularmente por sua ênfase em políticas não violentas. Nem todas as 44 medidas específicas defendidas por José Bonifácio pareceram pragmáticas a Rondon, mas ele adaptou ou atualizou muitas delas e buscou sua implementação quando estava na selva. Em segundo lugar, nas ferozes disputas políticas envolvendo as relações com os indígenas nas primeiras duas décadas do século XX, o José Bonifácio original se revelaria um aliado tão valioso de Rondon quanto seu xará, o deputado: sempre que Rondon era acusado de apoiar ideias pouco práticas que se interpunham no caminho do progresso brasileiro, como tantas vezes aconteceu, ele podia simplesmente recorrer ao Patriarca da Independência e citar os "Apontamentos" — e fez isso com frequência —, para mostrar que estava agindo de acordo com uma longa e honrada tradição brasileira de humanismo e generosidade. Assim, José Bonifácio se tornou o protetor político de Rondon, fornecendo apoio e legitimidade para suas propostas, além de inspiração intelectual.

Rondon encontrava muita resistência à sua postura a favor dos índios, mas tinha de ser ativo e fazer lobby se não quisesse perder a batalha para Von Ihering, os salesianos e outros adversários. Em maio de 1910, a Comissão Rondon abriu um escritório no Rio de Janeiro, no primeiro andar de uma casa particular na rua do Ouvidor, à época uma das mais movimentadas do centro. O Escritório Central, inicialmente dividido em três seções — Expediente, Contabilidade e Desenho —, também funcionava como quartel-general de Rondon quando ele estava na cidade: em sua sala, ele ficava diante de um retrato de José Bonifácio, com a foto de Benjamin Constant pendurada na parede às suas costas. Mas o escritório deveria manter suas atividades mesmo quando ele partia em alguma expedição, para ajudar a difundir seus ideais e mantê-lo informado sobre acontecimentos políticos relevantes na capital.*

Para dirigir a nova operação, Rondon recorreu a Amílcar Armando Botelho de Magalhães, tenente de trinta anos com uma carreira republicana e positivista excepcional. Sobrinho de Benjamin Constant e filho de outro general, Botelho de Magalhães entrou

---

* "Os funcionários deste escritório redigiam relatórios, administravam o pessoal, compravam suprimentos, autorizavam pagamentos, revelavam filmes e fotografias e organizavam, para a posteridade, os arquivos da Comissão. Além disso, o escritório defendia os interesses da Comissão e divulgava seus trabalhos através do envio de artigos e cartas a jornais e da organização de exposições e conferências." (Cesar Machado Domingues, "A Comissão de Linhas Telegráficas do Mato Grosso ao Amazonas e a Integração do Noroeste", *Encontro Regional da Anpuh-Rio: Memória e Patrimônio*, Rio de Janeiro, jul. 2010.)

para a Comissão Rondon em 1908, após se formar em engenharia na academia militar, e continuaria com Rondon tanto em seus momentos de triunfo quanto nas amargas derrotas, até o fim da vida deste, cinquenta anos depois. Ele viria a escrever três livros sobre Rondon, trabalharia como seu amanuense e jamais titubearia em sua devoção ao comandante e colega positivista que idolatrava. Seu sobrenome ilustre sem dúvida o ajudou a abrir portas por onde passou na capital, mas foi sua lealdade absoluta que o tornou particularmente valioso para Rondon e fez dele a escolha lógica para servir de olhos, ouvidos e porta-voz no Rio de Janeiro.

"Sua criação deveria espelhar e justificar os ideais de seu fundador", escreveu a pesquisadora Luciene Pereira Carris Cardoso sobre a sede da Comissão Rondon na capital. "Através do Escritório Central seria possível refutar as críticas sobre a ineficiência da Comissão e sobre os gastos excessivos, volta e meia noticiados pela imprensa nacional [...]. Essa nova repartição atuaria na coordenação da divulgação de informações dos trabalhos da Comissão Rondon, através da edição dos relatórios técnico-científicos das atividades desenvolvidas e da publicação de artigos em diversos periódicos."[19] Tudo isso se aplicava também à criação do Serviço de Proteção aos Índios, que Rondon via como a extensão lógica da missão que Afonso Pena confiara à Comissão em 1907.

Por intermédio de Botelho de Magalhães, Rondon tirou vantagem imediata da conjuntura favorável. O Escritório Central da Comissão providenciou a aquisição de novos aparelhos científicos ou de modelos mais recentes dos instrumentos que já possuía, quase todos importados da Alemanha ou da Inglaterra: binóculos de prisma Porro fabricados pela Zeiss, teodolitos mais modernos, bússolas de precisão, fonógrafos novos da marca Graphophone e cilindros para gravação de áudio em trabalhos de campo etc. Por insistência de Rondon, a Comissão enfatizou a aquisição de equipamento de ponta para o registro de imagens e logo criaria também um novo departamento para se dedicar a isso. A nova divisão, sob o comando do major Luiz Thomaz Reis, foi chamada de Seção de Fotografia e Cinematografia, e sua criação tinha fins não só científicos como também de relações públicas.

"Através da fotografia e da cinematografia, pode-se fazer ideia do sertão sem lá pôr os pés, sem sentir, pois, os incômodos do clima, dos mosquitos, dos carrapatos e outras coisas mais desagradáveis ainda",[20] escreveria Botelho de Magalhães décadas mais tarde. Logo os jornais, revistas e cinemas brasileiros foram inundados com fotos e filmagens de povos indígenas em suas rotinas diárias e interações amigáveis com a Comissão Rondon; às vezes, para enfatizar a ideia de que os "selvagens" eram na verdade igualmente cidadãos, os índios eram fotografados ou filmados com a bandeira enrolada no corpo, agitando-a ou fazendo uma saudação.

No fim, Rondon conseguiu grande parte do que queria, mas não tudo. Como um de seus últimos atos significativos na presidência, com Rondon e José Bonifácio a seu lado,

Nilo Peçanha criou formalmente o Serviço de Proteção aos Índios em 7 de setembro de 1910 — não por coincidência, Dia da Independência, que os positivistas brasileiros haviam tornado uma data importante em seu calendário alternativo. A doutrina de não violência de Rondon em relação aos povos indígenas, que ele viera praticando em suas expedições ao longo de vinte anos, era agora a política oficial do governo, resumida na frase "morrer se preciso for, matar nunca", e o próprio Rondon foi nomeado diretor do novo órgão do governo.

Foram ganhos significativos, mas Rondon não dispunha de total autonomia, o que de certo modo diminuiu o alcance de suas conquistas. Em vez de funcionar como um órgão independente, o SPI era uma divisão da pasta de Agricultura, Indústria e Comércio, que por sua vez fora transformada em um ministério propriamente dito apenas alguns meses antes. Isso significou que Rondon teria de se reportar em última instância ao ministro em exercício, Rodolfo Nogueira da Rocha Miranda, um bem-sucedido cafeicultor paulistano, em todas as questões relativas aos assuntos indígenas.

Os complicados e potencialmente contraditórios objetivos do governo de Peçanha ao criar um novo órgão sob liderança de Rondon estavam sugeridos no nome completo, oficial, com que foi inicialmente batizado e que foi mantido até 1918: Serviço de Proteção aos Índios e Localização dos Trabalhadores Nacionais (SPILTN). O nome claramente mostrava a intenção de tornar os povos indígenas úteis para a nação, incorporando-os à força de trabalho, e os punha no mesmo pé de outros grupos marginalizados, como mestiços e escravizados libertos.

Rondon não necessariamente se opunha a tal objetivo; como positivista, também ansiava pelo dia em que os "silvícolas"* usufruiriam plenamente dos benefícios da cidadania brasileira e da civilização ocidental, incluindo a participação na economia do dinheiro. Mas ele sempre imaginou o processo de assimilação como gradual e voluntário, em que cada grupo indígena, a depender de seu nível de desenvolvimento e grau de contato com a "civilização", se sentiria "atraído" pela superioridade da tecnologia e cultura brasileiras. Mas ele não queria que nenhum povo indígena fosse obrigado a se integrar à nação contra sua vontade.

Numa correspondência mantida com Rocha Miranda, publicada nos principais jornais do país antes de o governo Peçanha decretar a sua criação, Rondon deixou claro que concordaria em assumir a direção do novo órgão apenas se o governo respeitasse determinadas condições. Tratava-se de dezessete cláusulas concebidas para assegurar que prevalecesse a interpretação do propósito e dos objetivos do serviço tal como delineados por ele. "Antes de tudo", insistia Rondon, por exemplo, "a efetividade da posse dos terrenos em que habitam, restituindo-se às tribos subsistentes e cujos terri-

---

* Termo bastante utilizado por Rondon em seus diários e memórias.

tórios foram usurpados os mesmos territórios, sempre que possível, ou uma suficiente extensão que lhes fixasse o governo mediante acordos amistosos [...], usando sempre de processos fraternais."[21]

Quanto à "catequização dos indígenas, compreendendo a sua incorporação à nossa sociedade pela assimilação de nossa indústria, nossas artes, bem como pela adoção de nossos hábitos", escreveu Rondon em outro trecho aludindo diretamente à Igreja católica, "julgo-a ser um problema diretamente inabordável no presente [...]. Como positivista e membro da Igreja Positivista do Brasil, estou convencido de que os nossos indígenas deverão incorporar-se ao Ocidente, sem que se tente forçá-los a passar pelo teologismo".[22]

Rocha Miranda, que esposava opiniões consideradas progressistas para sua época, aceitou prontamente todas as condições impostas por Rondon. "Concordo sem discrepância com as medidas que sugeris, todas conducentes a proteger o indígena, defendê-lo, ampará-lo, sem o constranger de aceitar nossos hábitos e nossa religião",[23] respondeu. Mas é importante notar que o ministro estava falando por si mesmo, na primeira pessoa, e não comprometendo o governo de modo permanente com as exigências de Rondon.

Na verdade, Rocha Miranda logo deixou a pasta, como parte da troca de governo no fim de 1910, e foi sucedido por outro representante dos crescentes interesses dos cafeicultores paulistas, Pedro Manuel de Toledo, um ex-comandante da Guarda Nacional que adotava uma visão mais estreita e mais legalista das questões indígenas. O conflito entre a ênfase de Rondon na "atração" puramente voluntária e a tendência de outros no governo a insistir na absorção obrigatória estava incorporado ao Serviço de Proteção aos Índios desde o início e se provaria um problema nas décadas seguintes. Na realidade, permanece um problema até hoje.

Duas semanas após a criação do SPI, o Escritório Central da Comissão Rondon se transferiu da rua do Ouvidor para o prédio que abrigava o Ministério da Agricultura, Indústria e Comércio. Ali a Comissão ocupou novas instalações imediatamente contíguas ao Serviço de Proteção aos Índios. Isso permitiu maior coordenação de objetivos entre as duas agências que Rondon agora dirigia e possibilitou ao Escritório Central se consolidar como defensor e efetivo lobista de todas as políticas almejadas por Rondon, com respeito tanto à linha telegráfica quanto aos assuntos indígenas. No sentido de driblar a hierarquia política, foi uma realização considerável, até mesmo um golpe: embora teoricamente ainda filiado ao Ministério da Guerra e ao Ministério da Viação e Obras Públicas, a Comissão Rondon estava agora em posição de agir independentemente, com pouquíssima supervisão externa, durante a breve janela que se abrira e voltaria a se fechar quando Nilo Peçanha deixasse o governo.

Mas cerca de três meses após o estabelecimento do Serviço de Proteção aos Índios, o cenário político mudou mais uma vez e Rondon precisou novamente lutar por espaço. Em 15 de novembro de 1910, Nilo Peçanha deixou o governo para ser substituído pelo marechal Hermes da Fonseca, o primeiro militar eleito à presidência do Brasil, numa contestada disputa. Embora o novo presidente conhecesse Rondon havia mais de 25 anos, isso não significou que Rondon automaticamente contasse com garantia de apoio do governo para suas empreitadas. Como ministro da Guerra durante os primeiros dezoito meses do governo Afonso Pena, por exemplo, Hermes da Fonseca às vezes demorara a pagar as contas da Comissão Rondon e também expressara reservas quanto ao valor estratégico da linha telegráfica; ele achava que a construção de ferrovias renderia melhores resultados e tinha especial entusiasmo por finalizar a Estrada de Ferro Madeira-Mamoré, que adentraria em áreas produtoras de borracha ao longo da nova fronteira com a Bolívia.

As dúvidas do presidente foram encorajadas por José Joaquim Seabra, um advogado poderoso e bem relacionado que se opunha abertamente à linha telegráfica. Dez anos mais velho do que Rondon, o astuto Seabra, conhecido como "J. J." e "A Raposa", servira como ministro da Justiça, do Interior e das Relações Exteriores em dois governos anteriores e era um experiente negociante político. No governo de Hermes da Fonseca, foi indicado para o cargo extremamente vantajoso de ministro das Obras Públicas, com poder de veto sobre todos os contratos de construção para o governo, e imediatamente começou a sabotar a posição de Rondon.

Seabra argumentava que Rondon estava gastando dinheiro público à toa em um projeto de valor duvidoso e era a voz mais clamorosa a exigir a dissolução da Comissão da Linha Telegráfica. Natural da Bahia, talvez preferisse genuinamente que o governo investisse em projetos de infraestrutura no litoral nordestino, mas pode ser também que a probidade e a independência de Rondon diminuíssem as oportunidades de alocar verbas em interesses comerciais alinhados com os dele. Em todo caso, Rondon contaria a história de como Seabra certo dia deu ao presidente uma pilha de decretos para assinar e que Hermes da Fonseca, folheando rapidamente os papéis, notou o nome de Rondon em um documento. "Verificando do que se tratava", a saber, a dissolução da Comissão da Linha Telegráfica, "repetiu que não assinaria esse decreto".[24]

Seabra "justificou-se, alegando que a situação do país não comportava tal dispêndio com o serviço através do sertão bruto, o qual poderia ser adiado sem prejuízo".[25] Essa mesma discussão entre o presidente e o poderoso ministro continuou durante mais dois anos, até Seabra deixar o ministério para assumir o governo de seu estado natal. Embora nunca tenha tido êxito em esvaziar por completo a Comissão Rondon, Seabra conseguiu vetar o envio de efetivos suplementares e achatar os salários dos funcionários já contratados, além de ter diminuído sua verba.

Rondon sempre concebera a criação do Serviço de Proteção aos Índios como parte de um projeto muito maior, voltado à redução da discriminação que vitimava os povos indígenas brasileiros e, nessa permanente campanha, criando também uma base de apoio popular solidária aos índios e suas necessidades. Essas tentativas não terminaram — na verdade, nem poderiam — com a ratificação oficial da agência no Dia da Independência, em 1910. Rondon, na verdade, redobrou seus esforços, como a nova situação exigia. Após duas décadas na selva, aguardando todo ano e com aflição que os comitês de orçamento no Senado e na Câmara dos Deputados aprovassem verbas para a construção da linha telegráfica, ele essencialmente passara a ter atribuições e exigências dobradas. A guerra burocrática com J. J. Seabra era só um aperitivo dos problemas futuros. Durante o restante de sua carreira como militar e até mesmo depois, Rondon estaria constantemente combatendo ataques em duas frentes para proteger a viabilidade das instituições pelas quais conduzia sua vida pública, com resultados diversos. Às vezes ele perdia, às vezes ganhava, mas nunca pôde se dar ao luxo de passar ao largo de tais preocupações.

10. A língua de Mariano

No início de 1911, um ano após seu regresso ao Rio de Janeiro, Rondon enfim recobrou a saúde. Mais uma vez, estava em condições de realizar uma viagem ao Mato Grosso para cuidar do projeto da linha telegráfica, que prosseguira com sua supervisão remota enquanto esteve incapacitado de fazê-la pessoalmente. Durante seu período na capital, Rondon permaneceu em contato com as equipes da Comissão por meio de cartas e telegramas, oferecendo conselhos e orientação quando surgiam problemas técnicos ou de pessoal. Mas o confinamento forçado na capital o deixara cada vez mais inquieto e ele estava ansioso para voltar ao trabalho, sobretudo agora que sua autoridade e autonomia haviam sido fortalecidas.

Se Rondon vivesse na Europa, sua recuperação teria incluído visitas a Baden-Baden ou a algum spa para "ir às curas", como os médicos muitas vezes prescreviam na época. Mas o Brasil tinha seu próprio "circuito das águas" com estações nas montanhas do Rio de Janeiro, Minas Gerais e São Paulo, e Rondon as procurou para se recuperar do que descreveu como "minha saúde combalida".[1] Em meados de 1910, ele e o restante da família haviam se retirado por um breve período em Nova Friburgo, cidade de veraneio na região serrana fluminense fundada por colonizadores suíços, alemães e italianos atraídos pelo clima alpino. Então, em março de 1911, quando Chiquita estava grávida de seis meses do sétimo e último filho do casal, Branca Luiza, eles tomaram o trem para Cambuquira, no sul de Minas Gerais, onde havia estações de águas que ofereciam banhos minerais ao estilo europeu. Após uma estadia ali, escreveu ele em suas memórias, "senti-me pronto para resistir aos embates da vida do sertão" e "comecei, pois, a preparar minha viagem para Mato Grosso".[2] E, portanto, como acontecera com seus outros seis filhos, Rondon estaria ausente ao nascimento de Branca, no dia 8 de junho.

Mas antes de voltar à selva, Rondon embarcou em uma última campanha de fortalecimento de apoio do governo e da opinião pública tanto para o projeto da Comissão de Linhas Telegráficas quanto para o novo Serviço de Proteção aos Índios. Na capital, ele realizou duas conferências a convite de entidades civis proeminentes, o Clube de Engenharia e a Sociedade de Geografia do Rio de Janeiro, a primeira em 18 e a segunda em 29 de abril. Ambas se revelaram eventos especialmente prestigiados: Rondon se apresentou no Palácio Monroe, uma majestosa construção *beaux-arts* que acabaria como sede do Senado Federal, e entre seu público estava o presidente Hermes da Fonseca, bem como a maior parte de seus ministros e membros influentes do Senado e da Câmara dos Deputados. Isso por sua vez garantiu uma ampla cobertura da imprensa, de modo que seria difícil imaginar palanque mais favorável para expor suas posições.

O drama nacional que cercara a extenuante expedição de 1909 também gerou intenso interesse pelas conferências. Rondon havia explorado territórios selvagens no interior remoto por vinte anos, mas nenhuma missão anterior a essa capturara a imaginação do público brasileiro com tanta força. As questões que haviam preocupado a nação quando ele e seus homens ficaram por longo tempo sem dar notícias e estavam presumivelmente perdidos — Onde estão? Eles morreram ou continuam vivos? Por que não fizeram contato? — agora tinham respostas, que fizeram de Rondon um herói nacional. E, em seu lugar, novos questionamentos surgiram: quem era aquele homem, como ele era? As conferências, assim esperavam, responderiam a essas perguntas, ou pelo menos começariam a fazê-lo.

Lidas mais de um século depois, elas são uma mistura curiosa de narrativas de aventuras audazes e dados técnicos enfadonhos, sem dúvida direcionados aos engenheiros e geógrafos na plateia. Rondon menciona a latitude e a longitude de todos os principais acidentes geográficos que suas expedições descobriram e nomearam, e discute em detalhes (por vezes excruciantes) os desafios de construir pontes e erguer postes telegráficos no ambiente hostil da Amazônia. Entremeado à informação especializada, porém, havia o relato fascinante de várias expedições recentes, em especial da viagem de 1909. Para o leitor do século XXI, pode parecer um formato peculiar, mas numa época anterior à TV e na aurora do cinema, as conferências não eram apenas para edificação do público, mas para entreter — e, a julgar pela cobertura da imprensa, funcionaram muito bem nesse sentido.

Indiretamente, Rondon estava também respondendo às acusações de que seus diletos projetos desperdiçavam dinheiro que o governo, ainda paralisado na esfera financeira, mal e mal tinha para gastar. Ele fez isso não apenas explicando em detalhes como as linhas telegráficas eram instaladas, mas também acenando com a possibilidade de riquezas imensas que a nação brasileira podia explorar se suas tentativas de penetrar no norte selvagem recebessem autorização de continuar. Elas incluíam não só ouro, prata e diamantes, que haviam atraído os bandeirantes duzentos anos antes, observou ele, como também metais e minerais vitais para a indústria moderna e catalogados por sua expedição: ferro, cobre, estanho, alumínio, níquel, cobalto, molibdênio, manganês, tungstênio e zinco.

"Felizmente, já agora está dado o primeiro passo na senda que nos há de levar à incorporação efetiva, e não de simples expressão geográfica, desses *opulentos* territórios e dos seus habitantes ao grêmio da pátria nossa muito amada", proclamou.[3] O uso da palavra "opulentos" aqui parece particularmente sugestivo, feito para despertar visões de fartura, da abundância de recursos que estava à espera caso o interior viesse a ser desenvolvido.

Combinado a essa visão de riquezas, de forma um pouco contraditória, havia o apelo por um tratamento melhor dos povos indígenas que habitavam a região muito antes de o Brasil ser Brasil. "Nós, os descendentes dos conquistadores dessas terras, podemos realmente fazer muito em benefício dos habitantes dos sertões",[4] afirmou para seu público ilustre. Ele então enumerou as cenas de sofrimento e pobreza que a Comissão Rondon presenciara em suas andanças e, sem mencionar Von Ihering pelo nome, apelou ao público para esquecer a imagem negativa dos povos indígenas difundida por outros. "A nossa orgulhosa ignorância tem-nos feito escrever a respeito de muitas tolices e maldades", continuou ele. "Mas certamente nenhuma é mais falsa do que essa de afirmar que eles [os índios] são insensíveis aos padecimentos alheios."[5] Ele encerrou as duas conferências no Rio sob aplausos descritos como ensurdecedores, mas quantos corações e mentes mudou, se é que mudou algum, é difícil saber.

No dia 15 de maio, Rondon deu uma terceira e última conferência, dessa vez no Salão Germânia, em São Paulo, evento que também contou com uma grande assistência e recebeu ampla cobertura da imprensa local. Foi uma manobra ousada e acertada, similar à de um comandante em campanha preparando um ataque frontal à fortaleza inimiga, pois Rondon sabia de antemão que simpatizantes de Von Ihering, membros da elite empresarial paulista e representantes da comunidade imigrante alemã estariam presentes na plateia. Assim, o tom da palestra foi um pouco diferente das anteriores: embora claramente educativa, foi menos expositiva e girou muito mais em torno da defesa da causa indígena. Continha ataques velados à posição de Von Ihering, mas era mais notável por sua conclamação veemente, expressa em bases morais e proferida no estilo de discurso floreado e um tanto rebuscado prevalecente na época, a acolher e reconhecer o índio não apenas como ser humano, mas também como compatriota.

"É bastante que entre vós, brasileiros que viveis no meio dos confortos e seguranças das grandes cidades, se façam ouvir de quando em vez uns longínquos e apagados ecos dos brados de desespero e de dor de que esses outros brasileiros vão enchendo os derradeiros recantos bravios da pátria querida", anunciou ele antes de adotar um tom nacionalista, dirigido aos imigrantes europeus. "Então a onda amorfa dos forasteiros poderá continuar a crescer, ameaçando inundar e abafar os últimos vestígios da nossa nacionalidade."[6]

Vários elementos dessa formulação, que aparecem logo no começo dos comentários de Rondon, são surpreendentes. Primeiro, e mais marcante, é como Rondon se distingue de seu público: em vez de usar a primeira pessoa do plural ao se referir aos brasileiros urbanos, ele diz "vós", desse modo incluindo-se implicitamente entre os caboclos, os desprezados, os habitantes do Brasil rural, que era de onde ele provinha. Ao mesmo tempo, está dizendo com todas as letras que os povos indígenas não são uma espécie de corpo estranho e insalubre dentro da nação brasileira, como alegavam os partidários de Von Ihering, mas apenas "outros brasileiros" cujas circunstâncias de vida não são tão afortunadas quanto as do público a quem Rondon dirige a palavra e cujo sofrimento, portanto, merece sua atenção e compaixão.

Em outros momentos da conferência, Rondon se concentrou em refutar o argumento de Von Ihering e seus apoiadores de que os povos indígenas eram irremediavelmente selvagens, atrasados, ignorantes e belicosos. "Há vinte anos que trabalho no meio deles", disse, "e até hoje os tenho encontrado por toda a parte de peito aberto aos nobres sentimentos da humanidade; de inteligência lúcida e pronta a aprender tudo quanto se lhes quer ensinar; invencíveis às fadigas do mais rude labutar; amigos constantes e fiéis dos que os tratam com bondade e justiça."[7]

Tampouco os povos indígenas seriam incapazes de progresso, continuou Rondon, no que parece tanto um ataque direto a Von Ihering quanto uma tentativa de convencer a elite empresarial a ver os índios como uma fonte útil de mão de obra, não um empecilho a ser removido. "Atualmente eles já nos prestam alguns serviços e como são muito inteligentes e se mostram dispostos a nos imitar, há toda a esperança de ser rápida a sua transformação em bons vaqueiros e agricultores."[8]

No entender de Rondon, até mesmo as línguas que os índios falavam eram dignas de admiração, tanto por sua beleza quanto por sua complexidade. Os Paresí, cuja língua a essa altura ele dominava, falavam "um idioma doce, eufônico, rico de sons onomatopaicos, mas de difícil construção; os verbos empregam-se sempre no infinito, e aos nomes juntam-se prefixos e sufixos que alteram o modo de ser dos objetos ou coisas designados".[9]

Rondon reservou os comentários mais apaixonados para o fim da conferência. Acusou seus compatriotas de faltar com os deveres que eram moralmente obrigados a assumir enquanto cidadãos de um Estado moderno, de uma República fundada nos valores da igualdade e da justiça, e comparou isso com as condições deprimentes e degradadas a que os índios estavam condenados, sem nenhuma saída óbvia ou viável no horizonte.

"Desrespeitados em suas pessoas e em suas famílias; perseguidos, caluniados, eles vivem em situação misérrima", disse Rondon quando começou sua peroração final. "Se aceitam a sociedade do branco, ficam reduzidos à pior das escravidões — a de escravos cuja vida não interessa ao senhor. Se se embrenham nas matas, são acossados e exterminados a ferro e a fogo." "Onde está a nossa justiça de povo culto e civilizado?", prosseguiu. "Onde está o nosso sentimento de equidade e de gente crescida à sombra das admiráveis instituições romanas; onde está a nossa bondade de homens formados sob os influxos da cavalaria e do catolicismo, para assim chegarmos a esta monstruosa iniquidade de só negarmos o direito à vida e à propriedade, em terras do Brasil, aos brasileiros de mais lídima naturalidade?"[10]

Os comentários de Rondon provocaram controvérsia imediata, sobretudo porque foram feitos de modo oficial, só que ele não permaneceu em São Paulo para medir o impacto de suas palavras. Subiu a bordo de um trem e partiu para o que chamava de "zona conflagrada" do vale do Aguapeí, na região oeste do estado, onde Rabelo e seus homens haviam passado a maior parte do ano tentando conquistar a confiança dos Kaingáng. Rabelo achou que estava fazendo algum progresso, tendo obtido uma espécie de trégua, mas então as equipes de levantamento topográfico enviadas pelo estado como parte da preparação para a construção de uma ponte ferroviária sobre o rio Paraná "penetraram pelos rios Feio e Tietê e foram matando a população Kaingáng, devastando suas aldeias", Rondon anotou. "Claro que irrompeu tremendo revide contra os invasores."[11]

Após consultar Rabelo e outros membros de sua equipe, Rondon decidiu que uma base — não um forte, mas uma base — deveria ser construída em um ponto onde várias trilhas entre aldeias Kaingáng distantes convergiam e se cruzavam. Seus homens abriram uma clareira na mata de duzentos por trezentos metros e no centro ergueram uma série de cabanas, "pequenos ranchos de estipes de coqueiros lascados ao meio, cobertos de palha e sem divisões internas". Elas serviriam de acomodações para Rabelo e os demais — não mais do que doze homens ao mesmo tempo, de modo que os índios não se sentissem ameaçados — e para estocar equipamentos, presentes e alimentos. Rondon ordenou que uma cerca de arame farpado fosse instalada em torno do perímetro e reforçada com os troncos das árvores abatidas para fazer a clareira. À noite, os limites da base eram permanentemente iluminados por lampiões a querosene, mas suas instruções foram de que a área interna ficasse no mais completo breu.[12]

"O objetivo de tais precauções era afastar tanto quanto possível as probabilidades de um assalto dos índios em um dos passes de surpresa em que são exímios", explicou Rondon a seus homens. "Traziam estes o acampamento sob estreita e incessante vigilância, noite e dia; com infindável paciência, espreitavam o momento em que um descuido lhes propiciasse a desejada oportunidade de desferirem o golpe de sua infalível estratégia."[13]

Em outras palavras, Rondon pretendia exibir os músculos sem precisar fazer uma demonstração de força. A ideia era mostrar uma confiança que beirava a indiferença, mas sem dar sinais de agressividade. Os guerreiros Kaingáng poderiam se juntar à vontade em torno da base do SPI à noite e soltar seus gritos de guerra e bater seus assustadores tacapes contra o tronco das árvores pelo tempo que quisessem. Mas seria tudo em vão: "O que certamente os pasmava", Rondon observou, "era que nem se descontinuava a vigilância nem se deixava transparecer a menor sombra de medo, mesmo nas ocasiões das mais impetuosas ameaças". Como anotou em seu diário, tal estratégia custava "muito pequeno esforço" de sua parte, apenas moderação. Vigias ficavam a postos durante a noite toda, revezando-se em turnos de algumas horas, mas, fora isso, "era só um que ficava a fazer funcionar o gramofone, no qual se sucediam chapas, adrede escolhidas, para dar a impressão de haver muita gente acordada, rindo e folgando despreocupadamente". E realmente não demorou muito para ele comentar "o bom efeito que sobre eles causava o fato de não se amedrontar o pessoal e de não repelir a tiros as suas ameaças".[14]

Durante o dia, a abordagem de Rondon era completamente diferente. Ao longo dos caminhos que ziguezagueavam pela mata, ergueu pequenas jiraus cobertas por folhas de palmeira e deixou presentes para os Kaingáng. Havia facões, facas, rolos de tecido, contas e outras bugigangas, "dispostos de modo que os índios compreendessem que se tratava de brindes voluntários e muito calculadamente oferecidos".[15] Psicologicamente, era crucial passar essa impressão, uma vez que seria uma derrota para Rondon se os índios viessem a acreditar que ele estava reagindo por medo e lhes prestando uma espécie de tributo.

Depois que os Kaingáng perderam a timidez inicial e começaram a aceitar os presentes, Rondon disse a Rabelo para abrirem uma nova clareira em torno da base e plantarem milho e abóbora, "dispostas as coisas de tal arte que ficasse clara a benévola intenção". Em seu diário, ele acrescentou esta anotação: "A dificuldade estava em descobrir como lhes fazer oferta de tal natureza, dando-lhes ao mesmo tempo a segurança de que a nenhum risco se expunham, aceitando-a".[16]

Essa abordagem logo renderia resultados: no início de 1912, como Rondon ficaria sabendo por telegrama, os primeiros Kaingáng visitariam a base rudimentar cuja construção ele supervisionara e procurariam fazer uma aliança com o novo grupo de "civilizados" que chegara à região e demonstrara suas intenções pacíficas. Então, um grupo de Kaingáng foi convencido a embarcar no trem para a capital do estado, onde foram cobertos de presentes e promessas. Ao longo dos três anos seguintes, diversas outras comunidades Kaingáng se mudaram para os arredores da área que a essa altura se tornara um "ponto de atração" plenamente estabelecido para o Serviço de Proteção aos Índios, com escola e clínica, e a construção da estrada de ferro foi terminada. A longo prazo, como veremos, essa se revelaria uma decisão desastrosa para os Kaingáng, na medida em que Rondon acabaria sendo incapaz de proteger seu povo das incursões de cafeicultores e outros fazendeiros. Entretanto, no contexto imediato do debate da época, a bem-intencionada "pacificação" dos Kaingáng efetuada pelo recém-nascido SPI foi uma derrota retumbante para Von Ihering e seus aliados, parecendo validar tudo que Rondon vivia afirmando.

Em meados de 1911, Rondon chegava a Cuiabá para dali regressar à selva e retomar a construção de sua linha telegráfica amazônica. "Começava nossa vida de sertão", anotou ele, com satisfação, em 4 de junho. "Dormíamos no chão, sobre os baixeiros, caronas e pelegas, tendo eu para cobertor meu ponche de borracha, forrado de flanela vermelha."[17] Após uma ausência de quase dezoito meses, Rondon estava enfim reintegrado ao mundo onde se sentia mais à vontade.

A principal preocupação de Rondon continuava sendo os Nambikwára, que seguiam rejeitando as tentativas da Comissão da Linha Telegráfica de firmar laços de amizade. Certa vez, quando ele abria uma trilha no mato, chegou um telegrama para informá-lo de que o tenente Nicolau Bueno Horta Barbosa, seu ajudante Tito de Barros e um cientista do Museu Nacional haviam sofrido uma emboscada. Horta Barbosa, positivista fervoroso e protegido de Rondon, levou duas flechadas, uma das quais perfurou seu pulmão, e Tito de Barros ficou gravemente ferido, com quatro flechas. Mas respeitando o credo de não violência de Rondon, eles não reagiram. "Aludi em ordem do dia a esse fato", Rondon anotou, "elogiando os dois oficiais por não terem consentido em que as praças, como represália, caíssem sobre os índios a pretexto de defesa de seus oficiais."[18]

Viajando para o norte a fim de lidar com o problema dos Nambikwára, Rondon parou em várias aldeias Bororo para visitar velhos amigos e escutar suas necessidades e queixas, mais uma vez assumindo o papel extremamente gratificante de pagmejera. "Fiz larga distribuição de presentes", escreveu, em uma aldeia "mandei abater uma rês para o banquete e, à noite, promovi uma sessão para os índios, deslumbrados — projeções luminosas, ao som do gramofone."[19] Ele também fez um pequeno desvio em Mimoso, onde o tio Francelino Evangelista organizara "visitas e mais visitas" com "todos aqueles parentes que sempre me consideraram o chefe da família, ou melhor, do clã".[20] No caminho, com a aprovação de Francelino, ele até fizera uma visita à família do ex--governador assassinado, Totó Pais, pernoitando com eles no que deve ter sido uma tentativa de sanar o amargo rompimento político que ocorrera com as hostilidades de 1906 e resultara na execução de quatro membros da família Evangelista.

Cientes da nova posição de autoridade usufruída por Rondon — que, se exercida vingativamente, poderia inviabilizar as atividades missionárias entre os povos indígenas —, os salesianos também procuraram fazer as pazes. Quando Rondon chegou a Cuiabá, o diretor do Liceu Salesiano, Francisco de Aquino Correia, que muitas vezes se estranhara com Rondon, organizou uma recepção. Um jovem aluno Bororo que frequentava o colégio salesiano, Thiago Marques Aipobureu, recitou um poema composto por d. Aquino em homenagem a Rondon. Sua intenção era que esse fosse um prelúdio amigável para a viagem de inspeção que Rondon faria a missões salesianas no Mato Grosso, em sua atribuição como presidente do SPI.

D. Aquino era um poeta de certo talento, que publicaria meia dúzia de livros de poesia ao longo da vida e um dia seria eleito para a Academia Brasileira de Letras. Mas seus versos de boas-vindas a Rondon, intitulados "Cândido Mariano Aregoddo", eram floreados e ostensivamente obsequiosos, uma bajulação no limite da má poesia. Compreendia treze quadras, escritas numa mistura de português e bororo (Boe Wadáru), todas terminando com o mesmo refrão: "Págui migera aregoddo/ Boe-migera curireu!", ou seja, "Nosso chefe chegou/ O grande chefe dos Bororo". A primeira quadra começava assim: "É chegado o grande chefe/ Que o bom Maereboe nos deu", invocando a palavra bororo para Deus, enquanto a última exaltava a capacidade aparentemente sobrenatural de Rondon para triunfar sobre os perigos da selva: "Flecha d'índio não o toca/ Nem sucuri nunca o prendeu".[21]

Rondon, por sua vez, não ficou nem um pouco impressionado. Na verdade, estava cada vez mais horrorizado conforme conhecia as missões salesianas e via o excesso de regras impostas pelos padres aos indígenas, sobretudo a exigência de que os alunos comparecessem à missa. Ele também ficou profundamente ultrajado com o que chamou de prática "nefasta" dos salesianos de se apossar de terras cedidas pelo governo aos Bororo para seu próprio uso e posse.

Após se devotar à política indigenista durante a maior parte do ano, Rondon reassumiu formalmente o comando da comissão da linha telegráfica em 12 de outubro de 1911. Ele voltou a trabalhar com inúmeros oficiais e batedores que o acompanharam no passado, incluindo seu tio, Miguel Evangelista. Mas muitas caras novas também faziam parte de seu contingente. Dois recém-chegados em particular — um deles, oficial militar; o outro, um civil — desempenhariam um papel vital no trabalho de Rondon durante as três décadas seguintes: Thomaz Reis, que seria o "cineasta de Rondon", e o antropólogo e etnólogo Edgard Roquette-Pinto, futuro diretor do Museu Nacional. A presença de ambos era um indicativo do mesmo fenômeno: a ênfase cada vez maior da Comissão Rondon na pesquisa científica, sempre se valendo das mais recentes ferramentas tecnológicas.

Nascido na Bahia em 1878, Luiz Thomaz Reis entrara para o Exército com idade relativamente avançada, alistando-se aos 22 anos e terminando a academia já com trinta anos; ele foi suspenso em 1906 por tomar parte na rebelião popular conhecida como a Revolta da Vacina,* e ficou afastado por quase dois anos até receber autorização para completar os estudos. Designado inicialmente para uma unidade de infantaria e depois

---

* Em novembro de 1904, a cidade do Rio de Janeiro se levantou contra a lei que tornava obrigatória a vacinação contra a varíola, imposta pelo médico Oswaldo Cruz. Com cerca de trinta mortos e mais de cem feridos, além de centenas de pessoas detidas ou deportadas, a revolta foi sufocada pelas forças de Rodrigues Alves, então presidente da República.

transferido para outra unidade, ele se candidatou repetidas vezes à transferência para a Comissão Rondon e, depois que Rondon o entrevistou e identificou seu pendor pela mecânica e forte interesse pela tecnologia moderna, foi finalmente aceito. Reis ficou em grande parte encarregado de registrar em imagens — fosse fotografando, fosse filmando — as atividades de Rondon durante o restante de sua carreira militar.

Se Reis era o especialista de Rondon na área visual, Edgard Roquette-Pinto rapidamente se tornou seu especialista em áudio. Um dos jovens intelectuais mais promissores do Brasil, Roquette-Pinto, nascido no Rio em 1884, era formado em medicina, mas imediatamente após a graduação, em 1905, conseguiu emprego no departamento de antropologia do Museu Nacional. Ele gostava tanto do que fazia que logo sentiu um desejo irreprimível de se aventurar em trabalhos de campo. Como suas obrigações incluíam classificar e rotular muitos itens trazidos pela Comissão Rondon após as expedições, ele foi apresentado a Rondon e pediu para tomar parte em suas empreitadas. "A poesia daquelas terras remotas infiltrou-se-me no pensamento", escreveu. "Ouvir o mestre era escutar a voz chamadora do sertão, sentir o rumorejo das florestas distantes."[22]

Roquette-Pinto teria uma carreira muito bem-sucedida. Além de servir como diretor do Museu Nacional por uma década, é considerado o pai da radiodifusão porque fundou a primeira estação de rádio do país, em 1923. Além do mais, também entrou para a Academia Brasileira de Letras com seus escritos sobre antropologia e geografia, dos quais o mais importante provavelmente é *Rondônia*, sendo ele o primeiro a usar esse nome para a região em que Rondon estava trabalhando. Em 1911, porém, era um novato de 27 anos, obviamente deslumbrado com a experiência e a personalidade do tarimbado explorador. Mas Rondon gostou do rapaz, viu futuro nele e acabou convencendo os superiores de Roquette-Pinto no museu a permitir que se juntasse à expedição, em 1912.

Também tomando parte da expedição, embora sob um nome fictício, estava o afilhado de Rondon, Solon Ribeiro da Cunha. Filho mais velho de Euclides da Cunha, o amigo mais próximo de Rondon no período em que frequentaram juntos a academia militar, Solon tinha dezenove anos e estava profundamente abalado por uma tragédia familiar: seu pai morrera em meados de 1909 num confronto com o amante da esposa. O episódio, que ficou conhecido como a Tragédia da Piedade, paralisou o país, não só porque continha todos os elementos de um melodramático folhetim, mas também porque envolvia um dos escritores mais famosos do Brasil.

Após a publicação de *Os sertões*, em 1902, Euclides, cuja imaginação se enchera com os relatos feitos por Rondon de suas experiências de juventude no pobre e isolado Mato Grosso, voltou sua atenção para a Amazônia, uma região ainda mais negligenciada que o interior baiano que conhecera em Canudos. O resultado foi *À margem da história*, livro em que a influência de Rondon sobre o amigo pode ser percebida com maior força e clareza. Em particular, a "duradoura proximidade [de Euclides] com Cândido Rondon desde os tempos juntos na Praia Vermelha afetou suas opiniões sobre os índios", afirma a estudiosa americana Susanna B. Hecht em seu livro sobre Euclides da Cunha e a Amazônia. "A discussão surpreendentemente abalizada de Euclides sobre grupos aborígenes e migrações sugere um leitor consciencioso e bem informado da história nativa, muito incomum para a época."[23]

Mesmo com o sucesso de *Os sertões* assim que foi publicado, Euclides da Cunha nunca conseguiu viver da literatura. Sendo assim, aproveitando o treinamento que recebera quando ele e Rondon estudavam juntos, começou a trabalhar como engenheiro e cartógrafo. Durante uma expedição de um ano aos rincões mais remotos da Amazônia ocidental, em uma missão ao longo do rio Purus para demarcar a fronteira brasileira com o Peru, sua esposa, Ana Emília, envolveu-se com um bem-apessoado cadete do Exército chamado Dilermando de Assis. O jovem originalmente frequentara a casa de Euclides como pensionista, mas quando o escritor regressou ao Rio, em 1906, sua esposa engravidara de Dilermando, dezessete anos mais novo que ela.

Euclides era baixo e moreno, enquanto Dilermando era alto e loiro. Quando nasceu um menino claro, ele sobressaía ao lado dos irmãos "como a espiga de milho no cafezal",[24] escreveu Euclides para seus amigos. Na sociedade moralista do começo do Brasil República, isso transformou Euclides de escritor admirado em objeto de zombaria — sobretudo depois que um segundo filho nasceu, em 1907. Não obstante, ele afirmou à esposa que continuaria com ela sob uma condição: de que terminasse o caso com Dilermando. Mas no dia 15 de agosto de 1909, um domingo, Euclides descobriu a casa onde ela e o amante continuavam a se encontrar em segredo, e entrou de supetão. Sacando um revólver, atirou duas vezes contra Dilermando de Assis; de trás de uma porta, Dilermando, exímio atirador que mais tarde ganharia a medalha de ouro nos Jogos Latino-Americanos, devolveu os tiros e acertou Euclides quatro vezes, matando-o. "Odeio-te... honra... intrigas... perdão... calúnias" teriam sido as últimas palavras do escritor.[25]

Rondon participava de uma expedição nessa época e só ficou sabendo da tragédia bem mais tarde, quando chegou um telegrama no malote da correspondência. Mas com o amigo morto e os demais membros da família de Euclides tragados no escândalo que se seguiu, ele percebeu que, como padrinho de Solon, precisava fazer alguma coisa. O jovem foi levado à residência de Rondon, que se tornou seu protetor formal; por um breve período, o segundo filho, Euclides Jr., também ficou sob a guarda da família de Rondon. Mas a incessante e sensacionalista cobertura da imprensa atormentou profundamente Solon, já devastado pela morte do pai. Ele começou a falar em vingança contra Dilermando e até contra sua mãe, e, embora tanto Rondon quanto Chiquita tentassem consolá-lo e dissuadi-lo, pareceu incapaz de abandonar a ideia.

Temendo que Dilermando pudesse matar Solon também, Rondon decidiu tirar o atormentado jovem, sofrendo do que Hecht chama de "angústia edipiana", do Rio de Janeiro.[26] (Em retrospecto, percebemos que foi uma jogada inteligente de sua parte. Em 1916, Euclides Jr. ficou à espreita de Dilermando em um cartório, alvejando-o duas vezes[27], mas Dilermando reagiu e o matou. Ana Emília, então casada com Dilermando, assistiu à cena.) A solução de Rondon para esse problema em potencial foi enviar Solon em uma expedição amazônica como empregado da Comissão; com isso, também pôs uma distância quase intransponível entre o jovem e as fofocas, as piadas maldosas e os olhares maliciosos que tornavam sua existência no Rio insuportável.

A vida na Amazônia exerceu em Solon fascínio similar ao exercido sobre seu pai, e ele decidiu continuar ali. Após a expedição, arrumou emprego como operador de telégrafo num posto da linha do Mato Grosso. Com as bênçãos de Rondon, tornou-se depois delegado de Tarauacá, vilarejo no vale do Purus, no território sem lei do Acre, que uma década antes fora arrancado da Bolívia. Mas, nesse verdadeiro Velho Oeste brasileiro, a violência contra a qual Rondon buscara salvaguardar Solon acabou por alcançá-lo. Muito ao modo do padrinho, ele se desentendeu com os barões da borracha, sendo incapaz de tolerar a exploração nefasta de índios e lavradores. Os chefões locais mandaram seus jagunços emboscarem Solon numa trilha na selva, mas o plano não deu certo; então eles o seguiram quando se dirigia a um entreposto próximo, onde o assassinaram com vários tiros na noite de 6 de maio de 1916. Solon, carregado numa manta, faleceu a caminho do posto médico — segundo alguns, ao escorregar da manta, cair num riacho e morrer afogado — e foi enterrado na selva, numa cova sem identificação. Segundo o relatório de um investigador, suas últimas palavras foram: "Ai, meu pai".[28]

Durante sua vida, outra grande figura cultural alegava ter participado na expedição de 1911-2: o compositor Heitor Villa-Lobos. É verdade que ele chegou a conhecer e admirar Rondon, e que escutou e foi fortemente impactado pelas gravações de músicas indígenas feitas por Roquette-Pinto durante a expedição. Por exemplo, uma canção Paresí chamada "Nozani-na" fascinou Villa-Lobos desde a primeira vez que a ouviu, inspirando pelo menos quatro obras dele: "Choros nº 3", "Choros nº 7" e duas das "Canções típicas brasileiras". "Nozani-Na" foi também gravado por Milton Nascimento e Marlui Miranda no disco *Txai*, em 1990.

Mas o nome de Villa-Lobos não consta na lista de pessoal da expedição de 1911-2 — ou de nenhuma outra expedição de Rondon —, e Vasco Mariz, seu amigo e biógrafo, escreveu que acabou descartando por inverossímeis "as mirabolantes declarações do compositor, feitas a mim e a outros, sobre as suas aventuras na Amazônia".[29] A verdade é bem mais simples e banal. Um cunhado de Villa-Lobos, Romeu Augusto Bormann de Borges, foi telegrafista e integrante da Comissão Rondon e conseguiu a autorização de Rondon para o jovem músico escutar os cilindros gravados na selva por Roquette-Pinto.

O futuro compositor se concentrou nas gravações a tal ponto que Roquette-Pinto e outros funcionários da Comissão Rondon "queixaram-se que Villa-Lobos havia tocado os cilindros frágeis tantas vezes que temiam que os cilindros iam sofrer desgaste antes que pudessem ser entregues à custódia da Biblioteca Nacional".[30] Mas Villa-Lobos não apenas escutou as canções gravadas — "Nozani-Na" aparece como fonograma nº 14597 — como também "transcreveu ele mesmo as melodias; sua transcrição foi usada em duas das "Canções típicas brasileiras"[31] e foi depositada no Museu Nacional, onde a original foi consumida no desastroso incêndio de 2 de setembro de 2018.

A decisão de Rondon de levar Roquette-Pinto e Luiz Thomaz Reis na expedição foi venturosa, pois em 13 de abril de 1912, cinco anos de esforço e paciência finalmente deram frutos. Rondon estava numa missão de reconhecimento com seu tio Miguel e um batedor Paresí chamado Belarmino, explorando uma região de pequenas matas e riachos que era parte do vale do rio da Dúvida, quando encontraram uma trilha indígena e decidiram segui-la. Após alguns minutos, quase trombaram com cinco Nambikwára desarmados, cujos gestos veementes pareceram a Rondon um protesto contra a intrusão. Mas "dando-lhes nós a entender que desejávamos visitá-los em suas aldeias", escreveu Rondon, "amenizaram o tom da arenga e fizeram sinais para que os seguíssemos".[32]

Tio Miguel se opôs enfaticamente a aceitarem o convite, argumentando com Rondon que aquilo só podia ser o preâmbulo de uma emboscada. Belarmino apoiou Miguel depois de os Nambikwára indicarem que queriam que um dos seus fosse na frente, liderando o grupo, seguido dos três forasteiros e com os quatro índios remanescentes na retaguarda. Mas Rondon insistiu em seguir conversando e, para deixar os companheiros menos apreensivos, sugeriu ao Nambikwára que fossem todos na frente, com os exploradores em seus burros, em cujos lombos viam-se os coldres com rifles que a Comissão Rondon sempre transportava. Os Nambikwára não gostaram nem um pouco da ideia, porque seu grupo também estava com medo de uma emboscada. Assim Rondon conversou mais um pouco, num tom de voz amistoso e calmo, até finalmente chegarem a um acordo: três índios iriam na frente, com Rondon e Belarmino imediatamente atrás, seguidos de mais dois índios, com o tio Miguel na retaguarda.

Essa atmosfera de desconfiança e suspeita mútuas começou a se dissipar apenas depois que o grupo penetrou em um trecho de mata densa, "verdadeiro charravascal, debatendo-nos com cipós, taquaras e espinhos",[33] e emergiu em outra clareira. Ali era a aldeia dos índios: garoava e os homens se aqueciam em torno das fogueiras ou repousavam em suas cabanas. Quando Rondon se aproximou, foi recebido pelo chefe, que trouxe uma tigela de uma bebida feita de ananás levemente fermentado chamada anirê. Rondon nunca fora chegado a bebidas alcoólicas, mas nessa ocasião cerimonial abriu uma exceção e, quando os índios em torno das fogueiras sinalizaram, foi se juntar a eles.

Com o passar do dia, Rondon observou outros sinais encorajadores. O chefe disse a guerreiros que voltavam de uma caçada para deixarem seus arcos e flechas fora da aldeia, ordem que claramente visava tranquilizar os visitantes, e por meio de gestos comunicou a Rondon que os cinco homens que ele encontrara na trilha também haviam deixado suas armas no mato para não parecerem uma ameaça. Quando a noite caiu, Rondon, tio Miguel e Belarmino estavam instalados em uma confortável cabana e aquecidos por uma fogueira. "Dormimos", Rondon escreveu, "embora de sobreaviso, por se tratar de índios desconhecidos, tendo tio Miguel e o Belarmino", ainda um pouco desconfiados das intenções dos Nambikwára, "permanecido acordados". Pela manhã, mulheres e crianças apareceram pela primeira vez — outro sinal de tranquilidade e confiança —, "curiosas de ver os estranhos hóspedes".[34]

Então, quando chegou a hora de Rondon partir e retomar seu trabalho de reconhecimento, os Nambikwára expressaram o desejo de acompanhá-lo. Levando os três forasteiros pela mão, com os demais guerreiros segurando as rédeas de seus burros, os índios conduziram Rondon a uma segunda aldeia, onde uma anciã já preparava a bebida de ananás, aguardando a chegada deles. "Foi profusamente distribuído", escreveu, "a ponto de não podermos beber mais." Quando voltavam ao local do primeiro contato, ainda guiados pelos Nambikwára, foram escoltados a uma terceira aldeia, onde mais uma vez receberam calorosa recepção. Em uma quarta aldeia, onde os homens haviam saído para caçar, os latidos dos cães de Rondon assustaram as mulheres e as crianças, que fugiram para a selva. Mas os Nambikwára que acompanhavam Rondon chamaram todo mundo de volta, "assegurando-lhes nossas intenções amistosas".[35]

Essa era a grande guinada pela qual Rondon tanto ansiava. Ele convidou os Nambikwára para acompanhá-lo a seu acampamento, mandando Belarmino na frente para alertar os outros e evitar incidentes. O único problema foi que restava um último corte de carne quando a expedição chegou, de modo que havia pouca coisa para compartilhar com os convidados Nambikwára. Mas Rondon ordenou que a carne fosse preparada e distribuída entre os índios. "Participaram de nosso parco jantar, mostrando-se contentes, como se se tratasse de um dos seus banquetes", comentou. "À noite, houve dança... e assim passei naquelas brenhas, confraternizando com os índios o aniversário de minha esposa, 14 de abril."[36]

Rondon e os Nambikwára continuaram juntos por mais três dias, tempo suficiente para Rondon despachar um mensageiro à retaguarda para trazer presentes e distribuir entre os índios como prova dessa nova amizade. O gesto lhes proporcionou "viva alegria", como conta Rondon, especialmente pelos facões e machados que receberam. Ele também mandou trazer um boi, que foi abatido para fazerem um banquete em homenagem aos visitantes indígenas. Isso era uma novidade para os Nambikwára, pois sua dieta consistia na maior parte de frutas, insetos, larvas e mel; nas raras vezes em que consumiam carne, era em geral de lagartos e cobras. Assim, concordar em partilhar do estranho alimento dos "civilizados" sem manifestar receio de que estivesse envenenado era mais uma demonstração de confiança. "Os Nambikwára, desde a primeira vez que viram boi, tiveram medo de tão estranho animal, possantemente armado de grandes cornos", Roquette-Pinto escreveu.[37]

Quando os Nambikwára finalmente decidiram que era hora de voltar a suas aldeias e partiram entre juras de amizade de lado a lado, a satisfação de Rondon era imensa. No entanto, uma hora depois a nova amizade foi posta à prova. De repente chegou com algum atraso o cacique de uma aldeia distante que se queixou de um encontro recente com um arreeiro de Rondon, Joaquim Hospício. Um grupo de caçadores Nambikwára havia cruzado caminho com ele às margens do rio Pimenta Bueno, o muleteiro entrara em pânico e fugira, disparando seu rifle a esmo e ferindo inadvertidamente um índio. O cacique tinha uma simples pergunta: o que Rondon pretendia fazer para corrigir as coisas?

Era um desafio no qual Rondon não podia se dar ao luxo de fracassar. Se não conseguisse agradar o cacique, a notícia se espalharia por outras aldeias de que ele era um homem sem palavra, e todo progresso obtido até então iria por água abaixo. Assim Rondon se pronunciou com cuidado, embora atrapalhado pelo fato de a conversa se limitar praticamente a sinais, combinados a uma ocasional palavra em português ou Paresí. Primeiro, ele se desculpou profusamente pelo ocorrido e pelo homem ferido, enfatizando que fora um acidente. Em seguida, distribuiu presentes com particular generosidade, como forma de compensação. E, finalmente, prometeu que tal episódio jamais se repetiria, agora que a amizade entre eles estava selada, mas que, se voltasse a acontecer, ele puniria o autor pessoalmente.

O cacique pareceu se satisfazer com isso, pois os contatos com outras aldeias Nambikwára continuaram, e até aumentaram. Rondon e seus homens às vezes estavam trabalhando, abrindo caminho na selva, e um bando grande de índios aparecia de repente, trazendo milho ou mandioca. Diferentemente dos Bororo, os Nambikwára não se ofereciam para ajudar, mas simplesmente observavam, pelo menos no começo. Mas à noite, após o encerramento do dia de trabalho, registrou Rondon em seu diário, os visitantes formavam um círculo e começavam a cantar e dançar para os homens da comissão. "Batiam os pés em ritmo com a cantiga intercalada de gritos estridentes", Rondon descreveu. "Depois, marchavam, anunciando a contramarcha com um forte bufar, como de um cavalo."[38]

Essas exibições eram de particular interesse para Roquette-Pinto, que tomava notas para o que viria a compor seu livro *Rondônia*, embora encontrando alguma resistência.

"Infelizmente, em 1912, os Nambikwára ainda não se achavam bastante acostumados com a presença de estranhos naquelas serranias", escreveu. "Apesar de sua condescendência, conquistada à custa de brindes, minhas pesquisas foram recebidas com justificável desconfiança."[39] Eles se recusavam, por exemplo, a submeter-se a suas tentativas de fazer uma antropometria — medir altura, peso e tamanho da cabeça, uma prática comum na antropologia física da época. Mesmo assim, Rondon achou a tribo confiável o bastante para permitir a Roquette-Pinto permanecer entre eles por várias semanas, e essa confiança foi devidamente premiada: nenhum incidente desagradável ocorreu, e Roquette-Pinto, às vezes acompanhado por Reis, conseguiu filmar e fotografar os índios, fazer anotações sobre vários aspectos da vida Nambikwára, coletar artefatos e compilar um glossário da língua.

No fim, apelando a uma psicologia básica, Rondon também assegurou a participação dos Nambikwára em sua linha telegráfica.[40] Ele lhes disse que planejava voltar à retaguarda para buscar mais facões e machados, mas que teriam de abrir uma trilha na floresta para que ele e os burros de carga pudessem voltar. "Já agora os índios me auxiliavam, comprazendo-se em constante intercâmbio de presentes", comentou. Particularmente bem-vinda para os membros da comissão foi uma melhoria imediata na dieta. "Não nos faltavam mais anirê, massa de mandioca, cará, araruta, milho, favas, amendoim, beiju e também papagaios, saguis e cuatás", escreveu Rondon. "Tive, assim, a felicidade de estabelecer estreitas relações de amizade com esses diversos grupos, pacificando-os inteiramente."[41]

Com o perigo dos ataques Nambikwára agora minimizado, o ritmo das obras na linha rapidamente aumentou e várias estações telegráficas novas foram inauguradas no restante de 1912. Alguns deles também serviam, de maneira oficial ou informal, como postos avançados do Serviço de Proteção aos Índios, eliminando ainda mais a distinção entre uma coisa e outra. Mas entre os homens que por meses haviam efetivamente desbravado a selva e construído a linha telegráfica, um problema repentino, que ocorrera pela primeira vez na década de 1890, voltou a assombrar Rondon: motim militar combinado a um complô de assassinato.

O Brasil instituíra o serviço militar obrigatório no início de 1908, durante o mandato de Afonso Pena, e por algum tempo a qualidade dos soldados enviados a Rondon melhorou ligeiramente. Mas em 22 de novembro de 1910, quando ele estava no Rio de Janeiro e Hermes da Fonseca assumira a presidência apenas uma semana antes, centenas de marinheiros a bordo de dois encouraçados e um cruzador recém-adquiridos pelo governo, ancorados na baía da Guanabara, se amotinaram depois que um deles foi açoitado até perder os sentidos. Os marujos rebelados, quase todos de ascendência africana, mataram ou aprisionaram os oficiais, todos eles brancos, e enviaram um recado ameaçador para o novo presidente: "Bombardearemos cidade e navios que não se revoltarem" a menos que ele desse ordens imediatas de acabar com "a chibata, o bolo e outros castigos semelhantes",[42] aumentasse o soldo e melhorasse a qualidade da comida fornecida aos marinheiros. Para deixar claro que falavam sério, dispararam contra os fortes do Exército ao longo da baía, em um arsenal naval e no palácio presidencial, entre outros alvos.

A Revolta da Chibata, como ficou conhecida, lançou o governo de Hermes da Fonseca no caos. Contrariando o ministro da Marinha, o Congresso rapidamente aprovou uma legislação proibindo punições corporais na instituição, bem como a anistia para os rebelados, duas medidas que o presidente assinou com relutância. Mas no início de dezembro, trinta marujos foram presos e acusados de conspirar para um novo motim — assim, nessa segunda revolta, as prisões que não se concretizaram na primeira acabaram acontecendo. A resposta de Hermes da Fonseca foi debelar energicamente a nova rebelião e, após convencer o Congresso a decretar estado de sítio, prender centenas de participantes anistiados na primeira revolta, que foram encarcerados em condições deploráveis.

Dos dezoito líderes da rebelião original, espremidos numa cela minúscula, dezesseis morreram na primeira noite, como consequência da superlotação. Dos assim estimados seiscentos marujos anistiados que também foram levados presos, mais da metade foi depois enfiada em um navio com destino ao Amazonas; no caminho, nove foram executados pela tripulação, enquanto outros morreram de fome e doenças contraídas pelo confinamento em um ambiente sufocante. Após uma longa viagem subindo o Amazonas e depois o Madeira, o navio atracou junto ao término da linha telegráfica de Rondon e da Estrada de Ferro Madeira-Mamoré. A essa altura, os marinheiros presos estavam em uma condição tão visivelmente debilitada que os supervisores do projeto da ferrovia simplesmente se recusaram a misturá-los aos demais trabalhadores.

Assim, os sobreviventes da Revolta da Chibata foram sentenciados, apesar do clamor da opinião pública, a trabalhos forçados no projeto telegráfico de Rondon. Segundo uma testemunha ocular que enviou uma carta de denúncia ao senador Rui Barbosa, líder da oposição e candidato derrotado na eleição presidencial de 1910, quando alguns marujos anunciaram que se recusariam a trabalhar, foram sumariamente executados. Rondon não estava presente quando o fato ocorreu, mas, como diretor da Comissão, o ressentimento dos marinheiros recaiu sobre ele: os homens haviam sofrido maus-tratos na Marinha durante anos, recebido uma falsa promessa de anistia do governo e agora se viam, para usar uma frase de Rui Barbosa, em "um lugar onde alguém só morre".[43] Em um país sem pena capital, haviam na prática sido sentenciados à morte — que viria por doença, exaustão, ataques indígenas ou, se tentassem fugir para a selva, fome.

Era a receita perfeita para uma revolta — condenados sem nada a perder —, e a única surpresa foi que a tentativa de insurreição, quando veio, mal contou com uma dúzia de homens envolvidos no planejamento. Tio Miguel Evangelista foi o primeiro a perceber o complô: encarregado da manada, como nas expedições anteriores, ele topou com quatro líderes no meio do mato e ficou desconfiado com a explicação que lhe deram por não estar no trabalho. Ele alertou Rondon e a conspiração rapidamente se desfez. Como em motins anteriores, o plano era atacar no dia do pagamento, matar os oficiais, angariar o apoio dos demais prisioneiros, arrombar o cofre da expedição e fugir para a Bolívia, o país estrangeiro mais próximo. Rondon nunca disse qual punição, se é que houve alguma, foi aplicada, e não há menção ao episódio nos registros do Exército. Mas as obras não voltaram a ser interrompidas.

Em seu diário, Rondon escreve que o ministro da Viação o convocou ao Rio em 20 de setembro de 1912, como se fosse apenas mais uma visita burocrática, e depois não informa mais nada. Na realidade, ele passaria os quatro meses seguintes na capital, lidando com os desdobramentos da Revolta da Chibata enquanto o Congresso conduzia as investigações sobre o episódio. Alguns envolvidos no inquérito estavam genuinamente preocupados com o destino dos marujos: Rui Barbosa, por exemplo, fora um dos líderes mais destacados do movimento abolicionista nos últimos anos do Império e, portanto, era uma antiga influência de Rondon. Mas outros se opunham ao Serviço de Proteção aos Índios ou ao projeto da linha telegráfica, ou às duas coisas, e viram o envolvimento secundário de Rondon na revolta como uma maneira de atacar ou enfraquecer os dois órgãos encabeçados por ele.

Em 28 de janeiro de 1913, porém, Rondon estava de volta à linha telegráfica, via Manaus e rio Madeira. Ele passaria a maior parte da primeira metade do ano tentando pacificar uma nova tribo, os Parintintim, e costurar uma aliança entre etnias com as quais já estabelecera relações amistosas, mas que eram historicamente inimigas — como os Paresí e os Nambikwára, por exemplo. "Harmonizar essas tribos", escreveu, "[...] seria mais uma vitória para o Serviço de Índios, ou melhor, uma derrota do egoísmo pelo amor."[44]

O método de Rondon era entrar na aldeia de um grupo indígena com tio Miguel ou outros subordinados, acompanhado do membro de uma tribo inimiga. Como Rondon era o chefe dos chefes, os líderes não queriam ofendê-lo e assim permitiam que um inimigo também entrasse em sua aldeia — embora constrangidos, a princípio.[45] Presentes seriam trocados de forma ritual e o encontro terminaria com Rondon fornecendo regalos a ambas as partes. Se as coisas corressem bem, o índio de fora convidaria seus anfitriões para retribuir a visita "à sua aldeia tomar chicha e comer beijus".[46] Como nenhum lado queria insultar Rondon e cometer um gesto traiçoeiro, essas visitas podiam ser realizadas sem medo. "Muito vinha me esforçando para que reinasse paz entre as diversas tribos", escreveu.[47]

A paz entre tribos rivais era parte de um estratagema mais amplo que Rondon tinha em mente: transformar os povos indígenas em zeladores do telégrafo, desse modo aproximando-os da civilização. Na busca desse objetivo, em 1913, ele negociou um acordo com os Kozárini, em que a tribo concordou em deixar sua terra nativa tradicional, mudar-se para o Juruena e "se encarregar da conservação" de 394 quilômetros de linha telegráfica em troca da escritura do novo território que iriam habitar.[48] Os Wáimare e os Kazíniti, também subgrupos dos Paresí, chegaram a um acordo semelhante com a Comissão nesse ano, ambos concordando em cuidar de um trecho de duzentos quilômetros de linha telegráfica, que os grupos indígenas haviam começado a chamar de "a língua de Mariano".[49] Para firmar ainda mais profundamente esse compromisso, Rondon buscou voluntários também entre os grupos indígenas para serem treinados como operadores de telégrafo.

Outro foco de atividade de Rondon nesse ano foi modernizar os postos de telégrafo já construídos para que funcionassem como núcleo dos povoamentos — embora o ritmo disso tenha sido um pouco vagaroso, pois ele sofreu outro acesso de malária em julho, "com mais de 40 graus, tendo de me deter em caminho a fim de esperar que cessasse".[50] No novo posto José Bonifácio, por exemplo, ele plantou 129 cajueiros trazidos do Nordeste, bem como um bosque de eucaliptos, árvores originárias da Austrália, e coqueiros trazidos da Bahia; um século mais tarde, essas três espécies passaram a abundar na região. Em outros postos ele introduziu a criação de gado e frango e fundou "escolas agrícolas" onde os índios locais poderiam aprender novas formas de lavoura e criação.

Em 4 de outubro, Rondon tratava exatamente desses assuntos no posto Barão de Melgaço quando recebeu telegramas dos ministérios da Guerra, das Obras Públicas e das Relações Exteriores. Sua presença era requisitada na capital imediatamente: Theodore Roosevelt, ex-presidente dos Estados Unidos, embarcava em um navio para o Rio de Janeiro nesse mesmo dia e o governo brasileiro concordara em organizar para ele uma expedição pelo interior selvagem do Brasil, com Rondon a lhe servir de escolta e acompanhante. A mais célebre dentre as inúmeras aventuras da carreira de Rondon estava prestes a começar.

11. "O maior número de dificuldades e imprevistos"

Nos anais da exploração, a Expedição Científica Roosevelt-Rondon de 1913-4 entrou para a história como uma das maiores façanhas dos tempos modernos. Durante cinco meses, uma equipe que em determinado momento chegou a ter mais de cem homens, entre brasileiros e americanos, pouquíssimos deles sabendo falar outra língua que não a sua, marchou pelo imenso coração não mapeado da América do Sul, atravessando um território desafiador de planícies, pântanos, planaltos, desertos, montanhas e selva, muita selva. Eles viajaram por terra e por rios, a pé e no dorso de cavalos e mulas, de caminhão, navio a vapor, batelão, lancha e canoa, levando suprimentos, bestas de carga e botes por mais de 4 mil quilômetros. Enfrentaram doenças, animais selvagens, obstáculos geográficos inesperados, tribos hostis e os recessos mais sombrios e profundos da alma humana; e, no entanto, perderam apenas um homem para os rigores da natureza.

Talvez igualmente notável seja a estrutura de comando da expedição. Em marcado contraste com o usual padrão de exploração na África, Ásia e até América do Norte, a Expedição Roosevelt-Rondon não tinha um branco de ascendência europeia como único comandante, tomando todas as decisões e dando ordens que não eram questionadas, com "guias nativos" anônimos em clara posição de subordinação, fazendo todo o trabalho pesado sem levar crédito algum. Quem se lembra hoje em dia do nome dos quatro batedores inuítes que acompanharam e guiaram Robert Peary e Matthew Henson ao polo Norte[*] ou mesmo de um dos inúmeros carregadores africanos de Henry Stanley ou David Livingstone? Sem dúvida Theodore Roosevelt era um dos homens mais célebres do mundo na época da expedição. Mas com bastante frequência, sobretudo nas

---

[*] São eles Ootah, Egingwah, Seegloo e Ookeah.

situações críticas, ele se subordinava ao colega brasileiro, admitindo que Rondon e seus homens, tanto os militares quanto os civis, fossem brancos, negros ou índios, tinham uma experiência e um conhecimento local que precisavam ser respeitados se a expedição quisesse sobreviver. Apenas quando Edmund Hillary e o sherpa Tenzing Norgay escalaram o monte Everest, quarenta anos depois, que um participante "nativo" desempenharia papel tão destacado e publicamente reconhecido numa viagem de exploração.

Porém, um olhar mais detido e minucioso à expedição sugere um cenário significativamente mais complicado para o que de fato aconteceu. A expedição Roosevelt-Rondon foi sem dúvida nenhuma a realização extraordinária que todo mundo sempre imaginou. Em diversas situações, contudo, ela beirou o desastre, evitado tanto por sorte quanto pelos esforços do grupo. Ela foi organizada às pressas e planejada casualmente, com o itinerário sendo mudado diversas vezes antes que a equipe de exploradores partisse. Suprimentos cruciais deixaram de ser comprados ou ficaram para trás e, de início, foram levados muitos itens supérfluos. A expedição foi marcada por tensões culturais, com os membros brasileiros e americanos — incluindo seus dois comandantes — buscando objetivos e seguindo estratégias bem diferentes. Com instruções de causar boa impressão ao ilustre visitante estrangeiro, mas ao mesmo tempo com o dinheiro terrivelmente curto, Rondon em particular foi forçado a todo momento a improvisar e reduzir despesas. Todos esses empecilhos fizeram das contribuições finais da expedição ao conhecimento geográfico e científico uma realização ainda mais notável.

As dificuldades começaram com o que Roosevelt imaginava ser uma expedição amazônica e tudo o que isso acarretaria. Depois de deixar a Casa Branca, em março de 1909, ainda no vigor de seus cinquenta anos, o ex-presidente foi tomado pelo desassossego e começou a ter vontade de se afastar temporariamente da política americana. Esse sentimento o levou a embarcar num longo safári na África, durante o qual pôde caçar ao bel-prazer e viajar com conforto, e às vezes até relativo luxo, em determinados trechos. Ao voltar para os Estados Unidos, porém, ficou cada vez mais insatisfeito com o desempenho de seu sucessor escolhido a dedo, William Howard Taft, e mergulhou outra vez de cabeça na contenda política, concorrendo à presidência novamente em 1912, contra Taft e Woodrow Wilson, mas perdendo a disputa para este último. Assim, no começo de 1913, Roosevelt via-se numa situação similar à de 1909 — ansioso por aventura e desencantado com a política —, só que quatro anos mais velho e com vários quilos extras.

O safári de Roosevelt, que durou quase um ano, de abril de 1909 até o início de 1910, fora meticulosamente planejado em consultas com o renomado naturalista inglês, explorador e caçador Frederick Selous, autor de livros como *Travel and Adventure in South-East Africa* [Viagem e aventura no sudeste da África] e *A Hunter's Wanderings in Africa* [Andanças de um caçador pela África]. Numa extensa correspondência que começou quando ainda estava na Casa Branca, Roosevelt também buscou orientações junto a autoridades coloniais britânicas e a naturalistas e especialistas de entidades científicas como o Museu Americano de História Natural e o Instituto Smithsonian sobre todas as questões possíveis — que tipo de comida enlatada transportar e em qual quantidade, que roupas levar, que livros ler de antemão, que armas eram mais eficazes, e assim por diante.

Portanto, ao desembarcar no porto de Mombaça, no atual Quênia, em 21 de abril de 1909, ele estava bem equipado e preparado para a aventura que tinha pela frente. Embora no começo estivesse preocupado de "não estar apto à dura faina do genuíno explorador africano",[1] devido a seus anos "sedentários" na Casa Branca, agora "preocupava-se em não ser confundido com um 'turista de guia de viagem'",[2] tão confortáveis foram as acomodações providenciadas para ele. A primeira fase da viagem, embrenhando-se pelo interior, ocorreu em um trem especial fornecido pelo governador em exercício da África Oriental britânica ("muito especial de fato, esse trem — deveras especial, poderíamos chamá-lo",[3] escreveu F. Warrington Dawson, o único jornalista com permissão de acompanhar o grupo), e Roosevelt passou a maior parte das horas de sol do dia com Frederick Selous do lado de fora, sentados em um banco especialmente construído sobre o limpa-trilhos, na frente da locomotiva; no desjejum e após o crepúsculo, lautas refeições eram servidas no vagão-restaurante.

Viajar por trem permitia ao grupo de Roosevelt parar quando e onde quisesse para fazer excursões de caça na mata, em lugares como o monte Quênia e o lago Naivasha, sem precisar se preocupar com linhas de suprimento. Roosevelt também fazia ocasionais viagens de trem de volta a Nairóbi para se reabastecer, entregar espécimes, descansar e receber a correspondência. Após chegarem ao lago Vitória, uma nova fase começou, e o grupo — que a essa altura contava com mais de trezentos homens, incluindo carregadores, criados e mensageiros — viajou por terra desde o lago na direção norte, atravessando a linha do equador e seguindo uma rota muito conhecida e utilizada, passando pelos atuais Uganda, República do Congo e Sudão do Sul, até o lago Albert e a nascente do Nilo Branco. Assim que chegaram ao Nilo, Roosevelt e seus colegas americanos e britânicos subiram a bordo de um confortável vapor com roda de pás que os levou primeiro para Cartum, onde sua esposa, Edith, o aguardava, e depois para o Cairo, e ainda para realizar uma série de conferências pela Europa.

O safári, na maior parte financiado por uma doação de 95 mil dólares de Andrew Carnegie e outros magnatas, revelou-se um sucesso e foi uma experiência tão agradável que atiçou o apetite de Roosevelt por mais aventuras. Se possível, porém, ele queria que a próxima expedição envolvesse mais rigores, que fosse como os dias de juventude de que se lembrava tão alegremente, nas extensas planícies do território de Dakota, quando trabalhava como caubói. A política postergou a concretização desse desejo, mas após a derrota na eleição de 1912, em que foi baleado no peito num atentado,* Roosevelt começou novamente a contemplar uma fuga para uma região selvagem. Dessa vez, no entanto, estava determinado a viajar pelo Novo Mundo: as lembranças de suas aventuras em Cuba durante a Guerra Hispano-Americana (convenientemente ignorando que foi também onde teve malária pela primeira vez) e no Panamá, onde visitara o canal quando ainda estava em construção, deixaram-no ansioso em explorar os trópicos do hemisfério ocidental.

Recebeu encorajamento para isso de um padre que se tornara seu amigo, John Augustine Zahm. Sete anos mais velho do que o ex-presidente, padre Zahm pertencia à Ordem da Santa Cruz, tinha alguma formação científica e era, como Roosevelt, grande admirador de Dante. Também escrevera dois livros recém-publicados sobre a América do Sul: *Up the Orinoco and Down the Magdalena* [Subindo o Orinoco e descendo o Madalena], em 1910, e *Along the Andes and Down the Amazon* [Nos Andes e descendo o Amazonas], em 1911. Sempre que se encontravam, o padre insistia para irem juntos numa expedição às zonas tropicais latino-americanas, e, quando Roosevelt marcou um almoço com seu amigo Frank Chapman, curador de ornitologia no Museu Americano de História Natural, no início de junho de 1913, o ex-presidente ficou duplamente surpreso, primeiro ao descobrir que o padre Zahm já fizera contato com Chapman para tratar da expedição e depois ao ver o próprio Zahm presente ao encontro. Impressionado com seu entusiasmo, sua persistência e o aparente conhecimento que tinha da região — e também grato pelo apoio do padre na campanha de 1912, em que tentou angariar para ele os votos do eleitorado católico —, Roosevelt cedeu e delegou a Zahm a maior parte da responsabilidade pela organização da expedição.

Isso se revelou um erro, pois o padre não era nenhum Selous, como os acontecimentos acabariam demonstrando. Estava mais para um oportunista do que um verdadeiro explorador, e suas noções científicas eram suspeitas. Seus dois livros a respeito da América do Sul eram relatos de viagem convencionais sobre um território que já fora extensamente explorado e suas obras científicas, mais notadamente *Evolution and Dogma* [Evolução e dogma] e *Scientific Theory and Catholic Doctrine* [Teoria científica e doutrina católica], foram tentativas de conceber um modelo de biologia evolucionária que refutasse a teoria darwiniana da seleção natural.

Roosevelt talvez tenha concedido tamanha liberdade de ação ao padre Zahm porque estava absorto em suas próprias preocupações, a começar pelo prazo final iminente dos três livros que lhe haviam sido encomendados. Além do mais, viajando para a América

---

* Em Milwaukee, Wisconsin, ele foi baleado no peito por John Schrank, um imigrante bávaro que temia que a campanha de Roosevelt por um terceiro mandato fosse uma tentativa de instituir a monarquia nos Estados Unidos.

do Sul, ele esperava combinar dois propósitos muito diferentes. O primeiro era realizar uma série de conferências nas principais capitais ao sul do continente, pelas quais seria regiamente pago, sobre temas como "Internacionalismo americano", "Virtudes essenciais de uma democracia" e "Caráter e civilização". O segundo era se afastar da civilização e empreender um trabalho científico sério no mundo selvagem pelo qual tanto ansiava. Ele combinara as tarefas políticas e científicas em 1909 e 1910, mas as conferências haviam sido marcadas na Europa para depois do safári na África, o que proporcionara a Roosevelt tempo ocioso para redigi-las enquanto viajava. Agora a ordem se invertera, com as conferências e a política vindo em primeiro lugar, obrigando-o a se concentrar mais no primeiro estágio do que no segundo.

A redação das conferências era tarefa particularmente delicada, considerando a impopularidade da Doutrina Monroe em diversas partes da América Latina e a reputação da Política do Grande Porrete[*] imperialista que usurpara um pedaço da Colômbia para construir o canal do Panamá. Roosevelt não queria provocar mais controvérsias com o que eventualmente viesse a dizer em sua viagem, então pediu às embaixadas em Washington de cada país que planejava visitar para avaliarem suas conferências. Enquanto aguardava, deixando de lado o planejamento da expedição sul-americana, ele partiu numa excursão de caça nos arredores do Grand Canyon com os filhos Archie e Quentin e seu primo Nicholas. Roosevelt "assumiu um interesse pessoal pelos preparativos" para a excursão no Arizona, "para assegurar que transcorresse sem obstáculos", mas "essa mesma atenção ao detalhe nunca caracterizou a viagem à América do Sul, que segundo acreditava Roosevelt devia ser menos exigente fisicamente".[4] Ou como o próprio Roosevelt diria posteriormente sobre sua estadia no Brasil, "empreendi originalmente essa viagem de exploração mais ou menos por acidente".[5]

Supervisionando sozinho a logística da expedição, Zahm tomou uma série de decisões peculiares. Por exemplo, quando comprava equipamentos em uma loja de artigos esportivos em Nova York, foi atendido por um vendedor de 44 anos chamado

---

[*] Anunciada em 2 de dezembro de 1823 no Congresso norte-americano pelo então presidente James Monroe, a Doutrina Monroe se resumia basicamente, em sua forma original, ao não estabelecimento de novas colônias nas Américas e à não intromissão de países europeus em assuntos internos do continente americano. Mas em 1904, Roosevelt anunciou um novo "corolário," que outorgava aos Estados Unidos um poder de "polícia internacional" e, portanto, o direito de intervir em países latino-americanos. Ele explicou que tais métodos foram inspirados em um provérbio africano: "Speak softly and carry a big stick; you will go far" ("Fale macio com um grande porrete nas mãos e você vai longe"), que deu origem à expressão Big Stick Policy (Política do Grande Porrete). Ver: Luigi Bonafé, "Corolário Roosevelt à Doutrina Monroe", verbete disponível em: <cpdoc.fgv.br/sites/default/files/verbetes/primeirarepublica/COROL%C3%81RIO%20ROO-SEVELT.pdf>. Acesso em: 11 set. 2018.

Anthony Fiala, um ex-químico, cartunista e veterano da Guerra Hispano-Americana que também participara de duas expedições ao polo Norte — numa das quais ficara ilhado no meio do gelo por dois anos e tivera de esperar por uma equipe de resgate. "Daria tudo para ir com vocês", disse Fiala, inquieto, frustrado e ávido por glórias. Ao que Zahm respondeu de imediato: "Ora, pois venha conosco. Tenho certeza de que o coronel Roosevelt ficará feliz em tê-lo".[6] Não está claro por que Zahm presumiu que alguém cuja experiência como explorador se limitava exclusivamente ao Ártico poderia constituir recurso útil numa expedição amazônica, mas o fato é que ele rapidamente deixou Fiala encarregado de providenciar a enormidade de equipamentos e suprimentos que os americanos levariam para os trópicos.

Após a expedição, de volta ao lar em Sagamore Hill, Roosevelt expressaria arrependimento por não ter prestado mais atenção à questão dos suprimentos. Em uma carta para John Keltie, secretário da Real Sociedade Geográfica, em 25 de fevereiro de 1915, quase exatamente um ano após começar a descer o rio da Dúvida, ele admitiu "a falta de planejamento" antes que a expedição partisse, mas atribuiu "essa ausência um tanto absurda de previsão" a uma combinação do que chamou de "certos traços do caráter brasileiro" e erros de avaliação de Zahm. "Se tivesse conseguido que Kermit cuidasse dos preparativos para mim, Fiala trazendo de Nova York o que Kermit aconselhasse", escreveu, referindo-se ao seu filho já assentado no Brasil, "teríamos feito a jornada com menos acidentes, com mais conforto e gastando duas semanas a menos".[7] Isso pode ser interpretado como um exercício a posteriori em se eximir da responsabilidade, pois Roosevelt certamente poderia — e provavelmente deveria — ter solicitado a opinião de Kermit, um explorador experiente. Nada o impedia de fazer isso, mas ele se distraiu com outras preocupações mais imediatas e acabou deixando de se valer da experiência do filho no interior do Brasil.

Num impulso, pouco antes da partida, Zahm também contrataria o suíço Jacob Sigg, um pau para toda obra que o procurara após ficar sabendo da expedição. Sigg estivera por toda parte fazendo de tudo, segundo contava — procurara ouro nos Andes, trabalhara numa estrada de ferro na Bolívia, fora engenheiro-chefe de uma usina elétrica, atuara como mensageiro da mala diplomática na Europa, servira como enfermeiro e cozinheiro no Exército, aprendera a pilotar lancha, consertar motor a vapor e também era fluente em espanhol e português. "Com todas essas qualificações", escreveu Zahm, "ele era corajoso e confiável, devotado e preparado para qualquer emergência, desde extrair um dente podre e amputar um dedo esmagado a fazer uma âncora para um barco avariado."[8] O que Zahm não mencionava era que também queria que Sigg fosse seu ajudante pessoal: segundo o contrato assinado por Sigg, ele receberia trinta dólares mensais para trabalhar com Zahm "na função de pajem, cozinheiro, enfermeiro ou faz-tudo sempre que a ocasião surgir e mostrar-se disposto e obediente durante toda a viagem". Por falta de tempo, Zahm tampouco se dera ao trabalho de checar as informações fornecidas pelo outro, que, admitiu ele, constituíam uma "carreira diversificada", com sucessos e fracassos, altos e baixos.[9]

A importante tarefa de escolher os naturalistas que fariam o trabalho científico da expedição, por outro lado, coube a Roosevelt, que adotou uma abordagem bem mais metódica. Ele já esperava que seu filho Kermit, que o acompanhara no safári africano e se revelara tanto um atirador exímio quanto um taxidermista habilidoso, também acompanhasse a expedição. (A esposa de Roosevelt, Edith, também queria que o filho de 24 anos fosse — na verdade, ela insistiu nisso —, pois estava preocupada com a saúde do marido e com sua capacidade de suportar condições tão extenuantes.)

Kermit se mudara para o Brasil após se formar em Harvard, em 1912, e trabalhava como engenheiro, primeiro para a Brazil Railway Company e depois para a Anglo-Brazilian Iron Company, no interior de São Paulo, supervisionando a construção de ferrovias e pontes. O plano era buscá-lo quando o transatlântico transportando Theodore Roosevelt, Edith, uma sobrinha e o restante do grupo americano parassem em Salvador a caminho do Rio de Janeiro. Kermit esperava anunciar o noivado com Belle Wyatt Willard, filha do embaixador americano na Espanha, então Roosevelt sabia que não haveria nova oportunidade para pai e filho realizarem uma viagem desimpedidos de obrigações familiares. "Era minha última chance de ser um menino",[10] admitiu mais tarde a um amigo.

Para as posições mais técnicas, porém, Roosevelt consultou os amigos Frank Chapman e Henry Fairfield Osborn, paleontólogo que se tornara presidente do conselho de curadores do Museu Americano de História Natural, pois confiava em suas opiniões. Eles lhe recomendaram George Cherrie, um ornitólogo de 48 anos com mais de vinte expedições pela América do Sul no currículo e dúzias de artigos científicos levando sua assinatura, e Leo Miller, especialista em mamíferos e répteis, bem mais jovem que o outro. Roosevelt entrevistou Cherrie pessoalmente e endossou sua participação com entusiasmo, mas não pôde fazer o mesmo com Miller, que estava realizando um trabalho de campo.

No caso de Cherrie, Roosevelt não ficou cativado apenas pela capacidade profissional do ornitologista, mas também por sua franqueza. "Coronel, acho que o senhor deve saber um pouco a meu respeito antes de começarmos essa jornada pela selva", disse durante a entrevista. "Acho que precisa saber que eu bebo de vez em quando." Roosevelt, cujos hábitos abstêmios eram famosos nos Estados Unidos, perguntou a Cherrie o que exatamente ele bebia. Bem, isso dependia do que houvesse à mão, respondeu o ornitologista. "Quanto o senhor bebe?", foi a pergunta seguinte. "Quanto me der vontade", respondeu. Roosevelt então riu e disse: "Cherrie, pode continuar bebendo!".[11]

Mas foi Zahm quem iniciou contato com a embaixada brasileira em Washington, no começo de 1913. Inicialmente, o embaixador Domício da Gama e sua equipe acharam estranho que um obscuro padre de meia-idade falasse em nome do ex-presidente americano. Mas assim que a idoneidade de Zahm foi confirmada, mediante uma carta do próprio Roosevelt, Domício da Gama ficou intrigado, até encantado, com as possibilidades oferecidas pela vinda de Roosevelt ao Brasil. A despeito do Corolário Roosevelt para a Doutrina Monroe, o ex-presidente era visto no Rio como simpático aos interesses e às aspirações dos brasileiros: afinal, ele elevara o status da presença diplomática americana no Brasil de legação a embaixada plenamente instituída, como reconhecimento pela importância cada vez maior do país no palco diplomático. "Na virada do século, uma embaixada ainda era uma raridade diplomática encontrada exclusivamente nas capitais das potências mundiais reconhecidas", explica o historiador E. Bradford Burns. Quando Roosevelt aprovou a medida, no começo de 1905, Washington "contava com apenas sete embaixadas, o Rio de Janeiro, nenhuma. A criação de uma embaixada nessa época foi uma medida séria e significativa".[12] E, sem o apoio do governo Roosevelt, a III Conferência Pan-Americana, outro troféu diplomático na parede do Brasil, não teria sido realizada no Rio de Janeiro em 1906.*

A correspondência de Zahm com a embaixada brasileira, ainda hoje arquivada no Ministério das Relações Exteriores, é reveladora, e talvez até antecipasse futuros problemas. Seu tom era imperioso, como se ele e Roosevelt estivessem fazendo um favor aos brasileiros ao condescender em visitar seu país. Ele presumia que o governo brasileiro arcaria com todos os custos da expedição e deixava claro que os americanos também esperavam um destacamento militar a postos para acompanhá-los e protegê-los. "Como já expliquei", escreveu para o embaixador no dia 25 de setembro de 1913, "ficaremos muito agradecidos se o senhor puder providenciar que seu governo forneça o transporte para nossos barcos, equipamento e equipe científica a partir de Cuiabá, ou, se necessário for, de Corumbá." Isso vinha acompanhado de pedidos de um "iate especial ou cruzador fluvial" para "contribuir materialmente com o conforto e prazer de nossa viagem".[13]

Quando o embaixador informou ao Itamaraty sobre o interesse de Roosevelt em viajar ao país como parte de uma turnê de conferências que também incluiria a Argentina, o

---

* A conferência foi inaugurada em 25 de julho, no Palácio Monroe. Vinte e um Estados foram convidados a comparecer, mas a Venezuela e o Haiti não enviaram representantes. A delegação brasileira foi chefiada por Joaquim Nabuco, primeiro embaixador do Brasil nos Estados Unidos desde janeiro de 1905 e grande amigo de Elihu Root, secretário de Estado no segundo mandato de Theodore Roosevelt. O próprio Root foi convencido a comparecer à conferência, fato sem precedentes. A conferência foi, acima de tudo, um exercício de manutenção das boas relações entre os Estados americanos. (Do verbete "Conferências Pan-Americanas" do Cpdoc/FGV. Disponível em: <cpdoc.fgv.br/sites/default/files/verbetes/primeira-republica/CONFER%C3%8ANCIAS%20 PAN-AMERICANAS.pdf>. Acesso em: 24 jun. 2018.

Uruguai e o Chile, o governo brasileiro reagiu com uma mistura de entusiasmo e ansiedade. Por um lado, o governo vislumbrou a chance de um potencial golpe de publicidade que poderia trazer enorme benefício para o Brasil no exterior. Roosevelt costumava escrever livros e artigos sobre suas aventuras, e os primeiros fatalmente viravam best-sellers. No entender do governo brasileiro, qualquer relato favorável das viagens pela Amazônia que Roosevelt fizesse encorajaria tanto o investimento estrangeiro quanto a colonização das áreas que as expedições de Rondon abriam para a penetração do mundo civilizado. Não era pouco a considerar para um governo dependente em sua quase totalidade da exportação de café para equilibrar sua balança comercial e que devia e muito a credores estrangeiros.

"Atendendo à importância do viajante e dos resultados da sua excursão através do nosso país, que será objeto de um livro e de artigos em jornais e revistas dentro e fora dos Estados Unidos, atrevo-me a aconselhar que se lhe ofereçam todas as facilidades para sua viagem e a mais ampla e graciosa hospitalidade entre nós", recomendava o embaixador Domício da Gama em um cabograma enviado em 27 de junho de 1913. "Mas se além disso lhe quiserem dar algum presente ou manifestar de qualquer modo gentil o apreço em que o temos no Brasil, certamente o predisporemos em nosso favor. A viagem pelo sertão completará esse efeito."[14]

Um cálculo político ainda mais básico e imediato também estava envolvido. Em carta datada de 23 de novembro de 1911 para seu amigo João Pandiá Calógeras, membro importante do Congresso e futuro ministro do governo, Gama reclamava que a embaixada em Washington fora incapaz de manter canais de comunicação com Roosevelt após ele deixar a Casa Branca. Depois de expressar choque com "a violência ou crueza" dos recentes escritos de Roosevelt sobre as relações exteriores, o embaixador escreveu: "Mas, expressão à parte, o que Roosevelt representa é a média do espírito nacional, e é, no fundo, o sentimento americano, pelo menos no que diz respeito à política exterior. Por isso, sinto não conhecê-lo ainda e sinto não ter ocasião de conversar com ele sobre 'os nossos assuntos'".[15] Agora, pouco mais de um ano depois, quis o destino que Roosevelt fosse à procura dos brasileiros para solicitar um favor, e não o contrário.

E, ainda que tivesse perdido a eleição de 1912 nos Estados Unidos, Roosevelt terminara em um consistente segundo lugar na corrida presidencial entre os quatro candidatos, superando no voto popular tanto Taft quanto Eugene Debs, o candidato socialista. No ano anterior ao início da Primeira Guerra Mundial, a imprensa americana especulava insistentemente que Roosevelt concorreria outra vez em 1916 e estava confiante de que dessa vez ele venceria. Desde o nascimento da República no Brasil, e especialmente durante a década em que o hábil diplomata José Maria da Silva Paranhos, o barão do Rio Branco, era ministro das Relações Exteriores, a política externa brasileira fora baseada no que o brasilianista E. Bradford Burns chamou de "aliança não escrita" com os Estados Unidos. Assim, fortalecer os laços pessoais com um antigo e possivelmente futuro ocupante da Casa Branca oferecia um modo fácil e relativamente livre de custos para o Brasil melhorar as possibilidades de consolidar essa parceria informal e desenvolver seus outros objetivos diplomáticos.

"Desejo mesmo que ele volte à presidência, ainda que teoricamente devêssemos antes votar pelos democratas", escreveu Gama para Calógeras, a respeito de Roosevelt. "Ora, é preferível tratar com um homem franco e inteligente, leal ainda que rude, e não ter ilusões quanto ao seu procedimento em política exterior. Com qualquer outro, seria preciso estudar-lhe, antes de tudo as maneiras e possibilidades políticas."[16]

Entretanto, precisamente por Roosevelt ser uma personalidade tão importante, havia também riscos em jogo, como o Itamaraty sabia perfeitamente. E se ele ficasse doente ou mesmo morresse durante uma expedição ao Brasil? Seria desastroso para a imagem internacional do país e prejudicaria as tentativas de atrair capital estrangeiro e colonos para a Amazônia. E se manifestasse insatisfação com a forma como era recebido e com as acomodações oferecidas? Caso isso ocorresse, ele partiria com uma impressão e uma opinião negativas do país e seu povo. Não, se o Brasil pretendia receber Roosevelt, o Itamaraty precisava ter certeza de que cada momento passado em solo brasileiro, cada evento a que comparecesse, fosse irretocável, desde a chegada à capital até sua partida de algum rincão distante da Amazônia. Como os governantes brasileiros sabiam melhor do que ninguém, não era tarefa das mais fáceis em uma nação com capacidade organizacional limitada, infraestrutura precária e verba enxuta.

Então, assim que o sinal verde foi dado, não houve dúvida sobre quem deveria ser destacado para comandar Roosevelt na expedição pela selva. Após uma carreira política ilustre em que servira como governador do estado de Santa Catarina, deputado federal, senador e ministro da Indústria, Transporte e Obras Públicas, Lauro Müller, velho amigo e colega de turma de Rondon e coeditor de *A Revista da Familia Academica* no período em que frequentaram juntos a academia militar, havia se tornado ministro das Relações Exteriores em fevereiro de 1912, por ocasião do falecimento de Rio Branco. Com base em trinta anos de amizade e experiência, e receando que a empreitada pudesse dar errado, ele sabia que Rondon era o melhor candidato para acompanhar Roosevelt em regiões selvagens do Brasil, além de ser a única opção plausível.

Nos relatos brasileiros sobre essa expedição, Rondon é invariavelmente retratado como relutante em assumir a incumbência em um primeiro momento, necessitando ser convencido. A imprensa da época fala sobre sua falta de interesse e vontade em ser o mero acompanhante de uma celebridade numa expedição feita nos moldes do safári africano de Roosevelt, amplamente noticiado no Brasil e no resto do mundo. Sem dúvida, a fonte dessas informações era o próprio Rondon, pois em suas memórias ele escreveu que somente concordou em ir com Roosevelt à Amazônia "sob a condição de que a expedição não circunscreveria sua atividade a uma excursão com episódios cinegéticos" e de que trabalho científico sério fosse realizado.[17] Uma visita aos arquivos oficiais, porém, conta uma história um pouco diferente.

Não parece haver nada registrado, nem sequer nos diários de Rondon, que explique como ele ficou sabendo dos planos dessa expedição — se por um telegrama do Ministério das Relações Exteriores ou se pelos resumos de notícias que o escritório da Comissão no Rio de Janeiro regularmente lhe enviava por telégrafo, que ficaram conhecidos como o "jornal do Rondon". Mas em 23 de setembro de 1913 ele enviou um telegrama do posto Nambikwára, no atual estado de Rondônia, endereçado a Lauro Müller e arquivado ainda hoje no Itamaraty, em que solicitava ativamente a missão. Em essência voluntariando-se para a tarefa, ele também sugeria nomes para a equipe e um possível itinerário, ao mesmo tempo que enumerava suas condições para aceitar a incumbência:

> Caso seja de agrado e desejo do governo que um explorador brasileiro acompanhe o ex--presidente americano em sua excursão pela América do Sul e não tenha quem o possa fazer com eficácia prática poderei eu acompanhar o eminente estadista desde Rio até o fim de sua excursão, fazendo nos acompanhar oficiais da comissão capazes entre eles o Amarante e Julio Caetano — Seria bom igualmente que o Lyra e Amílcar pudessem fazer parte da ilustre comitiva, vou consultar ambos. Tanto a organização da expedição ficaria aos meus cuidados e que o Ministro do Exterior ponha a minha disposição o crédito inteiro e proponho a tudo preparar de modo a nada faltar ao nosso ilustre hóspede durante todo o tempo em que durar a expedição. No Rio antes chegada Roosevelt desde que o governo ordene e me chame para isso. Aqui porei o ousado diplomata ao corrente das novidades sertanejas oferecendo a sua curiosidade todos os itinerários de maior monta de acordo com o desejo do grande explorador. Me empenharei para que ele veja os saltos Utiariti Bello e Sacuiriuna e as maiores novidades deste dilatado *Far West* brasileiro — Lá nossa geografia tudo teria a lucrar com mais esta excursão — Aguardarei ordens do governo no meu acampamento de onde em quinze dias poderei estar em Manaus.
>
> Affs. Saud. — Rondon

Pode ser que o tom entusiasmado desse telegrama fosse meramente a obrigatória sujeição à estrutura hierárquica do Exército brasileiro, adotado para contentar seus superiores, ou simplesmente para disfarçar suas reservas particulares ao mesmo tempo que externamente obedecia a uma ordem. Mas mesmo que fosse o caso, a escolha do linguajar por parte de Rondon indica várias coisas importantes. Por exemplo, com Roosevelt prestes a desembarcar no Rio de Janeiro para a primeira conferência dali a mais ou menos um mês, fica claro que não só americanos como também brasileiros ainda não haviam se decidido por um itinerário. Tampouco o exato grau de dificuldade da jornada estava claro: Rondon se refere tanto a uma "excursão" quanto a uma "expedição", duas coisas bem diferentes.

Quando descobriu, em 4 de outubro, que fora de fato escolhido para guiar o grupo de Roosevelt em sua viagem pelo interior, Rondon imediatamente tomou a direção do rio Madeira, a norte, onde faria a baldeação em um barco oficial para Manaus e depois seguiria para o Rio de Janeiro a bordo de um vapor comercial, com paradas em Belém, São Luís e Salvador. "O prazo era muito curto",[18] escreveu, já que seu navio estava com efeito numa corrida contra o relógio para chegar ao Rio durante a estadia de Roosevelt. Por esse mesmo motivo, Rondon também deixou ordens de que canoas ficassem a postos nas margens de vários rios, de modo que, independentemente do itinerário escolhido, o equipamento e os suprimentos necessários estivessem à disposição quando a expedição chegasse.

Nesse exato dia, Roosevelt e seu grupo, que durante a primeira fase da viagem incluía não apenas membros da equipe de exploração, mas também sua esposa, um secretário particular e a sobrinha (Lucy Margaret Roosevelt), partiram do Brooklyn a bordo do ss *Vandyck*. Parando em Barbados, apanharam Leo Miller, o especialista em mamíferos que voltava de uma expedição de coleta na bacia do Orinoco venezuelana e na Guiana inglesa. Em um primeiro momento, Miller ficou com a impressão de que se candidatara para "uma viagem um tanto curta e não muito difícil subindo o rio Paraguai e descendo o Tapajós, tendo como objetivo primordial estudar a fauna e a coleção de espécimes zoológicos".[19] Uma vez a bordo, porém, descobriu que algo substancialmente mais grandioso estava sendo cogitado e ficou preocupado, pois viu na mesma hora que Roosevelt estava fora de forma.

Dos quatro itinerários sugeridos por Rondon, o mais ambicioso era descer o rio da Dúvida, que fora descoberto por ele em 1909 e ganhara então esse nome provisório. Devido às condições difíceis que encontrara em sua missão de 1909, Rondon fora incapaz de explorar o rio com o cuidado que queria, mas por quatro anos desejara voltar e pôr o novo rio no mapa. Ninguém sabia sua extensão, tampouco o tipo de terreno pelo qual corria, muito menos faziam alguma ideia de onde desaguava — daí o nome. Seguiria para noroeste, um tributário do Ji-Paraná, como Lyra acreditava e, portanto, sua descida seria curta e relativamente calma? Para nordeste, e assim alimentaria o Tapajós, o que o ligaria ao itinerário original de Roosevelt? Poderia ser que fizesse a volta na direção sul e fluísse para o Paraguai, o que também envolveria quase nenhum elemento de risco. Ou seguia um curso quase reto para o norte, um afluente do poderoso Madeira, como Rondon suspeitava? A única maneira de dirimir essas dúvidas era navegar o rio da nascente à foz, onde quer que isso fosse.

Roosevelt chegou ao Rio de Janeiro em 21 de outubro para ser surpreendido por uma calorosa recepção, considerando as críticas à sua Política do Grande Porrete, que ele sabia existir por toda a América Latina. Após abrir caminho entre a multidão entusiasmada na Praça XV, no centro, ele fez uma visita de cortesia ao presidente Hermes da Fonseca, que era ex-comandante de Rondon e o cobriu de elogios, mencionando sua capacidade de liderança. Depois seguiu até o Palácio Itamaraty, para o que Roosevelt via como o verdadeiro assunto do dia: uma reunião com o ministro das Relações Exteriores, Lauro Müller, para planejar os detalhes finais da expedição.

Desde o início a atmosfera foi bastante amistosa: Roosevelt escreveu posteriormente que Müller era "não só um funcionário público eficiente, mas um homem de grande cultura, com qualidades que me lembravam John Hay",[20] seu secretário de Estado. Rondon ainda estava a caminho da capital — ele só chegaria no dia 11 de novembro, muito depois da partida de Roosevelt —, e assim os dois não puderam ser formalmente apresentados. Coube a Müller descrever cada uma das várias alternativas propostas por Rondon, enquanto Roosevelt — sozinho, já que todos os outros americanos estavam em suas luxuosas acomodações, no Palácio Guanabara — escutava, concentrado e respeitoso, e cada vez mais entusiasmado.

A expedição podia, é claro, seguir a rota que o padre Zahm planejara originalmente, descendo o Tapajós, no centro do Brasil, até ele se encontrar com o Amazonas, explicou Müller. Ou poderia avançar mais a oeste, diretamente para a nascente do Ji-Paraná, que era muito menos utilizado, mas desaguava no Madeira, como se sabia. Mas, continuou Müller, havia ainda a possibilidade de descer o rio inexplorado de Rondon — que não fora formalmente batizado e, insinuou Müller, poderia até ser chamado de rio Roosevelt se se revelasse suficientemente majestoso e desafiador. Se, por outro lado, fosse meramente um tributário menor do Ji-Paraná, Rondon tinha um plano B em mente: outro curso inexplorado na mesma área chamado rio Ananás, devido aos pés de ananás espalhados em torno de sua nascente, e que se acreditava desembocar no Tapajós. Nesse caso, ao menos parte do plano original do padre Zahm seria preservado.

Roosevelt praticamente não hesitou e logo escolheu o itinerário que, no linguajar eufemístico e burocrático da avaliação de Rondon, oferecia "o maior número de dificuldades e imprevistos":[21] a descida do rio da Dúvida. Ele "ávida e alegremente" optou por isso, conforme explicou mais tarde, porque "senti que com tamanha ajuda", como a oferecida por Müller, "a viagem poderia ter grande valor científico, e com prováveis substanciais contribuições ao conhecimento geográfico".[22] Não conhecendo a mentalidade de "sem dor, sem ganho" de Roosevelt, Müller talvez tenha se surpreendido, pois lhe ofereceu uma honrosa saída de emergência. "Claro que ficaríamos encantados de tê-los nesses planos, mas certamente deve compreender que não podemos prever o que acontecerá", ele disse, "e lá vocês podem se deparar com surpresas não necessariamente agradáveis."[23] Roosevelt, porém, se manteve firme em sua escolha.

Com essa decisão, por mais impulsiva que possa ter sido, a natureza e o propósito de toda a empreitada mudaram. O padre Zahm havia proposto — e Cherrie e Miller haviam sido contratados com essa finalidade — uma expedição cujo objetivo primordial era claramente voltado às ciências naturais ou ao "reconhecimento biológico",[24] nas palavras do próprio Roosevelt: o máximo de espécimes animais seria coletado ao longo de uma rota estabelecida, conhecida pela riqueza de sua vida selvagem. Rondon, por outro lado, estava propondo uma expedição cujo principal objetivo era a exploração, em sua forma mais pura e desafiadora. Sem dúvida haveria também oportunidades pelo caminho para obter exemplares de novas espécies de aves, mamíferos, insetos e peixes para museus de Nova York e do Rio de Janeiro. Mas o foco principal agora seria a cartografia, com o trabalho a ser feito em um terreno completamente desconhecido da ciência ou da geografia. A relação entre risco e retorno mudara positivamente da forma mais dramática, o que empolgou Roosevelt.

Müller certamente conhecia Rondon bem o bastante para ter absoluta fé na capacidade do antigo colega de conduzir o ex-presidente e seu grupo a salvo através até do território mais perigoso. Mas quando Roosevelt informou o itinerário drasticamente revisado para o restante dos membros da expedição nesse dia, a reação foi mista. Kermit considerou-o um "plano ligeiramente mais arriscado", Zahm pelo visto apoiou, ainda que seu papel e sua importância fossem muito diminuídos sob o novo plano, e, ao menos segundo Roosevelt, Cherrie e Miller estavam "mais ansiosos dos que os outros" porque "ambos acreditam que podem obter coleções para o museu que realmente valerão a pena".[25]

Mas Fiala, tendo adquirido quase cinco toneladas de equipamentos e suprimentos, expressou algumas reservas práticas. Como toda aquela bagagem ia ser transportada por centenas de quilômetros na selva, sem trilhas nem estradas? E se o rio da Dúvida fosse cheio de corredeiras? O que fariam? Edith Roosevelt, que obviamente tinha uma noção mais íntima e realista do que todo mundo sobre o estado de saúde do ex-presidente, ficou particularmente apreensiva. "Graças a Deus Kermit vai", escreveu para a filha mais velha, Ethel, "pois, embora eu não ache que ele esteja bem, pelo menos é jovem e forte e o padre Zahm dá constantes mostras de que não está à altura da tarefa."[26]

Em Nova York, tanto Chapman quanto Osborn ficaram ainda mais chocados e alarmados quando souberam da mudança de planos. Osborn imediatamente enviou um telegrama a Roosevelt dizendo que "jamais consentiria" que "fosse para essa região representando o Museu Americano" e "tampouco assumiria parte da responsabilidade pelo que pudesse ocorrer no caso de não voltar com vida".[27] Chapman foi menos brusco, mas escreveu mais tarde que sabia muito bem que "em toda a América do Sul não existe jornada mais difícil ou perigosa"[28] do que a escolhida por Roosevelt. Não ajudou em nada a diminuir a preocupação deles quando Roosevelt respondeu, à sua maneira tipicamente irreverente e fatalista, que "já vivi e usufruí da vida tanto quanto quaisquer outros nove homens que conheça. Tive minha cota completa e se for necessário que deixe meus ossos na América do Sul, estou inteiramente preparado para fazê-lo".[29]

Assim, ficou decidido que seria o rio da Dúvida. Depois de uma conferência em São Paulo, Roosevelt e a maior parte de seu grupo deveriam embarcar em um transatlântico que os levaria até Montevidéu. Após uma palestra na capital uruguaia, ele atravessaria o rio da Prata até Buenos Aires, onde iniciaria uma turnê pela Argentina que incluía, além das palestras, excursões de caça, visitas a elegantes *estancias* (fazendas) de gado nos pampas, uma viagem de trem pelos Andes até o Chile, onde também se apresentaria, depois voltaria à Argentina a cavalo e finalmente iria ao Paraguai, onde subiria a bordo do navio que o levaria a Rondon. Tudo somado, os trechos fora do Brasil de sua viagem estavam programados para durar cerca de seis semanas.

Embora esse itinerário proporcionasse a Rondon o tempo necessário para cuidar dos últimos detalhes da expedição, ele teve de se apressar rumo a seu destino. Rondon partiu do Rio em 28 de novembro e pegou um trem noturno em São Paulo, parando brevemente em Araçatuba para checar a situação dos recém-pacificados Kaingáng. Desembarcando no Mato Grosso, atravessou seu estado natal a cavalo, às vezes avançando a noite toda pelo cerrado até chegar à fronteira brasileira com o Paraguai, no cruzamento dos rios Apa e Paraguai, onde um barco especialmente requisitado pelo governo brasileiro, o *Nioac*, chegou em 11 de dezembro. Rondon estava agora pronto para receber Roosevelt, ou pelo menos tão preparado quando podia, considerando as circunstâncias. Mas uma questão ainda mais fundamental e oculta emergia agora: Roosevelt e seu grupo estariam prontos para a Amazônia?

12. Demissionários, exonerados e dois coronéis

Após se desencontrarem no Rio de Janeiro, Roosevelt e Rondon finalmente se conheceram em 12 de dezembro de 1913, por volta do meio-dia, na fronteira entre Brasil e Paraguai. Rondon já estava em seu uniforme de gala branco engomado e formal de colarinho alto, aguardando o momento de serem apresentados, quando ao longe avistou a espiral de fumaça sendo cuspida pelo *Adolfo Riquelme*, embarcação militar paraguaia que se aproximava rapidamente. Enquanto esperava, escreveria mais tarde, refletiu sobre a estranheza da situação. Ali estava ele, um humilde filho dos vastos ermos do interior brasileiro, "o homem que, no sertão, frequentava as cortes dos Bororo, dos Paresí, dos Nambikwára" e subsistia nas condições mais duras, de repente lançado numa situação política complexa em que era obrigado a se submeter ao "cerimonial de apresentações habituais à diplomacia europeia"[1] e servir de anfitrião para o primeiro presidente americano — em exercício, recém-eleito ou ex — a visitar o Brasil. Mais uma vez, seus dois mundos convergiam — o mundo rústico e natural da fronteira onde crescera e os sofisticados escalões superiores do poder por onde passara a transitar.

No fim, não houve motivo para preocupação e os cerimoniais de apresentação transcorreram sem problemas. Rondon deu as boas-vindas a Roosevelt em nome do governo, apresentou seus subalternos e informou ao "ilustre hóspede" que dali em diante os brasileiros ficavam inteiramente a seu dispor. "Estava eu, entretanto, perfeitamente à vontade, pois as circunstâncias exteriores nos preparam para os acontecimentos", observou, numa passagem que também revela seu senso de hierarquia cultural. "Quando cumprimentamos à moda Bororo, estamos prontos para o forte odor de corpos nus, pintados de urucum e, em compensação, quando trocamos amabilidades na língua de Molière, somos, insensivelmente, levados a gestos e palavras de apurado requinte."[2]

Assim que os protocolos e as amenidades foram encerrados, algumas considerações práticas tiveram de ser resolvidas antes que um almoço formal fosse servido a bordo do *Nioac*, um pequeno vapor de propriedade da Companhia de Navegação Lloyd Brasileiro. Como Rondon e Roosevelt iriam dirigir-se um ao outro, e em que língua? A primeira parte foi fácil: Rondon automaticamente tratou Roosevelt pelo título militar que ele sempre apreciara, "coronel". Roosevelt amistosamente devolveu-lhe o tratamento e ao longo dos cinco meses seguintes os dois se dirigiriam um ao outro pela patente militar comum. Talvez fosse tudo um tanto rígido e formal, mas também era sinal de respeito mútuo.

A questão do idioma era um pouco mais complicada. Kermit sempre mostrara facilidade para línguas, tendo chegado até mesmo a aprender um suaíli razoável quando viajava com o pai pela África, e seu português era excelente desde que se fixara no Brasil. Assim, ele podia atuar com proficiência como intérprete quando o grupo todo estava junto ou seu pai precisava falar com algum carregador ou barqueiro. Mas o que fazer quando Roosevelt e Rondon ficavam a sós? Rondon estava longe de parecer confiante em seu domínio do inglês e Roosevelt não falava uma vírgula de português. Na correspondência com a embaixada brasileira em Washington antes da viagem, Frank Harper, secretário pessoal do ex-presidente, informara ao embaixador Domício da Gama que "quando o sr. Roosevelt estiver viajando por seu país, precisará de um intérprete para se fazer entender".[3]

Mas Rondon falava e escrevia muito bem em francês e o domínio que Roosevelt tinha dessa língua era adequado, ainda que carregando no sotaque e muitas vezes, como ele dizia, "sem tempo verbal nem gênero, como se fosse uma língua não ariana".[4] Assim, o francês se tornou o meio preferido para as comunicações diretas, sem intermediação, dos dois líderes da expedição e, com o transcorrer da viagem pela floresta e as opções cada vez mais reduzidas de material de leitura, Rondon, Roosevelt e Kermit também trocariam livros de poesia nessa língua, incluindo *La Chanson de Roland*, as obras de Eustace Deschamps, Joachim du Bellay e Pierre de Ronsard, além de leituras mais leves como a série de romances com o ladrão de casaca Arsène Lupin, criado por Maurice Leblanc.

Finalmente, havia a resolver a questão fundamental da nomenclatura, que deveria refletir as duas visões um tanto heterogêneas da empreitada binacional. Os suprimentos e equipamentos do americano tinham sido embarcados para o Brasil em caixas rotuladas COLONEL ROOSEVELT'S SOUTH AMERICAN EXPEDITION FOR THE AMERICAN MUSEUM OF NATURAL HISTORY [Expedição à América do Sul do coronel Roosevelt para o Museu Americano de História Natural], de acordo com o itinerário e os objetivos que Roosevelt e Zahm haviam concebido. Mas quando Roosevelt pisou a bordo do *Nioac*, ele e outros americanos notaram que as caixas brasileiras tinham um rótulo diferente, EXPEDIÇÃO CIENTÍFICA ROOSEVELT-RONDON. Isso, é claro, deixava os brasileiros em pé de igualdade com os americanos e enfatizava tanto o trabalho técnico sério que Rondon esperava realizar quanto sua aversão à ideia de um safári glorificado. No primeiro artigo de uma série que a *Scribner's Magazine* lhe encomendara, Roosevelt manteve a terminologia original. Mas ao conhecer Rondon e passar a respeitar seu discernimento, ele cedeu, e quando os exploradores atingiram os planaltos do Mato Grosso, em janeiro de 1914, a empreitada já era oficialmente conhecida como Expedição Científica Roosevelt-Rondon.

Rondon tinha outro problema, que talvez houvesse passado despercebido por Roosevelt. Mais de quarenta anos haviam transcorrido desde o fim da Guerra do Paraguai, mas as relações entre os dois países continuavam marcadas por memórias amargas do conflito, em que se calcula ter perecido a maior parte da população masculina do Paraguai. Estritamente falando, o protocolo exigia que o *Adolfo Riquelme* e sua equipe paraguaia entregassem o grupo de Roosevelt para Rondon e seguissem seu caminho, sem entrar em território brasileiro. Isso porque o *Adolfo Riquelme* não era uma embarcação comum, mas tanto um navio de guerra quanto um barco de lazer para uso privado do presidente. Em uma carta para casa datada de 10 de dezembro de 1913, Roosevelt o descreveu como "um vapor fluvial limpo e confortável — na teoria, uma canhoneira, na prática, um iate armado".[5] Considerando a situação instável das relações entre Brasil e Paraguai, autorizar uma embarcação oficial paraguaia em águas brasileiras, numa área que o Paraguai outrora reivindicara para si, era um ato carregado de simbolismo político.

Rondon, contudo, deixou de lado o rancor contra o país vizinho, tão comum entre os oficiais militares brasileiros da época, e pôs seus princípios positivistas em prática. Seu mentor espiritual, Raimundo Teixeira Mendes, escrevera durante mais de 25 anos diversos folhetos criticando a guerra prolongada e a política brasileira em relação a esse país: num deles, publicado em 1906, e que sabemos ter sido lido por Rondon, Teixeira Mendes descreveu a Guerra da Tríplice Aliança como "o maior dos erros do segundo Império" e defendeu uma abordagem "mais humana" em relação ao conturbado vizinho brasileiro.[6] Assim Rondon, aparentemente agindo sem orientação por escrito do Itamaraty, já no dia seguinte tomou a iniciativa de convidar a equipe paraguaia para se juntar a ele e Roosevelt a bordo do *Nioac* em um almoço de confraternização. Os paraguaios aceitaram e a refeição transcorreu sem incidentes diplomáticos. Satisfeito com o resultado, Rondon então convidou o *Adolfo Riquelme* a acompanhar o *Nioac* até Corumbá — que o Paraguai tomara do Brasil em 1865, para então manter sob ocupação por mais de dois anos; em 1913, a cidade não era menos estratégica, pois se localizava próxima ao ponto onde se encontram as fronteiras de Brasil, Paraguai e Bolívia.

Na manhã seguinte ao almoço tripartido, Rondon e Roosevelt deixaram os homens a bordo do *Nioac* e saíram para caçar. Foram acompanhados apenas por Luiz Thomaz Reis, o fotógrafo e cinegrafista de Rondon, que esperava documentar a incursão em imagens. Mas Roosevelt rapidamente vetou a ideia, sem dúvida pensando nas duras críticas que sofrera após o safári na África devido aos animais que ele e Kermit haviam matado. No fim, a caçada virou um exercício de camaradagem, com os dois comandantes se conhecendo melhor e discutindo o itinerário da expedição. Rondon notou com aprovação que Roosevelt tinha mira calma e firme e não gostava de desperdiçar balas. De volta a bordo, ficou impressionado quando o ex-presidente passou uma descompostura na tripulação brasileira do *Nioac* por abater uma biguatinga — cujo bando descansava na margem do rio, observado por ele, maravilhado — pelo simples prazer de matar.

"Para o sr. Roosevelt, era imperdoável matar qualquer animal sem um objetivo", Rondon comentou. "E, para remediar o malfeito, era necessário entregar o pássaro morto aos taxidermistas — o *Nioac* parou, e pessoas foram mandadas para apanhar a biguatinga."[7] Roosevelt, Rondon logo se deu conta, era um naturalista genuíno, alguém que "não deixava passar oportunidade de adquirir conhecimento" e "era um apaixonado devorador de livros",[8] como Rondon.

A admiração era mútua: Roosevelt ficara curioso sobre que tipo de homem era Rondon desde que o padre Zahm fora informado pela embaixada brasileira em Washington de que os americanos seriam guiados na Amazônia por um oficial do Exército "de sangue indígena, principalmente",[9] e Zahm repassara a informação para ele. "Estamos muito satisfeitos com o coronel Rondon", escreveu Roosevelt para a esposa numa carta na véspera de Natal. "Ele é muito resistente, e talhado para esse tipo de negócio por 25 anos de experiência, e fica evidente que nossa conduta constituiu para ele uma surpresa agradável; e está sobremaneira ansioso a fazer tudo ao seu alcance por nós. Todo o possível é feito para meu conforto, com esses pequenos detalhes que significam tanto para um homem de minha idade em uma viagem dura."[10]

Só que o tratamento privilegiado dispensado a Roosevelt, e até certo ponto também aos demais americanos, causou ressentimento entre alguns membros da delegação brasileira. Ninguém estava mais ressentido, escreveu Rondon, do que Fernando Soledade, o médico-chefe, um especialista em saúde pública com currículo destacado no combate a enfermidades como febre amarela, malária e doença de Chagas no Rio de Janeiro. Soledade também era um entomologista apaixonado e um atirador talentoso que ganhara a medalha de bronze nos Jogos Pan-Americanos de 1912 e conquistaria outra medalha de bronze nas Olimpíadas de 1920. Assim, quando se voluntariou para tomar parte na expedição, sua participação foi de início bem recebida pelas autoridades na capital, que ficaram impressionadas com seu conhecimento das prováveis enfermidades tropicais que a expedição poderia encontrar na viagem, bem como com suas demais capacidades. Mas ele e Rondon se estranharam logo de cara, com Rondon queixando-se de que Soledade, encorajado pela sensação de que seus serviços médicos o tornavam indispensável, era insolente, arrogante e indisciplinado.

Com a expedição recém-iniciada e a cerca de 1800 quilômetros da capital (o lugar mais confiável para encontrar um substituto de qualidade para Soledade), Rondon enfrentava uma situação difícil que começava a solapar o moral. Felizmente, ele já pensara num plano B: como parte de seu planejamento avançado, quase imediatamente ao chegar ao Rio de Janeiro, em novembro, solicitara ao alto-comando do Exército para nomear um segundo médico que pudesse acompanhar a expedição, e até sugeriu um nome: José Antônio Cajazeira, diretor do Hospital Militar em Corumbá. Isso se revelou uma jogada de extraordinária importância e sorte, pois o "nosso querido dr. Cajazeira",[11] como Roosevelt veio afetuosamente a chamá-lo, em muitos aspectos se revelaria o grande herói anônimo da Expedição Científica Roosevelt-Rondon.

Nascido na Bahia, em 3 de março de 1869, Cajazeira estudou medicina em seu estado natal e entrou para o Exército já em idade avançada. Os arquivos do Ministério da Guerra mostram que, embora tivesse começado a trabalhar em hospitais militares em 1906, ele se alistou no Exército somente em 1909, aos quarenta anos, motivado pelo interesse profundo por enfermidades tropicais e seus tratamentos. Antes de ser destacado para Corumbá, em 1913, serviu por um tempo em Óbidos, no baixo Amazonas, e São Luís de Cáceres, no Mato Grosso. Foi aí que Rondon o conheceu e aprendeu a respeitar seu profissionalismo, mas ele não estava sozinho em sua admiração. A pasta relativa a Cajazeira no Exército, embora fina, já estava coberta de elogios, como a recomendação especial feita pelo ministro da Guerra, Hermes da Fonseca, futuro presidente do Brasil, mencionando suas "inequívocas provas de inteligência, desinteressada e competente coadjuvação" e "boa vontade, dedicação, interesse e presteza no cumprimento de seus deveres".[12]

O maior problema que Rondon tinha a resolver em Corumbá, porém, não dizia respeito à equipe, mas às finanças. Desde o minuto em que chegara ao Rio de Janeiro, em novembro, fora pressionado de modo incessante a reduzir ao máximo os custos da viagem. Por exemplo, na carta formal datilografada que apontava Rondon como chefe da expedição e delineava seus deveres, emitida em 19 de novembro de 1913, Lauro Müller lhe dava poderes para "levar os auxiliares que julgar conveniente", uma ordem bastante ampla. Mas Müller depois riscou a última palavra, escrevendo no lugar que Rondon tinha autorização de levar os que fossem "indispensáveis"[13] à empreitada, uma mudança de ordens que restringiu de maneira significativa sua autonomia.

Na mesma carta, porém, Müller estipulava também o seguinte: "É escusado dizer que o governo federal espera que V. S. se esforçará por proporcionar a Mr. Roosevelt o possível conforto e necessária segurança pessoal durante aquele trajeto". Mas como esperavam que ele cuidasse disso se tinha ordens de enxugar o orçamento da expedição? Essa questão o atormentara durante um mês, e, ao chegar a Corumbá, a pressão aumentou ainda mais. Rondon enviara mensagens ao Itamaraty diariamente, informando Müller de todos os acontecimentos relevantes, e agora, apenas cinco dias após ser apresentado a

Roosevelt, ele recebia uma resposta preocupante: "Tenho recebido seus telegramas que agradeço", começava o velho amigo, antes de rapidamente passar ao ponto principal, expresso na usual concisão de um telegrama, "insistindo [na] necessidade [de] abreviar expedição a vista [das] dificuldades financeiras atuais".[14] Müller sugeria também que o estado do Amazonas, usando a receita dos impostos acumulados durante o boom da borracha, pudesse ser convencido a ajudar a financiar a expedição, mas queria que Rondon assumisse o contato com o governo em Manaus.

Dessa forma, Rondon ficou numa encruzilhada. Em um esforço patriótico de reduzir custos, ele já recusara o oferecimento do Itamaraty de pagar gratificações para ele e seus homens, dizendo ao secretário de Müller que "já recebia vencimentos como oficial do Exército e que, portanto, seguiria para a expedição com esses vencimentos".[15] Por outro lado, o Ministério das Relações Exteriores não demonstrara tanta consideração em fornecer "a totalidade de fundos necessários", pois Rondon chegou a Corumbá e descobriu que parte do dinheiro prometido para cobrir as despesas da expedição não chegara. Na verdade, era bem provável que nem tivesse sido despachado. Isso o forçou a fazer duas coisas que abominava: adquirir suprimentos, equipamentos e animais de carga a crédito, usando seu nome como fiador, e mexer na verba que o Congresso destinara à Comissão do Telégrafo e ao Serviço de Proteção aos Índios. De fato, não é exagero dizer que os povos indígenas do Brasil pagaram ao menos uma parte da viagem de Roosevelt à Amazônia, uma vez que levaria anos para o Itamaraty reembolsar Rondon de parte do dinheiro que ele adiantara.

A situação de Rondon ficou ainda mais complicada quando Botelho de Magalhães, que fora apontado como o intendente da expedição, informou-o com precisão do total de equipamentos que os americanos trouxeram dos Estados Unidos, parte do qual já fora enviado de antemão por terra para futuros pontos de parada. O lado brasileiro tinha 37 contêineres: "nove de barracas de campanha, um com as tabuletas designativas dos rios Roosevelt e Kermit e 28 com gêneros destinados à alimentação do pessoal da tropa e com suas respectivas bagagens", escreveu Botelho de Magalhães. Por outro lado, o contingente americano, muito menor, tinha 99 contêineres, pesando cerca de cinco toneladas, "quase todos eles eram constituídos de substâncias alimentícias".[16] Em um gesto tão sutil quanto eloquente, Botelho de Magalhães indicou seu espanto com essa informação escrevendo um ponto de exclamação entre parênteses depois de informar a quantidade: (!).

O resultado disso foi que teriam de obter mais animais de carga e mobilizar mais soldados para transportar e proteger as provisões na trilha, o que significava gastar mais dinheiro. Dividido entre as exigências contraditórias da sovinice do Itamaraty e a extravagância dos americanos, Rondon escolheu a opção que causaria menor embaraço para o Brasil e para si mesmo. Dar meia-volta estava fora de cogitação e a expedição prosseguiria exatamente como no plano original, sem economizar nas necessidades.

Os americanos estavam ansiosos para deixar Corumbá, especialmente Cherrie e Miller, que haviam chegado ali quando Roosevelt e sua família ainda viajavam pela Argentina e haviam coletado todos os espécimes que podiam. Mas Roosevelt também estava impaciente para dar andamento à viagem; um naturalista acima de tudo, não queria ficar atolado nos convites para ocasiões sociais, que não paravam de chegar. Rondon, porém, achava-se de mãos atadas: ele sabia que a expedição não poderia prosseguir até os problemas logísticos serem resolvidos e o alto-comando no Rio aprovar formalmente a transferência de Cajazeira para a equipe médica. No fim, a despeito dos resmungos de Roosevelt, os exploradores tiveram de passar pouco mais de uma semana em Corumbá, retomando a viagem apenas no Natal de 1913.

Novamente a bordo do *Nioac*, eles em pouco tempo adentravam a região do Pantanal onde Rondon tinha nascido. Ele regalou Roosevelt e os outros com histórias de sua infância e seus conhecimentos sobre a fauna e a flora locais. Havia paradas frequentes também para excursões de caça e coleta de espécimes, bem como nas fazendas, onde os homens faziam lautas refeições, com os coronéis locais tentando superar uns aos outros na acolhida. Em 28 de dezembro, foram recebidos pelo governador do Mato Grosso, Joaquim Augusto da Costa Marques, acompanhado de uma banda do Exército e diversos dignitários, que haviam viajado de Cuiabá por barco.

Chegando à fazenda, aconteceu algo embaraçoso que acabou aumentando ainda mais a popularidade de Roosevelt entre os brasileiros. A banda levada ao local "deveria executar os hinos nacionais do Brasil e dos Estados Unidos, na presença das personalidades", relataria anos depois Botelho de Magalhães. "Executou, porém, depois do nosso hino nacional, uma canção popular do Sul dos Estados Unidos" — "Dixie" —, adotada como hino nacional pelos rebeldes escravocratas dos Estados Confederados durante a sangrenta Guerra Civil Americana. Quando souberam da escorregadela, Rondon e os outros brasileiros ficaram sem jeito. Mas "Roosevelt não se aborreceu", lembrou Botelho de Magalhães. "Pelo contrário, divertiu-se com o episódio", deu uma grande gargalhada, e assim um incidente potencialmente constrangedor foi contornado.[17]

Com o passar dos dias, um rio emendava no outro: o Paraguai, o São Lourenço, o Cuiabá, todos eles na cheia. "O pantanal, invadido pelas águas como sempre nessa época, era um imenso lago de superfície serena a refletir as belíssimas palmas das carandás e os uacaris de fuste esbelto, lançado para o alto", relatou Rondon, talvez mais orgulhoso do que nunca por ser nativo de um lugar tão fora do comum. "A vida de toda aquela dilatada região se concentrava nos encantadores refúgios emergidos da portentosa inundação. E, na espessura dos arvoredos, vagueava o jaguar famulento, enquanto, pelas ramadas, saltavam grotescos bugios ou pousavam negros bandos de biguás, em contraste com as alvíssimas garças."[18]

Rondon com menino Paresí, c. 1910. *Tu Fui Ego Eris.* (Eu fui, você será.)

Rondon e família, c. 1902.
Da esq. para a dir.: Benjamin, Aracy, Chiquita (no centro), Rondon e Clotilde.

Rondon, futuro patrono da Arma de Comunicações do Exército, quando ainda era major destacado no 5º Batalhão de Comunicações, na primeira década do século XX.

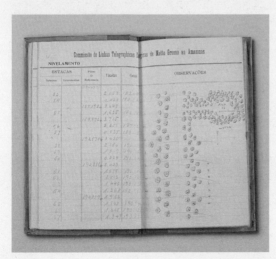

Duas páginas de uma das dezenas de cadernetas de campo da Comissão Rondon, mostrando o detalhamento das anotações para a execução dos trabalhos. No caso, essas anotações se referem ao nivelamento da linha-tronco da estação telegráfica de Utiriati.

Os quatro expedicionários que foram atacados a flechadas pelos Nambikwára, em 1907. Da esq. para a dir.: um batedor indígena, provavelmente Domingos Paresí, Rondon, João Salustiano Lyra e o fotógrafo Luiz Leduc.

Trabalhos da Comissão Rondon na construção das Linhas Telegráficas Estratégicas de Mato Grosso ao Amazonas. Ao centro, a faixa destacada para a estrada de rodagem. Como se vê, para proteger a linha, era necessário derrubar aproximadamente vinte metros de floresta de cada lado da futura estrada.

Trabalhadores da Comissão Rondon esticando o fio da linha telegráfica que passa sobre o rio. Para esse serviço era necessário o uso de embarcações conhecidas como batelões. Noroeste de Mato Grosso (hoje Rondônia), 1911. Foto de Joaquim de Moura Quineau.

Trabalhadores da Comissão Rondon responsáveis pelo serviço de esticamento do fio, voltando para o acampamento e atravessando uma ponte precária. Noroeste de Mato Grosso (hoje Rondônia), 1911. Foto de Joaquim de Moura Quineau.

Estação telegráfica de Utiriati, na então despovoada planície de Mato Grosso, e seus funcionários. Início da década de 1910. Foto de José Louro.

Almoço no acampamento durante a primeira fase da Expedição Científica Roosevelt-Rondon. As refeições eram servidas no couro estendido no chão, e havia cadeiras apenas para os chefes. Note-se, porém, que o padre Zahm também exigiu essa regalia. Da esq. para a dir.: Zahm, Rondon, Cherrie, Kermit Roosevelt (no couro), Miller, Stigg, o geólogo brasileiro Eusébio de Oliveira, Lyra, Roosevelt e Fiala (com o prato e a colher nas mãos). Janeiro de 1914. Foto de João Salustiano Lyra.

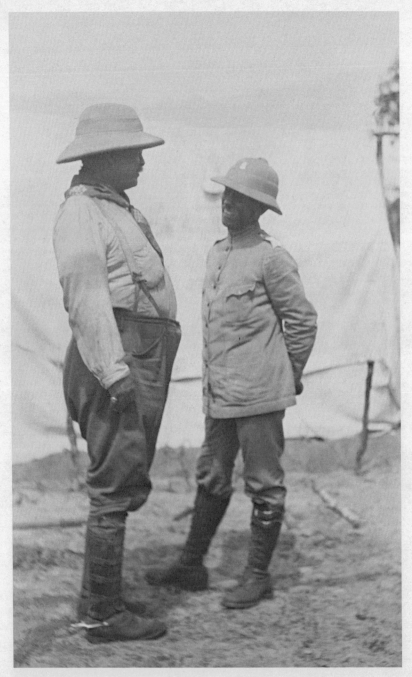

Os dois chefes da Expedição Científica Roosevelt-Rondon, num momento descontraído no acampamento de Tapirapuã, em janeiro de 1914. Foto de George K. Cherrie.

Rondon, na nascente do rio da Dúvida, verificando o estado dos equipamentos, horas antes de começar a descida do rio com Theodore Roosevelt, 27 de fevereiro de 1914. Note-se a presença dos fardos de buriti amarrados nas laterais das canoas para melhorar a precária flutuabilidade das embarcações. Foto de Leo Miller.

Exaustos, Roosevelt, Rondon e demais membros da expedição posam diante do marco do rio que leva o nome do ex-presidente. Da esq. para a dir.: Cherrie, Lyra, Cajazeira, Theodore Roosevelt, Rondon e Kermit Roosevelt (vestindo camisa militar brasileira porque toda a roupa dele foi consumida pelos insetos). No fundo, as bandeiras do Brasil e dos Estados Unidos e três dos treze canoeiros que sobreviveram à descida do rio da Dúvida. Foto de Antônio Pyrineus de Souza, 27 de abril de 1914.

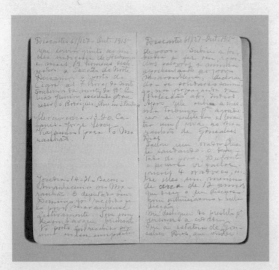

Anotações de Rondon em seu diário de campo do ano de 1915. Note-se que ele usa tanto a data do calendário positivista quanto a do calendário convencional, dando prioridade à primeira.

O levantamento diário da bandeira brasileira no acampamento sempre foi acompanhado pela execução do hino nacional. Imbuído de forte dever cívico, Rondon insistia nas cerimônias patrióticas até nos rincões mais afastados da pátria. Foto de Benjamin Rondon, final da década de 1910.

Durante as explorações, Rondon sempre deixou presentes para os índios na mata. Ou para ganhar a confiança e a amizade deles ou para retribuir presentes ou a gentileza deles. Na foto, Rondon examina alguns presentes. Foto de Benjamin Rondon, final da década de 1910.

Rondon e padre Cícero Romão Batista, Juazeiro do Norte, Ceará, novembro de 1922, rodeados pelos outros dois integrantes da Comissão de Inspeção de Obras do Nordeste, o ministro Ildefonso Simões Lopes e o ex-deputado Paulo de Moraes Barros.

Rondon e seu Estado-Maior no Paraná, em 1925, durante a campanha de Catanduvas contra os rebeldes tenentistas liderados por Miguel Costa e Luiz Carlos Prestes, sublevação que seria a semente da futura Coluna Prestes.

Rondon, já general de duas estrelas, com Chiquita, filhas, genro e netos, meados dos anos 1920.

As forças federais comandadas por Rondon, início de 1925. "Nossa artilharia fez infelizmente grandes estragos em Catanduvas", escreveu Rondon. E concluiu: "Dura contingência!".

Rondon hasteando a bandeira brasileira no topo do monte Roraima em 29 de outubro de 1927, onde convergem as fronteiras de três países: Brasil, Venezuela e Guiana Inglesa (hoje Guiana). Ele está rodeado de outros integrantes da primeira expedição de Inspeção de Fronteiras, incluindo índios da região e dois cientistas estrangeiros. "Sua pessoa é tida quase como um deus" entre os indígenas, declarou um dos cientistas, maravilhado. Foto de Benjamin Rondon.

Rondon com três índios Tiriyó em 1928, durante sua segunda expedição de Inspeção de Fronteiras. No Pará, na fronteira entre Brasil e Guiana Holandesa (hoje Suriname), perto da serra do Tumucumaque.

Rondon mostrando seu relógio para o encantado chefe de um grupo de índios na fronteira Brasil-Suriname, durante a segunda expedição de Inspeção de Fronteiras, 1928.

Rondon com Getúlio Vargas no Palácio do Catete, Rio de Janeiro, 16 de agosto de 1940. Dias antes, Vargas tinha voltado da ilha do Bananal, da primeira viagem de um presidente brasileiro ao Centro-Oeste (e também a uma área indígena). Para não ser ofuscado durante a visita, decidiu deixar Rondon no Rio de Janeiro, mas, ao voltar, buscou mais informações do "grande sertanista" sobre os povos indígenas de Goiás e Mato Grosso.

Numa mostra pública de apoio à candidatura de Rondon para o prêmio Nobel da Paz, o então presidente Juscelino Kubitschek visita "o general pacifista", recentemente promovido a marechal, em seu apartamento no Rio de Janeiro, em 31 de outubro de 1956. Juscelino também procurava — e obteve — o apoio irrestrito de Rondon para o seu polêmico projeto de construir uma nova capital, Brasília.

Para Rondon, a única mancha nesse interlúdio idílico era saber que mais uma vez não estaria presente em um acontecimento muito importante para sua família, no Rio de Janeiro. A devoção ao dever o levou a se ausentar do nascimento de todos os sete filhos; agora, graças a uma força maior chamada Roosevelt, ele não poderia comparecer ao casamento de Aracy, sua filha mais velha. Com 21 anos, ela iria se casar com Emmanuel Amarante, um dos ajudantes favoritos de Rondon, que, ainda por cima, não pôde participar da expedição, como Rondon desejara. Na hora do almoço de 27 de dezembro, o dia em que os jovens se casavam, numa cerimônia mais para católica do que positivista, o capitão do *Nioac*, seguido de Roosevelt, ergueu a taça e ofereceu um brinde à felicidade dos recém-casados.

Em 5 de janeiro, os viajantes deixaram o Pantanal e chegaram à noite a São Luís de Cáceres, o último povoamento de alguma importância que encontrariam até Manaus. Durante o dia, já haviam observado a mudança de terreno: colinas baixas começaram a pontilhar a paisagem aqui e ali e a vegetação se adensou, embora interrompida por pequenas clareiras onde se podia avistar modestas cabanas. Mas a chegada ao vilarejo claramente marcou o fim do primeiro, e mais fácil, estágio da expedição. Ninguém duvidou disso após o comandante do quartel informar que quatro homens que Rondon planejava levar na fase seguinte não estavam mais disponíveis: três tinham morrido afogados quando exploravam o rio Ji-Paraná e o quarto, o capitão Cândido Cardoso, antigo membro resoluto e leal da Comissão da Linha Telegráfica, contraíra beribéri e também falecera. Mas o tenente João Salustiano Lyra, que Rondon encarava como o segundo em comando na ausência de Amarante, chegara são e salvo da floresta e agora se juntava à expedição.

De agora em diante, Rondon advertiu aos americanos, não haveria mais excursões a "bordo de navios pequenos, mas confortáveis: boa mesa, noites agradáveis em redes penduradas no tombadilho, sem mosquitos".[19] Durante os próximos dias, viajariam em lanchas pequenas e simples embarcações de madeira cuja única proteção contra a intempérie era uma rústica cobertura de lona. Depois disso, aconselhou ele, os exploradores fariam o percurso por terra até o rio da Dúvida, ao longo de centenas de quilômetros: a cavalo, em mulas e a pé, na maior parte do tempo acompanhando o caminho da linha telegráfica. Quando voltassem à água, ao final dessa viagem em terra firme, seria em canoas, não em alguma embarcação moderna. Os novatos tinham sido prevenidos: quando Rondon perguntou em tom de brincadeira ao cozinheiro do *Nioac*, cujos talentos culinários haviam agradado tanto brasileiros quanto americanos, se não gostaria de continuar a acompanhá-los na viagem pela selva, o homem respondeu nessa mesma veia espirituosa: "Senhor! Nada fiz que mereça tal castigo!".[20]

Dois dias depois, a expedição montou acampamento pela primeira vez em um atracadouro ribeirinho conhecido como Porto Campo, dando início a uma rotina que seria repetida, com pequenas variações, no decorrer das próximas oito semanas. Primeiro, as barracas eram erguidas, com as de Roosevelt e Rondon sobre um piso de madeira no centro e as demais dispostas em torno. Numa área aberta diante das barracas dos chefes, dois mastros de madeira eram instalados para as bandeiras. Como a expedição era tecnicamente uma empreitada militar, pelo menos por parte dos brasileiros, Rondon insistiu que "mesmo nos dias mais duros"[21] tanto a bandeira brasileira quanto a americana fossem hasteadas pela manhã e recolhidas ao anoitecer, ao acompanhamento de uma corneta e com todos os homens presentes, embora normalmente sentados, e não de pé, em formação.

Rondon, o eterno madrugador, começava o dia sempre que possível dando algumas braçadas onde quer que houvesse lugar perto do acampamento para nadar. Depois de soar a alvorada e os demais estarem vestidos e perfilados, ele lia a ordem do dia que preparara enquanto o restante da expedição continuava na cama. Resumia brevemente as atividades dos dias recentes, anunciava em seguida os objetivos dos dias seguintes e distribuía incumbências para todos os membros da equipe. Ele fez isso regularmente até o fim da expedição, ignorando o aspecto repetitivo de seu procedimento: como a cerimônia de hasteamento das bandeiras, ler a ordem do dia era uma maneira de impor estrutura, regularidade e ordem — algumas das principais características da civilização — em um ambiente que poderia facilmente descambar em caos.

No acampamento, toda a comida era preparada por um cozinheiro brasileiro, o França, com todos fazendo as refeições juntos. Costumava ser uma prática de Rondon em expedições anteriores que as diferenças de status e patente fossem ignoradas na hora do rancho: os oficiais, recrutas e locais em geral comiam lado a lado ou sentados em volta de um grande couro de boi estendido no chão que servia de mesa. Desde o começo, Kermit e Cherrie adquiriram o hábito de encerrar o dia tomando um pouco de uísque, mas a única concessão de Rondon a bebidas estimulantes era o mate. No mais, ele desencorajava o consumo de álcool. Depois de comerem e com o cair da noite, os membros da expedição, como incontáveis gerações de viajantes antes deles, se reuniam ao redor do fogo crepitante para contar histórias.

As prediletas dos brasileiros, claro, eram as histórias que lhes pareciam mais exóticas. Rondon notou a impressão particularmente forte deixada pelos relatos de Fiala de suas aventuras no Ártico, como quando ficou preso em uma barraca sob a nevasca ululante enquanto ursos-polares perambulavam em volta do acampamento esperando a chance de devorar qualquer um que fosse tolo o bastante para se aventurar do lado de fora. Roosevelt também tinha histórias para contar, mas, como Rondon observou com aprovação, não tentava monopolizar a conversa, e também mantinha distância absoluta de qualquer discussão sobre política e seus anos na Casa Branca; quando queria narrar algum "causo", era sobre seus anos como caubói no Oeste bravio, combatendo em Cuba, ou caçando nas montanhas Adirondacks e na África.

Mas, como descobririam, Cherrie tinha as histórias mais pitorescas. Certa vez, quando procurava pássaros raros no Peru, ele escutara um ruído às suas costas na trilha e, ao virar, deparou-se com um caçador ilegal com quem tivera um desentendimento, apontando uma escopeta em sua direção. Imediatamente, sacou o rifle pendurado no ombro e matou o homem, mas não antes de o outro atirar e atingir seu braço, quebrando alguns ossos e rompendo tendões. Ele sobreviveu improvisando um torniquete e pegando um barco para o vilarejo mais próximo onde houvesse um médico. Isso explicava a feia cicatriz no seu braço direito, bem como o ocasional tremor em sua mão. E em suas extensas viagens aos países vizinhos ao Brasil, ele não se limitou a coletar espécimes: também traficou armas para grupos rebeldes e até combateu em revoltas contra ditadores na Venezuela e na Colômbia. Era, em outras palavras, um sujeito rijo, engenhoso e estoico, exatamente o tipo de homem que se poderia querer numa empreitada perigosa como a Expedição Roosevelt-Rondon.

Por outro lado, a relação estremecida do dr. Soledade com os demais membros da expedição, especialmente Rondon, azedou de vez. Durante os estágios iniciais da viagem, Rondon passou constantemente seu pessoal (militares e civis) de uma unidade de obras para outra, avaliando com muito cuidado o desempenho geral e observando a química, ou a falta dela, entre os membros de cada equipe, tudo parte do processo de selecionar o melhor grupo possível a ter o privilégio de descer o rio da Dúvida. Em uma ordem do dia lida após a chegada a Tapirapuã, em meados de janeiro, Rondon anunciou que Cajazeira, e não Soledade, a despeito de seu renome, acompanharia Roosevelt e Rondon na viagem; Soledade foi então destacado para um grupo secundário sob o comando de Botelho de Magalhães. A humilhação pública deixou o médico ressentido, mas Rondon não voltou atrás.

À medida que a expedição progredia, outras questões de protocolo, diplomacia e egos inflados vieram à tona e precisaram ser abordadas. Por exemplo, Rondon, contrariando seu costume, ofereceu uma cadeira dobrável de lona para Roosevelt se sentar em torno da fogueira e durante as refeições, querendo que o "ilustre hóspede" ficasse o mais confortável possível. Roosevelt, no entanto, ficou relutante em ser o objeto dessa consideração especial e pediu que fosse tratado como qualquer outro. A solução de Rondon foi encontrar outra cadeira de lona e se sentar também. Mas então o padre Zahm, que até o envolvimento de Rondon havia certamente pensado em si mesmo como colíder da expedição, também quis uma, de modo que uma terceira cadeira teve de ser providenciada.

Roosevelt, por sua vez, estava se revelando uma ótima companhia, afável e estoico, e não demorou a conquistar a afeição dos brasileiros. Ele bombardeava seus anfitriões com perguntas sobre todos os aspectos da vida selvagem local, para grande prazer de todos, e queria saber tudo sobre os povos indígenas que a expedição em breve encontraria: culturas, religiões, rituais, arranjos matrimoniais e familiares etc. Também ficou apaixonado por canja de galinha e pedia o prato onde quer que estivessem. "Na travessia, em falta de galinha, mandava eu preparar canja com mutum, jacu e outros galináceos da floresta", Rondon escreveu.[22]

Ocasionalmente, porém, Roosevelt ficava impaciente com o ritmo vagaroso da expedição ou com o que via como omissão brasileira em lhe repassar informações. Em 20 de janeiro, por exemplo, chamou Botelho de Magalhães de lado para se queixar de uma súbita mudança de planos, sabendo que ele, o homem de maior confiança de Rondon, transmitiria a objeção imediatamente para o chefe. Roosevelt estava disposto, registrou Magalhães em seu diário, a fazer "o que fosse mais agradável" para os brasileiros, mas insistia "que houvesse toda a franqueza com ele e o prevenissem com antecedência de tudo", especialmente quaisquer atrasos. Botelho de Magalhães colocou isso na conta da inexperiência do americano em uma exploração amazônica e educadamente lhe comunicou o fato: "Só hoje mesmo é que fora possível preveni-lo, pois que no sertão nem sempre se pode prever", afirmou, segundo escreveu em seu diário. (Quando conversavam, observou também Botelho de Magalhães, um dos cachorros da expedição se aproximou e Roosevelt lhe pespegou um chute no lombo. "E o pontapé veio aqui para o meu diário, sem comentário.")[23]

Como Tapirapuã era onde a Comissão do Telégrafo mantinha seu quartel-general, a expedição fez uma pausa ali por vários dias para se reabastecer e reagrupar. Rondon e seus homens organizaram os animais de carga para a longa jornada enquanto Cherrie e Miller, acompanhados por Kermit, coletaram mais espécimes. A essa altura, os naturalistas haviam acumulado mais de mil aves e 250 mamíferos, a maioria deles desconhecidos. Na parada seguinte, em Utiariti, um povoamento com algum recurso, eles foram devidamente preservados, catalogados e preparados para serem enviados a Nova York com Frank Harper. O secretário particular de Roosevelt adoecera com malária e decidira que a natureza indomável do Mato Grosso não era para ele. Insistiu em obter permissão para ir para casa e assim se tornou a primeira desistência no lado americano.

O dia 23 de janeiro foi um divisor de águas, literalmente. Subindo o planalto, e parando às vezes para virar e dar um último vislumbre da longínqua fronteira norte do Pantanal, a expedição cruzou uma divisória continental. Todos os rios que haviam sido avistados e atravessados fluíam para o sul, desaguando no Paraguai, depois no rio da Prata e, finalmente, no sul do oceano Atlântico. Mas, daí em diante, todas as águas fluiriam para o norte, em direção ao maior rio do mundo, um volume de água tão imenso que os brasileiros o chamam de "rio-mar". Cinco semanas depois de partirem juntos, os exploradores finalmente adentravam a Bacia Amazônica.

Embora a expedição estivesse pouco a pouco avançando rumo a seu objetivo, as constantes reclamações do dr. Soledade estavam se tornando um problema incontor-

228

nável. Cada vez mais irritado, Rondon decidiu pôr um fim ao que via como um desafio tanto à sua autoridade quanto à conclusão bem-sucedida da expedição. Chegando a Salto da Felicidade, em 24 de janeiro, ele dispensou Soledade e avisou o restante do contingente brasileiro que todos os insatisfeitos com a deferência mostrada para com os hóspedes americanos eram bem-vindos para acompanhar o médico. Dois especialistas da área técnica, um botânico e um taxidermista também desistiram, assim como o normalmente imperturbável Luiz Thomaz Reis, frustrado com as restrições de Roosevelt às oportunidades de fotografá-lo e filmá-lo.

Rondon ficou furioso com a embaraçosa situação e atribuiu a culpa exclusivamente a Soledade, que acusou de leviano e descreveu como o "autor da revolta" contra o tratamento preferencial concedido a Roosevelt em conformidade com as ordens recebidas dos escalões mais elevados do governo. Em um ríspido telegrama confidencial enviado a Lauro Müller, ele exprobrou Soledade severamente, explicando para seu velho amigo que a mensagem era "para vos evitar maiores desgostos"[24] na eventualidade de o médico começar a espalhar histórias difamatórias sobre a expedição e seus líderes quando chegasse à capital.

Soledade "empenhou-se sem ser convidado para fazer parte da expedição", Rondon contou a Müller. "Só serviu aqui para dificultar a minha missão diplomática acarretando a todos nós sérios dissabores por fim revoltando-se contra as minhas disposições resultantes da vontade do cel. Roosevelt e consigo arrastando os companheiros [...] à desobediência e insubordinação." Soledade também era, insinuava Rondon, culpado de covardia: "Houve pânico na cabeça dos demissionários diante de tanta dificuldade que criavam verdadeira fantasia filha da fraqueza e quiçá do medo que o grande sertão desperta no cérebro dos fracos".

Embora o "procedimento incorreto dessa turma", acrescentou Rondon, "muito me contrariou e encheu de indignação [a] todos membros expedição inclusive col. Roosevelt", ele esforçou-se para assegurar a Müller que Roosevelt não se ofendera com a situação. "Cel. Roosevelt felizmente tudo compreendeu [e] continua sua espinhosa expedição confiante no apoio que o governo lhe dispensa desta marcha vitoriosa."[25] De fato, Roosevelt jamais mencionou o incidente desagradável no relato da expedição que publicou no ano seguinte (um futuro best-seller) — tampouco o fez Rondon em suas memórias ou em qualquer de suas inúmeras conferências ou coletivas de imprensa sobre suas andanças com o ex-presidente. A menção ao episódio teria arranhado a imagem do Brasil, algo que os líderes da expedição queriam evitar.

A essa altura, estava claro para todos que o padre Zahm representava igual fardo. Na verdade, o consideravam até um mandrião. "Na expedição inteira, todo mundo trabalha duro, exceto nosso caro padre Zahm", escreveu Roosevelt para Edith. O veredicto de Kermit foi ainda mais duro: Zahm, escreveu ele em seu diário, era simplesmente "o tipo mais comum de tolo".[26] A gota d'água, porém, parece ter ocorrido durante a pesada jornada de Tapirapuã a Utiariti: Zahm mostrou tamanha dificuldade em cavalgar e se queixou de tal forma que Rondon ordenou ao dr. Cajazeira que o acompanhasse, na eventualidade de surgir algum problema médico. Assim, quando dois caminhões apareceram de repente, carregados com suprimentos para a parada seguinte, pareceu típico de Zahm que, em vez de continuar com os outros a cavalo, esmolasse uma carona com o motorista de um dos veículos, que o inventivo Amarante, dois anos antes, adaptara especialmente para serem utilizados na região.

A extensa planície verdejante, interrompida apenas por ocasionais grupos de árvores, em teoria deveria ter constituído terreno ideal para o uso de carros e caminhões — que haviam acabado de ser introduzidos no interior brasileiro —, mesmo sem estradas. O solo ali era arenoso, porém, e os veículos não conseguiam obter a tração necessária para rodar de maneira adequada. Mas em 1912 Amarante pensara numa solução engenhosa para o problema: amarrar uma série de ripas de madeira e prendê-las às rodas dos veículos de modo a funcionarem como uma esteira articulada. Os americanos nunca tinham visto algo parecido e ficaram admirados com sua criatividade, como lemos em seus diários. Quando voltaram para casa e seus livros foram publicados, o ano era 1916 e o tanque acabava de ser introduzido na Primeira Guerra Mundial, como um recurso na guerra de trincheiras. Era "um dispositivo inteiramente original e satisfatório",[27] Rondon declarou em outubro de 1915, argumentando que Amarante fora o inventor do tanque.

O plano original havia sido enviar apenas Cherrie e Miller — a essa altura com uma coruja de estimação chamada Moisés, que o acompanhava a toda parte — na boleia de um dos caminhões equipados com a lagarta. Isso permitiria aos naturalistas mais tempo para coletar espécimes e processá-las adequadamente em Utiariti, um trabalho que se mostrava difícil quando estavam em constante movimento. Os dois iam acompanhados de um motorista negro que, como os dois americanos observaram em seus diários, revelou-se extremamente hábil não só em lidar com problemas de motor como também em liberar o veículo quando ficava atolado na areia ou na lama.

No entanto, o padre Zahm, após insistir em um lugar para si e para Jacob Sigg a bordo do outro caminhão, parecia, como Rondon notou em seu diário, contrariado e incomodado de precisar se sentar ao lado de um motorista que não era branco. A opinião que Rondon fazia de Zahm piorou ainda mais, e vice-versa: numa carta a Roosevelt após o fim da expedição, o padre se queixou de ser colocado ao lado de "um negro ignorante e negligente" que demonstrou "sua incompetência de muitas formas"[28] durante o trajeto, que durou três dias em vez de um, como previsto por Rondon. Zahm demonstrou todo o seu ressentimento quando afirmou acreditar que Rondon o menosprezara deliberadamente, e é bem possível que estivesse correto nessa suposição.

Em seguida, quando Rondon e Roosevelt chegaram a Utiariti, dias depois, o padre acrescentou mais um prego ao seu caixão ao aventar uma ideia tão ridícula quanto insultuosa: para aliviar o desconforto da viagem, dali em diante ele queria ser transportado em uma padiola, que seria transportada por quatro fortes guerreiros Paresí.

Rondou ficou profundamente contrariado com a sugestão, e Roosevelt e os demais americanos, muito constrangidos com o que percebiam ser um insulto ao colíder da expedição. "Pois não cometerá você tal atentado aos princípios de meu caro coronel Rondon", disse Roosevelt para o padre, enquanto Rondon o observava em silêncio. Mas Zahm insistiu. "Índio foi feito para carregar padre", disse ele a Roosevelt mais tarde, longe dos ouvidos de Rondon. "Já me servi muitas vezes de semelhante meio de condução" em lugares como o Peru, onde os índios achavam a tarefa "uma virtude considerada digna de ser disputada".[29]

Em duas conferências sobre a expedição que faria no Rio de Janeiro em outubro de 1915, Rondon tentou minimizar o incidente adotando um tom irônico, comentando "a admiração de nosso interlocutor"[30] com a reação negativa dos demais membros da expedição. Mas não conseguiu disfarçar seu desprezo. "Se pretendemos preparar os homens para se incorporarem na nossa sociedade e tornarem-se nossos concidadãos", diria a um público seleto de mais de mil pessoas no Teatro Fênix do Rio de Janeiro, incluindo vários membros do governo, "não temos outra coisa a fazer senão perseverarmos na prática do método até agora seguido no Brasil" pelo Serviço de Proteção aos Índios. "Se, porém", prosseguiu, "o nosso intuito é criar servidores de uma sociedade restrita e especial, o melhor caminho a seguir é o que foi aberto pelas reduções jesuíticas."[31]

Como se não bastasse, o padre Zahm se tornara um tormento para os Paresí, em cujo território a expedição acabara de penetrar. Ele se vangloriava do sucesso de suas tentativas de catequizar os membros da tribo, para o quase absoluto desdém dos demais americanos, e prometia pregar energicamente o evangelho em "terras Nambikwára" à medida que a expedição avançasse para noroeste. Isso, é claro, era quase como desafiar os regulamentos do Serviço de Proteção aos Índios, criado por ninguém menos que o próprio Rondon. A política do SPI na questão era clara: os povos indígenas eram livres para praticar sua fé tradicional ou adotar qualquer outra (fosse o catolicismo, fosse o protestantismo), mas não podiam ser levados a isso pela intimidação. Zahm fazia pouco desse princípio na frente de Rondon, mas o brasileiro hesitava em tomar uma atitude por medo de ofender os visitantes americanos e arranhar sua imagem de anfitrião generoso e tolerante.

"Não fizera eu objeção alguma", explicou Rondon anos depois em suas memórias. "Embora o Serviço de Índios não cuidasse de catequese, respeitando a liberdade espiritual e o modo de ser dos índios sob sua proteção, não impedia outros tentarem chamá-los às suas crenças, desde que não os constrangessem. E padre Zahm fizera proezas. Estava entusiasmado e decidido a prosseguir em sua catequese." Na verdade, depois que a sugestão da padiola foi vetada, ele decidiu permanecer em Utiariti e afirmou a Rondon que "quando voltarem encontrarão bom número de índios batizados".[32]

No fim, Roosevelt deu um jeito na situação cada vez mais desagradável, chamando o padre Zahm em sua barraca em Utiariti em 1º de fevereiro. "Como o senhor parece incapaz de continuar cavalgando, deve regressar a Tapirapuã imediatamente, e Sigg o acompanhará",[33] avisou secamente, embora abstendo-se de mencionar o verdadeiro motivo de sua decisão. O padre Zahm parece ter objetado, pois Rondon descreveu o diálogo entre os dois americanos como marcado por "palavras acaloradas".[34] Evidentemente temendo que Zahm pudesse criar caso, fazer algum barulho na imprensa ao voltar ao Rio ou disseminar um relato ainda mais falso em que se eximia de toda a culpa no episódio quando chegasse aos Estados Unidos, Roosevelt também tomou a precaução de preparar um abaixo-assinado explicando o que estava sendo feito e as razões para tal.

"Todos os membros da expedição são da opinião de que para o sucesso e bem-estar da empreitada é essencial que o padre Zahm parta imediatamente e volte para terras colonizadas", escreveu.[35] Um rascunho do documento mostra que Roosevelt originalmente escreveu "todo membro americano da expedição", mas quanto maior a quantidade de insatisfeitos, melhor, de modo que os brasileiros também foram citados. Nove pessoas assinaram a versão final, incluindo Rondon e os demais oficiais brasileiros. Até Sigg assinou.

"O dr. Zahm deixou T. R. exasperado!",[36] escreveu Cherrie em seu diário, a título de explicação. Com a parte mais difícil da expedição ainda por começar e com o moral dos homens em risco, os dois líderes já haviam achado necessário tomar uma atitude decisiva para se livrar dos descontentes.

13. Chuvas e caixas, caixas e chuvas

Após a expulsão do padre Zahm — que não tardou a partir com destino a São Luís de Cáceres e, finalmente, Nova York, acompanhado por Jacob Sigg —, Anthony Fiala também ficou na corda bamba. No caso de Sigg, como muitos brasileiros eram capazes de oferecer os serviços que supostamente seriam sua especialidade, sua presença era supérflua, sem mencionar que ele acabou pagando o preço por sua ligação com o padre. Mas a situação de Fiala era mais complicada: trabalhava com afinco, cumpria suas funções sem reclamar, era além disso um contador de histórias nato, coisa que o tornou popular entre os demais, porém não era imprescindível. Assim, depois que o acampamento foi montado, no dia 4 de fevereiro, Roosevelt chamou Fiala e lhe transmitiu a má notícia: também estava sendo cortado do grupo que desceria o rio da Dúvida.

Roosevelt tentou amenizar o golpe — e reconhecer e recompensar o papel construtivo desempenhado por Fiala — sugerindo que, em vez de voltar imediatamente em desgraça, como Zahm e Sigg, se juntasse a um dos grupos secundários que Rondon estava organizando para explorar e mapear dois outros rios, o Papagaio e o Juruena, ambos tributários do Tapajós, sob o comando do tenente Alcides Lauriodó de Sant'Anna. Se tudo corresse bem, acrescentou Roosevelt, os dois contingentes complementares retornariam a Manaus em cerca de três meses e Fiala poderia, desse modo, aguardá-los ali e depois regressar aos Estados Unidos com Teddy, Kermit, Cherrie e Miller, desfrutando de pelo menos parte da glória. Assim, "Fiala nos deixou e começou a voltar para Utiariti às dez da noite", escreveu Cherrie em seu diário. "Creio que sua partida exerceu um efeito desolador sobre todos nós, e o próprio Fiala estava à beira das lágrimas. Dos norte-americanos, restam apenas quatro de nosso grupo original!"[1]

Com padre Zahm enfim fora do caminho, o moral entre os membros remanescentes da expedição, americanos e brasileiros, elevou-se de imediato. Foi uma sorte, porque as já penosas condições estavam prestes a ficar significativamente mais difíceis, exigindo um nível ainda maior de trabalho de equipe e vigilância. A trilha de caminhão improvisada pela Comissão Rondon terminava em Utiariti, o que significava que toda viagem por terra desse ponto em diante seria feita a pé ou no dorso de cavalos, mulas ou bois, num terreno que, à medida que os exploradores fossem para oeste, em direção ao território Nambikwára, acabaria por ser dominado por matas fechadas e animais selvagens.

Cerca de cinco anos antes, a um custo humano considerável, Rondon abrira a rota por terra que a expedição ora atravessava no planalto mato-grossense. Ataques de tribos indígenas não eram mais a sua principal preocupação: ele conquistara a amizade dos que viviam ao longo da linha telegráfica, embora alguns homens seus houvessem sacrificado a própria vida para isso e as principais tribos continuassem a brigar entre si. Os animas selvagens e as doenças, por outro lado, seguiam sendo um desafio. Ao longo da rota que entrava e saía de Utiariti, cruzes simples de madeira — protegidas por cercas rudimentares para impedir animais de pastar nos túmulos improvisados — marcavam os pontos onde os membros de expedições anteriores haviam sido enterrados, vítimas de disenteria ou malária, atacados por onças ou jacarés, alvejados por flechas envenenadas, mordidos por cobras venenosas ou simplesmente consumidos pela fadiga. Os americanos viram esses pequenos memoriais — devidamente anotados em seus diários —, dando-se conta mais uma vez de que estavam em um lugar perigoso e remoto.

Essa região do planalto mato-grossense também é conhecida como chapada dos Paresí, e na trilha para Utiariti, que começava nos arredores da Aldeia Queimada, Roosevelt manteve contato ininterrupto — pela primeira vez — com membros não aculturados dessa tribo, que habitara o planalto por séculos sem ser contestada. O próprio nome do local, porém, era um indicativo do histórico recente de conflito entre os Paresí e os intrusos "civilizados". A destruição que resultou disso e o desespero levaram os Paresí a verem em Rondon uma tábua de salvação. O "lugar mais triste que até hoje encontrei", Edgard Roquette-Pinto escreveu depois que ele e Rondon passaram pela Aldeia Queimada, em 1912. "Ainda era mais triste do que o nome."[2]

Na verdade, toda a região por dezenas de quilômetros em torno do posto telegráfico e da oficina mecânica de Aldeia Queimada era estéril e inóspita — o contingente americano descobria o que os brasileiros já sabiam da amarga experiência. "No deserto areal onde começa o chapadão Pareci, resto de um grande mar mediterrâneo, depois de muitas horas de marcha fatigante, num solo que parecia prender os pés do caminheiro, ao longe, ao entardecer, negrejou um grande rancho", escreveu Roquette-Pinto. "Era Aldeia Queimada, oásis sem palmas, daquele saara pequenino, taba aproveitada dos índios que só por causa da água tinha ali posição justificável."[3]

Em tal ambiente, os postos telegráficos que Rondon mandou construir após sua primeira expedição, sete anos antes, haviam se tornado uma espécie de ímã para os Paresí, fornecendo tanto proteção quanto meio de subsistência. Rondon apresentou Roosevelt a operadores de telégrafo Paresí e também a outros índios empregados por ele cuja tarefa era cuidar da manutenção da linha telegráfica ou administrar o serviço de balsa que Rondon instalara em pontos de travessia cruciais do rio; Roosevelt até registrou em suas anotações o salário deles, menos de um dólar por dia, quantia respeitável para a época. Na planície, acompanhando o caminho da linha telegráfica, bandos de guerreiros Paresí armados de lanças e arcos e flechas, em expedições de caça, cruzavam caminho com os exploradores, saudando de modo afável Rondon e os outros brasileiros. "Receberam-me os Paresí como amigo e chefe amado e obedecido", anotou Rondon em seu diário.[4]

Não demorou muito para que Rondon, Roosevelt e seus homens chegassem à primeira de várias aldeias Paresí que visitariam, lugar que Rondon denominara Salto Belo, uma tradução literal de seu nome Paresí original, Timalatiá. A primeira ordem do dia deles era visitar a referida queda-d'água, precipitando-se por quarenta metros em uma ravina contorcida e encimada por um arco-íris perpétuo. Ciente do desejo do governo brasileiro de convencer os americanos do potencial econômico do sertão, o tenente Lyra informou a Roosevelt que, assim que um dique fosse construído, o fluxo de água da catarata forneceria uma potência de 36 mil cavalos-vapor (ou 26 MW) — informação que Roosevelt também acabou incorporando a seu livro sobre a expedição, *Through the Brazilian Wilderness* [Pela natureza selvagem do Brasil].[5]

De volta à aldeia, descobriram que em sua ausência os amistosos Paresí, orientados por um empregado do posto telegráfico, montaram acampamento para os visitantes do outro lado da trilha que passava pela aldeia deles e viram as bandeiras brasileira e americana tremulando sob a brisa. Roosevelt ficou impressionado com a delicadeza dos índios, especialmente o jeito afetuoso com que os homens tratavam as esposas e os filhos. De sua parte, Rondon notou que esses Paresí pareciam "excepcionalmente alegres e bem-humorados" e que "as crianças se aproximam sem medo, como a pedir carícia".[6] Era exatamente essa impressão de harmonia que desejava transmitir aos americanos, de modo que ele também ficou contente. Para fechar a recepção com chave de ouro, o desjejum da manhã seguinte foi servido em mesas com vista para a catarata: era "impossível mais suntuosa sala de almoço",[7] escreveu Rondon, com satisfação.

A próxima parada, apenas a pouco mais de dez quilômetros dali, era Utiariti, que Rondon esperava servir como publicidade ainda maior para as virtudes da política indígena positivista e esclarecida que tentava implementar. A cerca de um quilômetro do posto telegráfico havia uma grande aldeia cujos moradores incluíam diversos grupos que tinham se mudado recentemente de outros locais para partilhar dos "benefícios da civilização". O chefe da aldeia gostava de usar o uniforme de major do Exército brasileiro e era assim que estava trajado quando cumprimentou Roosevelt. Os moradores haviam recebido a escritura coletiva das terras ancestrais que ocupavam e agora aprendiam a criar gado. Também havia uma escola onde a esposa do chefe do posto telegráfico ensinava as crianças Paresí a ler, escrever e fazer contas, e até um rudimentar posto médico.

Roosevelt devia estar prestando muita atenção nas coisas que Rondon lhe apresentava, porque *Through the Brazilian Wilderness* está repleto de detalhes pitorescos sobre a vida diária dos Paresí. Membros da tribo realizaram várias danças e cerimoniais para ele, que pareceu apreciar particularmente as exibições de um "jogo estranho e emocionante" chamado *izigunati*, presenciado por Rondon pela primeira vez em 1907. O jogo, disputado em um amplo espaço ao ar livre, consistia em manter a bola, feita de borracha obtida de tribos mais ao norte, e por eles mesmos fabricada, e passá-la de um jogador para o outro sem o uso de mãos, pés ou tronco. Isso exigia verdadeiras proezas acrobáticas, com os jogadores descalços usando apenas uma tanga e se atirando de peixinho no ar para impedir a bola de cair no chão. "O jogo exige grande atividade, vigor, habilidade e resistência", escreveu Roosevelt, admirando "o corpo forte e flexível dos jogadores" e "a gritaria de alegre triunfo dos vencedores" produzida no calor da disputa. "São mais fanáticos pelo jogo do que um menino americano o é por beisebol ou futebol americano", acrescentou.[8]

Mas Rondon também queria que Roosevelt se admirasse com as maravilhas naturais de Utiariti, a mais importante das quais era a catarata. A altura ali era duas vezes maior do que em Salto Belo e a água descia com estrondo em uma garganta coberta de ambos os lados pelo que Roosevelt descreveu como "uma massa imponente de selva tropical". O ex-presidente ficou muito impressionado: apesar do céu nublado, passou a maior parte da tarde sentado, simplesmente observando a catarata. "Não acredito que, excetuando-se Niágara, exista na América do Norte uma catarata que exceda a essa tanto em beleza quanto em volume de água", escreveu. "A qualquer hora do dia, e sob qualquer luz, ela era majestosa e bela."[9]

Roosevelt também passava parte do dia caçando, sozinho e munido apenas de um rifle. Mas sua sorte estava sendo bem diferente do que havia sido no território mais fértil ao sul, ao longo do rio Paraguai. "E voltava, quase sempre", relatou Rondon, "sem caça alguma porque, muito míope, não descobria de longe os animais, que tinham assim tempo de fugir ao barulho de seus passos".[10]

Em excursões realizadas apenas pelos dois, longe dos demais, para caçar, observar a natureza ou discutir assuntos relativos à expedição, Roosevelt e Rondon conversavam animadamente. Roosevelt, o naturalista, ficava fascinado com as espécies de animais novas e às vezes bizarras que via e bombardeava o companheiro com perguntas. Às vezes a conversa, estimulada pelos contatos de Roosevelt com os Paresí e as histórias que escutara sobre os Nambikwára, concentrava-se nas políticas muito diferentes em relação aos povos indígenas adotadas por Brasil e Estados Unidos. Roosevelt tinha perguntas a fazer nesse quesito. Quando estudava em Harvard, tivera contato com o positivismo e, embora não nutrisse particular apreço pela filosofia de Auguste Comte, estava curioso com a diretriz de "morrer se preciso for, matar nunca" implementada por Rondon, e com os resultados que ela produzira.

Rondon, por sua vez, queria saber tudo sobre o Office of Indian Affairs [Escritório para Assuntos Indígenas, criado em 1824] e como Roosevelt lidara com ele. O que as tribos tinham de fazer para obter reconhecimento e proteção oficiais? Como funcionava o sistema de reservas indígenas e quem determinava os limites das reservas? O que os chefes de posto faziam de fato e como eram selecionados e treinados? E quanto aos funcionários do órgão em Washington? Que tipo de ensino era dado às crianças indígenas? Qual era a política relativa à preservação das línguas e culturas indígenas? Em que medida os índios haviam sido assimilados à sociedade mais ampla que os cercava? Mesmo antes da criação do Serviço de Proteção aos Índios a embaixada brasileira em Washington enviava para Rondon o *Bulletin of Indian Affairs*, publicado pelo governo norte-americano. Mas agora ele tinha a oportunidade de fazer suas perguntas diretamente a um ex-chefe do Executivo dos Estados Unidos e pretendia tirar o maior proveito possível disso.

Como presidente, Roosevelt tinha, na melhor das hipóteses, um histórico confuso no que se refere às questões indígenas. Sua experiência de juventude como caubói em Dakota despertara nele certa compaixão pelo sofrimento dos índios, e, num primeiro momento, os grupos de defesa alimentaram grandes esperanças para seu governo. "Nenhum outro homem no país mostra maior simpatia ou tem maior prática em relação aos índios do que o presidente Roosevelt, tampouco melhor entendimento de suas necessidades e condições",[11] declarou a Indian Rights Association pouco depois que ele assumiu. Mas suas declarações públicas como presidente puseram um ponto de interrogação na cabeça do público. Visitando o território de Oklahoma em 1905, declarou: "Deem ao homem vermelho a mesma oportunidade do branco. Este país está fundamentado na doutrina de proporcionar a todo homem um palco justo para mostrar do que ele é feito". Mas ele afirmou também que "a verdade é que os índios nunca tiveram qualquer título real sobre a terra" e defendia "pulverizar" identidades tribais coletivas, dizendo: "Definitivamente, chegou a hora de mudar nossa mentalidade para reconhecer o índio como um indivíduo, não como membro de uma tribo".[12]

Suas opiniões, em outras palavras, divergiam substancialmente do que pensava Rondon, o que serviu para animar as frequentes conversas dos dois. A posição de Rondon, como resultado dessa convivência, parece não ter mudado, mas ao voltar para os Estados Unidos, Roosevelt atenuou ligeiramente algumas posições que mantivera até então. Certamente, ele recuou de seu endosso à abordagem da "pulverização" e também reconheceu explicitamente que uma alternativa à política de extermínio violento implementada por sucessivos governos americanos não só existia como podia ser mais frutífera.

Rondon sem dúvida merece parte do crédito por essa mudança, algo que Roosevelt admitiu em escritos posteriores. Ele elogiou o brasileiro por transformar grupos indígenas "que previamente haviam sido com frequência explorados e maltratados" em "leais amigos do governo" por seu "tratamento justo, bondoso e compreensivo".[13] Esse tratamento, como Roosevelt veio a perceber, consistia no papel ampliado de um Estado benevolente e não violento, combinado a uma redução da atuação dos grupos religiosos e de caridade: "Os índios devem ser tratados com compreensão inteligente e solidária, tanto quanto com justiça e determinação; e até que se tornem cidadãos, absorvidos no corpo político geral, devem ser os guardas da nação, e não de qualquer associação privada, seja laica ou eclesiástica, por mais bem-intencionada que possa ser". Isso, acrescentou, era "a perspectiva exata assumida nos Estados Unidos pelos mais leais e sábios amigos dos índios", entre os quais ele presumivelmente se incluía.[14]

"Sua mistura de tenacidade, boa índole e tino capacitou-o a controlar esses selvagens ousados e belicosos e até a reduzir a guerra entre eles", escreveu Roosevelt com admiração após testemunhar a abordagem pacífica de Rondon aos Nambikwára. "Eles eram no começo por demais hostis e desconfiados, mas a incansável consideração e o bom temperamento do coronel, aliado à sua determinação indômita, possibilitou evitar a guerra e assegurar a amizade e até a ajuda dos índios. Ele nunca matou um deles."[15]

Foi durante essa parada em Utiariti que Roosevelt recebeu uma notícia familiar trágica e inesperada em um telegrama enviado por sua esposa, agora de volta a Sagamore Hill, a residência do casal, perto de Nova York. Edith informou que a sobrinha deles, Margaret, cuja animação fora uma fonte de alegria para os outros americanos durante a primeira fase da viagem sul-americana, morrera de febre tifoide — a mesma doença que levara a mãe de Roosevelt em 1884 — pouco após voltar aos Estados Unidos. Ela mostrara os primeiros sinais do mal quando cruzava o canal do Panamá, mas provavelmente contraíra a enfermidade na América do Sul. Isso deixava patente a precariedade das condições sanitárias enfrentadas pela expedição: se Margaret, que se limitara a viajar por grandes capitais, hospedara-se apenas em hotéis cinco estrelas e só consumira água mineral podia pegar uma doença dessas e morrer, até que ponto Roosevelt e os demais estariam expostos?

Outro lembrete dos perigos que os aguardavam veio pouco tempo depois de a turma da expedição principal deixar Utiariti. Na parada seguinte, o posto telegráfico de Juruena, em 8 de fevereiro, Rondon e Roosevelt receberam um telegrama informando que o grupo de Fiala — com o jovem tenente Lauriodó de Sant'Anna no comando efetivo, a despeito de Fiala ter recebido a patente honorária de capitão — partira de Utiariti no dia anterior, mas poucas horas depois conhecera um destino desastroso. Duas das três canoas de tronco escavado do grupo, incluindo a canoa onde Fiala viajava, haviam sido tragadas por um redemoinho turbulento conhecido como corredeiras do Diabo e a carga toda se espalhara pelo rio Papagaio. Os brasileiros a bordo conseguiram nadar até a margem, mas Fiala fora levado pela correnteza, bem como a maior parte do que as canoas continham, incluindo espécimes de animais, fotografias, latas de filme, armas, munição e cartas para Nova York e Rio de Janeiro a serem postadas em Manaus.

Fiala acabou resgatado, embora não fique claro exatamente como isso aconteceu. Depois de cair na água — contou ao *New York Times* quando voltou aos Estados Unidos —, ele se salvou agarrando um galho que se projetava sobre o rio, a uns dez metros da margem, e "daí me puxei para sair". Mas o relatório oficial que Lauriodó de Sant'Anna submeteu mais tarde a Rondon contava uma história bem diferente. Fiala não se salvara sozinho: pelo contrário, fora resgatado das águas turbulentas por um de seus camaradas brasileiros, que quase se afogou quando o americano, debatendo-se desesperadamente, puxou-o para o fundo. O que não constituiu motivo de disputa, porém, foi a extensão das perdas materiais e o que isso significou. Cerca de metade dos mantimentos do grupo secundário e a maior parte de seu equipamento se perderam, obrigando-os a voltar para Utiariti e repor o prejuízo.

Felizmente não ocorreu mais nenhum acidente — exceto que todos os membros do grupo de Lauriodó de Sant'Anna contraíram malária quando seguiam para o norte em direção ao rio Tapajós —, e Fiala acabou chegando a Santarém, onde o Tapajós deságua no Amazonas, em 22 de março, embora um tanto debilitado. A elevada incidência de malária entre o grupo de Lauriodó intrigou o dr. Cajazeira, que jogou a responsabilidade pelo problema diretamente nos ombros do comandante em seu relatório final sobre o estado de saúde dos participantes da expedição. "Oficial moço, entusiasta, dotado de organização robusta, imaginou, certamente, que exagerávamos os perigos que promanam do impaludismo, bem como que exaltávamos o valor da quinina", Cajazeira escreveu. "Seja como for, o certo é que abandonou a profilaxia seguida até Utiariti logo que começou a navegar no rio Papagaio" e assim todo mundo sob seu comando ficou doente, "apesar de fazer percurso muito menor" que os das três exploradas pela Expedição Roosevelt-Rondon.[16]

Cada vez mais, porém, o grupo principal da expedição também era forçado a confrontar as consequências dos erros que acompanharam sua concepção — tanto erros por omissão como de avaliação e presunção. Talvez o exemplo mais gritante deste segundo caso, e certamente o mais fundamental, tenha sido o timing inoportuno. Rondon conhecia bem aquele terreno e seu clima impiedoso, tendo viajado pelo planalto mato-grossense primeiro em 1907, depois em expedições separadas em 1908 e 1909 e finalmente outra vez em 1912 e 1913. Mas em todas as ocasiões ele iniciara sua viagem perto da metade do ano, de modo a maximizar o tempo passado em explorações durante a estação seca. As chuvas intensas normalmente começavam em meados de novembro e nesse momento ele tentava encerrar suas atividades do ano, de modo que ele e seus homens pudessem passar os piores meses da estação chuvosa abrigados, cuidando de papelada ou consertando equipamentos.

Já a Expedição Científica Roosevelt-Rondon operava com um calendário completamente inverso. Em circunstâncias ideais, Rondon teria preferido aderir a seu cronograma de costume, mas a agenda de Roosevelt era sagrada e tinha de ser cumprida: ele fora contratado para fazer conferências nas principais metrópoles sul-americanas em datas específicas, de modo que a expedição teve de se programar em função desses compromissos. Sendo assim, o grupo americano, indo para o norte, só cruzou o trópico de Capricórnio em 10 de dezembro, numa época em que viajantes mais prudentes, sobretudo há um século, estavam se retirando dos trabalhos de campo.

Não era impossível viajar pela bacia Amazônica durante a estação chuvosa; fosse esse o caso, Rondon jamais teria concordado em realizar a expedição. Mas o tempo ruim tão comum durante esse período significava que os exploradores inevitavelmente enfrentariam dificuldades que poderiam ter sido evitadas — ou ao menos minimizadas — caso houvessem adotado um calendário de viagem mais convencional. Assim, quando seguiam para o norte, rumo ao equador, temporais e chuvas torrenciais começaram a retardar o progresso da expedição, minar o moral e deixar seus participantes mais vulneráveis à fadiga e à doença. Todos os diários mantidos pelos membros do grupo passaram a relatar esses problemas. Rondon foi lacônico — "etapa verdadeiramente difícil da expedição",[17] comentou —, mas os americanos, desacostumados com tais condições, ficaram tão atônitos quanto desolados.

"Não era possível manter a umidade longe dos nossos pertences", lamentou Roosevelt após um aguaceiro tão intenso que a expedição teve de parar porque os animais de carga eram incapazes de firmar o pé no chão. "Tudo que não embolorou enferrujou. Choveu a noite toda; e quando o dia raiou, a chuvarada continuou sem perspectiva de cessar."[18] Em outra ocasião, "partimos com certo atraso, pois chovera durante toda a noite até de manhã, encharcando tudo", escreveu.[19] "Na lama escorregadia, uma das mulas caiu e ficou tão ferida que teve de ser abandonada." Mesmo quando não estava chovendo, "havia tanta umidade no ar que tudo ficava úmido e continuava úmido, e o bolor se juntava rapidamente", observou Roosevelt. "A roupa do sujeito nunca fica seca de fato."[20]

A chuva incessante não só gerou intenso desconforto para os exploradores e seus animais, como também exacerbou uma das principais deficiências da expedição: o excesso de equipamento e suprimentos que os americanos haviam trazido. Para as mulas e bois, atravessar o planalto era um suplício mesmo no melhor dos climas, tendo em vista a escassez de gramíneas comestíveis onde pudessem pastar e conservar suas forças.

Na temporada chuvosa, porém, mesmo transportando a carga costumeira, os animais atolavam na lama, derrapavam ou escorregavam ao perder o equilíbrio nas rochas molhadas. Porém, como os comentários de Roosevelt deixam claro, o peso enorme das inúmeras caixas misteriosas dos americanos retardava ainda mais o avanço. Apenas Fiala, Harper e Zahm sabiam exatamente o que elas continham e todos os três haviam sido cortados da expedição.

Cherrie, o americano mais experiente, se preocupara com esse problema desde o início. Quando chegaram a Corumbá no fim de novembro, duas semanas antes do primeiro contato com os brasileiros, ele e Leo Miller não gostaram do que encontraram. "Não escrevi coisa alguma sobre a logística de nossa expedição, mas agora vou registrar minha opinião de que maior falta de organização dificilmente parece possível!", anotou Cherrie em seu diário no dia 25 de novembro, sublinhando as últimas palavras da frase para deixar clara sua irritação. "Não existe líder, nenhum chefe de expedição. Fiala de certo modo é o líder temporário, mas é um completo incompetente para o trabalho que tem a fazer, sem experiência prévia nos trópicos e sem conhecimento algum do caráter das pessoas com quem deve lidar, além da desvantagem quase intransponível de não possuir conhecimento algum da língua." Esta última frase também foi grifada, enfatizando outra vez a frustração de Cherrie.[21]

Fiala presumira também que a expedição extrairia a maior parte de sua proteína da caça e da pesca. "Para conseguir carne, o seringueiro e o explorador dependem de seu rifle e seu anzol", explicou.[22] Esse talvez fosse um pressuposto seguro em outras partes da Bacia Amazônica já familiares aos viajantes ou em outras estações do ano, mas era uma conjectura um tanto arriscada adentrar um território desconhecido como o rio da Dúvida, especialmente nos primeiros meses do ano, quando chovia mais. No auge da estação chuvosa, como os americanos já tinham visto em sua breve excursão pelo Pantanal, os rios enchiam ao nível máximo, dispersando os peixes que durante a estação seca normalmente se juntam em piscinas naturais menores, isoladas, onde estão tão famintos que avançam sobre qualquer tipo de isca, sendo assim, bem mais fáceis de pegar.

Tampouco seria tarefa simples abater os animais que formam a dieta básica dos povos ribeirinhos: tapires (antas), caititus (porcos-do-mato), tatus, veados-mateiros, tamanduás, aves e macacos. Conforme as águas subiam e os rios transbordavam, os animais que viviam no nível do solo deixavam de se alimentar ou se banhar ao sol perto das margens e escapavam para um terreno mais elevado, relativamente seco, longe tanto do centro do rio, onde os exploradores remavam, quanto das ribanceiras formadas na estação chuvosa, onde os homens acampavam no fim do dia. A situação de aves, macacos e outros habitantes da selva era igual. Eles também haviam se embrenhado na mata. Caçá-los exigiria mais paciência, um olhar mais acurado do que o de Roosevelt e provavelmente mais munição. Lá se ia o mito da fartura ilimitada da Amazônia: obter até mesmo mel e palmito, também base da alimentação local, demandaria maior esforço assim que o grupo principal começasse a descer o rio da Dúvida.

Os brasileiros costumavam viajar sempre com pouca bagagem, extraindo o máximo de sustento possível da natureza sem se sobrecarregarem com itens supérfluos. Tinham consciência de que no caminho até algum território inexplorado podiam facilmente comprar artigos básicos como arroz, farinha e feijão dos lavradores; sabiam também que carne bovina, frutas e verduras podiam ser encontradas nas fazendas espalhadas pelos arredores dos postos telegráficos. Além do mais, muitas vezes matavam os bois para se alimentar à medida que a viagem progredia e o peso dos suprimentos diminuía.

Os brasileiros haviam cometido o erro de presumir que os americanos viajariam de forma igualmente enxuta, mas agora enfrentavam um problema logístico grave: as bestas de carga da expedição eram incapazes de tolerar os pesados fardos que os homens as forçavam a levar. Rondon enviara Botelho de Magalhães e uma grande equipe de muleteiros na frente com a maior parte dos suprimentos e equipamento, mas, conforme acompanhava a linha telegráfica, o grupo principal ia encontrando as caixas que haviam caído do dorso das mulas ou dos carros de bois e sido deixadas para trás. Os corpos dos animais que simplesmente pereciam de exaustão também enchiam a trilha, e o grupo de Rondon e Roosevelt acabou por alcançar a cada vez mais atolada equipe de Botelho de Magalhães.

A expedição fora pouco a pouco abandonando equipamento enquanto se embrenhava pela selva, mas agora era chegado o momento de deixar para trás, de modo irredutível, qualquer coisa que parecesse supérflua. Tudo precisava ser cortado: homens, animais, provisões, equipamento. Por exemplo, quando estavam no Rio de Janeiro, o ministro das Relações Exteriores, Müller, presenteara Roosevelt com barracas à prova d'água especialmente projetadas para as condições na Amazônia. Todas elas, que eram pesadas e haviam se revelado um estorvo de transportar, foram descartadas, com exceção de duas: os quatro americanos dormiriam em uma e Rondon, Lyra e Cajazeira, na outra. Uma barraca menor, mais leve, também foi poupada, mas estava reservada aos membros da expedição que ficassem doentes e pudessem precisar ficar em quarentena ou protegidos da chuva. Quanto aos demais homens, teriam de pendurar suas redes onde desse e passar a noite ao ar livre.

Em correspondência com a Real Sociedade Geográfica inglesa um ano após a expedição, Roosevelt culparia os brasileiros por parte da carga desnecessária. "A cabeça dos latinos, ou pelo menos a cabeça dos latino-americanos, põe ênfase em coisas totalmente diferentes da nossa", confidenciou ao então secretário da instituição, John Keltie. "Nossos companheiros se importavam enormemente com coisas que achavam suntuosas." Roosevelt se referia não apenas às barracas fornecidas pelo governo brasileiro, que via como "primorosamente inadequadas para o trabalho", mas também ao que descreveria

242

como "uma sela e uma rédea requintadas, com enfeites de prata", igualmente presenteadas por Lauro Müller. Roosevelt alegou que teve de "proceder com muito tato, porque quase partiu o coração do bom coronel Rondon" jogar fora as barracas.[23]

Mas o diário de Rondon conta uma história diferente e mais complicada. Ele não tinha nenhum apreço particular por luxo ou pompa e, como a trajetória de sua carreira deixa bem claro, de modo geral evitava essas coisas nas expedições. Mas como recebia ordens estritas da capital para oferecer a Roosevelt o máximo de conforto possível, isso incluía acomodações confortáveis e protegidas da chuva. Quando as pesadas barracas foram enfim descartadas, ele na verdade expressou seu alívio em ficar livre de um peso extra.

A sela e a rédea intrincadamente trabalhadas são talvez um exemplo ainda mais marcante da falta de efetiva comunicação entre os lados americano e brasileiro. Roosevelt deixou passar inúmeras oportunidades de mandar o presente "primorosamente inadequado" para os Estados Unidos — por exemplo, quando seu secretário pessoal, Harper, regressou, ou novamente quando os caminhões foram mandados de volta, em Utiariti, ou enfim quando o padre Zahm foi expulso da expedição. Roosevelt culpou seu próprio tato e excessiva diplomacia pelo fracasso em conseguir resolver a questão: "Eu teria deixado profundamente ofendida uma gente muito boa e bondosa se não as tivesse usado", explicou. No entanto, também pareceu convencido de que Rondon "simplesmente não poderia suportar se agíssemos de um modo que ele entenderia ser uma admissão de que não estávamos fazendo as coisas em estilo suntuoso",[24] e essa parece ser uma interpretação muito equivocada da personalidade e dos métodos de seu comandante. E, contudo, Rondon, também por medo de insultar alguém, ficou igualmente hesitante em afirmar o óbvio.

A diferença de culturas também se manifestou nas divergências sobre o tipo e a quantidade de provisões que os animais de carga deveriam transportar. Roosevelt ficou particularmente aflito com o que considerou um suprimento muito insuficiente de pão e açúcar e, em correspondência privada após a expedição, relatou como ele e os demais americanos, compadecendo-se da situação dos homens, generosamente compartilharam sua ração com os muleteiros e soldados e, mais tarde, no rio da Dúvida, com os barqueiros. Mas essa censura tácita a Rondon por não aprovisionar de maneira adequada seus homens na realidade era uma incompreensão derivada da ingenuidade, refletindo mais do que tudo a falta de experiência do próprio Roosevelt na Amazônia.

Nessa época, poucos moradores da fronteira brasileira conheciam pão branco. O carboidrato essencial de sua dieta era a farinha de mandioca, consumida em quase todas as refeições numa variedade de formas: como farofa, acompanhando o arroz com feijão, como tapioca ou misturada ao caldo de peixe, para fazer pirão. O pão feito de farinha de trigo era um artigo de luxo cujo consumo no Brasil de um século atrás estava restrito sobretudo às elites urbanas do Sudoeste e do Sul, única região do país onde o cultivo do trigo, que não aguentava o clima quente e úmido da selva tropical, era possível. Por esses motivos, bem como hábito e gosto, mesmo hoje os habitantes das áreas do Amazonas ainda dão preferência a uma dieta baseada em mandioca.

Como nativo da região, Rondon já tinha consciência de tudo isso. Ele sabia também que a farinha de trigo era difícil de obter e transportar, enquanto a mandioca, fosse a raiz em si, fosse na forma de farinha, era mais resistente ao calor e de transporte menos complicado. Além do mais, a mandioca era abundante e fácil de obter em qualquer lugar do interior: sempre que uma expedição esgotava seu suprimento de farinha de mandioca, Rondon comprava novo estoque com os fazendeiros locais ou negociava com as tribos indígenas que encontrava. Simplesmente não havia motivo para complicar o aprovisionamento da expedição carregando grandes sacas de farinha de trigo, e ele esperava que os americanos se adaptassem a essa realidade.

Com o açúcar, que Roosevelt achava "tão necessário numa viagem exaustiva",[25] a situação era bem parecida. As expedições brasileiras simplesmente não viajavam com grandes suprimentos de açúcar refinado, que tende a estragar na umidade do clima tropical. Em lugar do açúcar branco era usada a rapadura, feita da cana-de-açúcar. A partir do século XVI, pequenos pedaços eram normalmente cortados dos tijolos de rapadura e dissolvidos no café, acrescentados a pratos com carne de porco ou frango, ou em uma bebida comumente consumida como aperitivo ou sobremesa (chamada aluá ou aruá), que às vezes vinha sozinha ou misturada a frutos oleaginosos, cacau ou coco.

Além do mais, na eventualidade de ficarem sem rapadura, Rondon sabia que alternativas para o açúcar refinado consumido pelos americanos seriam fáceis de conseguir. Mel, por exemplo, podia ser comprado, obtido por escambo ou extraído diretamente das colmeias — muitos moradores da fronteira eram exímios trepadores de árvore, incluindo Rondon. E, na pior das hipóteses, a seiva de certas palmeiras podia ser fervida e depurada em um xarope doce muito calórico e com alto teor de sacarose, exatamente como Cherrie fazia com a seiva do bordo em sua Vermont nativa para produzir *maple syrup*.

Conforme avançava laboriosamente, a expedição deixava as terras dos Paresí e penetrava no território de seus inimigos históricos, os Nambikwára. Isso trouxe novas preocupações: embora Rondon tivesse feito o primeiro contato pacífico com a tribo em 1912, não havia de fato sedimentado relações amistosas com todos eles e, portanto, tinha de ficar alerta para possíveis desavenças. Ele conseguira vencer a desconfiança de diversas aldeias Nambikwára isoladas — e o chefe de uma delas chegou a visitar Utiariti para prestar seus respeitos a Rondon e Roosevelt —, mas um punhado de outras permanecia abertamente hostil ou fugia em massa para a selva assim que suas sentinelas percebiam a presença de intrusos. Destacamentos de guerreiros desses grupos haviam ocasionalmente atacado não só as equipes de levantamento topográfico como também os postos de telégrafo e as balsas fluviais conduzidas por empregados Paresí da Comissão. Como os Paresí recorriam a Rondon quando precisavam de proteção, esses ataques constituíam uma ameaça direta a sua autoridade como o "chefe dos chefes".

Em fevereiro de 1914, quando ele e Roosevelt atravessavam o planalto mato-grossense, Rondon enfrentava exatamente um desses incidentes, "que o deixou muito preocupado", escreveu Roosevelt.[26] Os Nambikwára sequestravam mulheres Paresí para repor sua própria população feminina e haviam invadido havia pouco tempo uma aldeia onde a expedição fazia uma de suas paradas. Ao escutar os gritos de suas esposas, filhas e irmãs, os homens Paresí, que caçavam nas imediações, correram em sua defesa. Foram acompanhados nisso por um funcionário civil da Comissão munido de um rifle e que participava da caça com eles. Esse homem matou um dos Nambikwára invasores, levando o bando todo a fugir.

O ex-presidente e ganhador do Nobel da Paz observou, fascinado, Rondon tentar presidir a disputa com equanimidade salomônica. "Os Paresí estavam com a razão, sem dúvida, mas o coronel não podia permitir que seus homens adotassem partido numa briga tribal", escreveu Roosevelt quando Rondon, sentado numa rede, conferenciava com "um conselho muito sério" de anciãos Paresí, em uma de suas cabanas comunais. "A propósito", em sua descrição, Roosevelt não deixa de notar "uma criança indígena aconchegada solenemente junto a ele." Além do mais, Rondon concluíra que o funcionário da Comissão, ainda que "instado e ajudado pelos Paresí", violara a determinação do Serviço de Proteção aos Índios de "nunca matar".[27] Assim, pelos padrões exigentes de Rondon, os Paresí não estavam completamente com a razão.

Roosevelt não forneceu detalhes sobre o desfecho do episódio, mas os arquivos do SPI, sim. Eles indicam que Rondon decidiu armar os Paresí de modo que pudessem viver sem receio das incursões Nambikwára e, tão importante quanto, continuar seu trabalho para a Comissão. Mas havia um porém: os Paresí estavam sujeitos às mesmas regras estritas que se aplicavam aos demais empregados da Comissão, ou seja, só poderiam disparar suas armas para o ar como advertência contra agressores e não tinham permissão de atirar com intenção de matar. Por incrível que pareça, eles parecem ter mantido a promessa, pois não há registros de índios Nambikwára mortos pelos Paresí. Quanto aos Nambikwára, Rondon concordou em pagar uma indenização pela morte do invasor, sob a condição de que os líderes tribais tomassem medidas para impedir que bandos solitários, agindo isoladamente, armassem novos ataques contra os Paresí em suas aldeias ou no trabalho para a Comissão da Linha Telegráfica. Essa promessa também parece ter sido mantida.

A efetividade da diplomacia de Rondon permitiu à expedição atravessar território Nambikwára sem incidentes. Na verdade, à medida que os exploradores desciam o planalto e se aproximavam do rio da Dúvida em meados de fevereiro, Rondon sentiu-se confiante o bastante para permitir a Kermit visitar sozinho uma aldeia Nambikwára: seguindo os protocolos da selva e as instruções de Rondon, Kermit anunciou sua chegada em alto e bom som e cerimoniosamente deixou as armas fora do perímetro da aldeia. Foi recebido, como observado por seu pai, "com a máxima cordialidade" e voltou ao acampamento com um bando de guerreiros que Roosevelt descreveu como "ousado e amistoso, afável — ao menos na aparência — e muito inquisitivo".[28]

Na última semana de fevereiro, a expedição chegou a Três Buritis, onde a Comissão Rondon operava uma grande fazenda de gado, e finalmente foi capaz de relaxar com conforto depois de quase dois meses. O tio de Rondon, Miguel Evangelista, administrava a fazenda e deixou viva impressão nos americanos. Roosevelt o descreve como "praticamente de sangue índio puro, e estava vestido com as roupas comuns do caboclo — chapéu, camisa, calça, sem sapato ou meia". Trocando histórias com Roosevelt, tio Miguel se vangloriou de ter matado três onças no ano anterior, coisa que o ex-presidente achou extraordinária, vindo de "um vigoroso velho de setenta anos, de cabelo branco, mas ativo e forte, com um rosto bem formado, bondoso, inteligente".[29]

Cercados por uma selva luxuriante e pastos verdejantes, era fácil para os exploradores baixarem a guarda com uma sensação enganosa de segurança. Havia camas confortáveis para dormir e leite fresco e ovos no café da manhã. O jantar era a adorada canja de Roosevelt como entrada, seguida de churrasco no espeto ("comemos até melancia",[30] escreveu Roosevelt, encantado). Era a última oportunidade de usufruir dessas indulgências culinárias antes de subir a bordo das canoas e ter de subsistir de rações exíguas. E assim, tanto o grupo de Rondon e Roosevelt quanto o de Botelho de Magalhães, que desceria o rio Ji-Paraná com Leo Miller como seu único participante americano, tiraram máximo proveito da oportunidade para estreitar os laços de camaradagem.

Mas quando chegou a hora de dividir as provisões que vinham transportando desde Corumbá, em 24 de fevereiro, no posto telegráfico José Bonifácio, os dois grupos levaram outro grande choque. Ao abrir algumas caixas que Fiala abastecera com o paladar de Roosevelt em mente e quando a expedição ainda era um cruzeiro sem desvios descendo o Tapajós, descobriram que muitos itens comprados por ele eram praticamente inúteis, mais adequados a um banquete de gourmets do que a uma expedição na selva. "Encontramos aqui caixas cheias de azeite, mostarda, leite maltado, azeitonas recheadas, ameixas, purê de maçã etc. Até vinho do Reno", Miller informou a Chapman. Tudo isso estaria "ótimo em seu lugar", continuou o jovem naturalista, mas era simplesmente um peso morto "numa jornada tão tremenda" pelo desconhecido. "A maior parte de seu equipamento era inútil, ou como tem sido apropriadamente chamado, *doodle-dabs* [tralha]", afirmou Miller.[31]

Isso era muito pouco auspicioso, até mesmo potencialmente desastroso, mas agora não havia nada que pudessem fazer para remediar o mal, pois não tinham outra escolha

246

a não ser seguir em frente. Rondon disse a Roosevelt que, pelos seus cálculos, tinham ainda ração para cinquenta dias e que podiam obter alimento na selva, se precisassem. Mas no entender de Roosevelt, "teríamos de admitir que morrer de fome era uma possibilidade" se algo desse errado durante a descida do rio da Dúvida. "Tudo pode acontecer", escreveu ele. "Estávamos prestes a penetrar no desconhecido e ninguém podia saber o que ele nos reservava."[32]

14. Canoa, canoa

A sexta-feira, 27 de fevereiro de 1914, amanheceu quente e ensolarada, com o fim do pé-d'água incessante que tanto atormentara os exploradores quando atravessavam o planalto mato-grossense. Após um nutritivo desjejum de charque, bolacha-dura e café, os últimos suprimentos foram embarcados nas canoas e uma inspeção final foi conduzida. Rondon, Botelho de Magalhães e o tenente Lyra inspecionaram a calafetagem das canoas escavadas à procura de vazamentos e os nós que prendiam o equipamento — tomando especial cuidado de examinar as lonas colocadas para proteger a carga valiosa tanto da água quanto do sol escaldante —, além de checar um a um os instrumentos científicos e outros itens vitais, assegurando que nada fosse inadvertidamente deixado para trás. A partir dali, nenhum lapso desse tipo seria contornável.

Ainda em novembro, antes de ser determinado o itinerário da expedição, Rondon providenciara que sete canoas escavadas fossem trazidas ao ponto de partida, um pouco abaixo da nascente do rio da Dúvida. Mas ele não vira nenhuma delas com os próprios olhos até a chegada da expedição ao lugar — 12°1' latitude sul e 60°17' longitude oeste. Tanto ele como Roosevelt, que tinha um bocado de experiência em navegação fluvial dos muitos anos viajando pela América do Norte, ficaram com uma primeira impressão desfavorável das embarcações que supostamente deveriam transportá-los a salvo pelo rio. "Uma era pequena, outra era esquisita, e duas eram velhas e fazendo água", escreveu Roosevelt. "As outras três eram boas."[1]

Depois de carregadas, as canoas pareceram ainda menos seguras. Suas amuradas ficavam muito próximas à linha-d'água e a um olhar inexperiente parecia que naufragariam rapidamente se a expedição, como esperado, encontrasse corredeiras, baixios ou até mesmo fortes correntezas. Simplesmente entrar e sair das canoas já parecia oferecer algum risco, pois balançavam de um lado para o outro, agitando a água. Rondon e os demais não pareciam particularmente preocupados com a situação, notaram os americanos, mas para melhorar a flutuabilidade os barqueiros amarraram fardos de folhas de buriti nas laterais das embarcações.

Roosevelt tentou permanecer tão confiante quanto Rondon, mas não conseguiu evitar um certo fatalismo em seus pensamentos. "Se nossa viagem de canoa fosse bem-sucedida aliviaríamos a carga gradualmente consumindo as provisões", observou. "Se houvesse acidentes, como perder homens e canoas nas corredeiras, ou perder homens em encontros com os índios, ou se enfrentássemos febre e disenteria em demasia, a carga se aliviaria por si mesma."[2]

Rondon refletiu muito sobre a sequência em que as canoas seriam preparadas para a viagem. A menor e, portanto, mais fácil de manobrar, seguiria em primeiro lugar na fila, transportando apenas três homens: dois dos melhores remadores e algum membro eminente da expedição, que acabou sendo Kermit. Rondon e Lyra seguiriam juntos na canoa seguinte, que necessariamente tinha de ser maior e mais robusta, pois transportava os equipamentos de levantamento topográfico que os brasileiros usariam para mapear o rio. Quanto a Roosevelt, que por motivos de segurança viajava com o dr. Cajazeira constantemente ao seu lado — decisão de Rondon —, foi destinado junto com Cherrie à última canoa, a maior de todas, uma embarcação robusta de quase oito metros e pesando quase uma tonelada, com três remadores.

Espremida entre as canoas de Rondon e Roosevelt ia um par de balsas improvisadas e precárias. Rondon ficara tão insatisfeito com a condição de quatro canoas deixadas para os exploradores que ordenou que fossem amarradas em pares e usadas para transportar carga; quatro barqueiros ficaram incumbidos de cada balsa. Percebendo a impaciência de Roosevelt em partir e ansioso para chegar ao destino final, Rondon imaginou que suas duas únicas opções eram improvisar ali mesmo ou desperdiçar um tempo precioso mandando os barqueiros entalharem novas canoas que fossem realmente à prova d'água.

Aos olhos dos brasileiros, não havia nada de mais nos dezesseis sujeitos que ficaram encarregados de navegar, remar e realizar a maior parte das tarefas fisicamente exigentes durante a descida do rio da Dúvida. Como Rondon, quase todos eram sertanejos que pareciam habituados àquele tipo de trabalho e às dificuldades. Rondon deixou Manoel Vicente da Paixão, um soldado negro muito alto, incumbido do grupo, atribuindo-lhe a patente de cabo de esquadra, e destacou Antônio Paresí, um índio, para conduzir a canoa de Roosevelt. Mas quase todos os outros homens eram, na designação da época, mamelucos, mulatos, cafuzos e todas as permutações do arco-íris racial brasileiro. Júlio de Lima, natural da Bahia e um dos remadores destacados para a canoa de Roosevelt, era o mais branco da turma.

Os americanos, porém, vindos de uma sociedade que criminalizava a miscigenação, enxergaram muitas características extraordinárias nesses brasileiros, como as páginas de seus diários deixam patente. O leque notável de tipos físicos e tons de pele, do negro retinto e arroxeado de Paixão ao moreno acobreado de Rondon, sem dúvida chamou a atenção deles, mas era mais do que isso. Eles ficaram admirados com a resistência estoica dos homens, a maioria dos quais usava apenas uma calça rota e nada de sapatos ou camisa, dormindo em redes penduradas onde fosse possível e trabalhando por longas horas sem comer. E, após quase três meses juntos, os Roosevelt e Cherrie também haviam aprendido a respeitar o vasto conhecimento da floresta, dos rios e da fauna e flora selvagens exibido por esses brasileiros.

Os homens eram um "bando robusto", escreveu Roosevelt, usando linguajar que parece um tanto condescendente hoje, mas que indicava sua admiração. "Eram versados homens do rio e da selva, veteranos habilidosos em trabalhar na natureza. Ágeis como panteras e fortes como ursos. Na água eram como cães de raças nadadoras. Igualmente à vontade com o poste e com o remo, com o machado e com o facão." Eles "pareciam piratas", continuou, "mas a maioria no acampamento eram bons homens [...] esforçados, dispostos e animados".[3] Ele ficou particularmente afeiçoado a dois barqueiros destacados para sua canoa: Antônio Paresí e Antônio Correia, que Roosevelt descreveu como "um mulato inteligente e corajoso, provavelmente com uma pitada de sangue índio". Como Rondon, ele achava Correia não apenas "altamente confiável", mas também "paciente, trabalhador diligente e destemido em momentos de grande perigo".[4]

Pouco depois do meio-dia, finalmente chegou a hora de partir. Rondon aguardou Roosevelt dar o sinal para começar, e então os remos mergulharam na água escura e suavemente ondulada. De uma ponte de madeira improvisada sobre o riacho estreito, Leo Miller e Botelho de Magalhães acenaram e gritaram "Boa sorte!".[5] Quando as sete canoas partiram, Miller tirou mais algumas fotos, parando apenas quando o comboio fez a primeira curva do rio e, engolida pela densa vegetação que cobria a margem, silenciosamente desapareceu de vista.

Foi um momento comovente, pois os laços forjados entre o grupo durante 76 dias de viagem, aventuras e privação agora se rompiam. "Por vários minutos ficamos ali de pé na frágil estrutura que servia de ponte para o rio inexplorado, o olhar fixo na selva escura que ocultou das vistas nosso antigo líder e seus companheiros brasileiros",[6] escreveria Miller. "E então, cheios de apreensão quanto a se voltaríamos ou não a vê-los, voltamos nossos pensamentos para a tarefa que tínhamos pela frente."[7]

Com essa simples despedida, aquela que se provaria a fase mais árdua e perigosa da expedição — dois meses que levaria homens à beira do suicídio e outros a manifestar fúria homicida — finalmente começava. O primeiro dia, porém, passou sem incidentes ou desafios, de maneira um tanto tediosa. Embora Rondon e Lyra navegassem as águas junto à nascente do rio da Dúvida desde que toparam com ele pela primeira vez, em 1909, deixaram-no de lado assim que perceberam ser um importante afluente e, desse modo, não mapearam seu curso além da ponte de madeira. Agora era hora de empreender essa tarefa essencial, embora monótona e demorada.

Um trabalho desses hoje em dia seria rápido e fácil. Mas há um século, obviamente não havia GPS e até o mapeamento aéreo existia apenas da forma mais incipiente e primitiva. Como resultado, Rondon e seus homens tinham de fazer tudo manualmente, com bússola e observação do sol, usando um método tradicional conhecido como observação a partir de um ponto fixo. Para isso, duas canoas eram utilizadas: a que ia na frente levava um observador, cuja função era localizar pontos na margem que pudessem ser facilmente vistos do outro barco, que permanecia no rio o tempo todo. Quanto mais ampla a clareira ao longo da margem do rio, melhor, pois proporcionava aos agrimensores mais tempo para determinar a posição do observador e fazer as leituras. Quando um local apropriado era identificado, a canoa do observador parava, ele descia em terra firme, capinava o mato com seu facão e depois erguia um poste de sinalização vermelho e branco. Ele ficava ali sofrendo o ataque constante de mosquitos e sob o sol escaldante ou, às vezes, sob o maior aguaceiro, até seus colegas na outra canoa conseguirem medir a distância e o ângulo entre si mesmos e a baliza topográfica e anotarem esses dados em seus cadernos. Então o observador tornava a subir em sua canoa, os homens voltavam a remar e o processo todo começava outra vez.

No início, a divisão de trabalho durante a descida do rio da Dúvida era feita de modo que o próprio Rondon, com sua usual insistência para que tudo fosse feito de forma meticulosa, seguisse na segunda canoa junto com Lyra, realizando as medições. Lyra usava um teodolito (instrumento de precisão que calcula ângulos no plano horizontal e vertical) dos mais modernos e Rondon tinha uma bússola e um barômetro para estimar a altitude do rio acima do nível do mar, que seria de esperar que declinasse à medida que a expedição descesse o último trecho do planalto e avançasse para a foz. Os dados dessas leituras eram anotados na caligrafia bela e elegante de Rondon, em cadernos que haviam sido especialmente confeccionados no Rio de Janeiro para esse tipo de trabalho. Rondon e Lyra também faziam esboços de acidentes naturais que pudessem ser de interesse ou utilidade para futuros viajantes.

Kermit, querendo ser de alguma ajuda e merecer o respeito dos mais velhos, mas talvez sem compreender plenamente o que envolvia o mapeamento de um rio inexplorado, voluntariou-se para ser o observador; assim, as maiores responsabilidades recaíram sobre seus ombros. O fato de ficar muito exposto na canoa da frente deixou seu pai particularmente preocupado, pois a expedição ingressava no território de tribos indígenas isoladas que poderiam ser hostis: na eventualidade de uma emboscada, a canoa à testa, com Kermit e os dois remadores brasileiros, João e Simplício, provavelmente seria a primeira a ser atacada. E havia tantas paradas para calcular a posição que o dia logo ficava exaustivo. O diário de campo de Rondon indica que a expedição parou 114 vezes para determinar sua posição só nesse primeiro dia, avançando apenas onze quilômetros. Isso significava em média uma parada a cada cem metros, mais ou menos. Nesse ritmo laborioso, era impossível dizer quanto tempo levariam para descer o rio.

O rio da Dúvida imediatamente se revelou um curso d'água particularmente desconcertante e imprevisível. Ele serpenteava e virava em todas as direções, às vezes parecendo fazer meia-volta, e os registros de Rondon nessa primeira tarde mostram que em diferentes horários fluía na direção de cada um dos quatro pontos cardeais. A estação chuvosa complicava ainda mais a situação: as águas do rio haviam subido e inundado as margens que normalmente as continham e canalizavam na estação seca, esparramando-se por toda parte, às vezes levando a expedição a imaginar que navegava por um lago imenso.

Mas Rondon ficou satisfeito com a maneira como as coisas começaram. "Conseguíamos caça abundante e, portanto, ração conveniente para os camaradas sobrecarregados", descreveu. "Além de aves, como o jacu, apanhávamos mel; era uma festa quando encontrávamos a árvore do leite, gigante da floresta assim chamado por causa do leite espesso o qual corria de qualquer talho que se lhe fizesse e que os camaradas bebiam avidamente."[8] Na água, "era uma delícia remar devagar no belo rio tropical" e saborear o intenso perfume das flores que cresciam no tronco das árvores. No fim do dia, um acampamento acolhedor, já montado pelos homens, os aguardava: "Tendas armadas, fogueiras a crepitar, promessa de boa refeição sob as estrelas que polvilhavam o céu".[9]

O dia seguinte foi muito parecido, com quase cem paradas para medir a localização e cobrindo mais dezenove quilômetros.[10] Uma rotina de trabalho rapidamente tomava forma e acabaria por evidenciar os objetivos diferentes e às vezes conflitantes dos membros americanos e brasileiros da expedição, além de produzir tensões que persistiriam durante toda a exploração. Roosevelt queria descer o rio o mais rápido possível, chegar a Manaus e voltar logo para casa. Ainda era um homem público, com aspirações políticas que não haviam sido aplacadas, e desde que partira dos Estados Unidos, cinco meses antes, observara com ansiedade a deterioração da situação mundial. Incapaz de contribuir para mudar o equilíbrio de forças internacionais ou mesmo conseguir que sua voz e suas opiniões fossem ouvidas de uma distância tão grande dos acontecimentos, estava impaciente para voltar à arena política.

Como ganhador do prêmio Nobel, Roosevelt naturalmente se preocupava com os eventos na Europa e com a ameaça de que pequenos conflitos regionais nos Bálcãs se alastrassem numa conflagração continental. Sua principal preocupação, porém, era a possibilidade cada vez maior de que os Estados Unidos fossem arrastados para a Guerra Civil Mexicana, que eclodira em 1910 e não dava sinais de arrefecimento. Depois que seu adversário Woodrow Wilson assumiu a presidência, no começo de 1913, a violência da Revolução Mexicana tomara rumos ainda mais funestos: um presidente fora assassinado, seu sucessor tentava combater revoltas lideradas por Pancho Villa, Emiliano Zapata e outros, e os Estados Unidos haviam imposto um embargo às armas. Havia o temor crescente de que Wilson enviasse tropas americanas para executar o embargo, proteger propriedades e cidadãos americanos e intervir na política interna mexicana. Roosevelt, na medida do possível, acompanhara esses acontecimentos de perto, mas agora se pegava mergulhado num completo isolamento de informações, a milhares de quilômetros do palco dos eventos, fora de alcance até de telegramas e jornais e com a perspectiva de permanecer sabe-se lá quantas semanas mais nessa situação. De seu ponto de vista, simplesmente tinham de acelerar as coisas. (De fato, tropas americanas desembarcaram em Veracruz no dia 21 de abril, quando Roosevelt continuava na selva, incomunicável.)

Kermit também estava com pressa, mas por motivos mais pessoais. Desde que recebera, dias antes da chegada de seus pais ao Brasil, uma carta de Belle Willard, a filha de 21 anos do embaixador americano na Espanha, aceitando sua proposta de casamento, não tinha pensamentos para outra coisa. Seu diário estava repleto de ruminações sobre a jovem e de seus sonhos para uma futura vida juntos, e ele carregava as cartas dela numa pequena bolsa presa ao pescoço, para não as perder. Movido pelo amor, ele queria mais do que tudo chegar a Madri ou a Nova York ou a qualquer lugar onde pudessem se casar. Outra coisa que não saía de sua cabeça era o receio de que a amada pudesse mudar de ideia e deixá-lo a ver navios: ela era linda, inteligente e filha de uma família abastada da Virginia, qualidades que a tornavam atraente para qualquer pretendente. Era melhor encerrar a aventura brasileira o mais cedo possível a continuar vivendo com toda essa incerteza e anseio.

Rondon, por outro lado, era motivado por seu senso permanente de dever e patriotismo. Ele aguardara quase cinco anos pela chance de voltar a um rio que descobrira e batizara, o mistério sempre presente em seus pensamentos, e pretendia tirar o máximo proveito da oportunidade. Isso significava mapeá-lo com a maior precisão possível, além de coletar informações básicas sobre a geologia, a biologia e a etnologia da região inexplorada. Roosevelt fora advertido antes, tanto por Lauro Müller quanto pelo próprio Rondon, de que aquilo não seria um safári, mas antes uma genuína expedição focada na ciência. Bem, agora o trabalho de verdade, mais do que simplesmente marchar através da selva, estava começando, e era dever de cada homem, independentemente de seus interesses, fazer sua parte.

Essas tensões permaneceriam latentes durante os próximos dias, porque no fim da tarde de 2 de março a expedição encontrou seu primeiro grande desafio natural e foi forçada a concentrar atenção exclusivamente nisso. De repente, a velocidade da correnteza começou a aumentar, até que um rumor surdo se escutou ao longe. Quase antes de se darem conta do que acontecia, os exploradores viram-se arrastados por corredeiras, em cujo final a água continuava a se agitar e ganhar força. Mais adiante, puderam avistar a água espumando furiosamente e escutar o rugido ensurdecedor. Os barqueiros rapidamente remaram até a margem direita do rio, amarraram as canoas e começaram a montar acampamento, enquanto os seis líderes abriam uma picada no mato para descobrir que perigos os aguardavam.

O que o grupo de reconhecimento descobriu fez todos estacarem. Por quase um quilômetro, o rio declinava numa série de corredeiras espumantes, interrompidas apenas por duas quedas-d'água com dois metros de altura. Ali, era óbvio, seria impossível navegar. Depois ele se estreitava dramaticamente e voltava a se avolumar ao passar por uma acidentada garganta de arenito, tão apertada que Kermit conseguiu fotografar Cherrie, ajoelhado numa beirada, quase tocando o lado oposto com o cano de seu fuzil. "Parecia extraordinário, quase impossível", escreveu Roosevelt, "que um rio tão largo pudesse num espaço de tempo tão curto contrair suas dimensões à largura daquele canal estrangulado pelo qual vertia todo o seu volume."[11]

Não havia escolha a não ser transpor por terra as corredeiras e cataratas, processo que lhes tomou quase três dias inteiros. Primeiro, o acampamento teve de ser transferido para um local além da cachoeira, que Rondon batizara de Navaitê, em homenagem a um subgrupo Nambikwára que habitava a região e deixara uma trilha na selva que a expedição pretendia utilizar. Essa mudança levou um dia inteiro e exigiu que todos os homens fisicamente capazes carregassem caixas de víveres, barracas, bolsas de lona e instrumentos científicos para o novo acampamento. Rondon isentou da tarefa apenas um remador enfermo, além de Kermit, sofrendo com furúnculos tão dolorosos nas coxas que permanecia prostrado, mas ambos os comandantes da expedição se juntaram aos demais para transportar os equipamentos.

No início da manhã seguinte, após acordarem para dar com um exército de cupins devorando suas roupas e suprimentos, Lyra e um grupo de trabalho rumaram para a floresta com seus machados e facões e começaram a abater árvores às dezenas e a talhar toras. Em seguida, puseram os rolos de madeira ao longo da trilha (evidentemente muito utilizada pelos índios locais) a intervalos de menos de um metro, com intenção de criar uma pista rolante sobre a qual as canoas pudessem ser empurradas e puxadas. Nesse meio-tempo, outra equipe arrastou as canoas vazias da margem do rio para o terreno mais elevado e as posicionou de modo que pudessem deslizar pela pista rolante, uma a uma.

Era um trabalho extenuante, cuja dificuldade só aumentava com as nuvens de insetos que mordiam e picavam, atraídos pelo suor dos corpos. Dois homens se posicionavam na frente de uma canoa, presos a ela por uma grossa corda amarrada ao torso. Um terceiro ia atrás com um pedaço de pau grosso, que usava para empurrar e guiar a canoa na direção desejada ao deslizar desajeitadamente pelo caminho de troncos acidentado e desigual. O processo deixava muito a desejar: várias canoas colidiam com força contra as saliências rochosas à esquerda da trilha rolante, e uma delas, que calhou de ser a canoa na qual Roosevelt viajava, rachou de tal forma que ficaram na dúvida se poderia ser utilizada novamente. Outra canoa chegou até o final da pista rolante, mas se soltou das cordas quando era baixada à água, no novo ponto de partida; a canoa afundou rapidamente no leito do rio e exigiu grande esforço dos homens para ser recuperada.

A expedição finalmente retomou a viagem ao meio-dia de 5 de março, avançando treze quilômetros durante a tarde, o que contribuiu positivamente para o estado de espírito do grupo, que se reuniu em torno da fogueira no acampamento, à noite. Mas no dia seguinte, na metade da tarde, os sinais inconfundíveis de outro trecho de corredeiras — um encrespamento súbito da água, uma aceleração da correnteza, um ruído elevado ao longe — foram percebidos e mais uma vez a canoa da frente, logo seguida das demais, foi puxada sobre a margem do rio para que uma equipe de batedores pudesse investigar a região a pé. Descobriram que, cerca de quatrocentos metros rio abaixo, a passagem estava obstruída por uma série de rochas gigantes. Rondon seguiu em frente sozinho, acompanhando da margem o tortuoso curso do rio. Quando voltou ao encontro dos outros, trazia notícias desanimadoras: as corredeiras continuavam por mais de um quilômetro e incluíam duas cataratas, a cerca de cem metros uma da outra. Não havia dúvida: precisavam preparar outra trilha rolante, ainda mais longa e complicada do que a primeira.

Esse foi o desolador padrão das semanas seguintes. A expedição se esfalfava construindo uma trilha de troncos após outra, a cada ocasião torcendo para que fosse a última. O rio ficava mais largo e tranquilo, encorajando-os por algum tempo nessa gratificante ilusão, para depois voltar a ficar turbulento e afunilado. Era exaustivo não só física, mas também, e acima de tudo, mentalmente: como a expedição estava em um território inexplorado, era impossível saber quantas vezes a enlouquecedora alternância entre remar e empurrar canoas se repetiria. "Não fazíamos ideia de quanto tempo a viagem levaria", escreveria Roosevelt depois que a aventura chegou ao fim. "Havíamos adentrado um terreno de possibilidades desconhecidas."[12]

A enorme energia despendida nessas pistas rolantes, que continuaria quase até o término da expedição, no fim de abril, sem dúvida irritou os americanos, pois haviam desde o início defendido que a viagem fosse realizada nas canoas leves que trouxeram. Quando estava em Nova York, na fase de compra de equipamentos, Fiala adquirira duas canoas canadenses, feitas de lona esticada sobre a armação de madeira e depois tratada com múltiplas camadas de verniz e tinta, de modo a se tornarem duráveis e à prova d'água. Comparadas às canoas de troncos escavados, eram consideravelmente mais leves e, portanto, muito mais portáteis: as canoas canadenses pesavam apenas 73 quilos enquanto a canoa escavada mais leve tinha cerca de quatrocentos quilos e a mais pesada, uma tonelada.

Rondon, porém, torcera o nariz para as canoas canadenses quando as viu pela primeira vez em Corumbá, em meados de dezembro. Parecia atípico dele, considerando sua empolgação costumeira com avanços tecnológicos, mas Fiala forneceu um vívido relato do episódio após voltar aos Estados Unidos. Ele se lembrava de Rondon, talvez imaginando as rochas afiadas e as corredeiras dos rios que tão bem conhecia, abanando a cabeça, desconfiado, ao ver a aparente fragilidade das embarcações. Mas usando Kermit como tradutor, Fiala defendeu a robustez e manobrabilidade das embarcações e, finalmente, conseguiu impedir que fossem deixadas pelo caminho.[13] Um outro fato a ser considerado era que Roosevelt, já acostumado com as canoas canadenses após suas aventuras nas florestas setentrionais do Maine e do Oeste americano, admirava sua combinação de resistência e leveza.

Assim, as canoas que os americanos trouxeram foram transportadas por terra por centenas de quilômetros até Utiariti. Mas, quando os exploradores decidiram aliviar a carga que os animais tinham de levar, foram abandonadas, assim como os motores que os americanos levaram para, quem sabe, serem utilizados em barcos de pequeno calado. Mas Fiala tinha razão e Rondon estava errado: quando o grupo de Fiala e Lauriodó Sant'Anna soçobrou no primeiro dia no rio Papagaio e perdeu duas canoas de tronco escavado, teve de voltar para Utiariti, onde, por desespero e por insistência de Fiala, as canoas canadenses foram recuperadas. De início, os remadores nesse grupo ficaram, como Rondon, céticos quanto às embarcações de lona, mas não demoraram a apreciar sua manobrabilidade e leveza superiores. Não ocorreram novos incidentes durante a descida do Tapajós, e, quando o grupo chegou a Santarém, os barqueiros haviam se adaptado e se rendido completamente às canoas canadenses.

Depois de voltar aos Estados Unidos, Roosevelt também ponderou sobre a questão e explicitou sua preferência. "A menos que as dificuldades de transporte sejam insuperáveis, canoas de lona e concreto, como as que podem ser obtidas em várias empresas no Canadá e nos Estados Unidos, devem ser levadas a todo custo", escreveu. "Elas são incomparavelmente superiores às canoas de tronco escavado."[14] Desde então, todo explorador digno de nota que tenha tentado refazer o trajeto da Expedição Científica Roosevelt-Rondon, a começar pelo anglo-americano George Miller Dyott, em meados da década de 1920, evitou as desajeitadas canoas de tronco escavado e utilizou canoas leves, de lona ou fibra de vidro; algumas expedições recentes até empregaram caiaques.

"Nossos botes de lona fizeram mais por coroar com sucesso nossos esforços do que qualquer outra coisa", Dyott afirmou ao *New York Times* em 1927. "É difícil imaginar como o coronel Roosevelt sobreviveu à provação de sua exaustiva jornada no rio."[15] Em outra entrevista nesse mesmo ano, ele voltou a tocar no assunto: "Antes de deixar

Nova York, eu me dei conta de que 50% dos problemas enfrentados pela expedição de Roosevelt se deveram às pesadas canoas de tronco escavado que empregaram", disse. "Esses botes primitivos são tão pesados que é quase impossível transportá-los por terra; arrastá-los pela selva em troncos rolantes é quase tão impossível quanto; e não se pode ter neles qualquer grau de segurança para transpor corredeiras. Foi por isso que eu comprei canoas portáteis e as transportei por quilômetros através do Brasil Central."[16]

Em 10 de março, após vencer mais um trecho de corredeiras, a expedição se deparou com um problema novo e ameaçador mais uma vez ocasionado pelo uso das canoas de tronco escavado. A passagem pelos baixios se mostrou tão traiçoeira que a menor das duas balsas se encheu de água e afundou. Quando os barqueiros tentavam recuperá-la, um deles foi arrastado pela correnteza e machucou o rosto nas pedras afiadas do fundo até finalmente conseguir nadar de volta para a margem. Embora sangrando, felizmente o homem não foi atacado pelas piranhas que infestavam aquelas águas. Cansados e desanimados, sobretudo depois que uma chuva torrencial começou a cair, os exploradores decidiram acampar cedo e escolheram um ponto numa ribanceira elevada, tomando a precaução de levar todas as suas provisões para cima, arrastando-as pelo barranco escorregadio.

O dilúvio continuou durante toda a noite, e, pela manhã, quando acordaram, os primeiros barqueiros descobriram que o rio subira vários centímetros enquanto dormiam. Com isso, uma das canoas de que Roosevelt se queixara antes de estar velha, encharcada e "fazendo água" ficou alagada de tal modo que começou a afundar. Infelizmente, ela estava atracada à maior e mais pesada das canoas escavadas, na qual o próprio Roosevelt viajava, e acabou arrastando a canoa maior junto. Então as amarras se romperam e ambas as embarcações foram levadas pelo rio.

Um grupo de busca foi organizado imediatamente, mas desistiu após encontrar os destroços das embarcações. "Os maiores fragmentos que logo foram encontrados, flutuando em redemoinhos ou ao longo da margem, mostraram que era inútil continuar a busca", escreveu Roosevelt.[17] As duas canoas de tronco escavado haviam sido destruídas e Rondon agora era forçado a fazer o que tentara evitar quando estavam próximos à nascente do rio da Dúvida: entalhar uma nova canoa, grande e comprida o bastante para acomodar os que haviam ficado sem transporte. Era simplesmente impossível para os 22 homens prosseguirem com todas as suas coisas em apenas uma canoa e duas balsas. A expedição não teve outra escolha a não ser parar.

Foi um revés importante, pelos motivos que Cherrie logo registrou em seu diário: "Isso significa que o tempo está consumindo nosso limitado suprimento de provisões!".[18] Os mantimentos estavam tão escassos que a expedição não podia se dar ao luxo de mais atrasos, então os seis líderes, não apenas Roosevelt e Rondon, se reuniram para avaliar o cenário. Fazia quase duas semanas que estavam no rio, porém mal haviam vencido oitenta quilômetros; nesse ritmo, considerando as inúmeras transposições por terra e as incontáveis paradas para mapear o rio, ficariam sem comida muito antes de chegarem ao destino final e seriam obrigados a viver do que conseguissem caçar ou pescar. "Havia rações suficientes para os homens por cerca de 35 dias", calculou Cherrie, referindo-se aos dezesseis camaradas do grupo, "ao passo que as rações preparadas para os oficiais", ou seja, os três americanos e três brasileiros que chefiavam a expedição, "durariam talvez cinquenta dias".[19]

A reação de Rondon foi começar a construir uma canoa imediatamente. Ele montou quatro equipes de quatro homens cada, com instruções de cortar uma seção de oito metros do tronco de uma árvore grande e, sob forte chuva, despachou-os em direções diferentes. Na avaliação de Roosevelt, os homens trouxeram "árvores de aspecto esplêndido", mas Rondon achou que uma única delas tinha serventia, uma tatajuba de um metro e meio de diâmetro. Rondon, por conseguinte, ordenou aos barqueiros que começassem a escavá-la. A tatajuba, uma madeira de lei amarelada e com estrias bem alinhadas, é tão forte e durável que os engenheiros militares brasileiros muitas vezes a utilizavam para construir pontes. Por outro lado, ela apresenta diversas desvantagens, principalmente a demora para secar — obviamente um problema a se considerar no auge da estação chuvosa na Amazônia. Sua madeira também tende a vergar e lascar, mas Rondon e Roosevelt estavam com pressa e não tinham muita escolha.

Trabalhando em turnos sob a supervisão insistente de Rondon, os homens conseguiram em apenas quatro dias transformar o tronco da tatajuba, ainda com o córtex, em uma canoa utilizável. Para Roosevelt foi uma proeza e tanto, ainda mais admirável porque o trabalho continuou mesmo no breu absoluto da noite tropical, à luz bruxuleante de velas, às vezes até após as dez da noite. "A intermitência da luz revelava a floresta tropical assomando nas trevas ao redor", escreveu. "O ar noturno era quente, imóvel e pesado de umidade. Os homens permaneciam nus da cintura para cima. As peles morenas, acobreadas, cor de ébano brilhavam como que besuntadas e tremiam com o esforço incessante dos músculos."[20]

Na manhã de 14 de março, a nova canoa foi finalizada e os exploradores puderam retomar a jornada. Em meio a chuvas pesadas, foi preciso 22 deles para arrastar a embarcação recém-entalhada pelo barranco lamacento até o rio. Finalmente por volta do meio-dia estavam de volta à água e a caminho. Quase imediatamente, porém, se depararam outra vez com perigosas corredeiras, uma série de seis no total. Impacientes para seguir em frente e preocupados com os mantimentos, decidiram não retornar à terra firme e tentar a sorte nas águas espumosas. Conseguiram progredir dezesseis quilômetros em meio dia, o melhor desempenho até então, mas não sem escapar por pouco de um desastre: a certa altura, a pesada canoa nova, com Roosevelt a bordo, foi sugada por um redemoinho e começou a fazer água tão rapidamente que o dr. Cajazeira e Cherrie pularam para aliviar a carga e impedi-la de submergir. Com grande esforço, os barqueiros conseguiram endireitá-la, poupando os suprimentos e salvando as vidas.

Roosevelt, receando a morte dos homens por inanição, achou que era uma aposta que valia a pena. "Dos dois perigos", escreveu ele, "pareceu necessário arriscar a descida das corredeiras." Mas no dia seguinte a expedição foi atingida pelo que ele chamou de "um grave infortúnio",[21] beirando o desastre. Quando as duas primeiras canoas dobraram uma curva no início da tarde, o rio subitamente se alargou e ficou turbulento, dividindo-se em duas corredeiras separadas por uma ilhota central. Rondon, imediatamente antevendo problemas e pressentindo um novo trecho por terra firme, ordenou que sua canoa atracasse na margem e gritou para Kermit fazer o mesmo. No entanto, com o barulho da água, Kermit não escutou ou resolveu ignorar a ordem. Os vários relatos feitos após o ocorrido são divergentes e contraditórios e de fato é impossível hoje, separados por um século, saber qual está correto, se é que um deles está. Seja lá o que aconteceu, acarretou igual resultado: a canoa da dianteira começou a arremeter velozmente na direção da ilha.

Mas Kermit e seus dois barqueiros, João e Simplício, evitaram encalhar. Haviam avançado cerca de doze metros quando a canoa, aparentemente sugada por um poderoso turbilhão, girou e foi atirada de lado contra as águas revoltas. Descendo a corredeira, eles lutaram com os remos para forçar a canoa a ficar de frente, mas ela começou a afundar. A canoa chegou ainda flutuando ao fim da corredeira e os homens remaram com vigor redobrado para tentar chegar em segurança à margem. Estavam quase lá quando foram pegos por outro turbilhão, que arrastou a embarcação de volta à correnteza no meio do rio e a virou.

Agora os três homens, debatendo-se nas águas encrespadas, travavam uma batalha pela própria vida. João agarrou a sirga amarrada à proa da canoa e começou a nadar para a margem, esperando se salvar junto com os suprimentos, mas não conseguiu segurá-la. Simplício desapareceu sob a superfície. E Kermit, ainda agarrado ao rifle Winchester, de algum modo deu um jeito de subir na "quilha" da canoa emborcada e seguiu assim, qual um peão de boiadeiro, por uma segunda corredeira antes de ser atirado na água e perder a arma. Desesperado e exausto, suas roupas encharcadas puxando-o para baixo, ele conseguiu nadar em direção à margem; cansado demais para rastejar de volta à segurança da terra firme, tudo que pôde fazer foi segurar em um galho até recobrar o fôlego e as forças.

Kermit já estava de volta à ribanceira e caminhando rio acima, na direção do restante da expedição, quando Rondon e Lira o encontraram na trilha. "Então, magnífico banho! Não foi?",[22] foram as primeiras palavras de Rondon para o jovem Roosevelt. Não se sabe se o tom de Rondon foi sarcástico, reprovando o que no seu entender fora uma negligência juvenil de Kermit, ou se era apenas um gracejo solidário pelo alívio de ver o filho de seu convidado ilustre são e salvo. Mas e quanto a João e Simplício? Kermit disse acreditar que ambos haviam nadado para a outra margem do rio, então saiu à procura dos dois com Rondon e Lyra.

Infelizmente, Kermit tinha razão apenas em parte. João apareceu não muito depois, tendo cruzado o rio a nado desde a outra margem. Mas não se via sinal de Simplício, e nem se veria. Além disso, a canoa da dianteira sumira, ou estraçalhada pela corredeira ou afundada no leito do rio, levando os suprimentos embora. Devastado, Kermit saiu à procura de Simplício acompanhado apenas por seu cão, Trigueiro, que também fora arremessado na corredeira e conseguira escapar incólume. Kermit caminhou rio abaixo pela trilha por vários quilômetros, mas não encontrou nada além de um remo e uma única lata de comida, que resgatou voltando a mergulhar e nadando até o meio do rio. "Infelizmente, chegou o momento em que nos era impossível continuarmos a acalentar as nossas ilusões", recordaria Rondon em uma conferência no ano seguinte. "Simplício tinha se afogado!"[23]

A morte de Simplício lançou uma nuvem sombria sobre os demais ajudantes, supersticiosos e agora influenciados pelo que viam como um sinal de mau agouro. Uma nova canoa de tronco foi confeccionada, embora isso tenha exigido esforço extra porque diversos enxós também haviam se perdido no rio após o acidente. E a expedição não perdera apenas um homem, mas também dez dias de provisões, um prejuízo irreparável. Essa última notícia deixou todo mundo preocupado. "A perda de uma vida humana é sempre uma tragédia", escreveria mais tarde Cherrie. "Mas a perda da canoa e de tudo o que continha foi uma tragédia ainda maior para os membros remanescentes de nosso grupo."[24]

Em seu diário, Kermit foi extraordinariamente seco sobre a morte de seu barqueiro, escrevendo apenas "Simplício se afogou".[25] De sua parte, Roosevelt retratou o acidente em seu livro como simples obra do destino, como um exemplo do homem sendo sobrepujado pelas forças da natureza. Mas no inquérito que Rondon ordenou discretamente, documento mantido até hoje em um arquivo do governo brasileiro, o barqueiro João conta uma história diferente, implicando Kermit.* Segundo João, Kermit ouvira a ordem

---

* Infelizmente não foi possível localizar o paradeiro do relatório final do inquérito, mas Botelho de Magalhães se refere a ele em seus escritos. Rondon, sobre a morte de Simplício, narra a versão de João: "Contou-nos que o sr. Kermit, depois de haver examinado a cachoeira, ordenara a descida pelo canal, e, desprezando a informação que se lhe dava, de não ser a passagem praticável, insistiu no seu propósito, repetindo a ordem. À vista disso, o canoeiro julgou-se na obrigação de obedecer, apesar de saber que aquilo era uma temeridade." Cândido Mariano da Silva Rondon, *Conferências realizadas nos dias 5, 7 e 9 de outubro de 1915 no Teatro Fênix do Rio de Janeiro sobre trabalhos da Expedição Roosevelt e da Comissão Telegráfica*, 1916, p. 70.

de Rondon para parar, mas resolveu se aproximar da ilha e ver se era possível vencer a corredeira do lado direito. Concluindo que sim, ordenou que os barqueiros fossem em frente. Quando eles protestaram, dizendo que era perigoso demais, ele simplesmente repetiu a ordem, e João e Simplício, homens humildes, acharam que não havia escolha senão obedecer ao filho do ex-presidente americano. Simplício, o mais jovem dos exploradores, pagou o preço pelo que, no entender dos brasileiros, foi um erro de avaliação.

Sem um corpo para enterrar, Rondon ordenou que uma cruz simples com os dizeres "Nesta cachoeira faleceu o pobre Simplício"[26] fosse erguida na manhã seguinte às margens da corredeira, pouco antes que os 21 exploradores remanescentes retomassem a jornada. Ele também batizou a cachoeira em homenagem a Simplício e ela continua com esse nome até hoje nos mapas brasileiros.*

Em todos os inúmeros relatos da Expedição Científica Roosevelt-Rondon ao longo do século, sejam brasileiros, sejam americanos, Simplício é tratado apenas pelo primeiro nome ou, quando muito, referido apenas como o "desditoso Simplício" ou "pobre Simplício",[27] tendo sua identidade perdida. Mas com um escrutínio cuidadoso dos documentos deixados por Rondon, e numa de suas primeiras ordens do dia emitidas durante a expedição, encontramos o nome do homem completo: Antônio Simplício da Silva.[28] Que a justiça seja feita.

---

* A cachoeira Simplício fica no estado de Rondônia, município de Pimenta Bueno, Distrito Marco Rondon.

15. Paixão

Após a cerimônia fúnebre de Simplício, não houve outra escolha a não ser voltar ao trabalho. E assim uma nova e exaustiva jornada por terra firme começou, sob uma chuva torrencial que deixou ainda mais sombrio o estado de espírito dos exploradores. Enquanto os homens derrubavam árvores para construir uma nova pista rolante, abriam uma picada na selva e tiravam a água das canoas remanescentes, Rondon e seu cachorro favorito, Lobo, partiram por uma trilha na mata ao longo da margem esquerda do rio, numa missão de reconhecimento. Talvez, se a sorte estivesse ao seu lado, poderiam abater alguma ave ou macaco, de modo a terem carne na panela mais tarde.

Quando estavam a cerca de um quilômetro do acampamento, um uivo peculiar ecoou pela floresta tropical — um barulho muito parecido com o do cuatá (ou macaco-aranha), o maior primata da América e excelente fonte de alimento. Lobo instintivamente disparou para investigar a origem do som, enquanto Rondon perscrutava o dossel da floresta à procura dos macacos, o rifle de prontidão. Pouco depois, porém, ele escutou os ganidos do cão, primeiro de surpresa, depois de dor. Avançou cautelosamente, imaginando que Lobo fora atacado por um queixada ou uma onça, mas então ouviu ruídos distintamente humanos: "Eram as exclamações curtas, enérgicas e repetidas em coro, com certa cadência, dos silvícolas", que ele só escutara antes entre bandos de guerreiros "quando, iniciada a luta, começam a carregar contra o inimigo".[1] Ele disparou uma única salva no ar, "dominando meu primeiro impulso de correr em defesa do Lobo",[2] depois voltou rapidamente ao acampamento para advertir aos demais, encontrando a pista rolante de troncos já pela metade.

A preocupação imediata de Rondon era que se tratasse de uma emboscada indígena. Ele despachou Cherrie rio acima para alertar os homens que estavam no início da pista, pediu a Roosevelt que montasse guarda no final dela e, com Antônio Paresí, Kermit e Lyra a acompanhá-lo, regressou à trilha em busca de Lobo. Quando finalmente encontraram o cão, ele estava morto, perfurado por duas flechas cujo tipo era desconhecido tanto de Rondon quanto de seu batedor Paresí. Diferentemente das flechas Nambikwára, estas tinham ponta de bambu serrilhado, o que só podia significar que a expedição penetrara no território de alguma tribo nova, ainda completamente ignorada pelo homem branco.

Antes de voltar ao local da emboscada, Rondon pegara várias cabeças de machado e enchera os bolsos de contas coloridas, uma possível oferenda para o que presumia ser um pequeno grupo de caça assustado com sua aproximação. Então ele enterrou Lobo ao lado da longa vara presa a um cesto cheio de entranhas de animais que os índios — provavelmente numa pescaria — haviam trazido para usar como isca e abandonaram em sua pressa de fugir. Perto da vara e da cova, Rondon dispôs os presentes, indicando para o grupo de índios que suas intenções continuavam pacíficas, a despeito da morte de seu cachorro. Podiam ser das tribos Suruí ou Zoró, porém mais provavelmente eram membros do povo conhecido hoje como Cinta Larga,* cujas relações com o mundo dito "civilizado" continuam tensas e conflituosas até hoje, em pleno século XXI.

Na primavera de 2006, líderes dos Cinta Larga convidaram este autor para visitá-los em sua reserva, uma área de 2,7 milhões de hectares que parte das margens do rio Roosevelt e é formalmente conhecida como Reserva Indígena Roosevelt. Dois anos antes, membros da tribo haviam matado 29 garimpeiros de diamante e ouro que, embora advertidos a manter distância, tinham invadido o território oficialmente demarcado dos Cinta Larga. Os intrusos foram amarrados e espancados até a morte com porretes de madeira conhecidos como bordunas; por conta disso, os Cinta Larga, foram, de forma geral, execrados na imprensa brasileira. Houve clamores furiosos para que fossem presos e julgados por assassinato e os índios decidiram que queriam contar sua versão dos fatos a um repórter estrangeiro.

Durante dois dias de extensas conversas em uma aldeia a poucos metros da margem oeste do Roosevelt, as lideranças tribais, todos eles homens na casa dos cinquenta e sessenta anos, mencionaram diversas vezes a expedição Roosevelt-Rondon, fornecendo detalhes fascinantes de histórias orais repassadas para eles por seus pais e avós, que

---

* Segundo o Instituto Socioambiental (ISA): "O nome Cinta Larga é um designativo genérico criado pelos regionais e adotado pela Fundação Nacional do Índio (Funai), pelo fato de o grupo vestir uma larga cinta de entrecasca de árvore em volta da cintura. Segundo as informações disponíveis, não é possível encontrar entre os Cinta Larga algo como uma autodenominação, um termo geral para o conjunto do grupo, a não ser a alcunha "Cinta Larga", adotada por eles em sua convivência com a sociedade brasileira" (texto completo disponível em: <pib.socioambiental.org/pt/Povo:Cinta_larga>. Acesso em: 12 jul. 2018).

viveram os acontecimentos ali descritos. Segundo os relatos — que coincidem em larga medida com as histórias que Tweed Roosevelt, bisneto do avô ilustre e também presidente do conselho administrativo da Theodore Roosevelt Association, afirma ter escutado quando desceu o rio da Dúvida, em 1992 —, os Cinta Larga vinham observando atentamente os exploradores desde que estes penetraram no território da tribo pela primeira vez, debatendo entre si o que fazer.

Uma facção queria atacar os forasteiros imediatamente, encarando sua presença como indesejável e ameaçadora, em nada distinta dos seringueiros que ocasionalmente invadiam seus domínios. Mas outro grupo insistiu em uma abordagem mais precavida, preferindo continuar a seguir os homens brancos até suas intenções ficarem claras. No fim, os partidários da cautela levaram a melhor por dois motivos, de acordo com os chefes Cinta Larga, falando de acontecimentos de quase um século antes como se tivessem acabado de ocorrer. Primeiro, os rastreadores observaram o serviço fúnebre de Simplício e deduziram corretamente que, se os brasileiros e americanos pranteavam seus mortos, deviam ter intenção pacífica e logo iriam embora. E, em segundo lugar, os presentes deixados por Rondon na cova de Lobo foram interpretados como sinal de que ele não ficara ofendido e compreendera que os Cinta Larga haviam reagido por medo, não hostilidade.

Assim, Rondon teve extrema sorte e percebeu isso na mesma hora. Se estivesse na dianteira, e não Lobo, por exemplo, teria sido alvejado pelos índios, provavelmente com consequências fatais, já que as flechas estavam embebidas em veneno: "Pensei, contemplando pesaroso meu companheiro morto, que talvez tivesse dado sua vida pela minha".[3] Mas o alívio que porventura tenha sentido se evaporou assim que voltou ao acampamento e recebeu mais notícias preocupantes sobre a pista. Quatro canoas haviam sido transportadas a salvo para um ponto rio abaixo, mas quando a maior de todas, que vinha por último, a recém-construída (que eles chamaram de Aripuanã), estava sendo baixada de volta ao rio, um cabo se rompeu, ela despencou na água e foi levada pela correnteza, carregando todas as cordas e polias às quais continuava presa.

Agora a expedição enfrentava uma série de escolhas desagradáveis. Antes da morte de Lobo, talvez cogitassem ficar onde estavam pelo tempo que fosse necessário para a construção de uma nova canoa. Mas o perigo de um ataque indígena ao lugar, que Rondon rebatizou ali mesmo de Quebra-Canoas, agora parecia elevado.[4] E, contudo, os exploradores tinham apenas quatro embarcações, o que simplesmente não era suficiente para transportar 21 homens e mais todo o equipamento. Assim, nessa noite, todos os seis oficiais conferenciaram e decidiram tomar uma medida drástica: as quatro canoas seriam amarradas em pares para formar duas balsas, cada uma com três remadores e um líder a bordo, e carregadas com o máximo de equipamento que conseguissem aguentar. O equipamento remanescente seria abandonado e os treze homens restantes seguiriam caminhando pela margem do rio, olhos e ouvidos atentos a quaisquer sinais de presença indígena, até encontrarem um lugar adequado para formarem um novo acampamento.

Como o perigo de uma emboscada tornava arriscado demais se aventurar pela floresta e utilizar trilhas preexistentes, os exploradores tinham de abrir a própria picada na mata luxuriante à beira do rio. Então, conforme avançavam, sofriam cortes e arranhões e eram espetados pelos galhos pontudos. A expedição, que prosseguia com a carga significativamente diminuída, continuou a descer o rio da Dúvida por terra, com Roosevelt e Cajazeira nas duas balsas e os demais caminhando em fila indiana. Duas corredeiras foram transpostas com sucesso dessa maneira, embora Roosevelt tenha escapado por pouco quando seus remadores tentavam navegar entre sete ilhotas e uma violenta correnteza lançou sua balsa contra enormes matacões.

No fim da Cachoeira das Sete Ilhas, Rondon e Kermit, fazendo o reconhecimento juntos, encontraram um rio profundo e com cerca de vinte metros de largura vindo do oeste e desembocando no rio da Dúvida. Foi uma descoberta significativa. O percurso do rio Ji-Paraná era suficientemente conhecido para saberem que não havia como esse afluente recém-descoberto ser parte daquele sistema maior. Diante dessa nova evidência, Lyra finalmente abriu mão de sua teoria de que o rio da Dúvida corria para oeste e desaguava no Ji-Paraná. Embora ainda houvesse uma possibilidade muito remota de que o rio da Dúvida pudesse virar para leste e desembocar no Tapajós, a hipótese original de Rondon permanecia a mais provável: o rio que estavam descendo continuaria na direção norte por centenas de quilômetros para desaguar no Madeira. Assim, não haveria atalhos, nenhum caminho mais curto para Manaus, e teriam de seguir avançando.

Apesar de tudo, pelo menos dois acontecimentos encorajadores conseguiram melhorar um pouco o ânimo dos homens nesse dia. Kermit encontrou diversas latas de comida que tinham sido levadas pela correnteza quando Simplício se afogou, voltando com elas para o acampamento, erguido na foz do novo tributário. Lyra, o oficial brasileiro mais jovem, também obteve uma bem-vinda suplementação à dieta dos exploradores; ele saíra para pescar e voltara com dois grandes pacus, cuja carne suculenta era muito apreciada na Amazônia. Todos comeram bem nessa noite, talvez a melhor refeição que fizeram desde que começaram a descer o rio da Dúvida. Roosevelt ficou quase tão entusiasmado quanto no dia em que experimentou canja pela primeira vez, escrevendo sobre como o pacu era delicioso.[5]

Na manhã seguinte, com vistas a manter o moral elevado, Rondon decidiu comemorar a descoberta do novo rio. Ele anunciou que o batizaria de rio Kermit e lhes apresentou o pequeno monumento em forma de obelisco com o nome do jovem Roosevelt já entalhado. Além disso, afirmou, agora que sabiam que o rio da Dúvida era um afluente importante e não apenas um riacho qualquer, ele seria rebatizado de rio Roosevelt, com direito a outro obelisco em homenagem ao ex-presidente que seria erguido no local onde integraria o sistema do Madeira, independentemente de quantos quilômetros e dias pudesse estar à frente.

Alguns na expedição pareciam alimentar a esperança de que esse momento não tardaria, ou pelo menos que a pior parte das corredeiras já tivesse sido ultrapassada e uma navegação mais tranquila os aguardasse. Antônio Paresí informou que o pacu não era normalmente encontrado perto de cataratas e corredeiras, preferindo as calmas piscinas naturais às águas turbulentas, e muitos homens ficaram otimistas com esse fato. Cherrie também identificou alguns sinais animadores na paisagem: algumas espécies de aves que começavam a aparecer, como urubus-de-cabeça-vermelha, tinham por habitat as campinas, não a selva, sugerindo que deveria haver terreno plano e descampado adiante.

Quando Rondon anunciou o novo nome do rio da Dúvida, Roosevelt fingiu surpresa, embora desde que se encontrara com Lauro Müller no Rio de Janeiro soubesse que uma homenagem assim seria feita. Rondon encerrou a cerimônia conclamando todos a dar três vivas para os Estados Unidos, Roosevelt e Kermit. Seguindo o protocolo, foi a vez de Roosevelt tecer elogios ao Brasil e a Rondon, a seus dois ajudantes, aos remadores e à Comissão da Linha Telegráfica. O ambiente ficou tão descontraído que, quando Lyra observou que Cherrie fora de algum modo esquecido, todo mundo o saudou em uníssono. "Não precisava de muita coisa para nos animar!", refletiu Cherrie mais tarde.[6]

Posteriormente nesse mesmo dia, em uma curva larga e acentuada que o rio fazia para leste, Rondon avistou o que considerou o lugar ideal para construir mais duas pequenas canoas e ordenou que a expedição parasse. Roosevelt inicialmente objetou, receando que os índios que os seguiam pudessem se sentir tentados a atacar. Mas Rondon explicou que tais preocupações, embora reais, deveriam ficar em segundo plano diante de um fato novo: a presença de inúmeras araputangas, árvore ideal para a construção de canoas escavadas. A madeira da araputanga combina algumas das melhores qualidades do mogno e do cedro, espécies com as quais guarda parentesco remoto: é macia para entalhar, não apodrece com facilidade e, acima de tudo, é mais leve e flutua melhor do que a madeira da tatajuba, escolhida para a primeira canoa substituta. Diante da informação, Roosevelt aquiesceu, embora Rondon tenha procurado aplacar seus temores de uma emboscada destacando homens para vigiar o acampamento durante a noite toda. E o próprio Rondon acordou às duas da manhã para verificar se as sentinelas não haviam pegado no sono.

Desde a morte de Lobo, os Cinta Larga nem mais se davam ao trabalho de manter sua presença em segredo e empreendiam uma tática não muito sutil de guerra psicológica e intimidação. Embora ainda ocultados pela selva, continuavam à espreita, pois os cães viviam agitados, latindo para algo próximo, mas invisível. Ao abrirem uma picada junto à margem do rio, os exploradores viram pegadas frescas na lama feitas por outros homens e perceberam um farfalhar na mata, não muito distante. Além do mais, escuta-

266

vam chamados de animais noturnos em plena luz do dia, bem como vozes estridentes e dissonantes que só podiam ser humanas. "As pegadas, os acampamentos abandonados e as vozes de pessoas invisíveis eram como um mistério", escreveu Cherrie.[7]

O "acampamento abandonado" ao qual o naturalista americano se referia era, na realidade, um local de pesca com três pequenas cabanas sutilmente camufladas na beira do rio. Rondon, como de costume, parou para investigar. Desenhou os abrigos e anotou o que continham, deixando presentes como sinal de intenções amistosas quando partiu. No caso dos Cinta Larga, porém, o contexto de suas ações foi diferente e um pouco arriscado porque eles podiam apreciar a oferta de amizade que os valiosos machados, facas e facões representavam, mas a vigilância constante certamente revelava as muitas vulnerabilidades da expedição. E se decidissem tirar vantagem disso, atacar e saquear tudo que ela transportava? Era uma possibilidade que não podia ser descartada.

Dois dias depois, as canoas de reposição foram finalizadas. Os americanos ficaram irritados quando perceberam que Rondon dissera aos homens que não se apressassem, de maneira que ele e Lyra pudessem mapear mais precisamente as coordenadas da região na foz do rio Kermit. Mas então outra descoberta fez o moral do grupo afundar novamente. Quando as rações de emergência estavam sendo colocadas nos barcos, o cabo Paixão informou a Rondon que quinze das 75 caixas haviam desaparecido. Uma quantidade tão grande sugeria que havia mais de um homem roubando comida, mas as suspeitas recaíram imediatamente sobre Júlio de Lima, o único membro da expedição que, a despeito de todas as privações que vinham enfrentando, não estava perdendo peso.

Havia outros motivos para a suspeita, sem dúvida: após três semanas trabalhando com Júlio no rio da Dúvida, os demais passaram a considerá-lo um preguiçoso, um chorão insuportável. Quando estavam em Tapirapuã, quartel-general da Comissão do Telégrafo, Júlio pediu insistentemente que o deixassem ir com eles, "atraído talvez pelo soldo em dobro" que a expedição renderia, vangloriando-se de ser um mateiro exímio.[8] Na realidade, ele se mostrou indolente e pouco confiável. Ninguém queria participar das duplas de trabalho com ele, nem mesmo para procurar alimento na selva: quando o mandavam acompanhar os outros para procurar frutos oleaginosos ou árvores de palmito, ele ficava para trás e rapidamente devorava parte do que havia encontrado, em vez de voltar ao acampamento para dividir o alimento com os outros.

Roosevelt partilhava dessa opinião geral. No começo, ficou impressionado com a presença física de Júlio, aparentemente ideal para o tipo de trabalho que precisavam realizar. Mas em pouco tempo percebeu que, a despeito de sua "constituição forte", Júlio era "um completo inútil, sendo um preguiçoso nato, com o coração de um vira--lata feroz no corpo de um touro [...]. Cedendo sob o peso do trabalho, da adversidade e do perigo, sua natureza revelou as verdadeiras profundezas de egoísmo, covardia e ferocidade", escreveu Roosevelt.[9] "Ele fugia de todas as tarefas. Fingia estar doente. Não havia nada capaz de obrigá-lo a fazer sua parte; e, contudo, ao contrário de seus colegas com algum amor-próprio, vivia vergonhosamente pedindo favores"[10] (frequentemente pedia o tabaco de Kermit, por exemplo). Agora, evidências de uma traição ainda mais grave do que sua malemolência começavam a se acumular. "Numa expedição como essa, o roubo de comida só perde para um assassinato", escreveu Roosevelt, indignado, "e deveria por direito ser punido como tal".[11]

Porém, embrenhado na selva a centenas de quilômetros do vilarejo mais próximo, havia pouco que Rondon pudesse fazer. "Quando pudemos descobrir as suas más qualidades de caráter, a sua covardia e completa inaptidão para secundar os contínuos esforços dos seus companheiros de viagem, já estávamos tão adiantados no rio que impossível nos era desembaraçarmo-nos da sua presença",[12] lamentou ele. Em outras circunstâncias, Rondon talvez o tivesse confinado à prisão militar ou mesmo ordenado o açoite como punição. Mas não queria que Júlio fosse castigado na frente dos americanos. Além de tecnicamente ilegal, isso teria lhe custado o respeito deles, que entenderiam o ato como uma demonstração de barbárie. A detenção tampouco resolveria o problema: mesmo algemado, Júlio ainda precisaria ser alimentado e transportado, continuando um fardo para os demais. Além disso, Rondon ainda não tinha nenhuma prova de crime, apenas suspeitas — mesmo que tão fortes quanto sua convicção de que o rio da Dúvida fluía para o Madeira. Assim, mandou os homens montarem guarda perto do local onde guardavam a comida e ordenou que Paixão ficasse de olho em Júlio.

Para piorar as coisas, vários problemas de saúde começavam a surgir entre os homens já tão sobrecarregados. "Atravessávamos território inimigo, atormentados por mosquitos e formigas", Rondon descreveu. "Os camaradas que não queriam se calçar tinham os pés tão inchados que mal podiam prosseguir. Procurava o dr. Cajazeira aliviar o sofrimento de todos e manter em boas condições a saúde da expedição, mas havia já dois casos de febre."[13]

Rondon, movido por sua devoção ao dever, já passara por isso e sempre saíra incólume: "Morte e perigo não deveriam, por mais que com isso sofressem, interferir na tarefa dos expedicionários", relatou.[14] Mas os americanos estavam cada vez mais preocupados e Cherrie não conseguia tirar esses problemas da cabeça. "Nossa situação é realmente grave", escreveu em seu diário no dia 16 de março. "As provisões diminuem a cada dia. É impossível voltar atrás. A viagem que nos aguarda é sem dúvida muito longa. As dificuldades a superar só podem ser avaliadas em função do que já passamos!" Ele concluiu as anotações para esse dia num tom sombrio, fatalista: "É pouco provável que o grupo inteiro chegue a Manaus".[15]

Roosevelt parecia especialmente inquieto, abalado por ter quase perdido o filho no acidente de canoa que matou Simplício e receando que situação similar pudesse se repetir. O que ele diria para Edith e Belle Willard? Depois que os índios mataram Lobo, suas preocupações com a segurança de Kermit ficaram ainda mais intensas: "Andava o sr. Roosevelt muito preocupado", escreveu Rondon em seu diário.[16] Foi com esse estado de espírito que o ex-presidente procurou Rondon em 22 de março, e, sempre longe dos outros, os dois líderes da expedição discutiram sobre como o trabalho de exploração deveria ser feito dali em diante e quem ficaria encarregado dele.

Os argumentos de Roosevelt para uma mudança imediata nos procedimentos eram de duas naturezas, uma pessoal e outra mais filosófica. "Kermit teve a inaudita felicidade de escapar com vida do acidente em que pereceu Simplício", começou ele, segundo o único relato da conversa, extraído do diário de Rondon. "Não me conformo com ver agora a vida do meu filho ameaçada a cada momento pela presença dos índios, mais do que a qualquer outro membro da expedição, uma vez que sua canoa vai à frente."[17]

Em seguida, Roosevelt mudou o enfoque, questionando o modo como toda a empreitada estava sendo conduzida. "Não convém continuar com tal processo para descobrir a verdade sobre o rio da Dúvida", afirmou ele. "É preciso limitar-nos ao levantamento expedito porque os chefes, num grande empreendimento como este, só devem se ocupar com a determinação dos pontos principais." "Isso, pessoalmente, não me será possível", respondeu Rondon, um pouco formal, "mas estou pronto a orientar a travessia do sertão pelos seus desejos, reduzindo ao mínimo o tempo da expedição."[18]

Roosevelt tentou então uma abordagem mais diplomática, talvez esperando apaziguar os sentimentos de Rondon. "Os grandes homens não se preocupam com minúcias...", disse. Mas isso pareceu irritar o brasileiro. "Nem sou grande homem nem se trata de minúcia", respondeu. "O levantamento do rio é elemento indispensável, sem o qual a expedição, no que me toca, terá sido inteiramente inútil." Percebendo uma resistência furiosa nas palavras de Rondon, Roosevelt pareceu ceder um pouco. Porém, permaneceu inflexível quanto à outra questão, levando Rondon a propor: "O sr. Kermit não mais irá à frente",[19] liberando então o jovem de sua função na canoa principal.

Rondon concordou também em abandonar o método de posição fixa do levantamento topográfico, o que significaria uma bem-vinda diminuição na quantidade de paradas diárias para calcular o curso do rio. Dali em diante, Rondon prometeu a Roosevelt, ele usaria um método menos exato que envolvia calcular sua localização a partir de duas canoas, ambas em movimento à mesma velocidade. Mas a questão de como mapear o rio com precisão em breve voltaria à baila e continuaria a ser discutida pelo restante da expedição, com Rondon procurando maneiras de se evadir à promessa e cumprir sua missão cartográfica.

Assim como Roosevelt tinha a preocupação de que Kermit voltasse para casa são e salvo, Kermit temia pela vida do pai. Após três meses na floresta, o ex-presidente perdera a maior parte dos quilos extras que carregava no início da expedição. Parecia em boa forma, bronzeado e "tudo fazia como nós e fazia-o bem", escreveu Rondon em seu diário quando a expedição estava em Utiariti. Roosevelt tinha "vigor físico, capacidade de resistência à fadiga, boa disposição de ânimo, fosse qual fosse o incômodo", qualidades que, juntas, tornavam o americano um "esplêndido companheiro de jornada".[20]

Mas Roosevelt sofria de uma série de problemas médicos dos quais Rondon e Cajazeira não tinham conhecimento. Os dois obviamente sabiam da tentativa de assassinato de 1912 e da bala que continuava alojada no peito de Roosevelt, porque isso saíra na primeira página dos jornais no mundo todo. Mas nunca tinham ouvido falar nas consequências de um incidente anterior: quando o então presidente fazia campanha, em setembro de 1902, a carruagem em que ele se deslocava pelas ruas de Pittsfield, Massachusetts, colidiu com um bonde elétrico. Um agente do Serviço Secreto que o acompanhava morreu na colisão, mas, segundo os jornais da época, Roosevelt não teria se ferido gravemente no acidente. O público foi informado de que o presidente ficara muito abalado, mas sofrera apenas um arranhão no rosto, segundo uma reportagem.

Na verdade, porém, sua perna esquerda ficara muito ferida e lhe causava dor considerável, embora ele tenha prosseguido com sua campanha no Sul e no Meio-Oeste, em vez de procurar ajuda médica. Um abscesso surgiu no local e ele acabou sendo obrigado a passar por uma cirurgia. E houve consequências de longo prazo também: como o próprio Roosevelt admitiu em carta a Kermit seis anos depois, "o choque prejudicou o osso de forma permanente e se alguma coisa acontecer, sempre há a possibilidade de um problema mais grave".[21]

Em 1914, as condições de saúde de Roosevelt estavam ainda mais deterioradas, como Kermit percebeu assim que se encontrou com o pai na Bahia pela primeira vez em dois anos. "Ele nunca se recuperou completamente do acidente", escreveu Kermit para Belle. "Uma perna continua muito mal e precisa de muitos cuidados."[22] Além do mais, Roosevelt, míope desde pequeno, ficara praticamente cego de um olho como resultado de um acidente ocorrido quando treinava boxe na Casa Branca. Isso obviamente afetava sua competência na caça, como os brasileiros já haviam notado, e o tornava menos útil na selva.

Por sua vez, Kermit também sofria com problemas de saúde que, como o pai, tentava esconder da melhor forma possível. Quando criança, em Washington, DC, ele contraiu malária, que se manifestou de forma intermitente durante toda a sua vida adulta e voltara a atacar com renovada força desde sua chegada ao Brasil, em 1912. Mais recentemente, também se ferira num incidente bastante insensato. Em um de seus projetos de construção em São Paulo, trepou numa enorme viga de aço alçada sobre as ribanceiras do rio Paranapanema. A viga escorregou do guindaste e ele sofreu uma queda de doze metros, chocando-se com as rochas da água abaixo. Kermit fraturou duas costelas, deslocou um joelho, quebrou dois dentes e escapou por pouco de ser esmagado pela viga, que caiu também. Ele havia se recuperado, mas ainda sentia algumas dores.

No dia 27 de março, exatamente um mês após começar a descer o rio que hoje leva seu nome, Roosevelt sofreu um ferimento aparentemente inofensivo na perna. Esse foi o início de uma série de problemas médicos que comprometeriam sua saúde pelo resto da viagem e chegariam a ameaçar sua vida. Alguns barqueiros estavam no rio manobrando duas canoas por uma corredeira estreita quando perderam o controle das embarcações, que na mesma hora foram arrastadas para a margem, onde colidiram com as pedras e começaram a afundar. Respondendo aos gritos de socorro, Roosevelt pulou no rio e, com a água batendo na altura do peito, juntou-se aos homens "puxando e erguendo [as canoas] até o limite das forças".[23] Foi quando ele momentaneamente perdeu o equilíbrio e bateu a canela direita numa pedra afiada, sofrendo um corte profundo de onde o sangue começou a jorrar na mesma hora.

Roosevelt tentou minimizar a gravidade do ferimento (que atribuiu à "minha própria falta de jeito"[24]), tratando-o como um mero "incômodo". Receando uma infecção, principalmente por conta do ambiente úmido e carregado de parasitas e bactérias, Cajazeira rapidamente esterilizou a ferida com antisséptico e enrolou uma gaze em volta, de modo que a princípio parecia tudo certo. Mas para Cherrie e Kermit o infortúnio de Roosevelt significou uma nova etapa na expedição e, com efeito, o ferimento nunca cicatrizou direito. "Dali em diante, ele se tornou um homem muito doente", disse o naturalista americano.[25] Roosevelt ficou em repouso por dois dias; depois, acompanhado de Cajazeira e Cherrie, caminhou devagar e com muito esforço para o novo acampamento, parando diversas vezes ao longo da trilha quando a dor ficava muito intensa. Quando chegaram, observou Cherrie, "ele deitou no chão úmido por algum tempo para conseguir se recuperar".[26] Kermit sabia o que isso queria dizer: seu pai não estava apenas manco, mas também voltava a sofrer com os problemas do coração que o tinham atormentado no passado.

Além da infecção no ferimento, era evidente que Roosevelt também sofria com ataques persistentes de malária. Ele ficou com uma febre de quarenta graus e começou a ter delírios intermitentes. Enquanto os demais dormiam, Kermit, Cherrie e Cajazeira se revezavam junto ao leito do enfermo, escutando suas palavras incoerentes. Certa noite, pouco antes de o dia raiar, Cherrie escutou Roosevelt chamar seu nome e correu para lá, onde encontrou Kermit já a seu lado. "Rapazes, percebo que alguns de nós não terminarão essa viagem", disse, olhando diretamente para Cherrie. "Quero que você e Kermit sigam em frente. Podem ir. Vou ficar aqui."[27]

Cherrie ficou horrorizado. Ele intuiu na mesma hora que Roosevelt podia estar pensando em suicídio e, dali em diante, resolveu que seria melhor ficar o tempo todo de olho no comandante americano. "Não houve um segundo desse momento em diante", disse ele cinco anos depois, durante uma homenagem à memória do ex-presidente, "sem que eu e Kermit observássemos o coronel, para impedi-lo de fazer o que via como uma necessidade", ou seja, que "tinha de aliviar o grupo do que considerava um fardo."[28]

À medida que a saúde de Roosevelt piorava, a perplexidade do dr. Cajazeira era cada vez maior, até que ele começou a ficar desconfiado. Finalmente, o médico procurou Rondon para relatar seus temores: Roosevelt, concluíra ele, provavelmente não estava tomando o quinino que Cajazeira prescrevera como profilaxia para a malária. Em um relatório escrito após o fim da expedição, o médico disse que quando percebia que Roosevelt não tomara o quinino à hora da refeição, ou que tomara uma dose pequena demais, advertia-o de que não podia esquecer o remédio. Invariavelmente, escreveu Cajazeira, "afirmava-nos nessas ocasiões já o haver tomado anteriormente".[29]

Mas Cajazeira claramente duvidava disso. Como explicou no relatório, Rondon, Lira e Cherrie tomaram as "doses estabelecidas" e chegaram a Manaus sem a "menor elevação térmica".[30] Para os demais, ele ministrava meio grama diariamente, com uma dose dobrada a cada três ou quatro dias, mandando que ficassem em fila e engolissem o medicamento na sua frente, e depois ticando o nome em uma lista. Dessa maneira, ao menos conseguia limitar a severidade dos calafrios e febres que afligiam os homens. Como podia ser então, refletiu Cajazeira, que entre todos os regularmente medicados com quinino, Roosevelt e Kermit tivessem sofrido as piores crises de malária?

Por que os Roosevelt, pai e filho, queriam evitar o único medicamento conhecido na época para efetivamente combater a malária? Talvez fosse devido aos inúmeros efeitos colaterais do quinino. Um dos mais comuns é palpitações no coração; na verdade, hoje em dia o uso de quinino não é recomendado para pessoas que sofrem de bloqueio cardíaco, fibrilação atrial e outros problemas coronários como os que afligiam Teddy Roosevelt. O quinino também pode causar alucinações e, embora o problema seja mais comum entre homens ao final da meia-idade, Kermit se queixou do sintoma, que também pode ser uma possível explicação para os episódios de delírio do pai. Outros efeitos colaterais incluem tontura ou vertigem, zumbido no ouvido (*tinnitus*), visão embaçada, cefaleia e sudorese, suscetibilidade a queimaduras de sol, coceira, erupções na pele e náusea. Para muita gente obrigada a tomar quinino, a cura poderia parecer tão ruim quanto a doença, por isso os especialistas em medicina tropical hoje em dia preferem prescrever outros medicamentos.

Em face de suas crescentes suspeitas, a solução de Cajazeira foi começar a injetar quinino de seis em seis horas diretamente na barriga de Roosevelt, cuja temperatura baixou imediatamente. Mas a perna do ex-presidente continuava a atormentá-lo, pois a ferida inchou e estava muito inflamada. O médico ficou preocupado com a possibilidade de que uma gangrena pudesse se desenvolver, coisa que, dependendo da gravidade, o forçaria a amputar a perna "boa" de Roosevelt. Havia indícios também de que contraíra uma disenteria, pois continuava fraco e febril, sem dar mostras de recuperar o dinamismo que era uma das principais características de sua personalidade.

Mas conforme a expedição entrava em seu segundo mês no rio da Dúvida, a saúde declinante de Roosevelt virou apenas uma dentre as inúmeras dificuldades enfrentadas — e certamente não a mais ameaçadora. A comida dos exploradores estava quase no fim, um problema que afetava todo mundo: os homens estavam famintos e cada vez mais fracos no desempenho de suas obrigações, aumentando a probabilidade de acidentes (para não mencionar o moral baixo). Mesmo com o racionamento, os víveres estavam sendo consumidos a um ritmo alarmante, e parar alguns dias que fosse para caçar e pescar seria, em tais circunstâncias, uma decisão arriscada. E se não conseguissem pegar coisa alguma? Seus suprimentos teriam diminuído mais ainda, sem nada para repor o gasto de tempo e energia, e com a mesma distância ainda por cobrir. Eles se viram presos em um círculo vicioso.

Até mesmo Rondon, que nunca se deixava abalar pelas situações difíceis, parecia profundamente desanimado. Na manhã de 28 de março, ele e Kermit, acompanhados de Lyra e de um dos remadores, Luiz Correia, partiram a pé do acampamento junto à corredeira para fazer o reconhecimento de um desfiladeiro ameaçador que havia mais adiante. Quando regressaram, na metade da manhã — imundos, encharcados de chuva e suor, esfolados e esgotados com o esforço —, a expressão atordoada e sombria no rosto de Rondon revelou a Roosevelt e aos demais que o brasileiro estava prestes a dar notícias ainda piores do que as já esperadas por todos. E foi o que aconteceu.

O problema não era apenas o desfiladeiro, embora ele também representasse um enorme desafio, com seus quase três quilômetros de comprimento e o curso d'água interrompido por meia dúzia de cataratas, uma delas com dez metros de altura. Rondon não conseguia imaginar um modo de passar por esse perigoso corredor nas canoas, mas também não queria fazer um desvio e construir uma nova pista rolante. O desfiladeiro assinalava o início de um trecho rochoso e montanhoso que se estendia para o norte por vários quilômetros, explicou ele, com encostas quase verticais, íngremes demais para içarem as canoas até uma trilha que, em todo caso, se revelava inviável para a construção de qualquer pista, pois o terreno era coberto de pedras afiadas e matacões.

No entender de Rondon, só havia uma solução, surgida do desespero: abandonar as canoas, diminuir o equipamento outra vez, caminhar até o fim das montanhas e fazer novas canoas por lá. Era uma ideia muito arriscada, talvez até suicida, como todo mundo na expedição deduziu. Não havia como prever quanto tempo levariam para cruzar o desfiladeiro ou construir novas canoas depois que o transpusessem — assumindo que poderia ser transposto —, e, nesse ínterim, a expedição continuaria consumindo os preciosos e talvez insubstituíveis mantimentos. Todos já estavam exaustos e o trabalho intenso e moroso conjecturado por Rondon só os deixaria ainda mais fracos, aumentando o risco de sofrerem acidentes. Finalmente, havia ainda o perigo sempre presente de serem atacados pelos índios, que continuavam seguindo a expedição. "Para todos nós, suas notícias foram praticamente uma sentença de morte", escreveu Cherrie.[31]

Depois de viajarem juntos com tamanha proximidade e cordialidade, Kermit, o mais novo dos três líderes americanos, e Lyra, também o mais jovem entre os brasileiros, haviam firmado uma sólida amizade. Nesse momento, temendo uma tragédia, Kermit, com o apoio de Lyra, discordou abertamente de Rondon. Os dois jovens achavam possível chegar com ao menos uma das canoas intacta ao final do desfiladeiro e queriam fazer uma tentativa. Kermit adquirira formidáveis habilidades com cabos e cordas, nós e ataduras quando trabalhava em projetos de engenharia no Sul, um domínio já demonstrado em diversos momentos cruciais no começo da expedição; isso emprestava à sua opinião uma força e uma credibilidade que, de outro modo, talvez não lhes fossem concedidas pelos demais.

Roosevelt naturalmente apoiou o filho, assim como Cajazeira e os outros que trabalhavam com Kermit e gostavam dele. A morte de Simplício não afetou totalmente sua posição no grupo, em parte porque ele tratava a todos com respeito e dignidade, preocupando-se inclusive em se dirigir aos mateiros e barqueiros pelo nome. Rondon, em suma, fora contestado e decidiu não argumentar mais. Mas parecia mais abatido do que nunca estivera em sua carreira, manifestando uma apatia atípica em face da adversidade, e os outros puderam perceber pela primeira vez a dúvida em seu rosto.

Antes de partirem nessa empreitada de vida ou morte, os membros da expedição voltaram a descartar equipamentos considerados não essenciais — era a quarta vez desde a partida de São Luís de Cáceres, no início de janeiro, que reduziam suas coisas, dessa vez a um mínimo necessário. Todas as barracas, com exceção de uma, foram deixadas para trás; dali por diante, os seis oficiais dormiriam na mesma barraca. Tudo que não coubesse na única bolsa de lona utilizada por cada um dos seis líderes seria abandonado sem maiores cerimônias. Já não fazia mais sentido, por exemplo, que Cherrie coletasse novos espécimes de aves, de modo que ele jogou fora a munição da escopeta — mas guardou a última garrafa de uísque, das três com que começara a expedição, ocultando-a entre suas roupas, por precaução. Rondon, de sua parte, descartou algumas ferramentas cartográficas e, sempre um ávido leitor, via-se agora limitado a um único livro, *A imitação de Cristo*, de Thomas de Kempis, enquanto Roosevelt conservou somente o último volume do *Declínio e queda do Império romano*, de Gibbons.

No fim, viu-se que Kermit e Lyra estavam com a razão, e o filho do ex-presidente pôde se redimir por completo aos olhos dos mais velhos após sua conduta leviana ter custado a vida de Simplício. Foram quase quatro dias de trabalho imensamente árduos para conseguirem atravessar a base do desfiladeiro com as canoas e chegar a um trecho de águas mais calmas, e tudo sem perda de vidas e com sacrifício de apenas uma das seis canoas: a menor, que foi perdida quando os cabos de reboque escorregaram das mãos úmidas e encardidas dos homens exaustos e se espatifou na corredeira.

Ao longo do processo, Kermit, Lyra e o restante da equipe tiveram de se agarrar à borda rochosa quase como fazem os modernos alpinistas, embora sem dispor do auxílio de pinos e movendo-se lateralmente, sabendo que o menor deslize poderia ser fatal. "Trabalho duro; molhado o dia todo; meia ração", foi o resumo lacônico de Kermit em seu diário no segundo dia.[32] Somente na última queda-d'água, com dez metros de altura e considerada íngreme demais, eles mudaram o método de trabalho, ordenando que os homens arrastassem as canoas por centenas de metros na terra firme.

No novo acampamento sob o desfiladeiro, porém, o infortúnio não deu trégua. Os exploradores haviam sido poupados da chuva durante a travessia, mas agora o aguaceiro voltava a cair. Nessa noite, o teto da única barraca que restara desabou sob o peso do dilúvio, mas os seis ocupantes estavam cansados demais para deixar seus leitos e tentar dar algum jeito no problema. Para os exaustos barqueiros, as condições eram ainda piores: dormindo ao relento em suas redes, com apenas os galhos e as copas das árvores como proteção, ficaram encharcados. Ninguém conseguiu repousar de verdade, as canoas mal flutuavam na manhã seguinte — estavam cheias até a amurada e a água precisou ser baldeada antes de poderem retomar a viagem.

Nem bem uma hora depois de partir, porém, as canoas chegaram a outro desfiladeiro estreito. Mais uma vez Rondon, Kermit e Lyra foram na frente para fazer o reconhecimento do terreno e novamente viram cachoeiras e corredeiras até onde a vista alcançava, emolduradas pelos já familiares penhascos rochosos. Eles estimaram que uma pista rolante levaria pelo menos dois dias para ser construída, talvez três, e Rondon decidiu montar acampamento pouco acima da corredeira principal. Isso significava que os homens teriam de transportar o restante do equipamento ao longo dos estreitos afloramentos rochosos que se projetavam dos penhascos, acima do rio.

Nessa noite, Paixão pegou Júlio de Lima roubando comida das latas de ração. O forte cabo desferiu um soco na cara do ladrão e o advertiu de que, da próxima vez que o pegasse saqueando as rações, seria bem pior. Em vez de se desculpar e prometer andar na linha, Júlio, com o nariz sangrando, foi choramingar para Kermit e Roosevelt. Mas se esperava um ombro amigo, se equivocou: traduzindo tudo para o pai, Kermit disse a Júlio que "ele se safou por pouco".[33] O recado obviamente não surtiu efeito, porque no dia seguinte Júlio se envolveu em novas altercações: outro remador, Pedrinho, o pegou devorando escondido uma parte da carne-seca que restara e contou para Paixão, que repreendeu Júlio e prometeu entregá-lo a Rondon para que fosse punido. E poucas horas depois, quando os homens se esforçavam para levar mantimentos e equipamentos para as canoas, Paixão viu Júlio ficar para trás dos demais remadores e carregar um peso bem mais leve — e lá veio nova reprimenda.

Chegando ao ponto onde fariam a parada, Paixão depositou sua carga, encostou a carabina e voltou pela trilha para pegar mais uma pilha de caixas. Um minuto depois, Júlio apareceu, gemendo e resmungando sozinho, tão alto que os três americanos, sentados nas pedras e esperando a chegada da bagagem, gracejaram entre si que "dá para saber quem é só pelos gemidos".[34] Júlio acrescentou uma caixa à pilha e fez meia-volta, pegando a arma de Paixão antes de se afastar. Os americanos não deram importância ao fato, pois, como Roosevelt escreveu, a vontade de comer carne era tão intensa que "nunca causava surpresa ver um homem com uma carabina".[35]

Mas um ou dois minutos depois, o estampido abrupto e inconfundível de uma arma de fogo ecoou em meio ao barulho da corredeira e dali a alguns instantes um punhado de barqueiros, ainda carregando caixas, chegou à clareira, gritando que Júlio atirara em Paixão. Alertados pelos homens, Roosevelt, o rifle na mão, e Cajazeira, munido de um revólver, voltaram pela trilha; Kermit recebeu ordens de avisar Rondon e Lyra, que faziam um reconhecimento mais adiante. Encontraram Paixão caído de bruços numa poça de sangue. Cajazeira ajoelhou para examiná-lo e, depois de virá-lo, observou o buraco de bala em seu peito e notou o resíduo de pólvora, indicando que Júlio havia atirado à queima-roupa e acertado Paixão no coração. O médico viu outro ferimento de bala na axila, sinal de que a vítima desarmada erguera o braço num gesto de autodefesa.

Era a metade da manhã do dia 3 de abril de 1914. Os exploradores estavam no rio da Dúvida havia 36 dias e tinham avançado cerca de 150 quilômetros. Mais da metade das rações com que partiram já tinham sido consumidas e eles estavam separados por centenas de quilômetros de seu destino, em um lugar ainda ignorado. Um de seus dois comandantes dava sinais de nutrir pensamentos suicidas e o outro parecia brevemente paralisado pelo desespero, enquanto ansiosos remadores, que a essa altura já tinham começado a brigar entre si, eram tranquilizados pelos oficiais de que sairiam dessa com vida. A Expedição Científica Roosevelt-Rondon parecia ter chegado ao fundo do poço.

16. Expedição em perigo

A essa altura, todo mundo temia pela própria vida, pois Júlio estava armado e prova-velmente escondido em algum lugar próximo, na selva. Dr. Cajazeira viu Roosevelt perscrutando as árvores e trepadeiras ao redor e disse: "Meus olhos são melhores que os seus, coronel. Se ele estiver à vista, eu o apontarei, uma vez que você está com o rifle".[1] Se Júlio pretendia começar um morticínio, seu alvo seguinte deveria ser Pedri-nho, o barqueiro que o entregara pelo roubo da carne-seca e ficara de sentinela no acampamento-base. Houve alívio quando um homem foi despachado até lá e constatou que Pedrinho seguia ileso. Mas onde estaria Júlio?

Nesse momento, Rondon e Lyra haviam alcançado os demais. Os americanos pareciam chocados com o crime, mas os dois brasileiros reagiram com um misto de consternação e cólera quando viram o corpo de Paixão caído no meio da trilha: Kermit escreveu em seu diário que Rondon e Lyra ficaram "cegos de raiva, com vontade de matar" Júlio.[2] Mas Rondon logo recuperou o equilíbrio e ordenou que Antônio Correia e Antônio Paresí, provavelmente seus melhores batedores, tentassem rastrear Júlio e o prendessem. Roosevelt já enviara Kermit e Cherrie para guardar as canoas, então Rondon mandou mais dois homens armados para vigiar as provisões no começo e no fim da trilha e deixou os demais abrindo uma cova para o estimado Paixão — tarefa não muito simples para um grupo de homens assustados e debilitados de fome, ainda mais porque o corpo de Paixão era grande e pesado e eles haviam perdido várias pás no último naufrágio das canoas.

Enquanto as providências eram tomadas, os dois comandantes da expedição con-fabularam, tentando decidir sobre como proceder na perseguição e o que fazer com Júlio caso o detivessem. E foi nesse momento, talvez mais do que em qualquer outro de seus cinco meses de convivência diária — na maior parte do tempo amigável, vivendo e trabalhando juntos sob constante estresse —, que suas visões de mundo colidiram.

Rondon descreveu Roosevelt como tenso e "muito excitado". "É preciso mandar ao encalço de Júlio, prendê-lo e matá-lo!", teria exclamado, segundo relatou em suas memórias.[3] Mas o positivismo era avesso à lei da selva e Rondon tinha fé na adesão a regras e regulamentos, ainda que outros, não. Afinal, era essa a base da ordem e do progresso, valores pregados orgulhosamente na bandeira brasileira. Uma aparente contradição de sua parte. Açoitar? Sim, se preciso for. Mas matar? Nunca. Nem índios, nem negros, nem brancos, mesmo um assassino como Júlio. No começo de sua carreira, houve ocasiões em que faltou com esses ideais, e ele nunca deixou de se admoestar por isso. Rondon acreditava estar numa missão civilizatória e parte disso significava implantar a racionalidade e a soberania da lei em territórios selvagens do país. Ele educadamente lembrou Roosevelt que o código legal brasileiro não previa a pena capital. "No Brasil é isso impossível", disse. "Quem comete um crime é julgado, e não assassinado."[4] Se pegassem Júlio, continuou, a lei exigia que fosse extraditado para Manaus, onde seria entregue às autoridades para julgamento.

Mas Roosevelt insistiu, lembrando o colega brasileiro que tanto os víveres quanto os medicamentos estavam quase no fim. Que sentido havia em levar um assassino até Manaus? Júlio não contribuiria com nada e apenas consumiria valiosas provisões, possivelmente pondo em risco a vida dos demais membros da expedição. Ele talvez até roubasse outra arma e, no afã de escapar, poderia atirar em qualquer um que entrasse em seu caminho.

"Quem mata deve morrer", disse Roosevelt. "Assim é no meu país." "É inútil mandar procurar Júlio", Rondon respondeu, tentando encerrar o assunto. "Procurar um homem que foge no emaranhado desta floresta é tarefa mais difícil do que a de procurar agulha em palheiro." Depois de uma pausa, acrescentou: "Vou, entretanto, cumprir seu desejo". Quando Roosevelt afirmou que era exatamente isso que queria, Rondon aquiesceu: "Destaquei um pelotão para a busca do assassino".[5]

A discussão entre Rondon e Roosevelt pareceu menos relevante alguns minutos depois, quando os dois Antônios voltaram, brandindo excitados a carabina de Júlio. Ela fora encontrada em um emaranhado de trepadeiras e cipós. Ele parecia tê-la abandonado, provavelmente tomado pelo pânico, sem querer perder tempo em soltar a arma e correr o risco de ser pego enquanto tentava fugir. "Dei as necessárias ordens ao canoeiro Antônio Correia e ao índio Antônio Paresí, os quais, seguindo pelos rastos do fugitivo, não tardaram a descobrir a arma, abandonada ao primeiro embaraço que ele encontrou à rapidez da sua fuga por entre a cerrada vegetação da floresta."[6]

Isso reduzia em muito o risco de que pudesse tentar matar mais alguém e também deixava o assassino indefeso contra índios e predadores. Virando para Roosevelt, Rondon pôs um ponto final na questão, sugerindo que o problema agora não estava mais em suas mãos: "Será agora castigado pela força das circunstâncias em que ele próprio se colocou...".[7]

Mas ainda precisavam enterrar Paixão (seu rosto fora coberto com um lenço, em sinal de respeito), dando-lhe um repouso digno. Com os barqueiros que ele supervisionara com tanta competência erguendo-o pelas pernas e pelo tronco, e Rondon e Roosevelt segurando sua cabeça e seus ombros, ele foi depositado com cuidado na cova recém-escavada. Rondon tinha Paixão em alta conta — ele exaltara o "altruísmo" do cabo em seu diário, provavelmente o maior elogio que um positivista pode dirigir a outra pessoa — e queria lhe conceder uma despedida adequada. Uma cruz grosseira foi erguida à cabeceira da sepultura e Rondon ordenou o disparo de uma salva de tiros em sua homenagem, declarando que tanto a corredeira quanto a cadeia montanhosa à volta deles, daquele dia em diante, receberiam o nome de Paixão. França, o cozinheiro da expedição, disse as últimas e funestas palavras: "Paixão segue Júlio e há de segui-lo sempre", advertiu, citando uma superstição popular. Ele "caiu de frente, sobre as mãos e os joelhos, e, quando um homem cai assim, seu espírito perseguirá até a morte o assassino".[8]

Como após o afogamento de Simplício, os exploradores fizeram a única coisa possível sob aquelas circunstâncias: reduzidos agora a dezenove homens esgotados e abatidos e a quatro canoas castigadas, voltaram resignados ao trabalho e retomaram a construção da pista rolante. Mas o esforço físico e a elevada carga emocional causados pelo assassinato de Paixão minaram ainda mais as forças de Roosevelt. Ele logo ficou febril outra vez e, com a respiração ofegante, só conseguiu caminhar alguns minutos. Rejeitando a sugestão de ser carregado em uma espécie de catre improvisado, finalmente chegou ao acampamento à noite. "Às cinco horas e meia ali chegava o sr. Roosevelt com muito esforço e afrontado do caminho, que subia a pique a encosta de montanhas pedregosas", escreveu Rondon. "Aquele violento exercício havia sido excessivo para o seu estado de saúde e fazia-o sofrer horrivelmente."[9]

Roosevelt, a essa altura, se tornara uma mera sombra do homem orgulhoso e confiante que deixara os brasileiros tão impressionados nos primeiros estágios da expedição com sua energia e força física. "Há no sr. Roosevelt uma grande dose de amor-próprio", Botelho de Magalhães observou em seu diário. "Muitas coisas ele fazia porque as via fazer o coronel Rondon; não queria dar direito a que se pensasse não ser ele capaz de passar pelos mesmos trabalhos e privações a que os outros se ofereciam. Aos seus olhos, de nada valia a circunstância de ser Rondon um veterano de grandes campanhas do sertão, as quais duram 25 anos; ao passo que para ele, Roosevelt, a que estava fazendo não passava de um episódio intercalado na sua vida de político e homem de gabinete, com hábitos já inveterados por um uso constante de mais de cinquenta anos."[10]

Ciente de que não conseguia mais acompanhar a expedição e preocupado com o destino dos demais, especialmente seu filho, Roosevelt agora mencionava pela primeira vez para Rondon a mesma solução drástica sugerida a Kermit e Cherrie. "A expedição não pode se deter", disse para o colega. "Por outro lado, não me é possível prosseguir. Partam e deixem-me!"[11]

O pedido era absurdo, sinal de que as condições físicas declinantes de Roosevelt estavam afetando sua capacidade de raciocínio. Se de início Rondon insistira em levar o "desertor criminoso" Júlio de Lima até a distante Manaus, por que cargas-d'água abandonaria seu parceiro de comando no meio da selva? Rondon era antes de mais nada um militar e seu rígido código de honra nunca teria lhe permitido fazer tal coisa, mesmo que não tivesse recebido instruções explícitas do Itamaraty para assegurar que Roosevelt chegasse são e salvo a Manaus. Soldados não deixam os feridos para trás no campo de batalha, e Rondon tentou de todas as maneiras comunicar isso a Roosevelt. "Permita-me que pondere que a expedição se chama Roosevelt-Rondon", respondeu enfim. "E que não é por isso possível nos separarmos."[12]

Essa noite provavelmente foi o mais perto que Roosevelt chegou de morrer sob a responsabilidade de Rondon. Com Kermit e depois Cajazeira se revezando em seus cuidados, o ex-presidente voltou a delirar e começou a recitar, repetidas vezes, os versos de abertura do poema épico de Samuel Taylor Coleridge, "Kubla Khan": "Em Xanadu, fez Kubla Khan/ Construir um domo de prazer".[13] Depois passou a dizer coisas sem sentido, com ocasionais arroubos de lucidez que refletiam a preocupação sentida pelos companheiros: "Não consigo mais trabalhar, então não preciso de muita comida", Kermit lembraria de ouvir o pai dizer, sem perceber a presença do filho. "Mas ele [Kermit] e Cherrie trabalharam o dia todo com as canoas, devem ficar com parte da minha."[14]

A febre de Roosevelt começou a baixar pouco antes do dia raiar e, na manhã de 5 de abril, um domingo de Ramos, parecia que a expedição estava finalmente chegando ao fim do longo, estreito e implacável desfiladeiro. Kermit, ele próprio febril, acompanhou Rondon e Lira numa marcha rio abaixo e concluiu, como escreveu em seu diário, "que após essas corredeiras deixamos as montanhas".[15] Regressaram ao acampamento bem a tempo de escutar Antônio Paresí anunciar animadamente que tinham avistado um bando de macacos-barrigudos nas copas de algumas árvores próximas. Kermit e Cherrie pegaram suas armas e conseguiram abater três deles para o jantar; Kermit capturou também um cágado, com o qual fizeram um sopa saborosa. "A carne fresca que tanto desejávamos nos deu força e energia renovadas", escreveu Cherrie, "e o fato de que as montanhas que por tanto tempo nos cercaram quando estávamos no rio pareciam enfim começar a desaparecer do horizonte trouxe-nos coragem renovada."[16]

No dia seguinte, porém, surgiu uma crise nova e inesperada. Rondon e Lyra faziam medições em um trecho plácido do rio quando foram surpreendidos por uma voz familiar que os chamava do matagal, na margem esquerda. Era Júlio, agarrado a um galho que pendia acima da água, implorando ao "senhor coronel" que o acolhesse de volta na expedição. "Não é possível parar agora a canoa, interrompendo o levantamento", respondeu Rondon, com fria indiferença na voz.[17] Mas como admitiu em seu diário, resolvera também que era mais conveniente "esperar o sr. Roosevelt" antes de decidir o destino de Júlio. Essa oportunidade só surgiu quando os exploradores ergueram o acampamento, a cerca de dez quilômetros rio abaixo, onde um grande afluente vindo do leste desaguava no rio da Dúvida. Júlio suplicou a todas as canoas que passaram que o resgatassem, sendo recebido sempre com o mesmo desdém: ninguém parou e todo mundo ignorou sua presença.

Quando passou a canoa de Roosevelt, porém, sua primeira reação foi bem diferente. Assim que viu Júlio debruçado sobre o galho, pegou o rifle, levantou a arma ao rosto, apontou, avistou pela luneta e fez pontaria. Tinha o dedo no gatilho e parecia a Cajazeira, sentado ao lado dele, e a Antônio Correia, que também o acompanhava e o olhava com receio, que Roosevelt ia atirar "na figura sem dúvida asquerosa, mas infeliz, daquele pobre bandido". Mas de repente "ele retirou a arma, franziu o sobrolho e informou ao médico", relataria anos depois Botelho de Magalhães, citando Cajazeira como fonte, "não desejar que a embarcação atracasse para receber o assassino".[18] Os brasileiros atribuíam a mudança de atitude de Roosevelt "à advertência de Rondon, que desejava assegurar o cumprimento da lei e havia proibido o exercício individual da justiça".[19] Suas únicas palavras, parcas e secas, foram: "Não quero ele a bordo", e "os seus desejos foram satisfeitos".[20]

Quando Rondon e Roosevelt finalmente puderam conversar sobre o reaparecimento de Júlio, suas divergências tornaram a aflorar, no que Rondon descreveu como um "tremendo choque". Mas dessa vez suas posições foram inversas: Rondon queria enviar homens para prender Júlio, e Roosevelt insistia que o abandonassem à própria sorte. Além de exaustos, argumentou ele, alguns homens estavam doentes, as roupas em andrajos. Ninguém na expedição sabia quanto tempo levariam para chegar ao Madeira, então por que correr o risco de ir atrás de um ladrão e assassino que só serviria para aumentar o fardo de homens honestos e trabalhadores? "A expedição estava em perigo", Roosevelt alertou Rondon.[21]

Mas Rondon não cedeu: uma tentativa de resgatar Júlio tinha de ser feita. "Absolutamente, não concordo!", respondeu Roosevelt. Ele deve ter ficado furioso, porque Rondon relatou que, quando Kermit tentou expressar sua opinião, o pai gritou, "*Shut up!*" [Cala a boca!]. Isso, por sua vez, ofendeu Lyra, nesse momento a pessoa mais próxima de Kermit na expedição. Murmurando entredentes, ele protestou: "Pensa ele que ainda é presidente".[22]

No fim, Rondon simplesmente venceu Roosevelt pelo cansaço, pois o americano ficava mais debilitado e fraco a cada hora. "Pois bem, meu querido coronel, cumpra-se a lei de seu país", disse Roosevelt, indiferente.[23] Rondon na mesma hora ordenou que os dois Antônios fossem novamente à procura de Júlio.

Os três americanos desconfiavam que a manobra era meramente um subterfúgio, que o que Rondon realmente queria era ganhar tempo para conduzir um levantamento mais completo da área e mapear as coordenadas do novo rio que haviam descoberto, e que fora prontamente batizado de Capitão Cardoso, em homenagem ao leal subalterno que morrera de beribéri em janeiro. Os americanos tinham absoluta razão. A dupla de batedores fez tudo a seu alcance para encontrar Júlio: os dois Antônios dispararam seus rifles no ar para chamar atenção, fizeram fogueiras para atraí-lo e gritaram seu nome até ficarem roucos. Mas, enquanto os batedores estavam ocupados, Rondon e Lyra de fato realizaram leituras para determinar sua localização — pois mais de duas semanas haviam se passado desde que Lyra medira a latitude exata da expedição — e mapearam os dois rios mais precisamente. Como resultado, a expedição permaneceu imóvel por dois dias inteiros.

Isso deixou os americanos ainda mais exasperados, que registraram em seus diários suas dúvidas sobre a honestidade, o bom senso e a capacidade de comando de Rondon. Muito contrariado pelo que ele considerava um mudança de atitude repentina e ilógica por parte do comandante brasileiro, Kermit o fustigou no seu diário: "Rondon vacilou sobre Júlio com cem mentiras", escreveu. "Ele quer medir a latitude, mas meu pai não deixa."[24] Na manhã seguinte, Cherrie também soltava fogo pelas ventas: "Essa decisão do coronel Rondon é quase inexplicável em face dos fatos relativos à nossa situação", escreveu. "Ao nosso ver, esse atraso e a tentativa de transportar um prisioneiro põem em risco a vida de todos os membros do nosso grupo."[25]

Mais uma vez, a disputa revelou-se inútil, pois os batedores não tiveram melhor sorte para encontrar Júlio do que três dias antes. Assim, voltaram às canoas. Contudo, logo surgiram novos trechos a serem vencidos por terra — dois, na verdade, o primeiro com quatrocentos metros e o segundo com cem. Após caminhar pela margem do rio com Cherrie durante um desvio mais longo, Roosevelt "ficou completamente exausto ao final e, no entanto, foi sobre terreno plano",[26] observou o naturalista. Assim, Rondon ordenou que montassem acampamento e a viagem foi encerrada nesse dia.

O diário de Cherrie revela um típico nativo da Nova Inglaterra, um sujeito empedernido, de temperamento marcadamente irascível, e ele estava ficando cada vez mais irritado com Rondon. Dois incidentes ocorridos após a teimosa insistência de Rondon em mapear as coordenadas do recém-descoberto rio Capitão Cardoso, deixaram Cherrie furioso. O primeiro foi quando Rondon decidiu ignorar a sugestão de enviar um batedor para ver o que aguardava a expedição e o segundo foi porque não se preocupou em confeccionar remos sobressalentes enquanto a expedição permanecia ociosa.

A segunda queixa se tornou de fato um problema na tarde de 8 de abril, quando os exploradores rumavam para a margem esquerda do rio da Dúvida a fim de montar acampamento para passar a noite, antes de enfrentar mais um trecho de corredeira. Antônio Paresí, indo à proa da canoa de Roosevelt, quebrou o remo numa rocha submersa. Por alguns instantes o barco ficou à deriva e foi puxado pela correnteza, até que finalmente ele pegou outro remo guardado sob o assento da canoa, que Cherrie insistira em deixar ali antes de partirem, pela manhã. Cherrie, no entanto, não ficou nada contente.

"Teríamos ficado quase à mercê das águas, pois a canoa é grande e pesada demais para ser conduzida e impulsionada por um único remo nas mãos do homem à proa", escreveu. "Em diversos aspectos, na falta de previsão relativa a detalhes especiais, o coronel Rondon se revelou incompetente como chefe de uma expedição dessas!"[27]

A expedição parecia estar numa fase em que toda boa notícia era logo contraposta por algo negativo e desencorajador. Depois que o acampamento foi erguido, Cherrie abateu três bugios — Antônio Paresí teve de trepar numa árvore para buscar um deles, que ficara preso nos galhos —, reforçando o estoque de provisões. E, fazendo pequenas iscas com a carne dos macacos, Lyra conseguiu pescar duas pirararas graúdas. Mas, na manhã seguinte, uma corredeira com quase um quilômetro de extensão exigiu que construíssem mais uma pista rolante. Os exploradores avançaram apenas cerca de cinco quilômetros nesse dia e notaram, ao acamparem, que estavam mais uma vez cercados por montanhas, sinal inequívoco de que se depararriam com novas corredeiras.

Cherrie parecia sentir um prazer quase perverso com a situação, e novamente desceu a lenha em Rondon em seu diário: "Essa longa série de corredeiras acabou um pouco com a empáfia de Rondon, que durante o atraso desnecessário no rio Cardoso insistiu que não havia mais corredeiras à frente!".[28] Mas ele também não demorou a estender sua ira aos Roosevelt, pai e filho, depois que Kermit, mais uma vez com febre por causa da malária, percebeu que deixara para trás seu cachorro, Trigueiro, no último acampamento. Um grupo de busca foi mandado de volta para procurá-lo e, embora tivessem retornado horas depois com o animal, Cherrie julgou o esforço um desperdício de tempo valioso.

Foi "um grande equívoco da parte do coronel Roosevelt e de Kermit, quando estamos tão ansiosos em seguir em frente", escreveu. "Um precedente fica estabelecido e do qual nossos companheiros vão sem dúvida se valer quando novamente quiserem parar por um dia ou parte de um dia."[29]

Mas enquanto procuravam Trigueiro, Luiz Correia fez uma descoberta intrigante. Ele saíra para pescar na margem oposta do rio e notou um local onde uma espessa trepadeira fora cortada com facão ou machado. Como observou Cherrie, "era um lugar onde o trabalho só poderia ter sido feito de uma canoa",[30] o que sugeria que talvez algum seringueiro houvesse recentemente chegado até aquele ponto do rio e pudesse estar por perto. Isso elevou o moral por alguns momentos, mas no dia seguinte, domingo de Páscoa, os exploradores passaram oito horas arrastando o equipamento por outra pista rolante. Enquanto isso, as canoas desciam pela corredeira e os remadores perderam o

283

controle de uma delas, que colidiu nas pedras. Levou três horas para recuperarem a embarcação e depois mais algum tempo para calafetá-la e deixá-la novamente preparada para uso. Quando acamparam, ao final da nova etapa, avistaram montanhas à frente novamente — "não um bom agouro", escreveu Cherrie.[31]

Na manhã seguinte, 13 de abril, ocorreu uma nova discussão por causa dos remos. Como já esperavam, um novo trecho de corredeiras sobreveio. Quando uma das canoas duplas tentava costurar o caminho pelo canal estreito, os dois homens à proa quebraram seus remos nas pedras sob a superfície. Não havia remos sobressalentes a bordo, assim ficando desamparados enquanto Luiz Correia, conduzindo a canoa à popa, lutava para desviar das pedras. Para Roosevelt, isso era imperdoável: ele insistiu que os brasileiros procurassem remos reservas na bagagem e, como não encontraram nenhum, exigiu que a expedição parasse imediatamente. E eles levaram o restante da manhã para entalhar cinco remos grosseiros — mais um atraso.

Nessa noite, Kermit observou que "pela primeira vez em um mês", em vez de escutarem o trovejar da água, "acampamos em silêncio". Mas, como sempre, havia outros problemas a considerar. "Papai não está bem", Kermit escreveu também nessa noite. "Muito preocupado."[32] No dia seguinte, Roosevelt estava tão debilitado que teve de viajar deitado sobre algumas latas de comida. Como sua canoa era estreita demais para ser usada de cobertura para protegê-lo do sol abrasador e das chuvas torrenciais, ele ficava ao abrigo de uma lona grande e nunca tirava da cabeça o chapéu largo de palha, já em grande parte comido pelos insetos. Em duas transposições por terra, teve de ser ajudado ao desembarcar e escalar o barranco por Kermit e Cherrie, que mais tarde lembraria de ter pensado: "'Ele não vai resistir ao pôr do sol'; e eu voltaria a dizer a mesma coisa à noite, 'ele não aguenta até amanhã de manhã'".[33]

O alívio veio apenas em 15 de abril. Depois de avançar 25 quilômetros, um feito formidável se comparado aos dias anteriores, Rondon, na agora canoa principal, avistou um cartaz tosco precariamente pregado a uma árvore na margem do rio com as iniciais "J. A." entalhadas. Por mais rústico que pudesse ser, era a primeira evidência de civilização que os exploradores encontravam desde a partida da nascente do rio da Dúvida, quase sete semanas antes. Rondon e os demais brasileiros sabiam o que as iniciais significavam: os seringueiros costumavam demarcar o limite de seus territórios desse jeito, de modo que devia haver um barracão para curar látex nos arredores, provavelmente com mantimentos armazenados.

E, de fato, menos de uma hora depois eles avistaram uma cabana de pau a pique no meio de uma plantação guardada por três cachorros. Movidos pelo alívio e pela alegria, remaram para a margem o mais rápido que puderam e desembarcaram. No local, encontraram sacas de farinha de mandioca e arroz, os dois ingredientes básicos da dieta na floresta, além de um grande suprimento de mandioca. Mas o dono, Joaquim Antônio, não estava lá, e Rondon, observando o código de honra da selva, não deixou que seus homens simplesmente se servissem das provisões do proprietário. Em vez disso, deixou um bilhete com o nome de todos os sobreviventes da expedição e de onde vinham.

Vários quilômetros rio abaixo, os exploradores finalmente encontraram um ser humano. Um homem idoso os avistou e, presumindo que fossem um bando de guerreiros indígenas, porque nenhum homem branco jamais surgira daquela direção, começou a remar freneticamente. Foi apenas quando Rondon ficou de pé na canoa da frente e acenou com o capacete, chamando-o em português, que o seringueiro relaxou e permitiu que as quatro canoas o alcançassem e acostassem. Mas a conversa que manteve com Rondon não ajudou a diminuir a perplexidade que sentiu ao ver os exploradores — emaciados, febris, barbudos e esfarrapados — se aproximando.

O nome do seringueiro era Raymundo José Marques, um ressequido negro maranhense a quase 2500 quilômetros de sua terra natal. Rondon explicou o propósito da expedição e apresentou Roosevelt a Raymundo, que mal pôde acreditar no que escutava. "Mas ele é presidente mesmo?", perguntou o homem, "meio admirado". Rondon confirmou que Roosevelt era ex-presidente dos Estados Unidos, ao que Raymundo replicou, "Ah! Mas quem foi rei sempre tem majestade". Roosevelt, ainda que debilitado e prostrado em seu catre, não pôde deixar de rir quando o ditado foi traduzido para ele.[34]

(Rondon contou publicamente essa história pela primeira vez em duas palestras feitas no Rio de Janeiro, em outubro de 1915, e em livro no ano seguinte. A obra foi publicada também em inglês, e as diferenças entre as duas edições em alguns trechos é surpreendente, revelando profundas diferenças culturais, sobretudo na questão racial. No original em português, Rondon se refere a Raymundo como um "preto velho", descrição respeitosa que seria mais bem traduzida como *an old black man*. Na versão em língua inglesa, porém, essa mesma expressão foi vertida para *an old nigger*, termo altamente pejorativo.)

Seu Raymundo, que vivia sozinho, possuía valiosas informações geográficas que compartilhou com prazer. O rio que a expedição estava descendo, contou a Rondon, era chamado na região de rio Castanho, devido à coloração escura da água e às castanheiras--do-pará que proporcionavam madeira marrom-escura e também alimento. Mais abaixo, acrescentou ele, o rio era conhecido como Aripuanã — nome familiar para Rondon, que passara pela foz desse rio muitas vezes quando descia o Madeira a caminho de Manaus. Assim, a intuição original de Rondon se revelava, ainda que a um enorme custo, correta.

Embora Raymundo não tivesse comida para dividir, contou a Rondon que os exploradores logo conseguiriam obter provisões com os seringueiros, rio abaixo. Para evitar a repetição da cena de pânico ante a chegada surpreendente da expedição, Raymundo aconselhou que disparassem três tiros no ar ao se aproximarem de algum povoamento, além de soprar um berrante, que ele deu a Rondon. A alguns quilômetros a jusante, quando os exploradores avistaram uma coluna de fumaça subindo de outra cabana, seguiram o conselho de Raymundo. Porém, uma mulher com um bebê nos braços saiu rapidamente da casa, e ao ver os exploradores se aproximando, gritou e desapareceu na mata.

Percebendo que a mulher fora à procura do marido, Rondon ordenou aos remadores que fizessem uma pausa e montassem acampamento na clareira aberta pelos moradores. Roosevelt não conseguia andar, então Kermit e Cherrie o carregaram até a cabana e o deitaram numa cama. França já acendera uma fogueira no terreiro da casa quando o casal apareceu na companhia de dois vizinhos armados de rifles. No entanto, ao ficarem sabendo que os visitantes inesperados, a despeito do aspecto maltrapilho, macilento e faminto, eram na verdade parte de uma equipe oficial do governo, os seringueiros, fazendo todo o possível para deixar os exploradores à vontade, foram extremamente cordiais, generosos e prestativos, provendo-os tanto de comida quanto de informação. "Parece um sonho estar novamente numa casa, ouvindo vozes de mulheres e homens, em vez de estar entre montanhas e corredeiras", Antônio Correia comentou durante a noite com Kermit.[35]

Na manhã seguinte, Cajazeira operou a perna de Roosevelt, ao ar livre e sem anestesia. Tudo indica que Roosevelt não o informou sobre o frasco de morfina que levava escondido entre seus pertences pessoais para o caso de se resolver pelo suicídio. Depois de conferenciar com Rondon, o médico decidira que seria uma imprudência esperar mais: além de Roosevelt não conseguir andar, Cajazeira constatou que a inflamação em torno do ferimento estava piorando. Ele temia que a celulite infecciosa se disseminasse para os nódulos linfáticos e a corrente sanguínea de Roosevelt, pondo sua vida em risco. Assim, enquanto as canoas eram carregadas, ele abriu um corte no tecido vermelho e inchado e viu o pus começar a sair. Cercado pelo enxame de moscas atraídas pelo sangue, em seguida inseriu um tubo para realizar a punção. Roosevelt permaneceu deitado, sem se queixar, e quando o colega terminou, Kermit e Cherrie o ajudaram a subir a bordo da canoa.

Após terem vencido as corredeiras e as cataratas, o progresso agora devia ser mais rápido — ou assim imaginavam os membros da expedição. Mas a natureza voltou a fazer das suas: nesse mesmo dia, a correnteza ficou cada vez mais vagarosa e, no dia seguinte, a chuva foi tão intensa que, durante toda a tarde, os exploradores permaneceram refugiados em uma cabana abandonada, de modo que não avançaram mais do que 65 quilômetros. Embora fosse um progresso considerável, sobretudo em comparação com o ritmo nas ocasiões em que enfrentaram as corredeiras, não era o bastante para satisfazer homens cansados e famintos e que sabiam que ainda tinham mais de 1100 quilômetros a cobrir até chegar ao majestoso Madeira.

Mas houve acontecimentos bons também. Para começar, a saúde de Roosevelt estava melhor. Sua temperatura baixara, observou Cajazeira, aliviado, assim como o abscesso na perna. "Papai melhor", Kermit escreveu em seu diário.[36] Além disso, os exploradores viram-se de volta à economia do dinheiro: Leo Miller, por exemplo, emprestara quinhentos dólares a Roosevelt quando estavam na nascente do rio da Dúvida, mas não houve oportunidade de gastar nem um centavo. Agora, porém, Kermit atravessava o largo rio para ir à cabana de um seringueiro e voltar com um frango, bananas, limões e abacaxis, banquete que dividiu com os homens agradecidos.

Na manhã seguinte, a expedição descobriu outro grande tributário desaguando no rio da Dúvida pelo lado esquerdo, sendo batizado de Barão do Rio Branco por Rondon, em homenagem ao grande diplomata brasileiro. Enquanto ele e Lyra aproveitavam o céu sem nuvens para levantar as coordenadas da expedição, Kermit foi ter com os seringueiros locais novamente. Embora só tenha conseguido dois quilos de arroz, foi informado de que cerca de seis horas rio abaixo, próximo a um trecho de corredeiras, "um tal de Barbosa"[37] vivia em um casarão confortável e poderia oferecer mantimentos, abrigo e quem sabe até novas canoas para a expedição.

Agora as boas notícias vinham de uma vez. Quando chegaram à residência de Barbosa e o sujeito viu as condições dos exploradores, deu-lhes "um pato e um frango, um pouco de mandioca e três quilos de arroz, e não aceitou pagamento", escreveu Roosevelt.[38] E lhes trouxe tão bem-vindas roupas novas. O anfitrião também estava disposto a aceitar uma das menores canoas da expedição pelo empréstimo de um batelão, grande o bastante para erguer uma barraca e abrigar das intempéries o enfermo Roosevelt. Barbosa lhes disse que, embora houvesse vários trechos de corredeiras adiante, elas não ofereciam grandes desafios. Algumas eram facilmente navegáveis, e mesmo quando não era o caso os habitantes locais abriam canais para contorná-las ou podiam ser contratados para conduzir as canoas escavadas da expedição pelos canais menos difíceis do rio.

Isso aliviou o fardo dos ombros de Rondon: poderia se fiar no conhecimento dos locais para tomar as principais decisões de navegação e ainda observar as escolhas que faziam, anotar a informação em seus cadernos para uso de futuros viajantes e continuar com seus esboços e o mapeamento do rio. Mas sua preocupação com a saúde de Roosevelt não ficou em segundo plano. Cajazeira continuava a atualizá-lo com notícias desencorajadoras. Como temia o médico, a infecção se espalhara pelo corpo de Roosevelt e ele desenvolvera um abscesso tão grave na nádega direita que não conseguia mais se sentar. Além disso, suas doenças estomacais acabaram com seu apetite e o deixaram letárgico. "Ele come muito pouco", escreveu Cherrie. "Está tão magro que suas roupas parecem sacos cobrindo seu corpo."[39]

Felizmente, a expedição estava avançando rápido agora, cinquenta quilômetros ou mais nos dias, cada vez mais frequentes, em que não havia corredeiras pelo caminho. E mesmo na cachoeira chamada Infernão, houve duas surpresas agradáveis: primeiro Rondon conseguiu trocar mais duas canoas escavadas por uma espécie de batelão em excelentes condições. E depois, pouco abaixo da cachoeira, os exploradores encontraram um barracão, o primeiro estabelecimento comercial que viam em mais de três meses, desde a partida de São Luís de Cáceres. As prateleiras estavam quase todas vazias e empoeiradas, mas o dono do lugar permitiu que os exploradores passassem a noite ali, secos e em relativo conforto. Para seu deleite, Cherrie e Kermit também encontraram uma garrafa de vermute importado, que se apressaram em comprar a despeito do preço salgado e beberam em copos de metal, finalmente ousando brindar ao sucesso da expedição.

No dia seguinte, 23 de abril, os exploradores começaram a encontrar batelões pesadamente carregados subindo o rio. Espinha dorsal do comércio ribeirinho no Amazonas até hoje, essas embarcações de fundo largo transportam produtos alimentícios e outros suprimentos essenciais para povoamentos remotos no interior, voltando a portos como Manaus e Santarém com bolas de látex curado, sacas de mandioca e outros mantimentos. Todos os pilotos reconheceram Rondon e o cumprimentaram com respeito. Um a um, transmitiram a notícia que ele e os demais tanto queriam escutar e que levou os homens a darem vivas: o tenente Pyrineus de Souza e seus homens estavam à espera deles em um acampamento no cruzamento do Castanho com o Aripuanã, a apenas quatro dias de viagem.

Mas eles também ficaram sabendo que havia mais uma corredeira à frente e que esta tinha mais de dez quilômetros. Isso poderia ter retardado consideravelmente o progresso da expedição e oferecido risco ainda maior à saúde de Roosevelt, mas quando chegaram a Carapanã, como o lugar era chamado, foram brindados com mais uma boa notícia. O chefe dos seringueiros da região, chamado José Caripé (caripé é uma árvore de madeira avermelhada comum na região), mantinha um depósito e um armazém ali e calhou de estar fazendo uma visita a seus domínios justamente quando a expedição chegou. Ele tinha viajado em um dos diversos vapores que possuía, vindo de um povoamento rio abaixo que ele também controlava. Quando lhe disseram que aquela era a expedição Roosevelt-Rondon de que tanto se falava nos noticiários, imediatamente ofereceu ajuda.

Os americanos se impressionaram com a energia e a generosidade de Caripé: Roosevelt o descreveu como um *self-made man* que "subira na vida por conta própria", elogiou-o, dizendo que se tratava de um "barqueiro de primeira, tranquilo, destemido e forte como um touro",[40] e escutou enlevado suas inúmeras histórias de aventuras na selva. Rondon, porém, era mais cético. Ele sabia que o negócio da borracha era predatório por natureza e que o pouco dinheiro que os seringueiros ganhavam trabalhando para Caripé provavelmente era gasto em seus próprios armazéns que vendiam produtos ordinários a preços exorbitantes. E como diretor do Serviço de Proteção aos Índios, Rondon também tinha conhecimento de duas outras coisas: que o empreendimento de Caripé estava invadindo as terras que duas das principais tribos da região, os Munduruku e os

Parintintim, haviam ocupado por gerações. E mais: que alguns dos jovens fisicamente aptos de ambas as tribos eram forçados a trabalhar para ele como seringueiros.

Porém, a tarefa mais urgente de Rondon era levar Roosevelt a Manaus. Então, quando Caripé se voluntariou para guiar a expedição pela corredeira de Carapanã e trocar um de seus belos barcos de madeira pelas últimas e castigadas canoas escavadas dos exploradores, Rondon aceitou a oferta, embora com reservas. Graças a isso, venceram a corredeira em menos de dois dias e sem perder nenhuma vida ou carga. De modo casual, a intervalos regulares, Caripé apontava para Rondon e Kermit as covas de viajantes menos afortunados, e na primeira noite eles acamparam junto a três dessas cruzes. Caripé continuou a descer o rio com eles, e, após a construção de uma última pista rolante por conta de uma série de corredeiras chamada Cachoeira da Galinha, a Expedição Roosevelt-Rondon enfim se viu em um rio plácido "tão grande quanto o Paraguai, em Corumbá".[41]

No começo da tarde seguinte, a expedição finalmente chegou à confluência do Castanha e do Aripuanã, avistando ao longe as bandeiras americana e brasileira tremulando no acampamento de Pyrineus de Souza. Quando se aproximaram, os exploradores foram recebidos com salvas, também disparando tiros em resposta. Pyrineus de Souza esperava havia cinco semanas, sem saber por onde Rondon e Roosevelt viriam. Se pelo rio Castanho ou pelos trechos ainda não mapeados do Aripuanã superior ou se, como em 1909, simplesmente não apareceriam. Portanto, ficou muito aliviado em ver Rondon e ajudou seu comandante a transportar Roosevelt para a barraca principal do acampamento. Uma garrafa de champanhe foi aberta e Pyrineus fez um brinde, em português e inglês, elogiando as realizações da expedição.

Na manhã seguinte, 27 de abril, exatamente dois meses depois que os homens mergulharam seus remos nas águas junto à nascente do rio da Dúvida, Rondon leu suas ordens do dia em voz alta a todos os integrantes da expedição pela última vez e, enquanto Pyrineus de Souza tirava fotos, conduziu a cerimônia para rebatizar oficialmente o rio em homenagem a Roosevelt. Então chegou a hora de partir: um vapor do governo, o *Cidade de Manaos*, aguardava os membros da Expedição Roosevelt-Rondon em São João, vilarejo que ficava quatro horas rio abaixo e funcionava como base para o império de Caripé. Os exploradores encontraram a embarcação atracada junto à casa-grande do "coronel" e passaram a noite ali, dormindo em camas de verdade. No dia seguinte, à tarde, foram saudados com aplausos e hurras quando embarcavam no vapor. Deitado em seu catre, Roosevelt foi levado para uma cabine privada, vestindo um dos melhores ternos de Caripé, porque suas roupas haviam sido reduzidas a farrapos. Agora Rondon podia enfim relaxar: em cerca de 36 horas, estariam em Manaus.

Já se preparando para a chegada, Rondon tomou precauções para poupar Roosevelt de qualquer possível constrangimento em função de sua debilitada saúde. Primeiro, pediu ao capitão que viajassem a velocidade reduzida, assegurando-se de que alcançariam Manaus bem depois da meia-noite, quando a multidão ruidosa de curiosos e repórteres presumivelmente estaria dormindo. Além disso, durante a parada para recolher um carregamento, Rondon desceu em terra firme e enviou um telegrama ao governador do Amazonas, Jônatas Pedrosa, ele próprio um ex-oficial do Exército e também médico, pedindo que ele não divulgasse o horário de chegada do vapor. Finalmente, solicitou que uma ambulância com maca estivesse no porto, de forma que Roosevelt pudesse ser transportado imediatamente para um local onde receberia atendimento médico adequado.

Eram duas e meia da madrugada do dia 30 de abril, uma quinta-feira, quando a embarcação transportando os exaustos sobreviventes da expedição atracou no cais municipal em Manaus. Roosevelt passara a maior parte da viagem em sua cabine, a mobilidade limitada pelo abscesso e com uma forte crise estomacal. Rondon se irritou ao perceber que Pedrosa havia ignorado seu pedido de um desembarque discreto: o governador, altos funcionários, o comando militar local e diversos repórteres aguardavam na doca. A delegação oficial subiu a bordo carregando baldes de champanhe gelado e insistiu em realizar uma comemoração nas acomodações apertadas e sufocantes de Roosevelt. Somente depois dessas amenidades sem sentido, Cajazeira conseguiu que o ex-presidente — "deitado, indefeso",[42] nas palavras de Rondon — fosse carregado para uma ambulância que o levaria ao palácio do governo para receber cuidados médicos.

Assim que chegaram, Cajazeira, assistido pelo secretário de Saúde, que também era médico, fez uma nova operação em Roosevelt, lancetando o abscesso e drenando o pus. Também prescreveu um medicamento para o coração e recomendou que o ex-presidente continuasse a tomar quinino até voltar aos Estados Unidos. Com Cajazeira ao seu lado, Roosevelt permaneceu acamado no palácio, onde foi forçado a suportar mais uma cansativa visita oficial dos funcionários do governo que não haviam comparecido ao porto para recebê-lo.

A despeito de todo o oba-oba e toda a cerimônia, Roosevelt de algum modo encontrou forças para escrever breves telegramas para sua esposa e seu aliado político mais próximo, Henry Cabot Lodge, avisando de sua chegada com Kermit, sãos e salvos. Também mandou uma mensagem bem mais longa para o ministro das Relações Exteriores, Lauro Müller, no Rio de Janeiro. "Fizemos uma viagem um pouco perigosa, mas muito bem-sucedida", começava, para em seguida enumerar alguns perigos vencidos durante a jornada, assim como suas maiores realizações. "Meu caro senhor, agradeço de todo coração a oportunidade de tomar parte nessa grande empreitada exploratória", concluía.[43]

Enquanto seus homens aproveitavam para comer e beber fartamente, Rondon, assim como Roosevelt, se dedicava a seus deveres oficiais. Ele enviou os primeiros relatórios para a capital, mas estava mais interessado em saber a avaliação dos líderes das duas equipes que haviam se separado do grupo principal. Lauriodó Sant'Anna, com Fiala a reboque, chegara a Manaus no fim de março — a salvo, mas desolado pela perda dos filmes e equipamentos de Fiala. O azarado Fiala pretendia aguardar em Manaus pela chegada dos demais, mas ficou sem dinheiro e achou melhor voltar para casa. Botelho de Magalhães e Leo Miller tiveram mais sorte: mapearam seções ignoradas do Ji-Paraná (ou Machado) e coletaram dezenas de espécimes de mamíferos e aves antes de chegar a Manaus, em 10 de abril. Na verdade, Miller continuava por perto, ainda coletando espécimes para o museu. Usando Manaus como base, fazia incursões pelos rios próximos.

Na manhã seguinte, 2 de maio, Rondon finalizou sua última ordem do dia. Todos os inúmeros percalços e riscos enfrentados pelos exploradores agora se viam reduzidos a uma seca prosa burocrática, com uma única exceção: "Para conhecimento desta Expedição e fins convenientes públicos", sob o título de "Criminoso desertor", Rondon declarou oficialmente que Manoel Júlio de Lima, "tendo assassinado no dia 3 seu superior hierárquico", "passou a ausente no dia 4". Em outra seção, chamada "Exclusão", fazia uma brevíssima menção à vítima: "Foi excluído do estado efetivo do contingente no dia 3 de abril findo, por falecimento, o cabo de esquadra Manoel Vicente da Paixão", postumamente promovido a sargento.[44]

Rondon também fez questão de tecer loas a quem merecia. Liderando uma lista de "Elogios" havia o dr. Cajazeira, que salvara a vida não só de Roosevelt como provavelmente também de diversos barqueiros, e Botelho de Magalhães. Também considerados "dignos de louvores pela maneira com que se distinguiram no exercício de suas respectivas funções" estavam Pyrineus de Souza e Lyra, "sendo justiça salientar a capacidade técnica e qualidades práticas do primeiro-tenente João Salustiano Lyra".[45]

Com isso, a Expedição Científica Roosevelt-Rondon chegava oficialmente ao fim. Nos relatórios enviados por Rondon à capital, seus superiores seriam informados de que o rio da Dúvida, assim como o Castanha e o Aripuanã, "eram todos um só e grande rio, com 1409,174 quilômetros, avançando uniformemente, sem deflexão", e que esse rio era "o maior afluente do rio Madeira, com suas nascentes a 13° e sua foz a 5° de latitude Sul".[46] Mas somente Rondon, Roosevelt e o reduzido e corajoso grupo de homens que os acompanhou seriam capazes de compreender inteiramente o terrível preço pago pela conquista desse conhecimento.

17. Truques e estratagemas

Viajando separados desde Manaus, Rondon e Roosevelt se despediram em Belém com uma última rodada de recepções oficiais e passeios pela cidade. A saúde comprometida do ex-presidente norte-americano era visível para todos: Rondon mais tarde afirmou que ele estava "andando com dificuldade" e o elogiou pelos "maravilhosos discursos que proferiu, apesar de ser doloroso se manter de pé".[1] Roosevelt também atendeu a imprensa, ressaltando para os repórteres o feito geográfico conquistado pela expedição. "Pusemos no mapa um rio com cerca de 1600 quilômetros de comprimento", afirmou. "É o maior tributário do maior tributário do rio mais magnífico do mundo."[2]

Na manhã de 7 de maio de 1914, Rondon e os outros brasileiros subiram a bordo do *Aidan*, o vapor que levaria Roosevelt, Cherrie e Miller de volta a Nova York, para se despedir. Kermit também estava presente, mas viajaria em outra embarcação rumo a Lisboa e depois Madri, para os braços de Belle. Roosevelt apertou a mão de todos os barqueiros da expedição, dando a cada um deles dois soberanos de ouro. Encerrou com um breve discurso que Kermit traduziu para o português: "Vocês são todos heróis", e acrescentou, como Rondon se lembraria quarenta anos depois, que eram "um grupo e tanto, corajosos, pacientes, obedientes e persistentes".[3] Simplício tampouco foi esquecido: Roosevelt ordenou que as moedas de ouro fossem mandadas para sua mãe.

Foi uma cena comovente, até mesmo sentimental, e Roosevelt se mostrou ainda mais efusivo com os oficiais brasileiros. O político americano aproveitou a oportunidade para agradecer sobretudo ao dr. Cajazeira e, ao chegar a Nova York, elogiaria a competência do médico em cartas, chamando-o de "o melhor brasileiro de todos". E quaisquer divergências que Roosevelt e Rondon pudessem ter tido durante a descida do rio da Dúvida pareciam agora ter sido postas de lado, dando lugar ao que Rondon descreveria como uma afeição mútua "espontaneamente nascida na perigosa, mas bela proeza que juntos acabávamos de realizar".[4]

Rondon não era do tipo que se emocionava em ocasiões oficiais, mas se lembrava de ter ficado comovido; tanto que precisou se segurar, pensando: "Não mostre seus sentimentos".[5] Roosevelt, por sua vez, ficou pasmo ao saber que o brasileiro pretendia imediatamente tomar o vapor no Amazonas, voltar a Manaus, subir o Madeira até a foz do rio Jamary e depois se embrenhar na selva para retomar o trabalho na linha telegráfica. Insistiu com Rondon que voltasse ao Rio de Janeiro, visitasse a família e tirasse um descanso para restaurar "o primitivo vigor", mas Rondon não quis nem ouvir falar. "Deixei meu acampamento para recebê-lo e agora a ele volto...", respondeu.[6]

Após se despedirem, Roosevelt convidou Rondon para visitá-lo em sua residência de Sagamore Hill. Rondon sorriu e, ainda falando em francês usando o formal "vous", que nunca abandonou em suas conversas com o americano, respondeu: "Lá estarei quando o senhor for novamente eleito presidente dos Estados Unidos, para assistir à sua posse...".[7] E nesse tom esperançoso, cinco meses de aventuras, privações, descobertas e fadiga chegaram ao fim. Embora ocasionalmente se correspondessem, Rondon e Roosevelt nunca mais voltariam a se encontrar e Rondon jamais visitou os Estados Unidos.

Dos principais membros da expedição, Rondon era o que teria vida mais longa, vivendo por mais 43 anos e oito meses e participando de mais uma dúzia de missões. Roosevelt, por outro lado, com a saúde debilitada pelo calvário passado na selva, morreria dali a menos de cinco anos. Na viagem de doze dias para casa a bordo do *Aidan*, recuperou quase a metade do peso que perdera na expedição, mas quando chegou a Nova York, os repórteres, fazendo uma avaliação igual à de Miller quando encontrara Roosevelt em Manaus, notaram alarmados como seu aspecto era extenuado. As consequências políticas de seus problemas de saúde logo ficaram óbvias. Embora tivesse conseguido viajar para o casamento de Kermit na Espanha e depois para a Inglaterra e a França, onde faria conferências sobre a expedição nas sociedades geográficas locais, sua participação na campanha para a eleição de meio de mandato de 1914 foi severamente abreviada. Além do mais, eventuais planos que pudesse ter feito para ser candidato presidencial em 1916 acabaram ficando em segundo plano, em grande parte porque sua outrora irrefreável energia continuava minada. Quatro anos mais tarde, muito se especulou sobre sua candidatura à corrida presidencial de 1920 pelos republicanos ou pelo Partido Progressista, mas ele não viveu para tanto, falecendo em Sagamore Hill no dia 6 de janeiro de 1919, aos sessenta anos.

Entre os cientistas e oficiais de expedição, porém, o primeiro a morrer foi um homem bem mais jovem. Em 3 de abril de 1917, o tenente João Salustiano Lyra se afogou quando fazia o levantamento topográfico do rio Sepotuba. A expedição Roosevelt-Rondon subira parte desse rio quando estava a caminho de Tapirapuã, em janeiro de 1914, e Rondon nomeara Lyra — filho ilegítimo de um nobre, João Simões Lopes, visconde da Graça* — para voltar e completar o mapeamento desse curso d'água. Segundo uma homenagem publicada no boletim interno da Comissão Rondon em 1917, Lyra chegou a uma parte onde não dava pé e acabou sendo levado pela corredeira. Estava com 38 anos e seu corpo nunca foi encontrado; deixou esposa e três filhos. Mas ele conseguiu arremessar seus cadernos de anotações na margem antes de ser arrastado e, desse modo, suas observações foram salvas e utilizadas para calcular o curso preciso do rio. Por tal mostra de devoção ao dever, que Rondon descreveu como um ato exemplar de abnegação e patriotismo, o Sepotuba foi rebatizado em homenagem a Lyra, embora continue sendo conhecido até hoje por seu nome original.

Após se casar com Belle Willard em junho de 1914, Kermit, o membro mais novo do grupo, voltou à América do Sul — dessa vez para a Argentina. Ele passou os dois anos seguintes em Buenos Aires, onde se tornou subgerente do National City Bank (hoje Citibank) local. Serviu tanto no Exército inglês quanto no americano durante a Primeira Guerra Mundial e, ao final do conflito, apostou suas fichas numa série de negócios em boa parte malsucedidos, e também escreveu livros. Propenso à depressão e ao alcoolismo, morreu em 4 de junho de 1943, aparentemente com um tiro autoinfligido, em Fort Richardson, Alasca, onde voltara a servir ao Exército norte-americano. Seu parceiro de copo, Cherrie, continuaria a explorar a América Latina e a Ásia, reunindo uma imensa coleção ornitológica, e morreu em sua fazenda, em Vermont, em 1948.

Leo Miller, por sua vez, deixou o Museu Americano de História Natural em 1919, virou empresário, escritor de romances de aventura e palestrante, fixando-se em Stamford, Connecticut, onde morreu em 1952. O padre Zahm morreu em Munique, em 1921, quando sofreu um ataque de broncopneumonia a caminho do Oriente Médio, onde pretendia escrever outro livro, sobre arqueologia na Terra Santa. Por último — e talvez mais importante —, o dr. Cajazeira desfrutou de uma carreira muito bem-sucedida como médico militar e pesquisador, servindo, por exemplo, como chefe do Laboratório de Microscopia Clínica e Bacteriologia, do Hospital Militar de Área de São Paulo, do Serviço Médico do 4º Exército. Quando passou para a reserva em 1937, elogiado por "sua extraordinária capacidade intelectual", já era coronel e diretor do agora denominado Instituto Militar de Biologia no Rio de Janeiro (que depois de 1943 passou a se chamar Instituto de Biologia do Exército).[8] Vizinho de Rondon em Laranjeiras, faleceu no Rio em 1949.

Antes de voltar à selva, Rondon tinha um último assunto para resolver. Assim que pisou em Belém, foi avisado pela rede de informantes pró-indígenas e antiescravistas que

---

* "Filho natural", segundo registros do Exército e o site da família Simões Lopes.

mantinha em toda cidade amazônica que o administrador estrangeiro de um seringal junto ao Madeira, cujo tempo de serviço terminara, estava prestes a voltar permanentemente para a Europa e pretendia levar seu criado, um jovem índio. Isso revoltou Rondon: o rapaz era menor de idade e ninguém lhe perguntara se queria ir ou não com o patrão. Segundo contaram a Rondon, ele não concordava com a viagem e ficou extremamente aflito de se separar de seu povo, os Arikeme, e especialmente dos pais. Em outras palavras, estava sendo tratado como um bem, uma propriedade, não como uma pessoa autônoma.

Sabendo que nada poderia ser feito se o navio deixasse águas brasileiras, Rondon agiu rápido, aproveitando sua posição de diretor do Serviço de Proteção aos Índios. Algumas horas depois, obteve um mandado com o tribunal local proibindo o menor de deixar o país sem a permissão por escrito dos pais. Como estes moravam a quase 2500 quilômetros dali e eram analfabetos, em termos práticos isso significou que o agora ex-chefe de seringal teria de embarcar sozinho. A polícia foi buscar o menino e o entregou a Rondon, que voltou com ele a bordo do *Cidade de Manaos*. Uma vez na capital amazonense, passaram a uma embarcação menor que trafegava pelo Madeira, e a notícia de que o rapazinho estava regressando sob a custódia de Rondon foi enviada antecipadamente para sua tribo. Quando o barco chegou à aldeia, foi recebido por toda a população, que dançou e entoou canções de louvor ao pagmejera, extasiados por ele ter conseguido resgatar um dos seus, considerado perdido. Após a ruidosa celebração, Rondon e seus homens retomaram a viagem e logo estavam de volta ao posto Barão de Melgaço — o mesmo lugar em que Rondon estava quando, dez meses antes, Lauro Müller o sondara sobre a visita de Roosevelt.

Mais uma vez isolado na selva, Rondon permaneceu em grande parte distante da violenta polêmica que se iniciou praticamente assim que o navio de Roosevelt cruzou o equador e ele se viu outra vez no hemisfério Norte, com sua longa tradição de acaloradas disputas na mídia. Entre alguns especialistas americanos, mas sobretudo na Europa, o anúncio de que ele e Rondon haviam descido um rio até então ignorado de mais de 1500 quilômetros de extensão no coração da Amazônia a partir da nascente foi recebido com um misto de ceticismo, condescendência e indisfarçado escárnio.

A alegação era "perfeitamente ridícula", disse Alexander Hamilton Rice, um renomado explorador americano da Amazônia, insinuando que Roosevelt estava fazendo aquilo apenas "para impressionar, como um trunfo para sua próxima campanha política".[9] Sir Clements Markham, ex-presidente da Real Sociedade Geográfica em Londres, foi ainda mais desdenhoso. "Fico um tanto incrédulo de que o coronel Roosevelt tenha de fato descoberto um novo rio com quase mil milhas de extensão", afirmou a um jornal americano, descrevendo a alegação como "uma fábula deveras notável" que "parece não se adequar aos aspectos conhecidos do país".[10] Note-se que em ambos os casos Rondon, na prática o líder da expedição, foi deixado totalmente fora do debate.

Mas os ataques mais virulentos vieram do explorador inglês e escritor Arnold Henry Savage-Landor, que odiava Rondon. Embora hoje praticamente esquecido, Savage--Landor era na época talvez o mais renomado autor de relatos de aventuras no mundo de língua inglesa. Ainda que ele garantisse ser tudo realidade, exploradores sérios consideravam suas histórias de bravura e fugas miraculosas de tribos hostis em locais exóticos como Tibete e Abissínia, na melhor das hipóteses, improváveis e muito exageradas: um estudioso eminente do Tibete classificou *In the Forbidden Land* [Na terra proibida], o livro de 1898 que o fez famoso, como "um romance munchauseano extraordinário". Mas o público leitor adorava suas histórias, acreditando serem verdadeiras as coisas que ele contava, e transformou seus livros em best-sellers.

"Os editores brigavam por seus manuscritos e organizações respeitáveis imploravam que desse conferências; monarcas europeus pareciam fazer fila para apertar sua mão", escreveu John Keay em *Explorers Extraordinary*, publicado em 1985, seis décadas após a morte de Savage-Landor. "Embora fartas em heroísmos e escassas em fatos verificáveis, suas narrativas capturaram com precisão o espírito pré-1914 da euforia imperial [...]. Para o que desse e viesse, podia-se contar com ele para defender a dignidade — e reforçar os preconceitos — de sua classe e raça [...]. Quanto mais chocantes as alegações de Savage-Landor, quanto mais repulsivo seu comportamento, mais populares eram seus livros e mais elevada sua reputação."[11]

Mesmo antes que as descobertas da Expedição Científica Roosevelt-Rondon fossem anunciadas, Rondon e Savage-Landor tiveram seus entreveros, e não dos mais agradáveis. Savage-Landor chegou ao Rio de Janeiro em janeiro de 1910 com a intenção de percorrer a América do Sul a pé para um novo livro. Ele queria que o governo brasileiro lhe fornecesse animais de carga, embarcações fluviais e uma escolta militar para protegê-lo durante o trecho amazonense da viagem. Rondon, ainda padecendo da malária, aportou na capital no momento em que Savage-Landor tentava organizar a expedição. O presidente do Brasil na época, Nilo Peçanha, e o ministro das Relações Exteriores, o barão de Rio Branco, pediram a Rondon, na qualidade de principal especialista do governo sobre a Amazônia, que avaliasse os possíveis benefícios — tanto científicos quanto de relações públicas — de atender aos pedidos do inglês. O Serviço de Proteção aos Índios ainda não fora criado, mas já estava em gestação, e como Savage-Landor pretendia atravessar um território indígena, essa também era uma questão a ser considerada.

O encontro não correu bem. Logo ficou óbvio para Rondon que o propósito de Savage-Landor não tinha o menor valor científico ou geográfico para o Brasil. A rota que pretendia percorrer era muito conhecida e utilizada com frequência, e o apoio oficial a que ele aspirava seria oneroso, custando não só dinheiro como também outros recursos que seriam mais bem utilizados em tentativas dos próprios brasileiros para desbravar a região. Rondon estava sempre batalhando por verbas satisfatórias para a comissão da linha telegráfica e injetar recursos numa empreitada egocêntrica como a de Savage-Landor parecia ser o mesmo que jogar dinheiro fora. Uma coisa era financiar uma figura política internacional da estatura de Roosevelt; outra bancar aquele pavão fútil, presunçoso e arrogante... Assim, Rondon declinou do convite para acompanhar Savage-Landor mencionando outras obrigações, e em seguida sugeriu que seus superiores não fornecessem o apoio financeiro que o inglês pleiteava. No fim, tudo que o escritor conseguiu foi uma carta de recomendação em que as autoridades locais eram aconselhadas a oferecer ajuda na medida do possível. Como as regiões que ele pretendia visitar estavam entre as mais pobres do Brasil, a carta equivalia a um educado não.

Como podemos imaginar, o orgulhoso Savage-Landor não digeriu muito bem a rejeição. Seus livros mostram o quanto ele encarnava os preconceitos imperialistas eduardianos da classe alta inglesa — um racismo atávico, inerente ao complexo de *pukka sahib* ou *bwana*.* Obviamente, foi motivo de irritação ver seu destino nas mãos de um mestiço brasileiro, da mesma idade que ele. Em 1924, quando publicou uma autobiografia com o título autoenaltecedor de *Everywhere: The Memoirs of an Explorer* [Por toda parte: As memórias de um explorador], o inglês continuava destilando rancor ao recordar o modo como fora tratado por Rondon em 1910 e se saiu com uma explicação extremamente fantasiosa para a recusa do governo brasileiro em apoiar sua viagem: a suposta covardia de Rondon e dos oficiais sob seu comando.

"O coronel Rondon foi instruído pelo governo a encontrar voluntários apropriados para acompanhar minha expedição", alegou. Mas "após muito protelar [Rondon] me informou que não haveria oficiais, pelo temor de índios e animais selvagens". Isso era uma bobagem, claro, bem como o relato do que teria acontecido quando chegou ao interior de Goiás. Usando a carta de recomendação obtida no Rio, Savage-Landor visitou o governador Urbano Coelho de Gouveia, descrevendo-o como um homem que "não acreditava em nada" e que "pouco ligava para o futuro de seu país", mas sem sequer se dar ao trabalho de registrar o nome dele em suas memórias. "O presidente de estado me informou que recebera uma mensagem confidencial de um certo coronel no Rio de Janeiro para, se possível, arruinar minha expedição", alegou. "Esse jogo baixo pareceu-me inconcebível. Afirmei para o presidente com todas as letras que, mesmo

---

* *Pukka sahib* é um termo de deferência e submissão muito usado na Índia colonial, significando "mestre absoluto". Segundo um glossário, *pukka sahib* descreve a atitude do distante, imparcial e incorruptível árbitro do destino político de um grande território. Do suaíli, *bwana*, que significa "chefe", "senhor", "lorde" ou "pai", foi muito usado na África Oriental durante o domínio do Império britânico. Há registros de africanos terem sido castigados por não se dirigirem aos administradores coloniais ingleses como *bwana*.

que os seus compatriotas não tivessem coragem de me acompanhar, eu iria de um modo ou de outro."[12]

E assim, quando os dois volumes de *Across Unknown South America* [Cruzando a América do Sul desconhecida] foram publicados, em 1913, suas mil páginas estavam repletas de difamações racistas sobre o caráter, os valores e a aparência dos brasileiros — o que só justificou, ao fim e ao cabo, a recomendação de Rondon de não apoiar a expedição de Savage-Landor. Os brasileiros eram "indolentes e lerdos", com uma "relutância nata"[13] ao trabalho braçal, afirmava o autor, além de serem estúpidos, desonestos e feios. E os piores exemplos de todos esses traços podiam ser encontrados entre os "caboclos da zona rural" — as mesmas pessoas de quem Rondon descendia e que tanto admirava, com as quais contava nas expedições por sua coragem a toda prova e tenacidade em face da adversidade.

"À medida que nos embrenhávamos pelo interior, a vegetação ficava cada vez mais bela e as pessoas, mais repulsivas", escreve Savage-Landor a certa altura. "Eram uma estirpe particular de párias desgarrados que haviam encalhado por lá — resultado de uma mistura complexa de portugueses, ex-escravos negros e índios. Quando você se dá conta de que as pessoas que se deslocaram para o interior eram os piores portugueses e os piores negros, e os índios que procriavam com essa gente, os piores índios, pode imaginar perfeitamente os belos resultados de tal procriação."[14]

Across Unknown South America — o título era descabido, uma vez que, como observou John Keay, a "América do Sul desconhecida" de Savage-Landor era desconhecida apenas por ele mesmo — também continha ataques pessoais e profissionais diretos contra Rondon e suas opiniões políticas. Monarquista ferrenho, Savage-Landor nunca deixava passar uma chance de comparar o Império — "quando a escravidão era legal" — com a República, sempre em detrimento da segunda. Também enaltecia os salesianos, eternos adversários de Rondon, reputando-os como o único grupo a realizar coisas dignas de nota para os povos indígenas e outros habitantes do Mato Grosso. "Em termos civilizatórios, o limitado número de avanços realizados nesse estado devia-se quase exclusivamente a esses padres", afirmou.[15]

Mesmo assim, no entender de Savage-Landor, os problemas dos povos indígenas no Brasil eram muito supervalorizados, assim como seu número. Ele tinha certeza de que Rondon e outros funcionários do governo haviam exagerado de propósito o tamanho da população indígena. "Minha viagem pelas regiões mais vastas e selvagens do Brasil", escreveu o inglês, convenceu-o de que, em vez de milhões de índios, "talvez algumas centenas seriam uma estimativa mais correta. Contando os mestiços de primeira, segunda, terceira e quarta geração, bem como índios que adotaram inteiramente os costumes, a língua e a indumentária dos portugueses, eles devem contabilizar possivelmente alguns milhares — mas isso é tudo."[16] Ainda que lamentasse os massacres ocorridos no período colonial, ele argumentava que a política implementada pela República brasileira, e capitaneada por Rondon, era igualmente mal orientada: "Hoje em dia, pelo contrário, o governo brasileiro parece ir um pouco longe demais em sua tentativa de proteger os poucos índios que ainda restam sob a República".[17]

Embora provavelmente não soubesse detalhes da ancestralidade indígena de Rondon, nem estivesse a par de seu domínio das línguas tribais, Savage-Landor manifestou particular desprezo pelo povo Bororo. Eram "uma raça exaurida", escreveu, falando uma língua "rudimentar" e "lacônica", e "quando comparados a algumas outras raças selvagens saudáveis de outras partes", como na África, os Bororo e seus irmãos "não chegam perto deles em resistência e vivacidade intelectual". Na verdade, concluiu, "não era possível dizer que os Bororo se destacavam pela inteligência. Era raro encontrar um indivíduo que soubesse contar além de dois".[18]

(Em contraste, quando o antropólogo franco-belga Claude Lévi-Strauss visitou o território Bororo, 25 anos depois de Savage-Landor, achou-os de grande interesse e dignos de admiração, escrevendo extensamente a seu respeito. Em *Tristes trópicos*, ele descreve os Bororo como "selvagens virtuosos", fica impressionado com os "ornamentos esplêndidos" e "cantos extraordinários" que entoavam em seus elaborados rituais. Comenta também sobre a beleza física deles, descrevendo-os como "os índios brasileiros mais altos e robustos", de "feições fortes, regulares" e "corpo atlético". Em outro livro, *O cru e o cozido*, ele foca na cultura deles, que elogia por sua sutileza e complexidade.)

Quando o livro de Savage-Landor foi publicado, em 1913, Rondon ficou revoltado e imediatamente começou a refutá-lo nos jornais e revistas brasileiros, que ficaram ainda mais furiosos ao descobrir como o país e seu povo estavam sendo retratados. A imprensa inflamou o sentimento público contra o livro e pintou Rondon como um patriota que defendia a honra brasileira contra as incontáveis difamações de Savage-Landor. A pedido do governo, Rondon até mesmo havia preparado uma refutação ponto por ponto, no fim transmitida a Roosevelt, que passou a citá-la na contraofensiva a Savage-Landor.

"Seria ótimo se uma sociedade geográfica de renome investigasse as acusações formais e oficiais feitas pelo coronel Rondon, oficial e cavalheiro da mais elevada reputação, contra Savage-Landor", exortava Roosevelt. "O coronel Rondon, em um relatório oficial ao governo brasileiro, escreveu uma rigorosa resenha do livro. Ele afirma que Savage-Landor não realizou, nem sequer tentou realizar, o trabalho de exploração que foi contratado para fazer" e "não manteve a palavra nem empreendeu qualquer tentativa séria de cumprir com sua obrigação moral" como explorador sério.[19]

Baseado em evidências tiradas do próprio livro, alegava Rondon, era impossível que o inglês tivesse ido aos locais que alegava ter conhecido. Além do mais, a obra estava coalhada de erros elementares de biologia, linguística e geografia que solapavam ainda mais sua credibilidade: por exemplo, a distância entre os rios Juruena e Madeira não era de "milhares de quilômetros", como ele escrevera, mas de aproximadamente 650 quilômetros. Em suma, Savage-Landor era um impostor. Essa aversão compartilhada ao aventureiro inglês ajudou a criar uma ligação entre Rondon e Roosevelt nos primeiros estágios da expedição, quando ainda começavam a se conhecer.

Haja vista esses antecedentes, a descida do rio da Dúvida realizada pela Expedição Científica Roosevelt-Rondon oferecia a Savage-Landor mais uma oportunidade para vingança, que ele não desperdiçou. Ignorando por completo o papel de Rondon, como se não fosse sequer digno de menção, partiu para cima de Roosevelt chamando-o de "charlatão" e acusando-o de plagiar *Across Unknown South America*. "Parece-me que tudo que ele fez foi copiar os principais incidentes de minha viagem", disse Savage-Landor em uma entrevista ao jornal *New York World* quando Roosevelt voltava da Amazônia a bordo do vapor. "Vejo que sofreu até a mesma enfermidade que eu e, coisa das mais extraordinárias, no mesmíssimo trecho em que enfrentei problemas [...]. Não quero fazer nenhum comentário acerca do assim chamado trabalho científico do coronel Roosevelt, mas, no que me diz respeito, ele me faz rir com muito gosto."[20]

Com Rondon de volta à selva, a defesa da expedição no rio da Dúvida coube na maior parte a Roosevelt. Ele tentou, via escritório da Comissão do Telégrafo no Rio, manter Rondon a par do que estava acontecendo, mas com o colega brasileiro normalmente fora de alcance até dos telegramas, isso era com frequência difícil. Roosevelt, então, partiu sozinho para a ofensiva, primeiro em um ambiente amigável, Washington, num evento promovido no dia 26 de maio pela National Geographic Society, e depois, em junho, em vários locais pela Europa, aonde viajara por conta do casamento de Kermit, celebrado em Madri no dia 11.

O evento na capital americana, realizado no Convention Hall e presenciado por um público de quase 4 mil pessoas, incluindo juízes da Suprema Corte, membros do governo de Woodrow Wilson e líderes do Congresso, determinou o tom seguido por Roosevelt até o fim da controvérsia, numa veia mais acadêmica do que polêmica. Ele já havia criticado Savage-Landor antes de deixar Nova York, chamando-o de "pura farsa, em quem não devemos prestar a menor atenção";[21] assim, em Washington pôde se concentrar em ciência e geografia. Ele começou sua conferência elogiando Rondon e a comissão da linha telegráfica: "Tudo que fizemos foi pôr o arremate na pirâmide cujas fundações já haviam sido por eles ampla e profundamente lançadas".[22] Depois exibiu alguns mapas no palco, mostrando o trajeto da expedição e descrevendo as dificuldades enfrentadas. Para fechar com chave de ouro, convidou Cherrie, Miller, Fiala e o padre Zahm, que chamou de "Provas A, B, C e D", a subirem ao palco e darem seus depoimentos em apoio à sua causa.

A apresentação, que contou com ampla cobertura da imprensa local e estrangeira, foi suficiente para convencer tanto a National Geographic Society quanto a American

Geographical Society, que anunciou que daria o crédito à expedição Roosevelt-Rondon pela descoberta do novo rio e por tê-lo navegado da nascente à foz. Mas seus detratores europeus ainda tinham de ser convencidos, e nisso Rondon pôde oferecer alguma contribuição: quando Roosevelt chegou a Paris, em meados de junho, o influente diário republicano *Le Matin*, com circulação de mais de 1 milhão de exemplares, publicou uma carta que Rondon, a pedido de Roosevelt, escrevera em francês. A carta não só desancava Savage-Landor, que morava em Paris nesse período, nas linhas propostas por Rondon em seu relatório de 1913, como também fornecia detalhes específicos da descida do rio da Dúvida feita pela Expedição Roosevelt-Rondon.

Quando Roosevelt chegou a Londres e se dirigiu à Real Sociedade Geográfica, na época árbitro mundial de todas as questões cartográficas, a batalha pareceu ganha. Em 16 de junho ele deu uma palestra na Real Sociedade e, apesar do comparecimento de Rice e milhares de outros, Markham e Savage-Landor não estavam presentes. Markham, porém, enviou uma mensagem que foi lida para o público, na qual retirava suas críticas prévias, dizendo que Roosevelt trouxera "uma contribuição muito importante ao nosso conhecimento geográfico" e admitindo que o ex-presidente "deve ter superado enormes dificuldades no processo dessa descoberta".[23] Mas Savage-Landor jamais deu qualquer declaração para se redimir de seu erro e admitir que Roosevelt e Rondon tinham razão.

Como em Washington, Roosevelt fez questão de cobrir de elogios Rondon e as realizações da Comissão do Telégrafo, coisa que os ingleses sempre tentavam depreciar ou até mesmo ignorar: "O trabalho feito pelos exploradores brasileiros no interior até então desconhecido do oeste brasileiro [...] é um trabalho assaz extraordinário que não recebeu o devido reconhecimento, seja em meu país, seja no seu, seja em qualquer outro país da Europa continental [...]. Há uma infinidade de lacunas no mapa por lá e existem homens e mulheres engajados hoje em preenchê-las".[24]

Roosevelt também forneceu detalhes cativantes e pitorescos sobre os dois meses da expedição no rio da Dúvida, como, por exemplo, as formigas que haviam devorado suas roupas e as corredeiras que quase levaram a vida de Kermit. Mas omitiu qualquer menção ao modo como pressionara Rondon para se abster de mapear o curso do rio nos mínimos detalhes e também minimizou seus próprios apuros, quando ficou às portas da morte, referindo-se apenas a "um leve risco à saúde e à vida" que futuros exploradores possivelmente encontrariam. Quando terminou, foi aplaudido de pé, e posteriormente até Rice pareceu mudar de opinião, concedendo a contragosto que "foi uma conferência muito boa". De volta aos Estados Unidos, Roosevelt escreveu em júbilo para Rondon, fazendo do oponente alvo de zombaria: "Em Paris, publiquei no *Le Matin* o texto integral de vossa carta a respeito das 'exgloriações' de Savage-Landor e acredito que, definitivamente, parei de levar em consideração suas pretensões de explorador, ao menos no que diz respeito àqueles dotados de uma certa competência como observadores e testemunhas".[25]

Roosevelt voltou para casa sentindo-se pessoalmente vitorioso, mas a Real Sociedade Geográfica continuou a não tomar conhecimento de Rondon e a condená-lo ao ostracismo pelo resto da vida — e mesmo além. Em notícias na imprensa americana sobre a expedição, publicadas durante seu desenrolar e imediatamente após, Rondon pelo menos aparece nas fotos, ainda que em um papel secundário, de ajudante. Ele é descrito como tendo "acompanhado o coronel Roosevelt", quando, na verdade, foi o ex-presidente que o acompanhou, ou como "membro" do grupo de Roosevelt ou o "guia nativo do coronel Roosevelt". Embora o próprio Roosevelt repetidas vezes tentasse pôr o assunto em pratos limpos, as pessoas simplesmente não queriam saber.

Mas para a Real Sociedade Geográfica, Rondon ficou quase invisível. Como eminente e capaz explorador não branco, representava uma refutação ambulante à doutrina racista da supremacia europeia que constituíra o cerne da visão de mundo da sociedade desde sua fundação, em 1830, pouco antes do início da era vitoriana de expansão colonialista na África e na Ásia e com a qual ela veio tão fortemente a se identificar. Na condição não só de brasileiro como também — e principalmente — de índio, Rondon e suas inúmeras realizações como cartógrafo e cientista invalidariam as bases intelectuais para a suposta preeminência da Real Sociedade.

Os mandachuvas da Real Sociedade Geográfica referendavam essa ideologia racista, amplamente disseminada no curso de treinamento para exploradores ingleses que a instituição ministrava. Durante todo o período vitoriano e eduardiano, dois manuais muito associados a Sir Francis Galton, um luminar da Real Sociedade, eram utilizados como livros didáticos obrigatórios para os inscritos no programa. Por vários anos secretário-geral da entidade, Galton era primo de Charles Darwin e é mais lembrado hoje como o "pai da eugenia", palavra que cunhou, e pela expressão "*nature versus nurture*" [natureza versus criação], também de sua lavra. Ele escreveu *The Art of Travel; or, Shifts and Contrivances Available in Wild Countries* [A arte de viajar; ou, Truques e estratagemas disponíveis em terras selvagens] e editou vários números de *Hints to Travelers, Scientific and General* [Dicas para viajantes, científicas e gerais].

"Está comprovado que algumas raças são inferiores a outras em volume e complexidade do cérebro, australianos e africanos estando nesse aspecto abaixo dos europeus", assevera o *Hints to Travelers*.[26] Os índios não eram melhor considerados: após servir como diplomata britânico no Brasil, Richard Burton, explorador e membro da Real Sociedade, concluiu que os povos indígenas e os africanos partilhavam de uma "quase-gorilidade" e pertenciam a uma "subespécie" de seres humanos. Por sua vez, *The Art of Travel* tem um capítulo dedicado ao "gerenciamento de selvagens": "Lembre-se de que um selvagem não consegue suportar o contínuo trabalho braçal que nós, anglo-

-saxões, fomos criados para suportar", escreve Galton. "Sua natureza está adaptada para a alternância entre a preguiça e o esforço extremo."[27]

Entre os alunos do curso para exploradores da Real Sociedade Geográfica estava Percy Harrison Fawcett, ex-oficial do Exército britânico que viria a se tornar a pedra mais dolorida no sapato de Rondon. Nascido em 1867, filho de um membro da Real Sociedade, Fawcett serviu na Índia britânica e no norte da África antes de voltar seu interesse à Amazônia e ao Brasil, onde estava convencido de haver um Eldorado oculto nas profundezas da selva. Ele devotaria quase todo o resto de sua vida a tentar localizar essa cidade perdida, que chamou de "Z", para então desaparecer no nordeste de Mato Grosso durante uma expedição, em 1925.

"Fawcett foi profundamente influenciado" pelas propagandas da Real Sociedade, escreve David Grann em Z, a cidade perdida, uma história da obsessão de Fawcett que em 2017 foi transformada em filme: "Seus escritos são marcados por imagens de índios como 'crianças alegres' e de selvagens 'semelhantes a macacos' [...] Ele acreditava, por exemplo, que a selva abrigava 'selvagens da espécie mais bárbara, homens-macacos que viviam em tocas no chão e saíam apenas à noite'. Quando detectava uma tribo altamente sofisticada, ele com frequência tentava encontrar indicadores raciais — mais 'brancura' ou 'vermelhidão' — que pudessem conciliar a noção de uma avançada sociedade indígena com suas convicções e atitudes vitorianas".[28]

Rondon e Fawcett tomaram conhecimento da existência um do outro, pela primeira vez, em 1909. Isso foi três anos depois que a Real Sociedade Geográfica providenciara a indicação de Fawcett para integrar a delegação da Bolívia em uma comissão conjunta com o Brasil, incumbida de determinar a fronteira entre os dois países. Como parte de um tratado que Brasil e Bolívia haviam assinado em 1903, em que o Acre foi incorporado ao Brasil, cada lado tinha de fazer o levantamento da fronteira de 3423 quilômetros; marcos de fronteira oficiais seriam erigidos apenas quando ambos os países concordassem com sua instalação, in situ. O papel de Fawcett era chefiar a equipe cartográfica boliviana, e ele passaria quatro anos nessa tarefa, cedido pelo Exército britânico.

Liderando a equipe brasileira estava um protegido de Rondon, Manuel Rabelo. Na época ele era um segundo-tenente de 29 anos que Rondon acabara de selecionar para realizar um levantamento topográfico da rota para uma linha telegráfica entre Cuiabá e São Luiz de Cáceres, perto da fronteira boliviana. Mas quando o líder original da equipe topográfica brasileira adoeceu de malária, Rondon concordou em ceder Rabelo, que já demonstrara toda a sua capacidade e disposição para o trabalho. Era uma missão dura: a fronteira brasileira com a Bolívia é a maior de todas e atravessa florestas, planícies, rios e montanhas.

Não surpreende que, dado o teor racista do curso de treinamento que empreendeu, Fawcett não nutrisse opinião particularmente elevada de seus colegas sul-americanos.

"Os brasileiros são uns tipos boas-praças", escreveu em um livro publicado quando regressou a Londres, "mas não muito ansiosos em acelerar o trabalho — na verdade, encaravam qualquer atividade com marcado desagrado. Cabia a mim completá-lo e eu pretendia fazê-lo sem atrasos desnecessários."[29]

Mas foi Fawcett que, em sua pressa, cometeu típicos erros de principiante, ainda mais agravados por sua presunçosa autoconfiança. Deixando Corumbá em junho de 1909 para subir o rio Paraguai rumo à região a ser explorada, a norte, ele juntou todos os seus homens, equipamento, cães e bestas de carga (na maior parte mulas e bois) numa única embarcação, raciocinando que, a despeito do excesso de peso, a viagem era breve o bastante para que nada acontecesse. Estava equivocado: nessa mesma noite, ele acordou quando o barco começou a afundar. Nenhum homem se afogou e o equipamento de topografia também foi salvo, mas a maioria das mulas e alguns bois morreram. O resultado foi tanto um atraso — tiveram de comprar novos animais no porto seguinte, Vila Bela da Santíssima Trinidade — quanto um gasto desnecessário de dinheiro.

O pior ainda estava por vir. No processo de verificação final, antes de a fronteira ser oficialmente demarcada, os protocolos de exploração da comissão conjunta exigiam que a primeira equipe chegasse ao local onde um marco seria erigido para aguardar a chegada da outra. No caso da baliza da remota vila Rio Verde, ficou combinado que Fawcett e os bolivianos chegariam primeiro e levariam mantimentos e remédios para os brasileiros, que viriam do interior profundo. Mas não foi isso que aconteceu.

Fawcett cansou de esperar pelos brasileiros, cuja marcha fora retardada pela dificuldade do terreno onde faziam o levantamento topográfico pela primeira vez, e ordenou que a maior parte de sua equipe fosse embora. No entanto, o grupo menor que ele instruiu que permanecesse no local aguardando os brasileiros logo ficou igualmente inquieto com a diminuição dos suprimentos e também foi embora. Não deixaram coisa alguma para trás, fosse um marco de fronteira, fosse um bilhete de explicação, e assim, quando o grupo de Rabelo finalmente apareceu — seus homens famintos, exaustos e doentes —, não havia nada à espera deles. Dava para perceber que alguém estivera no local recentemente, mas eles se perguntaram onde Fawcett se metera e estavam preocupados de que tivesse sido atacado e morto por índios. Com isso, tiveram de refazer todo o caminho de volta sobrevivendo do que encontravam pelo caminho — e quase morreram de fome.

A essa altura, Fawcett já voltara para Vila Bela, o ponto de parada, caminhando ociosamente pelas áreas que o interessavam por achar que forneceriam alguma pista para a localização da Cidade Perdida — ou então até que pudesse topar com o local. Quando chegou à base em Vila Bela, o oficial brasileiro no comando perguntou por que a equipe de Rabelo não estava junto. Ao ouvir a resposta, ele despachou imediatamente uma equipe de resgate para tentar localizar Rabelo e os demais. A busca foi bem-sucedida, mas, se não tivessem encontrado o grupo — catorze homens ao todo —, não é nenhum absurdo supor que poderiam ter morrido. De fato, admitiram os sobreviventes, a situação ficou tão desesperadora durante algum tempo que chegaram a considerar o suicídio, para não morrerem na mão dos índios, comidos por animais ou de inanição.

Não causa surpresa, mesmo hoje em dia, que equipes de exploradores na selva percam a orientação ou se separem, e isso era ainda mais comum numa época anterior à existência de GPS e celulares. De modo que não há prova de que Fawcett tenha agido deliberadamente para sabotar a equipe de Rabelo ou mesmo abandonado suas obrigações para se entregar a seus próprios anseios de exploração. Mas o episódio todo deixou os brasileiros furiosos e com uma desconfiança permanente. "Para as autoridades brasileiras, inclusive o marechal Rondon, Fawcett havia deixado a expedição brasileira à míngua para fazer suas investigações arqueológicas particulares, procurando desde então alguns vestígios de civilizações antigas", escreveu Hermes Leal. "Depois de vasculhar o território de Mato Grosso" e não encontrar indícios de sua cidade perdida, "Fawcett e Fisher", seu segundo em comando, "tomaram um barco no rio São Luiz e resolveram voltar para La Paz", aparentemente sem oferecer uma única palavra de explicação, muito menos desculpas pelo ocorrido.[30]

Como se não bastasse o fiasco na fronteira boliviana, Rondon também recebera informação confiável de que Fawcett era um assassino de índios. O ilustre explorador e cientista sueco Erland Nordenskjöld estabelecera um posto de pesquisa etnológica no lado brasileiro de um tributário do rio Guaporé, que compõe parte da fronteira entre o Brasil e a Bolívia, e nisso fez amizade com Rondon. Em 1913, Fawcett passou pela mesma área e se hospedou com Nordenskjöld e sua esposa na cabana onde o casal morava, na selva. Certa manhã, Fawcett fazia uma excursão com guias fornecidos pelo sueco e encontrou membros de uma tribo que vivia na região. Algo que Fawcett disse ou fez evidentemente ofendeu os índios, um dos quais pegou o arco e a flecha e apontou para Fawcett, que reagiu prontamente, sacando o revólver Mauser e matando o índio.

Como a fazenda Mequéns, de Nordenskjöld, ficava em território brasileiro, Fawcett violara tanto a lei do Brasil quanto a diretriz de "morrer se preciso for, matar nunca" de Rondon. Em seu diário, Fawcett procurou justificar sua ação descrevendo os índios, provavelmente um grupo de guerreiros Sakurabiat numa expedição de caça, como selvagens horrendos com olhos de porco, grandes e peludos. Isso era puro absurdo, já que nenhum grupo indígena amazonense combina com essa descrição, mas casa perfeitamente com as atitudes racistas que Fawcett expressava com frequência em relação aos povos indígenas. "Existem três tipos de índios", escreveu ele certa vez. "O primeiro é de um povo dócil e infeliz; o segundo, de canibais perigosos e repulsivos vistos muito raramente; o terceiro, de um povo forte e justo, que deve ter uma origem civilizada."[31] Só nos resta perguntar: a qual grupo ele achava que Rondon pertencia?

Um ano mais tarde, depois que Rondon e Roosevelt saíram da selva e anunciaram a descida do rio da Dúvida, Fawcett, como tantos outros membros da Real Sociedade Geográfica, menosprezou a realização — ao contrário de outros em Londres que nunca tinham viajado pela Amazônia, incluindo Sir Clements Markham, que não pôs em dúvida a veracidade da história de Rondon e Roosevelt. Fawcett desdenhou a empreitada, considerando a viagem boa "para um homem idoso" como Roosevelt, conforme escreveu em uma carta (de 1915) para John Scott Keltie, secretário da Real Sociedade, e também alegou que os exploradores haviam sido "escoltados regiamente ao longo da linha telegráfica de Mato Grosso até o rio da Dúvida".[32]

Em outra carta para Keltie, escrita uma década mais tarde, Fawcett continuava com a mesma opinião, argumentando que suas incursões pela selva mereciam ser vistas com um grau maior de dificuldade, uma vez que Rondon e Roosevelt, e outros como eles, haviam tomado o que ele considerava a saída mais fácil. "Não desejo depreciar outro trabalho de exploração na América do Sul", escreveu pouco antes de embarcar na expedição de 1925, da qual nunca mais voltaria, "apenas apontar a enorme diferença entre jornadas por rio, livres do grande problema das inundações, de jornadas a pé pela selva — quando é necessário superar todas as circunstâncias para chegar a santuários indígenas".[33] Isso, é claro, era uma óbvia descaracterização da Expedição Científica Roosevelt-Rondon, bem como da natureza das obras da linha telegráfica em Mato Grosso, as quais envolviam tanto viagens fluviais quanto terrestres nas condições mais extenuantes e, sem dúvida, requeriam a entrada em "santuários indígenas".

Depois que a controvérsia sobre o rio da Dúvida se encerrou, a relação entre Rondon e Fawcett ficou cada vez mais difícil, o que ajuda a explicar o tom condescendente e arrogante dos escritos do inglês após o episódio. A principal causa da desavença foi a segunda expedição amazônica de Fawcett, na verdade sua primeira em solo totalmente brasileiro. Quando Epitácio Pessoa visitou Londres como presidente eleito, em 1919, para conhecer a família real e visitar o Parlamento, Fawcett conseguiu arranjar um encontro, durante o qual explicou sua teoria da Cidade Perdida e pleiteou uma verba do governo brasileiro para a expedição que pretendia realizar no ano seguinte. Epitácio escutou diplomaticamente, mas não ofereceu ajuda de nenhum tipo.

Fawcett, entretanto, não ficou desencorajado e tentou embelezar a reunião em Londres, escrevendo que o presidente "escutou com interesse o que eu tinha a lhe dizer". Assim, ele decidiu redobrar seus esforços e, em fevereiro de 1920, chegou à capital brasileira, hospedando-se no elegante Grande Hotel Internacional, em Santa Teresa. "Talvez obtivesse mais sucesso no Rio, pensei eu, onde poderia entrar em contato com o ministro do Interior", escreveu, explicando seus motivos para continuar a campanha em busca de apoio. "Inquestionavelmente eu tinha melhor chance no local."[34]

Mas o timing de Fawcett foi ruim mais uma vez: ele chegou no meio do Carnaval, quando os serviços públicos e o comércio não funcionam, e teve de passar vários dias ocioso. Com o dinheiro indo embora rapidamente, começou a ficar ansioso "quanto ao que pudesse acontecer se meus esforços de obter financiamento para a expedição fracassassem". Incomodado que seu hotel estava "se tornando um refúgio de alemães",[35] quando o embaixador britânico no Brasil, Sir Ralph Paget, convidou-o a se juntar a ele na residência da embaixada, Fawcett agarrou prontamente a oportunidade, e acabou sendo Paget quem persuadiu Epitácio Pessoa a recebê-lo de novo.

Da perspectiva de Rondon, a situação toda deve ter soado como o episódio com Savage-Landor: mais uma vez um inglês pomposo de ares aristocráticos circulando pelo Rio e partindo da prerrogativa de que os brasileiros eram atrasados, preguiçosos e ignorantes demais para saber o valor das coisas de seu próprio país. "É fato que Rondon não gosta da ideia de um estrangeiro vir até aqui para fazer o que ele acredita que os brasileiros devem fazer por si mesmos",[36] o general Francisco Jaguaribe de Matos, durante cinco décadas um dos colaboradores mais próximos de Rondon, disse ao filho de Fawcett, Brian, quando este visitou o Brasil em 1952, na tentativa de descobrir o que acontecera com o pai. De fato, havia três décadas que os brasileiros vinham fazendo isso, ainda que o resto do mundo não admitisse.

Mas, para consternação de Rondon, Epitácio Pessoa inicialmente pareceu ficar do lado de Fawcett. O presidente dava a impressão, ao menos para Rondon, de estar fascinado com as histórias de enormes riquezas esperando para serem descobertas. O presidente também explicou que havia prometido a Paget que o Brasil ajudaria com "esse valioso projeto" e queria ser capaz de manter a palavra. Como um político hábil em costurar acordos, ele apostou em uma solução conciliatória e, depois de Rondon expressar suas dúvidas, propôs a Fawcett ir à Amazônia como líder de uma expedição conjunta anglo-brasileira, acompanhado de veteranos das expedições do próprio Rondon.

Foi nesse momento que Fawcett deu um passo maior do que as pernas — e com consequências trágicas. "Pretendo ir sozinho", informou, irredutível, aos dois brasileiros, dinamitando, assim, qualquer chance de obter verba oficial. Aparentemente há inúmeras explicações para sua relutância em entrar num acordo. E todas elas, de certo modo, violavam as normas culturais brasileiras, tanto as de ontem quanto as de hoje. Uma delas era claramente o preconceito racial e de classe que nutrira desde sua chegada à América Latina: na proposta que escreveria mais tarde para a Real Sociedade Geográfica, pedindo apoio à sua expedição de 1925, ele externou sua preferência por trabalhar com "gentlemen" ingleses, pois supostamente tinham "maior poder de resistência e entusiasmo pela aventura"[37] do que os moradores locais. Outro motivo era a desconfiança de Rondon, que, ele suspeitava, estava tentando sabotá-lo. Além disso,

307

talvez ele tivesse tanta certeza de que seria bem-sucedido que não queria compartilhar a glória de encontrar a Cidade Perdida com ninguém, muito menos brasileiros.

Mas também havia diferenças fundamentais em como Rondon e Fawcett achavam que a exploração de uma das regiões mais difíceis do mundo deveria ser conduzida. "Para nós, brasileiros, seu pai montou um grupo muito pequeno", Jaguaribe de Matos explicou posteriormente ao filho de Fawcett, refletindo a doutrina que aprendera com Rondon. "Nossa política de explorações exige o mínimo de oito homens por grupo, pois com menos do que isso não podemos adotar as devidas precauções contra os índios selvagens. Quando pequenos grupos se deparam com os índios há sempre o perigo de, caso os presentes acabem, serem mortos para que seus equipamentos sejam saqueados. Os índios não mexem com grupos em movimento; perigoso é ficar muito tempo com eles."[38]

O potencial impacto da expedição sobre os povos indígenas era outro motivo de preocupação. "Rondon, que é parte índio, dedica sua vida à causa da paz entre os índios e os colonos brancos", escreveu um solidário observador britânico, em 1936. "Ele acredita que qualquer exploração bem-sucedida do mundo selvagem deve ser feita em cooperação com os índios. Isso é naturalmente um processo mais lento e menos espetacular do que uma política de sujeição pelas armas; mas seu acerto não será questionado pelos que estão observando o efeito desastroso para as raças atrasadas de seu primeiro contato com a civilização. Grandes áreas de fato têm sido desbravadas; mas Rondon e o governo brasileiro estão, corretamente, na minha opinião, ansiosos em não criar problemas ou provocar represálias dos índios. A presença de uma grande quantidade de brancos armados no país teria exatamente esse efeito e muitos anos de trabalho paciente seriam perdidos."[39]

Fawcett, por outro lado, achou "que Rondon sacrificava vidas demais trabalhando com grupos grandes",[40] e que era melhor contar com um grupo pequeno, leve e ágil. Ele afirmava também, mencionando sua experiência na Bolívia e no Mato Grosso, que mulas e bois eram inúteis em áreas onde não havia pastagem, e que provavelmente iria percorrer lugares assim. E ele estava convencido, sem nenhuma outra evidência além da própria intuição, de que os povos indígenas nas regiões onde pretendia viajar não se sentiriam ameaçados por um grupo pequeno de exploradores brancos, desse modo não constituindo ameaça.

Assim, a reunião foi encerrada sem que nenhum dos três participantes ficasse satisfeito. Quando Rondon e Fawcett deixavam o palácio do governo juntos, Rondon perguntou ao inglês sobre seus planos de exploração, mas Fawcett, parecendo desconfiar dos motivos da pergunta, foi evasivo sobre seu itinerário e até a data da partida. Rondon lembrou ao outro que, se possível, era melhor evitar viajar pelo sul da Amazônia durante a estação chuvosa e ofereceu mais algumas dicas práticas. "Rezo para que o coronel tenha boa sorte",[41] disse para Fawcett quando se despediram.

Rondon teve mais um motivo para ficar irritado com Fawcett em agosto, quando Ralph Paget o contatou, pedindo cópias de mapas do Mato Grosso e outras áreas da Amazônia que a Comissão Rondon levantara durante suas expedições. Rondon sabia que Fawcett se hospedara com Paget e presumia que estivesse requisitando os mapas em nome de Fawcett, porque o inglês era simplesmente orgulhoso demais — ou estava constrangido — para pedi-los pessoalmente. Ele também lia jornais franceses sempre que possível e recortara matérias em que Fawcett alegava que estava prestes a ingressar em um território completamente inexplorado e habitado por índios canibais. Isso era ridículo, sem dúvida, além de ser uma hipocrisia: se Fawcett teria a ousadia de se aventurar por uma região que nenhum homem havia explorado antes, por que estava pedindo os mapas que Rondon fizera dessas mesmas áreas?

Uma vez em Cuiabá, Fawcett contratou carregadores locais, alguns dos quais alegavam ter trabalhado antes para a Comissão Rondon. Portanto, teriam o tipo de conhecimento da região que faltava ao coronel inglês. Fawcett, dois outros estrangeiros, um americano e um australiano, e os carregadores partiram no rumo nordeste por terra, abrindo mão de uma rota fluvial mais fácil. Como Rondon previra, eles se depararam com dificuldades quase desde o início. Em meados de dezembro, decidiram voltar e, quando regressavam a Cuiabá, cruzaram com uma das equipes de exploração de Rondon. Os brasileiros dividiram sua comida e até convidaram Fawcett para se juntar ao grupo, mas ele declinou e continuou seu próprio caminho.

Quando foi informado por seus homens sobre o fracasso de Fawcett, Rondon não disfarçou seu júbilo e jactou-se abertamente. Em meados de dezembro, redigiu um *press release* zombando de Fawcett e o enviou sem pestanejar, via as linhas telegráficas que ele próprio construíra, para os principais jornais do Rio de Janeiro e de São Paulo. O tom é tão rude e desdenhoso, e revela tanto prazer pelo fracasso alheio, que vale a pena ser citado na íntegra:

A comissão do coronel Fawcett foi desbaratada em pleno chapadão pelas chuvas de novembro. Primeiramente, voltou seu companheiro, e, por fim, o próprio Fawcett, apesar de todo o seu orgulho de explorador, que não queria auxílio de animal e nem de ninguém, para carregar seu trem de exploração. O homem que partiu disposto a atravessar e cruzar os sertões do Xingu, sem cogitar como havia de se alimentar durante essa travessia, aqui está de volta, magro e acabrunhado, por ter sido forçado a bater em retirada, antes de entrar no duro da exploração, ainda em pleno chapadão das cabeceiras do Xingu. Lamento não ter o governo organizado a expedição brasileira que devia acompanhar o inglês. Teria assim Fawcett apoio firme para varar o sertão bruto, estabelecido como está que, uma vez iniciada qualquer exploração, nenhum viajante de nossa Comissão jamais voltaria do meio do caminho.[42]

Não é o melhor momento de Rondon: ele exibe um aspecto surpreendentemente mesquinho e vingativo de seu caráter que quase não revelava em público ou mesmo em seus diários. A notícia das palavras zombeteiras de Rondon não chegou imediatamente ao conhecimento de Fawcett, mas, no início de janeiro, ele ficou sabendo de tudo e, profundamente magoado por ter sua coragem e sua competência questionadas, respondeu da melhor forma que pôde, num linguajar que parece defensivo e um tanto pomposo. O texto original da réplica, até onde sabemos, se perdeu, mas os jornais brasileiros, espojando-se na polêmica, logo publicaram uma tradução para o português.

As críticas de Rondon estavam "baseadas em meras suposições", escreveu Fawcett. "Não sei de que fonte o general colheu a sua informação", pois "a expedição não tinha o mesmo objetivo que a missão Rondon, a qual se ocupava de traçar, em canoas, o curso do rio Culuene. O meu trabalho era terrestre e foi completado em dezembro. Tendo eu só um companheiro, decidi entrar em Cuiabá, para esperar o fim das chuvas, antes de atacar uma parte mais importante da expedição [...] No que diz respeito à Expedição Fawcett, até aqui ela não foi abandonada [...] Os trabalhos recomeçarão em março, não exigindo nenhum método diferente, nem o serviço de um grupo mais numeroso para levar a termo o que é proposto."[43] Em vez disso, Fawcett esperou até agosto e então, completamente sozinho, vagou pela Bahia por três meses antes de jogar a toalha e voltar a Londres.

Como engenheiros e cientistas, Rondon e muitos de seus homens eram positivistas. Assim, viram pouca utilidade nas especulações de Fawcett, que para eles não passavam de conversa mole supersticiosa. Ramiro Noronha, futuro general que em 1920 era um capitão prestes a embarcar na expedição que mapearia o rio Culuene (referido por Fawcett), foi um dos diversos veteranos da Comissão Rondon a cruzar com o inglês e acreditar que sua teoria era simplesmente bizarra demais para merecer crédito.

Eles torciam o nariz sobretudo para a estranha estatueta de uma figura humana feita de jade ou basalto, com inscrições no peito e nos pés, que Fawcett levava consigo onde quer que fosse, tanto no Rio de Janeiro quanto na floresta, à qual atribuía poderes místicos. "O coronel Fawcett me segredou que aquela estatueta era a chave de todos os seus planos, e a senha para poder entrar na cidade oculta, que estaria sob a guarda de índios ferozes", Noronha recordaria mais tarde. "Mostrando aquela estatueta, ela exerceria poder irresistível sobre os nativos."[44]

O problema, como Rondon e seus homens sabiam muito bem, era que os índios descritos por Fawcett nas áreas que indicava não existiam. Fawcett falava o tempo todo sobre uma tribo de trogloditas chamada "Morcegos" e, embora isso pudesse ser um assunto atraente para os jornais dominicais, não convenceu o grupo de Rondon. Quando Brian Fawcett visitou o Brasil, Jaguaribe de Matos o informou na cara que "não há esse tipo de gente em Morcegos, até onde sei. Ao norte da posição indicada como a do Acampamento do Cavalo Morto", o último ponto de contato de Fawcett antes de desaparecer, "há o rio Iriri", onde Curt Nimuendaju, etnólogo nascido na Alemanha e amigo de Rondon, "indicou a existência de uma tribo de pigmeus". Pode ser que, acrescentou Jaguaribe de Matos, "sejam eles o povo que seu pai se referia como sendo de Morcegos", mas "eu particularmente não acredito que esses selvagens realmente existam".[45]

A ironia é que Rondon não ficaria livre do rival nem mesmo após sua terceira e derradeira expedição. O sumiço do frustrado aventureiro inglês virou primeira página no Brasil e no mundo e, nas décadas que se seguiram, Rondon foi constantemente procurado pelo governo brasileiro ou por repórteres para avaliar a teoria do momento sobre o destino de Fawcett, por mais improvável que fosse. Fawcett não era o único explorador desaparecido sobre o qual Rondon era consultado, mas o mistério de seu paradeiro voltaria periodicamente à baila e o atormentaria pelo resto da vida.

PARTE III

Rondon à margem da lagoa de Chacororé, em Mimoso (onde nasceu), em 1921.

18. "E como Rondon tem passado?"

Em maio de 1914, após uma ausência de nove meses, os dois últimos completamente incomunicável, Rondon voltou à linha telegráfica e descobriu que o cronograma do projeto ficara gravemente comprometido enquanto esteve fora. Contudo, o prazo final para a conclusão, fixado em 1º de janeiro de 1915, permanecia inalterado e inexorável, assim como a pressão sobre Rondon. Ele nunca excedera o deadline de nenhuma missão antes; pelo contrário, às vezes entregava a obra bem antes do previsto. Assim, além da crescente proximidade da data-limite imposta pelo governo (na pessoa de Hermes da Fonseca), Rondon sentia o peso de ter de corresponder a seus próprios e exigentes padrões, relutando, pela primeira vez, em fracassar em sua promessa.

Em 16 de maio, quando subia o Madeira para voltar ao posto telegráfico Barão de Melgaço, passou pela foz do antigo rio Aripuanã, agora oficialmente uma parte do Roosevelt. No caminho, também se reuniu com os líderes de dois povos, os Parintintim e os Arikeme; como o território deles ficava bem no meio do trajeto por onde Rondon pretendia que a linha telegráfica passasse, ele queria assegurar seu apoio. A cada parada, Rondon também era abordado por seringueiros desesperados por trabalho, agora que a febre da borracha arrefecera. Ele contratou muitos desses homens, pois, com a data de 1º de janeiro a pressioná-lo, necessitaria da maior força de trabalho que pudesse reunir.

O acúmulo de funções — o relacionamento com os índios e a construção das linhas telegráficas — sempre fora típico de Rondon, mas ficava ainda mais pronunciado agora, à medida que a Comissão aprimorava seus métodos. Descendo o Ji-Paraná com Botelho de Magalhães em março de 1914, Leo Miller ficou boquiaberto quando viu que ao longo da margem Rondon "erguera uma série de pequenas cabanas de bambu e folhas de palmeira distribuídas por distâncias variadas, perto de algumas das trilhas mais recentemente utilizadas que iam do rio à escuridão da selva". Era um costume entre os subordinados de Rondon, acrescentou ele, "parar nesses locais e deixar contas, facas e bugigangas sobre bancos de madeira como oferenda para os índios [que,] por sua vez", deixavam "uma série de provas de amizade"[1] que incluíam pacotes de castanha-do-pará, sabugos de milho, flechas lindamente ornamentadas, cocares e objetos de cerâmica (e esses últimos objetos iam, invariavelmente, para museus). Acima de alguns barracões, a Comissão chegou a instalar cartazes com a imagem de soldados brasileiros uniformizados, as armas depostas no chão como sinal de intenções amistosas, abraçando índios nus e igualmente desarmados e confraternizando com eles. Era o modo perfeito de manifestar intenções pacíficas para sociedades sem nenhuma forma de comunicação escrita.

Isso era necessário porque, conforme avançava para o norte e se aproximava do Madeira, a Comissão encontrava cada vez mais tribos com relatos recentes de contato com seringueiros e outros aventureiros à margem da sociedade. Como consequência dessas interações, suas identidades e culturas — seu modo de vida, de forma geral — estavam em vias de ser destruídas. Isso significou para Rondon e o Serviço de Proteção aos Índios um desafio bem diferente do proporcionado por grupos como os Nambikwára, que tradicionalmente mantinham distância da civilização. No caso de povos como os Arikeme e os Takuatep, o mal já fora feito; agora o problema era preservar o que restava.

A solução de Rondon foi juntar os remanescentes das tribos assoladas por doenças, alcoolismo e trabalho escravo em povoamentos próximos aos postos indígenas e estações telegráficas, independentemente de suas diferenças linguísticas ou culturais ou de serem aliados ou inimigos tradicionais. Nas palavras de Botelho de Magalhães, Rondon criou "uma espécie de nova Babel silvícola", com escolas, clínicas e "oficinas rudimentares" em que os povos indígenas aprendiam habilidades valiosas. Ele também "fundou núcleos agrícolas" e "distribuía ferramentas de trabalho e roupas aos índios".[2] Assim, embora os que afluíssem a esses centros tivessem de sacrificar parte de suas características tribais específicas, conseguiam preservar sua identidade mais ampla de índios. Ou era isso que se esperava, pelo menos. Foi uma estratégia desesperada para tempos desesperados, e pela qual Rondon seria mais tarde criticado.

A Comissão de Linhas Telegráficas Estratégicas do Mato Grosso ao Amazonas terminou as obras em dezembro de 1914 e, no dia 1º de janeiro do ano seguinte, a nova linha foi inaugurada. O tronco principal percorria 1497 quilômetros, sendo que a metade final atravessava um trecho de selva antes considerado impenetrável. E mais três ramais exigiram outros 769 quilômetros de obras. Tudo somado, Rondon e seus homens haviam construído mais de 2200 quilômetros de linha telegráfica em menos de oito anos. Além disso, a Comissão construíra 32 estações telegráficas, cada uma a não mais que oitenta quilômetros da seguinte, desse modo, segundo um pronunciamento oficial do Exército, "providenciando para a normalização do tráfego pela estrada de rodagem que acompanha aquela".[3] Essa estrada foi a base para a atual rodovia BR-364 e as estações telegráficas se transformaram em cidades e vilas como Vilhena, Pimenta Bueno, Cacoal, Ji-Paraná e Ariquemes.

Rondon não tinha particular urgência de voltar ao Rio de Janeiro, pois sua família não estava mais lá. Embora aparentemente não tenha revelado essa informação a Roosevelt, ele e Chiquita haviam decidido que seu único filho homem, Benjamin (agora já com vinte anos), que sonhava com a carreira de engenheiro, deveria frequentar uma universidade técnica na França. E, acreditavam, as meninas também tirariam proveito de aperfeiçoar seu conhecimento da língua. Assim, Chiquita e as crianças embarcaram para a Europa na época em que a Expedição Científica Roosevelt-Rondon chegava ao fim e, depois que a Primeira Guerra Mundial estourou, dali a alguns meses, a família ficou praticamente ilhada na França enquanto o conflito durou, a não ser por um breve interlúdio passado em Londres, quando parecia que Paris cairia para os alemães. Em tese, eles poderiam ter voltado ao Brasil num vapor, mas ficaram com medo de ataques dos submarinos alemães e austro-húngaros. Embora Rondon mantivesse contato com a família por telegramas e cartas, só voltaria a vê-los em outubro de 1917, após um intervalo de quatro anos.

Se Rondon já era um herói nacional até mesmo antes de se embrenhar na selva com o colega americano, o sucesso da expedição com Roosevelt — e a publicidade e a aclamação mundiais que a acompanharam — enalteceu ainda mais seu nome. Para os brasileiros, Rondon tornou-se uma espécie de ícone vivo. Sua obstinação e persistência fizeram dele a encarnação do espírito bandeirante que, dois séculos antes, atraíra os ancestrais paulistas para o interior não mapeado e inexplorado. Dessa época em diante, a imprensa nacional rotineiramente descreveria Rondon como "o bandeirante moderno", "o domador do sertão", "o grande civilizador", "o gigante dos sertões" e outras expressões igualmente míticas. "Na obra de Rondon tudo me comove", o escritor Alcides Maia, membro da Academia Brasileira de Letras, declarou em outubro de 1915. "Rondon é uma energia de coração [...]. Rondon é um apóstolo."[4]

As palavras eufóricas de Maia foram escritas depois que ele compareceu a uma conferência dada por Rondon nesse mesmo mês sobre sua expedição com Roosevelt. Durante os quase cinco anos transcorridos desde que Rondon se dirigira pela última vez a um grande público, houve inúmeros avanços na tecnologia das comunicações, os quais ele incorporou de imediato à sua apresentação. Agora, em vez de falar para o público usando apenas o auxílio visual de mapas, podia projetar slides em uma lanterna mágica, exibindo fotos em preto e branco e coloridas a mão tiradas pelo major Reis. E havia até alguns filmes de suas expedições feitos pela Comissão. A abordagem "multimídia" pioneira enfatizou o valor educacional e recreativo das conferências de Rondon, fascinando o público e a imprensa.

O uso de filmagens foi particularmente inovador, talvez até algo sem precedentes. Em *Hero: The Life and Legend of Lawrence of Arabia* [Herói: A vida e a lenda de Lawrence da Arábia], Michael Korda concede ao herói britânico da Primeira Guerra Mundial e ao jornalista americano Lowell Thomas o crédito por serem os primeiros a incorporar imagens em movimento a suas conferências conjuntas. Mas o ciclo de palestras com filmes pelos Estados Unidos e pela Grã-Bretanha ocorreu apenas no fim da guerra, começando nos primeiros meses de 1919. Isso foi quase três anos e meio após Rondon realizar suas conferências acompanhado de filmes e fotografias. Mas as apresentações de Lawrence e Thomas foram vistas por dezenas de milhares em grandes capitais mundiais como Nova York e Londres, ao passo que as palestras de Rondon foram vistas por apenas alguns milhares de pessoas no Rio de Janeiro e em São Paulo, mal chamando a atenção fora do Brasil. No que diz respeito ao restante do mundo, era praticamente um caso de: "Se uma árvore cai na floresta e ninguém está perto para ouvir, será que faz barulho?". O filósofo George Berkeley respondeu à sua própria pergunta afirmando que "os objetos do nosso conhecimento existem apenas quando são percebidos".[5]

Uma semana depois das conferências de Rondon, um dos filmes mostrados por ele, *Os sertões de Mato Grosso*, feito em 1912 e 1913, entrou em cartaz nos cinemas cariocas e paulistanos, fazendo um sucesso estrondoso. Depois, às vezes exibido em sessão dupla com outro filme da Comissão — *Expedição Roosevelt-Rondon* —, viajou para salas comerciais no interior de São Paulo e do Rio de Janeiro, em Minas Gerais, no Nordeste, nos três estados do Sul, e em Cuiabá, Belém e Manaus. Nessa fase incipiente do cinema, ainda mudo, não existiam as separações rígidas de hoje entre filmes dramáticos e documentais, longas e curtas, comerciais e educativos, e a afluência do público foi grande: segundo dados da Comissão Rondon, mais de 100 mil pessoas viram *Os sertões de Mato Grosso* e *Expedição Roosevelt-Rondon*, fitas hoje desaparecidas.

Ambos os filmes foram rodados e editados pelo major Luiz Thomaz Reis, chefe da Seção de Fotografia e Cinematografia da Comissão Rondon, usando técnicas e equipamentos dos mais modernos nos cortes, planos e enquadramentos. Meses depois, Rondon mandou Reis voltar ao Mato Grosso para filmar *Rituais e festas Bororo*,[6] lançado em 1917 e marco na história do cinema. No mundo de língua inglesa, se sustenta que *Nanook of the North: A Story of Life and Love in the Actual Arctic* [Nanook, o esquimó], do americano Robert J. Flaherty, é o primeiro filme documentário etnográfico. Mas *Nanook* foi lançado apenas em 1922, e era muito menos fiel aos fatos do que *Rituais e festas Bororo*. O pioneirismo do autodidata Reis não parou aí: também é dele um dos primeiros longas-metragens brasileiro, *Ao redor do Brasil*, com oitenta minutos, lançado em 1932.

Como resultado da expedição conjunta com Roosevelt e a ampla divulgação de sua obra, Rondon se tornou uma força política cobiçada pelos grupos que dominavam a Primeira República. Não podemos realmente chamá-los de partidos, uma vez que contavam apenas com adeptos regionais e eram dominados por caciques políticos com interesses provincianos. Também houve tentativas, no fim das contas malsucedidas, de criar partidos que tivessem uma base nacional e ideológica "genuínas", e tanto o Partido Republicano Liberal, de Rui Barbosa, quanto o Partido Republicano Conservador, de Quintino Bocaiuva e Hermes da Fonseca, flertaram com Rondon. Além do mais, durante a década seguinte Rondon receberia repetidos oferecimentos de pastas ministeriais, assentos no Senado ou na Câmara dos Deputados e mesmo o governo do Mato Grosso.

Aqui e ali, seu nome chegou até a ser citado em especulações sobre uma futura presidência: três dos oito primeiros chefes de Estado foram oficiais militares e dois deles também ocuparam o governo do Mato Grosso. Mas para todo mundo Rondon dava a mesma resposta: Não, obrigado. Seus motivos eram sobretudo de ordem filosófica, ou assim ele alegava. Em meados da década de 1910, o positivismo perdera quase toda a influência de trinta anos antes, nos estertores do Brasil Império. Rondon, contudo, permaneceu leal ao movimento e a seus ensinamentos, incluindo a proibição absoluta de envolvimento com partidos políticos.

Do ponto de vista puramente moral, isso podia ser uma atitude até virtuosa, mas em termos políticos significou uma estreiteza de visão que acabou atrapalhando seus objetivos. Um mandato de senador, por exemplo, durava nove anos e teria representado para ele uma poderosa e duradoura plataforma para defender os direitos dos povos indígenas e assegurar que o Serviço de Proteção aos Índios continuasse a receber verbas adequadas. Em vez disso, como em breve ficará dolorosamente claro, ele tinha de ir todo ano ao Congresso e passar o chapéu para o SPI e a Comissão da Linha Telegráfica. Sem dúvida Rondon poderia ter realizado muito mais se tivesse sido capaz de pôr de lado sua aversão aos partidos e sentado e negociado de igual para igual com os chefes políticos como fazia com os chefes indígenas.

Mas o exemplo mais marcante de como Rondon ajudou a sabotar os próprios ideais está nas repetidas vezes em que recusou o governo do Mato Grosso. No Brasil da Primeira República, os estados tinham muito poder e isso fazia do governo estadual um cargo disputado e cobiçado. A cadeira de governador teria proporcionado a Rondon o controle não só da burocracia estadual, como de seus representantes no Congresso. E, o mais importante, teria lhe dado poder sobre a polícia e o orçamento do estado, que por sua vez teriam lhe permitido desafiar as oligarquias existentes e empregar as forças da lei para impedir as usurpações das terras dos povos indígenas com quem firmara laços de amizade e os quais jurara proteger.

Rondon foi procurado para o cargo quase imediatamente após a expedição com Roosevelt. O governador em exercício, Joaquim Augusto da Costa Marques, que convidara os exploradores a visitá-lo em sua propriedade para uma excursão de caça no início da jornada, foi o primeiro governador no Mato Grosso desde a criação da República a conseguir terminar o mandato de quatro anos. Mas ele não queria abusar da sorte tentando um segundo mandato. Assim, o presidente Venceslau Brás sondou Rondon para ocupar o lugar que ficaria vago em 15 de agosto de 1915. Rondon era um candidato interessante porque não participava da guerra de facções políticas do estado; na verdade, acreditava-se que estivesse acima dessas rixas, sendo precisamente por isso que era aceito por todos. Sua origem, nascido praticamente no coração do estado, também ajudava. Os dois principais blocos políticos do Mato Grosso eram formados por donos de canaviais e seringalistas, ao norte, e fazendeiros de gado e de mate, no sul, e Rondon lidara com ambos os grupos sem se indispor irremediavelmente com nenhum deles.

A oferta de Venceslau Brás deixou Rondon tentado, pois Botelho de Magalhães mais tarde se lembraria de uma noite em que ele e seu balançado chefe conversaram "durante quatro horas a fio, das 19 às 23 horas, ao termo das quais, após longas e eruditas dissertações, concluiu pela obrigação de ser recusada a designação projetada".[7] Como sempre, o motivo era religioso: "Não é a primeira vez que sou honrado com o convite para colaborar na política do nosso estado, sem me ter sido possível até hoje corresponder a tamanha distinção e confiança", disse Rondon. "Os mesmos motivos determinaram-me, desde 1889, a não aspirar um lugar de comando na política nacional, prevalecem hoje, mais intensificados ainda [...]. A sociedade atual não comporta ainda a construção do edifício da política positivista tal como a concebeu seu excelso Fundador. Portanto, cumpre-nos apenas intervir mediante conselhos adequados e oportunos."[8]

Diante da resposta negativa de Rondon, o presidente e os políticos locais buscaram uma alternativa em outro militar, o general aposentado Caetano Manoel de Faria e Albuquerque. Como Rondon, ele era um engenheiro militar mato-grossense que trabalhara nas linhas telegráficas; também supervisionara a construção de uma estrada de ferro para o sul, o que contribuiu para sua popularidade. Mas suas habilidades políticas não eram tão afiadas quanto as de Rondon, e ele sobreviveu apenas dezoito meses do mandato de quatro anos, renunciando devido a uma briga pela elevação de impostos sobre os lucros da borracha. Seu sucessor, um civil de fora do estado, teve sorte ainda pior e mal ficou seis meses no governo antes de dar lugar a outro oficial do Exército, que por sua vez foi tirado do cargo oito meses depois.

Durante as quatro vezes que o governo mudou de mãos, Rondon voltou a ser procurado — e voltou a dizer não. Considerando a situação caótica da política estadual, a recusa era compreensível. Mas sua decisão levou a um revés imprevisto e perfeitamente evitável: buscando um candidato de consenso que pudesse aplacar o tumulto dos últimos três anos, os figurões locais recorreram a Francisco de Aquino Correia, de 32 anos, bispo auxiliar de Cuiabá, que ajudara a mediar diversas disputas políticas. Mas esse era o mesmo padre salesiano que dirigia as escolas Bororo tão abominadas por Rondon quando as visitou em 1911, autor daquele poema obsequioso que o deixou muito ofendido, então Rondon não tardou a se manifestar publicamente, aconselhando-o a recusar a oferta.

"Os meus votos neste momento são na esperança de poder ainda o nosso eminente patrício salesiano meditar profundamente sobre o caso, para se livrar da fogueira republicana em que fatalmente seriam queimadas as mais belas fórmulas literárias que ornam o espírito desse moço esperançoso", escreveu, num tom um tanto condescendente.[9] Mas os mesmos mandachuvas políticos que haviam insistido na candidatura de Rondon — sobretudo Pedro Celestino Correia da Costa, líder do Partido Republicano Conservador no estado, e o senador Antônio Francisco de Azeredo — continuaram apoiando d. Aquino. Portanto, como naquele tempo o Vaticano ainda permitia que padres concorressem a cargos eletivos, isso pareceu uma garantia de sua eleição.

Entretanto, Rondon continuou a se opor, indispondo-se com praticamente toda a elite política do estado, principalmente depois de enviar telegramas para a imprensa criticando a candidatura de Aquino como antirrepublicana. "Somos surpreendidos por uma fórmula mística, em via de ser adotada, sem significação política e sem exprimir a vontade mato-grossense, a sobrepujar todas as combinações anteriores", escreveu no dia 26 de novembro. "O novo candidato, embora mato-grossense dos mais ilustres, é um padre sem nenhum tirocínio na administração pública; sendo, o que é mais grave, membro de uma congregação religiosa estrangeira, cujo programa consiste [em] administrar bens da Igreja e cujo princípio político é subordinar os destinos da sociedade aos seus vitais interesses."[10]

Aquino ganhou de lavada e, ao assumir o cargo, em janeiro de 1918, prontamente começou a implementar políticas que fortaleceram e expandiram o domínio da Igreja, exatamente como Rondon temia. Isso incluía o apoio financeiro do estado para atividades missionárias dos salesianos e programas de ensino aos quais Rondon sempre fora contrário. Ao repudiar o governo, Rondon provocou uma reação exatamente oposta à que desejava, com péssimos desdobramentos para seus interesses e os do Serviço de Proteção aos Índios. Suas posições deixaram os adversários tão exasperados que, nas comemorações pelo bicentenário da fundação de Cuiabá, em 1919, Rondon, o cidadão mais ilustre do estado, inicialmente não foi sequer convidado a participar — só foi incluído após uma intervenção especial de d. Aquino.

Tendo fechado a porta para qualquer tipo de ambição política pessoal, Rondon acabou permanecendo um eterno pedinte. Quando desembarcou no Rio em abril de 1915 pela primeira vez em dezoito meses, por exemplo, imediatamente tentou cobrar o Ministério das Relações Exteriores pelo dinheiro que fora obrigado a pegar emprestado a fim de pagar os custos extras da expedição com Roosevelt. Isso não se mostraria tarefa das mais fáceis: os arquivos do Itamaraty pelo restante da década estão cheios de cartas e telegramas de Botelho de Magalhães, mais uma vez encarregado do escritório da Comissão Rondon na capital, pedindo, implorando, suplicando e bajulando pelo reembolso — e há as respostas do Itamaraty citando uma série de justificativas e empecilhos que impediam o governo de fazê-lo.

Antes de partir, em outubro de 1913, Rondon submetera um orçamento que previa o gasto de pouco mais de duzentos contos de réis (200:000$000), quase três quartos dessa quantia destinados a duas categorias: "Transporte e material de transporte no sertão" e "Custeio, medicamentos, barracas, equipamento".[11] Mas isso foi antes de ficar sabendo que os americanos viajavam com cinco toneladas de equipamentos e suprimentos, o que exigiu a compra de mais animais de carga e a contratação de mais muleteiros, elevando significativamente os custos de transporte. Rondon fora em frente e fizera as compras no crédito, confiante de que seria reembolsado. Mas ao chegar a Manaus, em 30 de abril de 1914, na pilha de telegramas que o aguardava ele encontrou esta mensagem do Itamaraty, "sobre a concessão de um crédito": "Sr. Coronel: Acusando o recebimento do ofício n. 5 do 6 de janeiro último em que V. S. pede mais a quantia de 58:545$000 para custear as despesas imprevistas da expedição que acompanhou o sr. Roosevelt, comunico-lhe, em resposta, que é absolutamente impossível atender seu pedido".[12]

Em outras palavras, Rondon ficou responsável por uma conta equivalente a mais de um quarto da quantia que o governo autorizara para a expedição. Além disso, quando solicitou que o dr. Cajazeira recebesse um bônus especial como reconhecimento por seu extraordinário empenho em salvar a vida de Roosevelt, também esse pedido foi negado, "devido [à] falta [de] verba".[13] O melhor que o governo estava disposto a oferecer a Cajazeira eram "seis meses [de] licença a fim [de] ir [à] Europa aperfeiçoar seus conhecimentos", viagem que teria de pagar do próprio bolso.

Na verdade, Rondon teve dificuldade de ser reembolsado até por despesas autorizadas no orçamento original. Em 14 de novembro de 1914, o Itamaraty informou a Botelho de Magalhães "que a simples declaração do interessado lançado nas folhas dos peões e dos canoeiros de haverem sido eles pagos não constituem elementos suficientes para a prestação de contas perante o Tribunal de Contas, que certamente não a aceitará como comprovante de despesa".[14] Ao que tudo indica, a burocracia do governo estava exigindo recibos assinados de analfabetos recrutados nos rincões mais afastados do Brasil, sendo que pelo menos dois deles estavam mortos.

Rondon enfrentou problemas ainda maiores para obter verba para os vários artigos técnicos especializados produzidos pela Expedição Científica Roosevelt-Rondon nos anos subsequentes ao encerramento bem-sucedido da missão. Para ele, ficara subentendido que o Ministério das Relações Exteriores apoiaria a publicação de quaisquer artigos científicos em áreas como botânica, geologia, ictiologia ou etnologia, e ele enviou um monte de contas de impressões para o Itamaraty pagar. Mas o governo pensava de outra forma: desde o início, estava mais interessado em vender o potencial do Brasil para investidores e colonos estrangeiros, e os artigos de Roosevelt para a revista *Scribner's*, bem como o livro que se seguiu, *Through the Brazilian Wilderness*, um best-seller internacional, cumpriram amplamente esse papel.

Nesse contexto, artigos científicos coalhados de estatísticas e nomes latinos de espécies recém-descobertas, dirigidos a um pequeno público especializado, eram de pouco ou nenhum interesse. Como resultado, as contas ficaram em aberto e as obrigações financeiras da Comissão foram se acumulando. "Superintendi os trabalhos de publicação dos relatórios da Expedição Roosevelt", escreveria Botelho de Magalhães, tomando o cuidado de ser diplomático. "A este propósito cumpre salientar que nem todos os nossos homens de governo compreenderam o alcance que representa a impressão dos mapas e os trabalhos de história natural!"[15]

E assim foi durante três longos anos. Depois que o ex-colega de classe de Rondon, Lauro Müller, renunciou ao cargo de ministro das Relações Exteriores, em maio de 1917 — entre outras coisas porque seu sobrenome teutônico se revelou um risco muito grande quando o país foi varrido por uma onda de sentimento antigermânico —, ficou ainda mais difícil para Rondon encontrar apoio no Itamaraty. Em 18 de fevereiro de 1918, por exemplo, Botelho de Magalhães recebeu uma mensagem informando-o que "em resposta ao seu Ofício n. 777, de 3 de outubro último, sinto informar a V. S. que os instrumentos que se achavam depositados neste Ministério foram requisitados pelo da Justiça e Negócios Interiores para uso da Comissão Demarcadora de Limites entre o Paraná e Santa Catarina".[16] Mais de um ano depois, em 5 de maio de 1919, a diretoria da Contabilidade e da Administração do Ministério das Relações Exteriores, respondendo a um telegrama em que Botelho de Magalhães "pede solução", enviou-lhe uma carta afirmando "que este Ministério está aguardando a abertura do Congresso Nacional para dirigir-lhe a mensagem pedindo a abertura desse crédito".[17]

Somente em 1919, após cinco anos de constante insistência, as últimas contas pendentes da expedição e da publicação dos artigos científicos foram saldadas — e isso exigiu a intervenção direta de Domício da Gama, então ministro das Relações Exteriores, que, vale lembrar, era o embaixador brasileiro em Washington quando o padre Zahm procurou o governo brasileiro para falar sobre a expedição de Roosevelt. Desse modo, Domício tinha uma dívida de gratidão por tudo que Rondon fizera para consolidar a favorável opinião de Roosevelt sobre o Brasil. E foi graças ao planejamento da expedição que ele, depois de haver lamentado não ter tido oportunidade de conversar com Roosevelt sobre "os nossos assuntos", conseguira o tão desejado acesso ao ex-presidente.

Durante o período entre 1915 e 1919, que coincidiu com a presidência de Venceslau Brás, a tarefa mais urgente de Rondon foi lidar com o futuro cada vez mais incerto da comissão que levava seu nome. Com a linha telegráfica agora instalada e funcionando até Porto Velho, no rio Madeira, a fase seguinte da construção, pelo menos como concebida na incumbência original da Comissão (quase uma década antes), deveria ser na direção norte, rumo ao coração do estado do Amazonas. Uma vez ali, a linha se dividiria, um ramal seguindo na direção nordeste até Manaus, o eixo econômico e porto no encontro do rio Solimões com o rio Negro, e outro indo para noroeste, rumo a Tabatinga, um posto militar avançado, pequeno mas vital, na fronteira brasileira com a Colômbia e o Peru.

Porém, a função primordial do que ainda era oficialmente conhecido como a Comissão de Linhas Telegráficas Estratégicas de Mato Grosso ao Amazonas diminuía como resultado dos recentes avanços na tecnologia. Na Europa e na América do Norte, o telégrafo sem fios, baseado nas descobertas de Guglielmo Marconi e Heinrich Hertz em radiotelegrafia, já começava a substituir o telégrafo convencional. No Brasil, um cientista e padre chamado Roberto Landell de Moura vinha conduzindo experimentos similares em São Paulo e Campinas desde 1892, tendo obtido patentes nos Estados Unidos tanto para um telefone quanto para um telégrafo sem fio em 1904.[18] No começo, esses telégrafos eram dispositivos primitivos que transmitiam apenas pontos e traços, não a voz humana. Mas a irrupção da Primeira Guerra Mundial imediatamente estimulou novas descobertas com fins militares e, não muito depois que a linha de Rondon para o rio Madeira foi formalmente inaugurada, até a voz humana começou a ser transmitida por curtas distâncias.

O futuro era claro: o telégrafo convencional por terra estava obsoleto e a radiotelegrafia dominaria a tecnologia de comunicações no planeta a partir dali. Na verdade, a tecnologia era particularmente atrativa para um país como o Brasil, com suas dimensões continentais, território acidentado e graves limitações orçamentárias. Continuar a construir uma linha telegráfica através da Amazônia, com todo gasto de dinheiro e perda de vidas que isso implicava teria sido uma tolice e um desperdício. E era um fato inegável que Venceslau Brás e seu gabinete, incluindo os ministros militares, já vinham se queixando do custo elevado de manutenção das linhas que Rondon acabara de construir.

Como observador astuto e entusiasta de novas tecnologias, Rondon sabia que o radiotelégrafo era literalmente a onda do futuro e que as linhas por terra para as quais devotara 25 anos de sua carreira estavam condenadas. Era impossível para ele vencer uma batalha nesse campo. Mas ele lutou para salvar a Comissão de ser extinta e assegurar que continuasse recebendo verbas do governo. Fez isso por motivos não tão ligados à linha telegráfica propriamente dita, mas a outras responsabilidades da Comissão; com isso, conseguiu garantir a continuidade do trabalho por mais quinze anos.

Em sua diretiva original, aprovada pelo Congresso em 1907, a Comissão ficara incumbida não só de construir uma linha telegráfica de Cuiabá ao rio Madeira, como também de mapear o território em processo de desbravamento. Foi o que levou Rondon e Roosevelt ao rio da Dúvida e o que levou outras equipes a descobrir e explorar a nascente de rios importantes como o Xingu, o Tapajós e o Araguaia. A Comissão também fora concebida como uma missão científica, e as expedições de Rondon sempre incluíam especialistas em botânica, geologia, zoologia, astronomia e etnologia, que haviam descoberto espécimes e produzido relatórios que, além de suas aplicações práticas, também elevavam a dimensão do Brasil na comunidade científica mundial. O que seria desse trabalho se a Comissão fosse dissolvida?

Fora isso, Rondon tinha uma visão estratégica de longo prazo para a região que estava explorando. Ele concebeu as estações telegráficas como núcleos que evoluiriam primeiro para colônias, ou povoamentos agrícolas, e depois em vilas e cidades plenamente desenvolvidas, ligadas não só pela linha telegráfica como também pela área desmatada de quarenta metros em torno dos postes, que ofereciam um caminho através da selva para animais de carga e até veículos motorizados. O cultivo da terra começaria nos postos e depois se irradiaria a partir deles, à medida que as plantações e criações de animais prosperassem. Mas, para conquistar essas metas, as estações telegráficas teriam de permanecer abertas e os serviços vitais que elas ofereciam — ensino fundamental, clínicas de saúde, pequenos armazéns gerais — precisavam ser mantidos e fortalecidos.

Rondon temia também que o fim da Comissão pusesse em perigo o trabalho do Serviço de Proteção aos Índios, ao qual ele se referia como "o filho dileto da Comissão".[19] Muitos de seus auxiliares mais confiáveis — Botelho de Magalhães, Manuel Rabelo, Júlio Caetano Horta Barbosa, para mencionar só alguns — alternavam entre os dois órgãos e até certo ponto havia uma mistura de verbas e atribuições entre eles, que compartilhavam ainda o escritório no Rio. Além do mais, parte da justificativa original para o trabalho de pacificação de tribos hostis era que isso facilitaria a construção da linha para Porto Velho. No entender de Rondon, qualquer golpe que a Comissão sofresse inevitavelmente seria sentido pelo Serviço de Proteção aos Índios.

Nas batalhas burocráticas que se seguiram, Rondon, o articulador político, se revelou um estrategista tão perspicaz quanto o Rondon sertanista. O cenário agora podiam ser as salas de reunião no Congresso, os cafés da avenida Central, no centro do Rio, ou as festas nas elegantes mansões em Botafogo e Santa Teresa, mas ele também sabia como superar os adversários e fazer alianças nesse mundo. Ele contatou governadores dos estados que sairiam prejudicados com a retirada do apoio federal da Comissão, e estes por sua vez pressionaram seus deputados federais; reuniu-se com os líderes de renomadas sociedades científicas e geográficas, bem como com seus muitos amigos no Museu Nacional, e fez com que mandassem cartas e concedessem entrevistas à imprensa apoiando o valioso trabalho técnico e científico empreendido.

O próprio Rondon também atuou assiduamente junto aos jornais na capital, enfatizando os benefícios práticos do trabalho realizado pela Comissão: jazidas de ouro e diamantes nas nascentes dos rios Cabixi e Corumbiara; significativas reservas de minério de ferro na nascente do rio São Lourenço e nos vales do Garças e Pimenta

Bueno; gipsita para uso em cimento e fertilizantes na nascente do Cautário; manganês no vale do rio Sacre, na serra Pires de Campo e ao longo do rio Manuel Correia. A lista de riquezas naturais que a Comissão e seus cientistas haviam descoberto durante seus anos na selva prosseguia indefinidamente e atiçou a cobiça da sociedade urbana, que continuava com a imagem do Brasil como um Eldorado.

Ao longo de todo esse período, Rondon estava em essência lutando uma guerra em duas frentes, pois a situação financeira do Serviço de Proteção aos Índios era cada vez mais precária. Durante seus primeiros três anos de existência, o SPI recebeu verba suficiente, quando não generosa, de modo que em 1913 a parcela de seu orçamento dedicada a "auxílios aos índios" era quase o dobro da de 1910. Mas quando Venceslau Brás assumiu a presidência, no fim de 1914, o orçamento sofreu cortes abruptos: em 1915, a verba operacional do SPI era inferior a 14% do que fora apenas dois anos antes. Isso aumentaria ligeiramente ao longo dos três anos seguintes, mas os subsídios continuaram extremamente exíguos durante o restante do governo de Venceslau.[20]

Desse modo, apertando o cinto tanto do Serviço de Proteção aos Índios quanto da Comissão da Linha Telegráfica, Rondon fez todo o possível para tornar a linha e seus postos autossuficientes, na esperança de reduzir os encargos sobre seu cada vez mais limitado orçamento. Em seu cuidado por fazê-lo, nenhum detalhe era pequeno demais. Sempre que possível, por exemplo, ele selecionava membros de grupos indígenas locais que haviam se destacado nas escolas ligadas aos postos indígenas e às estações telegráficas, submetia-os a treinamento em código Morse e punha-os para trabalhar como operadores de telégrafo, com salários mantidos pelas tarifas de transmissão.

Em suas longas viagens de barco da capital ao Amazonas, Rondon às vezes parava em Salvador, Recife, Fortaleza, São Luís ou Belém e visitava jardins botânicos e horticultores locais. Nessas cidades adquiria sementes, brotos e mudas de árvores frutíferas, verduras e plantas medicinais, e realizava o transporte pelos rios Amazonas e Madeira até o escritório da Comissão, em Porto Velho. Dali o material orgânico era enviado a postos ao longo da linha telegráfica e plantado em hortas, pomares e campos. O cultivo e a produção eram cuidadosamente monitorados. Os chefes dos postos mantinham registros detalhados de tudo e os botânicos da Comissão, após visitarem as plantações, mandavam relatórios para Rondon sobre quais safras traziam os resultados mais promissores. Estas seriam cultivadas em viveiros e divididas com os postos ao longo de toda a linha telegráfica.

Em alguns casos, Rondon estava à procura de variedades de árvores e plantas silvestres que conhecera em suas caminhadas pela mata durante as expedições. Por exemplo, quando explorava as regiões mais a noroeste de Mato Grosso, no atual estado de Rondônia, ele e seus homens toparam com cacaueiros silvestres na floresta tropical; depois de comprar uma qualidade dessa árvore na Bahia, ele mandou que fossem plantadas nos postos. Da mesma forma, ele e os cientistas da Comissão concluíram que o café, na época cultivado quase exclusivamente em regiões de maior altitude nos estados de São Paulo e Minas Gerais, podia prosperar se plantado no planalto mato-grossense. Seu tino se revelou correto em ambos os casos: um século depois, o estado de Rondônia, embora relativamente pequeno, se tornou o terceiro maior produtor de cacau do Brasil e o quinto maior de café. Isso é resultado direto da visão de Rondon e de sua prolífica atividade na Amazônia, assim como o surgimento de centros produtivos de modelo semelhante no Mato Grosso, Amazonas e Pará. Rondon não só enxergou potencial econômico em regiões consideradas selvagens e menosprezadas, como também deu os primeiros passos para desenvolvê-las.

Mas, de todas as jogadas a que Rondon recorreu para obter o dinheiro que garantisse ao Serviço de Proteção aos Índios a continuidade de sua missão, nenhuma foi mais extraordinária do que sua decisão de enviar o major Luiz Thomaz Reis aos Estados Unidos. Fotógrafo e cinematógrafo oficial da Comissão Rondon, ele partiu no início de 1918 para tentar vender os direitos de exibição comercial das filmagens feitas durante as várias expedições. O major Reis não conhecia ninguém na indústria do cinema americano, assim como Rondon, mas eles planejavam pedir a Theodore Roosevelt para interceder em nome deles e fazer as apresentações necessárias.

De início, tudo deu errado. O major chegou a Nova York no meio de uma violenta nevasca de fim de inverno. Levava com ele diversos rolos de filme editado para mostrar aos estúdios de cinema, mas assim que desembarcou a alfândega americana os reteve como artigos comerciais não declarados e ele teve de contratar um despachante alfandegário e pagar 506 dólares em taxas e comissão para recuperar os rolos — o equivalente a 9 mil dólares hoje. Depois, quando tentou contatar Roosevelt, descobriu que o ex-presidente estava hospitalizado, sem receber visitas nem correspondências. Quando Roosevelt finalmente recebeu alta, houve outro atraso: seu filho Archie se ferira em um combate na França e tanto Roosevelt quanto a esposa concentraram as energias em sua recuperação.

De todo modo, quando Roosevelt finalmente respondeu à carta do major Reis, no dia 22 de março, o tom era cordial. "Caro sr. Reis", escreveu. "Assim que voltar do Maine no dia 1º de abril, tomarei as providências para ter a satisfação de encontrá-lo. Tenho grande desejo de saber notícias suas e há uma coisa sobre o coronel Rondon que quero lhe contar." No dia 6 de abril, os dois se encontraram no Harvard Club, em Nova York. Assim que se acomodaram nas confortáveis poltronas, Roosevelt "não me deu chance de falar", escreveu Reis, mas "começou por dizer que era um imenso prazer me ver ali e que ele ficaria particularmente grato de saber notícias do coronel Rondon".[21]

Então Reis, falando francês, deixou Roosevelt a par da situação na Amazônia e dos novos desafios enfrentados por Rondon. Com o Brasil apoiando os Estados Unidos e entrando na Primeira Guerra Mundial pelo lado das potências aliadas, o governo decidira "justamente empregar todos os recursos que pudesse dispor para a eficácia desta cooperação, ficando assim reduzidos os recursos de que o trabalho de pacificação, tal qual fora projetado pelo coronel Rondon, necessitava para o seu êxito. A fim de não parar o avanço de certos trabalhos, o governo mantinha um certo quantitativo que dava para fazer face às despesas essenciais, havendo, porém, necessidade de ampliar um pouco esses recursos para a conservação de sucessos já obtidos".[22]

"E como Rondon tem passado?", perguntou Roosevelt, talvez querendo mudar um pouco de assunto. "Já é general?" Ao escutar a resposta negativa de Reis, ele respondeu animadamente: "Ah, bom, não vai demorar muito". O major trazia ainda um envelope lacrado que Rondon pedira para entregar ao ex-presidente. Este leu a carta com atenção, "ocasionalmente balançando a cabeça". Não sabemos qual é o conteúdo da missiva, pois pelo visto não terminou entre os papéis de Roosevelt, mas ela presumivelmente mencionava a questão da comercialização dos filmes, pois a conversa em seguida tomou essa direção, com Roosevelt concordando em ajudar os brasileiros. "Monsieur Reis, fico feliz em ser útil no que puder para o coronel Rondon, e tentarei fazer todo o possível nesse sentido",[23] teria dito Roosevelt em um relatório que o cinegrafista enviou posteriormente a Rondon.

Com a aprovação de Rondon, Reis já editara os melhores momentos das filmagens das expedições da Comissão numa série de cinco curtas que ele chamou de "Wilderness" [Território selvagem]. O plano deles, explicou para Roosevelt, era reunir as principais companhias cinematográficas americanas, a imprensa e outros figurões para uma exibição nova-iorquina que despertaria o interesse do público no filme e abriria portas para negociar sua entrada nos cinemas. Reis já fizera um estudo detalhado da indústria cinematográfica norte-americana e queria convidar representantes não só das três principais companhias de cinejornais e da Educational Film Corporation,* mas também executivos dos estúdios mais importantes, muitos dos quais ainda não haviam se transferido para Hollywood. Se Roosevelt emprestasse sua influência ao projeto, explicou o major, a probabilidade de um resultado favorável aumentaria substancialmente.

Roosevelt achou a ideia boa. "Partilho de sua opinião nesse assunto de tamanho interesse para meu amigo, o coronel Rondon, e tomarei medidas imediatas para fazer o que está me pedindo."[24] Ele propôs que a prestigiosa Sociedade Geográfica Americana (AGS) fosse convidada a patrocinar a exibição e prometeu a Reis que dois funcionários da AGS seriam destacados para ajudá-lo a organizar o evento. O ex-presidente foi fiel à palavra: em uma semana, major Reis foi chamado na sede da sociedade em Manhattan

---

* Fundada em 1916, a Educational Films Corporation of America foi uma importante distribuidora de documentários, narrativas de viagens e curtas-metragens. Foi à falência nos anos 1930, durante a Grande Depressão.

para uma reunião com seu diretor, o cientista Isaiah Bowman, que numa viagem de pesquisa à América do Sul ficara profundamente interessado nos povos indígenas do continente. Ali informaram-no que o Carnegie Hall fora reservado para a noite de 15 de maio e que a AGS pagaria o aluguel. Reis, por sua vez, ficaria responsável pela parte promocional, contratando uma orquestra e preparando intertítulos (os cartões explicativos ou de diálogos utilizados no cinema mudo) em inglês.

Roosevelt solucionou este último problema autorizando Reis a usar para os intertítulos excertos de *Through the Brazilian Wilderness* e também concordou em ser o anfitrião do evento. Ele subiu ao palco do Carnegie Hall às oito e meia da noite de 15 de maio, acompanhado de Bowman e Domício da Gama, em seu sétimo ano como embaixador brasileiro nos Estados Unidos. Antes do início da sessão, Roosevelt, postado entre as bandeiras brasileira e americana conforme os hinos dos dois países eram executados, fez alguns comentários iniciais em que repassou os principais aspectos da expedição e forneceu o contexto para o filme que a plateia — 2800 convidados, a maioria em trajes de gala — estava prestes a assistir.

Mais uma vez, como em 1914, Roosevelt cobriu de elogios o ausente Rondon, descrevendo-o como um "soldado extraordinário" e "companheiro intrépido": "A nossa expedição não foi levada a efeito por mim, digo-o com toda a franqueza, foi o coronel Rondon que a levou a bom termo, sem o que não nos seria possível a travessia. No nosso país, quando um homem se torna célebre por alguma qualidade superior ou algum ato de benemerência, dá-se-lhe um assento no Congresso Nacional. E que lugar poderíamos dar a um homem como o coronel Rondon?".[25] Uma solução, continuou, era agraciar Rondon com a Medalha Livingstone, da Sociedade Geográfica Americana, "por realização científica no campo da geografia", que também fora conferida a Roosevelt em 1917. Juntos, ele e Bowman entregaram a distinção a Domício da Gama, que a recebeu em nome de Rondon, para aplausos do público presente.

O major Reis via e ouvia tudo isso da cabine de projeção, onde suas principais preocupações eram, primeiro, que nenhum incidente técnico acontecesse e, segundo, que houvesse uma boa resposta dos estúdios, distribuidores e redes de salas de cinema. "Não houve nenhuma incorreção na projeção, tudo correndo perfeitamente bem",[26] ele informou a Rondon em seu relatório, mas foi apenas na manhã seguinte que ficou sabendo que o presidente da poderosa rede de salas Loews e os mandachuvas dos principais estúdios haviam de fato comparecido: Metro, Paramount, Fox, National, Interocean, Goldwyn e World. Vários deles se interessaram em adquirir os direitos do filme, e Reis começou imediatamente a negociar com Richard Rowland e Louis B. Mayer, da Metro Pictures Corporation.

Rowland e Mayer, que em breve mudariam sua companhia para Los Angeles, onde viria a se transformar na MGM, rapidamente fizeram uma oferta sólida e atrativa aos olhos de Reis: a Metro e a Comissão Rondon dividiriam os ganhos pela exibição de "Wilderness" nos cinemas norte-americanos, com a Comissão recebendo 5 mil dólares de adiantamento. A última palavra cabia a Rondon, é claro. Assim, em 26 de maio, Reis enviou um telegrama pedindo sua aprovação, que foi prontamente concedida. Uma fonte de financiamento nova e potencialmente lucrativa para o Serviço de Proteção aos Índios parecia ter se materializado — reduzindo a necessidade de Rondon de precisar percorrer os corredores do Congresso com o chapéu na mão em busca de apoio. Tanto Rondon quanto Reis ficaram em júbilo.

Mas quase imediatamente um problema importante apareceu. "Wilderness" tinha de ser submetido à censura nova-iorquina e aprovado antes de ser exibido ao público. Embora vissem grande valor educacional no filme e concordassem que era adequado para exibição num contexto acadêmico, os censores faziam "restrições, no entanto, para o público, pedindo para serem cortadas as peças onde apareciam em plano muito próximo da lente os índios em nudez completa", Reis informou a Rondon. "Os americanos em geral sendo muito particulares sob o ponto de vista de cenas de nu mesmo daquele gênero nos cinemas."[27]

Isso azedou o acordo com a Metro: se os censores de Nova York, a cidade mais liberal do país, estavam tendo dificuldades em aceitar a inocente e edênica nudez dos Nambikwára, Paresí e Coroados, o que seria de "Wilderness" quando fosse avaliado pelas comissões de censura de estados mais conservadores como Michigan, Ohio, Illinois e Virginia, entre tantos outros? A Metro, não querendo correr o risco de perder seu investimento (na pior das hipóteses) ou de ver-se arrastada para intermináveis batalhas legais (na melhor das hipóteses), recuou imediatamente, e "assim fiquei novamente no terreno da procura de pretendentes", lamentou-se Reis.[28] No entanto, os demais estúdios importantes partilhavam da mesma preocupação que a Metro e as únicas outras propostas vieram de empresas pouco confiáveis com uma pilha de problemas na justiça e até ações por calote em parceiros.

No fim, o melhor que o major Reis conseguiu obter foi um acordo para uma semana de exibição no Strand Theater, em Manhattan, em junho de 1918, que para sua felicidade praticamente lotou em todas as sessões. Mas a versão do filme apresentada foi cortada por insistência do exibidor, incluindo "os trechos onde os índios nus estavam em primeiro plano, o que poderia causar alguma reclamação do público".[29] Com isso, desanimado, entregou os pontos: voltou para o Rio de Janeiro no início de agosto, após gastar quase 2500 dólares e conseguir, com uma semana de exibição na terra do Tio Sam, míseros 325 dólares de lucro.

O audacioso plano de Rondon para fortalecer as finanças do Serviço de Proteção aos Índios com a receita do filme fracassou, vítima do moralismo americano. Mas Rondon extraiu lições importantes da experiência, que lhe seriam de grande utilidade em anos vindouros. Antes de mais nada, o sucesso do evento no Carnegie Hall reforçou a convicção, nele instilada pela primeira vez durante suas conferências de 1915 no Rio, que o cinema era um meio de comunicação poderoso que ele poderia aproveitar para angariar o apoio popular para seus objetivos. Ele pensara originalmente no filme como uma ferramenta etnográfica, de interesse sobretudo para estudiosos da área, mas percebeu pouco a pouco que os filmes também ofereciam um modo de formar um público que visse os povos indígenas sob uma luz favorável. Além do mais, ele percebia agora a importância de ter completo controle, tanto artístico quanto financeiro, do produto. Assim, ao voltar às filmagens na década de 1920, tomou o cuidado de tratar diretamente com as salas de projeção e os distribuidores no Brasil, cortando o intermediário — os estúdios de cinema internacionais que, a essa altura, já tinham conseguido certa hegemonia no país.

No início de 1919, alguns meses depois de Reis regressar de Nova York, Rondon embarcou em uma nova expedição de levantamento topográfico, dessa vez para mapear o rio Cautário, um afluente do Guaporé, no extremo noroeste do Mato Grosso. Essa se revelaria a última exploração realizada por Rondon sob os auspícios da Comissão de Linhas Telegráficas Estratégicas do Mato Grosso ao Amazonas, embora ele não soubesse disso na época. Mas mesmo em retrospecto, décadas mais tarde, o significado mais profundo dessa viagem para Rondon estaria em outro lugar. Com o fim da Primeira Guerra Mundial, Chiquita e os sete filhos estavam finalmente de volta ao Brasil. Benjamin concluíra seu curso de engenharia na França, obtivera o diploma e, aos 24 anos, considerou seu pai, estava pronto para os rigores de uma prolongada incursão pela selva, assim como Kermit Roosevelt acompanhara Theodore, cinco anos antes. Com Thomaz Reis ocupado na sede da Comissão no Rio, havia vagas na equipe de expedição para um fotógrafo e um cinegrafista, e Benjamin, ansioso em passar algum tempo com o pai após a longa separação, inscreveu-se como fotógrafo voluntário.

Ao que parece, Rondon não poupou o filho, nascido em Cuiabá e criado ali nos primeiros anos, das dificuldades tão costumeiras nas expedições da Comissão. Mais uma vez, ele e seus homens embrenharam-se por um território ainda não mapeado e extraíam do lugar o suficiente para sobreviver — ou, em suas palavras, "tirando da floresta e do rio os recursos necessários para obtermos o que nos faltasse pela deficiência de transportes".[30] A infestação de insetos era tão agressiva e onipresente que Rondon podia acompanhar as fases do dia observando que tipo de criaturas eram mais predominantes: à luz ofuscante do dia, as minúsculas abelhas sem ferrão eram o maior incômodo, entrando "pelos ouvidos, pelas narinas, pela boca, a se emaranharem no cabelo".[31] Ao crepúsculo chegava a hora dos borrachudos, insetos hematófagos que tendiam a enxamear em torno das áreas expostas de pele macia, como nuca, orelhas ou tornozelos. A chegada da escuridão não trazia nenhum alívio, pois era nesse momento que surgiam as nuvens de pernilongos, alguns dos quais penetrando sob os mosquiteiros. E formigas e aranhas eram um problema durante as 24 horas do dia.

Havia também desafios novos e ameaçadores: perto da atual Ariquemes, todos os membros da expedição foram vitimados pela pandemia de gripe espanhola que varreu o planeta no fim da Primeira Guerra Mundial, levando a vida de quase 100 milhões no mundo todo. Os Arikeme e outros povos indígenas na região foram seriamente atingidos, mas de algum modo todos os membros da expedição, ainda que "enfraquecidos pelas privações que vínhamos sofrendo",[32] sobreviveram. Em meados de junho, os exploradores chegaram ao vilarejo auspiciosamente batizado de Porto Renascença, um poeirento posto avançado a cerca de quatrocentos quilômetros de Porto Velho.

Se a expedição ao rio Cautário fora concebida para ser uma espécie de teste, Benjamin parece ter passado, e com distinção. Depois dela, até a última expedição de Rondon, em 1930, ele acompanharia o pai nas missões oficiais, geralmente quando Reis não podia participar, mas às vezes junto com ele. Entretanto, haveria um longo intervalo até a expedição seguinte envolvendo pai e filho, pois, como resultado de um telegrama recebido em Porto Renascença, a carreira de Rondon estava prestes a dar uma guinada radical.

19. Pau para toda obra

Em 13 de junho de 1919, aos 54 anos, Cândido Rondon foi promovido ao posto de general de brigada — como Theodore Roosevelt previra um ano antes. Editorialistas, deputados e outros setores atuantes da opinião pública brasileira pediam que a honra fosse conferida ao Domador dos Sertões desde que Rondon e Roosevelt saíram vivos da selva amazônica, cinco anos antes. No entanto, o ministro da Guerra, que com o presidente tinha a palavra final sobre tais questões, mostrara-se nada ansioso para agir. Por outro lado, antigos colegas de Rondon menos conhecidos já haviam atingido esse status; seu amigo Tasso Fragoso, por exemplo, embora quatro anos mais novo, fora promovido a general em 1918. Até o próprio Roosevelt tinha estranhado que em 1914, poucos meses depois da conclusão da expedição, "o governo do Brasil promoveu a general Lauro Müller, ministro do Exterior, e não promoveu ainda o coronel Rondon?!".[1]

O Exército brasileiro saíra da Primeira Guerra Mundial profundamente dividido. Rondon, muito a contragosto, tornara-se um símbolo dessas cisões e, em certo sentido, uma vítima delas. Alguns desentendimentos eram ideológicos, outros envolviam atritos sobre a doutrina militar, outros ainda refletiam rivalidades pessoais de longa data. Talvez a melhor explicação para o que estava acontecendo — e para o papel de Rondon nisso — tenha sido dada pelo major Manuel Liberato Bittencourt, escritor e futuro general que, em 1919, lecionava na academia militar. Em seu ensaio intitulado "Sobre a promoção do general Rondon", publicado em meados desse ano, ele escreveu: "Há no seio do Exército duas correntes francamente opostas. [...] Os partidários do primeiro grupo [...] acham o pacificador dos aborígenes nacionais um lidador de peso e conta, prestando ao país em organização serviços de grande valia e mérito; os formadores do grupo adverso [...] veem no grande brasileiro um servidor comum, cujos esforços seriam perfeitamente recompensados com algumas dezenas de mil-réis a mais. Uns o querem general de brigada ou de divisão, respeitado e querido por seus méritos e trabalhos, comandando grandes unidades, em posição militar de verdadeiro destaque e brilho. Outros, mais exigentes ou menos refletidos, o desejam afastado do Exército, ignorado e esquecido às fileiras."[2]

O problema fundamental, no entender de Liberato Bittencourt, era que "para o soldado, o maior serviço é o de guerra". As realizações de Rondon como explorador, cartógrafo e pacificador — verdadeiramente não violento — de tribos hostis "não se liga diretamente ao Exército em guerreira atividade", reconhecia ele, pois o Brasil vivia em paz desde 1870. Em consequência, "a fé de ofício dos oficiais tem que ser forçosamente julgada pelos trabalhos feitos nessa época", e quem mais, além de Rondon, se sobressaiu criando a infraestrutura física necessária para o combate, caso ocorresse? Afinal, ele tinha construído não apenas a linha telegráfica e os postos, como também toda uma rede de estradas e pontes, fortes e bases, cais e portos. "Ele há feito, ele só, o maior de todos os serviços científicos e sociais de que se tem notícia presentemente." Nesse contexto mais amplo, argumentava Liberato Bittencourt, a promoção de Rondon a general, "que já tardava", foi a "recompensa mínima a esforços máximos".[3]

Com a patente, vieram novas responsabilidades, algumas das quais o lançaram diretamente no mar revolto da política militar. Ao longo dos cinco anos seguintes, ele serviria na Comissão de Promoções de Oficiais do Exército e também seria chamado para presidir diversos conselhos de justiça; ambas incumbências seriam cercadas de controvérsia, conforme as rupturas dentro do Exército se agravavam, sobretudo depois que o tenentismo eclodiu, em julho de 1922. Além do mais, tanto Rondon quanto o novo presidente, Epitácio Pessoa, partilhavam de raízes comuns: eram nascidos em maio de 1865, no interior de províncias distantes do centro do poder, e Epitácio não demorou a confiar no parecer de Rondon sobre uma variedade de assuntos, tanto civis quanto militares. Com isso, Rondon se veria forçado repetidas vezes a atuar como uma espécie de pau para toda obra do governo de Pessoa. De forma geral, essas novas responsabilidades o afastaram do que mais amava — percorrer o sertão, observando a natureza e inalando o ar fragrante da selva após uma chuva torrencial — e o confinaram à burocracia do escritório, onde suas habilidades diplomáticas e políticas eram exigidas ao máximo.

A promoção a general não impediu que os ataques à figura de Rondon e a suas políticas continuassem. Na verdade, até aumentaram. Em outubro de 1919, por exemplo, o escritor Lima Barreto, afilhado do visconde de Ouro Preto e, portanto, antigo desafeto de Rondon, escreveu uma crônica "satírica" para uma revista popular da época zombando de Rondon e o "caboclismo" que ele supostamente encarnava. "No Brasil, atualmente, há uns caboclistas muito engraçados", começava Lima Barreto. "Um deles é o sr. Rondon, hoje general, que tem um ar feroz de quem vai vencer a Batalha de

Austerlitz. O general Rondon nunca venceu batalhas, e não as vencerá, porque o seu talento é telegráfico. Não há general como ele para estender linhas de telégrafo; mas não há também general como ele para catequizar caboclos." Outros trechos foram ainda mais duros: "Toda a gente admira Rondon porque sabe andar léguas a pé; contudo, acho eu que essa virtude não é das mais humanas. O que o general Rondon tem de mais admirável é a sua fisionomia de crueldade. Vê-se nele a sua vocação de ditador e ditador mexicano. Tudo o está levando para isso, inclusive as suas descobertas já descobertas e a sua determinação de coordenadas de certos lugarejos pelo telégrafo."[4]

A principal ocupação de Rondon nesse período era a de diretor de Engenharia do Exército, ofício assumido em setembro de 1919. Ele aceitou o cargo sob uma condição: que lhe fosse permitido continuar como diretor da Comissão do Telégrafo e que pudesse supervisionar o Serviço de Proteção aos Índios, que agora ficaria nominalmente sob o comando de um subalterno. Epitácio Pessoa, a essa altura governando havia menos de dois meses, concordou com o arranjo pouco ortodoxo porque tinha planos ambiciosos de melhorar a infraestrutura do país e queria muito o envolvimento do general. Mas Rondon pagou um preço alto por isso: ao longo dos mais de cinco anos seguintes, até se demitir do cargo de chefe de engenharia, em janeiro de 1925, ficou extremamente sobrecarregado com o trabalho e as responsabilidades.

Em sua nova atribuição, ele precisava trabalhar junto ao recém-empossado ministro da Guerra, João Pandiá Calógeras. Isso se revelou uma tarefa extremamente delicada, não devido a alguma falha de caráter do ministro, mas simplesmente por causa da política e das suscetibilidades militares. Descendente de imigrantes gregos e franceses, Pandiá Calógeras era erudito e talentoso, com anos de experiência no governo, mas não era um militar. Sua indicação, portanto, deixou alguns oficiais enfurecidos. Sob Pedro II, membros da corte serviram como ministros da Guerra, mas nos últimos trinta anos desde a fundação da República, nenhum outro civil ocupara a função — e nenhum civil voltaria ao controle das Forças Armadas até Fernando Henrique Cardoso criar o Ministério da Defesa, em 1999, com Exército, Marinha e Aeronáutica subordinados a uma mesma pasta. Assim, Pandiá Calógeras enfrentou grandes desafios, como percebeu Rondon: "O comandante da 1ª Região Militar [em outras palavras, a capital] não escondeu sua reprovação", escreveu ele, enquanto "generais e oficiais superiores [...] não viam com bons olhos a inovação" que em seu entender "restabelecia os costumes políticos da Monarquia".[5]

Nascido no Rio de Janeiro em 1870, Pandiá Calógeras era engenheiro de formação, assim como Rondon, e quando jovem realizara pesquisas de campo como geólogo, mapeando territórios inexplorados e catalogando suas possíveis riquezas minerais, outra área profissional compartilhada com Rondon. Depois entrou para a política, atuando por mais de doze anos como deputado federal eleito por uma região mineradora de

Minas Gerais, e para a diplomacia, como representante brasileiro em vários congressos pan-americanos e membro da delegação para as negociações do pós-guerra que produziram o Tratado de Versalhes. Ele e Rondon se conheceram em 1914, quando Pandiá Calógeras foi nomeado ministro da Agricultura, Indústria e Comércio e supervisionou o Serviço de Proteção aos Índios. Um ano mais tarde, foi chamado para ser ministro da Fazenda, o que lhe rendeu considerável poder sobre o orçamento tanto do SPI quanto da Comissão de Linhas Telegráficas.

Os dois, portanto, ficaram íntimos, e embora tenha havido alguns atritos num primeiro momento, a maioria relacionada a verbas, Pandiá Calógeras fez questão de que Rondon ficasse encarregado da Diretoria de Engenharia; depois, em outra prova de confiança, nomeou-o oficial de ligação com a missão militar francesa que veio ao Brasil em 1920. Rondon, por sua vez, formou uma opinião elevada de Pandiá Calógeras, que via como "um operoso na extensão da palavra" e possuidor de "uma privilegiada inteligência".[6]

Tendo voltado de Versalhes ciente do modo como o poder militar se traduzia em influência política, Pandiá Calógeras acreditava que sua principal responsabilidade era, simplesmente, transformar as Forças Armadas brasileiras, tornando-as capazes de combater uma guerra moderna, ao estilo do século XX: por terra, mar e ar. "Ninguém respeita os fracos ou lhes procura a aliança", escreveu.[7] Grande parte desse processo envolvia um amplo leque de mudanças na doutrina, no treinamento e na organização militares. Exigia também a construção de novos quartéis, fortes, arsenais e hospitais, bem como o fortalecimento da artilharia costeira e fronteiriça e a criação de uma base para uma indústria nacional de defesa capaz de fabricar armas, munições e outros equipamentos, e foi nessas áreas essenciais que Pandiá Calógeras veio a confiar, sobretudo, em Rondon.

De fato, durante o período em que trabalharam juntos (pouco menos de três anos), Pandiá Calógeras e Rondon realizaram o maior programa de construção da história do governo brasileiro até então, a maior parte em áreas afastadas da capital. Ao todo, 103 projetos foram tocados, a um custo total de 23 milhões de dólares, o equivalente em moeda atual a 336 milhões de dólares. Sessenta e um deles eram quartéis totalmente novos, incluindo cinco quartéis-generais regionais, e 45 quartéis já existentes foram reformados ou expandidos. Além disso, cinco hospitais militares foram implementados, junto com várias enfermarias, a maioria em lugares onde não havia assistência médica de nenhum tipo. Finalmente, o primeiro aeródromo com esse propósito específico, cinco armazéns e instalações de treinamento também foram construídos. E, ainda que as obras do forte de Copacabana tivessem se iniciado em 1908, o lugar foi inaugurado e expandido durante o exercício de Rondon, e seu nome figura na placa comemorativa, visível ainda hoje aos visitantes.

Foi crucial que a maior parte das obras se concentrasse em dois importantes estados onde a presença do Exército sempre fora fraca: São Paulo e Minas Gerais. No alvorecer da República, cada um contava com uma única unidade militar estacionada em seu território, um batalhão de infantaria em Minas e um regimento de cavalaria em São Paulo. Mesmo em 1910, havia menos de cem soldados estacionados no polo fabril em rápido desenvolvimento de Belo Horizonte, com contingente similar na cidade de São Paulo. Do ponto de vista de um governo federal preocupado com a descentralização do poder, isso simplesmente não era admissível: deixava vulneráveis e expostos os dois estados destinados a serem o carro-chefe da expansão industrial brasileira, o que representaria uma grande desvantagem na eventualidade de tumultos ou rebeliões.

O Mato Grosso também se beneficiou enormemente da campanha de modernização militar. Havia uma lógica estratégica óbvia para isso, considerando-se as fronteiras do estado com dois países vizinhos e seu papel central como campo de batalha durante a única guerra travada em solo brasileiro, mas Rondon estava sempre buscando maneiras de tornar seu estado mais próspero e integrado ao resto do Brasil. Por exemplo, para complementar as instalações existentes em Cuiabá, um novo e grande complexo compreendendo quartel, hospital e pista de pouso foi construído em Campo Grande. Com isso, um sistema moderno de água e esgoto foi implantado, algo que nunca existira na maior cidade do sul do Mato Grosso. Fortes de fronteira em Ponta Porã e Bela Vista também receberam melhorias, aquecendo a economia local. Após receber uma petição dos cidadãos de Ponta Porã, Rondon conseguiu convencer Pandiá Calógeras a autorizá-lo a construir uma rodovia e uma última linha telegráfica, ambas ligadas a Campo Grande, distante quinhentos quilômetros.

Inicialmente, porém, o enorme esforço de construção gerou atritos entre Rondon e o ministro. Rondon foi instruído a preparar um plano-mestre, que ele e sua equipe entregaram prontamente, mas Calógeras, aparentemente duvidando da capacidade dos engenheiros militares de conduzir um projeto tão vasto, entregou o grosso das obras a empresas privadas, mais notadamente a Companhia Construtora de Santos, de Roberto Simonsen. Isso, escreveu Rondon, "provocou descontentamento na Diretoria de Engenharia por parecer diminuição das suas atribuições".[8] Note-se o palavreado cuidadosamente diplomático e um tanto ambíguo utilizado por ele: atribui "descontentamento" à "diretoria" que ele próprio encabeçava, sem deixar claro se pessoalmente partilhava ou não dessas preocupações.

Esse novo sistema levou algumas pessoas a especularem, ainda que de forma obscura, que Simonsen estaria molhando mãos para garantir uma obra tão lucrativa. Mas os motivos de Pandiá Calógeras parecem ter sido exclusivamente práticos: ele queria os projetos terminados a tempo do centenário da Independência do Brasil, em 7 de setembro de 1922, e temia que, caso não estivessem finalizados nessa data, ficariam abandonados pelo novo governo prestes a assumir, em 15 de novembro desse mesmo ano. De fato, à medida que esse cronograma autoimposto se aproximava e ficava óbvio que Simonsen não seria capaz de entregar toda obra dentro do prazo, vários projetos foram passados para Rondon e seus engenheiros. Outro sinal de que Pandiá Calógeras estava concentrado na eficiência, não nas oportunidades de corrupção, é que, como escreveu Rondon, "para a execução das construções, inaugurou o governo o processo de empreitadas sob fiscalização da Diretoria de Engenharia"[9] — ou seja, o próprio Rondon, que era notoriamente rígido nessas questões.

Por ser alguém que iniciou a carreira militar de baixo, aboletado no quartel e suportando a falta dos confortos mais básicos, Rondon tinha particular empenho em melhorar as condições de vida dos soldados e se orgulhava muito do que ele e Pandiá Calógeras conseguiram. A primeira viagem de inspeção de Calógeras pelos quartéis do país em 1919 o deixara horrorizado: ele descreveu a caserna como "senzalas imundas" e, nas palavras de Rondon, concluiu, "muito acertadamente, que o Exército moderno, em cujas fileiras serviam obrigatoriamente todos os cidadãos da República, não mais poderia ter como quartéis os casarões medievais, mal mobilizados e anti-higiênicos". Em seu lugar, uma após outra, ergueram-se "casernas amplas, higiênicas, dotadas de todas as comodidades exigidas pela saúde e pelo conforto do soldado moderno".[10] De fato, esses assim chamados "quartéis Calógeras" eram tão fortes e confortáveis que muitos continuaram em uso até o fim do século XX.

Amplas melhorias como essas não geraram muita controvérsia e foram apoiadas de maneira uniforme por todos os setores das Forças Armadas. Mas o mesmo não pode ser dito das questões estratégicas e doutrinárias que haviam sido exacerbadas pela Primeira Guerra Mundial, nas quais Rondon também se envolveu. O Brasil assumiu inicialmente uma posição neutra quando a guerra estourou, em 28 de julho de 1914, mas essa postura foi ficando cada vez mais difícil de sustentar após maio de 1916, quando os submarinos alemães afundaram navios mercantes brasileiros a caminho de portos europeus. Em 11 de abril de 1917, o Brasil rompeu relações diplomáticas com a Alemanha: a causa imediata foi o afundamento, alguns dias antes, de um vapor brasileiro, o *Paraná*, que viajava em absoluta conformidade com a lei internacional relativa a embarcações neutras. No entanto, também vale observar que em 6 de abril os Estados Unidos, o aliado mais próximo do Brasil no hemisfério, declarara guerra contra os impérios centrais, ou Tríplice Aliança.

Com isso, o Brasil começou a se inclinar a um alinhamento às grandes potências. Quase imediatamente, Lauro Müller, amigo de Rondon desde os tempos que editavam juntos a *Revista da Família Academica* na Praia Vermelha, foi forçado a entregar o cargo de ministro das Relações Exteriores — em parte porque a onda de sentimento antigermânico que tomou o Brasil após o naufrágio do *Paraná* deixou todo mundo com sobrenome alemão numa posição vulnerável, mas principalmente porque ele era um dos maiores defensores dentro do governo da política de neutralidade. Ao longo dos seis meses seguintes, submarinos alemães atacaram navios com as cores brasileiras em outras três ocasiões e, em 26 de outubro de 1917, após um ataque no qual o capitão de um desses navios foi feito prisioneiro, o Brasil declarou oficialmente guerra à Alemanha.

Tomado pela febre da guerra, o Brasil desenvolveu um plano ambicioso de participar das hostilidades enviando tropas para o combate. O Exército foi autorizado a quadruplicar de tamanho, para 54 mil homens, e no início de 1918 o novo governo, que tomaria posse ainda nesse ano, encarregou Pandiá Calógeras — considerado um dos pensadores estratégicos mais astutos do país antes mesmo de ser nomeado ministro da Guerra — de redigir um relatório confidencial com recomendações específicas de mobilizações. O Plano Calógeras, que veio a público apenas anos mais tarde, requisitava que uma grande Força Expedicionária Brasileira fosse enviada para o combate na Europa, para lutar ao lado de unidades francesas e com os custos bancados por empréstimos americanos que seriam saldados após a guerra com reparações extraídas dos impérios centrais.

No fim, a guerra terminou antes que o Plano Calógeras pudesse ser implementado e apenas duas dezenas de oficiais chegaram a ser mandados à Europa, onde lutaram com distinção. O palco mais ativo do Brasil na guerra acabou sendo o mar, com uma frota de couraçados, cruzadores e destróieres patrulhando o Atlântico Sul sob o comando britânico. Mas mesmo esse envolvimento limitado bastou para revelar debilidades evidentes na estrutura e na eficácia das Forças Armadas brasileiras, e o Exército logo descobriu que a assimilação de 40 mil novos soldados exaurira quase todos os seus recursos.

A Marinha, enfraquecida por anos de rebeliões, viu-se confrontando problemas ainda mais fundamentais. O Tratado de Versalhes concedeu ao Brasil a posse permanente de parte das setenta embarcações alemãs que a Marinha capturara durante o conflito, mas a corporação não dispunha de homens para tripular a frota recém-adquirida. Ao mesmo tempo, isso deixou a Argentina e o Chile alarmados, vendo o Brasil como um rival pela supremacia no Atlântico Sul. Além do mais, a guerra salientara a dependência brasileira de munições e armamentos fabricados no estrangeiro, com as compras já pagas sendo arbitrariamente canceladas e confiscadas pelas potências em guerra e a consequente necessidade de se criar uma indústria bélica nacional.

Em 1919, portanto, o alto-comando militar do qual Rondon agora fazia parte se viu às voltas com uma série de questionamentos básicos sobre o futuro papel e identidade das Forças Armadas, a começar por: o que fazemos de agora em diante? A necessidade de modernizar, profissionalizar e reorganizar era óbvia, mas como? Que modelos deviam ser seguidos? Como isso estava relacionado à questão mais ampla do desenvolvimento nacional? Além disso, a guerra introduzira não só novas tecnologias de combate, como tanques e aeroplanos, mas também novas doutrinas militares, algumas delas conflitantes entre si. Escolhas difíceis teriam de ser feitas.

Duas facções principais, surgidas antes mesmo da Primeira Guerra Mundial, mas que se fortaleceram durante o conflito, dominaram esse debate do pós-guerra sobre a modernização, a profissionalização e a reorganização militares. A primeira se inspirava na Alemanha e esperava reestruturar o Exército segundo o modelo prussiano — como Argentina e Chile já estavam fazendo. Antes da Primeira Guerra Mundial, quase três dúzias de oficiais brasileiros foram enviados à Alemanha para servir por dois anos em regimentos locais e, quando voltaram, muito impressionados com o que viram, fundaram uma revista especializada chamada A Defeza Nacional, em outubro de 1913, a fim de difundir um programa de treze pontos que incluía serviço militar obrigatório e instrução militar nas escolas públicas. Também conseguiram fazer com que os regulamentos de armas de combate do Exército alemão fossem adotados pelo Exército brasileiro quase integralmente.

O outro grupo concordou que uma missão militar estrangeira era necessária para fazer recomendações sobre o processo de modernização, mas queria que esta viesse da França. Sua posição ficou consideravelmente fortalecida com a capitulação alemã a Paris e seus aliados, em novembro de 1918, e um acordo preliminar entre o Brasil e a França foi assinado menos de um ano depois, em setembro de 1919. Como positivista e francófilo, Rondon naturalmente era favorável à ideia de estudar e adaptar o modelo francês, e rapidamente passou a ser um dos principais porta-vozes dessa posição. Antes de mais nada, argumentou, os franceses eram igualmente latinos e desse modo tinham mais afinidades culturais com o Brasil do que os alemães jamais teriam.

Uma vez tomada a decisão de convidar uma missão francesa, Rondon foi prontamente nomeado o oficial de ligação entre o Estado-Maior geral do Exército brasileiro e os assessores estrangeiros recém-chegados. Foi uma atribuição que abraçou com gosto, mesmo ficando afastado de seus outros deveres, mas que lhe granjeou ainda mais ressentimento entre o grupo pró-alemão. Nesse momento, esses oficiais estavam sendo chamados de "jovens turcos", apelido que adotaram de bom grado porque fazia referência a Kemal Atatürk, líder militar turco, bem como aos oficiais idealistas e fortemente nacionalistas a ele associados — e que também receberam treinamento dos alemães e agora tentavam forjar um estado secular moderno sobre as ruínas do Império Otomano.

A facção pró-Alemanha queria instilar um espírito mais marcial não só nas Forças Armadas, mas também na nação como um todo. Os objetivos que Rondon perseguiu durante toda a sua carreira como militar e a bandeira da conciliação pacífica com os povos indígenas eram, para eles, uma pressão sobre o orçamento militar e um desvio do foco central do Exército: preparar-se para a guerra e entrar em combate. Assim, deixavam sua insatisfação clara em artigos e editoriais publicados em A Defeza Nacional. Alguns ministros da Guerra anteriores, mais particularmente o general José Caetano de Faria, que serviu de 1914 a 1918, simpatizava com o grupo pró-Alemanha, mas a posição pró-francesa defendida por Rondon e outros foi fortalecida com a indicação de Pandiá Calógeras. Assim, no que dizia respeito aos jovens turcos, a colaboração estreita entre Rondon e o novo ministro da Guerra, um civil, constituía mais uma mancha contra ele.

De sua parte, os membros recém-chegados da missão francesa receberam com entusiasmo a indicação de Rondon para oficial de ligação. O general Charles Mangin, herói da primeira e da segunda Batalha do Marne, foi inicialmente nomeado para chefiar os assessores franceses, mas logo foi sucedido pelo general Maurice Gamelin,* que forjou uma relação particularmente próxima com Rondon. Em 1921, Gamelin descreveu Rondon com admiração para uma revista francesa: uma "personalidade enérgica, fisionomia franca e simpática, ele combina inteligência flexível, tão comum entre os homens de sua raça, com uma vontade rude e tenaz". Com sua Comissão, acrescentou Gamelin, Rondon encarnava o "legado atávico dos célebres 'bandeirantes' do século XVIII".[11] A Comissão Rondon "é uma empreitada vasta, mas coordenada", explicou ele. "Sente-se a vontade de um líder, que soube se impor sobre seus colaboradores e lhes comunicar, mediante sua pujança no trabalho, sua fé no sucesso do empreendimento e sua confiança inabalável no futuro de sua terra natal".[12]

Rondon sempre socializou com a comunidade francófona no Brasil, mas entre os anos de 1917 e 1924 esse contato se tornou mais duradouro e íntimo. Além de seus laços com Maurice Gamelin, ele firmou grande amizade com o embaixador francês no Brasil, o poeta e dramaturgo Paul Claudel; com o secretário pessoal de Claudel, o jovem compositor Darius Milhaud, que ganhou acesso às gravações em campo de Roquette-Pinto; e com o *chargé d'affaires* da embaixada, o diplomata e escritor Henri Hoppenot. Claudel era católico fervoroso, mas isso não interferiu em sua relação com Rondon, a quem via como uma presença beatífica. "Rondon, essa alma forte que se adentra nos sertões, com a sublime missão de assistir aos selvagens, é a personalidade brasileira que mais me impressionou", Claudel declararia à imprensa brasileira quando se preparava para regressar a Paris em 1918. "Íntegro, puro, as mãos sem sangue, ele me dá a impressão de uma figura do Evangelho."[13]

---

* Maurice Gamelin (1872-1958) estudou na Academia Militar de Saint-Cyr e na Escola Superior de Guerra. Na Primeira Guerra Mundial serviu ao lado dos marechais Joffre e Foch, e foi um dos arquitetos do plano de guerra que resultou na vitória francesa na Batalha do Marne. Passou cinco anos no Brasil e também liderou missões na África e no Oriente Médio. Em 1931, foi nomeado chefe do Estado-Maior do Exército francês e em setembro de 1939, com a eclosão da Segunda Guerra Mundial, comandante em chefe. Sofreu uma derrota histórica em maio de 1940, e quando se recusou a renegar seus valores republicanos e colaborar com os nazistas, ficou prisioneiro deles até 1945.

A facilidade de Rondon com a língua e a cultura francesas também o levou a outra missão, na primavera de 1920, quando inesperadamente foi chamado para acompanhar o rei Alberto I da Bélgica numa visita oficial de quatro semanas que, além da parada inicial na capital, levou o monarca e sua família a Teresópolis, Petrópolis, Belo Horizonte, Ouro Preto, São Paulo, Ribeirão Preto e Santos.

Como no caso da expedição de Rondon e Roosevelt, o Brasil tinha motivos muito práticos para querer que a permanência do rei Alberto fosse um sucesso. Nunca um chefe de Estado em exercício visitara o Brasil, e o governo esperava que, se causasse uma boa impressão no soberano belga, outros reis, presidentes e primeiros-ministros ficariam encorajados a fazer a longa viagem transatlântica da Europa à América do Sul. Essa, achavam Epitácio Pessoa e o Itamaraty, era uma das melhores maneiras de estabelecer o Brasil como uma nação vibrante e próspera, com um papel importante no palco mundial e, assim, diferente das caóticas "republiquetas das bananas" que a cercavam.

Epitácio Pessoa fora o chefe da delegação brasileira na Conferência de Versalhes quando conheceu Albert, já célebre por sua resistência à invasão e à ocupação alemãs durante a Primeira Guerra Mundial, e uma amizade nasceu a partir daí. Mais especificamente, ele esperava que a visita do rei levasse a um maior investimento belga nas estradas de ferro brasileiras, bem como na indústria têxtil e nos portos e na mineração — com efeito, a Companhia Siderúrgica Belgo-Mineira foi criada no ano seguinte como resultado da visita. Esperava também que o encontro possibilitasse a compra de armamentos de fabricação belga e aumentasse sua própria popularidade e prestígio entre os brasileiros. Determinado a não deixar nada ao acaso, Pessoa nomeou Tasso Fragoso como a ligação com o governo belga e o acompanhante oficial do rei.

Alberto I era sobrinho do notório Leopoldo, cujo controle brutal do Congo e cujas intenções em relação ao Oiapoque e ao Acre haviam deixado os militares brasileiros alarmados no começo da República, e, embora longe de ser um colonialista voraz como o tio, partilhava do fascínio de Leopoldo por aventuras em lugares que considerava exóticos. Na viagem desde a Antuérpia a bordo do couraçado brasileiro *São Paulo*, na companhia de Fragoso, o rei estava lendo *Through the Brazilian Wilderness*, de Roosevelt, e concluiu ali mesmo que conhecer Rondon seria uma das prioridades de sua visita. Quando Fragoso lhe contou que Rondon falava excelente francês, mencionou a existência de filmagens da expedição e explicou a política de antes morrer que matar de Rondon, Alberto decidiu que queria passar o máximo de tempo que seu itinerário permitisse na companhia do explorador, e pediu que Rondon fosse adicionado à comitiva oficial.

Para Rondon, entretanto, dificilmente a hora poderia ter sido pior. Beatriz Emília, a quarta de suas seis filhas, fora recentemente diagnosticada com tuberculose (que acabaria por abreviar sua vida em tenra idade), e Rondon e Chiquita a levaram a Barbacena, para um sanatório e spa nas montanhas de Minas Gerais. (Barbacena, aliás, também abrigava um complexo de sete instituições mentais notoriamente abusivas, mas isso não diz respeito à nossa Beatriz.) Ele tentou se livrar do compromisso, citando motivos pessoais e adotando a postura de homem do interior sem traquejo social, afirmando desconhecer o protocolo apropriado para lidar com a realeza e que pareceria deslocado entre a aristocracia europeia.

Só que a vontade de um rei, e de um presidente, era lei. Fragoso tentou dissuadir Alberto, mas não obteve sucesso, e assim Rondon pegou o trem para o Rio, deixando Chiquita sozinha com Beatriz. Ao chegar à capital, em 19 de setembro, Rondon foi apresentado a Alberto, à rainha Isabel e ao filho deles, o príncipe Leopoldo, e foi informado de um jantar oficial na noite seguinte no Palácio Guanabara, ocasião em que seria agraciado pelo rei com uma medalha. Privadamente, Rondon protestou com Fragoso. Ele não queria a condecoração: era uma ofensa a seus princípios tanto de republicano quanto de positivista. Fragoso respondeu que não tinha escolha, que não só seria uma deselegância recusar a homenagem como também complicaria as relações brasileiras com uma potência amiga. E assim, na noite seguinte, ironia das ironias, Alberto condecorou Rondon com a Ordem de Leopoldo por "excepcionais serviços prestados".

Após o jantar, os filmes que Luiz Thomaz Reis fizera das várias expedições da Comissão Rondon foram exibidos, com o próprio Rondon narrando as imagens para o casal real e seus convidados. Ele permaneceu com o grupo durante a maior parte da estadia deles, até meados de outubro, sempre educado e prestativo, mas não a ponto de trair seus princípios. "Como republicano convicto", escreveu, "não deixava de enaltecer a República, dentro dos limites que me traçava a preocupação de não criar suscetibilidades."[14]

Quando chegou a hora de partir para a Bélgica, Alberto e a esposa não voltaram para casa de mãos vazias graças aos esforços de Rondon. Durante suas viagens, a rainha Isabel expressara seu desejo de adquirir espécimes de borboletas brasileiras raras, de modo que Rondon ficou incumbido de providenciar algumas. Felizmente, ele coletara várias delas "em minhas travessias pelo sertão" e entregou-as ao Museu Nacional. Assim, a rainha pôde deixar o Brasil com o que Rondon descreveu como "uma coleção de incalculável valor".[15]

O mimo do rei foi ainda maior: embora publicamente Rondon tenha apenas se referido a uma rede particularmente bela tecida por índios com plumas de aves, um inventário oficial menciona "arcos e flechas, facões de pedra e outros artefatos produzidos e utilizados pelos habitantes das florestas brasileiras"[16] como presentes dados ao soberano belga, incluindo ainda máscaras, cocares, instrumentos musicais, colares, pulseiras, brincos, bandejas e animais entalhados que Rondon colecionara de uma dúzia de tribos diferentes. Ao todo, cinco caixas grandes de artefatos coletados na maioria por Rondon, além de 31 relatórios científicos da Comissão e uma grande coleção de suas fotografias de índios foram transportados para a Bélgica, onde constituem até hoje a espinha dorsal de coleções etnográficas em vários museus reais de Bruxelas.

Dois anos depois, quando se preparava para deixar a presidência, Epitácio Pessoa voltou a pressionar Rondon para uma missão especial, mas dessa feita com um resultado que ficou aquém das suas expectativas. Para Rondon, o Nordeste sempre fora um território quase estrangeiro. Ele era do oeste remoto do país e passara a maior parte da carreira na Amazônia. Quando viajava de barco de Manaus ou Belém para o Rio de Janeiro, seu navio muitas vezes parava em Recife ou Salvador por um ou dois dias para coletar carga ou receber novos passageiros, e ele aproveitava para desembarcar e falar perante alguma sociedade geográfica ou se encontrar com cientistas ou outros oficiais militares. Mas o contato direto com a região não ia muito além disso — até outubro de 1922, quando foi nomeado diretor de uma comissão para investigar as causas da seca que assolava a caatinga e sugerir uma solução.

Secas severas haviam afligido periodicamente o interior do Nordeste desde os tempos coloniais, mas o período de aridez prolongada que começou em 1919, quando Epitácio Pessoa assumiu o governo (e continuou pelo restante do mandato), foi particularmente cruel. Além do mais, aconteceu num momento de ampliação da rede de transporte do país, o que aumentou o êxodo do Nordeste rural para cidades grandes do Sul como São Paulo, Rio de Janeiro e Belo Horizonte, onde era possível encontrar comida e emprego. Não só isso: 1922 assinalou o centenário da independência, e esse fluxo massivo de refugiados ameaçava "atrapalhar" as comemorações oficiais, ao mesmo tempo colocando em dúvida a capacidade do governo federal de oferecer serviços básicos para o povo brasileiro.

Embora fosse um oligarca, Epitácio Pessoa mostrou-se sensível a tudo isso e às histórias desoladoras de fome e doença que enchiam as páginas dos jornais e revistas: nascido no interior seco da Paraíba, ele se mudou para Pernambuco, que também enfrentava o problema perene da seca, depois que seus pais morreram de varíola, quando ainda era criança. O primeiro nordestino a ser eleito presidente do Brasil sentia-se com uma obrigação especial de tratar do maior problema social de sua região natal.

Assim, Epitácio criara em 1920 uma Caixa Especial das Obras de Irrigação de Terras Cultiváveis no Nordeste Brasileiro e destinara 2% da receita tributária do país para essa finalidade. Ao encerramento de seu governo, mais de duzentos açudes haviam sido construídos por todo o Nordeste. Teoricamente, isso deveria ter aliviado parte do impacto da seca. No entanto, o sofrimento e a migração continuaram e o presidente estava preocupado. Por que a seca persistia? Por que as obras não surtiram o efeito desejado? O que mais o governo deveria fazer? A corrupção estaria desviando o dinheiro antes que chegasse a seus devidos beneficiários? Isso era o que a imprensa nacional, sediada na capital, estava sugerindo ao descrever a tentativa do governo de combater a seca como um enorme desperdício de recursos. Para encontrar respostas a essas perguntas, e na esperança de repudiar as acusações de incompetência e desvios na Inspetoria Federal de Obras Contra as Secas, Epitácio Pessoa recorreu novamente a Rondon.

Em 25 de outubro, Rondon e os dois outros membros da comissão presidencial — o ministro da Agricultura, Indústria e Comércio, Ildefonso Simões Lopes, ex-deputado federal pelo Rio Grande do Sul, e Paulo de Moraes Barros, médico e também ex-deputado, do interior de São Paulo — partiram para o Nordeste de barco, acompanhados do ajudante de ordens e secretário de Rondon, Botelho de Magalhães. O primeiro destino do grupo era Recife, em Pernambuco, que fora mais severamente afetada pela seca. Daí em diante, passaram a viajar por terra para a Paraíba, estado natal do presidente. Por insistência de Rondon, haviam sido dadas instruções de antemão para todos os municípios que a comissão pretendia visitar: nada de recepções, jantares, homenagens. Estavam ali a trabalho.

De início, como seus diários indicam, Rondon, raciocinando como o engenheiro que era, acreditava que o problema da seca fosse quase puramente técnico, uma questão de métodos agrícolas, erosão, sistemas de irrigação, padrões meteorológicos etc. que poderiam ser resolvidos com medidas práticas. Mas não tardou a se dar conta de que as políticas e ações do Estado brasileiro, não a natureza, eram a principal causa da calamidade incessante.

Ele percebeu que o problema básico da região era um sistema político que concentrava poder e riqueza em pouquíssimas mãos. Os caciques e coronéis locais usavam o poder em benefício próprio. Era um problema que existia desde o nascimento da República; na verdade, desde a independência, como Rondon sabia por suas experiências no Mato Grosso e no Amazonas, mas se intensificara com o tempo e era particularmente entranhado no Nordeste. Numa região onde o suprimento de água era escasso, ao contrário do que ocorria na terra natal de Rondon, esse direito fundamental era negado à população. E quem controlava a água? Os mandachuvas, claro!

Era verdade que a geografia e o clima do Nordeste constituíam fatores agravantes, e isso também precisaria ser pensado, admitia Rondon. "Não pode, entretanto, o problema de forma alguma reduzir-se à obra de irrigação e açudagem", escreveu em seu diário. "Se esta não for completada pelo aparelhamento econômico e de defesa social das populações beneficiadas, será solução precária." Medidas econômicas e técnicas poderiam aliviar a situação, ele entendia. Mas "o que se visa acima de tudo é ao homem, à sua incorporação a uma vida com dignidade", mediante "centros de população integrados, social e economicamente, na vida ativa do país", e não sujeitada à autoridade de um único coronel local.[17]

Até certo ponto, Rondon considerava a eterna crise do lavrador nordestino um problema similar aos enfrentados pelos povos indígenas. Em vez de obrigar o homem a virar um pau de arara, "é preciso proporcionar-lhe vida feliz no recanto onde nasceu e que adora", argumentava. "Aqui, como na questão do índio, é preciso fazer os lançamentos na coluna das despesas [...] e os resultados serão fabulosos."[18] Assim, ao menos em princípio, Rondon não fazia objeção às despesas do governo federal com programas de redução da seca; seu veredicto final dependeria de os gastos estarem verdadeiramente atingindo os resultados desejados.

No decorrer de mais de um mês, Rondon e sua equipe se reuniram com dezenas de prefeitos, engenheiros, deputados, agrônomos, governadores e líderes civis, religiosos e empresariais. Além disso, conversaram com as famílias de lavradores que tentavam subsistir da terra calcinada, em muitos casos explorados pelos mesmos dignitários que saudavam a comissão ao chegar à cidade. Mas o encontro mais marcante de Rondon foi com o padre Cícero Romão Batista, em Juazeiro do Norte, no Ceará — o famoso Padim Ciço. O santo homem, venerado por décadas pelos pobres, tornara-se objeto de um culto de proporções tão intensas e assustadoras que o Vaticano ordenara sua excomunhão. Mas a Igreja brasileira ignorou a ordem de Roma e padre Cícero viria a ser prefeito de Juazeiro, e depois nomeado vice-governador do Ceará; quatro anos após esse encontro com Rondon, seria eleito deputado federal.

Num primeiro olhar, esses dois homens pareciam ocupar polos totalmente opostos, havendo pouca probabilidade de se entenderem. Rondon, afinal, era um homem da ciência e da razão, com uma forte veia anticlerical, ao passo que o Padim Ciço personificava uma espécie de fé mística e miraculosa que o positivismo relegava à era do fetichismo. De fato, muitos positivistas desprezavam o padre Cícero e tudo que ele representava, considerando-o um símbolo do atraso brasileiro: em *Os sertões*, que Rondon releu antes de iniciar o trabalho com sua comissão, seu amigo Euclides chamara o padre de "um heresiarca sinistro" que "conglobava multidões de novos cismáticos"[19] aos vários movimentos milenaristas que infestaram a República em seus anos iniciais.

No entanto, o encontro entre Rondon e o padre Cícero parece ter saído às mil maravilhas. Decerto foi de alguma valia para Rondon ter conhecido milhares de lavradores pernambucanos, cearenses e nordestinos de modo geral que migraram para o Amazonas a fim de trabalhar como seringueiros, estivadores e tropeiros, pois vira a imagem do Padim Ciço nas humildes choupanas cobertas de palha dos emigrantes que ele respeitava por sua tenacidade e fortitude. Em todo caso, o padre parece ter logo percebido que Rondon não era apenas mais um político à procura de uma foto ao lado do líder religioso de talvez um quarto da população brasileira. De sua parte, Rondon achou o velho padre extraordinariamente astuto nas questões temporais e, portanto, digno de respeito. "Fala com fluência sobre história, literatura e política", Rondon registrou em suas anotações sobre o encontro, "discreteando sobre a vida nacional, cujas tricas conhece palmo a palmo".[20]

No caminho de volta ao Rio, os três membros da comissão redigiram seu relatório oficial que, embora expresso em linguagem diplomática, refletia as opiniões que Rondon confidenciara a seu diário durante a investigação. Numa linha de raciocínio muito incomum para a época, Rondon também enfatizou as consequências de longo prazo do desmatamento e sua ligação com a seca. Ele já encontrara esse fenômeno em áreas do Mato Grosso e do Amazonas onde fazendeiros e colonos recém-chegados do Sul haviam ignorado ou desprezado métodos indígenas tradicionais de cultivo e rotação de culturas. No Nordeste, onde a ocupação do europeu tinha uma história bem mais longa, o problema era ainda mais pronunciado: "É o agente homem que assumiu entre nós o papel de estranho fazedor de desertos", escreveu. Quando a chuva cai, anotou ele, "passa célere por sobre os chapadões desnudos cuja irradiação intensa lhe altera o ponto de saturação, diminuindo as probabilidades das chuvas".[21] Entretanto, acrescentou Rondon, o homem "pode corrigir o passado" trabalhando com a natureza, e não contra ela. "É claro que a criação e a conservação das florestas constituem providência básica, seja qual for o ponto de vista, como meio de modificar as causas da irregularidade no regime de chuvas", afirmou. "Para que o florestamento possa intervir como fator climático na região interior do Nordeste é indispensável que se estenda à vasta área de poucas chuvas e que seja feito em conjunto, isto é, interessando o maior número de estados."[22]

Não era nada disso que Epitácio Pessoa queria ouvir, o que resultou no peculiar espetáculo de um presidente em fim de governo desabonando o relatório que ele próprio encomendara. Ao final de seu mandato ele escreveu uma refutação ao parecer de Rondon, que foi distribuída à imprensa e devidamente publicada. Isso, por sua vez, ensejou um novo documento da comissão, de 1923, contrapondo os argumentos do ex-presidente ponto a ponto. À queixa mais fundamental de Pessoa, de que o ponto de vista, a análise e as previsões da comissão continham um pessimismo injustificável, Rondon forneceu uma resposta tão áspera quanto sucinta: "A consciência manda que eu diga o que sinto, porque no futuro, quando a realidade confirmar os fatos previstos pela ciência, não quero ser do número dos otimistas de hoje".[23]

Grande parte dessa discussão era altamente técnica, focando em questões como vazão de água e "coeficientes de resistência".[24] Mas parte dela tratava de problemas fundamentais, politicamente tensas, como, por exemplo, o tipo de estrada mais adequado para o investimento do governo. Epitácio Pessoa queria priorizar rodovias, que seriam utilizadas principalmente por uma elite minúscula, ao passo que Rondon queria dedicar uma verba para modernizar os "caminhos carroçáveis",[25] utilizados pelo grosso da população. Segundo ele, eram "mais úteis e econômicos [...] de custo vinte vezes inferior" do que uma autoestrada "e em cuja construção poderiam ser da mesma forma aproveitados os serviços dos flagelados",[26] de modo que não tivessem de virar retirantes. Mais uma vez, Rondon punha o bem-estar geral da população acima da vontade de uma minoria.

Esse interlúdio de dois meses foi o único momento da longa carreira de Rondon em que ele lidou com problemas do Nordeste. Contudo, por mais breve que tenha sido, a experiência produziu um resultado duradouro, ainda que secundário: Rondon ficou amigo de Ildefonso Simões Lopes e de seu filho, o agrônomo Luís Simões Lopes — relação que ao longo da década de 1930 e a primeira metade da década de 1940 se provaria essencial para sua capacidade de sobreviver em uma arena política cada vez mais brutal e autoritária.

Na verdade, na época da eleição de 1922, sinais do esfacelamento iminente da ordem constitucional já eram visíveis, tornando difícil para Rondon permanecer alheio à política partidária, como exigia a doutrina positivista. No passado, por acaso ou intencional-mente, ele muitas vezes ficara afastado da capital meses a fio, em expedições, durante as campanhas presidenciais ocorridas de quatro em quatro anos. Mas na corrida eleitoral de 1º de março de 1922 isso não mais era possível, e Rondon, muito a contragosto, viu--se enredado no aspecto mais polêmico da eleição. No fim, ele conseguiu se livrar do imbróglio, o que, porém, exigiu considerável destreza de sua parte, e alguma distorção da verdade, resultando em bastante animosidade.

A eleição presidencial de 1922 foi talvez a mais contenciosa da história da República até então, tendo de um lado Artur Bernardes, governador do estado de Minas Gerais, e de outro o ex-presidente Nilo Peçanha, com quem Rondon trabalhara de forma próxima e harmoniosa em 1910. Em 9 de outubro de 1921, o diário carioca *Correio da Manhã* publicou uma carta em papel timbrado do governo de Minas Gerais, supostamente escrita por Bernardes. Na carta, ele atacava duramente a integridade dos militares brasileiros e seus líderes, e zombava do ex-presidente Hermes da Fonseca, recém-eleito presidente do Clube Militar, como um "sargentão sem compostura". Além disso, descrevia a reunião em que ele fora escolhido como uma "orgia", censurava o alto-comando do Exército por não confrontar o ex-presidente, dizendo coisas como "essa canalha precisa de uma reprimenda para entrar na disciplina", e recomendava remover "para bem longe esses generais anarquizadores". Mas talvez a insinuação mais bombástica fosse a de corrupção entre os oficiais, "os que forem venais, que é quase a totalidade, compre-os com todos os seus bordados e galões".[27]

Mas as cartas (foram duas) seriam reais ou uma farsa grosseira? Essa era a pergunta que não queria calar e a resposta dependia do candidato apoiado por esse ou aquele jornal ou eleitor. Desse modo, ficou decidido que uma comissão liderada por uma figura pública apartidária, acima de qualquer suspeita, desapaixonada e sensata, investigaria a origem das cartas. Quem melhor que o general Rondon para a tarefa? Assim, em 21 de outubro Rondon recebeu uma carta de Raul Soares de Moura, senador e ex-ministro da Marinha, chefe de campanha de Bernardes e supostamente o destinatário das cartas, apelando "à honra e à consciência" de patriota, e solicitando formalmente que aceitasse a incumbência.

Rondon, porém, não queria nenhuma participação em uma missão tão explosiva e respondeu por escrito dois dias depois que "declino da honra de desempenhar a função de árbitro". Devido a "motivos doutrinários", explicou, referindo-se a suas crenças positivistas, "e de hábitos que profunda e irrevogavelmente me afastam de todos os assuntos e de todas as questões que só existem e medram por força dos processos eleitorais filiados aos métodos da política democrática".[28]

Isso era verdade, mas não foi o único motivo para Rondon rejeitar o clamor público para resolver um problema que adquirira as dimensões de uma crise nacional. "Era uma questão séria que ameaçava subverter a ordem e abalar os alicerces da República", relatou anos mais tarde. "Não me animava a assumir a responsabilidade de uma sentença da qual não estava seguro."[29] Na verdade, a comissão que acabou sendo criada, chefiada por um almirante, concluiu erroneamente em um relatório enviado pouco depois do Natal que Bernardes de fato escrevera as cartas — assim como especialistas em caligrafia contratados pelo Clube Militar —, e seus membros ficaram profundamente constrangidos quando um dos três falsificadores veio a público após a eleição para confessar que haviam forjado as cartas com intenção de vendê-las à campanha de Peçanha. Rondon teve razão em ser cauteloso e cético.

Mas havia um terceiro motivo, talvez o mais importante de todos: em seu íntimo, Rondon apoiava Nilo Peçanha e não queria empenhar seu prestígio pessoal numa tarefa que pudesse acabar beneficiando Bernardes. De todos os presidentes com quem Rondon trabalhara, ninguém demonstrara mais afinidade de temperamento e convicções do que Peçanha, que durante seu breve governo apoiara a campanha de Rondon para a criação do Serviço de Proteção aos Índios. Em agosto, Rondon escreveu o seguinte: "Para mim, quem mais no caso se acha de bem administrar a República, em sucessão e continuação ao governo do dr. Epitácio Pessoa, é o dr. Nilo Peçanha: só ele oferece-nos seu passado de propagandista e na sua vasta experiência de homem de governo — de um estado e da União — a garantia de reatar as tradições da política republicana, pela conscienciosa aplicação dos princípios e preceitos da Constituição de 24 de fevereiro" de 1891.[30]

Como bem sabe qualquer um familiarizado com a política da Primeira República, Rondon estava indiretamente criticando a fama de governante autocrático de Bernardes, que no entender dele poderia enfraquecer a viabilidade e a legitimidade da República. Seu receio tinha fundamento, como provariam os eventos dos quatro anos seguintes, com a imposição de um estado de sítio e a diminuição das liberdades civis, entre outras medidas. Muitos outros oficiais partilhavam dessa preocupação, e quando Bernardes derrotou Peçanha por uma margem de 149 mil votos numa eleição manchada pela fraude, o resultado foi outra tentativa de arrastar Rondon ao turbilhão da política presidencial. Mas dessa vez a tentativa veio dos colegas militares de Rondon, não dos políticos civis.

Embora Bernardes tenha sido eleito em março de 1922, a posse ocorreria apenas em 15 de novembro, e esse intervalo de oito meses proporcionou a seus adversários tempo de sobra para conspirar e tramar contra ele. Como Rondon se lembraria mais tarde, estava numa missão para inspecionar um novo quartel no Rio Grande do Sul, jantando com Pandiá Calógeras em um hotel de Porto Alegre durante a primeira semana de abril, quando o maître o avisou que um oficial acabara de chegar do Rio de Janeiro e queria falar com ele. Quando desceu para o saguão, ficou surpreso ao ver o capitão Manuel Rabelo, "meu companheiro, meu amigo, meu irmão de crenças", nervoso à sua espera.[31]

Rabelo fora despachado por um grupo de oficiais dissidentes na capital, que tentava organizar um golpe para impedir Bernardes de assumir a presidência e queria que Rondon não só apoiasse como liderasse a rebelião. "Não pode o Exército sofrer sem reagir à afronta contida nas cartas do dr. Artur Bernardes", é como Rondon se lembrava de Rabelo expressar o descontentamento dos oficiais. "Não é possível que venha ele a ser presidente da República depois de ferir profundamente os nossos brios. Está em preparação um grande movimento, e foi você escolhido para o chefiar."[32]

Rondon escreveu três décadas depois que ficou horrorizado com a sugestão e exprobrou o amigo mais novo. "Esquece você que somos positivistas e que, como tais, não podemos tomar parte em movimento subversivo?", teria respondido. "Não nos ensinaram que o mais retrógrado governo é preferível à mais progressista revolução? Reflita, meu amigo, enquanto é tempo."[33]

Nesse ponto, Rabelo aparentemente recuou (nas palavras de Rondon, foi "vencido, porém não convencido"),[34] mas a questão não parou por aí. Dois dias mais tarde, Rondon e Pandiá Calógeras estavam nas docas em Porto Alegre, prestes a embarcar para a cidade de Rio Grande, onde inspecionariam as fortificações navais na fronteira fluvial com o Uruguai, quando um emissário do governador do estado chegou com um recado: Antônio Borges de Medeiros queria conversar com ele o mais cedo possível. Borges de Medeiros também era positivista e, com exceção de um período de cinco anos, governaria o Rio Grande do Sul de 1898 a 1928. Dessa forma, Rondon consentiu imediatamente com o pedido que, embora feito numa linguagem polida, estava mais para uma ordem.

Quando chegou à sala do governador, encontrou Borges de Medeiros sentado a uma mesa comprida com membros de seu gabinete e um grupo de outros homens, incluindo Rabelo. O propósito da reunião logo ficou claro: Borges de Medeiros, que apoiava Peçanha, começou perguntando a Rondon se recordava a eleição presidencial chilena de dois anos antes. No país vizinho, uma disputa entre os dois principais candidatos, ambos reivindicando a vitória, só foi resolvida depois que um tribunal especial de sete membros examinou as evidências e decretou um vencedor. Quando Rondon respondeu que se lembrava muito bem desses acontecimentos, Borges de Medeiros aventou a ideia de criar uma comissão semelhante para revisar a eleição brasileira e perguntou a Rondon se estava disposto a atuar como presidente de tal tribunal.

Foi uma jogada mais sutil do que a ideia do golpe militar anti-Bernardes sugerida por Rabelo, agindo em nome de um grupo de jovens oficiais impacientes. O plano de Borges de Medeiros, que fora endossado por Nilo Peçanha, oferecia ao menos uma leve aparência de constitucionalidade, embora fosse claramente concebido para trazer o resultado de um golpe: impedir que Bernardes assumisse a presidência, embora usando a recontagem de votos em vez de uma revolta militar. Mas a reação de Rondon ao novo plano parece ter sido idêntica. Mais uma vez ele se recusou a participar, citando preceitos positivistas. "Vossa Excelência sabe, mesmo porque nos inspiramos ambos na mesma doutrina, que não nos é permitido tomar parte em movimentos subversivos",[35] é como se lembraria de ter respondido.

Borges de Medeiros, advogado de formação e também jurista, insistiu, tentando delinear distinções legais entre seu plano e um golpe, mas, escreveu Rondon, "mantive-me inflexível",[36] argumentando que era prerrogativa do Congresso ratificar os resultados da eleição. "E uma solução pelas armas?", perguntou o governador, ao que Rondon teria respondido: "Não é caso para isso! Quanto a mim, sei que nunca tomarei parte em movimento destinado a resolver pelas armas um problema político".[37] Com isso, Borges de Medeiros entregou os pontos, virou para os demais em torno da mesa e disse: "Bem, veem os senhores que a revolução não tem chefe".[38]

Mas em 5 de julho, após a prisão de Hermes da Fonseca e o fechamento do Clube Militar, um grupo de oficiais subalternos levou a ideia adiante e tentou depor o governo. A sublevação começou no forte de Copacabana, onde o filho de Hermes da Fonseca, o capitão Euclides Hermes da Fonseca, estava no comando, mas a revolta se alastrou para algumas outras casernas na região da capital, porém após um dia de conflitos a maioria dos insurgentes se entregou. Quando um último grupo rebelde emergiu do forte e começou a caminhar pela avenida Atlântica, os homens foram fuzilados por tropas leais ao governo.

Ao longo dos anos, Rondon escreveria sobre os episódios envolvendo Rabelo e Borges de Medeiros de uma maneira a sugerir que estava orgulhoso por ter permanecido fiel a seus princípios. Mas quando a notícia de sua recusa veio a público, especialmente após a revolta do forte de Copacabana, ele pagou um alto preço político. Ambas as facções agora estavam irritadas com ele: os seguidores de Bernardes porque declinara do pedido de investigar a autenticidade das cartas, e seus próprios aliados e partidários de Peçanha porque se recusou a apoiar um golpe de Estado. Entre alguns de seus colegas oficiais, especialmente os jovens, que afirmavam que deixara de defender a instituição do Exército, esse ressentimento foi particularmente alto.

A postura legalista inamovível de Rondon teve consequências importantes a longo prazo no que tange a sua relação com o governo Bernardes, mas o impacto de curto prazo foi sentido principalmente nas relações com seus supostos aliados. Na imprensa anti-Bernardes, sobretudo o *Correio da Manhã*, jornal que provocara a crise política com a publicação das "cartas falsas", ele era retratado como um traidor da causa e um covarde: Rondon até se queixaria de que o jornal estava "torcendo e envenenando meus gestos e atitudes"[39] para defender seus interesses políticos.

Deputados solidários a ele tentaram acorrer em sua defesa, aprovando uma resolução em julho que o exaltava pela "dedicação fiel e a inexcedível lealdade com que se colocou ao lado das autoridades constituídas, em defesa da ordem legal, da Constituição da República e da honra da nação brasileira".[40] Um mês depois, Pandiá Calógeras fez algo semelhante, declarando que Rondon, "mantendo-se continuamente ao meu lado, assegurou-me sempre a sua dedicação franca e leal, ativo e infatigável, pronto no desempenho de qualquer comissão que lhe fosse confiada".[41]

Mas quando foram incluídos no *Boletim do Exército*, esses documentos exerceram o efeito contrário, pois, como Rondon explicou, "ainda mais acirrou os revolucionários contra mim".[42] Apenas três anos após ser promovido a general, Rondon passara de herói nacional a figura polêmica, idolatrado por uns, desprezado por outros. Mas o pior ainda estava por vir.

20. Catanduvas

Em meados da década de 1920, quarenta anos após se alistar no Exército como um simples recruta, Rondon se transformara numa anomalia militar, um general cuja mera existência parecia uma contradição em termos. Embora ele próprio tivesse sido alvejado por flechas disparadas por tribos indígenas hostis, nunca disparou um tiro contra outro ser humano, muito menos matou alguém. Confrontou constantemente grandes riscos e mostrou valor inimaginável diante de situações de perigo e privação, mas passou por tudo isso sem nunca ter entrado em combate. A obra da sua vida era construir, não destruir. Tratava-se de um rumo de carreira nada convencional para um oficial militar, e isso fascinava a imprensa brasileira — não só os jornais e revistas lidos pelas elites, mas também o rádio, um novo meio de entretenimento que atingiria um número muito maior de pessoas, inclusive analfabetos. Os repórteres criavam apelidos que ressaltavam o paradoxo personificado por Rondon: "O Guerreiro da Paz" e "O General Pacifista" eram dois dos mais populares.

Mas isso tudo terminaria abruptamente em meados de 1924. No dia 5 de julho, dois anos após o levante tenentista iniciado no forte de Copacabana, no Rio de Janeiro, uma nova rebelião estourou, dessa vez em São Paulo, o eixo econômico da nação. O líder escolhido pelos revoltosos foi um general reformado, Isidoro Dias Lopes, que tinha a mesma idade de Rondon e também entrara no Exército como recruta. Mas, desde 1922, a verdadeira força por trás do movimento era um grupo de jovens oficiais de escalão intermediário que incluía nomes como Miguel Costa, Juarez Távora e Eduardo Gomes. Contando mais de mil combatentes, incluindo simpatizantes civis, os rebeldes queriam derrubar o presidente Artur Bernardes, dar um basta à corrupção e realizar uma série de reformas políticas e econômicas — do voto secreto à melhoria do ensino público.

Os confrontos com tropas legalistas continuaram durante todo o mês de julho, tanto na capital como no interior do estado. Para retomar o controle, Bernardes ordenou o bombardeio da cidade de São Paulo utilizando artilharia terrestre e aérea, que prosseguiu numa base quase diária, atingindo não só alvos militares como também áreas residenciais: estima-se que mais de quinhentas pessoas foram mortas, quase 5 mil tenham ficado feridas e 1800 prédios viraram escombros. Em 28 de julho, os rebeldes, para não ver a cidade destruída, bateram em retirada. Rumando para o noroeste de trem, atacaram uma praça-forte em Mato Grosso no início de agosto, mas foram derrotados de forma decisiva, perdendo centenas de homens. Recuando novamente, tomaram a direção sul por uma rota fluvial, rumo ao interior remoto do Paraná, onde pretendiam estabelecer uma nova base e entrar em contato com aliados que esperavam que estivessem vindo do Rio Grande do Sul e de Santa Catarina. Foi nesse ponto, em setembro, que Bernardes, antecipando uma luta prolongada, ordenou a criação de uma gigantesca força-tarefa federal para suprimir a rebelião e escolheu Rondon para comandá-la.

Bernardes recorreu a Rondon por motivos políticos e militares. Ele sabia que em 1922 Rondon rejeitara os reiterados pedidos de oficiais mais jovens para liderar um golpe militar e para assumir a cadeira presidencial. Estava igualmente ciente de suas críticas ao movimento tenentista e à captura do forte de Copacabana depois que se recusou a liderá-los. Num momento em que Bernardes não podia ter certeza quanto à lealdade do Exército — do Estado-Maior ao soldado mais raso —, era uma tranquilidade pensar que podia contar com Rondon, cuja reputação de retidão e coragem, no entender do presidente, ajudaria a influenciar um corpo de oficiais que parecia hesitar em sua obediência — mesmo que as cartas tenham se revelado uma farsa, a desconfiança continuava.

Além disso, Rondon recém-adquirira experiência de campo na região que prometia ser o foco dos combates. Em 1922, o general Maurice Gamelin, diretor da missão de treinamento do Exército francês no Brasil, pretendera observar o Exército brasileiro em manobras, e o lugar que acabou escolhendo para esses exercícios foi o interior do Rio Grande do Sul, região com uma topografia semelhante ao oeste do Paraná. Rondon acompanhara Gamelin e se envolvera ativamente na supervisão de todos os aspectos das manobras, que eram notáveis porque marcavam a primeira vez que unidades por terra, ar e água das Forças Armadas brasileiras operavam de maneira coordenada. Somados, mais de 8 mil homens, incluindo o destacamento de uma incipiente unidade aérea comandada pelo Exército, participaram. Assim, Rondon era o único general brasileiro que não só conhecia pessoalmente o clima e o terreno do sul do país como também tinha experiência de comando no campo de batalha ali na região.

Contudo, Rondon achou extremamente preocupante o pedido de Bernardes para liderar as tropas que deveriam sufocar a rebelião. Teve uma crise de consciência e, a certa altura, considerou a possibilidade de se desligar do Exército para não precisar aceitar um posto que desafiava seus princípios religiosos e republicanos em tantos aspectos. Era positivista e pacifista por convicção e, portanto, avesso a conflitos militares que, obviamente, ocasionariam perdas de vida. Também era um nacionalista, e embora pudesse ter tido menos ressalvas em comandar uma unidade para defender o Brasil contra uma invasão argentina ou paraguaia, nesse caso estavam lhe pedindo que combatesse outros brasileiros. Ele estivera presente ao 15 de novembro de 1889, quando Floriano Peixoto recusou-se a atacar rebeldes militares liderados por Benjamin Constant anunciando: "Aqui somos todos brasileiros".[1] E agora lá estava ele sendo convocado para uma missão fratricida. Além disso, alguns líderes da revolta eram amigos ou colegas que ele respeitava profundamente ou filhos deles; outros até o serviram na Comissão Rondon, demonstrando grande capacidade. E, finalmente, ele sabia por experiência própria, como chefe de engenharia do Exército, que muitas queixas dos tenentes, em especial sobre a corrupção que corroía a legitimidade da República, eram bem fundamentadas.

Rondon estava em sua sala na sede da Comissão, no bairro das Laranjeiras, na tarde de 24 de setembro de 1924, quando um telefonema o alertou que um emissário do Ministério da Guerra, o major Euclides Figueiredo (pai de João Figueiredo, futuro presidente do Brasil) estava a caminho. Trazia uma carta de convocação para um encontro na manhã seguinte com o ministro e com os chefes de Estado-Maior, na qual lhe seria formalmente oferecido o comando das tropas legalistas. Nessa noite, quando seus filhos mais novos dormiam, abençoadamente "ignorando o drama que ambos vivíamos",[2] Rondon e sua esposa Chiquita discutiram a situação até de madrugada, tentando decidir o que fazer. Por algum tempo, juntaram-se a eles Raimundo Teixeira Mendes, chefe da Igreja Positivista, cujo conselho Rondon também procurava, e o velho colega de classe e camarada de Rondon, Tasso Fragoso, que ascendera à posição de chefe do Estado-Maior do Exército.

"Combater irmãos!", escreveria Rondon mais tarde, recordando suas emoções conflitantes naquela noite longa e insone. "Que dolorosa contingência para quem, como eu, vivera sempre embalado pelo sonho de merecer o nome de pacificador."[3] Mas, como positivista, Rondon também abominava a desordem e acreditava até que seria "preferível o governo mais retrógrado à revolução mais esperançosa".[4] Para ter uma prova disso, bastava olhar para a França na década de 1790, como Comte descrevera em seus textos, ou para a Rússia soviética naquele preciso momento. Desse modo, deveres contraditórios pesavam em sua consciência, e ele não conseguia imaginar um jeito simples de conciliar as duas coisas. Se não podia aceitar a missão de defender o governo constituído, então "não via outra alternativa senão despir a farda"[5] que vestira por quarenta anos e que emprestara propósito e significado à sua vida.

No fim, Rondon saiu-se com uma racionalização um tanto rebuscada e conveniente, baseada em princípios positivistas, para pôr de lado suas ressalvas filosóficas muito arraigadas e dobrar-se aos desejos de Bernardes. "Seria esse o melhor meio de servir a pátria?", pergunta, concluindo no afirmativo: "Nasceu uma esperança, sim: iria defender o governo constituído para salvar minha pátria do caos revolucionário, mas iria como pacificador, envidando todos os esforços para chamar a nós todos os nossos irmãos".[6]

Em outras palavras, se violência fosse empregada, seria apenas como último recurso, depois de esgotada qualquer outra tática, e mesmo nesse caso seria usada com a maior parcimônia possível, com vistas a minimizar as fatalidades. Se Rondon rejeitasse o comando e permitisse que fosse parar nas mãos de outro, raciocinou ainda, o substituto talvez não se mostrasse tão cauteloso e o perigo de uma conflagração nacional aumentaria. No momento em que escrevia, "o território nacional era do Rio de Janeiro ao Rio Grande do Sul um só campo de batalha. Era tremenda a crise política que o Brasil atravessava; ou a República se firmaria na ordem ou seria o caos e a desmoralização".[7]

Uma semana depois, Rondon já estava em Ponta Grossa, uma importante conexão terrestre, fluvial e ferroviária no interior do Paraná que ele decidira que serviria como quartel-general de retaguarda. Mas, antes de deixar o Rio de Janeiro, escreveu uma avaliação militar e política — confidencial — do conflito e a enviou para Bernardes. Nela, previa que os opositores de Borges de Medeiros, governador gaúcho, provavelmente se juntariam à revolta e tentariam unir forças com os que haviam ido do sul do Paraná para São Paulo. Isso não o deixou tão preocupado quanto a possibilidade de que unidades da Marinha pudessem se insurgir numa causa comum com o Exército e a polícia: "Que a Marinha permaneça ao lado do governo! Eram os meus votos. Tudo dependia dessa atitude".[8]

Sem dúvida ciente do enorme favor que fazia para Bernardes, Rondon também aproveitou a situação para obter algo em troca, não para si, mas para a causa que lhe era mais cara: o Serviço de Proteção aos Índios. Quando Bernardes assumiu a presidência, em 1922, Rondon requisitara duzentos contos de réis junto ao governo federal, mas o presidente adiara a decisão sobre o assunto. Ao chegar a Ponta Grossa, Rondon mandou imediatamente um telegrama reiterando seu pedido do dinheiro. Em nenhum momento ocorreu uma troca de favores explícita, mas também não era necessário, considerando-se as circunstâncias. O fato é que Bernardes prontamente descobriu um modo de obter a verba que Rondon solicitara dois anos antes. Na verdade, o SPI "se expandiu enormemente durante a administração do presidente Artur Bernardes".[9]

Ao mesmo tempo, Rondon conseguiu extrair outra concessão. Em 1917, o Congresso aprovara uma lei que permitia aos estados fechar reservas indígenas que estivessem em terras públicas e realocar as tribos que nelas viviam. Isso serviu como luva para muitos políticos locais que se apropriaram de áreas férteis e transferiram os índios para lugares menores, inferiores e mais remotos. No Paraná, o SPI desafiara a prática, argumentando que dois locais abrigando povoamentos Kaingáng estavam fora do alcance da nova lei porque eram originalmente propriedade privada — da Igreja católica e de um nobre filantropo. A disputa veio se arrastando por anos, mas Bernardes agora a resolvia em favor do SPI e os Kaingáng receberam permissão para ficar onde estavam.

Antes de deixar o Rio de Janeiro, Rondon pôde escolher alguns ajudantes, mas outros lhe foram impingidos pelos chefes do Estado-Maior em sua primeira reunião, em 25 de setembro — foi assim que o agora capitão Dilermando de Assis, assassino de Euclides da Cunha, foi escolhido para a força-tarefa. Isso refletiu em parte a composição até certo ponto desequilibrada das Forças Armadas na época. O corpo de oficiais consistia de quase 5 mil homens — mais de seiscentos deles generais, coronéis ou majores —, quantidade relativamente grande para um Exército cujas fileiras incluíam cerca de 35 mil soldados. Destes, mais da metade era composta de recrutas com pouco ou nenhum treinamento militar. No total, Rondon teria mais de 8 mil combatentes à disposição, significando que, com efeito, ele controlava quase um quarto de todo o Exército brasileiro durante a campanha do Paraná.

Dos inúmeros oficiais intermediários que Rondon comandou durante os nove meses em que combateu os rebeldes, dois deles, que achou excepcionalmente capazes e cujas carreiras promoveu com entusiasmo, desempenhariam papéis particularmente importantes na história moderna do Brasil. Pedro Aurélio de Góis Monteiro, na época com 34 anos e recém-promovido a capitão, viria depois a se tornar ministro da Guerra e chefe do Estado-Maior do Exército, mas Rondon se afeiçoou especialmente a um oficial mato-grossense chamado Eurico Gaspar Dutra. Nascido em Cuiabá, Dutra era um capitão de 41 anos em 1924 e tinha uma carreira respeitável, embora não particularmente brilhante. Mas as avaliações de desempenho fortemente positivas de Rondon ajudaram-no a trilhar a rota do sucesso. Em 1936, após ajudar a suprimir outras revoltas militares e civis, Dutra virou ministro da Guerra, e uma década mais tarde elegeu-se presidente. A essa altura, Rondon completara oitenta anos e já estava na reserva, mas ele e Dutra eram vizinhos em Copacabana e Rondon muitas vezes iniciava o dia caminhando até o apartamento de Dutra, onde os dois discutiriam negócios de Estado tomando o café da manhã e bebendo mate.

Nas primeiras semanas após a chegada de Rondon a Ponta Grossa, a situação no local se desenrolou como ele havia previsto em sua carta a Bernardes, incluindo uma rebelião naval em novembro que acabou suprimida. Ele também descobriu rapidamente que, a despeito da superioridade numérica, sua tarefa não seria das mais fáceis. "Um dos maiores obstáculos enfrentados pelas tropas legalistas é a grande dificuldade de transporte, não havendo ferrovias nem estradas que cheguem à maior parte da região onde essa guerra de guerrilha está em curso", um adido militar americano, o capitão Hugh Barclay, escreveu em seu relatório para Washington. "O transporte de suprimentos por caravana de animais é difícil e custoso, e sabia-se que os revoltosos estavam recebendo suprimentos do outro lado do rio", no Paraguai.[10]

Quanto às tropas do governo, Tasso Fragoso já alertara Rondon sobre a "deficiência e irregularidade" do treinamento. Uma avaliação confidencial feita pelo adido militar americano foi ainda mais dura: embora os soldados enfrentassem "o perigo e a morte com um grau respeitável de frieza e calma", não parecia haver "entendimento da autoridade constituída por alguns soldados", que também eram "facilmente persuadidos a tomar parte nas revoltas, seguindo seu comandante imediato sem saber por quê".[11] De fato, na noite de 28 de outubro, um capitão do Exército de 26 anos chamado Luís Carlos Prestes, encarregado de uma brigada de construção de uma estrada de ferro no oeste do Rio Grande do Sul e enojado com as mostras de corrupção diárias que testemunhava, foi ao encontro dos rebeldes e levou trezentos homens consigo. Muitos civis em pouco tempo se juntaram a eles, e Prestes terminou por reunir uma coluna de cerca de oitocentos homens.

Eles permaneceram ociosos na região até o fim de dezembro, aguardando carregamentos de armas e munição que nunca chegaram, mas então, temendo ficar cercados pelo "anel de ferro"[12] que as tropas legalistas estavam construindo em volta deles, conseguiram furar as fileiras do governo em manobra ousada, passando entre duas colunas legalistas em marcha noturna. A coluna em seguida começou a jornada de um mês, esperando se juntar ao grosso das forças rebeldes mais de quinhentos quilômetros para o norte, no estado do Paraná. Assim, no instante em que atravessaram o rio Uruguai e entraram em Santa Catarina, passaram a ser problema de Rondon.

Luís Carlos Prestes é até hoje lembrado como o maior líder que o Partido Comunista Brasileiro já teve e, como tal, ainda é reverenciado em determinados setores da esquerda brasileira. Mas em 1924 ele nem sequer lera Marx ou Lênin, muito menos abraçava sua filosofia política, e era mais um entre os muitos jovens idealistas nas Forças Armadas. O pai de Prestes, Antônio, outro positivista, fora colega de classe de Rondon, que se lembrava de ter conhecido Luís Carlos Prestes quando ainda era criança. Na verdade, a trajetória de Prestes na academia militar, em alguns aspectos, se parecia com a de Rondon: ele também fora um aluno brilhante que acreditava não receber o devido reconhecimento por suas realizações acadêmicas, também optara pela engenharia, em detrimento de especializações mais prestigiadas na artilharia ou na cavalaria, e, premiando sua notável inteligência, também servira brevemente como instrutor na academia após se formar. Assim como Rondon, tinha a capacidade de inspirar e liderar seus homens pelo exemplo da própria coragem, astúcia e integridade pessoal.

À medida que Prestes avançava para o norte, o general Dias Lopes retinha a maior parte das unidades insurrectas na reserva, em Foz do Iguaçu, na fronteira com a Argentina e o Paraguai, junto às imponentes cataratas do Iguaçu. O efetivo de combate — cerca de seiscentos homens sob o comando de Miguel Costa, um ex-oficial da cavalaria da Força Pública de São Paulo — ficara entrincheirado por vários meses nos arredores de

Catanduvas aguardando a chegada de Prestes e se preparando para um sítio ainda mais longo, no que era concebida como uma guerra de exaustão. Rondon fazia preparativos similares, na esperança de intimidar os insurrectos e levá-los a se render mediante o que hoje pode ser chamado de uma exibição primitiva de choque e pavor. "Era necessário fazer-lhes sentir que estávamos muito fortes e que eram irresistíveis os nossos planos estratégicos", descreveu Rondon, explicando seu raciocínio. "Poderia, então, fazer apelos pacificadores sem correr o risco de que fossem interpretados como sinal de fraqueza."[13]

Era quase como se Rondon concebesse sua tarefa como mais uma expedição para pacificar mais uma tribo indígena hostil, como os Nambikwára ou os vizinhos Kaingáng. Ele começou por passar de batalhão em batalhão, regimento em regimento, pregando aos homens sob seu comando um evangelho de precaução contra a violência desnecessária. Embora não estivesse defendendo a velha diretriz do "morrer se preciso for, matar nunca", como aplicara na Amazônia, seu foco era claramente na máxima moderação e no mínimo derramamento de sangue. "Falando a todos no sentido de incutir-lhes o ponto de vista de dar à nossa expedição cunho de pacificação", comentou, "de nunca nos afastarmos do objetivo de reduzir ao mínimo, senão eliminar, as consequências de uma luta fratricida".[14]

Na Amazônia, Rondon muitas vezes deixou para trás, além dos presentes oferecidos às tribos com as quais buscava a paz, cartazes coloridos pregados em árvores retratando soldados brasileiros em poses amistosas. Agora ele adaptava essa técnica aos rebeldes do Paraná, combinando-a a uma dose do que na terminologia militar contemporânea chamaríamos de *PsyOps* (operações psicológicas).* Sua força de operações combinadas incluía um pequeno destacamento aéreo, que ele requisitava não para lançar granadas nos rebeldes, como Bernardes fizera em São Paulo, mas para bombardeá-los com folhetos oferecendo uma saída pacífica do conflito. O próprio Rondon escreveu o texto, que refletia tanto suas táticas quanto seu estilo literário formalíssimo:

"Será em vão continuardes a resistência que nos pretendeis opor. Guardai vosso sacrifício para a defesa de outros ideais que enalteçam e dignifiquem. Bem sabemos que fostes iludidos, por isso mesmo seremos compreensivos quando depuserdes as armas. Não acrediteis nas promessas falazes de vossos chefes — a pátria não poderá ser feliz sem paz. Abdicai dessa luta inglória; não só tereis garantidas as vidas como sereis tratados como irmãos". O bilhete estava assinado simplesmente "General Rondon."[15]

Muitos soldados rebeldes eram quase analfabetos, o que limitou a efetividade do fogo aéreo propagandístico de Rondon. Mas parte deles de fato se rendeu às suas tropas, se

---

* Atualmente, a *PsyOps* teria um significado semelhante ao que se conhece por "guerra de informações", pois compreende desde a sabotagem da tecnologia inimiga até o uso das técnicas mais básicas de propaganda.

bandeando para o lado governista ou simplesmente fugindo de Catanduvas e abandonando o confronto por completo. A quantidade, porém, não era grande o bastante para ser determinante, e, no início de 1925, Rondon ordenou que Catanduvas fosse sitiada. Três décadas antes, seu mentor Gomes Carneiro pereceu na defesa contra um cerco similar em Lapa, a cerca de 350 quilômetros dali;* agora Rondon estava em posição oposta, prestes a assumir a ofensiva.

Catanduvas era um povoado pequeno e relativamente novo, fundado nos primeiros anos da República como simples posto telegráfico. Localizado no extremo sudoeste do estado, não muito longe das cataratas do Iguaçu, originalmente era cercado de florestas de pinheiros: na língua tupi, "catanduvas" significa "lugar de mata dura". Esta, contudo, fora arrasada para dar acesso à terra fértil na região e encorajar imigrantes alemães, italianos, poloneses e ucranianos a se fixar ali como colonos. Com o fim das florestas, restaram as planícies, que tornaram Catanduvas atraente para a principal força rebelde: qualquer força agressora, após atravessar a acidentada serra do Medeiros, ficaria visível a quilômetros de distância e a cidade poderia ser facilmente defendida da rede de trincheiras que os rebeldes haviam escavado e fortalecido.

O fato de que Catanduvas e a região em torno eram densamente povoadas pelos "novos brasileiros", isto é, imigrantes recém-chegados de rincões europeus oprimidos ou devastados pela guerra, representava para Rondon tanto um desafio quanto uma oportunidade. Os estrangeiros, alguns dos quais mal falando português, em sua maior parte ainda não haviam tomado partido no que viam como uma complicada rixa política cujas origens remontavam a muito antes de sua chegada ao país. Acima de tudo, eles queriam apenas ser deixados em paz e ter permissão para prosperar: se Rondon e seus homens eram vistos como forasteiros, o mesmo se dava com os rebeldes de São Paulo e do Rio Grande do Sul que lhes faziam oposição. Os colonos eram céticos em relação aos dois lados e não deviam lealdade a nenhum deles.

Mas Rondon sabia que tinha de proceder com cautela com a população nativa da região, composta principalmente de descendentes de índios e negros. Apenas uma década antes, o Paraná e seu vizinho ao sul, Santa Catarina, foram varridos por um conflito sangrento conhecido como a Guerra do Contestado, com uma quantidade estimada de 10 mil mortos, feridos e desaparecidos. O que começara como uma disputa de fronteira

---

* Durante a Revolução Federalista (1893-5), no Rio Grande do Sul, Gomes Carneiro foi enviado por Floriano Peixoto para defender o Paraná. A batalha do Cerco da Lapa, que aconteceu na cidade de Lapa, em 1894, opôs legalistas e federalistas. As tropas de Gomes Carneiro estavam em desvantagem (pouco mais de seiscentos homens contra 3 mil adversários), mas eles conseguiram resistir por 26 dias até a derrota final. Atingido por um projétil, Gomes Carneiro morreu em poucos dias.

entre os dois estados eclodiu em 1912 numa rebelião violenta com fortes características de luta de classes, uma vez que parte dos rebeldes antagonizados pelas forças do governo eram posseiros ou pequenos agricultores desalojados pela construção de uma ferrovia e pela atividade de madeireiros. E como em Canudos, duas décadas antes, havia também um forte elemento de sentimento religioso e utópico: muitos revoltosos eram seguidores de um "monge" que acreditavam ser santo, e a principal força rebelde adotou o nome de Exército Encantado de São Sebastião. A guerra terminou formalmente em 1916, com a assinatura de um acordo entre os dois estados, mas em 1921 os camponeses, ainda sem títulos formais de propriedade sobre terras que eles mesmos tinham desbravado e cultivado, seguiam entrando em conflito com levantadores topográficos a serviço de companhias de colonização privadas que cobiçavam essas mesmas áreas férteis.

Assim, no fim de 1924 e início de 1925, antes que o confronto chegasse ao clímax, Rondon empreendeu uma tentativa de — para pôr em termos modernos — conquistar os "corações e mentes" da população, ou ao menos assegurar uma oportuna neutralidade. Ele e seus oficiais visitaram inúmeras cidadezinhas espalhadas pelas planícies e colinas, onde se reuniram com funcionários municipais, líderes religiosos e populares, homens de negócios e lideranças das várias colônias de imigrantes. A cada encontro, explicavam os objetivos do governo e prometiam não causar mal aos civis: uma foto que faz parte de uma história ilustrada da campanha do Paraná, produzida e compilada pelo fotógrafo de longa data de Rondon, Luiz Thomaz Reis, mostra fiéis ucranianos saindo de uma igreja católica bizantina rutena no município rural de Prudentópolis, onde Rondon acabara de falar. Por outro lado, depois que os rebeldes se entrincheiraram em Catanduvas, os moradores da cidade não tiveram outra escolha a não ser fugir ou ficar e lutar.

Durante a campanha do Paraná, Rondon jamais pôde partir da suposição de que todos os seus homens permaneceriam leais e obedientes a suas ordens; nesse aspecto, sua situação era similar à de Bernardes. Por esse motivo, regimentos de polícia de lugares distantes como a Bahia foram trazidos para suplementar as unidades do Exército, origi-nárias na maior parte do Sul: "Evitava por outro lado empregar os oficiais do Exército em certas missões, mesmo porque estava certo de que muitos simpatizavam com a causa da revolução", escreveu Rondon, e ele não queria "jogar uma parte do Exército contra a outra".[16] Em um incidente durante o bombardeio de Catanduvas, Rondon notou que um oficial de artilharia estava visivelmente relutante em disparar sua bateria. Em vez de admoestá-lo ou castigá-lo, Rondon simplesmente disse: "Você não pôde cumprir seu dever por estar doente. Vou fazê-lo baixar ao hospital".[17]

E, em pelo menos duas ocasiões, Rondon escapou de ser capturado ou morto apenas por mudanças de última hora em seu itinerário. O complô mais perigoso contra ele ocorreu em 20 de novembro de 1924, quando uma força rebelde de quase duzentos homens, conhecida como Coluna da Morte, liderada por João Cabanas e agindo com informação cedida por um simpatizante rebelde do lado governista, lançou um ataque ao alvorecer contra um quartel em Formigas onde Rondon estaria passando a noite. Como seu carro atolara na lama na estrada para o povoado, ele acabara pernoitando em outro lugar. Em outro incidente, um tenente que planejava esfaquear Rondon foi detido em circunstâncias parecidas: quando invadiu a barraca de campanha do comandante e descobriu que ele ainda não chegara, decidiu aguardar. Mas sua demora ali dentro despertou suspeitas e ele logo foi capturado.

Quando tomou a ofensiva, no começo de 1925, Rondon adotou cautela. Começou por enviar soldados de Formigas e Guarapuava para Porto Mendes e ao sudoeste, no rio Paraná, de modo a interromper as linhas de suprimento dos rebeldes pela retaguarda e impedir reforços para Catanduvas vindos dessa direção. Isso foi necessário porque a força liderada por Prestes a essa altura atravessara a fronteira de volta para o Brasil, chegando a Barracão, no extremo norte de Santa Catarina, em 7 de fevereiro. Na realidade, os oitocentos homens de Prestes — apenas quinhentos deles armados e com quantidade ainda menor dispondo de munição — fizeram quatro tentativas de invadir o perímetro, como já haviam feito no sul, mas foram facilmente repelidos.

Mas na maior parte Rondon evitou qualquer tipo de choque entre infantarias, preferindo deixar que a força esmagadora de sua artilharia fizesse quase todo o serviço. Por semanas a fio, canhões, obuses e morteiros bombardearam Catanduvas até a cidade ser reduzida a ruínas; então seus canhões bombardearam a cidade um pouco mais. "Nossa artilharia fez infelizmente grandes estragos em Catanduvas", comentou Rondon, minimizando a destruição como apenas uma "dura contingência" da guerra.[18] Entrementes, o grosso da força rebelde continuou guardando a posição, absorvendo ataque após ataque e se recusando a bater em retirada, muito menos se render. Em seu próprio meio, porém, os comandantes rebeldes se preocupavam com a instauração de um clima de derrotismo.

Como parte do ataque contra Catanduvas, originalmente Rondon planejara lançar mão do poderio aéreo para bombardear posições rebeldes. Assim, ordenou que uma pista de pouso fosse construída em Laranjeiras. Nesse sentido, ele estava seguindo as táticas da missão militar francesa, bem como sua própria propensão a sempre experimentar a tecnologia mais moderna no que quer que estivesse fazendo. Mas encontrou dificuldades imediatas. Muitos aviões logo apresentaram problemas mecânicos, porém, a principal complicação foram as pesadas chuvas: as aeronaves não conseguiam decolar nem pousar em tais condições, e a pista em si logo virou um lamaçal.[19]

No geral, porém, Rondon fez o melhor que pôde para aplicar a doutrina militar francesa: acossar o adversário em posição geográfica desvantajosa e depois lentamente sufocá-lo até a rendição. Em retrospecto, talvez não tenha sido o curso de ação mais ajuizado: embora o general Gamelin, quando ainda era um jovem oficial, houvesse traçado o plano de batalha que levou à vitória francesa na Primeira Batalha do Marne durante a Primeira Guerra Mundial, ele continuou utilizando a tática muito depois de já estar ultrapassada. Tanto que, como comandante em chefe do Exército francês a partir de 1935, seria responsabilizado pelos dois grandes desastres da primavera de 1940: o colapso da Linha Maginot e a queda da França. Isso se deveu em boa parte à sua adesão férrea às mesmas táticas impostas por ele sobre os brasileiros.

Rondon, porém, foi auxiliado na tarefa pelas divergências entre os líderes rebeldes quanto a estratégia e táticas. O general Dias Lopes, lembrando-se dos impasses surgidos na Primeira Guerra Mundial, estava convencido de que o único caminho para a vitória — ou pelo menos para viabilizá-la — era a guerra de trincheira, e ordenou que os homens se aboletassem para um conflito que seria na maior parte estacionário. Miguel Costa, por sua ordem direta, acatou a decisão com relutância, mas não Prestes. Ele queria travar uma guerra móvel de verdade, incluindo ataques contra o flanco de Rondon, e não hesitou em desafiar o comandante rebelde. "A guerra no Brasil, qualquer que seja o terreno, é a guerra de movimento", escreveu numa carta para Dias Lopes. "Para nós, revolucionários, o movimento é a vitória. A guerra de reserva é a que mais convém ao governo, que tem fábricas de munição, fábricas de dinheiro, e bastantes analfabetos para jogar contra as nossas metralhadoras."[20]

A chegada do outono, em março, também atuou em prol de Rondon. A maioria dos combatentes de ambos os lados eram, como ele, de regiões mais ao norte do Brasil e, desse modo, estavam desacostumados ao frio e às chuvas do outono meridional, a cerca de duzentos quilômetros do Trópico de Capricórnio. Mas as tropas do governo eram mais bem equipadas: fotos da campanha, tiradas por Luiz Thomaz Reis, mostram não só Rondon e seu Estado-Maior confortavelmente vestidos com sobretudo, chapéu, botas de couro grosso e luvas, como também alguns soldados. Os rebeldes, por outro lado, não estavam bem protegidos contra a intempérie, ficando vulneráveis à pneumonia e a outras enfermidades que os debilitaram fisicamente e solaparam o moral, especialmente porque, como Dias Lopes admitiu, "os oficiais e muitos soldados estão seminus e descalços".[21] Nas trincheiras, as condições eram particularmente ruins: sarnas, disenteria e carrapatos assolavam os combatentes, limitados a uma única refeição diária.

Assim, embora Prestes estivesse equivocado ao caracterizar o modo como o adversário utilizava seus soldados — nunca passara pela cabeça de Rondon usar unidades de infantaria como bucha de canhão ou ordenar que fizessem carga contra os ninhos de metralhadora, o que teria contrariado suas convicções —, estava correto ao concluir que a insistência obstinada de Dias Lopes na guerra de trincheira resultaria em derrota. Catanduvas caiu na noite de 29 de março de 1925, depois que um dos oficiais de Rondon enviou uma nota para os rebeldes entrincheirados informando que as tropas do governo estavam a duzentos metros e atacariam ao raiar do dia, a menos que capitulassem.

Exaustos e desanimados, encharcados e esqueléticos, centenas de rebeldes emergiram das trincheiras alagadas, as mãos para o alto: outra foto memorável de Luiz Thomaz Reis, tirada no dia seguinte, mostra uma coluna de derrotados que se estende até o horizonte, marchando em fila indiana através da planície vasta e desértica, vigiados pelos soldados de Rondon. Outros insurgentes se recusaram a se render e fugiram para oeste, sob a proteção das trevas, na esperança de contatar o destacamento de Prestes e prolongar a resistência de algum modo. "A dúvida agora já não era se dava para vencer, mas se daria para sobreviver".[22]

As duas colunas rebeldes finalmente se encontraram nos primeiros dias de abril: Luís Carlos Prestes e Miguel Costa se reuniram pela primeira vez no dia 3 e começaram a trabalhar numa estratégia conjunta. Em Foz do Iguaçu, na fronteira tripla com a Argentina e o Paraguai, reuniram-se no dia 12 de abril com quarenta outros oficiais de alto escalão, incluindo Juarez Távora, para ficar a par da situação sombria: a essa altura, Costa estava reduzido a cerca de 1,4 mil homens e Prestes, provavelmente, à metade disso. Pior ainda, a quantidade de armas disponíveis era inferior a uma para cada dez homens, e, com o largo e caudaloso rio Paraná a sua retaguarda, parecia não haver lugar para uma força tão grande escapar. Os homens de Rondon, por outro lado, não só gozavam de superioridade numérica (mais de quatro para um), como também sentiam grande confiança após a vitória em Catanduvas. Como disse Rondon, seus adversários estavam "num fundo de garrafa" (cercados e aparentemente sem saída) e o fim deles parecia próximo.[23]

"Espero dentro de poucos dias resolver a situação definitivamente", escreveu em um telegrama para Bernardes no dia 23 do mesmo mês, "convencido de que poderá no dia 3 de maio o sr. Presidente da República declarar restabelecida a ordem no Paraná e Santa Catarina e, quiçá, em todo o Brasil, pois não creio nas novas tentativas que os chefes rebeldes, batidos e vencidos, apregoam e que não têm outro intuito senão produzir efeito para fins de anistia." Com base nessa avaliação otimista, o governo começou a proclamar o "desbaratamento definitivo da revolução" e permitiu que a imprensa pesadamente censurada louvasse a argúcia de Rondon na batalha.[24]

No entanto, após a derrota em Catanduvas, a ênfase de Prestes na mobilização ganhara mais aceitação, e dessa vez suas opiniões prevaleceram. "Primeiro vamos tentar sair daqui, dessa região", afirmou para os rebeldes no encontro em Foz do Iguaçu, segundo um relato que escreveu anos depois. O general Dias Lopes, responsável pelo fiasco em Catanduvas, uma clara escolha inadequada para a tática de guerrilha proposta por Prestes, foi discretamente afastado: ficou decidido na reunião que passaria para o exílio na Argentina, onde tentaria obter as armas que os rebeldes necessitavam e conseguir apoio político para eles. Em seu lugar, Miguel Costa assumiu o comando de uma 1ª Divisão Revolucionária reorganizada, composta por duas brigadas baseadas nas origens geográficas dos combatentes: Juarez Távora foi nomeado chefe da brigada de São Paulo e Prestes, o líder da brigada do Rio Grande do Sul.

Mas no fim, improvisando em seu papel incipiente como estrategista-chefe dos rebeldes, Prestes optou pela primeira das três alternativas que delineara, combinada com elementos da terceira. Se Rondon conseguisse conter os rebeldes, a solução de Prestes era simplesmente quebrar o "fundo de garrafa". Ele ordenou que uma pequena unidade diversionária simulasse uma fuga na direção das cataratas do Iguaçu, levando Rondon e seu Estado-Maior a acreditar que os insurgentes pretendiam atravessar o rio Paraná, a jusante da queda-d'água, e seguir para o sul. Em vez disso, a força principal se deslocou na outra direção, marchando sub-repticiamente a norte para Porto Mendes, na margem do Paraná oposta ao Paraguai, onde chegaram, exaustos, em 27 de abril de 1925.

Ali, ao longo dos três dias seguintes, os rebeldes conseguiram transferir sem perdas quase 2 mil homens e cerca de quinhentos cavalos e mulas — além de toda a sua arti-lharia, metralhadoras e suprimentos — para o outro lado do rio, a cerca de quatrocentos metros. Contaram para isso apenas com uma canoa, um batelão, uma lancha motorizada construída por eles próprios, bem como um pequeno vapor do governo paraguaio que abordaram e confiscaram. Invocando o direito à "legítima defesa", "pela salvação das liberdades brasileiras", prometeram no mais respeitar as leis locais conforme atraves-savam o território paraguaio "sem nenhuma ideia de violência contra os nossos irmãos da República do Paraguai". Foi uma evacuação militar impressionante, que pegou os paraguaios completamente de surpresa, pois eles não tinham tropas na região, e o feito elevou imediatamente o moral dos insurgentes.[25]

As tropas de Rondon chegaram a Porto Mendes cerca de 24 horas após o encerra-mento da operação, mas a essa altura estava claro que era tarde demais. Ainda levaria quarenta anos para uma "Ponte da Amizade" ligar o Brasil e o Paraguai, e os rebeldes astutamente haviam destruído ou incapacitado as embarcações utilizadas para fazer a travessia do rio Paraná até o país vizinho. Os barcos de patrulha brasileiros mais próximos estavam a mais de 150 quilômetros dali e, mesmo se estivessem à disposição, Rondon não teria ousado transportar seus homens para solo paraguaio: considerando as tensões históricas entre os dois vizinhos, com alguns veteranos da guerra de 1865-70 ainda vivos, isso poderia ter constituído um *causus belli*. Sendo assim, com a "perseguição" além--fronteira descartada, as forças de Rondon foram completamente frustradas, e Costa e Prestes, livres das limitações de um exército formal, puderam fazer uma fuga desimpedida.

O que veio em seguida, é claro, foi uma proeza de resistência e ousadia que os bra-sileiros comparam até hoje à Grande Marcha de Mao Tse-tung, ocorrida uma década mais tarde. A Coluna Prestes, como entrou para a história, marchou através do leste paraguaio por um par de dias, terminando a travessia do rio Iguatemi para voltar ao Brasil no dia 2 de maio de 1925 (a noroeste das cataratas Guaíra) e penetrou em Mato

365

Grosso. Pelos dois anos seguintes, os rebeldes fariam um trajeto tortuoso pelo interior do Brasil, atravessando cerrados, selvas e o árido sertão nordestino. Tudo somado, a Coluna Prestes marcharia por quase 25 mil quilômetros de terreno desafiador, combatendo tropas federais, polícias estaduais e jagunços a serviço dos senhores rurais à medida que tentavam, com sucesso muito limitado, obter apoio entre os lavradores pobres. A campanha chegaria ao fim apenas em 1927, quando Prestes e seus homens, de volta ao Mato Grosso após terem descrito uma grande volta, finalmente penetraram na Bolívia.

Para Rondon, as consequências de liderar a campanha do Paraná foram variadas. O governo Bernardes naturalmente ficou constrangido ao declarar a rebelião esmagada para em seguida vê-la estourar outra vez. Mas ao menos ficou satisfeito em ver o problema transferido de um próspero estado do Sul para o interior bravio, longe dos principais centros urbanos da vida brasileira, e tinha certeza de que a insurreição acabaria perdendo força, como tantas revoltas antes dela. Essa avaliação foi compartilhada por embaixadas estrangeiras: "Como um movimento ameaçando a paz do Brasil e a estabilidade de seu governo, essa revolta cessou há muito de ter importância", Barclay informou Washington, "e seu presente status é simplesmente o de uns poucos grupos dispersos de foras da lei saqueando os povoados próximos".[26]

Oficialmente, Rondon, que fora promovido a general duas estrelas em dezembro de 1924, cumprira sua missão admiravelmente e foi elogiado por sua "brilhante [...] inteligência, cultura, iniciativa, ponderação, magnanimidade, tenacidade que o tornam incomparável chefe militar",[27] numa menção especial do Ministério da Guerra emitida em agosto de 1925, depois que ele foi convocado de volta ao Rio de Janeiro e a campanha, oficialmente declarada encerrada. O general Gamelin também ajudou a elevar sua reputação. Ele já fizera muito no exterior para exaltar as realizações de Rondon, escrevendo sobre seus feitos como explorador para publicações geográficas, militares e populares na França, na Bélgica e na Suíça. Quando chegou a hora de deixar o Brasil, no fim de 1924, Gamelin deu uma última rodada de entrevistas para os principais jornais e revistas, que lhe perguntaram o seguinte: na eventualidade de uma guerra, quem ele queria ver no comando do Exército brasileiro? "Rondon, sem dúvida", foi sua resposta.

Avaliando sua própria performance, Rondon ressaltou não a fuga bem-sucedida da Coluna Prestes, mas o que viu como a concretização dos objetivos políticos pacíficos que estabelecera para si antes da campanha, que continuava acreditando serem mais importantes do que uma vitória militar retumbante. "Sentia-me feliz com a convicção de que muito sangue e muitas lágrimas haviam sido poupados", anotou. "Servira à minha pátria pacificando, pondo termo a uma luta que ameaçava degenerar em catastrófica corrida pelo sertão afora, ódios entre irmãos cada vez mais acirrados." Estava particularmente orgulhoso de ter conduzido os rebeldes derrotados pelo campo, e não pelas rodovias importantes que atravessavam cidades. "Queria poupar-lhes todas as humilhações da derrota", também evitando, e verdade seja dita, dar oportunidade tanto para mostras de simpatia da população em relação aos rebeldes quanto até para a vingança de suas próprias guarnições contra o inimigo.[28]

Mas, na esfera pessoal, Rondon pagou um alto preço por sua decisão de aceitar o comando. Em 28 de março, quando o cerco de Catanduvas era concluído e os sobreviventes começavam a retirada para Foz do Iguaçu, ele recebeu um telegrama de Chiquita dizendo-lhe que Beatriz, a quarta de suas seis filhas, morrera de tuberculose. Seus ajudantes se lembrariam dele amassando a mensagem em suas mãos, desmanchando-se em lágrimas e se retirando em sua barraca. "Não estás morta para mim!", teria dito ele.[29] Sua ausência do Rio de Janeiro significou que foi incapaz de consolar a esposa, e ele se mostrou estranhamente reservado no telegrama que enviou para ela após o falecimento da filha: falou da própria tristeza, mas também instou Chiquita a manter a compostura e a instruiu a assegurar que Beatriz fosse enterrada de acordo com os rituais positivistas.

Em seu diário dessa noite, seus sentimentos eram conflitantes, e ele lutou para controlá-los, invocando, como sempre fazia em momentos de crise, sua fé positivista. "Não profanarei tua cara imagem, fazendo surgir em torno dela o cortejo das emoções desalentadoras do egoísmo",[30] escreveu sobre Beatriz, caracterizando sua "existência objetiva", expressão que os positivistas usavam para descrever a vida de uma pessoa, como "fonte de emoções altruísticas"[31] que ele tentaria emular. Mas estava claramente lutando contra o fardo da culpa, derivada de sua decisão de mais uma vez colocar o dever ao país acima das obrigações familiares: "Em vez de me maldizer e me perder em recriminações inúteis e injustas", escreveu também, "esforçar-me-ei [...] para atingir a altura".[32] Era a única maneira, concluiu Rondon, de conseguir transformar "o coração cheio de dor, da mais amarga dor", em um serviço contínuo à sua divina trindade da Família, Pátria e Humanidade.[33]

A longo prazo, a campanha do Paraná também gerou consequências políticas negativas para Rondon como figura pública. Ele prometera tratamento humanitário a todos os rebeldes que se renderam e fez o máximo esforço para tratá-los com compaixão quando marchavam rumo ao litoral para embarcar nos navios que os levariam ao Rio de Janeiro e a São Paulo, onde presumia que seriam submetidos à corte marcial. Mas as gentilezas cessaram no instante em que os prisioneiros deixaram a jurisdição de Rondon. Muitos foram tratados com brutalidade e enviados diretamente para colônias penais cruéis e infestadas de doença no coração da Amazônia, assim como os derrotados na Revolta da Chibata de 1910 e em insurreições anteriores. Não há indício nos arquivos do Exército de que Rondon soubesse de antemão que essa traição a seus princípios, ordenada por Bernardes, ocorreria, mas também não existe evidência documental a sugerir que tenha protestado contra ela quando finalmente a notícia chegou a seus ouvidos, provavelmente quando regressou ao Rio de Janeiro, em junho de 1925.

Os líderes do movimento tenentista nunca perdoaram Rondon. Consideraram que faltara com a palavra e, desde então, passaram a alimentar grande animosidade pessoal contra ele, especialmente Juarez Távora e Miguel Costa. Prestes mostrou-se menos inclinado ao rancor, descrevendo Rondon em mais de uma ocasião como um adversário capaz. Mas, ao longo dos anos, seus partidários na esquerda — de líderes do Partido Comunista Brasileiro a simpatizantes na academia e na imprensa — foram bem menos generosos. Para eles, Rondon se tornou a personificação de tudo o que desprezavam na Primeira República e ele sofreu um bombardeio de acusações, algumas das quais talvez com um fundo de verdade, mas a maior parte claramente falsa. Cinco anos mais tarde, os inúmeros inimigos que Rondon fizera teriam de repente a oportunidade de obter sua vingança, mas, antes disso, ele ainda tinha missões vitais a cumprir para o governo que continuava a servir.

21. De volta ao campo

Quando Washington Luís tomou posse como presidente do Brasil, no fim de 1926, Rondon praticamente exaurira todas as suas possibilidades de promoção e de novos desafios como oficial do Exército. Estava com 61 anos, um general duas estrelas, e nunca tivera o temperamento necessário para seguir uma carreira considerada padrão e ficar no comando atrás de sua escrivaninha, no Rio de Janeiro. Não que houvesse de fato algum lugar para ele nos escalões superiores da burocracia militar: seu amigo Tasso Fragoso continuava como chefe de Estado-Maior do Exército e o novo ministro da Guerra era um dos antigos ajudantes de Rondon, Nestor Sezefredo dos Passos, que passara dois turnos de serviço construindo linhas telegráficas no Mato Grosso e no Amazonas e, mais recentemente, servira com Rondon na campanha do Paraná. Agora também general duas estrelas, Sezefredo devia sua promoção precoce a capitão, duas décadas antes, a uma recomendação de Rondon, e sempre lhe foi grato por isso.

Sendo assim, Rondon parecia blindado contra qualquer tipo de intriga à sua carreira dentro do corpo de oficiais e podia se permitir pedir o que quisesse, sobretudo após devotar a segunda metade de 1925 e a maior parte do ano seguinte a missões rotineiras e ocasionalmente tediosas: representar o Exército no centenário da independência uruguaia em Montevidéu; supervisionar a produção de um detalhado mapa do Mato Grosso; fazer o lobby pela construção de uma estrada de ferro ao norte de Cuiabá; comparecer às cerimônias de inauguração de monumentos a Benjamin Constant e ao barão de Melgaço (o almirante Augusto Leverger). Ele também foi destacado para ajudar o célebre aviador italiano Francesco de Pinedo a traçar o itinerário de um voo por quatro continentes, visando demonstrar a exequibilidade do hidroavião como meio de transporte global. A rota escolhida por Pinedo exigia que fosse de Assunção a Manaus, mas ele necessitava dos conhecimentos de Rondon para traçar um curso sobre o Mato Grosso: que rios ofereciam as melhores condições de aterrissagem no tocante a correntezas e a fluxo e nível da água.

Mas o que Rondon mais queria era voltar ao trabalho de campo, onde podia alimentar justificadamente a esperança de um último grande feito para coroar sua extraordinária carreira de explorador. Estava em ótima forma para um homem de sua idade, mas tinha perfeita consciência de que até mesmo para um general duas estrelas as oportunidades profissionais diminuíam à medida que envelhecia. Além disso, ele praticamente não viu os filhos crescerem, mas seu único menino, Benjamin, era adulto agora, um engenheiro e fotógrafo talentoso que podia acompanhá-lo em qualquer missão. Portanto, haveria grande satisfação pessoal caso Rondon pudesse encontrar uma maneira de montar uma nova expedição.

A retomada dos trabalhos na selva também permitiria a Rondon se distanciar de alguns dos aspectos mais desagradáveis da política nacional e militar, ambas tomando um rumo claramente para pior. Embora Tasso Fragoso e Sezefredo dos Passos admirassem Rondon e mantivessem relações amistosas com ele, os dois não se davam muito bem, e o Exército, que vira seu prestígio diminuir durante o governo de Bernardes, pagou o preço por isso. Infelizmente, Sezefredo revelou um espírito de liderança autoritário, de modo que suas relações com Tasso Fragoso e outros membros do Estado-Maior azedaram — isso numa época em que crescia o apoio aos tenentistas entre os jovens oficiais e outros intelectuais civis, o que, no entender dos institucionalistas, precisava ser contido. Com a própria República parecendo cada vez mais extenuada e corrupta, era uma combinação explosiva.

Felizmente para Rondon, seu desejo de voltar a se embrenhar no mato coincidiu com os projetos que as Forças Armadas e o Ministério das Relações Exteriores tinham em mente — e que, por envolverem questões de segurança nacional, corriam menor risco de parar em entraves provocados pelas disputas políticas domésticas. O Brasil ingressava em um novo estágio de desenvolvimento, agora menos preocupado com a incorporação do Norte do país ao Estado-nação do que em consolidar o controle da Amazônia e áreas adjacentes. Parte vital desse processo era, enfim, traçar a fronteira terrestre brasileira com os seus dez vizinhos: ela serpenteava em todas as direções por 15 735 quilômetros do Oiapoque, a norte, na fronteira com a Guiana Francesa, ao Chuí, no extremo sul, na fronteira com o Uruguai. O governo brasileiro só podia pensar em exercer sua autoridade nessas regiões, evitando possíveis incidentes diplomáticos, quando descobrisse de fato onde começavam e acabavam as terras do Brasil e quem eram as pessoas que ali viviam.

Como a Bacia Amazônica, ambiente nativo de Rondon, corresponde a cerca de dois terços das fronteiras terrestres do país, ele era a escolha lógica para empreender a missão. Suas tarefas, caso as aceitasse, seriam múltiplas e variadas: cartográficas, de engenharia, estratégicas, científicas, políticas. Ele deveria fazer as medições necessárias para demarcar efetivamente a linha fronteiriça; inspecionar as fortificações militares e as tropas mobilizadas ao longo da fronteira e recomendar o melhor modo de equipar e modernizar as instalações; sugerir locais onde o clima e a topografia fossem apropriados para os novos povoamentos que o governo pretendia fundar para abrasileirar a fronteira. E precisava conseguir tudo isso com um orçamento apertadíssimo.

Rondon ficou empolgado com a ideia, mesmo depois de ser informado que seu levantamento teria de ser completado, e com todos os relatórios preenchidos, até a conclusão do mandato presidencial de Washington Luís, no fim de 1930. "Vibrava eu de entusiasmo",[1] escreveu ele, com a ideia de reunir membros da antiga equipe de exploradores e mais uma vez viajar de barco, a pé e em montaria pelo acidentado território amazônico. Seu cinegrafista favorito, Luiz Thomaz Reis, e o veterano etnógrafo João Barbosa de Faria estavam entre os que se candidataram de imediato. Além do mais, ele seria capaz de acrescentar à lista de deveres duas tarefas que continuavam a ocupar o centro de suas preocupações: inspecionar os postos do Serviço de Proteção aos Índios no Norte remoto e conversar com os grupos indígenas sobre sua situação.

O governo Washington Luís decidiu que Rondon deveria começar pelo extremo norte. O Brasil tinha contato mais regular e contínuo com seus vizinhos ao longo da fronteira sul e oeste, sobretudo a Argentina, sua principal rival geopolítica pela supremacia na América do Sul. O governo, no entanto, estava mais preocupado naquele momento em demarcar a fronteira com os últimos três vestígios do colonialismo europeu no continente: a Guiana Inglesa, a Guiana Holandesa e a Guiana Francesa. Em qualquer tipo de disputa com um vizinho menor e mais fraco, diplomática ou militarmente, o Brasil estava confiante de prevalecer. Mas o mesmo não podia ser dito de um potencial confronto com três das maiores potências europeias que lutaram e saíram vitoriosas na Primeira Guerra Mundial.

Em teoria, os franceses talvez fossem o desafio mais preocupante, uma vez que sua missão de assessoria em curso no Exército os provia com vasta quantidade de informação confidencial sobre as mobilizações e capacidades militares do país. Mas era a situação com a Guiana Inglesa que o Brasil considerava mais problemática. Em meados do século XIX, abolicionistas ingleses, liderados pelo explorador, diplomata e cientista Sir Robert Schomburgk, estavam furiosos com os brasileiros que invadiam o território deles para capturar índios e levá-los para trabalhar em seringais e minas de ouro. Assim, começaram a pressionar o governo britânico para demarcar a fronteira. Mesmo após o fim da escravidão, em 1888, garimpeiros, caçadores e fazendeiros brasileiros continuavam a ignorá-la, levando as autoridades coloniais britânicas a enviar agentes policiais para o remoto rio Essequibo superior. Em 1901, Brasil e Reino Unido assina-

371

ram um tratado submetendo a questão a um árbitro, o rei Vítor Emanuel III, da Itália, que em 1904 concedeu ao Brasil cerca de 10 mil quilômetros quadrados de território reclamado pelos britânicos.

Isso aliviou as tensões, mas no fim da década de 1920 a fronteira ainda não havia sido formalmente demarcada. As autoridades no Rio de Janeiro foram, afinal, forçadas a agir com base em vagos relatos recebidos de súditos britânicos — na maior parte comerciantes, caçadores e madeireiros guianenses, mas também ingleses — que penetravam em território brasileiro sem autorização. Com sua avaliação negativa dos exploradores ingleses que encontrara, Rondon partilhava dessas preocupações: em seus diários, ele se refere aos holandeses e especialmente aos franceses como vizinhos amigáveis, termo que não aplica aos britânicos.

Quando Rondon chegou a Belém, capital do Pará, era quase fim de junho. Ali decidiu dividir sua força em oito equipes: três fariam o levantamento da fronteira no Pará e cinco no Amazonas, com Rondon comandando pessoalmente o grupo que trabalharia nas áreas mais delicadas. Devido à verba curta, havia carência de suprimentos e equipamentos, o que forçou alguma improvisação. As viagens fluviais seriam rústicas e bem menos confortáveis do que no Madeira ou no Paraguai: no fim, o melhor que Rondon conseguiu a título de nau capitânia foi o *Cassiporé*, uma humilde gaiola: pequena (a tripulação tinha de dormir em redes, pois não havia cabines), movida a vapor e toscamente construída.

Foi exigido mais planejamento do que o de costume antes que Rondon e seus homens pudessem embarcar, pois essa parte da Bacia Amazônica era bem menos familiar para eles do que o Mato Grosso ou o Amazonas. Rondon descera muitas vezes o Amazonas para ir de Manaus a Santarém ou Belém e depois prosseguir ao longo do litoral para o Rio de Janeiro. Mas ele não conhecia os principais afluentes ao norte do Amazonas, no Pará — um estado maior do que Alemanha, Itália e França juntas —, ou as cidades e os povos ao longo desses rios com tantos detalhes quanto dominava o Madeira e seus tributários. A fauna e a flora eram diferentes, bem como os grupos indígenas que habitavam o interior, com seus costumes e línguas pouco familiares; os padrões do vento e das correntezas eram outros, e, uma vez que Rondon e sua equipe estariam trabalhando ao norte do equador, até o céu noturno exibiria estrelas diferentes, ou em todo caso as mesmas estrelas, só que em posições distintas.

Graças às novas tecnologias, porém, a expedição de demarcação da fronteira seria menos perigosa do que as primeiras missões de Rondon, 37 anos antes. A equipe agora viajava com um operador de rádio, que os mantinha, ainda que às vezes de modo precário, em contato com suas famílias e lhes trazia as notícias do mundo exterior: em um relato de uma viagem que fez com Rondon em que subiram o remoto rio Cuminá, em 1928, o escritor Gastão Cruls menciona como foi reconfortante conseguir se comunicar com a esposa e os filhos.

A possibilidade de transmitir as coordenadas de uma expedição para o quartel--general via rádio também diminuía o risco de desaparecimentos ou mortes na selva, pois, mesmo que os exploradores se perdessem ou ficassem sem comida, agora havia uma maneira relativamente rápida de obter mantimentos. Em 1924 e 1925, o médico e pesquisador americano Alexander Hamilton Rice demonstrou que a aviação era uma ferramenta útil para explorar a Amazônia, empregando biplanos para fazer fotografias aéreas conforme navegava o rio Branco e o rio Uraricoera, no atual estado de Roraima. Rondon apreciou as inovações de Rice, que também incluíam o uso de rádio de ondas curtas para fazer o mapeamento, e as adotou rapidamente; ele expressaria sua gratidão ao "intrépido explorador"[2] em 1927, batizando de monte Rice um pico recém-descoberto em Roraima.

Rondon ficou particularmente animado com a radiotelegrafia e as ondas curtas, que, esperava, permitiriam que ele se tornasse o que hoje chamamos de multitarefa. Seu tempo e sua energia estavam cada vez mais sobrecarregados. Com três linhas distintas de atribuições rivalizando por sua atenção, ele acreditava que essas tecnologias o ajudariam a encontrar solução para os novos desafios. "Com a estação de rádio que conduzíamos e instalávamos nos acampamentos, ia recebendo e transmitindo despachos Rio, Belém e Óbidos", rejubilou-se. "Podia assim atender às administrações da Comissão Telegráfica, do Serviço de Proteção aos Índios e das turmas da Inspeção de Fronteiras".[3] Dos três órgãos, apenas a Inspeção de Fronteiras tinha verba garantida. Assim, ao final de um longo dia enfrentando floresta, rios ou montanhas, ou no começo da manhã, antes de partir nas explorações, Rondon tinha de lidar com as dores de cabeça burocráticas — sobretudo as relacionadas a assegurar o apoio financeiro contínuo do governo — por meio de Botelho de Magalhães, que ficara no Rio de Janeiro.

O Norte remoto era, talvez, a área mais inacessível e negligenciada do Brasil. Por longos trechos, a fronteira existia apenas como uma série de pontos abstratos num mapa; ninguém além dos povos nômades que percorriam a região havia pisado ali de fato, e os cartógrafos desenharam as linhas como um mero exercício de acomodação política, pouco refletindo as realidades geográficas encontradas. Havia bons motivos para essa lacuna do conhecimento. Montanhas e escarpas bloqueavam o acesso à fronteira, a própria selva parecia impenetrável e os rios e córregos fluíam na direção "errada", oposta à fronteira. Era como se Rondon agora tivesse de subir, em vez de descer, o rio da Dúvida.

A primeira parada da expedição foi Macapá, atual capital do estado do Amapá, na fronteira com a Guiana Francesa. Na época da visita de Rondon, porém, a cidade era um simples posto avançado entre ruas de barro batido num soporífero fim de mundo. Então, por que se dar ao trabalho de parar ali? Dividida pelo equador, Macapá e a fortaleza do século XVIII a partir de onde ela se desenvolveu ficam num planalto acima da calha norte do rio Amazonas. Historicamente, isso emprestara ao local considerável valor estratégico, sendo assim era o principal motivo para a presença de Rondon ali. Com os automóveis e caminhões agora começando a chegar à Amazônia, ele também instruiu uma de suas equipes — chefiada pelo primo, o tenente Joaquim Rondon — a fazer um reconhecimento da área e apurar a viabilidade de construir uma rodovia ao norte da fronteira com a Guiana Francesa.

Uma vez de volta ao *Cassiporé*, Rondon margeou o litoral até chegar à foz do rio Oiapoque, o ponto mais setentrional da costa brasileira, onde ficou desconsolado com o estado de decrepitude do local. Sem dúvida era um dos territórios menos acolhedores na face da Terra: tanto britânicos quanto holandeses haviam tentado colonizar a região no início do século XVII, mas os subsídios de seus governos logo secaram e eles acabaram desistindo. O governo do Brasil enviou um destacamento militar pequeno e mal equipado para lá pela primeira vez em 1907 e criou um posto alfandegário nove anos depois, mas havia poucos outros indícios da soberania brasileira e, certamente, nenhuma fortificação efetiva. Isso se revelaria um problema permanente durante todas as três expedições de inspeção na fronteira realizadas por Rondon: examinando canhões dilapidados em um local, ele descobriu que a data de fabricação gravada neles era 1681.

Por discrição ou constrangimento, Rondon era sempre extremamente circunspecto acerca do estágio seguinte de sua viagem: deixando o *Cassiporé* para trás na foz do rio, ele e dois oficiais subiram o Oiapoque de canoa, com a Guiana Francesa à direita e o Brasil à esquerda, para Clevelândia do Norte. O lugar, batizado em homenagem ao presidente americano Grover Cleveland, que mediara várias disputas de fronteira a favor do Brasil, era oficialmente um "núcleo agrícola", fundado em 1919 para assentar camponeses na fronteira e desse modo estabelecer uma presença civil permanente no local. Mas, na realidade, o lugar escondia uma cruel colônia penal, cuja função original fora adaptada por Bernardes para prender adversários de seu governo que considerava particularmente perigosos, bem como prisioneiros que haviam tido o desplante de entrar com pedidos de habeas corpus.

Em 1924, a população da Clevelândia incluía anarquistas, membros do recém-formado Partido Comunista Brasileiro, oficiais dissidentes que participaram da revolta tenentista, sindicalistas e também pessoas comuns consideradas indesejáveis, como mendigos, ladrões, cafetões ou meros desempregados. Um ano mais tarde, chegaram ainda centenas de rebeldes que haviam se rendido para Rondon em Catanduvas durante a campanha do Paraná. Os prisioneiros viviam em barracões de madeira erguidos por eles próprios sob o implacável sol equatorial, com cada categoria de prisioneiros agrupados e designados a seus próprios alojamentos. A comida era escassa, sobretudo depois que um novo comandante draconiano chegou e cortou as rações, e a doença se alastrava, em geral com consequências fatais. Em 1927, mais da metade dos 946 prisioneiros que tinham chegado em 1924 e 1925 haviam morrido, muitos de malária, tuberculose ou beribéri, embora uma epidemia de disenteria em 1926 tenha sido ainda mais devastadora, matando mais de trezentos prisioneiros.

Clevelândia ficava a cerca de 150 quilômetros da notória prisão francesa na Ilha do Diabo, da qual escapar era quase tão impossível quanto. Uma única guarnição militar reduzida permanecia estacionada ali, pois os prisioneiros não tinham para onde fugir: o rio Oiapoque, com quase um quilômetro e meio de largura nesse ponto, era infestado de jacarés e agitado por fortes correntezas, e a colônia em si era cercada nos outros três lados por uma floresta densa, com o povoamento civil mais próximo a cerca de vinte quilômetros de distância. Ocasionalmente, pescadores locais passavam em suas canoas, mas todos sabiam que, se recolhessem eventuais prisioneiros escondidos nos barrancos, corriam o risco de também virarem detentos. Uma investigação sigilosa do governo realizada em 1927, mesmo ano que Rondon visitou o lugar, revelou que mais de duzentos prisioneiros haviam desaparecido de Clevelândia, provavelmente perdendo a vida na selva ou no rio ao tentar escapar.

Ao contrário da maioria dos presídios no sul do Brasil, os prisioneiros em Clevelândia tinham de trabalhar para obter seu sustento. O esteio econômico da colônia penal era o fragrante pau-rosa (*Aniba rosaeodora*), cujo óleo é um ingrediente essencial de perfumes e, portanto, com enorme valor de exportação. Primeiro, os prisioneiros precisavam abater as árvores, que podem alcançar trinta metros de altura e dois metros de diâmetro, depois as cortavam em toros de um metro de comprimento e os transportavam para uma destilaria dentro da detenção. Então os toros eram transformados em aparas a fim de alimentar um alambique a vapor. O óleo resultante desse processo equivalia a cerca de 1% do peso da árvore e, desse modo, era facilmente transportado para o porto de Belém ou contrabandeado através do rio até chegar a Caiena, capital da Guiana Francesa. Em ambas as cidades, o precioso óleo era leiloado para compradores representando as principais firmas da moda francesas e depois levado para Paris, onde era transformado em caros perfumes usados por algumas das mulheres mais ricas e elegantes do mundo.[*]

Não sabemos o que Rondon pensava do que viu em Clevelândia, cujo edifício administrativo principal usou como quartel-general por quase um mês, ou o que informou quando finalmente enviou seu relatório para o governo. Na verdade, não sabemos se disse alguma coisa sobre os trabalhos forçados e outros maus-tratos que deve ter presenciado. Se o fez, esses registros desapareceram dos arquivos tanto do Exército quanto do Ministério da Agricultura, que em teoria era responsável pelo "núcleo agrícola" em Clevelândia. Em suas memórias, ditadas quase trinta anos após a viagem de inspeção na fronteira, Rondon deixou passar a oportunidade de denunciar as duras condições

---

[*] O principal ingrediente do famoso perfume lançado pela empresa de Coco Chanel em 1921 é, justamente, o óleo essencial extraído da madeira do pau-rosa.

impostas aos detentos. Em vez disso, descreve sua visita como tranquila e o povoamento como inócuo e até agradável. Após determinar as coordenadas geográficas do que eufemisticamente chamou de "Colônia Clevelândia" e afixar um marco de fronteira, foi embora: "Colocado um marco, visitei todos os lotes da Colônia, e, depois de um jantar oferecido aos funcionários e membros da Comissão do Centro Agrícola Clevelândia, retribuição às gentilezas recebidas, partimos para o Amazonas".[4]

No caminho para Manaus, Rondon quis parar em algum lugar próximo a Óbidos, 1100 quilômetros subindo o Amazonas a partir de Belém, e explorar a cadeia montanhosa de Tumucumaque, que forma a fronteira brasileira com o que era na época a Guiana Holandesa e, hoje, a república independente do Suriname. Mas uma equipe de batedores avançada trouxe-lhe a má notícia: a área era tão acidentada e inacessível que não existia nenhuma rota terrestre vinda do sul, nem sequer uma trilha indígena. Além do mais, a verba já começava a secar, e Rondon não queria pôr em risco outras empreitadas com as quais se comprometera. "Nossos recursos não nos permitiriam organizar uma expedição de reconhecimento", escreveu. "Deixamos, pois, essa inspeção para outra oportunidade."[5] Então lá foi ele para Manaus, onde, após dois dias lidando com papelada, embarcou num navio que subiria o rio Negro até a confluência com o rio Branco. Mas as montanhas de Tumucumaque não saíam de sua cabeça.

Entrando no rio Branco, ele seria bombardeado com notícias desencorajadoras. Inundações destruíram as plantações dos colonos locais, levando-os a fugir e tornando impossível para Rondon adquirir gêneros alimentícios na quantidade necessária para manter uma expedição de forma adequada. Mais adiante, ficou sabendo que o plano B que concebera no caminho — o de se aproximar da cadeia Tumucumaque por terra, vindo do oeste, seguindo o rio Tacutu até a nascente — não funcionaria. "Foi tal a balbúrdia das informações que resolvi estabelecer os planos para atingir as fronteiras nos pontos importantes", relatou, desolado, mais uma vez relutando em adiar seus planos de explorar as formidáveis montanhas.[6]

Entretanto, o que mais pareceu irritar Rondon foi a estranha informação envolvendo dois tradicionais adversários — a Igreja católica e os ingleses — na pessoa de um único indivíduo. Ao chegar ao posto do Serviço de Proteção aos Índios em Roraima, contíguo à fazenda conhecida como São Marcos, onde rapidamente ergueu seu acampamento-base, Rondon se reuniu com os líderes dos Macuxi e Wapichana, duas tribos que respeitava. A arbitragem fronteiriça de 1904 atravessara seu território tradicional, eles o informaram, e desde então vinham sendo "atraídos" para o lado da Guiana Inglesa de modo a fortalecer futuras reivindicações britânicas em toda a área — ou pelo menos essa foi a interpretação que Rondon deu aos eventos na região.

A realidade, porém, era bem diferente e revelava um ponto cego na visão de mundo de Rondon. Por anos, flibusteiros venezuelanos empreenderam incursões através da fronteira para capturar índios e voltar com eles à Venezuela, às vezes acorrentados ou agrilhoados. Como nem o governo brasileiro nem o venezuelano tinham uma presença efetiva na região, índios desesperados fugiam para o único porto seguro que conseguiam encontrar: missionários católicos e protestantes trabalhando na Guiana Inglesa.

No entanto, para Rondon, os índios não estavam fugindo da escravidão, mas abandonando o Brasil "por instigação dos ingleses, inclusive de um jesuíta inglês que permanecia meses entre os Wapichana do território brasileiro, construindo capelinhas e fazendas prédicas em que procurava persuadi-los da necessidade de passar para o outro lado da fronteira". Para agravar ainda mais a situação, Rondon acusava o inglês de tentar convencer os índios empregando a típica lenga-lenga religiosa e apocalíptica que ele tanto desprezava, advertindo-os sobre a "terrível calamidade que ameaçava aquela região — fogo que sairia da terra para os consumir".[7] Apenas uma presença brasileira mais efetiva poderia romper com o que ele via como invasões inglesas.

Como parte de seu levantamento na fronteira norte, Rondon sempre tivera intenção de escalar o monte Roraima, onde o trecho mais setentrional convergia com a Guiana Inglesa e a Venezuela. Isso era necessário para fins de cartografia, mas também impunha o tipo de desafio exploratório que Rondon apreciava desde os tempos em que escalava o Pão de Açúcar, quando cadete. Além disso, admitiu ele, representava uma emoção especial e muito pessoal, porque o deixaria mais próximo que nunca da rota que Alexander von Humboldt, um dos ídolos intelectuais de sua juventude, fizera através da Venezuela: em 1800, Humboldt passara a poucos quilômetros da fronteira brasileira quando explorava o canal do Cassiquiare, que liga as bacias do Amazonas e do Orinoco, mas negligenciou a oportunidade de ser o primeiro a escalar o monte Roraima.

Embora não seja o pico mais alto do Brasil — a honraria cabe ao pico da Neblina, centenas de quilômetros a sudoeste —, o monte Roraima é extraordinariamente difícil de escalar porque pertence a uma classe de montanhas conhecidas como *tepuis*. Encontrados apenas no planalto das Guianas, os *tepuis* são imponentes montes com paredões de arenito e cimo plano — *tepui* significa "morada dos deuses" na língua do povo Pemon, que habita a região — assomando de forma abrupta na planície e na floresta tropical que os cercam, com o topo normalmente pontilhado de cavernas e sumidouros com até trezentos metros de profundidade. Complementando esse cenário majestoso e isolado, cascatas vertem dos cumes, de onde é possível obter vistas grandiosas do manto de nuvens, mais de trezentos metros abaixo.

Dos mais de 150 *tepuis* espalhados pelo planalto das Guianas (que separa a Bacia Amazônica da bacia do rio Orinoco, ao norte), o monte Roraima é o mais alto e ocupa um lugar destacado na cosmologia dos povos indígenas da região. Os Pemon e outros grupos nativos acreditam que o monte Roraima é o toco de uma árvore gigantesca cujos galhos outrora davam todos os frutos do mundo. Mas Macunaíma abateu a árvore, que ao desabar no chão causou um terrível dilúvio, criando a rede fluvial que compreende as bacias do Amazonas e do Orinoco.

Os 2810 metros do monte Roraima foram escalados pela primeira vez somente em 1884, pelo explorador inglês Everard im Thurn. O que sua expedição descobriu ao chegar no topo foi uma paisagem sem igual no planeta, com estranhas formações rochosas moldadas ao longo das eras pelo vento e pela água. "Por toda parte havia rochas e picos de formas impossivelmente fantásticas", relatou im Thurn à Real Sociedade Geográfica quando voltou a Londres, "erguendo-se de maneiras aparentemente fantásticas — ou melhor, pousados em cima ou ao lado de outros em posições que parecem desafiar toda a lei da gravidade —, rochas agrupadas, rochas isoladas, rochas em terraços, rochas em colunas, rochas em paredes e rochas em pirâmides, rochas caricaturais por todos os lados com incontáveis formas de rostos, de homens e animais, de guarda-chuvas, tartarugas, igrejas, canhões e inúmeros outros objetos mais heterogêneos e inesperados".[8]

Im Thurn atingira o cume do monte Roraima pelo lado da Guiana Inglesa, tirando vantagem de uma rampa natural arborizada, e o mesmo fizeram exploradores europeus subsequentes, cujos relatos inspiraram Sir Arthur Conan Doyle a situar seu romance de 1912, *O mundo perdido*, no monte Roraima. Mas Rondon planejava subi-lo pelo lado brasileiro, o que provavelmente seria ainda mais problemático, como ele e seus colegas exploradores descobriram quando chegaram ao sopé da montanha, em 29 de outubro de 1927, e contemplaram penhascos de quatrocentos metros com inúmeras saliências. "Íamos galgar a parte mais difícil da ascensão", descreveu, "um 'V' de pedra, formado por dois blocos desprendidos do maciço e equilibrados na encosta."[9]

A expedição em Roraima coincidiu com outra patrocinada pelo Museu Americano de História Natural, chefiada por George Henry Hamilton Tate, zoólogo e botânico inglês, e o americano T. D. Carter, um especialista em mamíferos. Para satisfazer seus patrocinadores, Tate (que obtivera a cidadania americana um mês antes de partir para o Brasil) e Carter também estavam à procura de Paul Redfern, aviador americano que desaparecera em agosto de 1927 quando tentava realizar um voo direto dos Estados Unidos ao Rio de Janeiro. Redfern, buscando superar a distância transposta por Lindbergh em seu voo transatlântico nesse mesmo ano, fizera contato pela última vez ao se aproximar da Venezuela e acreditava-se que houvesse caído em algum lugar no norte da Amazônia — talvez até mesmo no cume do monte Roraima.*

De início, Tate e Carter não sabiam que Rondon também estava na região, mas foram informados de sua presença quando chegaram a Limão, cidade comercial cerca

---

* O avião e o corpo de Redfern, de 25 anos, nunca foram encontrados. Como reconhecimento da audácia de seu voo, a rua Paul Redfern, no bairro carioca de Ipanema, foi assim batizada em sua homenagem.

de mil quilômetros acima da foz do rio Branco, onde tentaram sem sucesso contratar carregadores e guias indígenas. "Embora Limão tenha se tornado quase uma Meca e centenas de índios pendurassem suas redes onde encontravam espaço, não consegui convencer nenhum deles a partir comigo para Roraima" por mais dinheiro que lhes oferecesse, escreveu Tate em um artigo publicado na *National Geographic* em 1930. "Eles queriam ver o general [Rondon] primeiro", explicou. "Vindos de longe e de perto, os índios se reuniam — homens, mulheres e crianças — preparados para cumprir qualquer ordem sua."[10]

Preocupado que a expedição pudesse dar com os burros n'água antes mesmo de começar, Tate cavalgou por dois dias até chegar ao acampamento-base de Rondon em São Marcos, sem saber que tipo de recepção teria. Não precisava ter se preocupado: "Achei-o cortês e atencioso", relatou Tate, "além disso, muito lido, competente e com o comportamento ideal de um soldado e cavalheiro". De sua parte, Rondon ficou inclinado a ajudá-los: na expedição com Roosevelt, passara a admirar o profissionalismo de George Cherrie e Leo Miller, também naturalistas do Museu Americano de História Natural. Não demorou muito para que os dois líderes concordassem em juntar forças. Tate ficou agradecido por isso, ciente de que Rondon estava lhe fazendo um grande favor ao emprestar-lhe seu imenso prestígio: "Entre as próprias tribos seu nome era reverenciado", escreveu Tate, e "sua pessoa é tida quase como um deus".[11]

Comparada às experiências anteriores de Rondon, a primeira fase da viagem com Tate e Carter foi tranquila, até confortável. Sabendo que atravessariam cerrados, Rondon comprara uma grande manada de gado para alimentar os membros da expedição: um grupo muito grande, com mais de trezentos carregadores indígenas para dar conta de todos os suprimentos dos americanos, além de diversos cartógrafos, cientistas e soldados. "O progresso era muito lento com tamanha multidão de pessoas", relatou Tate, mas ninguém estava preocupado de verdade: Rondon dispunha de todo o tempo necessário para mapear a região inexplorada, e Tate e Carter ficaram extasiados ao encontrar inúmeras espécies de plantas e animais desconhecidos conforme a expedição "atravessava planícies quentes e áridas pontilhadas em algumas partes por incontáveis formigueiros oblongos ou atenuadas aqui e ali por charcos verdes e riachos margeados por palmeiras".[12]

Após três dias, a expedição Rondon-Tate passou por uma trilha que os conduziu a uma região de colinas suaves e gigantescos matacões de granito, onde reduziram o tamanho do grupo, dispensando a maioria dos carregadores. Os exploradores agora acompanhavam o rio Miang através de florestas densas e úmidas e subitamente avistaram a serra Pacaraima, que assinala a fronteira entre o Brasil e a Venezuela. Animados, acamparam e depois precisaram de só mais um dia para chegar ao coração da cadeia de montanhas, onde pela primeira vez vislumbraram seu objetivo, a sessenta quilômetros de distância, emoldurado por outro gigantesco *tepui* um pouco a noroeste, chamado Kukenan. "Embora a bruma e as nuvens engrinaldassem seus cumes, as laterais íngremes assomavam austeramente contra o céu vespertino", escreveu Tate. "Os gigantes gêmeos, Kukenan e Roraima, erguiam-se perante nossos olhos, serenos e majestosos. Com os topos planos e quase iguais em altura, eram uma visão imponente acima de nós."[13]

Mas quando começou a subida do monte Roraima, a expedição conjunta enfrentou problemas quase de imediato. "Pouco adiante", Rondon relatou, "houvera a interrupção da berma, porque a terra escorregara pelo despenhadeiro abaixo. Como não seria possível lançar um viaduto sobre o precipício, fizeram os índios uma descida, até onde encontraram o nível de apoio. [...] Um índio prendeu a longuíssima escada ao tronco de uma árvore e, subimos todos, inclusive os cães, amarrados com cordas."[14]

Chegando ao cume, o verdadeiro trabalho científico e cartográfico de Rondon começou. Ele, seus homens e os americanos acamparam à sombra de um rochedo gigante com uma placa de bronze deixada por visitantes ingleses uma década antes, gravada com a frase "GOD SAVE THE KING" [Deus salve o rei]. O local era o parque de diversões de um geólogo, cercado pelo mesmo tipo de formações rochosas que haviam entusiasmado a expedição de im Thurn. Mas também abundava com uma fauna e flora que não existiam em nenhum outro lugar da Terra. Como cada *tepui* é isolado dos demais e também da floresta e da planície abaixo, constitui-se um meio ambiente isolado, em que espécies únicas tiveram tempo de evoluir. Além do mais, há microclimas em várias altitudes: o clima no topo é frio e chuvoso, com temperaturas que chegam a oscilar entre cinco e dez graus à noite, ao passo que a falda da montanha é quente e úmida.

O topo do monte Roraima é um planalto que ocupa 36 quilômetros quadrados, uma área extraordinariamente grande, de modo que havia muitas espécies vegetais e animais para Rondon e sua equipe descobrir e classificar. Quando fazia seu reconhecimento, Rondon verificou que apenas 5% do cume era território brasileiro, mas as oportunidades de exploração ali eram tão raras, e as espécies encontradas tão estranhas, que ninguém iria se queixar se os brasileiros andassem por território britânico ou venezuelano. Como o solo era pobre em nutrientes, plantas carnívoras encontraram um nicho para se desenvolver, assim como espécies incomuns de orquídeas e bromélias. Também havia inúmeras espécies de rãs e sapos, e a superfície de arenito do topo abrigava variedades de musgo e urze nunca vistas. No monte Roraima, o naturalista se sentia no paraíso.

Mas infelizmente o próprio Rondon foi forçado a empreender a descida antes do planejado e deixou os americanos para trás com parte de seus batedores. Um grupo de índios Wapichana, habitantes do sul da montanha, chefiados por um pajé chamado Cipriano, acompanhara a expedição de Rondon, ansiosos em ver com os próprios olhos a catedral natural que era sagrada em sua cosmologia. Ficaram devidamente impressionados, mas "o frio [...] atormentava os índios, que já se sentiam mal sem poder dormir ao desabrigo" devido a temperaturas mais baixas do que jamais poderiam ter imaginado, descreveu Rondon. "Tínhamos de acelerar o regresso por esse motivo."[15] Foi uma deferência atípica, em se tratando de Rondon.

Antes de partir, porém, Rondon fez duas coisas bem mais características. Primeiro, organizou uma cerimônia de hasteamento da bandeira, dessa vez alçando não só a brasileira e seu lema positivista, como também a da Venezuela e a do Reino Unido, com todos os membros da expedição, os índios inclusos, gritando "Viva o Brasil!". Esse exercício patriótico foi filmado pelo major Reis e fotografado pelo filho Benjamin, mais uma vez viajando com o pai, para ser divulgado em jornais, revistas e cinemas por todo o país. Então, com as câmeras ainda rodando, Rondon e seus homens entalharam na pedra, junto à placa de bronze deixada pelos ingleses, a seguinte inscrição: "GENERAL RONDON — VIVA O BRASIL".

A escalada do monte Roraima foi o ponto alto da primeira fase da longa e complexa missão de Rondon na fronteira, mas ele ainda tinha muito trabalho a fazer. Após um intervalo de seis meses, passados primeiro inspecionando a linha telegráfica Cuiabá-Madeira e depois no Rio de Janeiro redigindo relatórios e desenhando mapas, ele voltou a Manaus em agosto de 1928 para começar o segundo estágio da empreitada: subir o rio Cuminá, uma tarefa árdua, na esperança de finalmente conseguir explorar a cadeia montanhosa Tumucumaque e fazer o levantamento no restante da fronteira com a Guiana Holandesa. Como em 1927, Benjamin lhe fez companhia, e dois outros civis, ambos bons amigos, também se juntaram à expedição: o romancista Gastão Cruls, filho do antigo chefe de Rondon no observatório da capital, e o eminente botânico Alberto José Sampaio, lembrado hoje principalmente por sua defesa apaixonada da causa conservacionista, manifestada sobretudo na sua atuação por um sistema de parques nacionais no Brasil.

Rondon e ele se conheciam desde 1905, quando Sampaio, então com 24 anos, largou a faculdade de medicina por falta de dinheiro e prestou concurso para trabalhar no Museu Nacional. Anteriormente, ele havia escrito um estudo abrangente da flora do Mato Grosso, dedicado ao botânico da Comissão Telegráfica, que buscava "recolher informações constantes de todos os trabalhos realizados por pesquisadores nacionais e estrangeiros naquele estado, o que lhe possibilitou fazer um mapeamento de todos os componentes conhecidos da flora local."[16]

Isso naturalmente chamou a atenção de Rondon e daí nasceu uma amizade entre os dois homens, mesmo com a diferença de idade de dezesseis anos entre os dois. Em 1912, com o endosso entusiasmado de Rondon, Sampaio foi promovido a chefe da divisão de botânica do Museu Nacional — pouco antes da expedição às montanhas do Tumucumaque ele publicaria seu relatório "O problema florestal no Brasil",[17] talvez o primeiro estudo sistemático de um tema que se tornaria de sobeja importância no decorrer do século XX.

A expedição do Tumucumaque fortaleceria a relação entre Rondon e Sampaio. Ao longo das duas décadas seguintes, até a morte do cientista, em 1946, eles trabalhariam juntos em prol da causa conservacionista no Brasil, que ambos percebiam como intimamente ligada ao destino dos povos nativos. Rondon via os grupos indígenas como guardiãs naturais da floresta — uma ideia bastante comum hoje, mas radical na década de 1920 —, os responsáveis pela manutenção de um ecossistema tão saudável quanto essencial ao bem-estar de suas sociedades e culturas. Como botânico, Sampaio abordava a questão de um ângulo um pouco diferente, mas admitia a importância de recrutar colaboradores e via os povos indígenas, com sua reverência pelo mundo natural em torno deles, como aliados. Portanto, foi fácil para Rondon e Sampaio se unirem numa causa comum.

Nessa tentativa foram acompanhados por outro botânico que tinha uma longa história com Rondon, Frederico Carlos Hoehne. Nascido em uma fazenda nos arredores de Juiz de Fora, filho de imigrantes alemães, Hoehne também gravitara para o Museu Nacional, que o indicou para várias expedições de Rondon durante as duas primeiras décadas do século. As orquídeas que os pais cultivavam em estufa na fazenda da família fascinavam Hoehne quando criança e ele escreveu amplamente sobre o assunto para o Museu Nacional e a Comissão Rondon; ele acabaria se mudando para São Paulo, onde se tornou diretor do Instituto de Botânica e fundou a Sociedade de Amigos da Flora Brasílica.

O rio Cuminá, também conhecido como Paru, não era nenhum rio da Dúvida, mas apresentava duros desafios mesmo em 1928 para qualquer expedição viajando em canoas, especialmente com novatos como Sampaio e Cruls a bordo. O casal de exploradores franceses Henri e Marie Octavie Coudreau fizera o levantamento do trecho inferior do rio a um alto preço pessoal três décadas antes, ilustrando as dificuldades que Rondon poderia esperar: Henri pereceu de malária em novembro de 1899 no rio Trombetas, próximo dali, onde deságua o Cuminá, e Marie Octavie continuou sozinha, acompanhada apenas de seis remadores, terminando seu trabalho em 1906. Depois, publicou quatro livros e diversos artigos acadêmicos de valor inestimável, os quais Rondon obteve de Paris e leu antes de embarcar.

Duas décadas antes dos Coudreau, um padre católico de ascendência indígena, José Nicolino de Sousa, também subira o Cuminá para conhecer fim trágico, morrendo no local em 1882 durante sua terceira viagem, após se queixar de uma dor de barriga.[*] Os

---

[*] Na verdade, a vida de José Nicolino envolve muitas lendas: "Uns dizem que ele nasceu em Faro, no Pará, outros dizem que foi capturado no alto Rio Branco, no Amazonas. Uns dizem que ele largou a batina e voltou à sua aldeia natal [...]. Há quem diga que ele morreu asfixiado, ao entrar em uma igreja de ouro que guardava riquezas escondidas pelos jesuítas." (Márcio Couto Henrique, "Entre o mito e a história: O padre que nasceu índio e a história de Oriximiná", *Boletim do Museu Paraense Emílio Goeldi*, Belém, v. 10, n. 1, jan.-abr. 2015, p. 50.)

planos de Rondon eram ainda mais ambiciosos do que os dos Coudreau e do padre Nicolino, cujos diários ele também usou como guia, vindo a publicá-los na década de 1940.[18] A despeito dos precedentes alarmantes, ele se propunha a realizar o levantamento de todo o curso do rio e depois explorar a pé as montanhas Tumucumaque, uma área em que os portugueses nunca ousaram pisar durante quatro séculos de exploração, em grande parte porque, como observou Rondon, a cadeia sempre fora "considerada inacessível pelo lado brasileiro".[19]

Como de costume, Rondon contava também com os povos indígenas locais para obter informação e auxílio, e era muito bem acolhido quando os procurava. O grupo mais importante na região era o Pianacotó, que Cruls descreveu como sendo composto por homens mais fortes do que as tribos que habitavam as terras abaixo e, na aparência, "branco e rosado como um inglês".[20] Os Pianacotó eram caçadores exímios e, como Rondon, muito afeiçoados a seus cães; suas habilidades, conhecimento do terreno e disposição em trabalhar como guias e remadores possibilitaram que a expedição mais uma vez planejasse viver predominantemente do que encontrasse pelo caminho. No total, havia agora 58 homens, divididos em dez canoas, várias delas carregadas de equipamentos e suprimentos.

Como o rio da Dúvida, o Cuminá era pontuado por cachoeiras, penedos e outros "embaraços que se sucederiam em série ininterrupta". Isso complicava a navegação, mas o Cuminá também tinha praias agradáveis de areia branca, locais ideais para acampar, e a vida selvagem que lhes serviria de alimento, como peixes, tartarugas e tapires, era abundante. Mesmo assim, por precaução, Rondon enviou um suboficial a Óbidos para obter mais provisões, "uma vez que a demora seria maior do que supuséramos inicialmente" devido aos obstáculos naturais. Seria um despropósito repetir as privações passadas durante a descida do rio da Dúvida se houvesse como evitar.[21]

A doença, no entanto, era inevitável: vários membros da expedição foram rapidamente acometidos pela malária e tiveram de ser levados de volta a Óbidos. Cruls, depois de duas semanas, começou a tossir grandes quantidades de sangue e ficou acamado por vários dias. Em 26 de outubro, a expedição atravessou o equador quando rumava para o norte — sem nenhuma cerimônia para marcar a ocasião, para decepção de Cruls. Mesmo sem utilizar seus instrumentos, os exploradores podiam perceber que a altitude estava aumentando e que deixavam para trás o calor intenso da planície, o que reduzia o risco de malária: Rondon estimou uma queda de dez graus no termômetro para cada trezentos metros de altitude. Nas cataratas que exigiam desvios por terra, os membros da expedição também observaram e fotografaram entalhes apagados nos matacões, presumindo que haviam sido deixados por alguma civilização antiga; Rondon especulou que os sinais talvez tivessem alguma coisa a ver com eclipses.

Forasteiros raramente puderam testemunhar a primeira interação de Rondon com uma tribo isolada, mas Cruls teve a oportunidade de registrar isso também. Em 10 de novembro, a expedição chegou a um povoado espremido entre uma colina e a margem do rio, que os batedores Pianacotó imediatamente identificaram como uma comunidade apartada de seu povo. Rondon desviou a canoa na direção da margem do rio, ordenando que os demais permanecessem na água, escondidos, e entrou na aldeia desarmado, tendo por companhia apenas o filho Benjamin. "Ninguém foi visto",[22] anotou ele, mas havia muitos sinais de que os moradores tinham acabado de fugir: cestos cheios de alimentos, uma fogueira acesa, até arcos e flechas pendurados perto das redes.

Rondon deixou tudo como estava e mandou Benjamin de volta à canoa para buscar presentes, que foram então distribuídos ao redor das redes, junto com um facão deixado na entrada da maloca comunal. "Tínhamos certeza de estarem eles vendo e apreciando nosso movimento no seu terreiro", registrou Rondon. E de fato, no momento em que a expedição se preparava para partir, gritos foram ouvidos na mata. "Eram os índios que retribuíam nosso gesto de amizade [...]. Carregados de bananas e beijus, vinham ao porto para nos demonstrar que eram acessíveis ao nosso carinho." Só Rondon voltou a desembarcar, mas os índios correram para o mato outra vez, largando os presentes que ganharam pelo caminho até a aldeia.[23]

Rondon aprendera algumas palavras de Pianacotó com seus batedores para uma ocasião como essa e então disse: "Aquiché anaoro uiá" (ou "Você está vendo que eu sou seu amigo").[24] Com isso, quatro índios saíram cautelosamente de seu esconderijo, três homens e uma mulher de idade. "Os índios, provavelmente ainda cheios de temor, haviam voltado à maloca, mas aí foram ter de novo com o general e o Benjamin, que, finalmente, acabaram por vê-los", escreveu Cruls, que, instruído por Rondon, voltara à canoa para buscar mais presentes e pôde assim presenciar o encontro. "Todos eles pareciam extremamente nervosos com nossa presença."[25]

"Tremiam ao falar conosco", Rondon escreveu. "Abraçamo-los, convidando-os a se aproximarem das canoas para melhor ver a monção." Isso serviu para quebrar o gelo: os índios acompanharam Rondon ao porto e até acariciaram seus cachorros, de uma raça que nunca tinham visto. Ele deu um facão, uma faca e um pouco de tecido vermelho para cada um, ao passo que Cruls lhes deu braceletes de contas e conchas, e os outros membros da expedição os presentearam com tesouras e espelhos. Quando chegou a hora de partir, os índios perguntaram a Rondon quando voltaria, e ele respondeu: em "três luas".[26]

Conversando posteriormente com Cruls, Rondon atribuiu o medo inicial da tribo Pianacotó a um longo histórico de atritos iniciados no fim do século XVII com ex-escravizados da Guiana Holandesa, que fugindo do trabalho nas plantações se refugiaram na floresta para viver em liberdade, de acordo com seus próprios costumes. "A desconfiança que manifestaram inicialmente provinha por certo da traição dos negros fugidos e das crueldades por eles praticadas na época dos quilombos", Rondon escreveu.[27] Imbuído dessa teoria, Rondon fez todo o possível para se diferenciar dos quilombolas e então conquistar a confiança dos índios. Mas ele tinha consciência de que os quilombos continuavam a existir em todas as três Guianas e que podia se deparar com um deles conforme a expedição avançava.

Seus batedores Pianacotó lhe contaram que a expedição estava agora no limite dos domínios da tribo e que, até onde sabiam, o território adiante era completamente desabitado. Rondon ficou em júbilo de pensar que "percorríamos, pois, trechos completamente desconhecidos".[28] Mas quando a expedição chegou à nascente do rio Cuminá, no fim de novembro, Sampaio ficou doente, e assim Rondon pediu a Cruls, que também era cientista amador, que ficasse com o botânico no acampamento-base para ajudá-lo com os espécimes que já haviam sido coletados. Rondon e um pequeno contingente decidiram continuar a penetrar nas montanhas, que ele comparou a uma "pronunciada hérnia geográfica"[29] projetando-se na planície, acompanhados dos guias Pianacotó. De tantos em tantos dias, Rondon enviava um emissário de volta para o acampamento com espécimes e dados que Sampaio e Cruls catalogavam e acondicionavam para entregar ao Museu Nacional. Quando consideraram que haviam juntado material suficiente, Cruls e Sampaio, acompanhados de uma pequena equipe de remadores e batedores, começaram a viagem de regresso a Óbidos.

O Natal veio e foi com o restante da expedição ainda explorando a cadeia do Tumucumaque e assim também chegou o Ano-Novo de 1929. O tempo era delicioso, fresco e seco, mas alguns dias depois Rondon decidiu que era hora de dar meia-volta: ele ficou decepcionado ao descobrir que os Pianacotó tinham razão, que "era essa zona despovoada de índios".[30] Por outro lado, ficou feliz com as descobertas científicas e geográficas que fizera. Só faltava instalar um último marco de fronteira no ponto mais elevado alcançado pela expedição, que também assinalava o limite entre os rios fluindo para o Amazonas ao sul e os que fluíam para a bacia do Orinoco ou o Atlântico, a norte, e hastear ali as bandeiras do Brasil e da Holanda.

Junto delas Rondon enterrou uma garrafa com uma carta escrita para futuros exploradores, holandeses ou brasileiros, assinada por ele e Benjamin. Ela começava com uma descrição cartográfica precisa do local como prova de "posse efetiva da fronteira"[31] e terminava com um patriótico e animado "Viva a República brasileira!". Positivista até a medula, Rondon após à carta primeiro a data pelo calendário de Comte — dia 10 de Moisés de 141 — e depois pelo calendário convencional: 10 de janeiro de 1929. Um mês depois — após paradas ao longo do caminho para realizar trabalhos etnográficos em três aldeias Pianacotó e sacramentar a relação pacífica com o povoado contatado quando subiam o rio —, estavam de volta a Óbidos, onde Rondon fez uma peregrinação ao túmulo dilapidado do padre Nicolino na igreja local e ordenou que fosse restaurado.

Mas antes de voltar ao Rio de Janeiro, Rondon tinha uma última parada a fazer: a ilha estrategicamente importante de Gurupá, onde o rio Xingu flui para o delta do

Amazonas. Os holandeses haviam sido os primeiros a perceber o potencial militar e comercial do lugar, estabelecendo um posto avançado ali em 1609, para serem expulsos em meados do século à medida que os portugueses expandiam pouco a pouco seu controle da região. Foram os portugueses que construíram o forte de Santo Antônio de Gurupá, com sua forma poligonal e posição sobranceira que consolidou seu domínio no baixo Amazonas e lhes permitiu rechaçar ataques holandeses e ingleses. Ao longo dos 150 anos seguintes, o forte serviu como sentinela eficaz: embarcações estrangeiras querendo subir o rio eram obrigadas a parar, mostrar a autorização e fornecer o nome dos membros da tripulação.

Nos últimos anos do reinado de Pedro II, o forte caíra em desuso e ficara em péssimo estado: fotografias tiradas pela Inspeção de Fronteiras mostram os antigos canhões enferrujando e trepadeiras e árvores tomando conta das ruínas. A tarefa de Rondon era avaliar o prejuízo e, valendo-se de seu conhecimento de engenheiro, fazer recomendações para reconstruir e modernizar as fortificações. Isso foi de fato levado adiante, ainda que lentamente e por outras pessoas: na década de 1940, um pequeno destacamento militar estava estacionado no forte, com todas as defesas restauradas e uma artilharia moderna apontada para a confluência dos dois grandes rios. Rondon mandou erguer um obelisco na praia com uma placa de metal anunciando: "1623-1647 / D'AQUI PARTIRAM / AS EXPEDIÇÕES QUE EXPULSARAM / OS HOLANDESES E INGLESES".

Refletindo posteriormente sobre a expedição de 1928-9, Rondon expressou uma mistura curiosa de otimismo e desapontamento. No relatório para seus superiores, ele identificou grandes extensões de planície que achou adequadas para futura colonização pecuarista e também áreas de mata onde acreditava que postos do Exército e do Serviço de Proteção aos Índios podiam ser construídos com o uso de materiais locais. Mas privadamente deplorou a preguiça e a negligência que encontrou, fazendo uma comparação pouco lisonjeira — e um pouco surpreendente, considerando suas origens, em termos raciais e culturais — com a energia dos holandeses. "Nosso vizinho tinha, entretanto, perfeita ciência das raias do seu território pelos exploradores e viajantes ilustres que haviam atingido a cordilheira" do lado norte, escreveu ele. "O brasileiro, malgrado o sangue português e índio que lhe corria nas veias, não se preocupara em explorar o seu país."[32]

Cruls transformou sua experiência num relato de viagens em forma de diário que publicou como *A Amazônia que eu vi*, e que viria a ser um best-seller, descrevendo admirado a resistência e a capacidade de liderança de Rondon. "Como sempre, quem surgiu à frente do grupo, ereto, garboso, firme, foi o general", escreveu certa tarde quando uma equipe de batedores liderada por Rondon voltava de uma missão. "É incrível a energia desse homem, de ânimo intemente e forças inexauríveis."[33] Quando descobriram que Rondon costumava lavar as próprias roupas no primeiro regato que encontrasse, Cruls e Sampaio, constrangidos, pararam de designar a tarefa aos carregadores e também começaram a lavar suas roupas.

Graças aos dados coligidos por Rondon durante a expedição do Tumucumaque, Sampaio pôde preparar os primeiros estudos abrangentes dessa ecorregião desabitada, que por sua vez serviram de base para uma campanha de décadas para declarar a área um "corredor protegido". O esforço só rendeu frutos em 2002, durante o governo de Fernando Henrique Cardoso, mas o Parque Nacional das Montanhas Tumucumaque, que com seus 40 mil quilômetros quadrados cobre uma área maior do que a Bélgica, é hoje não só o maior parque nacional brasileiro como também o maior parque de floresta tropical do mundo, além de ser a parte central do que é hoje conhecido como o Corredor da Biodiversidade do Amapá. Inúmeras espécies de animais do parque, principalmente peixes e aves aquáticas, mas também coloridos beija-flores, harpias, grandes felinos e primatas, não são encontradas em nenhum outro lugar, e sua flora é igualmente variada e exuberante. E todo o esforço para catalogar, proteger e preservar a vida selvagem da região começou com a persistência de Rondon em cumprir sua missão de entrar num lugar que ninguém, nem mesmo os povos nativos da região, havia desbravado.

22. "Acho conveniente que o general não prossiga a sua viagem"

O ano de 1930 se revelaria um dos mais importantes na história moderna do Brasil, assim como na vida de Rondon. Tanto em um caso quanto no outro, os acontecimentos desse período constituem um divisor de águas, com um antes e um depois claramente definidos. Houvesse sido Rondon um participante menos importante na vida nacional, talvez tivesse permanecido imune às vicissitudes. Mas, a essa altura, ele era uma figura muito famosa, um símbolo por demais significativo para poder se dar a esse luxo. Consequentemente, assim como o nascimento da República marcou a conclusão da primeira fase de sua vida, os tumultos de 1930 refletiriam o fim de outra fase.

O ano começou com um episódio curioso e ainda obscuro. Forçado a permanecer na capital até o fim de setembro de 1929 às voltas com a papelada e aguardando a verba necessária para sua terceira expedição na fronteira, Rondon regressara à Amazônia por uma rota incomum para ele. Com Benjamin e Luiz Thomaz Reis, foi para Cuiabá de carro, seguindo depois ao longo da linha telegráfica que construíra quase quarenta anos antes: em Registro do Araguaia, o término original da linha, mergulhou numa contemplação nostálgica e melancólica quando descobriu que o posto do telégrafo onde pernoitavam "funcionava na mesma casa onde a instalara Gomes Carneiro em 30 de abril de 1891".[1] Ele se lembrava da data original porque caiu no dia de seu aniversário de 26 anos; agora, estava com 64. Em seguida, tomaram um barco e desceram o Araguaia, parando na ilha do Bananal — para inspecionar os postos do Serviço de Proteção aos Índios — e em Conceição do Araguaia — para demarcar formalmente a fronteira entre os estados do Mato Grosso e do Pará, motivo de disputa desde a época de d. Pedro II.

Em Marabá, pouco abaixo da confluência entre os rios Araguaia e Tocantins, havia outra parada a ser feita: verificar as fortificações e investigar relatos de que os índios locais estavam sendo obrigados a trabalhar nas plantações de castanheiros-do-pará, a espinha dorsal da economia na região. "Era sempre a mesma e dolorosa história dos índios", observou Rondon, com cansaço, "espoliados nos seus bens, desonrados na sua família, profanados no seu lar pelos aventureiros chamados ora seringueiros, caucheiros e balateiros, ora castanheiros, garimpeiros, faiscadores, gente que penetra a terra dos selvagens para conquistá-las à bala."[2]

De Marabá foi uma viagem direta até Belém, onde Rondon passou a uma embarcação maior e subiu o Amazonas. Ao chegar a Santarém e ao rio Tapajós, desembarcou, subiu a bordo de uma lancha e foi para Fordlândia, no sul, a "cidade" inaugurada por Henry Ford um ano antes para fornecer borracha a suas fábricas automotivas em Detroit. Devido a insinuações surgidas na imprensa de que Ford estaria criando um enclave americano em território brasileiro, o governo de Washington Luís enviara Rondon para determinar se o magnata americano estava ou não respeitando "a conservação imprescindível do caráter brasileiro nesses núcleos de população".[3]

Rondon gostou do que viu: "Concluí, emitindo minha opinião pessoal, de ter o grande industrial americano fundado no Tapajós uma escola de trabalho, com organização social que bem poderia servir de modelo para as congêneres que viessem a se fundar no território nacional".[4] Mas os trabalhadores obviamente discordavam. Um ano após sua inspeção, eles se rebelaram, reclamando de terem que seguir uma dieta americana em vez de comer feijão com arroz e farinha de mandioca, como seu costume, e de serem obrigados a viver em casas de estilo americano e usar crachás de identificação. A revolta, que recebeu o nome de "Quebra-Panela", só foi suprimida com a chegada das tropas do Exército, mas os trabalhadores conseguiram negociar uma mudança no cardápio do refeitório.

Já em 1930 — último ano do governo Washington Luís —, após enviar de Manaus seu relatório confidencial sobre Fordlândia, Rondon retomou a rota rio acima, e é então que a confusão nos registros históricos começa.

Conforme se aproximava de sua missão na fronteira brasileira com o Peru, a oeste, Rondon escutava alarmantes histórias de escravidão persistindo nos seringais no país vizinho. Havia até relatos de incursões de peruanos através da fronteira com o intuito de capturar índios, o que o deixou furioso. Rondon imaginava que o problema tivesse sido pelo menos mitigado duas décadas antes, graças ao empenho de Roger Casement e outros militantes antiescravagistas a quem forneceu apoio e cooperação, por vezes munindo-os de informações. Ficou transtornado ao ouvir falar no ressurgimento dessa prática e, por falta de alternativas, determinou-se a investigar pessoalmente o caso. Depois de ser sagrado cavaleiro pelo governo britânico por seu trabalho na Amazônia, Casement, irlandês de nascimento, fora condenado por traição e executado em 1916 por seu papel no complô para obter apoio alemão para uma revolta contra o domínio britânico na Irlanda. E em 1930, com grande parte do planeta mergulhada na Grande Depressão, o interesse internacional estava muito mais voltado para suas próprias realidades do que pela situação da província peruana de Putumayo. Rondon, desse modo, estava sozinho, com poucos aliados para sua causa.

Então ele concebeu um plano: fazer uma visita secreta, à paisana, a Iquitos, ainda o centro da indústria da borracha e, como tal, marco-zero de todas as práticas ilícitas desse tipo de negócio. Mas seus superiores no Rio de Janeiro, receando um prejuízo às relações diplomáticas com o Peru e sem dúvida percebendo como seria difícil Rondon permanecer incógnito em qualquer parte da Amazônia, não lhe deram autorização para seguir com o plano. Assim, ele aparentemente os desafiou: trajado em roupas civis, subiu o Solimões de Manaus a Iquitos, fazendo uma breve parada em Tabatinga, na fronteira brasileira com a Colômbia e o Peru. É sempre possível que ele estivesse na verdade em uma missão oficial de inteligência, e que as autoridades no Rio de Janeiro tenham guardado na manga a possibilidade de negar a operação em caso de problemas com os peruanos. Mas Rondon nunca se manifestou sobre o assunto, nem mesmo em suas memórias, e, uma vez que não há informações sobre o episódio nos arquivos do governo, é impossível ter certeza do que de fato aconteceu.

Chegando a Iquitos, é claro que Rondon foi imediatamente reconhecido, como seus superiores haviam imaginado, e sujeitado a vários dias de cerimônias e recepções oficiais — tudo concebido, assim acreditava ele, para mantê-lo preso na cidade e, portanto, impossibilitado de apurar os fatos. Mas ele continuou determinado e finalmente conseguiu escapulir. Em Putumayo, não só coletou informações sobre os envolvidos nesse comércio deplorável e os que lucravam com ele, como também chegou a intervir em diversas ocasiões para salvar índios ou descendentes de índios brasileiros da servidão. Rondon não escreveu sobre o episódio, mas um explorador inglês que calhou de presenciar o encontro do brasileiro, sem armas ou uniforme, com um capataz alemão truculento e pesadamente armado de um seringal, conta como o sujeito enfiou o rabo entre as pernas "como um cão" depois que ele e Rondon tiveram "uma calma conversa privada".[5] Sem autoridade legal para respaldá-lo, prevaleceu a força da personalidade de Rondon.

Na volta para o Brasil, Rondon testemunhou o mesmo tipo de exploração ao descer o Solimões. Quando se aproximava do porto de Palmares, levou um choque ao descobrir que havia na região um homem se fazendo passar por ele, realizando negócios e se aproveitando de seu bom nome: esse falso "general Rondon", um estrangeiro, obtivera suprimentos de graça e fora presenteado com peles de animais por tribos crédulas e, horror dos horrores, até escravizara dois índios para serem seus criados. Nessa mesma noite, Rondon escutou tiros disparados no ar, vindos da margem do rio — um modo comum na Amazônia da época para pedir que uma embarcação de passagem no escuro parasse para recolher pessoas —, e mandou o barco se aproximar, achando que a salva pudesse ser um sinal de índios escravizados. No entanto, um morador local subiu rapidamente a bordo, afirmando que o falso Rondon o mantinha cativo e suplicando por ajuda para escapar. Rondon ordenou que o impostor fosse tirado da cama e trazido a bordo, obrigando-o a libertar os cativos, remunerá-los por seu trabalho e pagar a passagem deles até Manaus — embora, para sua frustração, como não tinha autoridade legal para mandar prender o homem, foi obrigado a deixar que continuasse em liberdade.

Quando regressou a Manaus, Rondon trocou de barco, agora subindo o rio Purus com destino ao Acre, bordejando tanto o Peru quanto a Bolívia, onde pretendia retomar sua missão de inspeção. Era uma tarefa delicada, tanto política quanto cartográfica: 27 anos após assinar o Tratado de Petrópolis, que cedia o Acre ao Brasil por 2 milhões de libras mais a construção da Estrada de Ferro Madeira-Mamoré, muitos bolivianos agora sentiam ter levado a pior no acordo. A ferrovia foi finalizada em 1912, pouco antes do colapso do monopólio sul-americano na produção de borracha, e em 1930 ela tinha pouca utilidade prática. Com uma economia devastada pela depressão mundial, que cortou abruptamente as exportações de metais industriais (como o estanho), a Bolívia também estava sendo varrida por uma onda de irredentismo, que resultaria dois anos mais tarde na eclosão da Guerra do Chaco com o Paraguai pelo controle de uma região aparentemente rica em petróleo. Por toda parte, Rondon encontrava garimpeiros, seringueiros e lavradores bolivianos desesperados que haviam atravessado a fronteira para o Brasil em busca de um futuro melhor. Mas ele não podia fazer nada para expulsá--los, por medo de exacerbar uma situação já tensa, e tampouco dispunha de condições financeiras para aliviar suas aflições.

Preocupado com o que já presenciara na fronteira peruana, Rondon mergulhou em um estado de espírito ainda mais melancólico, se perguntando se teria acertado em suas tentativas de, por seguidas décadas, abrir a Amazônia. Seu ânimo não melhorou quando chegou à parada seguinte, Porto Velho. Ele visitou o túmulo de seu leal ajudante e genro, Emmanuel Silvestre do Amarante, que morrera no ano anterior em uma epidemia de tifo que também levara a vida de muitas centenas de índios ao seu encargo. Esquecendo por ora sua aversão a cerimônias religiosas não positivistas, compareceu à missa em memória de Amarante. "Minhas lágrimas não me permitiram outra demonstração que não algumas palavras de saudade", relatou Rondon. Ele foi assombrado pelo pensamento de que Amarante "poderia ter sido salvo do tifo que o vitimara se tivesse consentido em deixar o seu posto".[6] Mas Rondon instilara no genro um senso de dever tão intenso que o oficial mais jovem se sentiu na obrigação de permanecer. Agora, sua filha mais velha, Heloísa Aracy, ficara viúva, com cinco filhos para criar sozinha. Apesar da tristeza, ele e principalmente Chiquita fizeram o melhor possível para preencher o vazio.

Na verdade, Rondon sempre esperara — até exigira — muito do genro, homem extraordinariamente talentoso e inventivo. Afinal, fora Amarante que improvisara os anzóis que possibilitaram a obtenção de alimento para todos na expedição de 1909 e também fora ele que, em 1912, concebera as esteiras que deram aos caminhões da Expedição Rondon o aspecto de tanques, permitindo que atravessassem o terreno arenoso da chapada dos Paresí. Amarante se casou com Aracy em 1913 e acompanhou Chiquita e o restante da família quando se mudaram para a França, em março de 1914 (a fim de que Benjamin pudesse estudar engenharia). Na França, foi nomeado para a missão militar brasileira em Paris e, desse modo, estava presente quando seu primeiro filho, Emanuel Cândido (que, rejeitando a fé positivista da família, se tornaria um jesuíta) nasceu. Mas Rondon o chamou de volta para trabalhar na linha telegráfica no fim de 1915. Assim, Amarante perdeu o nascimento da primeira filha, Mariana Araci, que, seguindo os passos do irmão, se ordenaria freira. Amarante só a conheceu quando toda a família regressou ao Brasil, em 1917. Com Rondon, o dever ao trabalho e ao país sempre vinha em primeiro lugar e ele esperava o mesmo de seus comandados.

Continuando na direção sul e depois leste ao deixar Porto Velho, acompanhando a fronteira com a Bolívia, Rondon se deparou com a mesma gama de problemas que já o havia afligido. Muitos tinham as mesmas dúvidas e preocupações: a persistente incapacidade do Estado brasileiro de exercer efetiva soberania nos domínios mais distantes de seu território e a combinação tóxica de corrupção e indiferença da administração pública nas áreas que de fato controlava. Ali Rondon viu-se de volta a um cenário familiar, onde ele e seus homens demarcaram a fronteira havia menos de um quarto de século. Mas ele não tardou a descobrir que muitos marcos originalmente implantados pela Comissão Rondon haviam sido destruídos por grupos de criminosos que agiam nos dois países e queriam confundir ambos os governos acerca de onde começava a autoridade de um e terminava a do outro.

Ainda mais preocupante foram os inúmeros relatos de indígenas brasileiros sendo sequestrados, levados para o outro lado da fronteira — onde quer que isso fosse — e sujeitados ao trabalho escravo. "Minha presença tinha o efeito de uma bomba nessas paragens, onde se vivia sem lei", escreveu, mas havia também limites estreitos para o que era capaz de fazer para remediar a situação.[7] Isso ficou claro quando líderes da tribo Palmela, desesperados com as incursões dos traficantes de escravos e conhecendo a reputação de Rondon como pagmejera, foram à sua procura pedindo ajuda. Do mesmo modo, moradores locais solidários com os índios também lhe pediram que tentasse resgatar os compatriotas que, segundo eles, eram mantidos cativos em fazendas alemãs e italianas (seringais e fazendas de café e algodão) na Bolívia.

Rondon era sensível à provação dos Palmela, cuja trágica história conhecia muito bem. Eram uma cultura ribeirinha que vivera por muitos séculos às margens do Guaporé quando os primeiros seringueiros começaram a aparecer em seu território, no fim do século XIX. O resultado desse influxo, estimulado pelo boom internacional da borracha, foi o de costume: uma devastação ocasionada pela violência e a fome, que reduziu a população a meros cem indivíduos e os empurrou para o sul.

Mas um problema fundamental bloqueava o caminho de Rondon: os Palmela remanescentes viviam de ambos os lados da mal definida fronteira e, com frequência, não tinham documento algum, de um país ou outro. Em um caso, "pude agir por se tratar de índios brasileiros que consegui repatriar" apenas porque a nacionalidade deles foi fácil de determinar. Mas, em outros, "não pude infelizmente agir por serem estes estabelecimentos em Mateguá, território boliviano",[8] e os Palmela foram incapazes de fornecer papéis comprovando cidadania brasileira. Isso atormentava Rondon, assim como a subsequente história trágica desse povo: a população continuou a declinar rapidamente e, em 1956, o governo brasileiro os declarou formalmente extintos como tribo.[9]

Conforme avançava para o sul, Rondon se deparava com uma situação mais desesperadora que a outra. Pela trilha ao longo da linha telegráfica, foi recebido com entusiasmo pelas tribos que pacificara na primeira década do século. Seus líderes queriam celebrar seu regresso com banquetes, mas também tinham um monte de queixas, esperando que o pagmejera conseguisse resolver, muitas delas ocasionadas pela negligência do governo. A principal era a contínua invasão de fazendeiros, madeireiros, garimpeiros e seringueiros nas terras indígenas, com a incapacidade — ou relutância — da polícia local em atender às queixas abertas pelo Serviço de Proteção aos Índios em nome das tribos.

Além do mais, Rondon pôde perceber que a própria linha telegráfica estava em mau estado e que os postos que construíra funcionavam de modo precário — quando funcionavam. Antigos funcionários, índios ou não, que ele convencera a cuidar das instalações, pessoas que considerava seus amigos, expressaram seu temor de serem abandonados e pediram que intercedesse. Em alguns casos, estavam sem receber havia anos e, sem o dinheiro necessário para conseguir voltar para casa, foram forçados a subsistir de suas plantações e seus animais. Nos postos onde havia escolas indígenas contíguas, livros e outros materiais básicos, como giz e papel, estavam em falta ou em péssimas condições. Para onde quer que olhasse, assim parecia, tudo estava às moscas.

Uma famosa foto tirada em 16 de maio de 1930 perto da atual fronteira entre os estados de Mato Grosso e Rondônia, não muito longe da nascente do rio Roosevelt, captura parte da frustração de Rondon. Em Porto Amarante, fundada por seu genro e posteriormente batizada em sua homenagem, ele posou para um retrato com ajudantes uniformizados ao lado de um grupo de seis mulheres e crianças Nambikwára ajoelhadas à sua frente. Ele se apoia com expressão sombria numa grande placa de madeira com dois diários de campo empilhados sobre ela e as palavras PORTO AMARANTE. Em geral, a expressão de Rondon nas fotos era cautelosa, mas nessa ele parece particularmente

393

solene e preocupado, olhando diretamente para a lente com a expressão cansada de um homem que já passou por coisas demais. Em seu diário nesse dia, escreveu: "Belo trabalho executara meu saudoso genro, dando prova de sua capacidade de engenheiro e sertanista".[10]

À medida que a viagem progredia, Rondon se sentia cada vez mais pressionado. Suas missões anteriores de inspeção na fronteira (entre 1927 e 1929) foram em áreas mais remotas e esparsamente habitadas. Conforme se deslocava para o sul e por locais mais densamente povoados, seu papel de emissário de um governo central que ignorava quase completamente os habitantes da fronteira o expôs aos clamores dos destituídos e às deficiências da República que servia. Oficialmente, sua tarefa era, como descreveu, apenas técnica, de alguém "verificando linha de fronteira, recenseando". Porém, cada vez mais ele se via desempenhando "o papel de defensor dos índios e oprimidos, em geral, e dos interesses da comunidade".[11] Era uma tarefa exaustiva e para a qual não recebera recursos adequados. Quando, por exemplo, de algum modo conseguiu arranjar quarenta contos de réis para construir uma estrada ligando Linha de Santana ao mundo exterior, pareceu uma grande vitória, digna de ser registrada em seu diário.

Por pedido do governador do Mato Grosso, Aníbal Benício de Toledo, do Partido Republicano Conservador, Rondon também desfrutava de autoridade para mediar disputas políticas em seu estado natal. Na municipalidade de João de Albuquerque, por exemplo, havia uma briga entre o magistrado local e o presidente da Câmara dos Vereadores que impedia qualquer tipo de progresso material para a cidade ou mesmo a execução da lei. Enquanto aguardava a chegada de suprimentos, Rondon — hospedado com o juiz, ao passo que seus subalternos ficaram com o presidente do Legislativo, de modo a não mostrar favoritismo — passou vários dias tentando remediar as diferenças entre eles. Ao visitar o porto que estabelecia o comércio com os índios, ele anotou sua "má impressão", pois "o encarregado só cuidava da política, aliás ferrenha, da localidade".[12]

Ao sul de Cuiabá, especialmente depois que deixou para trás as embarcações fluviais do rio Paraguai e seus tributários e voltou a viajar por terra firme, encontrou a mesma situação. Depois de atravessar Mato Grosso e chegar ao Paraná, que faz fronteira com o Paraguai e a Argentina, ele foi de carro, às vezes ficando ao volante pelo puro prazer de dirigir no vasto descampado. As condições da estrada, porém, eram terríveis, irritando Rondon do ponto de vista militar e prático: numa típica manifestação de sua personalidade contida, queixou-se em seu diário das avarias constantes que não só retardavam o avanço como também certamente estorvariam qualquer exército numa futura campanha militar, sem mencionar que "muito me contrariava porque, além do mais, era inútil aumento de despesas".[13] Certa vez, embalado pela paisagem monótona, pegou no sono e bateu contra uma rocha, felizmente sem ferir ninguém que estava no carro.

O trajeto de Rondon o levou de volta aos arredores de Catanduvas, onde descobriu que a situação permanecia praticamente a mesma de cinco anos antes. Se alguma coisa mudara, fora para pior: o governo federal pouco fizera para ajudar a reconstruir os povoamentos atingidos durante a campanha contra a Coluna Prestes-Miguel Costa e a violência voltara a aflorar, infligida em grande parte por ex-combatentes da Guerra do Contestado que levaram o terror à metade oeste do Paraná e de Santa Catarina. De vilarejo em vilarejo, Rondon caiu em si durante as visitas que insistia em fazer aos pequenos cemitérios locais, onde os combatentes do conflito de 1925 estavam enterrados. Quanto sangue derramado de lado a lado — e para quê?

"A onda revolucionária parecia agora querer erguer-se mais alto", escreveu, refletindo sobre o que encontrou em seu giro pelas zonas rurais.[14] "Atravessávamos agora populações em pânico"[15] com a possibilidade de uma nova revolta, mas também ressentidas com a falta de apoio do governo federal. Depois que a Coluna se dispersou, no início de 1927, tendo completado dois anos e 25 mil quilômetros de marcha pelo interior do Brasil, Prestes se refugiou primeiro na Bolívia e depois na Argentina, onde estudou Marx e Lênin e se aproximou do Partido Comunista. Em 1930, ele se queixava de ser "um general sem soldados"[16] e, numa série de manifestos, clamou por uma nova rebelião contra o governo federal. Foi essa situação, em parte, que perturbou Rondon quando viajava pela fronteira do Paraná e de Santa Catarina. A experiência no campo de batalha em 1925, combatendo outros brasileiros, fora difícil, e ele abominava a possibilidade de um novo confronto que dividiria o Exército e a nação.

"Quis dar aos nossos compatriotas que por lá mourejavam a esperança animadora de que o Governo da República, ao mandar inspecionar a fronteira, desejava manifestar o firme propósito de amparar e assistir os seus habitantes", Rondon relatou posteriormente, "procurando, por todos os meios, melhorar suas condições de vida, seu bem-estar, seu progresso".[17] Mais de quarenta anos haviam transcorrido desde que Benjamin Constant liderara o movimento para destronar o imperador. A República, agora não mais imbuída do menor grau de idealismo, se transformara em alvo de descontentamento. Quanto a Rondon, continuava o mesmo: ainda era um positivista que via a República como o melhor meio de conquistar a "ordem" e o "progresso".

Enquanto Rondon continuava seu trabalho na fronteira oeste, na capital a rede complexa de toma lá dá cá, negociatas, acordos, acertos tácitos, que por tanto tempo mantivera a República coesa, se desmanchava rapidamente. Na eleição presidencial realizada em 1º de março de 1930, o candidato preferido de Washington Luís, Júlio Prestes, governador de São Paulo, conquistou o voto popular, mas sua vitória, manchada pela ampla fraude nas urnas de parte a parte, exacerbou a crise política que viera se desenrolando. A presidência era tratada havia muito tempo como espólio político, com o poder normalmente se alternando entre os dois estados mais poderosos do país, São

Paulo e Minas Gerais. Mas Washington Luís, cuja carreira política estava ligada a São Paulo, decidira pôr um ponto final nessa tendência e conservou o cargo nas mãos de seu estado de adoção.

Entretanto, o governador de Minas Gerais, Antônio Carlos Ribeiro de Andrada, bisneto do herói de Rondon, José Bonifácio, e primo do aliado de Rondon no Congresso, José Bonifácio de Andrada e Silva, não estava disposto a aceitar essa brecha. Em 1929, ele ofereceu uma "solução conciliatória" em que deixaria de insistir na presidência para si ou qualquer outro mineiro contanto que o governo fosse tirado dos paulistas e entregue a Getúlio Vargas, governador do Rio Grande do Sul. Como a proposta foi rejeitada, ele e Getúlio Vargas começaram a conspirar com outros políticos — e com o movimento tenentista dentro das Forças Armadas — para impedir Júlio Prestes de assumir a presidência em 15 de novembro.

Meses de manobras se seguiram, pontuados por irrupções de violência. Ainda antes da votação, Ildefonso Simões Lopes, eleitor de Vargas e congressista de quem Rondon ficara próximo quando serviram juntos na Comissão da Seca, em 1922, sacou sua arma e matou um colega do lado legalista numa discussão na Câmara dos Deputados. Em outro incidente, durante a campanha, a polícia do Rio Grande do Sul e de Santa Catarina, estados que apoiavam diferentes candidatos, envolveram-se numa escaramuça na fronteira dos dois estados. Finalmente, o estopim: em 26 de julho, o governador da Paraíba, aliado de Vargas, foi assassinado, e a culpa recaiu imediatamente sobre o governo federal, ainda que o assassinato aparentemente tivesse sido motivado por uma disputa pessoal. Uma revolta para instalar Vargas no poder agora parecia inevitável; a única dúvida era quando começaria.

A resposta veio em 3 de outubro, às cinco da tarde, quando os conspiradores lançaram um ataque contra o quartel-general do Exército em Porto Alegre, que foi tomado rapidamente. Na manhã seguinte, tropas do Exército no Nordeste, comandadas por líderes tenentistas, também se rebelaram. No Sul, os apoiadores de Vargas iniciaram o avanço para o norte, rumo a São Paulo. No Nordeste, as forças rebeldes começaram a marchar para o sul, visando controlar a Bahia, maior e mais importante estado da região. Com uma estimativa de 80 mil homens prestes a entrar em combate, o Brasil parecia na iminência de um grande conflito.

Rondon observava de longe todo o tumulto político nos meses anteriores ao levantamento, acompanhando os acontecimentos, na medida do possível, através dos jornais que de vez em quando chegavam às suas mãos e no rádio, mas principalmente por meio dos telegramas que Botelho de Magalhães lhe enviava do Rio de Janeiro. E tentava se manter concentrado em seu trabalho. A despeito dos laços estreitos com a família Andrada, ele procurou permanecer neutro à medida que a disputa ficava mais acirrada: Rondon acreditava que sua missão era patriótica, não partidária, e estava disposto a servir quem quer que viesse a se tornar o novo chefe do Executivo, independentemente do modo como subisse ao poder, assim como servira todos os treze presidentes anteriores. Na realidade, tinha amigos e ligações dos dois lados. Mas seus inimigos estavam concentrados em apenas um lado: ao longo da década, Rondon antagonizara os tenentes, que forneciam os homens e o poder de fogo necessário para os conspiradores tomarem o poder. Eles o viam como pouco confiável e um verdadeiro inimigo, tanto no nível pessoal quanto político.

A eclosão da revolução pegou Rondon de surpresa e em trânsito, viajando do oeste de Santa Catarina para Porto Alegre; seu plano era, depois de uma breve estadia na capital gaúcha, percorrer a fronteira mais ao sul do Brasil, com o Uruguai. À uma e meia da madrugada de 4 de outubro, o trem em que era passageiro chegou na estação de Marcelino Ramos, pequeno município na margem sul do rio Uruguai, limite entre os estados de Santa Catarina e Rio Grande do Sul. Acomodado em sua cabine, já dormia um sono profundo quando escutou um barulho no corredor. Era um contingente de rebeldes, que por ordens de Miguel Costa, um dos chefes militares do levantamento, estava à procura de Rondon, para detê-lo e mantê-lo preso até Getúlio Vargas decidir o que fazer com ele. Cinco anos após ter sido derrotado pelas tropas de Rondon em Catanduvas, e forçado a marchar pelo Brasil afora com Luís Carlos Prestes e depois se exilar na Argentina, Costa obtinha sua vingança.

Aliás foi o próprio Miguel Costa quem deu voz de prisão para Rondon. "Não me havia dado ainda conta da estação quando entrou um grupo de soldados", Rondon contaria numa entrevista publicada um mês depois. "Um homem alto, claro, que vinha na frente, aproximando-se, dirigiu-me a palavra: 'Acho conveniente que o general não prossiga a sua viagem'. Não compreendi o sentido da advertência. Nova advertência: 'Para evitar maiores desgostos V. Ex.ª deve deter-se aqui'. Positivamente não entendia. Então o desconhecido precisou o motivo da inconveniência da continuação da viagem" e se identificou. "Reconhecendo, então, a realidade, estendi a mão ao general Miguel Costa."[18]

Ao receber ordens de desembarcar do trem para ser levado a um hotel no centro, onde se mantinham os prisioneiros políticos, Rondon se recusou, dizendo a Costa e seus homens que preferia esperar pelo veredicto de Vargas no lugar onde estava. Um impasse se seguiu: Rondon se acostumara a dar ordens e a ser obedecido e seu comportamento educado, mas adamantino, pareceu amedrontar os soldados, alguns dos quais se desculparam abertamente. Sob guarda, Rondon também entreouviu um dos seus captores sussurrar para outro: "Ele é bem moreno. Quando foi preso, ficou bem branco". (O entrevistador comentou na sua matéria que "o general riu-se gostosamente à menção do fato".[19])

O que aconteceu depois — e quando aconteceu — está menos claro. Avisado do problema, Vargas parece ter despachado um de seus principais articuladores políticos, o vice-governador e futuro chanceler João Neves da Fontoura, a Marcelino Ramos. Enfrentando atrasos porque "a linha férrea se achava terrivelmente atravancada de trens" já que "toda a massa de tropas por ela transitava a caminho do front", Neves da Fontoura desembarcou na estação e imediatamente foi investigar, abrindo caminho até o chefe do grupo, "um sujeito grandalhão, de lenço vermelho no pescoço".[20] Informado de que Rondon era mantido prisioneiro ali dentro, o emissário pessoal do chefe da revolução entrou no vagão: "Lá realmente estava o glorioso sertanista, com seu ar natural, rodeado de alguns oficiais". Rondon explicou rapidamente "que fora ao nosso estado no desempenho de uma comissão inteiramente apolítica". Como Neves da Fontoura recordaria posteriormente em suas memórias, ele interveio em favor de Rondon, dizendo a seus captores: "Ninguém prende, no Rio Grande, o gel. Rondon. É um velho amigo da nossa gente e um dos melhores brasileiros que há".*

Apesar das palavras gentis e bajuladoras, porém, Rondon continuaria preso. Neves da Fontoura escreveu anos mais tarde que, a pedido dele, "providências foram tomadas para que cessasse a violência contra Rondon".[21] Mas, como troféu de guerra e moeda de troca, "o glorioso sertanista" era valioso demais para ser solto: já no dia 4, com o intuito de convencer Washington Luís a não resistir às tropas rebeldes e também solapar o moral de seus seguidores, o quartel-general varguista em Porto Alegre enviou um telegrama ao presidente, informando-lhe que "toda a guarnição fez causa comum com o povo, aqui e no interior", e que o general Gil de Almeida, comandante da 3ª Região Militar, "com todo o seu Estado-Maior, está preso, bem como os generais Medeiros e Rondon".[22]

Para obter sua cooperação, disseram a Rondon — se Fontoura ou algum outro, não está claro — que Vargas se encontraria com ele em Porto Alegre. Um grupo de juízes, todos eles membros do Tribunal da Relação do estado, chegou e informou a Rondon que Vargas lhes pedira para levá-lo diretamente ao palácio do governo, na capital. E assim o grupo todo partiu, Rondon sob custódia, com destino a Porto Alegre. Mas quando chegaram a Santa Maria, o novo comandante militar da região que, claro, era varguista, ofendeu-se com o que julgou ser uma quebra desrespeitosa de protocolo: "Considerava inadmissível eu seguir sem a companhia de outro general",[23] Rondon escreveu, acrescentando ter assegurado ao oficial que ele próprio não estava preocupado com isso.

---

* Neves da Fontoura afirma em *Memórias* que o encontro com Rondon em Marcelino Ramos aconteceu na noite de 14 para 15 de outubro, com Vargas, que tinha saído de Porto Alegre no dia 10, rumo a São Paulo, esperando o desenrolar da conversa em outro trem na mesma estação. Mas isso é altamente improvável, considerando que Rondon, no seu próprio diário, se coloca em Porto Alegre a partir do dia 8 de outubro. Ambos os cenários, porém, levam à mesma conclusão: foi feito um esforço para enganar Rondon.

* * *

Ao chegar a Porto Alegre, entretanto, Rondon descobriu que na verdade não seria levado a Vargas. Em vez disso, foi informado pelo jovem major revolucionário Pedro Aurélio de Góis Monteiro que ele ficaria em prisão domiciliar no Grande Hotel, na época o mais elegante da cidade — e também o mesmo hotel onde, em 1922, Manuel Rabelo, falando em nome dos jovens golpistas militares, oferecera a presidência a Rondon. Durante toda a década de 1920, Góis Monteiro assumira a mesma posição de Rondon nas questões prementes de momento: ele era um legalista, opositor dos rebeldes do forte Copacabana, do tenentismo e da Coluna Prestes. Mas agora, para desalento de Rondon, tinha virado a casaca, assumindo o comando das forças pró-Vargas no Sul. Em pouco tempo, seria promovido a tenente-coronel.

Pouco depois, Rondon passou por mais uma surpresa desagradável. A facção de Vargas estava oferecendo a liberdade a seu principal ajudante, um primeiro-tenente de 28 anos chamado José de Lima Figueiredo. Rondon sabia que Figueiredo era um antigo partidário de Vargas, e não ficou aborrecido com isso. Mas sua preocupação foi que o ajudante tivesse deixado de informá-lo sobre as notícias negativas a seu respeito que começavam a circular nos jornais, ávidos por cair nas graças dos novos donos do poder. Ele insistiu com Figueiredo para aceitar a proposta. "Você está livre", Rondon lhe disse. "Conheço suas ideias. Pode, pois, reunir-se a seus companheiros, mesmo porque terminou o meu trabalho."[24] Mas Figueiredo, um futuro general, escritor e deputado federal, recusou-se a abandonar Rondon.[25]

Para Rondon, saber que ficaria confinado a um hotel cinco estrelas deve ter sido a surpresa mais desagradável de todas. Ia de encontro à tendência ascética de sua personalidade: em todos os seus anos como oficial, ele nunca buscou luxo ou privilégios especiais, e agora isso tudo lhe era impingido. Tentando contornar a situação, manifestou seu desejo de ficar a bordo do navio da Marinha onde o comandante regional e outros prisioneiros políticos, militares e civis estavam sendo mantidos. Góis Monteiro prometeu perguntar se isso era possível, mas a resposta de Oswaldo Aranha, secretário de Interior e da Justiça de Vargas e encarregado da polícia e da milícia estadual, foi negativa. O navio já estava abarrotado de prisioneiros, alegou ele, e não cabia mais ninguém.

Quando Rondon foi escoltado para o hotel e lhe deram um quarto, descobriu que Aranha e a esposa estavam no mesmo andar. Isso foi proposital. Oswaldo Aranha, um eloquente advogado, político e diplomata, esperava tirar proveito dessa proximidade e de suas consideráveis habilidades retóricas para convencer Rondon a abandonar Washington Luís e se bandear para o lado de Vargas. Aranha o recomendou vivamente a Rondon: ele vinha de família militar, apoiara o longo reinado do positivista Borges de Medeiros para presidente do estado e combatera ativamente a Coluna Prestes no Rio

Grande do Sul quando Rondon liderava a campanha contra os revoltosos nos estados vizinhos de Paraná e Santa Catarina.

Durante o quarto de século seguinte, Rondon e Oswaldo Aranha muitas vezes cruzariam caminhos, às vezes em lados opostos, outras vezes como aliados, mas sempre se mantendo em bons termos. Durante sua carreira pública, Aranha, que estava com apenas 36 anos em 1930, serviria o país como ministro nas pastas da Justiça, da Fazenda, das Relações Exteriores e da Agricultura, além de embaixador em Washington e nas Nações Unidas, onde em 1947 foi escolhido para presidente da primeira Assembleia-Geral. Mas durante aqueles vários dias no Grande Hotel, com a esposa Vindinha a seu lado fazendo coro a seus argumentos, ele não conseguiu nenhum progresso em convencer Rondon a defender a causa legalista.

"Empregou todos os meios para me convencer de que não me deveria opor ao movimento" liderado por Vargas, lembraria Rondon.[26] A República que Rondon servira com tanta lealdade ao longo dos anos, argumentou Aranha, estava agora tão decrépita e corrupta que perdera toda legitimidade e apoio popular, e não podia mais se manter. Sob Vargas, previu ele, o Brasil conheceria um glorioso processo de reforma em todas as áreas, da economia à política. Como patriota, Rondon tinha de tomar parte desse processo e, por sua vasta experiência e conhecimento, a nova ordem política precisava dele.

Rondon, porém, não ficou balançado. "Como positivista", disse para Aranha, "não poderia concordar em que se recorresse à revolução como processo de resolver problemas políticos. O problema do Brasil era de ordem moral, e, por isso, só uma solução moral comportaria".[27] O que exatamente Rondon quis dizer com isso não fica claro, mas cabe uma conjectura: como seguidor de Auguste Comte, ele só podia acatar transformações políticas e sociais que fossem orgânicas e não violentas. A Revolução de 1930, como veio ser chamada, não era uma coisa nem outra. Estava sendo imposta de cima para baixo e nascia com um surto de violência.

Depois de se valer de seus argumentos positivistas na tentativa de evitar ser forçado a assumir uma posição que queria evitar, como fizera tantas vezes, agora era a esposa de Oswaldo Aranha que usava o mesmo recurso com ele. "É justamente pelo fato de o general ser positivista que desejamos sua colaboração", disse ela.[28] Mas a bajulação tampouco funcionou.

No dia seguinte, Oswaldo Aranha tentou nova tática. E se ambos viajassem para Cachoeira do Sul, para ver Borges de Medeiros? Na impossibilidade de concorrer à reeleição para governador do estado em 1928, Medeiros se aposentara depois de escolher a dedo o sucessor — Getúlio Vargas — e assegurar sua vitória. Rondon e ele eram amigos e colegas de positivismo, mas Borges de Medeiros apoiara Vargas na eleição presidencial desse mesmo ano, esperando romper de uma vez por todas com as três décadas de política do café com leite. Sem obter êxito, ele agora apoiava a tomada de poder de Vargas como uma maneira de conquistar esse mesmo objetivo por outros meios. Aranha claramente achava que o fato de os dois partilharem afinidades pessoais, políticas e filosóficas poderia ajudar a persuadir Rondon. Só que mais uma vez ele se equivocou: Rondon se recusou a deixar o quarto de hotel que, por mais confortável que fosse, continuava sendo sua cela de prisão.

Embora tivesse permissão de enviar telegramas e cartas para a esposa e os filhos e também de comparecer ao serviço dominical na Capela Positivista em Porto Alegre, Rondon permaneceria em confinamento pelo resto de outubro, à medida que a situação política ficava cada vez mais confusa e turbulenta, e até meados de novembro. As forças leais a Vargas inicialmente controlavam apenas bolsões no Sul remoto e no Nordeste, e confrontos armados em áreas contestadas resultaram na morte de centenas de pessoas. Então, em 24 de outubro, apenas 22 dias antes do término de seu governo, Washington Luís foi deposto em um golpe militar e substituído por uma junta provisória de três membros, um deles sendo o grande amigo de Rondon, Tasso Fragoso. Pouco mais de uma semana depois, em 3 de novembro de 1930, a junta entregou o poder nas mãos de Vargas, que rapidamente mandou prender e exilar Washington Luís e outras figuras-chave do que se convencionou chamar, não por acaso, República Velha.

No isolamento da detenção, o fluxo de informação que lhe chegava era rigidamente controlado, e sem acesso ao mexerico normal dos militares, Rondon muitas vezes interpretou mal a situação política em rápida transformação. Ele de início pareceu encorajado pela tomada de poder de Tasso Fragoso e pela efetivação de outro de seus velhos amigos e colegas de academia, Hastínfilo de Moura, como interventor de São Paulo, aparentemente sem se dar conta de que ambas as nomeações eram um mero tampão. E também não pareceu compreender que uma revolução estava de fato a caminho, sem possibilidade de voltar à antiga ordem. "A situação ditatorial assim criada deve prolongar-se apenas pelo tempo indispensável ainda que tenha de penetrar no período presidencial a começar a 15 de novembro",[29] escreveu em seu diário no dia 27 de outubro.

Costuma-se considerar que, assim que Vargas subiu ao poder, Rondon imediatamente renunciou, de forma voluntária, a todas as suas funções no governo. Isso, sem dúvida, era verdade em relação ao Serviço de Proteção aos Índios, em que ele atuara como diretor efetivo ou apenas nominal desde sua fundação, em 1910. Era uma responsabilidade à qual atribuía extrema importância, mas Rondon comunicou aos amigos e subalternos seu temor de que a animosidade do novo governo em relação à sua pessoa pudesse prejudicar a capacidade do SPI de cumprir sua missão e levar a cortes de verba drásticos. Diante dessa ameaça — que acabou se concretizando, de todo modo —, ele decidiu que o melhor era deixar de lado seus próprios sentimentos e renunciar, pelo bem da instituição.

Mas as circunstâncias da saída de Rondon do Exército brasileiro parecem mais complexas, até mesmo confusas. Se estivéssemos falando de um crime sendo julgado no tribunal, a pergunta que não queria calar seria: ele pulou ou foi empurrado? O próprio Rondon pode ter contribuído para essa ambiguidade, não querendo admitir, de modo a preservar sua dignidade, que foi em essência exonerado; melhor dar a entender que decidira sair por conta própria. Assim, em suas memórias, ditadas mais de um quarto de século após os acontecimentos que relatava, Rondon afirmou ter ficado profundamente ofendido com o tratamento proporcionado pelo novo regime e afirmou que "ao assumir a chefia do Governo Provisório, recebeu o dr. Getúlio Vargas o meu pedido de reforma".[30]

Particularmente ofensivos — e potencialmente prejudiciais à imagem de Rondon — foram os comentários de Juarez Távora. O governo de Washington Luís libertara Távora da prisão e o autorizara a se juntar ao Exército. Quando a revolta a favor de Vargas aconteceu, Távora, embora com apenas 32 anos e um mero tenente, assumiu o comando das tropas rebeldes no Nordeste, sua região natal. Isso lhe granjeou o apelido de Vice-Rei do Norte e fez dele uma figura muito poderosa no novo regime. Também serviu como oportunidade para ajustar velhas contas e imediatamente ele tirou o máximo proveito de seu novo status.

Em uma entrevista ao diário carioca *Jornal do Commercio*, publicada em 7 de novembro de 1930, num artigo que foi reproduzido por todo o Brasil e que Rondon leu quando ainda estava preso em Porto Alegre, Távora retomou os antigos ataques contra ele e sua Comissão e voltou à carga com chocantes acusações. Por décadas, Rondon teria sido um "dilapidador dos cofres públicos, a distribuir pelo sertão bruto linhas telegráficas aos índios para lhes servir de brinquedo", disse. Além do mais, deu a entender, Rondon e seus homens haviam lucrado pessoalmente com a falta de supervisão de suas atividades. "Em qualquer país civilizado e policiado, estaria esse general na cadeia", concluía Távora.[31]

Távora também fez questão de frisar que, ao ser detido no Rio Grande do Sul, Rondon estava acompanhado de um jovem índio. Na verdade, ele estava levando o rapaz para um hospital em Porto Alegre, mas Távora deliberadamente omitiu essa informação fundamental. Isso, no contexto da época, soou como uma tentativa de difamar a reputação de Rondon com insinuações de homossexualidade e pedofilia. Por quarenta anos, Rondon e os demais membros da Comissão haviam seguido a diretriz de oferecer assistência médica aos povos indígenas, de preferência na própria aldeia, mas providenciando transporte para o hospital mais próximo quando necessário. Não fazia diferença se o indivíduo era homem ou mulher, jovem ou velho, menino ou menina — todos eram atendidos. Qualquer um nas Forças Armadas sabia desse procedimento, inclusive Távora, e diversas publicações militares o citavam como um exemplo da missão cívica do Exército. Mas Távora distorceu a política humanitária num esforço pensado de manchar o nome de Rondon.

Rondon também ficou profundamente magoado, e furioso, ao ler que era acusado de corrupção. Seus diários de campo e outros documentos disponíveis nos arquivos do Exército revelam um homem que mantinha registros escrupulosos e detalhados até das mínimas despesas — incluindo as gorjetas dadas para os prestativos empregados do hotel em Porto Alegre. Um quarto de século mais tarde, quando ditava suas memórias, a acusação de Juarez Távora ainda era uma ferida aberta: "Senti-me ofendido", afirmou ele, mencionando os "longos anos de serviço à pátria, com esquecimento total de mim próprio e, muito mais do que isso, com sacrifício de minha família".[32]

Em novembro de 1930, as páginas de seu diário revelam uma sensação de amargura e ressentimento ainda mais pronunciados. "Nenhum general ou oficial que rodeiam os chefes revolucionários neste momento de delírio e demência revolucionária"[33] estava disposto a vir em sua defesa, lamentou ele. "Não devo colaborar com um governo" como esse, acrescentou alguns dias depois, conforme eram anunciados os nomes que o comporiam. "Preciso me defender, lançar veemente protesto contra o audaz deturpador da verdade e da justiça."[34]

A reação imediata de Rondon foi tentar limpar sua reputação pelos canais oficiais. Ele escreveu para o novo ministro da Guerra, o general José Fernandes Leite de Castro, solicitando que um conselho de justiça ou um conselho de guerra, dois tipos de corte marcial, fosse convocado para realizar uma sindicância nos registros financeiros da Comissão Rondon, do Serviço de Proteção aos Índios e da Inspetoria de Fronteiras, deliberando se alguma irregularidade ocorrera. No entanto, o general Leite de Castro rejeitou a solicitação: o melhor que Rondon conseguiria obter com o novo governo foi uma declaração anódina que, considerando o contexto político, pode ser lida de dois modos: um endosso ou uma condenação velada ecoando o ataque de Juarez Távora. "Todo mundo conhece os serviços do senhor", afirmou Leite de Castro.[35]

Assim, não há dúvida de que Rondon se sentiu traído pela instituição que o acolhera por tanto tempo. Sua saída do Exército também parece ter sido conduzida de maneira deselegante e irregular, como que a infligir a máxima humilhação. Em seu diário, ele diz que enviou o telegrama comunicando seu desligamento da corporação uma hora após a cerimônia de posse de Vargas, mas não existe nenhuma carta de demissão formal no Arquivo Histórico do Exército, no Rio de Janeiro. O único documento relevante nas pastas de Rondon é uma breve carta, com apenas duas sentenças e datada de 6 de novembro de 1930, o terceiro dia de Vargas no poder, ordenando que Rondon fosse transferido à reserva. O documento não passa de uma folha em branco, sem cabeçalho, mas assinada por Vargas e Leite de Castro, e a brevidade e o tom frio indicam que Rondon, após ser obrigado a esperar uma resposta por dois dias, estava sendo delibe-radamente posto de lado; não há, por exemplo, qualquer expressão de agradecimento por tudo que ele fizera pela nação ou algo similar.

Na época, Rondon, junto com Tasso Fragoso, era o segundo oficial mais antigo servindo o Exército. Desse modo, se a hierarquia fosse observada, ele teria direito a um cargo próximo ao coração do poder. Tasso Fragoso, é claro, já se acomodara ao novo alinhamento político. Mas Vargas, ciente da oposição que Rondon fazia à derrubada da ordem existente e a essa altura certamente informado sobre as tentativas fracassadas de Aranha de levá-lo a mudar de lado, queria-o fora do caminho, e nem mesmo sua amizade com Tasso Fragoso ou seus laços de proximidade com outros do grupo de Vargas poderiam salvá-lo. Assim, parece mais acertado endossar a frase do estudioso americano Frank McCann e dizer que Rondon foi "purgado, não só devido a suas diferenças ideológicas com o novo regime, como também porque Vargas queria ser capaz de colocar seus partidários em posições-chave sem violar a precedência da hierarquia".

No total, nove generais duas estrelas foram expulsos, incluindo o amigo de Rondon, ex-colega de classe e também positivista Augusto Tasso Fragoso, que apresentara Rondon a Chiquita, e Hastínfilo de Moura, comandante da Força Pública de São Paulo antes de chegar ao governo do estado. Um grupo ainda maior de generais e coronéis-brigadeiros também foi exonerado, dando a Vargas e a seu Ministério da Guerra liberdade de ação para refazer o alto-comando militar. Fragoso foi posteriormente reintegrado ao serviço ativo e até nomeado chefe do Estado-Maior do Exército — Rondon, por sua vez, nunca teve uma segunda chance. Após 48 anos, onze meses e onze dias de serviço, sua esplêndida carreira militar chegava ao fim.

"Retiro-me de um serviço em que trabalhei quarenta anos de constante dedicação e zelo pela sua execução [...] e profundo devotamento cívico na colaboração da administração pública pela grandeza do Brasil e o meu renome da República", escreveu ele em sua derradeira anotação no diário enquanto ainda militar. "Levo para meu lar [...] a imperecível satisfação do dever cumprido."[36]

PARTE IV

Rondon conversando com índio Bororo Cadete, no Mato Grosso, 1944.

23. A peregrinação no deserto

A transição abrupta e inesperada de Rondon para a condição de civil foi dolorosa, pode-se dizer que chegou a ser devastadora, principalmente porque veio acompanhada de uma série de humilhações deliberadas, uma após a outra, em rápida sucessão. Como soldado, era verdade que passara anos embrenhado na selva, a milhares de quilômetros da capital e seus confortos, mas sempre se mantivera empenhado em missões que considerava fundamentais para a construção da República e com acesso a pessoas em posição de autoridade. Agora, aos 65 anos, se via morando no Rio de Janeiro, o centro do poder nacional, mas abandonado ao limbo político, com poucas armas para se defender de ataques que pareciam vir de todos os lados.

Libertado de sua prisão em 14 de novembro, após 42 dias de detenção, Rondon chegou ao Rio em 21 de novembro e, já no dia seguinte, foi convocado por Vargas à sede do governo, no Palácio do Catete. Em sua primeira reunião com o novo chefe de Estado "provisório", Rondon reiterou uma série de pedidos anteriormente rejeitados de maneira sumária pelo ministro da Guerra, Leite de Castro, para ver todos negados mais uma vez. Primeiro, sabendo que sua honestidade e honra haviam sido manchadas, ele queria que o Exército formalizasse a convocação de um tribunal especial — como em teoria era seu direito de acordo com o código da justiça militar — para decidir oficialmente se havia ou não alguma procedência nas acusações feitas por Távora, e depois emitisse um veredicto público. Em sua juventude, insultos entre oficiais podiam terminar em duelo, mas esses tempos haviam ficado para trás, e Rondon tinha fé de que os tradicionais códigos militares restabeleceriam sua honra. Mas a resposta de Vargas foi um inquestionável não, disfarçado por um linguajar floreado de interpretação ambígua: "Não se constituirá nenhum [tribunal] porque o mais alto tribunal, que é a opinião pública da Nação, já o julgou, general".[1]

Desde que subira ao poder, Vargas não fizera o menor esforço para defender a reputação de Rondon, como ele bem percebia. É verdade que já lhe enviara um telegrama louvando seus préstimos à nação e que em seu primeiro encontro "enumerava, com os maiores elogios, os meus serviços", escreveu Rondon. Foram, porém, comunicados privados, provavelmente feitos para afagar o amor-próprio ferido do ex-militar, e, num primeiro momento, não foram anunciados ao público nem vazados para a imprensa. Tampouco havia qualquer outro tipo de pronunciamento público iminente para atestar a honestidade e o patriotismo de Rondon ou refutar as acusações destemperadas de Juarez Távora.

Além do mais, Rondon presumia que, por ser agora um civil, todos os seus deveres militares estivessem encerrados. Portanto, prometeu ao presidente que entregaria a seu sucessor designado pelo alto-comando, fosse quem fosse, os dados compilados durante as três inspeções à fronteira e as expedições de mapeamento. Mas Vargas voltou a contrariá-lo, insistindo que ele próprio deveria escrever os relatórios. Rondon podia não ser mais um soldado, mas "a pátria não lhe deu ainda quitação; precisa dos seus serviços e muito espera deles", disse-lhe.[2] Após manter Rondon na prisão por mais de um mês, essa foi mais uma maneira que Vargas arrumou para lembrar ao heroico Desbravador do Sertão que seu futuro não lhe pertencia.

Novos baques vieram quando Rondon se encontrou com o diretor dos Correios e Telégrafos em 25 de novembro. Em geral, ele teria conferenciado diretamente com o ministro da Viação e Obras Públicas, mas o posto era controlado nesse momento por ninguém menos que Juarez Távora e, certamente, nenhum bem poderia advir de uma reunião entre os dois. Assim, foi o chefe dos Correios e Telégrafos que informou Rondon de que o governo decidira eliminar completamente a Comissão que ele liderara por quase um quarto de século e que a administração das linhas telegráficas seria entregue a um novo órgão, cuja composição ainda estava por ser determinada. Além disso, a partir de 1º de janeiro de 1931 nenhum centavo mais seria aplicado na manutenção das linhas, pois ficara decidido que os limitados recursos financeiros do governo seriam mais bem empregados em outros assuntos.

Rondon ficou atordoado e angustiado, embora provavelmente nada surpreso. "Ficou assim decretada pela revolução a extinção de um serviço que havia custado à nação muito dinheiro, o sacrifício da vida de muitos, da saúde de todos os que a ele se entregaram", escreveu com amargura anos mais tarde, após a morte de Vargas e o afastamento temporário de Juarez Távora da vida pública.[3]

Não demorou muito para que destino similar recaísse sobre a instituição que era mais cara a Rondon e por cuja criação ele travara tão longa e árdua batalha: o Serviço de Proteção aos Índios. Em 26 de novembro, o governo criou uma nova pasta, a de Trabalho, Indústria e Comércio. Foi um primeiro indicativo das preocupações que caracterizariam a ditadura de quinze anos na qual Vargas ficaria conhecido como o "pai dos pobres". Ao colocar o trabalho antes do capital na denominação do novo ministério, Vargas fazia uma declaração simbólica em favor da classe trabalhadora, que constituiria um fator cada vez mais importante durante seus anos no poder.

Mas para a causa indígena o novo arranjo logo se revelou prejudicial. Plenamente ciente da antipatia do novo governo em relação à sua pessoa, Rondon já se afastara de qualquer papel público no SPI, assim como Botelho de Magalhães, que agora estava fatalmente marcado por sua ligação com Rondon e em breve seria nomeado para postos em cantos remotos do Rio Grande do Sul. O diretor atual do órgão era um militar muito capacitado e um sertanista veterano, o tenente-coronel Vicente de Paula Vasconcellos, que estivera em diversas expedições com Rondon como oficial subalterno e também defendera a política da não violência. Ele, no entanto, estava longe de ter o renome, a influência política e as habilidades de negociador de Rondon, ficando, assim, de mãos atadas para atuar naquele panorama político drasticamente novo.

Desse modo, quando o Serviço de Proteção aos Índios foi tirado do Ministério da Agricultura e subordinado ao recém-criado Ministério do Trabalho, Indústria e Comércio, não havia nada que Vasconcellos pudesse fazer para impedir. Como parte do Ministério da Agricultura, onde permanecera desde sua fundação, em 1910, o SPI sempre gozara de certa autonomia e status, em grande parte por sua ligação direta com Rondon. Mas na nova pasta ele ficou reduzido, como Vasconcellos se queixaria mais tarde, a "uma simples seção da Diretoria do Povoamento".[4] Foi uma perda significativa de status.

Para os defensores dos povos indígenas, incluindo Rondon, havia ainda um simbolismo alarmante nisso, por dois motivos relacionados. Antes de mais nada, indicava a intenção do novo governo de, cedo ou tarde, começar um programa de assentamento para o excedente de mão de obra, atraindo provavelmente tanto a população urbana quanto a rural de todo o Brasil. Era claro que, inevitavelmente, invadiriam áreas indígenas demarcadas, fosse na Amazônia, no Nordeste ou no interior de São Paulo. Em segundo lugar, a nova situação do SPI sugeria que o regime de Vargas via os índios sobretudo como fonte de mão de obra a ser rapidamente integrada à força de trabalho, não como povos merecedores de especial status ou atenção. Em 1939, Vasconcellos escreveu que viu a nova medida como o equivalente à "extinção" do SPI.[5]

Logo depois, em 1931, vieram os paralisantes cortes de orçamento. Vasconcellos diria mais tarde que o SPI, "constantemente, e a todos os pretextos", tentou convencer o novo governo da "necessidade de serem cuidados os índios [...] pedindo os indispensáveis recursos". Mas com os preços e os volumes das exportações do café gravemente afetados pela depressão mundial, o governo precisou apertar os cintos. De todo modo, mesmo que os cofres estivessem cheios, já ficara claro que suas prioridades eram outras. Assim, o SPI, nas palavras de Vasconcellos, "sofreu um colapso" e foi forçado a fazer cortes tão drásticos que até a manutenção rotineira dos postos teve de ser suspensa. "O nosso serviço tem apenas, quanto ao passado, saudades", afirmou ele na época, "e quanto ao futuro, muita esperança". O presente, porém, era pura frustração, uma decepção atrás da outra.[6]

O impacto dessa nova postura foi imediato e ficou óbvio para os viajantes que se aventuravam pelo interior longínquo. O frade dominicano francês Joseph Audrin, por exemplo, era o chefe de sua ordem na diocese de Conceição do Araguaia, uma aldeia remota às margens do rio, apenas um pouco abaixo do ponto onde os estados do Mato Grosso, Pará e Goiás se encontravam na época. Sua área de atuação incluía a ilha do Bananal, hoje um parque nacional, mas no tempo de Audrin a ilha era lar da tribo Karajá, onde funcionava um antigo e florescente posto do SPI que Rondon inspecionara no fim de 1929 e onde Audrin volta e meia passava em suas missões pastorais.

Audrin visitou o posto de Bananal em agosto de 1930 e, um ano depois, escreveu numa carta à sede do SPI, no Rio de Janeiro, que não pôde deixar de ficar "impressionado pela prosperidade do posto — um numeroso núcleo de índios Karajá bem-vestidos, bem nutridos, aplicados já ao trabalho produtivo sob a direção dos dignos funcionários do Serviço". Além do mais, havia uma escola frequentada tanto pelos Karajá quanto pelos empregados do SPI e seus filhos, bem como "prédios já numerosos, bem distribuídos, asseados" e campos bem cultivados, junto com fábricas de processamento para as safras produzidas, como mandioca e cana-de-açúcar.

Quando Audrin passou por lá outra vez, no início de setembro de 1931, tudo se achava num estado de desmazelo e dilapidação. "Vi um espetáculo bem diferente", que lhe permitiu perceber "a mais do que precária" situação da colônia. "E tal foi minha decepção, tal minha tristeza, escutei tantas queixas da parte dos Karajá que não posso deixar de comunicar tudo isso a quem pode compreender [...]. Uma semelhante transformação é inadmissível", Audrin concluiu. "O governo nascido da revolução não deve desprezar e interromper um esforço que foi uma das mais acertadas iniciativas do regime caído. Pode fiscalizar e corrigir, não destruir."[7]

Mas Bananal, a segunda maior ilha fluvial do mundo, não foi a única afetada. Assim como as linhas telegráficas no Mato Grosso, a situação foi ficando cada vez mais dramática. O regime de Vargas negligenciava deliberadamente tanto os postos da Comissão quanto os índios que a eles acorriam. Quando em 1935 Claude Lévi-Strauss percorreu essa rota durante a viagem que inspiraria seu estudo clássico, *Tristes trópicos*, o antropólogo não pôde deixar de notar o estado de desolação e completo abandono prevalecente na área. Isso era verdade tanto para os colonos brancos excessivamente otimistas que haviam ficado depois que a linha fora construída, esperançosos da chegada de ondas subsequentes de colonos, quanto para os não menos crédulos índios, que haviam orbitado para esses "polos de atração".

"Quem vive na linha Rondon facilmente se imaginaria na Lua", escreveu Lévi-Strauss. "Hoje abandonados por uma dessas vagas de povoamento tão frequentes na história do Brasil central, que lançam para o interior, num grande gesto de entusiasmo, um punhado de caçadores de aventuras, de irrequietos e de miseráveis e lá os esquecem logo em seguida, sem qualquer contato com os centros civilizados, esses infelizes adaptam-se graças a outras tantas loucuras, próprias ao seu isolamento, aos pequenos postos formados cada um por poucos casebres de sapê, e separados por oitenta ou cem quilômetros de distância que só a pé eles podem percorrer."[8]

Essas estações haviam sido criadas com duplo propósito, funcionando como postos de telégrafo e como bases para o Serviço de Proteção aos Índios. Mas, na ausência do apoio e dos serviços que haviam sido prometidos e oferecidos apenas no início, alguns grupos indígenas começaram a voltar para o interior das florestas, observou Lévi-Strauss. Outros, porém, perceberam que não conseguiam mais retomar o antigo modo de vida: ficaram dependentes dos presentes do governo e já haviam começado a perder as habilidades essenciais à vida selvagem. Os dois resultados significaram um forte golpe na metodologia estabelecida por Rondon.

O tratamento desdenhoso e aviltante a que Rondon foi sujeitado o deixou abatido e deprimido. Desde que terminara a academia militar, sempre mantivera um diário repleto de observações científicas, relatos de aventuras e reflexões sobre uma variedade de assuntos que iam da doutrina positivista e dos livros que lia a expressões de amor por Chiquita. Mas agora, de repente, pela primeira vez seu silêncio era completo: "A verdadeira felicidade consiste no exato cumprimento do dever", escreveu em sua última anotação, de meados de dezembro.[9] Mais um mês se passaria até que voltasse a pegar na caneta outra vez e não muito tempo depois disso tornou a parar. Apenas em março de 1931 ele retomou as páginas de seu diário de forma sistemática, mas mesmo então as anotações foram breves.

Considerando a indiferença do novo governo ou mesmo sua franca hostilidade quanto às questões indígenas que haviam preocupado Rondon a vida inteira, não chega a surpreender que sua atitude em relação aos missionários religiosos começasse a ficar um pouco mais branda. Não sendo mais capaz de proteger as tribos, Rondon se deu conta de que seus antigos adversários eram agora a única instituição capaz de representar e defender os povos indígenas e baixou o tom de suas críticas às suas atividades. Na verdade, começou a conspirar com eles e até os elogiou publicamente em algumas, ainda que raras, ocasiões. Um relato contemporâneo o cita dizendo que "o problema a resolver, sendo religioso, não comporta outra solução a não ser a religiosa", algo que soa realmente como dele, exceto a parte em que endossa a obra dos salesianos: "Oxalá todas as tribos indígenas do Mato Grosso pudessem ficar sob a proteção da benemérita catequese salesiana".[10]

Dos bastidores, Rondon também tentou fazer com que a administração do Serviço de Proteção aos Índios fosse transferida do Ministério do Trabalho, Indústria e Comércio para as mãos dos militares. Era, pensou ele (de modo equivocado, como os acontecimentos mostrariam), a única maneira de preservar ao menos um vestígio do órgão que fundara. Mas o progresso foi de uma lentidão frustrante. "O atraso do decreto de transferência do SPI para o Ministério da Guerra é estranho", escreveu Rondon em maio de 1932 para seu colega positivista e ex-subalterno Luís Bueno Horta Barbosa, "pois a requisição feita por Manoel Rabelo foi aceita pelos ministros em minha presença". Rabelo era o antigo funcionário da Comissão do Telégrafo e do SPI que, com a ascensão de Vargas, se tornara o poderoso interventor de São Paulo.

Rondon comentava ainda que José Bezerra Cavalcanti, que Vargas pusera na supervisão do SPI, acabara de "me informar que a qualquer momento sairia a solução final da intrincada questão dos índios".[11] Mais dois anos se passariam até que a efetiva transferência, em junho e julho de 1934, realmente ocorresse, e então, como veremos em breve, só depois que Rondon e Vargas se encontraram pessoalmente para tratar de outro assunto de maior interesse do presidente. Nesse ínterim, as duas pastas parecem ter brigado para ver quem controlaria os 67 postos do Serviço de Proteção aos Índios espalhados pelo interior — mesmo que a maior parte deles estivesse abandonada ou fechada, pois valiosas terras os cercavam.

Privado das responsabilidades cotidianas de comando, Rondon pôde devotar seu tempo a atividades científicas que proporcionavam algum consolo para seu desprestígio. Ele continuava bem-vindo no Museu Nacional, onde Roquette-Pinto fora nomeado diretor em 1926 (o primeiro ano de uma década no cargo), e ficava por lá na companhia dos cientistas. Em casa, começou a trabalhar no manuscrito que renderia sua obra em três volumes, *Índios do Brasil*, publicada apenas em 1946, após o fim do Estado Novo, e continuou seus estudos de línguas indígenas, compilando gramáticas e dicionários que também seriam publicados no fim da década de 1940. Seus diários revelam que se socializava mais, almoçando com velhos amigos e passeando com Chiquita.

Com tanto tempo livre, Rondon também pôde aprofundar seu envolvimento na causa da "proteção à natureza", uma espécie de precursora do atual movimento ambientalista mundial. Conceitos como conservação, preservação e ambientalismo tendiam a ser utilizados de modo indiscriminado nessa fase inicial, mas certas posições eram comuns a todos que se preocupavam com o futuro das vastas paisagens e recursos naturais brasileiros. Isso incluía impor limites — quando não dar um basta absoluto — ao desmatamento, bem como fortalecer o ineficaz Serviço Florestal, organizado em 1925, mas com problemas crônicos de verbas, e exigir uma legislação federal que regulasse a exploração comercial de florestas, rios, pesca e fauna e flora selvagens.

O apego de Rondon a essa causa foi tanto intuitivo e emocional quanto programático ou intelectual. Desde tenra idade ele se extasiava com as maravilhas da natureza. Seus cadernos de anotações e diários estão cheios de observações entusiasmadas sobre a fauna e a flora, com desenhos de ambas. Ele admirava — e compartilhava — a reverência com que os povos indígenas tratavam seu habitat, e queria preservá-lo para eles. Nas raras ocasiões em que se aventurou a escrever poesia, foi quase sempre para decantar algum aspecto da vida natural, como em "Invocação", sobre a infância em Mimoso, que começa assim: "Incomparável jardim da natureza, emoldurado de verdes morrarias, adornado de altaneiros buritizais e densas cordilheiras de cambarazais".[12]

Perfeitamente ciente de que caíra em desgraça junto ao governo e de que sua ligação com qualquer tentativa de reforma provavelmente significaria a ruína de seus objetivos, Rondon tomou cuidado para não assumir um papel excessivamente público. Mas estava em contato frequente com os dois partidários mais importantes do movimento de "proteção à natureza": Alberto José Sampaio e Frederico Carlos Hoehne, botânicos que o acompanharam nas expedições. Com o governo cada vez mais autoritário de Vargas planejando redigir uma nova Constituição para substituir a carta republicana de 1891, Rondon teve oportunidade de aconselhar os antigos companheiros sobre onde poderiam encontrar aliados dentro da burocracia oficial, assim como quem na imprensa lhes daria apoio, ao mesmo tempo ficando em segundo plano conforme a Assembleia Constituinte iniciava suas deliberações, em novembro de 1933.

Tanto Sampaio quanto Hoehne haviam se atirado de cabeça nessa batalha e organizaram novas entidades com dois objetivos correlatos em mente: pressionar o governo e educar e engajar o público. O grupo de Hoehne, concentrado em São Paulo, chamava-se Sociedade de Amigos da Flora Brasílica, enquanto o de Sampaio, fundado em 1931 e sediado no Rio de Janeiro, adotou o nome ainda mais quixotesco de Sociedade dos Amigos das Árvores. A eles se juntaram no Museu Nacional, no Rio, colegas mais velhos e ex-alunos da Comissão Rondon, incluindo Roquette-Pinto.

A nova Constituição, promulgada em 16 de julho de 1934, de fato incluía artigos que impunham à União e aos estados o dever de proteger as "belezas naturais" e "os monumentos de valor histórico ou artístico",[13] mas exatamente como isso seria feito não ficou claro. Pouco antes, em abril, aconteceu a Primeira Conferência Brasileira de Proteção à Natureza no Rio de Janeiro, atraindo cientistas, representantes da sociedade civil, horticultores, religiosos, feministas e outros grupos vindos do país inteiro,* todos

---

* Estavam representados na conferência a "Associação Brasileira de Educação, a Federação Brasileira pelo Progresso Feminino, a Liga Brasileira de Higiene Mental, a Associação Brasileira de Farmacêuticos, a Academia Brasileira de Ciências, o Instituto Histórico de Ouro Preto, o Instituto Histórico e Geográfico do Brasil, a Sociedade de Amigos de Alberto Torres, o Tijuca Tênis Clube, o Instituto Nacional de Música, a Associação dos Empregados no Comércio do Rio de Janeiro e a Sociedade Fluminense de Medicina Cirúrgica". (José Luiz de Andrade Franco, "A Primeira Conferência Brasileira de Proteção à Natureza e a questão da identidade nacional", *Varia Historia*, Belo Horizonte, n. 26, jan. 2002, p. 79.)

determinados a pressionar o regime de Vargas a cumprir as promessas contidas na nova Constituição. Rondon compareceu à conferência de uma semana, cujo relator era Sampaio, insistindo com os delegados para não esquecer as tribos indígenas e o papel que podiam desempenhar na proteção do rico patrimônio natural do Brasil.

Rondon também teve participação-chave numa legislação com a qual sonhava havia muito tempo: um novo e rigoroso Código de Fiscalização das Expedições Artísticas e Científicas do Brasil.[14] Esse fora um tema de profundo interesse para ele desde a fundação do Serviço de Proteção aos Índios e só fez intensificar após os conflitos subsequentes com exploradores ingleses como Savage-Landor e Fawcett. Mesmo assim, o monitoramento das expedições científicas estrangeiras fora muitas vezes esporádico e casual, como exemplificado no inesperado encontro de Rondon com a Expedição Tate-Carter, do Museu Americano de História Natural, no sertão de Roraima, em 1927.

Mas com a nova lei, que entrou em vigor em 1933, todas as expedições estrangeiras que pretendessem viajar pelo Brasil dali em diante teriam de obter uma autorização do Ministério da Agricultura e também levar com elas pelo menos um expedicionário brasileiro nomeado pelo governo. Além do mais, as expedições tinham de compartilhar equitativamente com o Museu Nacional todo material coletado e também fornecer cópias de relatórios, artigos científicos e filmes que porventura produzissem. "Nenhum espécime botânico, zoológico, mineralógico e paleontológico poderá ser transportado para fora do Brasil senão quando existirem similares em alguns dos institutos científicos do Ministério da Agricultura, ou no Museu Nacional", dizia a lei. Finalmente, também foi criado um Conselho de Fiscalização das Expedições Artísticas e Científicas do Brasil, com sete representantes, e Rondon viria a ser um de seus membros.[15]

A falta de influência de Rondon nos primeiros anos da ditadura Vargas impossibilitou-o de conseguir o objetivo que entendia ser o mais importante e desejável. Durante a assembleia que elaborou a Constituição de 1891, os positivistas propuseram criar países indígenas independentes dentro do Brasil, mas a ideia foi ridicularizada e sumariamente rejeitada. Em 1934, o objetivo de Rondon era bem mais modesto: forçado a agir nos bastidores por meio de intermediários, ele buscou um pronunciamento oficial do Estado para proteger os índios e suas terras.

Na superfície, conseguiu ao menos parte do que queria, pois a nova Constituição, pela primeira vez na história do Brasil, garantia formalmente direitos aos indígenas. O artigo 129 em particular prometia que "será respeitada a posse de terras de silvícolas que nelas se achem permanentemente localizados, sendo-lhes, no entanto, vedado aliená-las". Mas Rondon não ficou satisfeito com essa formulação: ele sabia, após décadas de trabalho no sertão, que muitas tribos eram nômades e, desse modo, sem condições de reivindicar que o território tradicionalmente percorrido recebesse algum tipo de proteção. Além disso, o artigo 5º especificamente pedia "a incorporação dos silvícolas à comunhão nacional", o que parecia abrir as portas para todo tipo de abusos.

Em meados de 1934, o isolamento oficial de Rondon afrouxou um pouco, a começar por um plano do Exército de usar o nome dele como propaganda para fins institucionais. Em setembro foi criado o Instituto Rondon, com o objetivo de expandir o conhecimento geográfico do interior isolado e incentivar a colonização dessas regiões, tarefas a serem realizadas em coordenação com especialistas civis. Um jovem primo e ex-ajudante de Rondon, Joaquim Vicente Rondon, acabaria indicado para a equipe do instituto, cujo exíguo orçamento estava muito aquém de corresponder às exageradas aspirações criadas em relação a ele.

No início, o Instituto Rondon tentou funcionar nos moldes do Civilian Conservation Corps americano, fundado por Franklin Delano Roosevelt um ano antes, com oficiais do Exército norte-americano encarregados dos acampamentos. Uma das funções concebidas para o instituto foi uma adaptação desse conceito: a organização de grupos indígenas em unidades especiais de reserva do Exército, treinadas e comandadas por oficiais regulares. Sob a supervisão deles, moradores locais e indivíduos trazidos de regiões mais remotas deveriam estabelecer povoamentos que se desenvolveriam em centros de produção e processamento agrícolas, com o Exército conservando o monopólio comercial sobre eles até se tornarem autossuficientes.

Infelizmente, poucos oficiais do Exército estavam interessados em servir nesses rincões afastados. Assim, o programa de colonização jamais decolou e acabou entregue às moscas. O nome Instituto Rondon, porém, seria ressuscitado em 2016[16] com um propósito completamente diferente: em conformidade com o atual status de Rondon como o "patrono das comunicações" no Brasil, o instituto revivido é o centro do Exército para capacitação e treinamento em guerra eletrônica e cibernética.

Rondon teve melhor sorte no aspecto cartográfico. O especialista em mapas da Comissão Rondon, Francisco Jaguaribe de Mattos, descendente de José de Alencar e pintor talentoso em seu tempo livre, sobrevivera ao primeiro expurgo do Exército e continuou em contato com seu ex-chefe, a quem admirava profundamente. Mas, em 1932, Jaguaribe de Mattos se envolveu em uma revolta anti-Vargas que estourou em São Paulo e acabou perdendo a patente e sendo exilado em Portugal quando o movimento malogrou. Ali ele passou seu tempo em antigos arquivos coloniais, concentrado em relatos e mapas de Goiás, Grão-Pará e especialmente do Mato Grosso, correspondendo-se com Rondon para mantê-lo informado sobre o que descobria. Quando Eurico Gaspar Dutra se tornou ministro da Guerra, em dezembro de 1936, Rondon prevaleceria sobre o conterrâneo mato-grossense e ex-ajudante para permitir a Jaguaribe de Mattos voltar ao Brasil e retomar o trabalho cartográfico sobre o Mato Grosso. Isso resultou na publicação de um mapa novo e atualizado em 1941 que se revelou útil durante a

Segunda Guerra Mundial, tanto para a navegação aérea quanto no programa para fornecer borracha aos Aliados.

Em junho de 1934, o próprio Rondon fora subitamente tirado do ostracismo e voltava a receber uma missão do governo, para sua grande surpresa e desconfiança. Só que dessa vez sua tarefa era diplomática, não militar ou científica, e inicialmente, a despeito de sua inquietação, ele nutriu profundas dúvidas quanto a aceitar tal incumbência. Não só estava precavido contra Getúlio Vargas, cujas reais intenções achava difíceis de sondar, como também lhe pediam que assumisse a responsabilidade por uma questão que parecia, ao menos na aparência, completamente fora de sua área de conhecimento. Além do mais, se ele falhasse, o resultado muito provavelmente seria a guerra.

O problema que pediram para Rondon resolver era uma contenda a respeito da fronteira no oeste do Amazonas envolvendo dois vizinhos do Brasil. Em 1932, Peru e Colômbia haviam disputado brevemente o assim chamado Trapézio Amazônico, ou Trapecio de Leticia, uma longa tripa de território que dava à Colômbia acesso direto ao rio Amazonas e, por extensão, ao Atlântico Sul, que o país cobiçava desde a independência, um século antes. A cidade de Leticia, com excelentes instalações portuárias no alto Amazonas, fora na verdade fundada por colonos peruanos em 1867, mas entregue à Colômbia em um tratado de 1922 cujos termos, embora de início não tornados públicos na íntegra, provaram-se extremamente impopulares no Peru, onde provocaram tumultos tão sérios que o Congresso peruano só ousou ratificar o acordo em 1928.

Quatro anos mais tarde, em 1º de setembro de 1932, cerca de trezentos civis peruanos armados tomaram Leticia. Quando a Colômbia respondeu, enviando 1500 homens para a cidade, dois regimentos do Exército peruano foram despachados e invadiram Leticia e Tarapacá, outro povoado mais ao norte na área disputada, também adjacente ao Brasil. As tropas colombianas resistiram, houve escaramuças nas ruas com baixas militares e civis, e aviões peruanos bombardearam a cidade e o porto, afundando embarcações colombianas; tanto a Colômbia quanto o Peru ordenaram que suas frotas no Pacífico partissem para o canal do Panamá, a norte, atravessassem o Caribe até a foz do Amazonas e finalmente subissem o rio em território brasileiro para chegar à zona de conflito. Para piorar as coisas, o Equador, que tinha disputas de fronteira não resolvidas com esses dois países também ficou incensado e ameaçou envolver seu Exército na briga, uma vez que, em troca de ficar com Leticia, a Colômbia cedera ao Peru terras na Amazônia que o Equador também reivindicava.

Espreitando nos bastidores estava ainda a maior potência do hemisfério, os Estados Unidos. O tratado original de 1922 fora arranjado pelo secretário de Estado americano, Charles Evans Hughes, e Washington desejava vê-lo sendo cumprido na íntegra. O Peru estava convencido — assim como o Equador e até o Brasil — de que os Estados Unidos haviam sido excessivamente generosos com a Colômbia como forma de compensação indireta ao país pelo confisco americano do Panamá (na época uma província da Colômbia), duas décadas antes, a fim de construir o canal. Essa impressão de favoritismo ficou ainda mais acentuada quando a Colômbia comprou uma dúzia de aviões de guerra e contratou pilotos americanos — fuzileiros da reserva, diga-se de passagem — e um navio de guerra peruano foi proibido de usar instalações de reparo no canal do Panamá. Os Estados Unidos queriam evitar uma intervenção aberta e direta na região, mas observavam os acontecimentos de perto, ao que tudo indicava escolhendo um lado; suas ações falaram bem mais alto que suas palavras.

Para o Brasil — e seu desejo histórico de passar ao largo do conflito armado — era uma situação perigosa. A fronteira mais a oeste no rio Solimões (rio Amazonas para colombianos e peruanos) fica adjacente a Leticia, e o país mantinha relações amistosas com as duas nações beligerantes, assim como com o Equador, cujos laços de amizade não queria pôr em risco. Ali era uma das áreas mais inacessíveis de toda a fronteira terrestre brasileira: o único sinal de uma presença oficial era a pequena guarnição estacionada em Tabatinga, cidade difícil de suprir ou proteger e separada de Leticia apenas por um pequeno obelisco de demarcação da fronteira. Se o conflito se alastrasse para o Brasil, como parecia possível, o governo Vargas teria grande dificuldade em defender seu território e seria execrado pela imprensa. A situação obviamente não era tão ameaçadora como no caso da Guerra do Paraguai, em 1864, mas o Brasil permanecia vulnerável: embora as notícias corressem bem mais rápido agora, despachar homens e armamentos extras para uma região tão distante seria um processo lento e laborioso.

Além do mais, os poucos brasileiros que residiam na área conhecida como Três Fronteiras já estavam sofrendo e reclamando furiosamente para os jornais na capital, uma vez que o comércio com a Colômbia e o Peru despencara. Assim, quando a Liga das Nações negociou um cessar-fogo, em 25 de maio de 1933, menos de um mês após o presidente do Peru, o tenente-coronel Luis Miguel Sánchez, ser assassinado em Lima quando passava em revista os recrutas que seriam enviados para o combate no Amazonas, e sugeriu o envio de uma força de paz internacional — a primeira na história da organização a ser mandada para as Américas — para assumir o controle do território contestado, o regime de Vargas não teve muita escolha a não ser aquiescer ao pedido da Liga para que o Brasil mediasse a disputa.

Como Rondon descobriu ao ser convocado ao Palácio do Catete, Vargas estava lhe dando um abacaxi para descascar. O Ministério das Relações Exteriores apresentara ao presidente uma lista de potenciais mediadores, e Vargas mais tarde disse que, assim que viu o nome de Rondon, pensou: "É ele!". Rondon protestou, dizendo que não era diplomata, mas Vargas apelou aos seus instintos patrióticos enquanto reconhecia a profundidade da desconfiança mútua existente entre os dois.

"Perdoe-me V. Ex.ª, mas não posso aceitar tal incumbência", Rondon lembraria posteriormente em suas memórias, logo no começo da conversa. "Com os índios, estava eu no meu elemento, porque a eles, ao seu problema, consagrei minha vida, julgando ser esse o melhor meio de servir à pátria. Só aceito comissões que estou certo de poder desempenhar com eficiência, e esta é, de início, destinada a fragoroso insucesso." Outro fator, que Rondon não mencionou, mas provavelmente não saía da sua cabeça (porque ele fala a respeito em suas memórias), era sua amizade com Washington Luís, que Vargas depusera e mandara para o exílio. Rondon não queria "a pecha de adesista".[17]

O presidente, acostumado a ter as coisas do seu jeito, claramente não estava satisfeito e talvez tenha até demonstrado sinais de exasperação: Rondon descreve como ficou rígido, levantou da cadeira e ficou todo solene e formal quando escutou sua reação negativa. Mas Vargas sempre foi um juiz de caráter astuto e preferiu apelar à vaidade do homem antes de fazer ameaças. Após tentar, sem sucesso, diversas outras estratégias, recusadas com habilidade por Rondon, ele encontrou uma brecha nos protestos, rapidamente aproveitando a deixa. "Trata-se, justamente, general, de servir à pátria, e não a mim, nem ao meu governo", a própria pátria é que "exige que o sr. aceite."[18] Com isso, Rondon ficou definitivamente contra a parede e só lhe restou escolher uma entre duas opções nada palatáveis: aceder aos rogos do presidente ou trair os valores patrióticos que esposara quando virou um cadete do Exército, mais de cinquenta anos antes.

Rondon partiu do Rio de Janeiro em 16 de junho de 1934. Ele ficara longe da Amazônia por praticamente quatro anos, sua maior ausência da terra natal desde que se formara na academia militar, em 1890, e ficou feliz em voltar. Em vez de viajar sem pressa pela familiar rota fluvial que utilizara no passado, valeu-se de uma forma mais rápida e moderna de transporte e voou direto para Manaus. Na capital amazonense, voltou a encontrar o dr. Joaquim Augusto Tanajura, membro da excruciante expedição de 1909 e várias outras, e prontamente recrutou o velho amigo na dupla função de médico e secretário-geral da comissão recém-formada. Tomando parte também na equipe brasileira permanente estava o tenente Joaquim Vicente Rondon, que tinha a vantagem não só de ser seu parente, como de ter explorado e mapeado o rio Putumayo, a leste da fronteira Brasil-Colômbia, onde ele muda de nome e é conhecido como Içá.

Quando Rondon delineou a missão para Joaquim Vicente e Tanajura, a complexidade do desafio ficou clara. Colômbia e Peru firmaram um Protocolo de Amizade e Cooperação no Rio de Janeiro poucas semanas antes, em que prometiam "continuar, pela via diplomática normal, a dar a todos os problemas pendentes uma solução justa, duradoura e satisfatória",[19] incluindo a desmilitarização da zona disputada. Para supervisionar e monitorar o processo, o acordo pedia a criação de uma Comissão Mista Tripartite cujo presidente seria um brasileiro: Rondon.

Essa seria uma tarefa ainda mais difícil do que aparentava, explicou Rondon para os dois colegas, pois, embora o protocolo exigisse que ele "estimulasse" a execução dos termos por um período de quatro anos, proporcionava-lhe poucos instrumentos formais para fazê-lo. Não só não dispunha de soldados ou policiais para comandar, uma vez que as forças de paz da Liga das Nações tinham sido retiradas quando o Brasil assumira a responsabilidade, como também o Protocolo afirmava com todas as letras que a Comissão Mista "não tinha poder de polícia, função administrativa nem competência jurídica". Dentro de sua área de operação, as forças civis e militares "exercerão autoridade em toda a sua plenitude".[20] Em outras palavras, Rondon teria de operar quase inteiramente na base da persuasão moral e da força de sua personalidade. Não era exatamente uma situação de "morrer se preciso for, matar nunca", mas continuava a exigir a mesma capacidade de diálogo que ele empregara com tanto sucesso entre os povos indígenas.

Deixando Manaus, Rondon e seus ajudantes subiram o poderoso Solimões até chegarem à região das Três Fronteiras. Uma vez ali, sua primeira tarefa foi procurar um escritório para a comissão, bem como acomodações decentes. Não seria tarefa das mais fáceis: Leticia e Tabatinga são hoje destinos turísticos bem conhecidos, servidos por grandes companhias aéreas e orgulhosos de seus *eco-lodges*, com uma população somada de 100 mil habitantes. Em meados da década de 1930, porém, eram dois povoados isolados e insalubres. Apesar de seu status de "capital" da Amazônia colombiana, Leticia mal chegava a duzentos habitantes, cerca de metade dos quais se considerava peruana, e assim mais leais a Lima que a Bogotá. A maioria dos moradores, independentemente da nacionalidade, vivia em palafitas erguidas ao longo da margem do rio e muita gente sofria de doenças como malária, disenteria e ancilostomíase. Bogotá ficava a 1100 quilômetros de distância, separada de seu precário posto avançado amazônico por centenas de quilômetros de selva intransponível e pelos picos e vales dos Andes. Com isso, correspondência, gêneros alimentícios básicos, remédios e outros suprimentos essenciais chegavam a Leticia apenas de vez em quando, para serem comercializados a preços astronômicos.

A despeito de tudo, Rondon optou por se hospedar em Leticia, e não do lado brasileiro, na base militar de Tabatinga. Isso acabou sendo mais dispendioso do que ele ou os três governos previram, mas oferecia diversas vantagens, sobretudo em vista de seus poderes limitados. Para começar, permitiu a Rondon ficar por dentro de todos os acontecimentos e mexericos locais — políticos, militares, comerciais —, que ele devidamente incluiu nos relatórios enviados com frequência ao Itamaraty. Ter essa informação nas mãos também significou que podia muitas vezes atacar os problemas pela raiz, antes que saíssem de controle. Ficando em Leticia e não em Tabatinga ou Iquitos, no lado peruano (outra possibilidade brevemente aventada), era mais fácil para Rondon agir e intervir de imediato, como se revelou necessário em diversas ocasiões, toda vez que hostilidades entre peruanos e colombianos no porto ou na cidade surgiam e ameaçavam enveredar para mais uma rodada de confrontos.

No fim, o único local adequado para quartel-general encontrado por Rondon foi uma *hacienda* próxima a uma cidade chamada La Victoria. Ele morou ali por algum tempo com Tanajura e Joaquim Vicente, mas no fim de 1934 pediu permissão aos três governos para construir uma simples cabana de madeira. Foi nesse cenário austero, quase monástico, com pouca coisa além de uma fotografia de Chiquita, um rádio e pilhas de livros, jornais e revistas que Rondon permaneceu até 1938, tentando impedir novos confrontos e moldar uma paz duradoura. A dificuldade da tarefa pode ser calculada pela história que ele contaria diversas vezes, após o encerramento da missão. Membros da comissão, incluindo Tanajura e alguns peruanos e colombianos, jantavam em um restaurante com o cônsul brasileiro em Iquitos, capital da Amazônia peruana, quando um grupo de oficiais navais peruanos apareceu e se sentou na mesa ao lado. Era o Dia da Marinha no Peru e os oficiais chegaram num espírito festivo que após alguns drinques não demorou a assumir um tom abertamente anticolombiano. Quando um dos oficiais brindou, fazendo uma condenação veemente do tratado que entregara Leticia à Colômbia, o delegado do Peru na comissão, para horror dos brasileiros, levantou da mesa e foi se juntar aos conterrâneos, chegando até a abraçá-los.

Devido a esse sentimento de responsabilidade extremo, até mesmo exagerado, Rondon não se afastou "um só dia do meu posto durante os quatro anos da comissão".[21] Fora seus deveres diplomáticos, ele tinha pouca coisa com o que se ocupar além das recepções e *fiestas* dadas regularmente pelas duas delegações. Como não bebia, ao contrário da maioria, muitas vezes acabava tendo de intervir em brigas de bêbados que ameaçavam virar um conflito de nações. Chiquita se juntou a ele para longas estadias no quartel-general da comissão em Leticia — primeiro em 1935, por um período de dez meses, e depois novamente em 1937. Assim, ele às vezes podia ao menos fingir que levava uma vida normal naquele ambiente espartano. Ainda assim, pagou um alto preço por sua atenção obstinada ao dever.

"Comecei a sentir que algo de anormal se passava com os meus olhos e, supondo que se tratasse de catarata, aguardava o regresso ao Rio para consultar um oculista", relatou em suas memórias. "Mas, já então, era muito tarde, um glaucoma inutilizara um dos olhos e reduzira a um quarto a visão do outro... que gradualmente foi declinando."[22] Em pouco tempo, Rondon quase não conseguiria mais enxergar e passaria a maior parte da última década de vida praticamente cego.

Nas horas livres, Rondon procurava conhecer os povos indígenas da Tríplice Fronteira e se familiarizava com os problemas que enfrentavam. Havia vários grupos diferentes, entre os quais o Uitoto, cuja população fora devastada por décadas de incursões de traficantes de escravos que os levavam para trabalhar nos seringais, e os Inga, que, como o nome sugere, eram descendentes dos incas, falantes de quíchua. Mas Rondon ficou particularmente amigo dos Ticuna e dos Tukano, povos cujos territórios tradicionais abrangem ambos os lados da fronteira Brasil-Colômbia. A agenda formal de Rondon podia estar cheia de reuniões e eventos sociais como bailes e recepções diplomáticas de gala nos feriados nacionais, mas seu diário mostra que apreciava bem mais o tempo passado conversando com os chefes e pajés dos dois grupos, que regularmente o visitavam em Leticia. Que esses líderes também constituíssem excelentes fontes de informação sobre tudo o que acontecia na região, incluindo mobilizações militares, era apenas, como Rondon percebeu, um bônus: a verdadeira compensação advinha do prazer e da sensação de alívio de suas atribuições oficiais proporcionada por esses encontros informais.

Ao longo de toda a existência da comissão, seu único ponto de continuidade foi o próprio Rondon. Tanto a Colômbia quanto o Peru trocavam de delegados com certa frequência: diferentemente de Rondon, eles não eram crias da Amazônia, achavam o clima cruel e se enervavam com a falta de confortos e distração. Além do mais, eram figuras políticas importantes, ambiciosos senadores, generais ou ministros, e ficavam frustrados com a distância dos acontecimentos, das intrigas e das fofocas que continuavam a ocorrer em sua ausência nas respectivas capitais, Bogotá e Lima. Enquanto a comissão permaneceu ativa, a Colômbia teve cinco representantes e o Peru, dois.

A situação que levou os peruanos a precisar fazer uma troca foi completamente inesperada e ilustra como eram perigosas as condições enfrentadas por Rondon e os demais. O senador Manuel Pablo Villanueva fora escolhido em parte porque já tinha alguma experiência na Amazônia: em 1903, bem mais novo, fora enviado como espião peruano para verificar as atividades brasileiras ao longo do rio Javari. Mas, no fim de 1936, ele começou a se sentir cansado e debilitado. Tanajura o examinou atentamente e recomendou ao sobrinho e secretário de Villanueva, Edmundo Taboada, que levasse o senador para Lima. Mas Villanueva insistiu em ficar, mesmo com a doença piorando. Em fevereiro, sua vida estava por um fio, e no dia 9 de março de 1937, após quinze dias de luta, ele faleceu, vítima de uma doença tropical ignorada. Cinco meses depois foi substituído por Victor Manuel Arévalo, membro do Congresso peruano e ex-chefe de redação do diário *La Nación*, de Lima, que fez de tudo para passar o menor tempo possível em Leticia.

A rotatividade constante atrapalhava a tarefa de Rondon. Sua abordagem, idêntica à do tempo em que tentava pacificar grupos indígenas, era altamente personalista, e assim ele contava com a manutenção de um bom ambiente com colombianos e peruanos. Mas no momento em que conseguia isso, o representante era substituído, exigindo todo um novo empenho para conquistar a confiança dos estrangeiros. E às vezes a química pessoal entre um novo delegado colombiano e o peruano também mudava, com frequência para pior, o que constituía mais um desafio para Rondon.

421

Embora não se soubesse na época, Rondon estava servindo aos interesses nacionais do Brasil sob aspectos que iam muito além da mediação da disputa. Esquecido nos arquivos do Ministério das Relações Exteriores há um relatório que ele escreveu quando sua missão estava terminando. No documento, que só pode ser descrito como um trabalho abrangente e muito perspicaz de inteligência militar, ele relata em detalhes as fortificações colombianas e peruanas na região, discute mobilizações, treinamento e capacidades, lista e analisa embarcações fluviais à disposição das duas Marinhas, detalha que armamentos os dois lados tinham em seus arsenais e sugere quais medidas o Brasil podia tomar para fazer frente ao poderio dos dois países vizinhos. Se a guerra de fato tivesse ocorrido, essas informações teriam sido inestimáveis, sobretudo se, como o governo Vargas temia, o Brasil fosse arrastado para o conflito.

Seja por motivos relacionados à disputa na fronteira, seja devido às denúncias constantes de trabalho escravo na Amazônia, Rondon queria muito inspecionar o alto rio Putumayo, que faz a fronteira da Colômbia com o Peru e o Equador numa área a noroeste de Leticia. Ele viera monitorando esses relatórios havia mais de um quarto de século, até antes de ler o relato de Casement sobre abusos sistemáticos nos seringais peruanos, e agora tinha mais uma oportunidade de ver a situação com seus próprios olhos, dessa vez sob os auspícios oficiais. Mas nem colombianos, nem peruanos estavam entusiasmados com a ideia, exigindo prontamente que ele os esclarecesse "sobre o móvel de nossa viagem" e reiterando seus pedidos de que ele fornecesse repetidas vezes "os elementos que estava farto de conhecer". Foram colocados tantos obstáculos no caminho de Rondon que, no fim, "fui forçado a falar com energia"— seu modo de dizer que perdera a paciência.[23]

Em agosto de 1936, a comissão finalmente partiu e, em agosto do ano seguinte voltou a inspecionar a bacia de Putumayo em outra viagem fluvial. Desde o começo, Rondon não pôde deixar de achar graça na rusticidade da viagem, que lhe trazia lembranças de seus antigos dias de aventura. Porém, ao contrário de seus companheiros urbanizados, ele mostrou que continuava em ótima forma física aos 71 anos. "Seria viagem agradável se não fosse a falta de lenha, que tínhamos muitas vezes de apanhar nas margens" do rio. "Íamos também saltando para caçar, para cortar pasto para as reses que conduzíamos."[24] Passando por Leticia antes da viagem ao longo do Putumayo, o explorador, fotógrafo e ativista dos direitos humanos Rolf Blomberg, um jovem sueco que fixaria residência no Equador e se casaria com uma equatoriana, conheceu Rondon e o descreveu como uma "personalidade vigorosa e caráter humano" que tanto para índios quanto para europeus era como "uma mistura pitoresca de soldado e apóstolo".[25]

O que Rondon viu em sua última e mais extensa viagem subindo o Putumayo o deixou horrorizado. A economia global continuava atolada na Grande Depressão em 1936, quase em estado de prostração: as vendas de automóveis no mundo haviam despencado

422

e com elas a demanda da borracha. Ele descobriu que seringais outrora prósperos estavam em "ruínas" e desertos, devido tanto ao colapso dos mercados quanto à disputa entre Peru e Colômbia. As circunstâncias encontradas pelos trabalhadores pareciam piores do que nunca. "Vinha eu verificando a triste situação dos índios, abandonados pelas autoridades e explorados pelos industriais e seringueiros, que os escravizavam."[26]

Em alguns locais, descobriu Rondon, os remanescentes (ou seus descendentes) da Anglo-Peruvian Amazon Rubber Company, que haviam sido forçados a fechar as portas em 1913 como resultado das denúncias de Casement, lutavam para sobreviver. Para manterem a lucratividade, tornaram as condições de trabalho ainda mais desumanas, adotando o que se convencionou chamar de servidão por contrato. Sem receber seus salários, se endividavam mais ainda com os preços exorbitantes dos armazéns das companhias, o único lugar onde artigos essenciais podiam ser adquiridos. Para Rondon, não havia diferença essencial entre a empresa original e as que surgiram em seu lugar, e que ele chamava pelo mesmo nome: "a" Peruvian.

Ambas, por exemplo, eram administradas pelo peruano Julio César Arana, que em anos subsequentes ao contundente relatório de Casement havia se ramificado para a política, representando a região de Iquitos no Senado peruano e liderando a oposição ao tratado de 1922, que o privara de parte de suas propriedades rurais, ao mudá-las para a Colômbia. Arana se opunha a Rondon e a tudo que ele representava, mas havia pouco que o brasileiro pudesse fazer para contê-lo: ele não dispunha de soldados nem de polícia para exercer sua função reguladora, e a pouca autoridade de que estava revestido derivava de seu status de representante do governo brasileiro, cujo principal interesse era selar um acordo de paz entre dois vizinhos, mesmo se isso envolvesse fazer vista grossa para certas "irregularidades".

Em locais onde fazendas menores e independentes outrora funcionaram, Rondon encontrou escravizados indígenas que haviam simplesmente sido abandonados ao próprio destino. Foi um problema significativo, concluiu ele, porque após tantos anos de servidão os povos indígenas não só tinham perdido a identidade cultural, como também a saúde e grande parte das habilidades e dos conhecimentos que lhes permitiram viver de forma autossuficiente por tantas gerações. O Peru não contava com qualquer tipo de órgão oficial responsável pela questão indígena, observou Rondon com pesar, e a Colômbia em essência transferira a responsabilidade pelo assunto para os frades franciscanos. Assim, ele instruiu o dr. Tanajura a oferecer todo o cuidado médico possível para os índios doentes e famintos que viviam na zona despovoada.

Inicialmente cético quanto à presença dos franciscanos na região amazônica, Rondon passou a vê-los, embora com relutância, como uma força benéfica. Em um nível filosófico, leal como sempre aos ensinamentos de Comte, ele continuou a se opor a qualquer fusão das funções da Igreja e do Estado. Mas com o Estado ausente, a quem restava defender os povos indígenas da devastação desumana do capital? Durante seus anos em Leticia, Rondon visitou diversas escolas e missões franciscanas em território colombiano e expressou sua aprovação em relação aos métodos de instrução e catecismo deles, que via como mais bondosos e tolerantes do que os dos salesianos, adversários históricos dele. A experiência na Colômbia, combinada aos relatos que recebia de ordens religiosas no Brasil tentando mitigar o colapso do SPI, marcou o aprofundamento de um ligeiro relaxamento da hostilidade de Rondon em relação aos missionários.

Em 7 de setembro de 1936, dia da Independência, Rondon voltava para Leticia. Conforme seu barco descia o rio, ele pôde refletir sobre sua missão. Num estado de espírito próximo da melancolia e da resignação, considerou o tortuoso curso em zigue-zague do rio Igara Paraná, importante afluente do Putumayo, uma metáfora tanto de sua situação quanto da "luta diplomática colombo-peruana", de modo geral. A viagem o conduziu por centenas de quilômetros de "voltas e rodilhas, de avanços e recuos" por "verdadeiras paralelas por onde dois navios distanciados, seguindo o mesmo curso, apresentam o espetáculo interessante de prosseguir em sentidos opostos". Isso, concluiu, era "o mesmo espetáculo oferecido pelos dois povos litigantes que se cruzam, embora marchando para o mesmo fim".[27]

No início de 1937, Rondon teve de se defender contra duas tentativas de arrastá-lo, contra a vontade, de volta para a política brasileira, e de uma maneira que lembrava sobremaneira a transição caótica de Pessoa para Bernardes, quinze anos antes. Sob os termos da Constituição de 1934, Getúlio Vargas desfrutaria de um mandato de quatro anos, sem direito a reeleição. No entanto, quando faltava apenas um ano para o fim de seu governo, ele começou a procurar maneiras de driblar a lei. Uma das possibilidades contempladas era indicar um fantoche político para encabeçar a chapa do partido que controlava, o que lhe permitiria continuar detendo o poder, ainda que indiretamente, após uma eleição em que a vitória seria assegurada por uma fraude eleitoral. Ele queria nomear um Tribunal Eleitoral de sete membros para supervisionar e ratificar a eleição e sugeriu a participação de Rondon, talvez até como presidente do conselho.

Rondon via essa perspectiva com temor e alarme por vários motivos. Para começar, como em episódios similares no passado, seus princípios positivistas não o deixariam se envolver diretamente na política partidária. Mas ele era mais do que tudo avesso a sacrificar sua reputação de integridade a serviço de um caudilho que lhe causava profunda desconfiança. Na verdade, sua aversão a Vargas e a seu estilo autocrático de governo era tão notória que, em abril de 1937, uma coalizão de forças de oposição se aproximou dele para pedir que concorresse à presidência em 1938 contra Vargas ou seu candidato-fantoche.

A ideia, no entanto, também exerceu pouco apelo. "Nunca fui ambicioso", pelo menos no que dizia respeito à política, explicou Rondon. "Iniciei minha carreira recusando, ao concluir o curso de engenharia militar, a quantia de quatrocentos contos para medir as vastíssimas terras de um rico proprietário porque já tinha tomado o compromisso de acompanhar Gomes Carneiro ao sertão." Suas ressalvas contra um cargo público, fosse eleito ou nomeado, eram "fatos sobejamente conhecidos", acrescentou. "Considerei, pois, pilhéria a notícia" para se candidatar ou ocupar a presidência de um tribunal eleitoral. Ambos eram cursos de ação que "não se coadunam com meus ideais". No fim, tudo acabou não passando de um mero exercício acadêmico, porque Vargas decidiu abandonar qualquer simulacro de eleição e simplesmente permaneceu aferrado ao cargo. Mas Rondon ficou orgulhoso de ter resistido mais uma vez às tentações do poder.[28]

Vargas teve uma série de motivos para mandar Rondon a Leticia. Um dos quais, muito provavelmente, era relegá-lo a uma espécie de exílio prestigioso em que não pudesse aprontar das suas. Se foi isso, Vargas teve êxito, pois Rondon sumiu de cena por quatro anos, impossibilitado de defender as instituições que criara e que estavam sendo evisceradas pelo governo. Mas Rondon também conheceu algum êxito: ele cumpriu com eficiência a missão diplomática que lhe fora designada, impedindo o acirramento dos ânimos de colombianos e peruanos, evitando nova irrupção de um conflito armado. Mas foi tarefa de imensa dificuldade, como os acontecimentos logo demonstrariam: dentro de três anos, o Peru voltaria a entrar em guerra por uma fronteira em disputa, dessa vez com o Equador. A essa altura, porém, Rondon já havia voltado ao Rio de Janeiro e, mais uma vez, media forças com Getúlio Vargas.

24. O velho Rondon
e o Estado Novo

Finalmente encerrada sua missão diplomática na tríplice fronteira, após uma arrastada viagem por toda a extensão do Amazonas e pelo litoral, Rondon chegou ao Rio de Janeiro em 4 de agosto de 1938, recebido como herói. Oswaldo Aranha, que tentara em vão convencê-lo a se unir à causa de Vargas, tornara-se ministro das Relações Exteriores em março desse ano e usou a ocasião do regresso de Rondon como mais um instrumento para tentar atraí-lo. Uma recepção carnavalesca foi organizada no porto, seguida de um desfile pelo centro e uma cerimônia no Palácio Itamaraty em que Aranha condecorou Rondon com uma medalha e o elogiou prodigamente. Houve até um interlúdio musical: um coro de mais de duzentas vozes conduzido por Heitor Villa-Lobos cantou uma canção Paresí (a já mencionada "Nozani-na") gravada em 1912 por uma expedição de Rondon, com arranjo do próprio maestro.

"As homenagens excepcionais prestadas ontem ao general Rondon [...] são as mais justas, porque são devidas à excepcionalidade de seus méritos", escreveu o jornalista Benjamin Costallat numa crônica do evento cujo tom de pompa e lisonja refletia o entusiasmo da imprensa em sua cobertura no dia seguinte, revelando o alto conceito ainda desfrutado por Rondon. "Esse caboclo, peregrino por patriotismo, viajante por ideal, desbravador por destino, apaixonado por ofício, pioneiro por temperamento, incansável por dever, estoico por profissão, soldado da paz, a serviço das fronteiras que ele ajudou a demarcar e do sertão que ele ajudou a revelar, na mais nobre das conquistas e na mais santa das vitórias, Rondon é glória que reúne os mais altos méritos militares aos mais altos méritos civis."[1]

Ou seja, durante os quatro anos passados longe da capital, a imagem heroica de Rondon não se alterara nem um pouco. Já o Brasil mudara drasticamente, e para pior.

Em novembro de 1935, comunistas e oficiais dissidentes do Exército, liderados pelo antigo adversário de Rondon, Luís Carlos Prestes, tentaram derrubar Vargas e foram esmagados. Usando a revolta como justificativa para expandir o próprio poder, o presidente instaurou um estado semifascista: em novembro de 1937, instituiu o Estado Novo, fechando o Congresso, decretando estado de emergência, dissolvendo os partidos políticos, proibindo greves, criando um estado policial permanente, nomeando interventores para tomar o lugar de governadores e prefeitos e perseguindo dissidentes políticos à esquerda e à direita. Furiosos com o que perceberam como uma traição a sua suposta aliança tácita, os integralistas tentaram por duas vezes — 11 de março e 11 de maio de 1938 — tomar o poder, inclusive tentando assassinar o presidente no Palácio Guanabara. Os envolvidos no atentado integralista foram executados, presos ou exilados, contribuindo ainda mais para a atmosfera política tensa que Rondon não pôde deixar de notar quando voltou para casa.

Rondon estava com 73 anos, mas não dava sinais de perder o pique e estava claro que queria continuar a desempenhar um papel na vida pública, a despeito da vista cada vez mais fraca. Como sempre, seu maior interesse era o destino do Serviço de Proteção aos Índios, que em sua ausência tinha sido sucateado, tornando-se um antro de incompetência e corrupção. Mas ele precisava proceder com muita cautela, não só devido ao clima imperante de repressão e medo, mas também — e especialmente — em razão de sua complicada relação com Vargas. O presidente, fortalecido por mais uma nova Constituição, promulgada logo em 1937, que lhe conferia poderes extraordinários e arbitrários, continuava com o pé atrás em relação a Rondon, e a recíproca era verdadeira. Além disso, Rondon presenciara amigos apoiadores da Revolução de 1930 caindo em desgraça à medida que Vargas consolidava sua mão de ferro sobre o país e o conduzia como lhe dava na veneta. Também observara outros oficiais, mais oportunistas, ascendendo a posições de poder por meio de puxa-saquismo, velhacarias e traição de amigos e princípios. O principal deles foi Filinto Müller, brutal e implacável homem de confiança de Vargas, que Rondon conhecia muito bem, assim como todas as figuras públicas mato-grossenses: Müller nascera em Cuiabá, frequentara a academia militar, participara e depois desistira do tenentismo e em 1938 era chefe de polícia no Distrito Federal havia meia década.

Felizmente, Rondon contava com um punhado de simpatizantes espalhados pelos escalões superiores do Estado Novo. Entre eles, seu antigo protegido do Mato Grosso e da campanha no Paraná em 1925, Eurico Gaspar Dutra, que se distinguira na repressão ao Levante Comunista de 1935, fora promovido a general e agora era ministro da Guerra, cargo que ocuparia até 1945. Mas o principal protetor e aliado de Rondon se revelaria um civil com uma colocação aparentemente inofensiva, mas influente, na burocracia do governo. Um dia antes da chegada de Rondon ao Rio de Janeiro, Vargas nomeou

Luís Simões Lopes como diretor do recém-criado Departamento Administrativo de Serviço Público (Dasp). Com apenas 35 anos, Simões Lopes era filho do colega e amigo de Rondon na comissão que investigara a seca no Nordeste em 1922; ele participara da viagem como secretário de seu pai, desenvolvendo grande admiração pela inteligência e a probidade de Rondon. Agora o jovem Simões Lopes via-se estrategicamente instalado numa posição que lhe dava enorme controle sobre as nomeações, o orçamento e o acesso ao próprio Vargas.

Desde o começo, o Dasp foi "um órgão extremamente poderoso", talvez até "todo-poderoso", escreveria posteriormente Simões Lopes. "Atuando junto ao presidente da República, visava dar-lhe assessoria, de modo a habilitá-lo não só a reformar, renovar e transformar a velha máquina administrativa, como a decidir sobre os muitos milhares de documentos, projetos e papéis que vinham às suas mãos para deliberação."[2] Particularmente importante, acrescentou Simões Lopes, era que o dinheiro do governo ficava sob controle do Dasp. "Quem faz o orçamento da República acaba dominando mesmo a administração, sob vários aspetos. O orçamento é a tradução em números do plano de governo."[3] Por esses motivos, alguns consideravam Simões Lopes o segundo homem mais poderoso do Brasil. Em todo caso, ao contrário de Vargas, ele confiava plenamente em Rondon e se provou disposto a interferir em seu favor, acalmando as apreensões do presidente.

E, a despeito do legado de desconfiança mútua entre Vargas e Rondon, o corporativista Estado Novo e seus ideólogos agora encaravam o velho explorador como um troféu valioso, quando mais não fosse para fins de propaganda e disseminação da doutrina racial recém-criada de um "novo homem tropical", ainda em processo de elaboração. Com a subida de Vargas ao poder, entrou em cena um novo projeto de identidade nacional que, deixando para trás a antiga doutrina de "embranquecimento" da população por meio da imigração europeia, passava a expressar orgulho pela miscigenação que fora a principal característica do brasileiro desde os tempos coloniais. O que até pouco tempo era motivo de vergonha passou a simbolizar de modo reluzente a autoestima nacional. E a figura de Rondon se prestava como uma luva a esse ideário.

Seu defensor mais importante foi Gilberto Freyre, que já em 1926 escrevera um poema intitulado "O outro Brasil que vem aí": "Eu ouço as vozes/ eu vejo as cores/ eu sinto os passos/ de outro Brasil que vem aí/ mais tropical/ mais fraternal/ mais brasileiro". Em livros como o revolucionário *Casa-grande e senzala*, publicado em 1933, o sociólogo desenvolveu essa teoria e a tornou intelectualmente respeitável, até mesmo popular. Mas Freyre não estava sozinho: posições similares eram articuladas por intelectuais ilustres na época, mas hoje esquecidos, como Antônio da Silva Melo, médico e ensaísta que escreveu *A superioridade do homem tropical*, e Paulo Augusto Nunes de Figueiredo, um dos mais ardentes propagandistas do Estado Novo.

"Da crise do mundo, dessa nova filosofia da vida, vai nascer o homem novo", escreveu Figueiredo no primeiro número de *Cultura Política*, publicação oficial do Departamento de Imprensa e Propaganda do Estado Novo, às portas da Segunda Guerra Mundial. "No Brasil, especialmente, há hoje condições propícias ao seu advento [...]. Ajudam-nos os traços constituintes do nosso caráter: temos linhas de todos os povos e não nos confundimos com nenhum. É possível que surja, no Brasil, o homem novo e, com ele, uma idade nova. Os acontecimentos, entre nós, têm acompanhado a marcha do sol; e este, agora, já começa a iluminar-nos."[4]

Para os adeptos dessa visão de mundo, quem melhor que Rondon personificaria esse "homem novo"? Ele era tenaz, intrépido e destemido e, nos ambientes tropicais mais rigorosos, realizou proezas de perseverança e bravura tão notáveis quanto os de grandes heróis da mitologia greco-romana. Melhor de tudo: o sangue das três raças que compunham a nação brasileira corriam por suas veias. Bastava olhar seu rosto para constatar que ele era produto da mestiçagem exaltada pelo Estado Novo. De fato, Gilberto Freyre, que fazia profundas ressalvas a muitos aspectos do regime de Vargas e, de modo geral, mantinha distância dele, referia-se a Rondon com admiração como "nosso soldado caboclo". Assim, embora o homem Rondon ainda pudesse ser de pouca confiança para os seguidores de Vargas, sua imagem e reputação eram poderosas, úteis e podiam ser facilmente manipuladas pelo Estado Novo e seus ideólogos para os próprios fins.

Rondon, desse modo, era notícia de destaque em cinejornais, jornais e revistas, todos pesadamente censurados pelo regime de modo a eliminar ideias que confrontassem a visão oficial. Quando era jovem — fosse por seu trabalho de campo, fosse por meio dos escritos de discípulos como Edgard Roquette-Pinto —, ele sempre lutara contra o racismo que prevalecia na época e o impedia de receber o reconhecimento internacional que merecia. Agora a trajetória de sua vida, na forma ao mesmo tempo de sua origem racial e de suas inúmeras realizações, tornara-se o alicerce de uma nova doutrina feita para virar o racismo científico de ponta-cabeça e defender a superioridade de indivíduos mestiços.

Talvez o melhor exemplo de como o Estado Novo usou o nome e a imagem de Rondon para seus próprios fins e objetivos seja a Marcha para o Oeste, campanha que foi anunciada com grande pompa em 1938 e rapidamente virou uma das metas mais importantes da ditadura Vargas. Abertamente concebida nos moldes da expansão norte-americana em direção ao Pacífico após a Guerra Civil, a Marcha para o Oeste deveria preencher os espaços vazios do país e mudar seu crescimento populacional da costa do Atlântico para o interior, reduzindo as desigualdades sociais e levando a uma aceleração do crescimento econômico. Somente mediante uma grande cruzada patriótica, afirmava Vargas, o Brasil poderia verdadeiramente encontrar seu destino e sua identidade nacionais — o que ele chamou de modo empolado de "o verdadeiro sentido de brasilidade".[5]

Muitas partes desse programa coincidiram com posições defendidas havia muito por Rondon. Para implementar a Marcha para o Oeste, o chefe do Estado Novo criou uma série de novos órgãos oficiais destinados a impulsionar a abertura do sertão: um Serviço Geográfico do Exército reformulado, o Instituto Brasileiro de Geografia e Estatística, o Departamento Nacional de Estradas de Rodagem. Rondon continuava tentando terminar um mapeamento abrangente do Mato Grosso, de modo que recebeu com animação o interesse renovado do governo pela cartografia, e também esperava que os inúmeros relatórios científicos compilados pela Comissão Rondon ao longo dos anos pudessem ser publicados outra vez e finalmente encontrar uma utilidade prática. E esse se revelou ser o caso: ao longo da década seguinte, diversos estudos de campo originalmente completados entre 1900 e 1920 foram publicados pela primeira vez ou relançados pela gráfica do governo.

O status do Serviço de Proteção aos Índios e a situação geral dos povos indígenas, porém, eram assuntos bem mais complicados. Durante o período em que Rondon ficou afastado, o encolhido SPI fora passado de ministério em ministério, perdendo mais poder e verba a cada mudança. Quando Rondon voltou ao Rio, o serviço era parte do Ministério da Guerra, subordinado à Inspeção de Fronteiras e quase sem nenhuma autonomia. No momento em que Rondon foi purgado do Exército no fim de 1930, o SPI supervisionava dezenas de postos em todas as regiões do país, mas a maioria havia sido negligenciada e agora eles estavam praticamente abandonados. Temendo pelo destino dos povos indígenas e empenhado para reviver o órgão que fundara, Rondon estava disposto a agradar Vargas.

Não há evidência documental que prove que Rondon e Vargas negociaram formalmente um acordo e nenhum dos dois tocou no assunto em suas respectivas memórias, e tampouco isso é mencionado nos livros escritos por seus subordinados. Mas a sequência de acontecimentos ao longo de 1938 e sobretudo 1939 é altamente sugestiva. E as declarações públicas de Rondon são de um tom surpreendente. Seu primeiro objetivo era resgatar o Serviço de Proteção aos Índios do estado de abandono sofrido sob a administração militar e devolvê-lo a sua casa original, o Ministério da Agricultura. Isso foi conseguido em 3 de novembro de 1939, depois de Rondon insistir com Dutra, o ministro da Guerra. Em um decreto autorizando a mudança, Vargas afirmou que isso era necessário para o sucesso de sua Marcha para o Oeste: "O problema da proteção aos índios se acha intimamente ligado à questão de colonização, pois se trata, no ponto de vista material, de orientar e interessar os indígenas no cultivo do solo, para que se tornem úteis ao país e possam colaborar com as populações civilizadas que se dedicam às atividades agrícolas."[6]

No dia 19 de novembro, o discurso que Rondon fizera quatro dias antes para marcar o 50º aniversário da derrubada da Monarquia foi publicado em diversos jornais importantes da capital. Usando argumentos positivistas, ele fazia uma comparação elogiosa entre Vargas e Benjamin Constant. Condenava o conceito de república como "uma organização negativa, metafísica, democrática, prolongamento dos mesmos vícios que a Revolução pretendeu destruir, caracterizada pela preponderância do parlamento e da intriga" e louvava a ditadura Vargas como um progresso em direção ao regime ideal que seus mestres Constant e Comte sempre buscaram: "Um governo responsável, alheio à retórica, às ficções teológicas e metafísicas, ao processo absurdo das maiorias, à corretagem política e à exploração, enfim, da massa proletária base produtora da nação, pelos advogados, bacharéis, cientistas e letrados de todos os jaezes, o que constitui o pior dos absolutismos, porque é o mais degradante de todos". Sem mencionar o Estado Novo ou Vargas diretamente, fechou o discurso louvando os dois: "Que perdure a ditadura que neste momento reorganiza a administração nacional com esboço sociocrático do problema proletário, e que se transforme em verdadeira ditadura republicana, aconselhada pelo mais sábio e mais nobre dos filósofos contemporâneos", isto é, Comte.[7]

Considerando tudo o que Rondon sabia sobre os mecanismos internos de uma ditadura, seu discurso era totalmente absurdo. O governo Vargas se erguera sobre uma série de mentiras e o presidente mantinha seu poder mediante uma bem articulada combinação de conchavos; e, quando isso não funcionava, intimidações. Mas Vargas deve ter gostado do que escutou, porque três dias depois decretou a criação de uma nova agência, chamada Conselho Nacional de Proteção aos Índios, e pôs Rondon no comando. O SPI continuaria a existir, mas agora com uma função um pouco diferente e mais limitada. O trabalho do CNPI, como a nova entidade ficou conhecida, era determinar políticas abrangentes em relação aos povos indígenas, enquanto o SPI ficaria restrito principalmente à execução dessas políticas.

Além disso, o CNPI tinha a tarefa de assegurar que o SPI implementasse corretamente suas decisões. Por conseguinte, essa função supervisora significava que o novo órgão também tinha poder de investigar e expor a corrupção dentro da entidade mais antiga e impedir abusos contra as comunidades indígenas quando o SPI não podia agir por algum motivo. Essa nova estrutura burocrática logo se revelaria tão ineficaz quanto parece, mas isso era de importância secundária para Rondon naquele momento: em suas palavras, mais uma vez ele tinha autoridade para "orientar o Serviço de Proteção aos Índios, indicando-lhe normas de uma política indígena capaz de manter a unidade social da raça e determinar a felicidade do índio".[8] Após quase uma década de marginalização, estava novamente em posição de promover o que considerava os interesses da população indígena do Brasil, e de fazê-lo dentro do Estado Novo.

Em suas memórias, Rondon foi ligeiramente dissimulado sobre o processo que o levou de volta ao governo. "Não fui consultado para a nomeação, de que só tive conhecimento quando publicado pelo Dasp", alegou. "Conformei-me com a honrosa designação e com a ideia de continuar em serviço ativo, malgrado os meus avançados anos."[9] Na realidade, ele estava fazendo um complicado jogo político em muitos níveis e continuou a fazê-lo enquanto o Estado Novo existiu. Embora formalmente fosse agora um funcionário do regime, Rondon tinha um programa político próprio e, com frequência, o seguiria mesmo quando ia de encontro aos objetivos do presidente. Em alguns casos, ao longo dos seis anos seguintes, ele também conspiraria de maneira ativa para minar o poder de Vargas ou frustrar seus objetivos. Mas sem dúvida Vargas estava empenhado no mesmo tipo de jogo, pois como Maquiavel escreveu, "o Príncipe deve fazer tudo para manter os aliados por perto, mas o mais importante é manter os inimigos por perto".[10]

Um dos resultados da aproximação gradual entre Rondon e o governo Vargas — e sua amizade com Luís Simões Lopes, do Dasp — foi uma súbita infusão de dinheiro no moribundo SPI. No início da década de 1950, o jovem antropólogo Darcy Ribeiro, o último de uma longa série de protegidos de Rondon, realizou um estudo dos quarenta anos de verbas para o Serviço de Proteção aos Índios e os resultados são esclarecedores. Entre sua fundação, em 1910, e o fim da Primeira República, em 1930, a verba para a entidade mais do que triplicara em termos concretos, graças em grande parte aos esforços de Rondon. Mas em 1931 o SPI sofreu cortes de 60% e continuou nessa toada até que em 1937 a verba foi de apenas um quarto do que tinha sido em 1930. Mas imediatamente depois que Rondon voltou de Leticia e o CNPI foi criado, o dinheiro começou a entrar outra vez; no fim da década de 1940, a verba do SPI era tão vultosa quanto em seu auge, duas décadas antes.[11]

"A preservação do SPI e a reabilitação do prestígio político do general Rondon a partir de 1938, quando Getúlio Vargas reconheceu a estatura humanística de Rondon, começaram a mudar o panorama indigenista brasileiro", sustenta o antropólogo Mércio Pereira Gomes, autor de O índio na história. "Nos últimos anos da ditadura getuliana, com o programa Marcha para o Oeste, e até o fim do segundo governo de Getúlio, o SPI renovou-se, abriu-se para novos quadros, especialmente antropólogos, e começou o processo de demarcar terras indígenas por critérios antropológicos, enfrentando as injunções políticas com mais destemor. O resultado é que a delimitação das terras indígenas passou a levar em consideração as formas culturais dos povos indígenas, suas áreas de produção econômica, incluindo as áreas de perambulação para caçadas e pescarias, e assim as terras indígenas passaram a ter tamanhos bem maiores do que aqueles realizados nas décadas de 1920 e 1930."[12]

Esse flerte longo e às vezes constrangedor entre Rondon e o Estado Novo culminou em agosto de 1940 numa viagem cuidadosamente coreografada em que Vargas, seguindo um itinerário planejado com a ajuda de Rondon, primeiro foi a Goiânia, para a inauguração do que deveria ser a primeira dentre muitas cidades planejadas sob a égide da

Marcha para o Oeste. Em seguida, após um voo breve, chegou à ilha do Bananal, num trecho do rio Araguaia que marca a divisa entre os estados de Goiás e Mato Grosso. Com 350 quilômetros de comprimento e 55 de largura, numa área total de mais de 19 mil quilômetros quadrados, Bananal é a maior ilha de água doce do mundo e habitada por diversos povos indígenas, alguns dos quais continuavam hostis a forasteiros em 1940. Por sugestão de Rondon, Vargas decidiu visitar uma aldeia da tribo Karajá, que entrara em contato com europeus pela primeira vez em meados do século XVII e, nos primeiros anos do século XIX, travou uma guerra que forçou as tropas portuguesas a bater em retirada para a fortaleza de Santa Maria do Araguaia.

No tempo do Estado Novo, porém, os Karajá haviam sido significativamente reduzidos por doenças. Oficialmente considerados "pacificados", tinham um posto do Serviço de Proteção aos Índios na ilha para atendê-los. O Posto Redenção, criado em 1928 e visitado por Rondon meses depois, logo atraiu membros das tribos Karajá e Javaé com sua oferta de cuidados médicos, ensino e ciências agrárias. Mas "a proteção do governo republicano" foi, no tom deliberadamente seco e neutro adotado por Rondon para não ofender Vargas e seu círculo, "interrompida em 1931", quando o posto foi "extinto por falta de verbas".[13] O que aconteceu foi o seguinte: por ordem de Juarez Távora, o posto foi fechado e os índios que moravam em seus arredores foram abandonados à própria sorte. Mas eles continuaram por perto, na esperança de que o posto reabrisse, como aconteceu no fim de 1939. Essa era, em outras palavras, uma oportunidade perfeita para Rondon mostrar a Vargas o que o SPI já conquistara — e o quanto mais poderia conquistar se contasse com mais apoio oficial.

A visita de Vargas à ilha do Bananal foi a primeira em que um presidente brasileiro, em exercício ou após o mandato, visitou uma região indígena. Na verdade, embora o imperador Pedro II tenha visitado Belém, nenhum presidente viajara pelo Centro-Oeste do país até esse momento. Como resultado do protocolo envolvido, Rondon abriu mão de seu usual papel de pagmejera e não acompanhou Vargas na viagem, o que permitiu ao presidente bancar o benfeitor generoso. Vargas, é claro, não queria dividir os holofotes com ninguém, e seus conselheiros tampouco. Eles concebiam a viagem como a evocação de uma missão bandeirante ou das próprias expedições de Rondon, ainda que não fosse nada disso, é claro. Assim, com as câmeras filmando e fotografando, Vargas, o autointitulado Pai dos Pobres, distribuiu facas, facões e outras ferramentas para os Karajá, e foi até fotografado acariciando um bebê.

Os comportados Karajá, munidos de arcos e flechas, saudaram Vargas com berrantes e cantos rituais; os Javaé também estavam lá, trajados com os uniformes que o SPI distribuíra para eles alguns anos antes. Juntos, os dois grupos cantaram o hino nacional brasileiro (sempre um ato importante em todo evento organizado por Rondon), realizaram diversos rituais e danças tradicionais, fizeram uma luta de exibição e coroaram

Vargas com um cocar cerimonial. Mas o ponto alto do encontro foi uma cerimônia em que o chefe Karajá ofereceu a Vargas um cachimbo de argila com tabaco. Avisado de antemão por Rondon, o líder do Estado Novo se esforçou por respeitar o protocolo: virando para leste, deu grandes baforadas e soprou a fumaça na direção do nascente, "reverenciado como benfeitor da natureza em que vive, de que vive e para que vive".[14]

Rondon tinha um motivo ulterior para sujeitar Vargas a tudo isso: como escreveu, esperava que, ao se expor à experiência, o presidente teria "tirado a conclusão para apreciação da mentalidade do índio, classificada na da criança".[15] Com efeito, a curiosidade de Vargas foi devidamente espicaçada. Ao voltar para a capital, ao longo dos meses seguintes ele bombardearia Rondon com perguntas sobre os Karajá, os Javaé e outros povos que habitavam a ilha. Ficou particularmente interessado nos não assimilados Xavante, que tinham reputação de "ferozes". Isso se devia sobretudo ao fato de terem lutado no século XVIII contra as colunas bandeirantes vindas de São Paulo para escravizá-los, depois fugido do Mato Grosso e se embrenhado cada vez mais no coração do Brasil até chegar à ilha, onde suas relações até com os demais povos indígenas eram com frequência inamistosas. Quando o avião do presidente decolou para voltar ao Rio de Janeiro, o piloto sobrevoou o rio das Mortes, a oeste, onde foram mostradas para o presidente duas aldeias Xavante ainda não contatadas. No Rio de Janeiro, Rondon explicou para Vargas os desafios envolvidos em "pacificar" um povo indígena cuja experiência com a civilização ocidental fora sempre negativa.

Menos de um mês depois, em 3 de setembro de 1940, Rondon fez um discurso (posteriormente publicado) na sede do Departamento de Imprensa e Propaganda exaltando Vargas e sua grande marcha, intitulado "Rumo ao Oeste": A "Marcha para o Oeste é o capítulo mais brilhante da nossa história",[16] Rondon afirmou para o público. Mas junto ao elogio havia o que ele chamou de "apelo ao Brasil" para não abandonar os índios. Comentando muito superficialmente a política de negligência que paralisara o SPI durante toda a década de 1930, ele terminou sua explanação elogiando Vargas em um tom que era não só deferente, como também completamente obsequioso. "Temos confiança senão certeza", disse, "de que o dr. Getúlio Vargas não nos negará o apoio de que carecemos, moral e material, para bem cumprir o dever que nos cabe como defensor direto do índio quanto às suas terras, à sua liberdade e à integridade de sua família perante a civilização. Salve Getúlio Vargas!"[17]

Embora a viagem do presidente para a ilha do Bananal e seu interesse subsequente nos assuntos indígenas ajudassem a sua causa, o triunfo foi institucional, não pessoal. Na verdade, Rondon se sentiu humilhado, ofendido. Depois de conversar longamente com Vargas sobre os detalhes de uma eventual viagem ao Centro-Oeste, o presidente partiu sem convidar ou nem sequer avisar o velho general. Quando Vargas aterrissou em Goiânia, Rondon respondeu com um telegrama que Botelho de Magalhães descreve

434

como "muito curioso na forma e no fundo": "Surpreendido [com a] partida [de] V. Ex.ª. para essa jovem Capital do Brasil Central, rumo Oeste, venho, pelo meio ao meu alcance, felicitar [a] autoridade máxima [do] Governo Nacional pelo rasgo de brasilidade, nunca revelado por um Chefe de Estado, dando o edificante exemplo aos brasileiros da marcha para o Oeste como salutar iniciativa de ocupação do sertão [...]. Como presidente do CNPI pelo espírito acompanho Vossa Excelência".[18]

Vargas, que sempre gostou de jogar um rival contra o outro, não apenas deixou Rondon para trás, como também levou em sua comitiva oficial um sacerdote salesiano estrangeiro. O padre Hipólito Chovelon era francês de nascimento, mas atuava como missionário no rio das Mortes desde 1935, um ano depois dos Xavante matarem dois outros salesianos que haviam construído um posto avançado ali, e se voluntariara para substituí-los. Chovelon, estudioso de antropologia e línguas, alegou ter feito progressos em catequizar os Xavante, o que era discutível, mas ele claramente reunira um impressionante corpus de conhecimento sobre a tribo, que compartilhou de muito bom grado com Vargas. O objetivo apregoado pelos politicamente astuciosos salesianos era, afinal, "congregar os índios Xavante, fazendo-os amigos e bons brasileiros, como já se tem feito com os Bororo, abrindo deste modo nova e imensa zona para a agricultura, a criação de gado, fazendo aparecer as lendárias e ricas minas do rio das Mortes para vantagem e riqueza do nosso Brasil",[19] de acordo com a Marcha para o Oeste, e os missionários queriam a ajuda do governo para alcançar esse objetivo.

Isso batia totalmente de frente com o anticlericalismo de Rondon, que, embora um pouco mais abrandado com a idade, certamente não desaparecera de todo, e ele não deve ter ficado nada feliz com isso. Podemos ter certeza desse fato devido a um comentário sugestivo que depois fez para Vargas, que pode ser mais bem interpretado como uma cutucada dirigida a todos os grupos missionários, fossem protestantes ou católicos. Não só os Xavante, como "até [os] xinguanos de índole pacífica", mais a leste, Rondon disse, tinham uma longa história de resistência à "cobiça de pretensos bandeirantes de todos os feitios", incluindo "expedicionários, intelectuais e práticos".[20] Vargas pelo visto não ficou convencido: começou de fato a reabrir vários postos do SPI, mas, algumas semanas depois, também autorizou o Ministério da Educação e Saúde a retomar os subsídios para os salesianos; e, um ano mais tarde, o governador do Mato Grosso presenteou a ordem religiosa com uma concessão de terra e a isenção de impostos por dez anos por conta do projeto missionário de Chovelon entre os Xavante.

Como parte de seu esforço para consolidar o poder, Vargas buscava havia tempos uma aproximação com a Igreja católica. Para desprazer de republicanos dedicados e o número cada vez menor de positivistas como Rondon, a nova Constituição que Vargas promulgara em 1934 restaurou parte dos privilégios que a Constituição republicana original de 1891 retirara da Igreja, em áreas cruciais como educação, casamento e até subsídios do governo. Com o advento do Estado Novo e a Carta de 1937, Vargas acelerou ainda mais esse processo de reconciliação, inspirado pela proximidade confortável do Vaticano com Mussolini e Hitler e na esperança de se valer do anticomunismo clerical para seus próprios fins.

Como resultado, graças aos esforços de Oswaldo Aranha, católico devoto, e outros diplomatas do Itamaraty, ocorreu a negociação de um acordo entre o regime de Vargas e a Santa Sé, completado em 1941 e moldado em acordos similares do Vaticano com a Alemanha nazista e a Itália fascista. Um rascunho do tratado proposto circulou entre os órgãos do governo que podiam ser afetados, e Rondon ficou furioso quando leu o documento e determinado a sabotá-lo. O tratado não só concederia às ordens religiosas ativas no Brasil completa isenção de impostos e o direito de adquirir terras em regiões fronteiriças, como também introduziria os missionários diretamente em aspectos da política indigenista, que por trinta anos haviam sido de exclusiva competência do SPI. Para Rondon, isso era simplesmente inaceitável.

Rondon e seus aliados no SPI lançaram um ataque em duas frentes contra o tratado esboçado. Internamente, revelam documentos do SPI, Rondon fez uma campanha pessoal junto a outros funcionários do governo, incluindo Simões Lopes, para minar o apoio ao acordo proposto. Externamente, o SPI ajudou a patrocinar uma enorme campanha de oposição ao tratado com argumentos nacionalistas e patrióticos — o que tornou mais difícil para os censores de Vargas manter o debate fora da imprensa escrita e do rádio. Graças a essa coalizão em que Rondon desempenhou um papel essencial, Vargas, no fim, foi forçado a engavetar a proposta e somente em 2007 o governo brasileiro e a Igreja chegaram a um acordo.

Rondon se valeu de sua posição no CNPI também para tentar impedir — ou ao menos refrear — aspectos da Marcha para o Oeste que o deixavam preocupado. Nisso, foi influenciado por três décadas de amarga experiência. Se em 1910 ele defendeu a integração gradual e voluntária dos povos indígenas à sociedade brasileira, em 1940 nutria profundas dúvidas quanto a essa abordagem do "problema indígena". Tantas evidências negativas se acumularam que era impossível para ele continuar abraçando seu esperançoso ponto de vista original, baseado em suas crenças positivistas. De fato, os arquivos do SPI estavam cheios de relatórios documentando esse fracasso: a usurpação descontrolada de terras indígenas, massacres, epidemias de doença que devastaram tribos inteiras, a relutância do Exército ou da polícia em executar as leis de proteção aos índios, a impotência do próprio SPI em pôr em prática sua missão.

Cada vez mais Rondon era da opinião de que os povos indígenas deveriam ser deixados em paz e que a tarefa do SPI era exatamente esta: proteger os índios das incursões do homem civilizado para que pudessem continuar com seu modo de vida. Quanto à "catequização", que também fora uma das principais funções do órgão durante a Primeira

República, balizada pelo princípio de que os povos indígenas deveriam ser doutrinados para integrar a vida nacional, Rondon passou a achar que os demais brasileiros é que deveriam ser educados sobre os índios e suas culturas. Como resultado dessa nova abordagem, o CNPI patrocinaria as celebrações do Dia do Índio em 19 de abril, que Vargas decretou oficialmente feriado nacional em 1943, a pedido de Rondon, e estabeleceu laços mais estreitos com outros grupos de direitos indígenas no hemisfério, mais notadamente o Instituto Indigenista Interamericano, sediado no México.* Mas em outros aspectos, considerando as forças econômicas e sociais desencadeadas pelo governo Vargas, as opiniões revistas de Rondon talvez fossem tão quixotescas quanto suas opiniões originais.

Em outubro de 1943, porém, Rondon sofreu um golpe em sua autoridade quando Vargas, ainda governando por decreto, ordenou a criação de mais um órgão governamental com voz ativa na política indigenista, a Fundação Brasil Central (FBC). Em conformidade com os instintos corporativos do então presidente, a nova entidade recebeu poderes de suplantar a autoridade de interventores em partes dos estados de Mato Grosso, Goiás, Amazonas e Maranhão, tudo em nome de acelerar a Marcha para o Oeste. Na teoria, Rondon talvez aprovasse essa intervenção federal, pois vivia às turras com os líderes desses e de outros estados que tentavam assumir o controle de terras indígenas para si ou seus partidários.

Mas outros pontos do estatuto da nova fundação foram profundamente alarmantes para Rondon e outros defensores da causa indígena, incluindo missionários que muitas vezes batiam de frente com o SPI. Em nome da autossuficiência em tempos de guerra, a fundação recebeu poderes, por exemplo, de aceitar doações privadas, operar negócios próprios e regular o comércio na área sob seu controle. Além do mais, os lucros desses negócios seriam distribuídos entre sua equipe administrativa e, embora esse tipo de rendimento em teoria estivesse sujeito a taxação, apenas a própria fundação estava autorizada a auditar os livros de suas companhias subsidiárias. Foi claramente um passo atrás, uma volta ao tempo dos empreendimentos mercantilistas e monopolistas como as sesmarias no Brasil colonial, a Companhia da Baía de Hudson ou a Companhia Holandesa das Índias Orientais.

---

* Criado durante o Congresso Indigenista Interamericano, realizado no México em 1940 com Edgar Roquette-Pinto representando o Brasil, o instituto estabeleceu ligações entre instituições indigenistas de vários países. Em sua declaração de princípios, preconizou que *"todas las medidas o disposiciones que se dicten para garantizar los derechos y proteger cuanto sea necesario a los grupos indígenas, deben ser sobre el respeto a los valores positivos de su personalidad histórica y cultural y con el fin de elevar su situación económica"*. Publicou a revista *América Indígena* e em 1953 foi incorporado à Organização dos Estados Americanos.

Ainda mais alarmante, o presidente da Fundação Brasil Central era João Alberto Lins de Barros, ex-participante da Coluna Prestes e também coordenador da Mobilização Econômica* (e futuro presidente do Conselho de Imigração e Colonização). Reportando-se diretamente a Vargas, ele era uma espécie de superministro da Economia, encarregado do racionamento em tempos de guerra, controle de preços e fornecimento de matérias-primas. Empresas importantes pressionadas pelas medidas de austeridade, como os grupos Klabin e Matarazzo, logo perceberam que convinha fazer "doações patrióticas" para a Fundação Brasil Central. Esses pagamentos eram vistos por todo mundo como propinas, e, pelo tempo que o esquema permaneceu ativo, Rondon seria passado para trás e travaria uma batalha constante na retaguarda.

Parte da justificativa para o efetivo monopólio do comércio desfrutado pela Fundação Brasil Central na área sob seu controle era que o preço dos artigos básicos cairia. Mas, na realidade, muitos itens dispararam drasticamente — quase de imediato, por exemplo, o preço do sal quase dobrou. Isso afetou de modo direto a operação dos postos do SPI, tanto os novos quanto os recém-reinaugurados, aumentando o custo de sua administração: para se ter uma ideia, uma saca de sal tamanho-padrão chegou a custar o equivalente a um mês de salário de um agente do SPI. Alguns funcionários do órgão não recebiam havia anos, e Rondon foi obrigado a pedir a Lins de Barros que pagasse seus atrasados. Isso acabou sendo feito, mas tanto o CNPI quanto o SPI sofreram com a carga de trabalho e viram sua missão comprometida pela Fundação Brasil Central.

Essas tensões aumentaram quando a fundação assumiu o controle das expedições para construir estradas e pistas de pouso e abrir o interior para povoamento, mesmo em terras indígenas já demarcadas. A mais importante dessas missões foi a Expedição Roncador-Xingu, nomes respectivamente da cadeia montanhosa e da bacia que eram suas principais metas. No comando estava o coronel Flaviano de Mattos Vanique, sem qualificações reais para o trabalho além da absoluta lealdade a Vargas — seu posto anterior fora como chefe da guarda presidencial. Não surpreende que o principal interesse do coronel Vanique não residisse no bem-estar dos grupos tribais vivendo no Xingu, os

---

* Órgão criado pelo governo federal em setembro de 1942, com a finalidade de melhor coordenar o funcionamento da economia brasileira no contexto de emergência gerado pela entrada do Brasil na Segunda Guerra Mundial. Era diretamente subordinada ao presidente da República, tinha sede no Rio de Janeiro e possuía escritórios regionais nas principais capitais do país. Teve três coordenadores, o primeiro foi João Alberto Lins de Barros. (Verbete "Coordenação da Mobilização Econômica". Disponível na página do CPDOC, da Fundação Getulio Vargas: <cpdoc. fgv.br/producao/dossies/AEraVargas1/anos37-45/OBrasilNaGuerra/MobilizacaoEconomica>. Acesso em: 22 out. 2018.)

quais ele via como um obstáculo ao desenvolvimento. Seu intuito era abrir a região ao povoamento de moradores do litoral, porém, felizmente, Rondon tinha três informantes "infiltrados" na expedição: Orlando, Cláudio e Leonardo Villas Bôas.

Os irmãos Villas Bôas são hoje reverenciados como os sucessores espirituais de Rondon na defesa da causa indigenista, mas em 1943 ainda eram jovens, inexperientes e completamente desconhecidos do grande público: Orlando tinha 29 anos, Cláudio, 26, e Leonardo, 24. Nascidos no interior do estado de São Paulo, no que Darcy Ribeiro, seu amigo e contemporâneo, caracterizaria como uma "família pequeno-burguesa" de advogados e cafeicultores e, desse modo, aparentemente "condenados a vidinhas burocráticas",[21] eles se inspiraram na vida de aventuras e serviço público que Rondon exemplificava e com a qual estavam familiarizados mediante jornais, revistas e cinejornais. Isso nunca mudou: com quase noventa anos, Orlando Villas Bôas afirmaria, ao relembrar sua carreira, que "a figura mais impressionante que eu conheci durante esta trajetória toda foi o marechal Rondon".[22]

E assim foi que, quando a Expedição Roncador-Xingu estava sendo organizada em meados de 1943, os três Villas Bôas — um quarto irmão, Álvaro, se uniria futuramente aos seus esforços de proteger os povos indígenas — decidiram se candidatar à empreitada. O coronel Vanique, porém, decidira recrutar apenas gente simples da região. Sendo assim, os irmãos passaram-se por analfabetos e foram contratados como mão de obra.[23*] No fim, após meses esfalfando-se para abrir uma pista aérea e construir uma hospedaria rústica, seu ardil foi descoberto e eles foram promovidos imediatamente a cargos administrativos — Orlando como secretário da base principal, Cláudio como chefe de pessoal e Leonardo incumbido do almoxarifado da expedição.

Nesse ínterim, porém, os irmãos vinham secretamente informando Rondon sobre os maus-tratos aos povos indígenas que a expedição encontrava e, em alguns casos, até encorajava. A missão inicial era levantar regiões desabitadas que fossem adequadas para a colonização, mas logo no primeiro posto avançado os expedicionários descobriram que a área não era desabitada de fato e que os Xavante viviam do outro lado do rio. Os irmãos ficaram revoltados ao descobrir que os seringueiros estavam dando farinha de mandioca misturada com arsênico às tribos "para fazer o índio desocupar a área"[24]

---

* "Quando nós tentamos entrar na expedição não conseguimos. Não conseguimos porque o propósito dos organizadores era contratar gente afeita a coisas do sertão. Então, em vez de falar 'Vou contratar só sertanejo', eles falavam 'Vamos contratar só analfabetos', porque supunham que sertanejos e analfabetos eram a mesma coisa. Analfabeto e sertanejo [eram] uma coisa só. Nós só participamos dessa expedição porque fomos incluídos como analfabetos também." (Orlando Villas Bôas, *Roda Viva* de 4 de dezembro de 1987, trecho citado disponível em: <www.rodaviva. fapesp.br/materia/496/entrevistados/orlando_villas_boas_1987.htm>. Acesso em: 22 out. 2018.).

e decidiram agir. "Nós tivemos a felicidade de despertar o marechal Rondon [e ele] se voltou então na defesa disso", Orlando explicaria mais tarde. Como resultado das denúncias de Rondon, "a expedição então mudou seu objetivo. Em vez de ser destinada a abrir núcleos de povoamentos na direção de Manaus, ela passou a estabelecer pontos ideais para a segurança de voos"[25] como os do Rio de Janeiro para Miami, que até então seguiam a faixa litorânea, economizando assim tempo de voo.

Como Orlando Villas Bôas se lembraria mais tarde, foi outra carta para Rondon a responsável por uma mudança repentina na estrutura de comando da expedição. Os irmãos descobriram que um destacamento da violenta polícia militar de Goiás seria enviado para "limpar o caminho da expedição", ou seja, livrar-se dos índios. "Um dos pecados que eu fiz, escrevi uma carta ao marechal Rondon", Orlando explicou anos depois, e Rondon alertou Lins de Barros que um massacre estava em andamento. Rondon até mostrou a carta para o ministro, que voou imediatamente para a linha de frente e puniu o oficial no comando da equipe avançada. Lins de Barros "não quis citar esse fato [a carta] na frente de todo mundo e na frente também do oficial", disse Orlando Villas Bôas. "Então o João Alberto encerrou o discurso dele dizendo: 'Se eu fosse o senhor, pegava os irmãos Villas Bôas e punha na vanguarda da expedição'".[26]

Os irmãos Villas Bôas acreditavam firmemente na abordagem não violenta de Rondon em lidar com os grupos indígenas e, sob sua direção, a equipe de batedores da Expedição Roncador-Xingu tentou pôr esses métodos em prática. Era um grande desafio: Rondon comandara soldados do Exército sujeitados à disciplina militar, mas os homens liderados pelos irmãos Villas Bôas eram na maioria mineiros, antigos seringueiros e refugiados do litoral, a quem Orlando se referia muitas vezes como "os homens sem lei do Brasil central". Era necessário um forte trabalho de persuasão. Assim, "todas as noites, nós púnhamos os trabalhadores na beira do fogo e conversávamos com eles. Enfiamos na cabeça deles que nós éramos intrusos na terra do índio. Falamos muito de Rondon para eles. Falamos daquele velho costume de Rondon: 'Morrer se preciso for, matar nunca'. Até um sertanejo dizia: 'Isso é bonito, mas eu sou, eu acho que... matar se preciso for, morrer nunca!'. Mas o fato é que nós entramos em contato com os Kalapalo e foi muito bem".[27]

É claro que Rondon, perto dos oitenta anos e rapidamente perdendo a vista, não estava mais à altura dos rigores de uma estendida exploração pelo interior brasileiro. Mas de seu gabinete no Rio de Janeiro como diretor do CNPI ele forneceu o apoio burocrático e a proteção que os irmãos necessitavam e brigou de maneira ferrenha para que recebessem verba adequada. Após anos de trabalho no sertão, seu trabalho agora era essencialmente nos bastidores e continuaria assim pelo resto da vida. Seus esforços, no entanto, ainda eram essenciais para o sucesso de seus protegidos, que dali em diante atuariam cada vez mais como seus olhos e ouvidos no local.

"Seguimos três lemas", Orlando explicaria numa longa entrevista ao programa *Roda Viva*, da TV Cultura, em 1987, "sendo que dois deles foram perfeitamente aceitos pelo próprio marechal Rondon. Quer dizer, [1], não há lugar para o índio na sociedade brasileira de hoje, [2], o índio só sobrevive dentro de sua própria cultura, [3], já que o civilizado não pode levar nada de bom ao índio, pelo menos respeitemos sua família."[28]

Junto com essa luta contra os rumos tomados pela política indigenista, Rondon também divergia abertamente de outras posições do governo. Ao longo de toda a década de 1930, e cada vez mais após o estabelecimento do Estado Novo, em 1937, ele se angustiou com o flerte crescente de Vargas com o fascismo e as potências do Eixo. Quando estourou a Segunda Guerra Mundial, em setembro de 1939, e sobretudo após a queda da França, em junho de 1940, sua preocupação só fez aumentar. E quando os japoneses atacaram Pearl Harbor, em dezembro de 1941, ela se transformou em alarme. Já era bastante ruim ver sua adorada França sofrendo com a ocupação nazista após a humilhante derrota sob o comando de seu velho amigo, o general Maurice Gamelin, mas a perspectiva de uma vitória do Eixo, que poderia acabar com a liberdade no mundo, era intolerável.

Considerando as limitações à atividade pública e à livre expressão sob Vargas, uma resposta brasileira a esse desafio era difícil de organizar, além de carregada de riscos. Mas em setembro de 1942 Rondon ajudou a fundar uma nova organização chamada Sociedade Amigos da América (SAA). O general Manuel Rabelo, antigo membro da Comissão Rondon e ainda seu amigo próximo, foi escolhido como presidente do grupo, que anunciou uma plataforma abrangente para apoiar a causa aliada e derrotar o Eixo, tanto no âmbito doméstico quanto no exterior, com Rondon participando da diretoria. Em 6 de novembro, o governo concedeu a autorização que permitia à SAA funcionar legalmente, e Rabelo, Rondon e seus colegas entraram com força na refrega política.

No topo da lista de objetivos do grupo estava obrigar o regime de Vargas a enviar tropas para combater pelos Aliados na Europa. O Brasil finalmente declarara guerra contra a Alemanha nazista, a Itália e o Japão um mês antes da criação da SAA, mas o governo Vargas continuava infestado de simpatizantes do Eixo e mostrava pouca inclinação a se envolver de maneira ativa no conflito. A Sociedade Amigos da América também organizava conferências sobre questões ligadas à guerra em sua sede no Automóvel Clube, no centro do Rio, e tentava combater a propaganda do Eixo por meio de releases e artigos enviados para jornais, revistas e emissoras de rádio de todo o Brasil. Ao mesmo tempo, o grupo se empenhava na própria propaganda: Rabelo e Rondon, recorrendo a um tom nacionalista, repetidamente advertiram o público brasileiro sobre o perigo de uma invasão alemã para tomar recursos naturais vitais ao esforço de guerra e apontaram para o risco de uma quinta-coluna nos estados do Sul, com sua significativa população de descendência alemã. Além disso, a SAA supervisionava a coordenação de doações a serem utilizadas, segundo seu estatuto, na "aquisição de material de guerra" e com os residentes de "quando for [...] libertada uma cidade ou uma nação".[29]

Mas como o próprio Rondon, a Sociedade Amigos da América estava fazendo um jogo duplo: ela também tinha um programa político doméstico, que era obrigada a disfarçar e proteger, destinado a acelerar a redemocratização do Brasil. Como a SAA podia se opor ao totalitarismo e apoiar "ideais democráticos" no exterior sem assumir a mesma posição em casa? A polícia política de Vargas suspeitava disso e mantinha a organização e seus líderes sob constante vigilância. Mas não havia muito mais que pudessem fazer, ao menos não no começo. A SAA tinha aliados poderosos, como o embaixador americano no Brasil, um diplomata de carreira da Louisiana chamado Jefferson Caffery, que estava presente na primeira reunião do grupo no Theatro Municipal, no Rio de Janeiro. Ademais, tanto Rabelo, então servindo como vice-presidente do Supremo Tribunal Militar, como Rondon eram oficiais ilustres cujo patriotismo não podia ser questionado.

Os demais fundadores tinham um histórico similarmente insigne no serviço público e se inspiraram no exemplo de Rondon e Rabelo ou foram convencidos por eles a tomar parte. Alguns eram colegas de positivismo ou protegidos de Rondon, como o general Júlio Caetano Horta Barbosa, ou outros antigos colegas militares, como Augusto Tasso Fragoso, que, em 1930, liderou o golpe que levou Vargas ao poder e mais tarde serviu como chefe de Estado-Maior do Exército. Mas agora Tasso Fragoso partilhava das preocupações de Rondon acerca da direção que o regime tomava. Pelo lado civil, o presidente do Banco do Brasil, João Marques dos Reis, também entrou para a SAA, assim como um grupo variado de ex-ministros, governadores e intelectuais. Duas pessoas particularmente próximas de Rondon também participaram da fundação da sociedade: sua esposa Chiquita e o jovem primo Francisco Xavier Rondon. Quando o governo questionou a legalidade da SAA e tentou encerrar suas atividades, comentou-se no tribunal que decidiu a questão que a diretoria era um grupo eminente de "patriotas com imensos serviços já prestados ao Brasil", citando textualmente "Cândido Mariano da Silva Rondon e sua excelentíssima esposa, d. Francisca Xavier Rondon".[30]

Graças em parte à credibilidade da Sociedade Amigos da América, a efetividade de sua influência junto ao governo e sua capacidade de mobilizar a opinião pública em prol dos Aliados e pressionar o regime de Vargas, o Brasil anunciou em 13 de agosto de 1943 que enviaria uma força expedicionária de 25 mil homens para combater na Itália. Essas tropas tomaram parte nas batalhas de Monte Castello, no vale do Pó e em outros teatros de guerra. No Brasil, isso era considerado bastante incomum, em vista do histórico do país em evitar o envolvimento em conflitos no estrangeiro: um velho ditado dizia ser mais fácil uma cobra fumar cachimbo do que o Brasil entrar na guerra. Portanto, a insígnia da Força Expedicionária Brasileira, que mostrava uma cobra fumando, não era nada aleatória.

442

Uma vez ao lado dos Aliados, o Brasil também ajudou no esforço de guerra de outras formas que se revelaram cruciais. Com o acesso dos Aliados ao fornecimento de borracha interrompido pela invasão japonesa no Sudeste Asiático, por exemplo, o Brasil reviveu sua moribunda indústria da borracha em troca de milhões de dólares em empréstimos, crédito e equipamento. A maior contribuição estratégica brasileira, porém, foi permitir aos Estados Unidos construir bases na cidade de Natal, o ponto mais próximo do continente africano deste lado do planeta. Como os aviões da época tinham autonomia de voo limitada e o tempo ruim tornava uma rota pelo norte, partindo do Canadá e através da Groenlândia, inoperante em parte do ano, milhares de soldados americanos e toneladas de equipamento faziam a viagem de 3 mil quilômetros para Freetown, Serra Leoa, e depois para a Europa ou a Ásia deixando Miami em aviões de transporte. No fim de 1943, Natal era a base aérea mais agitada do globo, apontada pelo Departamento de Guerra americano como "um dos quatro pontos mais estratégicos do mundo",[31] junto com o canal de Suez e os estreitos de Gibraltar e Bósforo.

Com seus objetivos internacionais assegurados, a Sociedade Amigos da América mudou o foco para as questões domésticas. Isso, porém, revelou-se mais problemático, porque afetava diretamente a ditadura e seus planos de longo prazo para uma "abertura controlada" que permitiria a Vargas se manter no poder com uma estrutura menos repressiva. Graças a seus intensos esforços de intervir na questão da guerra, a SAA estabelecera fortes ligações com entidades como a União Nacional dos Estudantes, uma força política moralmente influente e sempre crítica do status quo, com setores liberais da imprensa e com outros grupos de oposição. Membros do Partido Comunista Brasileiro, que estava na ilegalidade, também participaram. "Vamos marchar juntos, lutando pela liberdade" e em oposição à "tirania, opressão, falsidade", Rabelo conclamou durante um discurso em janeiro de 1943 em São Paulo parte de uma turnê para organizar núcleos da SAA por todo o Brasil.

Dois meses depois, a Sociedade Amigos da América lançou um manifesto, com Rondon entre os signatários, denunciando a vigilância a que seus membros eram submetidos e protestando contra a nova proibição do Departamento de Imprensa e Propaganda a qualquer menção à SAA ou a Rabelo em jornais, revistas e rádios. Enquanto Nelson de Melo, coronel do Exército ainda ativo, continuou encarregado da polícia na capital, esse tipo de dissensão provocativa era possível. No entanto, quando ele deixou em meados de 1944 para assumir semanas depois o comando de uma unidade do Exército a caminho da Itália, um novo Departamento Federal de Segurança Pública (DFSP) já havia sido criado e seu controle entregue a Coriolano de Góis, que ganhara notoriedade quando chefiava a Secretaria de Justiça e Negócios do Interior de São Paulo por ordenar a seus homens que atirassem em manifestantes estudantis anti-Vargas. Com isso, o jogo duplo em que Rabelo e Rondon e os outros estavam empenhados — opondo-se ao governo ao mesmo tempo que o serviam — ficou mais difícil.

O ponto de ruptura veio não muito depois, em agosto de 1944. Rabelo e Rondon haviam sondado Oswaldo Aranha, ainda ministro das Relações Exteriores, para vice-presidente da SAA, cargo que ele aceitara. Mas em 10 de agosto, um dia antes de Aranha e outros membros da nova diretoria serem admitidos, policiais realizaram uma batida em um almoço patrocinado pela sociedade no Automóvel Clube. Rondon não estava presente e escapou de ser preso, assim como Aranha. Mas cerca de uma dúzia de membros menos conhecidos foi detida; os registros da organização também foram apreendidos e a polícia informou que a sociedade estava sendo dissolvida. Dizendo-se vítima de "um Pearl Harbor policial",[32] Aranha renunciou imediatamente; levaria vários meses para um tribunal reverter as medidas repressivas, mas a SAA, como parte de uma coalizão ampla de grupos civis, continuou a pressionar pela democratização. No fim de outubro de 1945, Vargas finalmente foi deposto em uma revolta militar.

Quando a luta para suceder Vargas começou, Rondon enfrentou nova dificuldade. Os dois candidatos liderando a eleição para a presidência, marcada para 2 de dezembro, eram militares velhos conhecidos de Rondon: o general da Força Aérea Eduardo Gomes e o general Eurico Gaspar Dutra. Ambos, porém, tinham ligações preocupantes. Entre os partidários notáveis de Gomes, que tomou parte na revolta dos tenentes no Forte de Copacabana em 1922, estavam os antigos adversários de Rondon, Juarez Távora e Luís Carlos Prestes, este último de volta do exílio e ainda líder do Partido Comunista Brasileiro. Por outro lado, Dutra, embora mato-grossense como Rondon e um de seus antigos ajudantes, servira Vargas lealmente como ministro da Guerra, opusera-se à entrada do Brasil na Segunda Guerra Mundial e fora determinante para o fechamento da Sociedade Amigos da América.

No fim, Rondon optou por apoiar Dutra, o candidato mais conservador de todos, que venceu com folga a eleição organizada às pressas e assumiu em janeiro de 1946. Quase de imediato, a decisão de Rondon de apoiar Dutra começou a render benefícios, na forma de uma mudança crucial na atitude do governo para com os povos indígenas. O coronel Vanique, antigo guarda-costas de Vargas, continuava encarregado da Expedição Roncador-Xingu, mas quando sua esposa cometeu suicídio e ele voltou ao Rio, o novo presidente, por insistência de Rondon, decidiu substituí-lo, pondo os três Villas Bôas no comando.

Foi um sinal encorajador. Rondon podia não ter saído totalmente incólume após quinze anos sob Getúlio Vargas, mas sobrevivera ao Estado Novo. Ocasionalmente ele até sacrificara em parte sua integridade pessoal para atingir objetivos mais amplos que considerava importantes. Mas agora, aos oitenta anos e com um novo séquito de aliados jovens e cheios de energia para complementar o bando minguante de camaradas idosos que o acompanhara pelo sertão meio século antes, o reinício sob um governo democrático parecia apontar no horizonte e ele estava determinado a tirar vantagem do tempo que lhe restava para perseguir esses objetivos. Mas como tudo o que acontecera antes, os últimos doze anos da vida de Rondon teriam muitas derrotas inesperadas e vitórias obtidas com bastante custo.

25. O Gandhi brasileiro

Em seus últimos anos, Rondon achava penoso ter de se ajustar ao papel do estadista experiente. Sua cabeça seguia afiada, ele continuava muito envolvido com as políticas públicas do governo, mas seu corpo o traía e o imobilizava cada vez mais, limitando quase por completo sua capacidade de verificar no campo os relatórios oficiais e jornais, que agora eram lidos em voz alta para ele. Consequentemente, passou a agir com frequência por intermédio de seus discípulos mais jovens e a confiar na avaliação deles.

Suas convicções e seus valores também pareciam cada vez mais antiquados. Em Dutra ele encontrou uma figura amiga no Palácio do Catete pela primeira vez em quinze anos, alguém com quem tomava café da manhã frequentemente e que liberou verbas recordes para o SPI. Mas isso não significava que o presidente sempre agisse segundo os interesses do velho general. Em parte devido aos esforços de Rondon durante as três primeiras décadas do século, as regiões Norte e Centro-Oeste do Brasil estavam agora mais acessíveis, e tanto grandes empresas quanto pequenos agricultores afluíam ao interior, expulsando os povos indígenas e ignorando as leis criadas para protegê-los. Por mais que tentassem, Rondon e seus aliados não conseguiram fazer com que direitos e proteções adicionais para os povos indígenas fossem incluídos na nova Constituição promulgada durante o primeiro ano de Dutra no governo: com respeito aos índios, a linguagem do documento era praticamente idêntica à das constituições da era Vargas.

Na realidade, suas explorações haviam desencadeado forças econômicas e sociais que ele não podia, e Dutra não queria, conter. Nesse ínterim, Rondon aferrou-se a suas convicções positivistas como forma de consolo, ainda convencido de que os eventos acabariam tomando a direção desejada por ele e prevista por Comte. Mas as causas que o inspiraram a entrar para a vida pública — o abolicionismo e o republicanismo —

passaram a ser irrelevantes, lembranças distantes suplantadas por preocupações mais imediatas e urgentes. O Brasil entrara numa fase diferente da história. Mas Rondon, não.

Agora, nas raras ocasiões em que Rondon deixava a capital, os motivos eram mais pessoais ou até mais nostálgicos do que profissionais. Em 1947 e 1948, por exemplo, ele dedicou um grande esforço para fundar duas escolas em Mimoso em homenagem à mãe e ao pai que nunca conhecera. A primeira, chamada Escola Rural Santa Claudina e inaugurada em outubro de 1948, foi construída no exato lugar onde ficava a cabana de barro e telhado de palha onde Rondon nasceu. (A escola continua a funcionar até hoje, com um pequeno elogio fúnebre aos pais na entrada: "Falecidos ambos neste local", uma expressão do "culto eterno do seu único filho, Cândido Mariano".)

Com a idade, Rondon também ficou mais inclinado a afirmar sua identidade indígena. Num incidente memorável em meados da década de 1940, ele estava reunido com a imprensa para discutir os esforços do SPI em estabelecer contato pacífico com os Xavante e em resposta a uma pergunta começou a responder com a frase: "Se eu fosse branco...". Antes que pudesse continuar, um dos jornalistas presentes, Carlos Aberto Nóbrega da Cunha, uma figura conhecida na época e fundador do *Diario de Noticias*, interrompeu-o, surpreso. "Então o senhor não é branco?", perguntou. Rondon respondeu que não, que não era branco, e "diante dessa declaração, o jornalista Nóbrega da Cunha pediu um esclarecimento, alegando que o mesmo era indispensável". E completou de maneira incisiva: "É Bororo?". Segundo as matérias de jornal, que apareceram sob manchetes como "O general Rondon declara que não é branco", Rondon "respondeu que é Bororo e que os Bororo chamam os brancos de *braides*, isto é, de estranhos".[1]

Na verdade, os últimos amigos Bororo de Rondon o tratavam como um dos seus. Seu amigo mais antigo na tribo adotara o nome de Cadete em português, escolhido depois que Rondon lhe deu um uniforme militar como sinal de agradecimento por seu trabalho na linha telegráfica do Pantanal (1900-3). Cadete, cujo nome indígena real era Zaloiolmaiê, às vezes se hospedava com o amigo quando ia à capital tratar de assuntos da tribo e várias vezes aconselhou o pagmejera a se retirar para o Mato Grosso e viver entre os Bororo. "Vem morrer aqui", insistiu ele certa vez. "Bororo sabe chorar seus mortos."[2]

Cadete, no entanto, acabou falecendo primeiro, e como não pôde viajar a São Lourenço para a elaborada cerimônia fúnebre em homenagem ao amigo, Rondon enviou Darcy Ribeiro como seu emissário, junto com uma carta de apresentação e um elogio fúnebre em Bororo (Boe Wadáru). "Olhem este homem", começava Rondon. "É o Darcy. Ele está aí no meu lugar. Estou velho, não aguento mais uma viagem longa do Rio até aí. Olhem bem para ele. Seus olhos são meus olhos, olhando tudo para vir me contar. Seus ouvidos são meus ouvidos. Eles ouvem tudo o que vocês disserem para repetir aqui para mim. Prestem atenção na sua boca. Tudo que ele falar, sou eu, Rondon, quem está falando aos Bororo." Esse endosso permitiu "uma abertura total para participar e documentar o cerimonial fúnebre mais elaborado que existe [...] como se eu fosse um Bororo de volta à aldeia, para participar de todo ritual como uma eminência equiparável a Rondon", escreveria Darcy Ribeiro mais tarde.[3]

Mas a década de 1940 terminou com outra perda profunda que o deixou ainda mais abalado. Chiquita sempre dizia esperar que Rondon morresse primeiro, porque não suportava imaginar a tristeza que ele sentiria em viver sozinho, sem ela. Rondon, sete anos mais velho que a esposa, concordava. Mas no dia 2 de novembro de 1949, a quatro meses de celebrar as bodas de 58 anos, Chiquita morreu "repentinamente" de ataque cardíaco. Mais tarde nesse mesmo mês, ainda de luto, Rondon escreveu para Odorico Ribeiro dos Santos Tocantins, ex-operador da Comissão do Telégrafo, que cuidava de seus negócios em Cuiabá, narrando o acontecido. "O golpe foi instantâneo", escreveu Rondon, "ninguém esperava." "Morreu nos meus braços", continuou, "sem poder dizer uma só palavra ao seu Cândido." "Escrevo-te hoje, ainda sob o peso de emoção que abalou minha alma no Dia de Finados, em que perdi minha imaculada esposa, companheira de todos os instantes da minha vida", informava com mão trêmula ao velho amigo. "Fiquei completamente impossibilitado de qualquer ação estranha às minhas dores e às minhas constantes e infinitas emoções."[4]

O falecimento de Chiquita deixou Rondon emocionalmente devastado, mas também sentindo profundo remorso. Quando jovem, o casal previu que levaria uma vida de serviços ao país, com longos períodos de separação, mas a crença de que depois que as missões se encerrassem eles levariam uma vida tranquila juntos ajudava a deixar a distância mais suportável. No entanto, "quando terminada a árdua jornada, pude vir me recolher ao meu lar, era muito tarde", refletiu ele após o velório na Igreja Positivista e o enterro no cemitério São João Batista. "Poucos anos pudemos estar juntos na sublime realização de nosso eterno sonho de amor."[5]

As crescentes limitações impostas pela quase total cegueira de Rondon aumentaram ainda mais o pesar que sentiu após a morte de Chiquita. "Meus livros também ficaram inutilmente à minha espera nas estantes, para os serões deliciosos que tantas vezes antegozara", relatou ele, "sob a mesma lâmpada, ela cosendo ou bordando, eu lendo, em voz alta, fazendo ambos comentários [...]. Manuseio-os agora, a tatear, já inúteis, porque minha esposa se foi e não os posso ler."[6]

As minutas de reuniões do CNPI indicam que Rondon se ausentou de diversas sessões após a morte da esposa, tão intensa era sua tristeza. Mas, com a chegada de uma nova década, ele pouco a pouco retomou as atividades profissionais. Duas iniciativas, ambas nascidas de sua paixão por assuntos indígenas, agora o consumiam: o Museu do Índio e o Parque Indígena do Xingu. Rondon não pensava neles como uma espécie de legado ou como seu canto do cisne, mas os antropólogos e sertanistas mais jovens, sim. Entre eles estavam os antropólogos Eduardo Galvão e Darcy Ribeiro; os quatro irmãos Villas Bôas; e Noel Nutels, amigo deles, médico judeu nascido na Ucrânia que os acompanhara na Expedição Roncador e posteriormente trabalhou no SPI.

Desse grupo de talentosos e dedicados funcionários, todos comprometidos com sua filosofia de não violência, ninguém esteve mais próximo de Rondon em seus últimos anos do que Darcy Ribeiro. Nascido em Minas Gerais em 1922, Ribeiro se formou em antropologia em 1946 e partiu imediatamente para os trabalhos de campo do SPI entre grupos indígenas na Amazônia e no Pantanal. Foi contratado após uma entrevista com Rondon e logo ficou tão devotado ao homem mais velho que chegou a flertar com a ideia de se tornar positivista, mas logo ficou aborrecido com a rigidez doutrinária do sistema. Do sertão, enviava para Rondon um fluxo constante de relatórios, cartas e telegramas, muitas vezes sobre problemas que o mentor podia resolver na capital, e quando estava no Rio de Janeiro os dois passavam muito tempo juntos. Em 1950, Darcy Ribeiro galgara a hierarquia do SPI para se tornar diretor do departamento de estudos do órgão.

"O Partido Comunista não me quis porque me achava um militante muito agitado, e a Força Expedicionária Brasileira não me aceitou porque os médicos achavam que eu era muito raquítico para ser sargento", Ribeiro explicaria mais tarde, próximo ao fim de uma carreira de destaque como ministro, chefe de gabinete do governo, reitor, escritor e senador. Mas "eu me entendi com o marechal Rondon e passei dez anos com os índios".[7] Mesmo posteriormente, ele continuaria a servir como o colaborador mais próximo de Rondon, até a morte do amigo.

O primeiro dos dois objetivos de Rondon, a criação do Museu do Índio no Rio de Janeiro, foi conquistado mais facilmente porque não ameaçava interesses econômicos ou políticos já consolidados. Rondon concebia o museu como uma extensão permanente de todos os seus esforços ao longo dos anos, expressos das mais variadas formas em palestras, folhetos e nos filmes que a Comissão Rondon produziu e exibiu para tentar inculcar nos brasileiros uma imagem mais realista de seus concidadãos indígenas. Ribeiro partilhava da visão de Rondon: o museu era, escreveria ele, "montado [...] para erradicar a ideia de que os índios são violentos e sanguinários, selvagens e brutais, malvados e astuciosos, [...] estereótipos que a população brasileira comum guarda com respeito a eles".[8]

A divisão de trabalho entre os dois foi a seguinte: Rondon usou seu enorme prestígio para brigar pelo local e conseguir verba para o museu, enquanto Darcy Ribeiro se concentrou no conteúdo das futuras exposições, geralmente concedendo a Rondon a última palavra. O governo Vargas não objetou, pois via o museu principalmente como uma jogada de relações públicas que mostraria o Brasil ao mundo sob uma luz mais favorável. Esse se revelaria um juízo acertado, pois, como Ribeiro observou, o projeto foi "saudado internacionalmente como o primeiro museu voltado, exclusivamente, contra o preconceito".[9] Gerações de estudantes visitaram o museu, primeiro em sua sede original no Maracanã, junto ao estádio, e desde 1978 numa antiga mansão no bairro de Botafogo, que conta também com uma esplêndida coleção de documentos e artefatos.

A criação de um parque indígena no Xingu, porém, foi bem mais complicada. A ideia parece ter surgido pela primeira vez durante a Expedição Roncador-Xingu, numa conversa entre os irmãos Villas Bôas e Nutels certa noite, à roda da fogueira. Na visita seguinte à capital, apresentaram-na a Rondon, que abraçou a sugestão com entusiasmo. Para ele, parecia o modo ideal de combinar seus principais interesses nas políticas públicas: proteger os povos indígenas e preservar o meio ambiente. Na verdade, pela concepção que Rondon fazia do projeto, os moradores nativos da região, futuramente ajudados por outras tribos que seriam assentadas na área, seriam os zeladores do meio ambiente.

Porém, o Xingu era uma bacia fluvial vasta e incrivelmente sedutora, e que oferecia a perspectiva de enorme riqueza quando fosse possível transformar selva e cerrado em fazendas e ranchos, represar seus rios, construir estradas e rodovias, transportar imigrantes e fundar povoados. Além disso, na eleição de outubro de 1950, Getúlio Vargas voltou à presidência, eleito para um mandato de cinco anos, dessa vez pelo voto popular. Era provável, portanto, que Rondon e seus aliados tivessem de lutar mais uma vez contra algum tipo de investida desenvolvimentista na região, ao estilo da Marcha para o Oeste. E como tudo que envolvia Vargas, cautela, intriga e manobras políticas seriam certamente exigidas.

Após se consultar com seus jovens colaboradores, no início de 1952, Rondon levou a Vargas a proposta esboçada por Darcy Ribeiro para a criação de um parque indígena no Xingu. Rondon não foi nem um pouco modesto: pleiteou para esse fim a reserva de 20 milhões de hectares, área um pouco maior do que o Paraná e que incluiria todos os tributários do Xingu. Ele sabia que se tratava de uma meta extremamente ambiciosa, mas achou melhor mirar bem no alto do que começar com pouco para ficar com menos ainda. Também tinha um aliado dentro do governo: o vice-presidente João Fernandes Campos Café Filho, que era simpático à causa indígena. Eleito separadamente de Vargas, que o encarava como um esquerdista, Café Filho nunca gozou da confiança do presidente. Mas a lei permitia que mantivesse sua posição no Congresso e ele a usou para influenciar os deputados a apoiar a proposta de Rondon.

O Parque Indígena do Xingu ainda levaria nove anos para ser criado, quase na véspera do Dia do Índio, em 1961, quando Rondon era falecido e Jânio Quadros se tornara o presidente do Brasil. Ele autorizou para o projeto uma área de 4,6 milhões de hectares, menos de um quarto do que Rondon pleiteara, área que foi posteriormente reduzida para 2,6 milhões de hectares, um pouco menor do que o estado de Alagoas. Mesmo assim, ter Rondon como padrinho do Parque Indígena do Xingu foi crucial: embora tenha chegado à presidência após ser prefeito de São Paulo e governador do estado,

Jânio era mato-grossense e cresceu fascinado com as histórias sobre Rondon e suas expedições (ele era, inclusive, ex-professor de geografia). Jânio sempre estava disposto a uma *photo op* quando se encontrava com Rondon e via o decreto da criação do Parque Indígena do Xingu como um tributo pessoal a seu herói de infância.

Em 1952, depois de mais de sessenta anos dedicados ao serviço público, Rondon parecia habituado a controvérsias e ataques pessoais. Mas no fim do ano viu-se no centro de uma polêmica nacional que, embora sobre uma questão trivial e tratada na imprensa com sensacionalismo digno de uma telenovela, levantou questões filosóficas mais profundas, apontou aparentes contradições na posição de Rondon sobre as questões indígenas e acabou por lhe infligir um doloroso revés. Mais uma vez, como tantas no passado, Getúlio Vargas estava do lado oposto.

O "caso Diacuí", como veio a ser conhecido, começou com um romance ilícito, neste caso em uma aldeia Kalapalo na parte alta da bacia do Xingu. Ayres Câmara Cunha era um sertanista gaúcho de 35 anos que trabalhara para a Fundação Brasil Central por uma década, viajando pelo interior do Mato Grosso e do Pará. Em 1947, quando passava por uma aldeia no rio Kuluene, que Rondon e seus homens haviam percorrido pela primeira vez quatro décadas antes, ele se enamorou de uma índia órfã de treze anos chamada Diacuí Canualo Aiute. Cinco anos depois, quando ela atingiu a maioridade, ele pediu permissão a Kumátse, o chefe da aldeia, para se casar com a jovem. Embora Cunha não falasse o idioma deles e Diacuí não falasse português, Kumátse se reuniu com os anciãos da tribo e deu sua bênção ao casal, que foi viver numa pequena casa construída por Cunha na periferia da aldeia.

"Desde que levei ao conhecimento da tribo a intenção de me casar com Diacuí, os índios nunca manifestaram o menor protesto nem ressentimento contra minha atitude", Cunha escreveu posteriormente sobre sua relação com Diacuí (cujo nome significa "flor do campo"), num livro que foi um best-seller. "Ao contrário, todos aprovaram e desejaram o nosso enlace matrimonial."[10] Mas o comportamento de Cunha violava as regras, proibindo terminantemente relações sexuais com indígenas, que Rondon estabelecera quando fundara o SPI e sempre fizera cumprir com o maior rigor possível. Por causa disso, Cunha foi submetido a uma investigação oficial, que o considerou culpado de "relações impróprias" com uma índia. Deram-lhe duas escolhas: terminar imediatamente o relacionamento com Diacuí ou enfrentar a perda do emprego e a expulsão permanente do Xingu.

Nenhuma das duas opções era aceitável para Cunha, de modo que ele escolheu um terceiro curso de ação: viajou ao Rio de Janeiro para apresentar seu caso aos diretores do SPI. Ele fez isso por dois motivos. Primeiro, queria esclarecê-los sobre a sinceridade de seus sentimentos, diferenciando assim sua situação da de outros sertanistas que, ao longo das décadas, haviam tido ligações ilícitas ou puramente sexuais com mulheres indígenas. Ao mesmo tempo que Cunha era investigado, por exemplo, Leonardo Villas Bôas envolveu-se em controvérsia similar por causa de seu relacionamento de seis anos com a esposa de um pajé da tribo Kamayurá. Na verdade, a situação terminaria de modo trágico em 1953, quando ela sofreu um estupro coletivo e foi expulsa da tribo e os índios brigaram e romperam com os três irmãos, que foram declarados *personae non gratae*. Era precisamente esse tipo de situação que Rondon quisera evitar proibindo relações sexuais entre os sertanistas e as índias com quem conviviam.

"Gosto loucamente de Diacuí",[11] Cunha afirmou no inquérito, frisando que queria se casar formalmente, numa cerimônia que tivesse validade legal no mundo além do Xingu. O segundo motivo para sua presença no Rio derivava exatamente desse desejo. Sob as leis em vigor no Brasil da época, Diacuí e todos os outros índios não aculturados eram considerados tutelados do Estado, tão incapazes quanto crianças órfãs e pessoas portadoras de deficiência mental de tomar decisões importantes por conta própria. Então, se Cunha realmente queria casar com Diacuí, teria de obter permissão junto aos responsáveis legais por sua guarda — o Serviço de Proteção aos Índios e o Conselho Nacional de Proteção aos Índios.

A decisão final sobre a questão, como sobre todos os assuntos que envolviam os povos indígenas, cabia a Rondon; mas ele, receando ver-se arrastado para um circo midiático, recusou se encontrar com Cunha. Então, este se reuniu com José Maria da Gama Malcher, diretor do SPI, que o recebeu com indiferença e lhe disse para submeter seu pedido por escrito. Dois dias depois, Cunha voltou com a papelada necessária, mas em vez de falar outra vez com Gama Malcher, foi levado para uma sala onde o aguardavam Darcy Ribeiro e Eduardo Galvão, que futuramente teria uma carreira acadêmica e política ilustre. A resposta deles foi breve e definitiva: sob nenhuma circunstância Cunha teria permissão de se casar com Diacuí.

Em vez de respeitar a decisão, Cunha adotou uma postura de desafio. "Pois fiquem os senhores sabendo de uma vez por todas", disse para Ribeiro e Galvão, "que com o consentimento do SPI ou sem o consentimento do SPI eu me casarei com a índia."[12] Dizendo isso, deixou a sede do conselho no centro do Rio e imediatamente saiu à caça de jornais, revistas e estações de rádio pela capital. E foi mais bem recebido. Os editores logo perceberam que a história era boa demais para passar em brancas nuvens: um caso de amor inter-racial com nuances de Romeu e Julieta, que podia ser ilustrado com fotos de uma donzela indígena tão inocente que nem usava roupas.

De início, a reação mais entusiástica veio do poderoso grupo Diários Associados, conduzido por Assis Chateaubriand, o magnata da imprensa mais importante da época, às vezes chamado de "Cidadão Kane brasileiro", numa comparação que parece adequada. Notoriamente inescrupuloso, agressivo e inseguro acerca de suas origens humildes no estado da Paraíba, Chateaubriand construiu um império que chegou a incluir 34 jornais,

36 estações de rádio, uma agência de notícias, uma editora, a primeira rede de TV e a revista semanal mais popular do país, *O Cruzeiro*. Também foi advogado, confidente de Getúlio Vargas, presidente da Federação Nacional da Imprensa e, na época em que a história de Diacuí chegou a seus ouvidos, senador por seu estado natal.

O grupo Diários Associados imediatamente publicou o caso de Diacuí. Quando ficou claro como o assunto era popular, as publicações rivais também correram atrás da notícia. O frenesi da imprensa durou semanas, nenhum detalhe era pequeno demais. Matérias saíam semanalmente em *O Cruzeiro* e todos os dias no matutino *O Jornal*, no vespertino *Diario da Noite* e no *Jornal do Commercio*, as naus capitânias do império midiático de Chateaubriand. Elas incluíam entrevistas favoráveis a Cunha, ensaios fotográficos mostrando o casal vivendo feliz em seu paraíso no Xingu e até sessões de perguntas e respostas com estilistas e designers no Rio falando sobre como preparariam Diacuí para as núpcias.

No entanto, as publicações de Chateaubriand também eram cheias de ataques diretos a Rondon e outros membros importantes do CNPI e do SPI, regularmente retratados como irracionais, antipatriotas e até racistas. Isso não chegava a ser surpresa, considerando a complicada natureza da relação entre Rondon e Chateaubriand. Os dois haviam se conhecido no início da década de 1920, quando Rondon era diretor de Engenharia do Exército e Chateaubriand, ainda com vinte e poucos anos, um brilhante repórter do diário carioca *Correio da Manhã*, além de advogado nas horas vagas. Esses primeiros contatos estabeleceram o tom do que se seguiria.

Quando ficou sabendo que Rondon e o ministro da Guerra, Pandiá Calógeras, estavam prestes a embarcar em uma viagem de inspeção às fortificações militares no vale do Paraíba acompanhados pelo eminente historiador João Capistrano de Abreu, Chatô achou que a viagem daria uma boa matéria de primeira página e pediu para ser incluído na delegação. Ao receber um não como resposta, o jovem jornalista tentou oferecer um atrativo a mais. Ele ganhara recentemente muito dinheiro representando o investidor americano milionário Percival Farquhar (dono da Estrada de Ferro Madeira-Mamoré e diversas outras ferrovias, uma linha de vapores na Amazônia e companhias elétricas e de outros serviços por todo o Brasil), e com esses honorários comprara diversos carros esporte. Ele sugeriu que, se Rondon e Calógeras o autorizassem a ir junto, o grupo poderia viajar no conforto de um de seus conversíveis.

A sugestão não foi do agrado de Rondon. Ele sabia de onde vinha a súbita riqueza de Chateaubriand, porque a estreita amizade e troca de favores entre Chatô e Farquhar fora muito comentada na época, e ele não era exatamente um admirador do americano. Na verdade, como nacionalista, desconfiava tanto de seus motivos quanto de seu comportamento: Farquhar expressara abertamente o desejo de criar um monopólio ferroviário que se estendesse por toda a América do Sul e havia muitos rumores de que pagara propinas para funcionários do governo brasileiro a fim de obter condições favoráveis para suas prestadoras de serviço. Na opinião de Rondon, parecia inapropriado, para não mencionar uma violação dos regulamentos, tratar de um assunto oficial num automóvel comprado com o dinheiro de Farquhar. Portanto, ele foi contra mais uma vez.

Chatô não se deixou desencorajar e foi ter com o ministro Calógeras, pedindo-lhe para ser incluído na viagem de inspeção, "ainda que fosse como mero ordenança" numa viagem ferroviária. Calógeras cedeu e Chatô, como tantas vezes, conseguiu impor sua vontade. No começo da viagem, Rondon o tratou como um reles subalterno, um empregado ou carregador. "Rondon a cada parada do trem se dirigia a ele com ordens secas: 'Impedido, pegue minha bagagem', 'Impedido, transmita estas mensagens pelo telégrafo.'"[13] Mas Chatô aguentou o tratamento sem se queixar, e Rondon aos poucos passou a tolerar, ainda que a contragosto, sua presença. Ao final da viagem de dez dias, durante a qual Chateaubriand, fascinado com o mundo indígena desde criança, bombardeou Rondon com perguntas sobre suas aventuras na Amazônia, os dois firmaram uma amizade rodeada de cautela.

Entretanto, essa relação seria posta à prova repetidas vezes, no fim da década de 1930 e durante os anos de 1940, quando o grupo Diários Associados se interessou pelo velho mistério do desaparecimento de Percy Fawcett e organizou expedições para tentar localizar o explorador inglês e sua cidade perdida de Z. Rondon, obviamente nada interessado na empreitada, recusou-se a colaborar com a versão da história que Chateaubriand e suas publicações queriam promover. Em vez disso, desmentiu diversas vezes suas fantasias sensacionalistas e sabotou suas "descobertas" com dados científicos e outros fatos irrefutáveis. Além do mais, Chateaubriand nessa época se tornara íntimo de Getúlio Vargas e suas publicações assumiram uma linha editorial marcadamente pró-governo, dando a Rondon mais um motivo para desconfiar e manter distância.

Não temos como saber se Chatô viu o caso de Diacuí conscientemente como um meio de dar o troco em Rondon por sua falta de cooperação na cobertura das expedições para encontrar Fawcett e pelas humilhações a que Rondon o submetera quando era mais novo. Mas não se discute que os Diários Associados bateram pesado nele e seus colegas. Rondon não estava acostumado a ser escolhido para vilão, o algoz do doce casal que os impedia de viver seu idílio na selva, e ficou atônito.

Não era apenas um papel novo e desconfortável, mas também cheio de paradoxos. Afinal, o próprio Rondon era fruto do mesmo tipo de miscigenação que estava tentando proibir: se essa política que apoiava tivesse sido aplicada no século XIX, ele nunca teria nascido. E por décadas ele fora exaltado como a personificação dos benefícios de miscigenar as três etnias do Brasil, um símbolo vivo da superioridade e robustez do "novo homem tropical". Essa ideia estava agora firmemente arraigada na imaginação popular brasileira e ali estava ela subitamente sendo usada contra ele. Tivesse ou não consciência disso, ele estava vulnerável, e sua posição era politicamente insustentável.

Cunha, o que talvez seja ainda mais irônico, era um dos muitos jovens brasileiros que, inspirado pelas explorações de Rondon, tentara a carreira de sertanista para ajudar a construir a nação. "Quando, em 1935, caiu-me às mãos por obra do acaso um livro do coronel Amílcar Botelho de Magalhães, intitulado *Pelos sertões do Brasil*, no qual seu ilustre autor relata os trabalhos executados nos sertões mato-grossenses pela Comissão Rondon", explicou, "eu tinha meus dezoito anos e morava numa estância, no Rio Grande do Sul. Desde então, ao saber das viagens e explorações por aquelas regiões desconhecidas, dos episódios de acampamento, das cenas do sertão bravio e, sobretudo, dos costumes dos nativos, comecei a sentir-me seduzido pela selva e por seus habitantes."[14]

Os ataques contra Rondon e sua relutância em permitir a união de Diacuí e Cunha continuaram durante outubro e novembro, ganhando intensidade até Getúlio Vargas decidir que não toleraria mais a situação e resolver intervir. Agindo por ordens presidenciais, o ministro da Agricultura, João Cleofas de Oliveira, acabou passando por cima de Rondon e autorizou o casamento de Cunha e Diacuí. Na metade do mês, o casal tomou um avião para o Rio de Janeiro, o que suscitou outra comoção de cobertura da imprensa e encorajou milhares de curiosos a se dirigir ao aeroporto Santos Dumont para presenciar sua chegada. No dia seguinte, o *Diario da Noite* exibiu a seguinte manchete na primeira página: "Delírio indescritível no aeroporto — Diacuí no Rio — A multidão rompeu os cordões de isolamento".[15]

No dia 29 de novembro, a derrota de Rondon foi completada quando Diacuí, em um elegante traje de noiva consistindo de um "deslumbrante vestido branco, com a saia comprida de tafetá brocado, e a blusa recamada de penas alvas, de pombos e de garças",[16] criado para ela por um dos principais estilistas do país, e Cunha, usando um smoking tradicional, casaram-se na igreja da Candelária. Estima-se que 10 mil pessoas tenham comparecido às duas cerimônias, religiosa e civil. Na religiosa, Chateaubriand foi o padrinho, enquanto João Cleofas foi o padrinho na civil. Rondon, é claro, não compareceu.

Pouco depois, o casal voltou ao Xingu e, com isso, o furor na mídia diminuiu, fazendo o assunto cair no esquecimento. Mas, como em um romance de José de Alencar, ou numa trama shakespeariana de amantes malfadados, o episódio teve um trágico desenlace. Em agosto de 1953, chegaram notícias à capital de que Diacuí morrera quando dava à luz o primeiro filho. Cunha não se encontrava na aldeia, estando "a mais de quatrocentos quilômetros de distância, a fim de trazer não só suprimentos como também algum material para as casas em construção"[17] e soube da morte da esposa apenas quando voltou ao Xingu. Obtendo a guarda da recém-nascida, uma menina também chamada Diacuí, ele a levou para ser criada por sua mãe, em Uruguaiana, na fronteira brasileira com o Uruguai e a Argentina. É ali que Diacuizinha, atualmente uma sexagenária, mora até hoje, bem longe do Xingu.

Em certa medida, o caso de Diacuí pode ser visto, do começo ao fim, como um mero circo midiático frívolo. E assim pareceu na época, conforme os eventos se desenrolavam. Mas, vendo em retrospecto, o episódio também suscitou questões filosóficas fundamentais e profundamente incômodas sobre o lugar dos povos indígenas no Brasil do século XX, bem como sobre as políticas que o governo deveria buscar em relação a eles. Isso pode ser visto claramente nas deliberações que ocorreram dentro do Conselho Nacional de Proteção aos Índios à medida que a controvérsia avançava.

Depois de ser avisado por Darcy Ribeiro e Eduardo Galvão de que não tinha permissão de se casar com Diacuí, Cunha apelou para o conselho diretor do CNPI. Embora Rondon não fosse formalmente membro do conselho, devido à saúde debilitada, a maior parte de seus sete membros se identificava tanto com ele e seus pontos de vista que o grupo podia ser visto como seu representante. Além do secretário pessoal de Rondon, Amílcar Botelho de Magalhães, havia o general Júlio Caetano Horta Barbosa e o general Boanerges Lopes de Sousa, ambos também positivistas, admitidos pela Comissão Rondon quando eram jovens oficiais; Heloísa Alberto Torres, antropóloga e protegida de Roquette-Pinto, que trabalhava no Museu Nacional e se tornaria a primeira mulher a dirigir a instituição. Gama Malcher e uma dupla de acadêmicos, Guilherme de Almeida e Boaventura Ribeiro da Cunha, completavam o grupo.

O conselho diretor ficou profundamente preocupado com a perspectiva do casamento de Cunha e Diacuí por uma série de motivos. Embora o SPI tivesse sido originalmente fundado tanto para proteger os povos indígenas quanto para supervisionar sua eventual integração voluntária na sociedade brasileira, esse processo não correu bem, e, como já observado, a opinião de Rondon sobre o assunto começou a mudar no início da década de 1940. Colegas mais próximos, como Botelho de Magalhães, passaram pelo mesmo processo e, durante a década que precedeu o caso Diacuí, defenderam de modo consistente uma política que prezava deixar as sociedades indígenas em paz, vivendo à parte do restante da sociedade brasileira, se era o que queriam.

O episódio Diacuí — ou melhor, a crescente pressão pública, manifestada na imprensa, para permitir que ela se casasse com um brasileiro "civilizado" que não falava sua língua e tinha o dobro da sua idade — subitamente trouxe à tona o conflito entre duas abordagens. Qual política prevaleceria: a doutrina integracionista original de Rondon ou sua estratégia isolacionista revisada? Coube a Darcy Ribeiro tentar fazer a quadratura do círculo e conciliar os dois pontos de vista. Em uma apresentação feita ao conselho diretor, ele tentou traçar uma distinção entre tribos em alto nível de desenvolvimento e consciência e os "que vivem isolados em seus territórios ainda não alcançado [sic] pela nossa sociedade, que não falam senão sua própria língua",[18] categoria que obviamente incluía os povos vivendo no Xingu.

No passado, "o SPI não só permite, mas estimula casamentos inter-raciais na maioria de seus postos", disse Ribeiro na reunião de outubro de 1952 no CNPI. Porém, "o casamento não é um processo de assimilação, mas o resultado de aculturação em sua fase final", continuou. Logo, uniões entre membros de grupos indígenas e brasileiros "civilizados", brancos ou pretos, só deveriam ser permitidas quando os índios se comportam "não como índio vinculado à sua vida tribal, mas como um neobrasileiro, integrado já em nossos costumes, falando nossa língua e tendo uma ideia concreta da vida que o espera como cônjuge".[19]

Como membro de um grupo "primitivo", Diacuí não pertencia a esta última categoria e não podia ser considerada uma "neobrasileira", segundo ele. Torres, diretor do Museu Nacional, concordou, concentrando-se em particular no abismo cultural e linguístico entre o casal. "A índia Diacuí não entende outra língua senão a sua" e "Ayres Câmara Cunha não fala calapalo", observou. "Se essa indígena estivesse em situação de compreender os compromissos que pretendem que ela assuma perante os homens e perante Deus, se vexaria de ver o seu retrato completamente nua correndo de mão a mão."[20]

A intervenção de Vargas em prol de Cunha esvaziou o debate, deixando seu governo claramente alinhado aos integracionistas compulsórios. Em agosto de 1954, porém, o presidente, envolto num escândalo, cometeu suicídio, pondo fim a quase um quarto de século de cabo de guerra com Rondon e anunciando uma nova era na política brasileira. Como parte dessa renovação, uma legislação logo foi introduzida no Congresso para promover Rondon a marechal do Exército.

Esse gesto, há muito merecido, teria sido improvável com Vargas no poder, considerando a complicada relação entre ele e Rondon, e refletia duas intenções complementares. Uma era homenagear Rondon — provavelmente uma última vez — por décadas de serviços prestados à nação brasileira, sentimento que também encorajou o Congresso em 17 de fevereiro de 1956, sob veemente objeção de Rondon, a batizar de Rondônia o antigo território de Guaporé (que abrangia uma região que Rondon explorara durante as duas primeiras décadas do século).

Mas implicitamente a promoção também foi uma forma de se retratar com Rondon pelo tratamento indigno — prisão, confinamento, afastamento do Exército, ataques oportunistas e caluniosos contra sua pessoa e suas políticas, perseguição de seus subalternos — ao qual fora sujeitado após o golpe que instaurou o governo "provisório" de Vargas em 1930, mesmo que ninguém estivesse disposto a dizê-lo publicamente. A homenagem atrasada a Rondon, porém, significou que algumas manobras burocráticas tiveram de ser executadas, a começar por sua reintegração ao Exército no início de 1955. Na sequência, seguiu-se a autorização do Congresso para sua promoção e a aprovação final de Café Filho, que assumira a presidência após o suicídio de Vargas.

Finalmente, em 5 de maio, no aniversário de noventa anos de Rondon, o Congresso se reuniu numa sessão conjunta especial para homenageá-lo. Cinejornais mostram Rondon apoiado numa bengala e com dois acompanhantes para impedi-lo de cair, mancando em direção ao palanque para receber a homenagem. Como não conseguia ler, o discurso que escrevera, aparentemente com a colaboração de Darcy Ribeiro, foi feito por Carlos Gomes de Oliveira, então primeiro-secretário do Senado.

Nas palavras escritas para a palestra, Rondon, descrevendo-se como um "despretensioso ancião", agradeceu em nome de seus "ilustres e dedicados companheiros vivos e mortos", da Comissão de Linhas Telegráficas Estratégicas do Mato Grosso ao Amazonas, mas reservou os elogios mais elevados para "a inestimável cooperação dos nossos índios", sem cuja ajuda "nada me seria possível realizar", com destaque para os Nambikwára e os Bororo. "O índio, senhores senadores e deputados, esse nosso irmão que perambula nas selvas entregue à vida mais primitiva, é digno de nossa simpatia e nosso amparo. Dotado de bom coração, só reage em legítima defesa. Seu problema é o da educação e proteção."

Isso era bem próprio de Rondon, assim como a peroração patriótica e o apelo pacifista que se seguiram. "Neste meu fim de vida, quando os sucessos mundiais esboçam um ambiente de confusão e de ceticismo, eu confio nos risonhos destinos do Brasil", continuou. "Falando com a autoridade de quem jamais se envolveu em política, posso assegurar-vos: as divergências são humanas e até compreensíveis, mas não devem ultrapassar os limites do bom senso. O Brasil deve manter-se unido, para com seu exemplo iluminar o caminho de outros povos que propugnam sinceramente pela paz."[21]

Nesse dia, as palavras de Rondon tiveram um tom de despedida, mas, um ano depois, embora cada vez mais enfermo e afastado da vida pública, ele se viu atraído para uma campanha oficial. Em 1956, um grupo eminente de pessoas do Brasil e do exterior, cientes de que essa poderia ser sua última chance, não pouparam esforços para Rondon receber o prêmio Nobel da Paz. Num primeiro momento, ele parecia cético, mas acabou concordando. Desde a década de 1920 falava-se nessa premiação. O estímulo inicial, curiosamente, viera de Albert Einstein, que ganhara o Nobel de Física em 1921 e já gozava de reconhecimento mundial. Concluindo uma viagem pela América do Sul em 1925, Einstein passou uma semana no Rio de Janeiro antes de voltar à Europa em meados de maio. Embora não tivesse se encontrado com Rondon, que nessa época tentava debelar a rebelião Costa-Prestes no Sul, por toda parte que ia, segundo seu diário sobre a visita, parecia ouvir falar de Rondon em termos sempre elogiosos e que lhe causaram poderosa impressão.

Ao que tudo indica, Einstein soube de Rondon pela primeira vez em 6 de maio, quando visitou o presidente do Brasil, Artur Bernardes, e vários membros do governo, que responderam a suas perguntas sobre a política em relação aos povos indígenas citando o lema de Rondon: "Morrer se preciso for, matar nunca". Em uma visita ao Museu Nacional no dia seguinte, Edgard Roquette-Pinto e outros cientistas lhe contaram que muitos dos espécimes e artefatos mais importantes da coleção da instituição haviam sido coletados por Rondon em suas expedições amazônicas. Intrigado, o físico alemão pediu mais informações sobre o grande explorador na recepção oferecida após seu discurso na Academia Brasileira de Ciências. Ficou sabendo do trabalho de Rondon em áreas científicas diversas como astronomia e etnologia, botânica e geologia. A pedido de Einstein, foram exibidos para ele vários filmes de Rondon em ação, incluindo momentos entre os Paresí, Nambikwára e Bororo.[22]

"Grande apresentação cinematográfica da vida dos índios e um desenvolvimento exemplar através do general Rondon, um filantropo e líder de primeira ordem", Einstein anotou em seu diário no dia 11 de maio. O diário também revela que ele passou muito tempo na companhia de Roquette-Pinto e Henri Morize, diretor do Observatório Nacional e ex-chefe do jovem astrônomo estagiário Cândido Rondon, conversando com eles durante passeios pela cidade, almoços, jantares e visitas oficiais. "Ao longo da viagem, Einstein ia lembrando das pessoas que encontrou, dos lugares que conheceu e das informações que recolheu. Lembrou especialmente da exposição que haviam feito sobre o general Rondon, e tomou a decisão de enviar uma carta para o Comitê Nobel recomendando-o para o prêmio Nobel da Paz."[23]

Impressionado sobretudo com os métodos não violentos de Rondon, o também pacifista Einstein, em 22 de maio, já no navio em que voltava para a Europa, escreveu uma carta ao Comitê em Oslo formalmente nomeando-o para o prêmio Nobel da Paz de 1925, que nessa conjuntura fora dado apenas a europeus e norte-americanos — e não fora concedido a ninguém em 1923 e 1924. "Tomo a liberdade de chamar a atenção de vossas senhorias para as atividades do general Rondon do Rio de Janeiro, uma vez que durante minha visita ao Brasil fiquei com a impressão de que esse homem é altamente merecedor de receber o prêmio Nobel da Paz", começava a carta, cuja cópia foi descoberta entre os papéis de Einstein em Jerusalém, em 1994. "Seu trabalho consiste em acomodar as tribos indígenas ao mundo civilizado sem o uso de armas ou coerção."[24]

A despeito do apoio de Einstein, cujas recomendações para a premiação em física o Comitê Nobel muitas vezes pedia e seguia, Rondon não ganhou. Numa decisão eurocêntrica típica da época, o prêmio foi concedido a Austen Chamberlain, secretário de Relações Exteriores britânico e meio-irmão do futuro primeiro-ministro Neville Chamberlain, e para Charles Dawes, vice-presidente americano e também general reformado, por seus esforços em resolver dois problemas decorridos do fim da Primeira Guerra Mundial e do Tratado de Versalhes: as reparações alemãs e as fronteiras ocidental e oriental da Alemanha. No ano seguinte, o prêmio foi mais uma vez concedido a diplomatas europeus trabalhando nessas questões, e toda conversa sobre o prêmio ser dado a Rondon desapareceu, silêncio que continuaria pelo próximo quarto de século.

Mas em 1953 seu nome voltou à tona, sob a iniciativa, assim como ocorrera em 1925, de um vencedor estrangeiro do prêmio Nobel. Emily Greene Balch, economista, pacifista e feminista americana que no início de sua carreira colaborara com Jane Addams no *settlement movement*,* era a antiga líder da Liga Internacional de Mulheres pela Paz e Liberdade, o que a levou a ganhar conjuntamente o prêmio em 1946 em reconhecimento por suas atividades em favor do tratamento humanitário para prisioneiros de guerra e apátridas. Defensora da igualdade racial, ela parece ter tomado conhecimento de Rondon já em 1911, quando compareceu ao primeiro Congresso Universal de Raças (First Universal Races Congress) em Londres e ouviu falar pela primeira vez de sua abordagem não violenta inovadora no contato com os povos indígenas.

Na carta de recomendação que enviou ao Comitê Nobel em Oslo, Balch imediatamente comentou sobre a aparente contradição de uma dedicada pacifista como ela apoiar um oficial militar, e argumentou que Rondon pertencia com justiça ao lado dos que defendiam a não violência e a conciliação. "A despeito de o general Rondon ter levado uma vida militar", escreveu, "o trabalho de sua vida foi dedicado a serviço da paz, que ele serviu em inúmeros campos — político, social e técnico." Ela comentou seu papel em evitar uma guerra entre o Peru e a Colômbia, "os esforços da Liga das Nações tendo fracassado" em resolver essa disputa, mas se concentrou principalmente em suas atividades entre as tribos da Amazônia, dirigindo especial elogio à abordagem do "antes morrer que matar" que "pacificara" dezenas de tribos e as preservara do extermínio.

"O general Rondon é fundador de uma política indígena e, também os discípulos treinados por ele, de uma escola cujos métodos significam uma nova era nas relações entre brancos e índios", Balch afirmou para o comitê norueguês. Seus anos de trabalho no interior brasileiro haviam reduzido muito "a luta cruel e desumana" entre brancos e índios e eliminara o que parecera, até sua chegada, "um clima de permanente ameaça à paz, tão real quanto qualquer guerra entre nações organizadas".[25]

Também incluso no pacote de indicações que Balch enviou para Oslo estava um best-seller cuja leitura ela recomendou: a autobiografia de Willard Price, *I Cannot Rest From Travel* [Eu não consigo ficar sem viajar]. Price era um jornalista, escritor e ativista político canadense muito famoso e amplamente lido que viajara por toda a Amazônia, onde conheceu Rondon e veio a admirar seus métodos pacíficos. "Emulando o exemplo de Gandhi, ele defendeu uma política de não violência", admirou-se Price em um capí-

---

* Movimento social reformista iniciado nos anos 1880 em reação aos problemas sociais gerados pela crescente urbanização e industrialização na Inglaterra. Nos Estados Unidos, o movimento ganhou uma abordagem mais reformista nas mãos de suas líderes femininas, especialmente Jane Addams (1860-1935), a pioneira do trabalho social. Na década de 1920, o movimento ganhou renovada força. Seu objetivo principal era reunir ricos e pobres por meio de "casas de assentamento" em áreas urbanas pobres, nas quais voluntários de classe média viveriam, compartilhando conhecimento e cultura. Esses locais forneciam ainda serviços como de assistência médica e educacional.

tulo dedicado à Comissão de Linhas Telegráficas. "Ele penetrou em território indígena e pôs à prova a própria teoria — e se feriu duas vezes. Isso não alterou sua convicção. Ele conseguiu aprovar uma lei proibindo o uso de armas de fogo contra os índios — mesmo em autodefesa."[26] Ainda que elogiosa, a afirmação não era totalmente precisa, pelo menos em relação a Gandhi.

Segundo o próprio Rondon, ele só se convenceu de que a não violência era o modo apropriado de lidar com os índios durante sua primeira expedição, no leste do Mato Grosso e Goiás sob o comando de Gomes Carneiro. Isso foi no início da década de 1890. A essa altura, Gandhi, quatro anos mais novo do que Rondon, acabara de terminar a faculdade de direito e ainda não viajara para a África do Sul, onde aplicaria pela primeira vez o princípio da *satyagraha*, ou protesto não violento, em 1906. Nessa época, Rondon já afirmara sua política de preferir morrer a matar e a aplicara na fronteira por vários anos. A confusão era compreensível — Darcy Ribeiro contava que, sempre que comparecia a congressos internacionais de nações não alinhadas, muitos índios lhe perguntavam se Rondon conhecia Gandhi — se considerarmos as similaridades de suas doutrinas. Mas Rondon chegou à sua abordagem de não violência independentemente e só ouviu falar de Gandhi anos depois, junto com o resto do mundo.

Balch concluiu sua carta de recomendação com um apelo ao que hoje seria chamado de diversidade. "A escolha do general Rondon para o prêmio Nobel de 1953 seria uma demonstração de que o comitê optou por uma política de ampliação de sua base na concessão de prêmios, tanto no sentido da distribuição geográfica como dos tipos de trabalho dedicados à causa da paz."[27] Para aumentar as chances de Rondon, dois candidatos europeus retiraram seus nomes da candidatura, a pedido de Balch. Mas no fim de nada adiantou. O prêmio foi dado para um general, mas americano: George C. Marshall, autor do Plano Marshall para a reconstrução da Europa após a Segunda Guerra Mundial e antigo secretário de Estado e Defesa. Para os partidários de Rondon, no Brasil e no exterior, foi um resultado desanimador e eles não voltaram à carga no ano seguinte.

Em 1956, suspeitando corretamente de que não restava muito tempo de vida a Rondon, seus defensores brasileiros decidiram organizar uma última tentativa. Para iniciar a campanha, o novo presidente do Brasil, Juscelino Kubitschek, visitou Rondon em seu apartamento em Copacabana, no dia 31 de outubro, e, com repórteres, fotógrafos e câmeras de TV presentes, anunciou que o Brasil era devedor de seu grande explorador e humanista. "Todas as honras são poucas para homenageá-lo, marechal", disse o presidente. "Quanto mais visito o interior do Brasil, mais me é dado apreciar seu trabalho admirável. O senhor merece muito mais, marechal."[28]

Mas Juscelino tinha um motivo extra e mais imediato em mente. Ele estava prestes a embarcar em um projeto épico, quase tão almejado quanto postergado — a construção da nova capital do Brasil em pleno cerrado —, e tentava arregimentar apoio para o esforço, o que já provocava resmungos de uma elite política mais do que satisfeita em continuar a usufruir do conforto e do luxo do Rio de Janeiro. Rondon, devemos nos lembrar, não fez parte da comissão original de 1892 que escolheu o local para a nova capital, a qual fora chefiada por Louis Cruls, seu antigo supervisor no Observatório Nacional. Seus colegas de academia e bons amigos Augusto Tasso Fragoso e Hastínfilo de Moura foram enviados nessa expedição, mas ambos agora estavam mortos, assim como os participantes na Assembleia Nacional Constituinte de 1891 que originalmente decretara a transferência da capital.

No fim, Rondon era quase o único sobrevivente dessa época tão remota e, para grande conveniência de Kubitschek, sempre defendera a construção da nova capital no Centro-Oeste, de modo a transferir do litoral para o interior o centro de gravidade e desenvolvimento econômico do Brasil. Era uma posição que Rondon promovia desde suas conferências em 1910 e outros pronunciamentos públicos da mesma época, e toda sua carreira, assim como sua criação interiorana, apontava nessa mesma direção. Assim, do mesmo modo que Getúlio Vargas buscou o apoio de Rondon na Marcha para o Oeste, Juscelino Kubitschek tentava agora criar um vínculo com o "bandeirante do século XX". Rondon, é claro, não pensou duas vezes em dar sua bênção para a construção de Brasília, especialmente porque ela foi acompanhada da construção de novas rodovias ou da pavimentação de estradas de terra preexistentes que pela primeira vez ligariam o litoral e a nova capital a postos avançados isolados como Cuiabá, Belém e até Porto Velho.

Rondon tinha mais um motivo para sentir apreço por Kubitschek: em outubro de 1955, Juscelino derrotara de lavada o velho inimigo de Rondon, Juarez Távora, na corrida presidencial. Agora, na esteira dessa derrota e da promoção de Rondon a marechal, Távora tentava fazer as pazes, oferecendo o mais próximo de um pedido de desculpas de que foi capaz. Na época, Rondon ditava suas memórias para Esther de Viveiros, que, no dia 23 de maio de 1956, escreveu uma carta para Távora pedindo-lhe que explicasse suas declarações e sua conduta durante a Revolução de 1930, tão perniciosas para Rondon. Távora respondeu uma semana mais tarde, num tom cerimonioso, mas um tanto arrependido, e sua carta foi mandada para os jornais, que a publicaram na primeira página.

Rondon era "um grande cidadão de nossa pátria", começava Távora, e os ataques verbais que ele dirigira contra Rondon em 1930 destinavam-se a ter "sentido limitado", refletindo diferenças de ideias, não questões pessoais. Ele estava meramente expressando, alegou, sua frustração com a tendência do governo de apoiar obras de fachada nas grandes cidades "em detrimento de outras mais importantes e urgentes reclamadas no interior do país". Mesmo alguns dos pouquíssimos projetos levados a efeito no interior não estavam de acordo com seu "rigoroso critério", continuou, incluindo a Linha Telegráfica Estratégica construída por Rondon, que ligava Cuiabá a Porto Velho. Mas isso "não significava desapreço pelo conjunto de sua obra de sertanista — aí incluído o nobre esforço de catequese leiga de nossos índios — em que foi, sem dúvida, um pioneiro". A carta seria incluída na íntegra nas memórias de Rondon.[29]

Auxiliadas pelo Itamaraty, sete instituições brasileiras, incluindo a Academia Brasileira de Ciências, a Sociedade Brasileira de Filosofia e o Instituto Histórico e Geográfico Brasileiro, uniram forças com o Explorer's Clubs de Nova York para liderar a campanha pelo Nobel, reunindo uma lista muito respeitável de luminares e instituições internacionais. Na Universidade Columbia, por exemplo, firmaram o abaixo-assinado o especialista em lei internacional e diplomata Adolf A. Berle, ex-embaixador norte-americano no Brasil que conhecia Rondon pessoalmente e era seu admirador, assim como o antropólogo Charles Wagley, especializado em questões indígenas e na Amazônia, e o sociólogo Frank Tannenbaum. Na América Latina, o Instituto Indigenista Interamericano do México deu seu aval a Rondon, assim como a Sociedade Cubana de Direito Internacional. Funcionários da Cruz Vermelha também o apoiaram, embora individualmente, sem representar a instituição.

Mas o documento de 32 páginas submetido foi um trabalho de absoluta incompetência e lançou por terra quaisquer chances que Rondon pudesse ter de ganhar o prêmio. Começava razoavelmente bem, relembrando a recomendação de Einstein, mais de trinta anos antes. Mas, em vez de ressaltar as credenciais humanitárias e pacifistas de Rondon, enveredava por assuntos que não tinham nada a ver com o propósito declarado de homenagear a pessoa que "houver trabalhado mais ou melhor pela fraternidade entre as nações, pela abolição ou redução dos exércitos permanentes e por realizar e promover congressos pela paz".[30] E incorria numa lista longa, tediosa e irrelevante, finalizada com a inclusão de longitudes e latitudes das realizações de Rondon como explorador e cartógrafo. Sua famosa frase sobre ser preferível morrer do que matar nem era mencionada e a fundação, as operações e as conquistas do Serviço de Proteção aos Índios ficaram restritas a um único parágrafo, no meio do texto; também nenhuma menção era feita à ascendência indígena de Rondon. Só podemos imaginar a perplexidade dos cinco noruegueses ao ler aquilo.

Nenhum Nobel da Paz fora concedido em 1955 e 1956, anos em que Rondon talvez tivesse tido uma chance de reconhecimento caso uma campanha efetiva em seu nome fosse feita. Mas quando anunciaram o ganhador do prêmio de 1957 em outubro, era o canadense Lester Pearson, ex-ministro das Relações Exteriores e futuro primeiro-ministro do país, por suas tentativas em encerrar o conflito em Suez e resolver a questão do Oriente Médio por meio das Nações Unidas. Rondon morreu quatro meses depois e, pelo regulamento do Nobel, não poderia receber o prêmio postumamente; após seu falecimento, nenhum latino-americano ganharia o prêmio até 1980, quando o ativista argentino de direitos humanos Adolfo Pérez Esquivel foi homenageado por seus esforços em combater a junta militar que governava seu país. E foi apenas em 1992, aniversário de quinhentos anos da chegada de Colombo à América, que um indígena recebeu o prêmio Nobel da Paz. Nesse ano, Rigoberta Menchú, da Guatemala, foi homenageada "por seu trabalho pela justiça social e conciliação etnocultural baseada no respeito pelos direitos dos povos indígenas"[31] — exatamente o tipo de coisa que Rondon fizera por décadas antes de Menchú ter nascido.

Como parte do esforço publicitário que complementou a malograda campanha pelo Nobel, Rondon deu o que seria sua última entrevista a Edilberto Coutinho, do *Jornal do Brasil*, na época em fase de ascensão a se tornar o principal periódico do Rio de Janeiro, publicada em 5 de maio de 1957, aniversário de 92 anos de Rondon. No livro que escreveria anos depois, Coutinho descreveria a saúde de Rondon como "relativamente boa". "Embora pareça não recordar com precisão alguns fatos da vida recente brasileira", comentou Coutinho, "revive a experiência da selva com surpreendente nitidez, citando nomes e datas, contando episódios recheados de ricas minúcias, referindo-se a companheiros, avivando imagens de pessoas, coisas e animais."[32]

Rondon nessa época morava em um apartamento na avenida Atlântica, em Copacabana, onde hoje existe um shopping. De sua janela ele podia avistar o forte de Copacabana, que havia inaugurado quando era diretor de Engenharia do Exército, assim como a suave curvatura da praia do outro lado da rua e o Posto Seis. Ao lado ficava um barulhento clube noturno chamado Copa Golf, famoso hoje por ser o lugar onde o rock brasileiro nasceu, em que jovens músicos da Zona Norte carioca, como Roberto Carlos, Erasmo Carlos e Tim Maia, ensaiavam sob o olhar atento do produtor Carlos Imperial. O som dos ensaios ocasionalmente entrava no apartamento de Rondon quando ele estava com as janelas abertas para deixar entrar a brisa marinha, o que era quase sempre, uma vez que não gostava de novidades como o ar-condicionado. Quando Coutinho entrou no apartamento de Rondon, o marechal estava "deitado numa rede indígena armada no terraço" e "cercado de aves e objetos do mato".[33] Outras lembranças dos anos de Rondon na selva adornavam as paredes e havia pássaros canoros em gaiolas, bem como dois pequineses latindo em volta.

Depois que o ganhador do prêmio Nobel da Paz foi anunciado em outubro, a saúde de Rondon se deteriorou. Em janeiro, ficou claro que o fim estava próximo: preso ao leito, seus momentos de lucidez iam e voltavam, e Maria de Molina, a segunda mais nova de suas seis filhas, que estava cuidando dele, começou a chamar os amigos e colegas para se despedir. Seus demais filhos também o visitaram, na companhia dos próprios filhos, entre eles o neto que havia virado padre. Foi provavelmente essa visita que suscitou matérias na imprensa dizendo que Rondon havia se convertido em seu leito de morte, o que não parece provável. Segundo alguns relatos, o neto de fato quis ministrar a extrema-unção no avô, mas, segundo outros, Botelho de Magalhães — a essa altura com 78 anos e a saúde debilitada — e mais alguns amigos de Rondon intervieram para impedir o sacramento.

Entre os que foram chamados ao apartamento em Copacabana estava Darcy Ribeiro, que permaneceu ao lado de Rondon até o fim, tendo deixado um relato escrito desse momento. Era a manhã de 19 de janeiro de 1958, um típico dia de calor do verão carioca. Coincidentemente, era também o aniversário de Auguste Comte. Rondon continuou fiel ao credo positivista até seu último suspiro. "Rondon morreu com as mãos nas minhas", recordou Darcy Ribeiro, "dizendo, trêmulo, frases do catequismo positivista: 'Os vivos são conduzidos pelos mortos/ O amor por princípio, a ordem por base, o progresso por fim.'"[34] A longa viagem de Rondon estava encerrada — mas a batalha por seu legado apenas começava.

26. A luta pela herança

As manobras para controlar e moldar a imagem pública e o legado de Rondon começaram horas após seu falecimento, nas elaboradas cerimônias fúnebres realizadas em 20 de janeiro de 1958 sob a égide do Exército e do governo federal. Apesar de ser no feriado de São Sebastião, padroeiro do Rio de Janeiro, ao longo do dia familiares, amigos e colegas de Rondon — acompanhados de figuras políticas poderosas, diplomatas, o alto-comando militar e outros dignitários — reuniram-se no Clube Militar, no centro, onde seu corpo foi velado. O presidente Juscelino Kubitschek, que decretara três dias de luto nacional, estava entre os que apareceram para prestar seus respeitos, permanecendo vários minutos diante do caixão aberto.

"O marechal Rondon é o símbolo dos pioneiros que construíram o Brasil", declarou Kubitschek. "O seu nome está na consciência dos brasileiros e no mapa nacional, onde Rondônia o imortaliza. Bandeirante dos sertões, amigo desvelado dos índios, militar que teve no coração a causa da integridade do país, sacrificou o melhor de sua vida e a luz de seus olhos pelo Brasil humilde e longínquo, onde queria que a cultura substituísse pacificamente a selvageria primitiva. O sonho do marechal Rondon é um legado à posteridade. A sua obra é uma glória do povo. A sua biografia pertence à humanidade."[1]

Generais e marechais ficaram em vigília e carregaram o caixão quando foi o momento de levá-lo até um veículo militar. Eram eles o ex-presidente Eurico Gaspar Dutra, Henrique Teixeira Lott, ministro da Guerra, à frente, com Odílio Denys, comandante do I Exército (responsável então por Rio de Janeiro e São Paulo), ao lado. Após o serviço religioso na Igreja Positivista da rua Benjamin Constant — segundo os jornais do dia seguinte, alguns familiares queriam uma cerimônia católica, mas outros não permitiram — e a salva de 21 tiros do alto de uma colina próxima para receber a chegada do caixão ao cemitério São João Batista, em Botafogo, as formalidades assumiram outro tom. Nos elogios fúnebres feitos perante o túmulo — gravado com o slogan positivista "O amor por princípio, a ordem por base e o progresso por fim" —, as vozes civis predominaram.

Os irmãos Villas Bôas estavam presentes, assim como um membro da tribo Kalapalo, Gil Tamburi Erepá Ekiki, que Rondon incentivara a estudar no Rio de Janeiro. "Todos nós temos o marechal Rondon como um Tupã", afirmou. "Ele é para nós um verdadeiro pai."[2] Heloísa Alberto Torres falou em nome do Museu Nacional e do Conselho Nacional de Proteção aos Índios, Generoso Ponce representou os mato-grossenses, enquanto membros da União Nacional dos Estudantes, do Instituto Brasileiro de Geografia e Estatística e do Instituto Brasilíndio também discursaram.

Mas talvez a homenagem mais comovente de todas tenha sido feita pelo jovem discípulo de Rondon, Darcy Ribeiro. "Diante do corpo de Rondon, quero falar de Rondon vivo, do seu legado de luta e ideais que desde agora nos é entregue", começava. O marechal, continuou ele, foi "a mais rica, a mais coerente, a mais enérgica e a mais generosa personalidade jamais criada pelo povo brasileiro", digno de louvor por sua "fidelidade aos mesmos ideais" e "zelo [e] combatividade" durante uma "longa e dura vida de trabalho". Era importante, acrescentou Darcy Ribeiro, com palavras que foram publicadas nos dias posteriores em vários jornais e depois em livro, não deixar esses ideais morrerem, citando o que ele chamou de "os quatro princípios de Rondon".[3]

Naturalmente, "morrer se preciso for, matar nunca" liderava a lista. Era seguido pelo que Darcy Ribeiro chamou de "respeito às tribos indígenas como povos independentes", depois de "garantir aos índios a posse das terras que habitam e são necessárias à sua sobrevivência" e, finalmente, "assegurar aos índios a proteção direta do Estado". Além disso, continuou ele, numa era em que as Nações Unidas haviam promulgado uma Declaração Universal dos Direitos Humanos, esses princípios se aplicavam a toda a humanidade, não só ao Brasil. Comentando "a dizimação em massa dos Kikuyu [no Quênia] por tropas imperiais inglesas" naquele período, ele defendeu que "nenhum princípio é mais atual" do que os de Rondon, "a mais alta formulação dos direitos dos 60 milhões de indígenas de todo o mundo".[4]

Darcy Ribeiro então se voltou para a situação do Brasil, queixando-se de que a "falta de compreensão e de apoio por parte das autoridades" eram diretamente responsáveis pelo desaparecimento de mais de oitenta tribos desde a fundação do Serviço de Proteção aos Índios, quase meio século antes. "Se tamanha hecatombe foi possível estando Rondon vivo, estando vivo o grande herói do nosso povo e paladino da causa indígena, o que sucederá agora, apagada sua vigilância, esgotada sua energia, emudecida sua voz?"[5]

Talvez, sugeriu Ribeiro, dirigindo-se a Rondon, se "mil reunidos sob o patrocínio do vosso nome" e continuasse "a obra da vossa vida", esses abusos poderiam acabar, ou pelo menos diminuir. Ele concluiu chamando Rondon de "Marechal da Paz, Marechal do Humanismo, Protetor dos Índios".[6]

No dia seguinte, jornais por todo o país publicaram o poema "Pranto geral dos índios", composto por Carlos Drummond de Andrade em homenagem a Rondon. Escrito do ponto de vista de um índio pranteando o morto, o núcleo do poema consiste dos seguintes versos:

Eras calmo pequeno determinado
teu gesto paralisou o medo
tua voz nos consolou, era irmã
Protegidos de teu braço nos sentimos.
O akangatar mais púrpura e sol te cingiria
mais quiseste apenas nossa fidelidade.
Eras um dos nossos voltando à origem
e trazias na mão o fio que fala
e o foste estendendo até o maior segredo da mata.[7]

Outro grande poeta, Manuel Bandeira, recorreu à prosa para manifestar seu apreço. Rondon, escreveu ele numa crônica no *Jornal do Brasil*, estava destinado a entrar para a história como "uma das glórias mais puras do Brasil. Ainda que não tivesse realizado a obra científica e social que cumpriu [...] havia em Rondon uma tão impressionante presença das mais nobres virtudes humanas — coragem, probidade, desinteresse, que só elas justificariam as homenagens que lhe vemos tributadas no momento em que o perdemos".[8]

Mas não foi só isso: escrevendo apenas dois anos depois de uma tentativa de golpe militar para impedir a tomada de posse de Juscelino Kubitschek e João Goulart, que finalmente foi assegurada com um contragolpe também militar, Bandeira louvou Rondon como o soldado exemplar, respeitoso de instituições políticas. "Militar, não foi desses milicos que usurpam o prestígio do Exército para desferir golpes de força em proveito de suas ambições pessoais, generais que poderiam repetir como suas as palavras que Shakespeare pôs na boca de Ricardo III: 'Our strong arms be our conscience, swords our law' [Que nossos braços fortes sejam nossa consciência, espadas nossa lei]", continuou Bandeira. "O prestígio do Exército vem precisamente das excelências de soldados como ele [...]. A sua glória transcendeu a própria pessoa, porque ele soube acordar as energias, a abnegação dos que serviram como seus companheiros de sertanismo, homens heroicos, soldados quase desconhecidos dessa autêntica epopeia que foram as entradas de Rondon."[9]

Nos primeiros anos após a morte de Rondon, essa visão humanista de seu complexo legado predominaria graças, em grande parte, aos esforços e à projeção crescente de Darcy Ribeiro. Com apenas 35 anos quando Rondon faleceu, Ribeiro se tornaria com o passar dos anos uma figura cada vez mais importante na vida intelectual e política do país, assumindo posições públicas que lhe deram oportunidade de divulgar e tentar implementar os valores de Rondon. Junto com o jurista e educador Anísio Teixeira, por exemplo, ele fundou a Universidade de Brasília em 1960, onde buscou assegurar que os departamentos de antropologia, sociologia e outras ciências humanas refletissem a filosofia de Rondon e seus discípulos, como Roquette-Pinto.*

Nesse mesmo ano, Ribeiro redigiu a minuta final do estatuto que, em 1961, durante o governo Jânio Quadros, criou o Parque Indígena do Xingu. Invocando repetidamente o nome, a filosofia e os relatórios de campo de Rondon, Ribeiro e seus aliados conseguiram arrancar do governo brasileiro 2,6 milhões de hectares no nordeste do Mato Grosso — uma área do tamanho de Massachusetts ou da Bélgica — para servir de refúgio para cerca de uma dezena de tribos. Não por coincidência, os limites da reserva consistiam na maior parte dos rios mapeados pela Comissão Rondon décadas antes, como o Kuluene, o Ronuro e o Tanguro.

Em 1962, o livro de Darcy Ribeiro *A política indigenista brasileira*, extensa homenagem a Rondon e uma explicação sistematizada de sua filosofia de não violência contra os povos indígenas, foi publicado para aclamação geral. Nessa época, Ribeiro deixara o Serviço de Proteção aos Índios e mergulhara ainda mais na política partidária: o esquerdista João Goulart nomeou-o ministro da Educação em agosto de 1962, e, em meados de 1963, Ribeiro se tornou chefe da Casa Civil de Goulart. Esses cargos, junto com seus populares artigos de jornal e ensaios acadêmicos, permitiram-lhe continuar a projetar Rondon como o maior humanista, pacifista e defensor brasileiro dos direitos indígenas.

No entanto, em 1º de abril de 1964 veio o golpe que deu início a 21 anos de ditadura militar. Ex-companheiros de Rondon no Exército — e inimigos, pois Juarez Távora imediatamente assumiu a pasta de Viação e Obras Públicas do novo governo, assim como fizera sob Getúlio Vargas, três décadas antes, e permaneceria nesse cargo por quase três anos — agora estavam no comando do país e sua visão do Brasil e de Rondon dificilmente poderia ter sido mais distinta do que a de Darcy Ribeiro, que não demorou a se exilar no Uruguai. Eles rapidamente começaram a apagar a figura que principiava a ser construída desde 1958 e a refazer Rondon à sua própria imagem.

Em lugar do humanista, pacifista e intelectual militar, o novo governo, chefiado pelo general Humberto Castelo Branco, apresentava uma versão de Rondon que punha em destaque suas credenciais nacionalistas: o amor pelo campo, as décadas de abnegação

---

* Anísio Teixeira, porém, não compartilharia a mesma admiração por Rondon que Darcy Ribeiro. "Para Anísio", escreveu Ribeiro, "Rondon era uma espécie de militar meio louco, um sacerdote que reina pregando aos índios, uma espécie de Anchieta de farda" ou um "Anchieta positivista." (Darcy Ribeiro, *Confissões*, 1997, p. 223.)

pelo bem maior da nação, a visão da grandeza do país e a adoção de uma espécie de destino manifesto. Outras qualidades marciais, como a bravura e a disciplina férrea, foram exaltadas, enquanto suas crenças nitidamente positivistas e pacifistas ficaram relegadas a uma nota de rodapé. Em uma sociedade muito dividida e desesperadamente necessitada de união e de ícones em torno dos quais orbitar, Rondon foi transformado em um símbolo da "brasilidade".

O centenário do nascimento de Rondon, em 1965, foi assim marcado por homenagens oficiais que o pintaram sob uma estreita luz nacionalista. Em 1963, um projeto de lei foi apresentado no Congresso para "comemorar festivamente, em todo o território nacional, o centenário do nascimento do marechal Rondon", mas não passou. Após o golpe, porém, a lei rapidamente voltou a entrar na pauta, em 9 de abril, e não demorou a ser aprovada no dia 22 do mesmo mês. Uma emenda à lei original clamando pela "abertura de crédito especial para a construção de um monumento em sua homenagem" acabou sendo removida, mas a versão final do texto — assinado por Castelo Branco e três ministros encarregados de supervisionar as homenagens: Flávio Suplicy de Lacerda, Artur da Costa e Silva e Juarez Távora — autorizava a impressão de selos com a efígie de Rondon e garantia ao Poder Executivo o controle sob todas as outras comemorações.[10]

Aqui e ali, algumas homenagens conseguiram escapar do monitoramento oficial e enfatizaram o lado humanista de Rondon: em uma universidade capixaba, por exemplo, ele foi saudado como "o índio que civilizou os brancos". Mas, na maior parte, as lembranças oficiais ativeram-se ao pronunciamento oficial do novo governo: de que tais eventos devem, além de realçar "o seu amor ao índio", também enaltecer "o seu trabalho pela integração e pela defesa de nossas fronteiras".[11] Dessa forma, o centenário de Rondon acabou se tornando um exemplo da obsessão com a doutrina de segurança nacional que viria a ser uma das marcas registradas da ditadura militar.

Então, em 1966, num seminário de um mês intitulado "Educação e segurança nacional", realizado no Rio de Janeiro e patrocinado pelo Estado-Maior do Exército, o professor pró-regime da Universidade da Guanabara Wilson Choeri advertiu o alto-comando de que o Partido Comunista andava cooptando a juventude brasileira para se opor à "revolução", termo que os militares usavam para designar oficialmente o golpe de 1964. Como antídoto, ele propunha um programa estatal destinado a trazer os estudantes para o lado do governo, levando-os para o interior remoto e imergindo-os em um "banho de Brasil", "para sentir, cheirar e degustar a realidade brasileira".[12]

A sugestão exerceu grande apelo entre os militares, que já tendiam a encarar estudantes universitários como um bando indisciplinado e subversivo precisando de um corte de cabelo e umas boas palmadas. "Os militares estavam convictos de que os jovens de então, lideranças de hoje, deveriam conhecer o Brasil remoto, partilhando experiências com os nossos irmãos, ali nascidos, ali vivendo, ali sendo sepultados", disse o general

Ivan de Mendonça Bastos sobre o projeto quarenta anos depois. "O jovem precisa ouvir outros sotaques, sentir outros sabores, olhar outras paisagens e, sobretudo, dar as mãos com outros jovens."[13]

O novo programa logo foi batizado de Projeto Rondon. Para enfatizar ainda mais a suposta ligação com o falecido marechal, os primeiros participantes, recrutados de universidades no Rio de Janeiro e arredores, foram, naturalmente, mandados para o território de Rondônia. A antiga unidade de Rondon, o 5° Batalhão de Engenharia de Construção do Exército, estava trabalhando em dois projetos vistos como uma continuação da missão de Rondon. O primeiro era a construção de uma rodovia de Cuiabá a Porto Velho ao longo do trajeto da linha telegráfica abandonada e o segundo, uma estrada de Porto Velho à fronteira com a Bolívia, para substituir a Estrada de Ferro Madeira-Mamoré, que também estava abandonada. Estudantes devidamente treinados, acreditavam eles, poderiam ajudar o batalhão carente de pessoal colaborando no atendimento médico, levantamentos topográficos e projetos de estradas e pontes.

O programa recebeu o nome de Rondon por inúmeras razões, afirmaria Choeri em um depoimento publicado em 2006 para uma coleção de história oral do Exército. Antes de tudo, foi uma maneira de homenagear "o bandeirante do século XX, o homem que varou os sertões, criou o Serviço de Proteção aos Índios, [...] que conhecia o Brasil". Mas tão importante quanto foi o motivo de que Rondon era "um homem isento" que evitara a política partidária. Ligando sua imagem à de Rondon, o homem de reputação inabalável, o programa "não teria o nome de nenhum presidente, não teria o nome de nenhum político".[14]

Darcy Ribeiro já descobrira por si mesmo como o legado de Rondon podia ser poderoso e aglutinador. Não muito após o golpe de 1964, "eu estava preso num quartel da Marinha", como um prelúdio do exílio compulsório, escreveu ele em suas memórias, "quando os oficiais souberam que eu fora discípulo, amigo-discípulo, de Rondon. Para eles era impensável que um agente comunista, que era a imagem que eles tinham de mim, tivesse vivido com os índios e, sobretudo que tivesse intimidade com o único herói das Forças Armadas, herói incontesto de todas elas. Tive que mandar buscar a oração fúnebre, publicada no *Correio da Manhã*, para mostrar que era eu o maior amigo de Rondon".[15]

Contudo, a despeito do desejo professado por Choeri de que o Projeto Rondon permanecesse tão "impecavelmente neutro" quanto o homem que lhe emprestava o nome, o programa foi desde o início fortemente identificado com uma ideologia particular, abraçada pela facção mais nacionalista da ditadura. O lema do Projeto Rondon era "integrar para não entregar", repetido constantemente ao longo das décadas seguintes em todo o material promocional do projeto, uma frase que, segundo Choeri, teria sido formulada por um aluno, embora parecesse pouco provável. O governo Castelo Branco era dominado por oficiais que se consideravam "desenvolvimentistas", dedicados à construção de um Estado brasileiro forte e que tivesse papel de destaque, quando não de liderança, em incentivar o país a se transformar numa potência mundial, como era seu destino. Em sua visão de mundo, as grandes potências — não só a União Soviética, mas também as ocidentais — consideravam o progresso brasileiro uma ameaça a seus próprios interesses e tentavam enfraquecer a nova força emergente atacando seus pontos mais fracos. Daí a importância de "integrar para não entregar".

Uma coisa, porém, pode ser dita com certeza e precisa ser sublinhada, considerando a notoriedade que o bordão passou a ter: Rondon não cunhou a expressão "integrar para não entregar". A frase tem uma sonoridade elegante, eufônica, mas não aparece em lugar algum de seus diários ou memórias, tampouco em seus discursos, relatórios ou entrevistas. Embora seja fácil interpretar a obra de Rondon como uma afirmação da soberania brasileira sobre seus rincões mais afastados e abandonados, essa nunca foi sua motivação exclusiva — como positivista, a humanidade estava acima da nação. Além disso, ele tomou o cuidado de não se expressar no tosco estilo "Brasil: ame-o ou deixe-o" que caracterizou o programa da ditadura militar.

Parte desse programa, é claro, envolvia colonizar a Amazônia e explorar sistematicamente seus recursos, e um aspecto essencial desse esforço exigiu a construção da rodovia transamazônica e o assentamento dos retirantes nordestinos. Nas palavras de outro slogan dileto da ditadura, o governo afirmava: "Terra sem homens para homens sem terra". Obviamente ecoavam aqui os mesmos impulsos que levaram a Primeira República a mandar Rondon à região em 1890 e estimularam Getúlio Vargas a lançar a Marcha para o Oeste, a mesma mistura do medo de perder a Amazônia para o que se presumiam ser interesses estrangeiros cobiçosos e o desejo de incorporá-la plenamente à nação brasileira. Mas a base doutrinária e o panorama político haviam mudado: em vez de uma República orgulhosamente determinada a modernizar e democratizar o Brasil, essas ideias estavam sendo desposadas por um regime militar de essência antidemocrática, que tolerava pouca dissidência e estava prendendo ou mandando para o exílio milhares de adversários. Além do mais, qualquer menção aos povos indígenas e seus direitos como grupos étnicos e habitantes originais da terra, decerto uma preocupação central de Rondon, estava sendo cuidadosamente desconsiderada.

Não obstante, o primeiro grupo de participantes do Projeto Rondon — transportado para Rondônia em julho de 1967 a bordo de um C-47 da Força Aérea quando começavam a estação seca no Amazonas e as férias escolares no Sul — consistia de dois professores e trinta alunos universitários, a maioria dos cursos de medicina, engenharia e geografia. A estadia de um mês, intitulada Operação Zero, foi considerada um sucesso e o programa acabou por ser expandido, tanto em número de vagas quanto no alcance. Alunos da área de humanidades, incluindo cursos como ciências sociais, antropologia, etnologia e linguística, não apenas os de "ciências duras" como geologia ou zoologia, também foram recrutados, vindos de todos os 27 estados e territórios do Brasil. Assim como futuros arquitetos e urbanistas, que foram designados para os novos povoamentos e colônias que surgiam ao longo da rodovia de Cuiabá a Porto Velho, a BR-364, fruto dos postos telegráficos construídos por Rondon.

E, embora o foco inicial do Projeto Rondon fosse apenas o território de Rondônia — que virou estado somente em 1982 —, sua área de atuação aumentou pouco a pouco, primeiro para incluir toda a Amazônia Legal e depois, após queixas dos governadores dos estados na bacia do rio São Francisco (preocupados de estarem deixando escapar uma belíssima oportunidade de mão de obra gratuita para suas regiões mais atrasadas e inexploradas), também o Nordeste. No segundo ano do programa, houve a participação de 648 estudantes, quantidade que só fez aumentar a partir daí. Em 1970, o Projeto Rondon passou a ser uma entidade independente, o que estendeu ainda mais seu alcance, e em 1975 ele foi transformado em fundação autônoma com apoio financeiro do governo. Uma década depois, passou a ser também um programa que durava o ano todo, em vez de atuar apenas nas férias escolares, e estabeleceu operações no país inteiro. É claro que o nome e a imagem de Rondon eram constantemente brandidos e usados como fonte de legitimidade em todas essas atividades.

Durante esse mesmo período, um processo similar de doutrinação valendo-se do prestígio e das realizações de Rondon estava em curso entre os recrutas no serviço militar obrigatório. Por exemplo, um filme de treinamento de catorze minutos chamado *Rondon: O último dos bandeirantes*, de 1969, aproveitando parte da filmagem que Thomaz Reis fizera mais de cinquenta anos antes, salientava o trabalho de Rondon em vários "pontos estratégicos" ao longo da fronteira e seu papel de liderança em "sucessivas etapas de integração nacional". De acordo com o filme, ele fora capaz de "fixar novos critérios de segurança nacional" e "levantar o povoamento das fronteiras". E o mesmo material afirmava, de maneira equivocada, que as supostas últimas palavras de Rondon não foram religiosas, refletindo seu inabalável positivismo, mas patrióticas: "Viva a República!".[16]

No fim da projeção, dois oficiais, um homem e uma mulher, aparecem na tela para anunciar a moral da história: "As palavras de marechal Rondon devem servir de estímulo para todos nós", ela começa. Ele continua: "O mapa e a epopeia desenvolvidos pelo apóstolo das selvas, seu pioneirismo na redenção dos índios, levando-os assistência médica e sanitária, ressaltam os valores éticos e morais desse grande chefe, que amou sua família, sua pátria e soube perseguir os ideais da nossa nação, renunciando aos seus interesses pessoais. Suas ideias de cidadania, seu patriotismo e desprendimento permeiam os soldados de hoje". Ela: "Os homens e as mulheres que fazem o nosso Exército têm muito de que se orgulhar mirando-se nesse belo exemplo, que atravessa as avenidas do tempo". E finalmente: "Parabéns, soldado brasileiro! Parabéns, Brasil!".

Mesmo antes do golpe, em abril de 1964, Rondon já era chamado de "patrono" do setor de comunicações do Exército, criado um ano após sua morte. A proclamação oficial citava os "belos exemplos" que ele deu "para os militares dessa Arma, tais como a resistência física, a sociedade, a coragem, o espírito de sacrifício e a tenacidade na execução das missões mais árduas e longas".[17] Por motivos similares, a turma que ingressou na Escola Preparatória de Cadetes do Exército em 1967 — grupo que incluía o comandante do Exército brasileiro a partir de 2015, o general Eduardo Villas Bôas — escolheu Rondon como seu padrinho. Mas, em 1971, o general Emílio Garrastazu Médici, então presidente, decretou que 5 de maio, suposto aniversário de Rondon, passaria a ser conhecido como Dia Nacional das Comunicações, em homenagem ao fato de que Rondon "levou as comunicações e o atendimento aos mais recônditos e distantes pontos do país, assegurando a união dos brasileiros".[18]

Entretanto, durante o mesmo ano em que o Projeto Rondon foi lançado, tanto o Serviço de Proteção aos Índios quanto o Conselho Nacional de Proteção aos Índios foram abolidos e substituídos por um novo órgão, a Fundação Nacional do Índio (Funai). O ministro do Interior nomeado em março de 1967, o general linha-dura Afonso Augusto de Albuquerque Lima — ex-engenheiro militar que no início da carreira supervisionara a construção da estrada Macapá-Clevelândia que Rondon originalmente projetara durante sua viagem de inspeção à fronteira, em 1928 — ordenou de imediato uma ampla investigação sobre relatos de maus-tratos e corrupção no SPI e no CNPI. O resultado foi um relatório de mais de 7 mil páginas detalhando casos assustadores de esquemas envolvendo funcionários do SPI e latifundiários para tomar terras indígenas, chacinas, escravidão, indivíduos deliberadamente infectados e exploração sexual, em alguns casos remontando à década de 1940.

O Relatório Figueiredo, como veio a ser chamado, deixava claro que Rondon nunca teve ciência desses abusos e que a vasta maioria deles ocorrera após sua morte. Mas a Funai, criada no início dos anos de chumbo, agora tinha uma justificativa para operar logo de saída com uma filosofia radicalmente diferente da de Rondon. Tanto é que, durante a maior parte da década seguinte, foi conduzida por oficiais linha-dura determinados a fazer justamente isso, sobretudo após a implementação de um novo e mais restritivo Estatuto do Índio, em 1973. Embora o novo órgão em teoria continuasse a homenagear seu nome, suas ordens eram "integrar os índios rapidamente" buscando uma "política de integração em ritmo acelerado"[19] e "emancipação compulsória",[20] independentemente dos desejos ou do preparo das tribos. Ao mesmo tempo, a visão de Rondon dos povos indígenas como "sentinelas" das fronteiras foi abandonada, substituída por uma política que encorajava — quando não obrigava — as tribos a se mudarem para o interior, onde podiam ser mais facilmente monitoradas. Os princípios de Rondon foram assim subvertidos para servir a um desenvolvimento predatório da Amazônia.

O Projeto Rondon durou quase um quarto de século, até 1989, superando em alguns anos a ditadura que o criou. Graças a ele, os "rondonistas" — mais de 325 mil jovens profissionais idealistas e ambiciosos de áreas urbanas, hoje passados da meia-idade ou ainda mais idosos — tiveram seu primeiro vislumbre do "outro" Brasil, um lugar bem mais pobre e menos desenvolvido do que aquele em que foram criados, e guardam boas lembranças dessa experiência e de como ela abriu seus olhos para a dura realidade do interior. Mas ao ligar o nome de Rondon a um governo autoritário e repressivo, sua imagem saiu prejudicada. Outro slogan criado pela ditadura militar sentenciava que "Quem não vive para servir ao Brasil, não serve para viver no Brasil". É verdade que Rondon viveu para servir o Brasil, mas o ponto de vista extremo manifestado na segunda metade desse bordão seria impensável de acordo com seus valores. O fato é que esse tipo de slogan lhe prestou um tremendo desserviço. É no mínimo injusto contrastar seu passado de abnegação e entrega com essa suposta depreciação ou desvalorização.

Tampouco ajudou o fato de os livros didáticos usados durante a ditadura engessarem a imagem de Rondon. Nas escolas, por mais de vinte anos leu-se sobre ele nas aulas de educação cívica, de modo que seu nome continuou conhecido entre seus conterrâneos. No entanto, a visão de sua vida e suas realizações era muito tacanha e restrita. Rondon assumiu a figura do "bandeirante moderno" que abriu o interior. Também foi amplamente louvado como o autor da frase "Morrer se preciso for, matar nunca", que, no entanto, se tornou uma espécie de afirmação positiva da suposta superioridade moral brasileira sobre outros países que haviam tratado seus povos indígenas com mais crueldade — e isso enquanto a Amazônia era desmatada e os índios expulsos de suas terras ancestrais por pecuaristas, mineradores e madeireiros apoiados e financiados pelo governo. Por fim, todas as demais dimensões de Rondon desapareceram. E, certamente, não havia qualquer menção à sua recusa de tomar o poder para si ou ao seu recorrente repúdio ao envolvimento militar na derrubada de governos civis.

Não temos elementos suficientes para saber com certeza como Rondon teria reagido ao golpe de 1964. Só sabemos que ele, por questão dos mesmos princípios louvados por Manuel Bandeira em 1958, sempre se opusera a todo tipo de insurreição ocorrida durante a Primeira República, não apenas os levantamentos tenentistas; que era adversário da ditadura varguista desde o primeiro momento e que pagou um preço alto por isso. Foi fiel a esta postura até o fim da vida: "O Exército deveria ser o grande mudo, pronto ao sacrifício pelo bem da Nação, sem, contudo, intervir em mesquinhas questões de politicagem",[21] sustentou ele na última entrevista que concedeu, em 1957, aos 92 anos, com as tentativas de golpe contra e a favor da tomada de posse de Juscelino Kubitschek ainda frescas na memória nacional.

Opositores desse tipo de apropriação oficialista, que exaltavam Rondon como a personificação do caráter humanista e pacifista do brasileiro, tentaram contra-atacar da melhor forma. Em 1970, foi publicado o magistral *Os índios e a civilização*, de Darcy Ribeiro, coberto de elogios a Rondon e às políticas que ele implementou na chefia do Serviço de Proteção aos Índios. Quatro anos depois, seu *Uirá sai à procura de Deus*, coletânea de ensaios que incluía um sobre Rondon e outro que adaptava o discurso fúnebre que fez em seu enterro, veio a público. Nas coisas que escreveram, em seus discursos e entrevistas, os irmãos Villas Bôas adotaram abordagem similar, embora um pouco mais tácita, porque ainda eram funcionários públicos. Mas essas vozes foram abafadas pelo barulho da onipresente mensagem oficial.

Com o fim da ditadura militar em 1985, algumas tentativas hesitantes foram feitas de resgatar aspectos da imagem de Rondon que haviam sido deliberadamente diminuídos ou ignorados. Isso se manifestou até na breve popularidade de duplas sertanejas com nomes como Marechal e Rondon ou Reinaldo e Rondon, mas ficou mais patente quando a nota de mil cruzeiros foi criada com a efígie do marechal, em 1990. Embora suas feições estivessem consideravelmente embranquecidas na cédula, que circulou até a chegada do real, em 1994, sua ligação com os povos indígenas do Brasil fica explícita: seu rosto aparece na frente da nota, enquadrado contra a imagem de um de seus postos telegráficos na floresta e um mapa do Brasil, enquanto o verso exibe um belo casal de jovens Karajá.

Mas uma reação não tardou, quando intelectuais que estavam apenas começando suas carreiras durante a ditadura militar — formados em disciplinas da moda como semiótica e pós-modernismo, influenciados por contestadores como Michel Foucault e Edward Said e sem dispor de uma memória viva do Marechal da Paz — lançaram um olhar revisionista sobre Rondon e sua obra. Na maior parte, eles não gostaram do que viram (ou do que acreditaram ver): em sua opinião, Rondon estivera desde o início a serviço de um projeto nacional voraz e quase genocida, contradizendo os elevados objetivos que sempre proclamara, e ainda uma visão irremediavelmente ingênua e incoerente dos índios e suas carências. Longe de ser um herói, era um simplório, e talvez até um traidor da própria cultura e do povo.

A crítica mais significativa e duradoura nessa série de ataques contra a imagem e a história de Rondon foi a publicação de *Um grande cerco de paz: Poder tutelar, indianidade e formação do Estado no Brasil*, de Antônio Carlos de Souza Lima, em 1995, mas precedido em pelo menos uma década por artigos acadêmicos debatendo variações do mesmo conjunto de ideias. Professor no Programa de Pós-Graduação em Antropologia Social no Museu Nacional e na Universidade Federal do Rio de Janeiro, Souza Lima argumenta que a maioria dos escritos sobre Rondon eram pouco mais que hagiografia e se dispõe a, quase literalmente, desempenhar o papel do iconoclasta, um destruidor do ícone que Rondon se tornara.

No entender de Souza Lima, a ênfase de Rondon nas relações não violentas com os povos indígenas era meramente uma cortina de fumaça para o plano nefasto de subjugá-los por meio de "um sistema estatizado de controle e apropriação fundiária". Como que para desafiar a intenção pacífica de Rondon, ele emprega continuamente uma linguagem bélica, comentando sobre como Rondon "detona uma pacificação",[22] descreve as expedições como "ataques"[23] ou "investidas"[24] e intitula um subcapítulo de "Pacificação: A conquista sublimada".[25] E quem é o maior responsável por implementar esse estado de sítio em que os povos indígenas se encontravam? "A imagem do *cerco* encontrar-se-ia, sem dúvida, personificada em Rondon", argumentou ele.[26]

Algumas análises de Souza Lima sobre determinados incidentes estão historicamente bem fundamentadas; não é possível, por exemplo, negar o triste histórico de massacres, usurpações de terras e invasões aos quais os povos indígenas foram sujeitados ao longo de todo o século XX. Mas o antropólogo (como alguns outros que seguiram seus passos) conta com a vantagem do olhar retrospectivo: afinal, é bem mais fácil apontar erros com base em informações adquiridas após a ocorrência dos eventos. *Um grande cerco de paz* se limita a criticar as atividades de Rondon durante suas expedições na floresta sem tentar explicar as injunções de seu tempo e contexto.

Embora haja certamente base para questionar a eficácia das ações de Rondon, descartar logo de cara a sinceridade de seus motivos me parece um tanto injusto. O respeito e a admiração de Rondon pelos povos indígenas do Brasil era profundo e genuíno, e ele lutou da melhor forma possível, com as ferramentas e os recursos que lhe estavam disponíveis, fazendo quaisquer alianças que conseguisse para salvaguardar seu bem-estar e sua contínua integridade enquanto distintos grupos étnicos e culturas. Como disse Bismarck, "Política é a arte do possível, do alcançável — a arte da segunda melhor opção".[27] Rondon não podia prever o futuro, imerso como estava numa das maiores batalhas morais de seu tempo, mas suas convicções de positivista, humanista e pacifista tampouco lhe permitiram assistir a tudo de braços cruzados.

"Em nome do humanitarismo o Serviço continuaria a intervir pacificando, mesmo se reconhecendo incapaz de impedir o esbulho subsequente à desmoralização guerreira de um povo indígena", acusa Souza Lima. "Salva vidas humanas e contribui, na prática, para o crescimento de populações rurais empobrecidas, porém submissas a poderes de Estado e integrantes de variados modos de dominação."[28] Então teria sido melhor permitir o incentivo de Von Ihering ao extermínio total ficar sem resposta e sem controle?

Os ataques a Rondon ficaram tão arraigados em meios acadêmicos que o antropólogo Mércio Pereira Gomes, ex-presidente da Funai e professor universitário, se sentiu compelido a retrucar. "Nos últimos vinte anos, a torrente de críticas ao Serviço de Proteção aos Índios, ao general Cândido Rondon e aos antropólogos e indigenistas que pertenceram a esse serviço, que estiveram ao lado de Rondon, que o respeitaram e, de algum modo, se consideravam seguidores do velho general tem sido tão avassaladora, tão dominante nos meios acadêmicos e indigenistas e tão determinante no convencimento de aprendizes e leigos, que há hoje muito poucos antropólogos e indigenistas que se declaram rondonianos ou ao menos que põem a cara de fora para tecer suas considerações ou fazer sua apologia ao trabalho ou às ideias do velho general."[29]

O ensaio de Pereira Gomes, publicado em 2009, se intitula "Por que sou rondoniano" e monta uma defesa vigorosa da filosofia e das ações de Rondon. "Os críticos de Rondon são useiros em acusá-lo de ter demarcado tão somente pequenas glebas de terra", argumenta. "Esquecem-se de propósito de considerar o contexto histórico em que se deu o surgimento e a permanência do SPI." Não é justo, continua, "esperar que Rondon e os indigenistas da época tivessem uma visão mais ampla do que aquela dada pelas evidências históricas e pelos estudos antropológicos" e é igualmente importante lembrar que "as condições políticas para a demarcação de terras para os índios eram extremamente adversas durante esses primeiros cinquenta anos do SPI".

"De qualquer modo, configura-se aqui uma atitude ética inesperada no panorama moral brasileiro", finaliza. "Essa atitude é também inédita em outras partes do mundo. Se fosse só por isso já bastaria como justificativa para se ser rondoniano."[30]

Nesse contexto, parece apropriado conceder a última palavra a outro rondoniano, Darcy Ribeiro, que morreu em 1997, no exato momento em que a visão revisionista de Rondon estava no auge e ele era duramente criticado por Souza Lima e seu grupo: "Graças aos esforços de Rondon sobrevive hoje no Brasil uma centena de milhares de índios que não existiriam sem seu amparo".[31] Ao menos três gerações passaram desde que Ribeiro pronunciou essas palavras em 1958, e a população indígena brasileira aumentou de seu nível mais baixo em 1970, 200 mil indivíduos, para mais de 1 milhão atualmente — tribos inteiras que não existiriam se não fosse a luta de Rondon em prol de seus pais e avós ao longo de décadas.

Embora essas críticas revisionistas continuem, hoje elas se restringem em grande parte ao universo acadêmico e pelo visto não ganharam muita força fora dos muros da universidade. No início de 2005, por exemplo, o Projeto Rondon foi revivido a pedido da União Nacional dos Estudantes, uma organização tradicional de esquerda, com o apoio do governo do Partido dos Trabalhadores. O então presidente Lula tomou parte na cerimônia em Tabatinga (do outro lado da fronteira onde Rondon passou quatro anos impedindo uma guerra entre a Colômbia e o Peru) que deu nova vida ao programa. Lula manifestou explicitamente sua ligação com alguns aspectos do legado de Rondon ressaltados por Darcy Ribeiro quase cinquenta anos antes, usando algumas frases de efeito e, ao mesmo tempo, rejeitando a cooptação de Rondon feita pelo governo militar para suas agressivas políticas desenvolvimentistas.

"No passado", afirmou, "a utopia geográfica via o país como uma imensa frente pioneira, a puxar um mercado em expansão. A estrada terminava na boca da mata. Aos olhos de alguns, parecia suficiente levar a picada mais adiante; o progresso faria o resto. Hoje, sabemos que não é assim. O país, no essencial, está integrado" e hoje "é preciso vencer a grande fronteira da desigualdade, desbravar um futuro mais humano, abrir estradas de oportunidades. Recriar, enfim, a ideia de nação com base no interesse coletivo".[32]

"Lula relança Projeto Rondon, um dos símbolos do governo militar"[33] diz o título da matéria que foi publicada nesse dia no maior site de notícias do Brasil. Essa avaliação foi parcial, mas não totalmente correta, pois o governo Lula estava claramente mudando o foco do programa. "Recriamos um Projeto Rondon com a cara do Brasil de hoje",[34] anunciou para um público que incluía comandantes do Exército, da Marinha e da Força Aérea, membros do governo, rondonistas da encarnação original do programa e a primeira turma de duzentos voluntários da versão 2.0. Assim, o Projeto Rondon revivido hoje inclui unidades voltadas para os direitos humanos e trabalhistas, a proteção ambiental, o desenvolvimento sustentável, o combate ao "trabalho infantil e a exploração sexual de crianças e adolescentes" e fomenta "o cooperativismo, associativismo e empreende-dorismo para a geração de renda", bem como atividades tradicionais na área de saúde, educação e infraestrutura física.[35]

"O novo Rondon é parte de um esforço gigantesco para interligar o Brasil pela ponte da solidariedade", explicou Lula. "A justiça social representa, hoje, aquilo que o telégrafo simbolizou no passado, quando o marechal Cândido Rondon percorreu o país à frente da Comissão de Linhas Telegráficas Estratégicas. Foi para desbravar essa nova fronteira que o projeto ganhou um novo rosto, como proposta de engajamento da juventude e da universidade na superação das nossas distâncias sociais."[36]

Como sugere o renascimento do Projeto Rondon, as duas principais facetas de sua personalidade pública, outrora vistas como inerentemente antagônicas e filosoficamente incompatíveis, ficaram mais unificadas. "Cândido Mariano da Silva Rondon — mare-chal Rondon — sabem todos, militares e civis, foi o primeiro humanista e o primeiro ambientalista brasileiro a nos dar um verdadeiro exemplo de brasilidade", o general Ivan de Mendonça Bastos, antigo comandante do Exército na Academia das Agulhas Negras, escreveu em sua apresentação da *História oral do Projeto Rondon*, de 2006.[37] Para nacionalistas militares, isso marcaria um recuo da posição que adotaram durante a ditadura e logo após.

E num país em que as minorias étnicas estão afirmando suas identidades com orgu-lho ainda maior, a ideia de Rondon como paradigma de "brasilidade" também significou atenção renovada a suas origens, muitas vezes de forma bastante idealizada. Em 2015, por exemplo, a Rede Globo lançou uma minissérie em cinco partes chamada *Rondon: O grande chefe*, para coincidir com o centenário da Expedição Científica Roosevelt-Rondon. Numa cena, passada pouco antes da queda da Monarquia, Benjamin Constant começa uma conversa — claramente apócrifa — com o jovem Rondon sobre o futuro do Brasil e o exalta como a personificação do que o Estado Novo posteriormente chamaria de o novo homem tropical. "Você, cadete Rondon, tem uma grande missão pela frente", diz Benjamin Constant. "A pátria precisa muito de você. Você traz consigo o sangue que representa este Brasil. Dentro deste corpo aí correm os índios, os caboclos, os brancos, os negros."[38]

De modo geral, o centenário da Expedição Roosevelt-Rondon parece ter despertado o ressurgimento do interesse nessa empreitada marcante, que com o passar do tempo adquiriu uma aura quase mítica. Isso é verdade tanto no Brasil quanto no exterior, onde filmes e documentários sobre a viagem e a relação entre o explorador brasileiro e o presidente americano estão sendo produzidos. No sesquicentenário de seu nascimento, em 2015, Cândido Rondon foi transformado, para o bem ou para o mal, numa unanimidade nacional e até internacional. Sua imagem foi em grande parte depurada das controvérsias que o cercaram durante fases importantes de sua vida e vieram à tona de forma intermitente depois. Mas nesse processo de limpeza, alguns traços definidores de sua forte personalidade também foram "lavados" e parecem menos vívidos — detalhes importantes de suas convicções e sua carreira vão se apagando da história. Este livro foi uma tentativa de reverter esse processo e restaurar o homem, com suas glórias e imperfeições, da forma como os que trabalharam a seu lado, os que o amaram e mesmo os que lutaram contra ele, conheceram.

Epílogo

Em uma noite atipicamente fresca no início de julho de 2015, resolvi jantar na churrascaria Rondon Grill, na praça de alimentação do shopping Rondon Plaza, em Rondonópolis, o terceiro maior município de Mato Grosso, com uma população de mais de 200 mil habitantes. Do meu hotel, o Rondon Palace, fui a pé até o shopping. No caminho, passei por lojas de maquinário agrícola com o último modelo de tratores John Deere, Massey Ferguson ou International Harvester em destaque na vitrine, além de colheitadeiras, semeadeiras, arados e grades, e também por lojas veterinárias e outras de implementos e suprimentos agrícolas vendendo desde forragem e fertilizantes a serras circulares e arame farpado. Era um domingo, então quase todo o comércio estava às escuras, mas quando virei na avenida Lions Internacional, o cenário ganhou vida de repente. Jovens com chapéus de caubói dirigindo picapes turbinadas iam e vinham pela ampla avenida, pisando fundo e mexendo com as garotas em jeans apertados e botas de cano longo. Nas calçadas, grupos de pessoas tiravam mesas e cadeiras de plástico da traseira de suas picapes e se sentavam para bater papo, tomando cerveja e cachaça e assando carne em suas churrasqueiras portáteis. Os potentes alto-falantes das picapes em movimento ou estacionadas tocavam música sertaneja numa altura de furar os tímpanos.

Já no shopping, do outro lado da praça de alimentação, no Play Park, as crianças brincavam nos escorregadores, balanços e barulhentos karts e trenzinhos, sob o olhar impassível de amuados funcionários do Rondon Grill, jovens de pele acobreada, cabelo negro e liso e feições indígenas, sugerindo serem descendentes dos povos Bororo, Terena e Guaná, outrora predominantes naquelas paragens. Comendo meu pacu grelhado com arroz e feijão e observando os atendentes que, por sua vez, observavam as crianças, considerei duas questões que me pareciam interligadas. O que Rondon teria pensado disso tudo? E o que eu presenciava teria sido de fato seu sonho para o Mato Grosso e o resto da Amazônia? Essas questões me incomodavam havia dois meses, desde uma rápida viagem para o Mato Grosso onde compareci a uma cerimônia oficial em Mimoso, no dia 5 de maio, para celebrar o aniversário de 150 anos do nascimento de Rondon, e agora elas voltavam a aflorar, instigadas por essa chamativa exibição de prosperidade em uma cidade batizada com seu nome.

O evento de maio se revelara muito similar a outras cerimônias oficiais a que compareci no Brasil ao longo dos anos. O Exército estava no comando, então o tom era marcial e patriótico, como as celebrações para marcar o Dia da Independência. Unidades portando as bandeiras do Brasil, do Mato Grosso e do Exército passaram marchando e fizeram uma saudação na direção do palanque onde estavam importantes dignitários locais e nacionais, incluindo até Tweed Roosevelt, bisneto de Theodore. À esquerda, um grande cartaz mostrando Rondon em seu uniforme de engenheiro do Exército ostentava um texto que proclamava, em português e num inglês quase idiomático, "Valorizar a memória de quem dedicou a vida pela transformação do país/*Cherish the memory of those who dedicated their lives for the transformation of the country*".

Após chegar de helicóptero, o comandante do Exército, o general Eduardo Dias da Costa Villas Bôas, que passou parte considerável de sua carreira na Amazônia, fez um discurso exaltando as virtudes de Rondon como soldado e patriota. Toda turma de cadetes no Brasil escolhe o nome de algum herói nacional e a sua, observou com orgulho o general Villas Bôas, escolhera Rondon como mentor e inspiração. O governador do Mato Grosso, José Pedro Gonçalves Taques, que chegara de Cuiabá numa carreata que incluía repórteres de TV e jornais, assumiu tom parecido, louvando Rondon como o filho ideal da pátria que deveria servir de espelho para todos os brasileiros. Nenhum discurso foi além de ortodoxos e limitados clichês sobre Rondon, destacando seus feitos como explorador e o pacifismo subjacente a esses esforços, sem mencionar que as exortações de Rondon, especialmente o "morrer se preciso for, matar nunca", haviam sido muito mais ignoradas do que observadas na história recente do Mato Grosso e da Amazônia. E depois, quase como um improviso de última hora, quando os discursos foram encerrados, os soldados se retiraram e a multidão se dispersou, um grupo de índios que ficara calmamente à esquerda do palco, rostos e corpos pintados e enfeitados com penas coloridas, levantou e, sem ânimo, começou a dançar.

Mesmo antes de comparecer à cerimônia de Mimoso eu havia planejado voltar à Amazônia durante a estação seca de julho a novembro, seguindo como pudesse a rota das linhas telegráficas de Rondon e, na medida do possível, refazendo parte da viagem que ele e Roosevelt haviam feito pelo rio da Dúvida. Parecia impossível escrever sobre suas expedições por planaltos e selva, por terra e rios, sem voltar a alguns dos mesmos terrenos que ele atravessara. Mas agora, tendo observado como as autoridades civis e militares haviam projetado seletivamente a pessoa e a imagem de Rondon, eu tinha um motivo a mais para viajar por Mato Grosso, Rondônia e Amazonas: ir além da retórica oficial abstrata de glorificação de modo a ver e tentar medir seu real legado para o Brasil. A visita a Rondonópolis sublinhava assim a importância dessa tentativa.

O Mato Grosso que Rondon conheceu não existia mais, é claro, nem mesmo cartograficamente. O estado fora dividido em três. Em 1943, em grande parte como resultado do trabalho pioneiro que as expedições de Rondon haviam feito para abrir a região, o extremo noroeste do estado foi seccionado e unido a uma parte do Amazonas para formar um novo território chamado Guaporé. O nome do território mudou para Rondônia em 1956 e, em 1982, após uma explosão de crescimento demográfico e econômico fomentados pela ditadura militar, foi elevado à condição de estado.

A essa altura, a parte inferior do Mato Grosso também fora separada para virar um novo estado: Mato Grosso do Sul, criado em 1979. A fronteira entre os dois Matos Grossos passa a cerca de cem quilômetros ao sul do local onde Rondon nasceu e, desse modo, divide seu adorado Pantanal em dois, compondo duas jurisdições separadas, o que acarreta administração e planejamento mais complicados. Mas há uma lógica na divisão, uma vez que o Mato Grosso do Sul não tem clima ou topografia amazônico de fato e é composto na maior parte por cerrado, mais apropriado para a pecuária — como ex-governador do estado, Zeca do PT, certa vez afirmou com orgulho para mim: "o estado tem mais gado que gente". Considerando que o Mato Grosso do Sul tem mais de 2,5 milhões de habitantes, é um feito digno de nota.

Mas o Mato Grosso ainda é imenso, com quase 1 milhão de quilômetros quadrados. E Rondon, sem dúvida, ficaria admirado com a metrópole que Cuiabá se tornou, com suas reluzentes torres comerciais, altos edifícios, teatros e restaurantes modernos. Assim que desembarca no Aeroporto Internacional Marechal Rondon, o visitante sente um ar de recém-adquirida prosperidade, conquistada a duras penas com o trabalho na terra. Diante do hotel que eu reservara para o fim de semana, por exemplo, notei dois ônibus estacionados na rua. Quando perguntei do que se tratava no balcão de recepção, fui informado de que a filha de um rico fazendeiro do interior se casaria na catedral ali perto e seu pai convidara mais de 250 pessoas para a cerimônia, oferecendo também hospedagem para todo mundo no fim de semana.

Na zona rural e nas cidades pequenas, porém, sinais do que o economista Thorstein Veblen chamou de "consumo conspícuo" não pareciam tão comuns. Fiz a viagem de 764 quilômetros de Cuiabá a Vilhena, na fronteira estadual de Rondônia, numa série de ônibus intermunicipais, pois queria conhecer as cidadezinhas ao longo do caminho, tão familiares a Rondon, como Cáceres e Pontes e Lacerda, além de conversar com as pessoas que viajavam de um local ao outro. Desse modo, peguei-me sentado ao lado de um índio da minha idade — um Paresí, como vim a descobrir —, que se queixou da proliferação de fazendas de gado na região nas últimas décadas e do consequente desmatamento trazido por elas. "Tem muito pouco para caçar agora", lamentou-se o homem. "Esta estrada tem morador em tudo que é lado."

Ele mesmo trabalhava numa dessas fazendas e estava voltando de Cuiabá com uma peça de reposição que fora comprar para um equipamento. Na estrada, passamos por outdoors anunciando datas de leilões de gado em Rondônia, Mato Grosso, Acre e Goiás, ou apelando aos fazendeiros: "TROQUE SEU TOURO VELHO". Em 1970, o general José Costa Cavalcanti, na época ministro do Interior, descreveu assim a política do governo militar: "O boi como grande bandeirante da década". Parecia-me que o que eu estava vendo, 45 anos depois, era o triunfo dessa estratégia, a exata antítese da abordagem de Rondon. Em vez de povos indígenas cultivando a terra coletivamente, seus descendentes eram agora a mão de obra explorada pelo agronegócio gerido de São Paulo e Nova York, Buenos Aires e Roterdam, com pouco ou nenhum controle das terras que um dia tinham sido suas.

Em Rondônia, presenciei situação parecida. Na entrada de Cacoal, por exemplo, vi um outdoor anunciando: "BEM-VINDO AO FUTURO". Era domingo, famílias se empanturravam nos rodízios das churrascarias e meu hotel recém-construído ficava a poucas centenas de metros do rio Ji-Paraná, que Rondon e seus homens haviam navegado tantas vezes. Passeando pela margem do rio, observei pais e filhos, maridos e esposas se preparando para momentos de lazer, lavando seus barcos ou saindo para uma pescaria. Outros preferiam pescar ali mesmo, sentados em cadeiras de praia, a cerveja gelada ao lado no isopor, além da música sertaneja estourando nos alto-falantes de seus carros estacionados por perto com as portas abertas.

Ao longo de toda a BR-364, as cidades surgidas a partir dos postos telegráficos parecem plenamente integradas à vida brasileira moderna, em nítido contraste com o tempo do jovem Rondon. Cartazes e folhetos colados em postes e muros anunciavam shows de duplas sertanejas ou a apresentação no fim de semana de "Paulinho Mixaria, o maior humorista gaúcho do Brasil", com ingressos à venda por quarenta e cinquenta reais — preço que indica o crescimento econômico da região; Vilhena tem até uma orquestra sinfônica municipal de 44 instrumentos. Notei a presença da Assembleia de Deus por toda parte, assim como templos da Igreja Universal do Reino de Deus, como ocorre em todo o litoral brasileiro. A maioria das cidades também integra o circuito nacional de rodeios e conta com arenas construídas para a apresentação dos ginetes, peões de boiadeiro, laçadores e palhaços. Nas bancas de jornais podem-se encontrar revistas como *Veja*, *piauí*, *Contigo!* e *Placar*, e à noite, com a transmissão via satélite, todo mundo se senta diante da TV para assistir ao *Jornal Nacional* ou às novelas do momento. Como positivista, o patrono brasileiro das comunicações talvez tenha concebido a integração nacional em um nível um pouco mais elevado, mas não há dúvida de que sua

484

região natal, outrora remota e completamente isolada, está hoje inteiramente plugada na cultura popular brasileira.

No entanto, a chegada do mundo moderno tem apagado a memória histórica sobre Rondon, seus homens e a obra deles. Uma das principais ruas comerciais de Vilhena é chamada de avenida Major Amarante, em homenagem ao discípulo e genro de Rondon, e por curiosidade, certa tarde, fiz esta simples pergunta a uma dúzia de lojistas e comerciantes: "Quem é o major Amarante?". Ninguém soube responder corretamente; alguns achavam que devia ter sido um antigo comandante da base da Força Aérea de Vilhena, que controlava a área onde o posto telegráfico de Rondon estava construído e não permitia a entrada de visitantes, pelo menos quando estive lá, em 2015, por alegados motivos de "segurança nacional". Na verdade, de todos os postos telegráficos de Rondon que visitei no estado que leva seu nome, o único que era acessível e parecia em boas condições, com um museu em funcionamento digno do nome, foi o do Ji-Paraná.

Nos arredores dessas cidades pequenas, de Vilhena, na fronteira com o Mato Grosso, a Porto Velho, capital do estado às margens do rio Madeira, vi filiais de quatro gigantes internacionais do agronegócio: Archer Daniels Midland, Bunge & Born, Cargill e Dreyfus, além da famigerada JBS. Isso foi acompanhado do surgimento de uma classe média cuja prosperidade, como em Rondonópolis, está baseada na oferta de serviços agropecuários: levantamento topográfico, escavação de poços artesianos, rações para animais, revenda e conserto de máquinas, agronomia e, mais recentemente, como descobri na Exposição Agropecuária em Pimenta Bueno, piscigranjas. E por toda parte atualmente veem-se universidades e faculdades destinadas a fornecer um fluxo constante de agrônomos para o futuro: Vilhena, Pimenta Bueno, Cacoal, Ji-Paraná, Jaru, Ariquemes e especialmente Porto Velho.

Mas esse progresso material cobrou seu preço. Ao chegar a Ariquemes em meados de julho, vi uma manchete de jornal alertando para a "Fumaça e poeira, de volta as velhas ameaças de verão". A fumaça e a poeira sufocantes, tão densas que enchem o ar e escurecem o céu, são consequência do desmatamento, mas o que me surpreendeu foi a gravidade da situação tão no início da estação seca; eu estava acostumado a enfrentar esses problemas, mas geralmente a partir de setembro, não em julho. Algumas crianças usavam máscaras cirúrgicas como proteção contra o ar pesado, e outra manchete de jornal advertia que as coisas estavam ainda piores em meu destino seguinte: "Queimadas colocam Porto Velho em 'estado de emergência'".

Entre uma cidade e outra, pequenas ilhas de floresta tropical exuberante ainda sobrevivem, crescendo à beira da BR-364. Mas, na maior parte, a selva foi destruída para dar lugar a pastagens, com apenas um ocasional grupo de árvores isolado no meio dos campos com manadas de gado ou pequenos bandos de cavalos. No calor intenso da tarde, as vacas se espremem por um lugar à sombra escassa das poucas árvores disponíveis, e aqui e ali avista-se uma torre de celular quebrando a monotonia da paisagem. O reflorestamento está em curso em alguns lugares, mas quase sempre via monocultura, contra a qual advertem os especialistas. É comum fazendas de madeira comercial com quilômetros e mais quilômetros de eucaliptos plantados em fileiras ordenadas. Originalmente importado da Austrália, o eucalipto foi escolhido porque cresce mais rápido do que as antigas variedades nativas capazes de fornecer sustento e abrigo para os animais que os índios costumavam caçar e as plantas que outrora utilizavam como alimento e medicação. Assim, a ordem natural que Rondon conhecia e respeitava em grande parte desapareceu.

A situação dos povos indígenas de Rondônia tampouco inspira muita confiança. Com uma população de quase 150 mil habitantes, Ariquemes se tornou um centro comercial fervilhante, destino predileto de quem veio do Sul para tentar a sorte: inúmeras lojas e restaurantes, como em qualquer outra parte do estado, exibem nomes que lembram os lugares de origem dos imigrantes recém-chegados na esperança de uma vida melhor: Cascavel, Londrina, Fortaleza, Florianópolis, São Paulo. Mas no caso da tribo que empresta o nome à cidade é outra história. Ela não existe mais, assim como sua cultura, a não ser pelo livro de gramática e vocabulário que a Comissão Rondon compilou há um século e alguns pedaços de cerâmica em exposição num pequeno museu na periferia da cidade, onde até o letreiro incompleto destaca o descaso: ESPA O ULTU AL MARECHA RONDON.

E nos locais onde povos indígenas ainda sobrevivem, os conflitos com agricultores, pecuaristas, mineradores e madeireiros continuam a ocorrer, mesmo para tribos vivendo em reservas plenamente demarcadas. A situação dos Cinta Larga, mencionada previamente, não é de modo algum exclusiva; no fim de 2017, quando os últimos capítulos deste livro estavam sendo escritos, o Ministério Público Federal em Rondônia denunciou o que descreveu como um esforço organizado para expulsar o povo Karipuna de sua reserva de 153 mil hectares.

"A terra indígena está sendo loteada", afirmou o promotor Joel Bogo. "Há um trabalho conjunto de madeireiras na região. Parece ser um movimento articulado de ocupação." Segundo dados de satélites analisados pelo Ibama, o município onde vivem os Karipuna tem "a maior concentração de polígonos de desmatamento e, por consequência, a maior concentração de autos de infração e embargos" de todo o Brasil. "Toda madrugada saem da nossa terra dez caminhões carregados de tora", disse o cacique Adriano Karipuna, que também se queixou de receber ameaças de morte no celular. "Estamos com medo de massacre mesmo."[1]

Esses problemas continuam a proliferar por toda a Amazônia e até em lugares como a Bahia, estado em que o povo Pataxó luta pelo título de terras onde os primeiros exploradores portugueses desembarcaram, em 1500. No estado de Roraima, por exemplo, onde Rondon demarcou fronteiras e escalou o monte Roraima em 1927, a luta para definir os limites da Terra Indígena Raposa Serra do Sol se arrastou por anos, com os governos tucano e petista empurrando a situação com a barriga ao serem pressionados por fazendeiros de arroz e outros interesses poderosos. Um ex-governador do estado, Neudo Campos, até construiu um sobrado de veraneio dentro da reserva, a menos de trinta metros da fronteira venezuelana, e generais de alto escalão, ao mesmo tempo que professavam toda sua admiração por Rondon, assumiam posições absolutamente conflitantes com as dele. "Como um brasileiro não pode entrar numa terra porque é uma terra indígena?",[2] perguntou o general Heleno Ribeiro Pereira quando era comandante militar da região amazônica, ao passo que o general Mário Matheus Madureira, ex-comandante da 1ª Brigada de Infantaria de Selva, costumava dizer que a demarcação de grandes porções de terra para grupos indígenas e reservas ecológicas "pode inviabilizar" o desenvolvimento econômico do estado.

Mais recentemente, o Brasil e o mundo presenciaram o governo do presidente Michel Temer, ansioso em cultivar um curral eleitoral ruralista composto de criadores de gado, fazendeiros de soja, mineradores e madeireiros, tentando implementar uma política indigenista baseada no conceito de "marco temporal" — a ideia de que os povos indígenas só devem ter direito à propriedade se houver uma prova clara de que ocupavam as referidas terras em outubro de 1988, quando a atual Constituição brasileira foi ratificada. Com isso, o governo do Mato Grosso alega que partes do Parque Nacional do Xingu, bem como territórios ocupados pelos povos Nambikwára e Paresí, eram inicialmente "terras vagas" que na verdade pertenciam ao governo estadual e que a expropriação desses terrenos por parte do governo federal para conceder escrituras às tribos indígenas foi, portanto, ilegal. O Supremo Tribunal Federal rejeitou por unanimidade essa reivindicação em agosto de 2017, mas o governo federal parece determinado a aplicá-la em outros casos.

Com a vitória de Jair Bolsonaro na eleição presidencial de 2018, aumentou ainda mais a ameaça aos valores e princípios rondonianos. A antipatia de Bolsonaro contra as reservas indígenas é notória, e ele também parece apoiar a integração imediata e obrigatória dos povos indígenas na massa da população. "Não podemos criar privilégios", declarou em Cuiabá em 2015. "Temos uma área maior que a região Sudeste demarcada para índios e os índios devem ser integrados a nós [...]. Estamos perdendo toda a região Norte para pessoas que não querem se inteirar do risco que estamos tendo de ter presidentes índios com borduna nas mãos." O resultado, alegou, é "prejuízo para o agronegócio" e outros setores comerciais.[3]

Então qual é a conclusão que tiramos? É verdade que o Brasil não precisa mais recear que seus povos indígenas desapareçam completamente, como parecia possível apenas meio século atrás. De 200 mil em 1970, a população indígena brasileira aumentou para mais de 1 milhão em 2010, e continua a crescer. Uma pequena parte desse crescimento talvez se deva a alguns indivíduos mestiços e pobres que reivindicam o status oficial de "índio" para tentar obter os parcos benefícios oficiais concedidos aos povos indígenas. Mas a maior parte do crescimento é resultado direto da retomada de posições ou políticas indigenistas que Rondon tentou implementar, com destaque para a assistência médica e o reconhecimento formal, na Constituição de 1988, do direito de viver como querem em terras que lhes pertencem e que não podem ser tomadas.

Rondon sem dúvida teria gostado das cláusulas que abandonavam explicitamente uma perspectiva de assimilação e ainda reconheciam o direito do índio à terra como "originários" dela, precedendo até a existência de um Estado brasileiro. E acho que é justo dizer que teria ficado empolgado em ver o surgimento de um novo tipo de liderança indígena, tão confortável quanto ele de transitar entre dois mundos. Isso inclui não apenas figuras conhecidas como Mário Juruna, Xavante de Mato Grosso que se tornou o primeiro e único índio eleito para o Congresso brasileiro, ou intelectuais e escritores como Marcos Terena e o Yanomami Davi Kopenawa, ou ainda mestres da publicidade midiática como o líder Kaiapó Raoni Metuktire, também mato-grossense. A essa lista não podemos deixar de acrescentar a índia Joênia Wapichana, primeira advogada indígena do Brasil, nascida em 1974, que atuou na demarcação da reserva Raposa Serra do Sol perante o Supremo Tribunal Federal, obtendo uma importante vitória legal para o povo Wapichana e os demais queixosos, os povos Macuxi, Ingarikó, Patamona e Taurepang. Em outubro de 2018 ela ganhou outra distinção histórica: foi eleita deputada federal por Roraima, a primeira indígena a atingir esse posto.

Porém, sessenta anos após a morte de Rondon, muitas atitudes e políticas que ele combateu permanecem profundamente arraigadas (como demonstra a tentativa de implementar o cínico conceito de "marco temporal"). Mas pergunto: isso representa uma falha por parte de Rondon? Podemos talvez criticá-lo por ter sido excessivamente idealista, por ter sido ingênuo a ponto de acreditar que seus esforços pudessem de algum modo ajudar a "transformar a Terra em Paraíso". Mas Rondon não decepcionou o Brasil. A bem da verdade, foi o contrário: gerações subsequentes de líderes fracassaram em viver à altura dos ideais que ele abraçou e sobretudo dos elevados parâmetros de conduta estabelecidos por ele. Darcy Ribeiro pode ter exagerado um pouco quando descreveu Rondon como "a mais rica, a mais coerente, a mais enérgica e a mais generosa personalidade jamais criada pelo povo brasileiro".[4] Mas não errou feio: Rondon foi inquestionavelmente um grande homem, um dos maiores brasileiros de todos os tempos, e hoje, mais do que nunca, o país necessita desesperadamente de outros líderes como ele.

"A vida de Rondon é um conforto para todo brasileiro que ande descrente de sua terra", afirmou o poeta Manuel Bandeira na semana em que Rondon faleceu. "Ela mostra que nem tudo é cafajestada nestes nossos 8 milhões de quilômetros quadrados."[5]

Agradecimentos

Este projeto contou com a ajuda e o apoio de muitas pessoas e instituições, no Brasil e nos Estados Unidos. Vou começar meus agradecimentos no Brasil, com meu compadre Leonardo Haefeli e a sua esposa, Ana Parrini. Durante anos e anos eu sempre dizia que pretendia escrever uma biografia de Rondon "algum dia" e Leonardo ficou me cobrando, também durante anos — chegando a me presentear com um exemplar de *Rondon conta sua vida* num certo Natal para impulsionar o processo. E quando mergulhei no projeto para valer, o casal Leonardo e Ana me deu abrigo durante minhas visitas ao Brasil, e carinho e feedback instantâneo às minhas pesquisas.

Muitos outros da família Haefeli também me incentivaram e me apoiaram, não apenas neste projeto, mas durante os 46 anos de minha convivência com o Brasil. Muitíssimo obrigado, então, a Mônica Haefeli, que também me abrigou em vários momentos-chave do projeto, e a Luciana Haefeli e Fred Benedini Moura. Uma lembrança afetuosa para as matriarcas da família: a finada Tia Eucléa, a Tia Lucie e especialmente a minha querida sogra, Anna Maria Haefeli Amaral. E não quero esquecer meus "sobrinhos" brasileiros, fontes eternas de carinho e brincadeiras: meu afilhado Raphael, Paula, Vítor, Lorena, Priscilla, Yan, Theo e Cloe. Finalmente, agradeço pelas dicas valiosas do ornitólogo Ricardo Parrini sobre a geografia do Mato Grosso, a tecnologia da exploração e os pássaros do Brasil.

Fora do âmbito familiar, devo muito a dois colegas jornalistas, Rosental Calmon Alves e Paulo Sotero. Amigos de longa data, eles ficaram empolgados com o meu Projeto Rondon desde o momento em que falei dele pela primeira vez, e escreveram cartas de recomendação dirigidas a organismos americanos que não tinham a menor ideia de quem era Rondon, explicando a importância dele. Minha agente literária no Brasil,

Lucia Riff, também percebeu imediatamente o valor e a relevância de uma biografia de Rondon, e me encorajou desde o princípio. Agradeço muito por seus conselhos sábios e tranquilizantes.

Do lado institucional brasileiro, sempre fui bem acolhido — ninguém em nenhum momento estranhou a ousadia de um estrangeiro querer escrever uma biografia de um ícone da brasilidade, mais uma prova do apreço dos brasileiros, militares e civis, para com o nome e a figura de Rondon. No Arquivo Histórico do Exército, fui cordialmente atendido pelo major Alcemar Ferreira Júnior, o capitão Celso Pereira Soares e o subtenente Álvaro Alves; na Biblioteca do Exército, o chefe do setor, major Wagner Alcides de Souza, proporcionou boas dicas. No Museu do Exército, o major João Rogério de Souza Armada e a tenente Cristiane Monteiro facilitaram meu trabalho. No Espaço Cultural Marechal Rondon em Santo Ângelo, RS, o tenente-coronel André Luiz dos Santos Franco abriu as portas, e o sargento José Apolinário dos Santos fez tudo para ajudar as minhas pesquisas.

Na terra natal de Rondon, também fui recebido com braços abertos. No Arquivo Público do Mato Grosso, em Cuiabá, o gerente Waltemberg Santos me guiou pelos vários acervos e fez sugestões sobre linhas de pesquisa. No Instituto Histórico e Geográfico do Mato Grosso, a estagiária Maria Luiza Marconi foi especialmente generosa com seu tempo. Em São Paulo, Alexandre Miyazoto, da Cinemateca Brasileira, garantiu meu acesso a todos os filmes de Luiz Thomaz Reis e toda a documentação do trabalho dele, e no Memorial Darcy Ribeiro, em Brasília, o conhecimento da arquivista Margareth Barbosa levou a descobertas inesperadas.

Voltando ao Rio de Janeiro, o historiador do Museu Casa Benjamin Constant, Marcos Felipe de Brum Lopes, também me dirigiu a fontes que não estavam na minha lista inicial de pesquisa. No Museu do Índio, onde é fácil se perder na vasta documentação da vida de Rondon e a história do SPI, Rodrigo Piquet Saboia de Mello facilitou minha vida com sugestões oportunas. No Museu Nacional, o historiador Gustavo Alves Cardoso Moreira guiou minhas pesquisas e fez perguntas intrigantes sobre Rondon e sua turma, enquanto na biblioteca fui cordialmente ajudado pela bibliotecária Dulce Maranha Paes de Carvalho e seus auxiliares: Adriana Ornellas, Fernando Henrique de Almeida Lima e Márcio Nunes de Miranda.

No CPDOC da Fundação Getulio Vargas, Nixon Marques assumiu um papel semelhante. Na Academia Brasileira de Letras, desfrutei de um ambiente ideal para pesquisar, com a ajuda da turma toda do setor de acervos e das bibliotecas Rodolfo Garcia e Lúcio de Mendonça. E na Associação dos Amigos do Templo da Humanidade, Luiz Edmundo Horta Barbosa da Costa Leite e Virginia Rigot-Müller me deram uma orientação detalhada sobre a história da Igreja Positivista do Brasil, suas crenças, e o papel da família Horta Barbosa no positivismo e na Comissão Rondon. Tomara que a campanha deles para restaurar o templo, lugar importante na história do Brasil, tenha sucesso.

Claro que essas pesquisas todas não teriam dado resultado nenhum sem os esforços dos meus editores na Companhia das Letras, Daniela Duarte e Marcelo Ferroni. Eles me guiaram por uma selva amazônica de palavras e ideias, abrindo clareiras que nem os batedores de Rondon. Muito obrigado, gente.

Nos Estados Unidos, minha principal dívida é com o Cullman Center for Scholars and Writers, onde tive a sorte de ganhar uma bolsa para o ano letivo de 2015-6. O Cullman Center — além de legitimar a ideia de uma biografia de um explorador quase desconhecido no mundo de língua inglesa — ofereceu um ambiente perfeito para ler, pensar e escrever sobre Rondon, com acesso pleno aos ricos acervos da Biblioteca Pública de Nova York. Muito obrigado à então diretora Jean Strouse e seu staff: Lauren Goldenberg, Paul Delaverdac e Julia Pagnamenta, e aos catorze colegas bolsistas. Todos eles me ajudaram de uma forma ou de outra.

Sempre gostei de bibliotecas e de bibliotecários, mas no decorrer deste projeto minha admiração aumentou ainda mais. Sobre o relacionamento Roosevelt-Rondon, colhi os frutos do amplo conhecimento de Heather Cole, da Biblioteca Houghton, da Universidade Harvard, e de Mai Reitmeyer, da biblioteca e dos arquivos do American Museum of Natural History. Na biblioteca da Universidade Brown, a ajuda da curadora da Brasiliana Collection, Patrícia Figueroa, foi fundamental para conseguir acesso aos mais de trezentos panfletos e relatórios anuais da Igreja Positivista do Brasil. E na Biblioteca Pública de Nova York, Rebecca Federman, Melanie Locay e Rhonda Evans foram sempre atenciosas, mesmo com meus pedidos para os mais recônditos documentos e livros.

Finalmente, quero agradecer com todo o coração à minha esposa, Clotilde Haefeli Amaral. Como sempre, ela fez observações astutas, críticas pertinentes e sugestões úteis sobre um projeto meu em andamento, dando, ao mesmo tempo, seu apoio irrestrito. Também foi fundamental sua paciência: durante quatro anos, Rondon tem dominado não apenas minhas horas de trabalho e meus pensamentos, mas as nossas conversas cotidianas, e a curiosidade dela em querer saber mais e mais sobre Rondon foi contagiosa, um verdadeiro sustento quando parecia que não havia luz no fim do túnel.

Notas

EPÍGRAFE [p. 9]

1. Trecho de texto de Rachel de Queiroz depois publicado à guisa de apresentação no livro: Esther de Viveiros, *Rondon conta sua vida*. Rio de Janeiro: Livraria São José, 1957.

2. Henry David Thoreau, "Walking". In: *Walden and Other Writings*. Nova York: Random House, 2000. Tradução livre.

APRESENTAÇÃO [pp. 17-25]

1. Theodore Roosevelt, *Through the Brazilian Wilderness*. Nova York: Charles Scribner's Sons, 1914, pp. 158-9. Tradução livre.

2. Azevedo e Neiva citado em Ivan Lins, *História do positivismo no Brasil*. São Paulo: Companhia Editora Nacional, 1964, p. 652.

3. Ver Léopold Boissier, "La Croix-Rouge et l'assistance aux détenus politiques". *Politique Étrangère*, Paris, Centre d'Études de Politique Étrangère, v. 23, n. 1, 1958, p. 24.

4. A frase "The only good Indian is a dead Indian" é atribuída ao general Philip H. Sheridan (1831-88).

5. A First Transcontinental Railroad ou Pacific Railroad, como ficou conhecida, começou a ser construída em 1862 e entrou em funcionamento em maio de 1869, sendo responsável pela conexão entre as costas do oceano Pacífico com o Atlântico. Além de um incrível trabalho de engenharia, considerado um feito tecnológico do século XIX, esse empreendimento revolucionou o sistema de transportes, tendo enorme impacto na economia norte-americana.

6. Algot Lange, *The Lower Amazon: A Narrative of Explorations in the Little Known Regions of the State of Pará on the Lower Amazon*. Nova York: G. P. Putnam's Sons, 1914, p. 403. Tradução livre.

7. Robert Churchward, *Wilderness of Fools: An Account of the Adventures in Search of Lieut. Colonel P. H. Fawcett*. Londres: George Routledge & Sons, 1936, p. 33. Tradução livre.

8. Henri Badet, *Rondon: Charmeur d'indiens*. Paris: Nouvelles Éditions Latines, 1951, p. 110. Tradução livre.

9. Apelido de são Francisco de Assis.

10. Trechos do credo positivista de Rondon (cf. Esther de Viveiros, op. cit., pp. 9-10).

1. ALÉM DO FIM DO MUNDO [pp. 29-46]

1. Ver Lylia da Silva Guedes Galetti, *Sertão, fronteira, Brasil: Imagens de Mato Grosso no mapa da civilização*. Cuiabá: Entrelinhas/EDUFMT, 2012, especialmente capítulos 6 e 8, e da mesma autora "Mato Grosso: O estigma da barbárie e a identidade regional", *História*, Brasília, v. 3, n. 2, 1995, pp. 48-81. Disponível em: <periodicos.unb.br/index.php/textos/article/viewFile/5776/4786>. Acesso em: 21 set. 2018.

2. William Lewis Herndon, *Exploration of the Valley of the Amazon 1851-2*. Nova York: Grove Press, 2000, pp. xviii e 311. Tradução livre.

3. Karl von den Steinen, *O Brasil Central: Expedição em 1884 para a exploração do rio Xingu*. São Paulo: Companhia Editora Nacional, 1942, pp. 56-7.

4. Ibid., p. 46.

5. Esther de Viveiros, op. cit., p. 24.

6. Ibid., p. 27.

7. Ibid.

8. Ibid.

9. Percy H. Fawcett, *Lost Trails, Lost Cities: From his Manuscripts, Letters, and Other Records*. Seleção e organização de Brian Fawcett, Nova York: Funk & Wagnalls, 1953. Tradução livre.

10. Luiz Marcigaglia, *Os salesianos no Brasil*. São Paulo: Escolas Profissionais Salesianas, 1955, p. 53.

11. "Mato Grosso, cujo nome remete à ideia de uma selva densa e volumosa, já no século XIX aparecia como representação de uma Sibéria brasileira, uma imagem que alguns anos depois seria 'herdada' pelo Acre [...]. O jornal *O Povo*, de Cuiabá, mantinha em fins da década de 1870 uma coluna intitulada 'Ecos da Sibéria'. Ou seja, de forma endógena também havia a apropriação de tal imagem para mostrar o isolamento da província distante em relação à metrópole e capital litorânea." Francisco Bento da Silva, *Acre, a "pátria dos proscritos": Prisões e desterros para as regiões do Acre em 1904 e 1910*. Curitiba: Universidade Federal do Paraná, 2010. Tese (Doutorado em História), pp. 234-5.

12. Charles Wagley, *Amazon Town: A Study of Man in the Tropics*. Nova York: A. Knopf, 1964, pp. 30, 109, respectivamente. Tradução livre.

13. Lylia da Silva Guedes Galetti, op. cit., p. 91.

14. Ibid., p. 12.

15. Ibid., p. 203. Grifos do original.

16. Esther de Viveiros, op. cit., p. 28.

17. Ibid., p. 29.

18. Ibid.

19. Amílcar Armando Botelho de Magalhães, *Rondon: Uma relíquia da pátria*. Curitiba: Guaíra, 1942.

20. Esther de Viveiros, op. cit., p. 28.

21. Ibid., p. 28.

22. Ibid.

23. Ibid., p. 30.

24. Ibid.

25. Ibid., p. 31.

2. O "BICHO PELUDO" NA CIDADE IMPERIAL [pp. 47-63]

1. A lei n. 581, de 4 set. 1850, chamada "Lei Eusébio de Queirós", foi uma reedição da Lei Feijó, de 1831.

2. Lei n. 3270, também conhecida como Lei dos Sexagenários ou Lei Saraiva-Cotegipe, promulgada em 28 set. 1885.

3. Carta disponível no site do Clube Militar: <clubemilitar.com.br/nossa-historia/abolicao-1888/>. Acesso em: 24 set. 2018.

4. Esther de Viveiros, op. cit., 2010, p. 33.

5. Lúcia Maria Bastos Pereira das Neves, Humberto Fernandes Machado, *O Império do Brasil*. Rio de Janeiro: Nova Fronteira, 1999.

6. Esther de Viveiros, op. cit., p. 33.

7. Ibid.

8. Amílcar Armando Botelho de Magalhães, *Rondon: Uma relíquia da pátria*. Curitiba: Guaíra, 1942, p. 19.

9. Esther de Viveiros, op. cit., p. 32.

10. Ibid., p. 34.

11. Amílcar Armando Botelho de Magalhães, op. cit., p. 19.

12. Afonso Monteiro, "Reminiscências da Escola Militar da Praia Vermelha". In: Francisco de Paula Cidade, *Cadetes e alunos militares através dos tempos (1878-1932)*. Rio de Janeiro: Biblioteca do Exército, 1961, p. 50.

13. Ibid., p. 50.

14. Ibid.

15. Ibid.

16. Esther de Viveiros, op. cit., p. 35.

17. Amílcar Armando Botelho de Magalhães, op. cit., p. 20.

18. Afonso Monteiro, op. cit., p. 52.

19. Ibid., p. 59.

20. Ibid.

21. Ibid.

22. Ibid., p. 53.

23. Ibid., p. 54.

24. Ibid., p. 51.

25. Lobo Vianna, "Reminiscências da lendária Escola Militar da Praia Vermelha". In: Francisco de Paula Cidade, op. cit., p. 78.

26. Ibid., p. 64.

27. Ibid., p. 72.

28. Susanna B. Hecht, *The Scramble for the Amazon and the "Lost Paradise" of Euclides da Cunha*. Chicago: University of Chicago Press, 2013. Tradução livre.

29. Afonso Monteiro, op. cit., p. 57.

30. Esther de Viveiros, op. cit., p. 37.

31. Ibid.

32. Citações do parágrafo em ibid., pp. 38-9.

33. Citações do parágrafo em ibid., p. 39.

34. Ibid.

35. *Revista da Família Academica*, Rio de Janeiro, n. 1, nov. 1887, p. 2.

36. Ibid., pp. 2-3.

37. Citações do parágrafo em Esther de Viveiros, op. cit., p. 42.

38. Citações do parágrafo em ibid., p. 43.

39. Ibid.

3. A REPÚBLICA [pp. 64-78]

1. Auguste Comte citado em Henri Dussauze (Org.), *The Gospel of Maternal Love*. Newcastle-on-Tyne: Hedson, 1910, p. 42. Tradução livre.

2. Auguste Comte, *Curso de filosofia positiva*. São Paulo: Nova Cultural, 1983.

3. Id., *A General View of Positivism*. Nova York: E. P. Dutton, 1907, p. i. Tradução livre.

4. Andrew Wernick, *Auguste Comte and the Religion of Humanity: The Post-Theistic Program of French Social Theory*. Cambridge: Cambridge University Press, 2005, p. 1. Tradução livre.

5. José Murilo de Carvalho, "A ortodoxia positivista no Brasil: Um bolchevismo de classe média". In: Hélgio Trindade (Org.), *O positivismo: Teoria e prática*. Porto Alegre: Editora da UFRGS, 2007, pp. 179-92.

6. Arthur de Gobineau citado em Thomas E. Skidmore, *Preto no branco: Raça e nacionalidade no pensamento brasileiro*. São Paulo: Companhia das Letras, 2012, p. 70.

7. Citado em: Renato Lemos, *Benjamin Constant: Vida e história*. Rio de Janeiro: Topbooks, 1999, p. 485.

8. Auguste Comte, *System of Positive Polity*. Londres: Longmans, Green and Co., 1877, p. 346. Tradução livre.

9. João Cruz Costa, "O pensamento brasileiro sob o Império", In: Sérgio Buarque de Holanda (Org.), *História geral da civilização brasileira*. São Paulo: Difusão Europeia do Livro, 1969, v. 2, p. 335.

10. Todd A. Diacon, "Cândido Mariano da Silva Rondon: One Man's Search for The Brazilian Nation". In: Peter M. Beattie, *The Human Tradition in Modern Brazil*. Wilmington: SR Books, 2004, p. 113. Tradução livre.

11. Esther de Viveiros, op. cit., p. 88.

12. Augusto Tasso Fragoso, "Revolvendo o passado", *Jornal do Commercio*, Rio de Janeiro, 3 mar. 1940, p. 5.

13. Esther de Viveiros, op. cit., p. 45.

14. Ibid., p. 44.

15. Ibid., p. 45.

16. Augusto Tasso Fragoso, op. cit.

17. Ibid.

18. Esther de Viveiros, op. cit., p. 48.

19. *O Estado*, Niterói, 15 nov. 1939, citado em Renato Lemos, *Benjamin Constant: Vida e história*. Rio de Janeiro: Topbooks, 1999, p. 305.

20. Citados em Laurentino Gomes, *1889*. São Paulo: Globo, 2013, p. 263.

21. Ibid.

22. Esther de Viveiros, op. cit., p. 49.

23. Citações do parágrafo de texto do site do Clube Militar. Disponível em: <clubemilitar.com.br/nossa-historia/republica-1889/>. Acesso em: 12 out. 2018.

24. Carta de Deodoro a Clodoaldo da Fonseca, 30 de setembro de 1889, citada em: Ivan Monteiro de Barros Lins, *Benjamin Constant*. Rio de Janeiro: J. R. de Oliveira, 1936, p. 71.

25. Em documento de 11 nov. 1889 intitulado "Pacto de sangue", do acervo do Museu Casa de Benjamin Constant.

26. Esther de Viveiros, op. cit., p. 51.

27. Ibid., p. 52.

28. Citações do parágrafo em ibid., p. 53.

29. Ibid.

30. Citado em Affonso Celso de Assis Figueiredo, *O visconde de Ouro Preto: Excertos biográficos*. Porto Alegre: Globo, 1936.

31. Esther de Viveiros, op. cit., p. 55.

32. Ibid., p. 57.

4. "ALI COMEÇA O SERTÃO CHAMADO BRUTO" [pp. 81-98]

1. "Síntese da fé de ofício do Marechal do Exército Cândido Mariano da Silva Rondon", Arquivo Histórico do Exército, grupo II, gaveta 16, documento 27, folha 1.

2. "Notinhas biográficas sobre a saudosa esposa do general Rondon, a exma. sra. Francisca Xavier Rondon (dona Chiquita Rondon), segundo a fala ritual do Apostolado Positivista do Brasil", Arquivo do Museu Benjamin Constant, pasta Amílcar Armando Botelho de Magalhães.

3. Esther de Viveiros, op. cit., p. 40.

4. Citações do parágrafo em ibid., p. 40.

5. Ibid., pp. 60-1.

6. Citações do parágrafo em ibid., p. 68.

7. Citações do parágrafo em ibid., p. 64.

8. Alfredo d'Escragnole Taunay, *Inocência*. São Paulo: Ática, 1986, p. 9.

9. Esther de Viveiros, op. cit., p. 75.

10. Ibid.

11. Ibid., p. 84.

12. Ibid.

13. Ibid.

14. Citações do parágrafo em Peter M. Beattie, *The Tribute of Blood: Army, Honor, Race, and Nation in Brazil, 1864-1945*. Durham: Duke University Press, 2001, p. 136. Tradução livre.

15. Esther de Viveiros, op. cit., p. 127.

16. Do Código Penal Militar.

17. Amílcar Armando Botelho de Magalhães, op. cit., p. 40.

18. Citações do parágrafo em Esther de Viveiros, op. cit., p. 93.

19. Ibid., p. 63.

20. Ibid.

21. "Síntese da fé de ofício do Marechal do Exército Cândido Mariano da Silva Rondon", Arquivo Histórico do Exército, grupo II, gaveta 16, documento 27, folha 3.

22. Esther de Viveiros, op. cit., p. 61.

23. Hastínfilo de Moura citado em Augusto Tasso Fragoso, op. cit.

24. Esther de Viveiros, op. cit., p. 61.

25. Ibid.

26. Ibid., pp. 61-2.

27. Ibid., p. 62.

28. Ibid., p. 94.

29. Ibid., p. 92.

30. Joaquim Murtinho citado em Simon Schwartzman, *Formação da comunidade científica no Brasil*. São Paulo: Companhia Editora Nacional/Finep, 1979, p. 23.

31. Citações do parágrafo em Simon Schwartzman, *Um espaço para a ciência: A formação da comunidade científica no Brasil*. Brasília: MCT, 2001, pp. 70-1.

32. Ivan Monteiro de Barros Lins, *História do positivismo no Brasil*. Brasília: Edições do Senado Federal, 2009, pp. 55-6.

33. Simon Schwartzman, op. cit., pp. 97-8.

34. Esther de Viveiros, op. cit., p. 95.

35. Ibid., p. 94.

5. TRABALHOS PENOSOS E OBEDIÊNCIA FORÇADA [pp. 99-116]

1. Adelar Heinsfeld, *Fronteira Brasil/Argentina: A questão de Palmas*. Passo Fundo: Méritos, 2007.

2. Citações do parágrafo em Esther de Viveiros, op. cit., p. 105.

3. Ibid.

4. Ibid., p. 106.

5. Ibid.

6. Ibid.

7. Ibid.

8. Ibid., p. 107.

9. Ibid.

10. Ibid., p. 108.

11. Ibid., p. 109.

12. Citações do parágrafo em ibid., p. 108.

13. Citações do parágrafo em ibid., p. 109.

14. Ibid.

15. Ordem do dia n. 694 de 1895, p. 1089. Arquivo Histórico do Exército.

16. Ibid., p. 159.

17. Esther de Viveiros, op. cit., p. 109.

18. Auguste Comte, "Social Physics" (Livro VI do *Cours de philosophie positive, 1830-42*)". In: Gertrud Lenzer (Org.), *Auguste Comte and Positivism: The Essential Writings*. Nova York: Harper Torchbooks, 1975, p. 197. Em inglês, a frase é "No real order can be established, still less can it endure, without progress, and no great progress can be accomplished if it does not tend to the consolidation of order", mas a tradução do francês para o português cortou e simplificou o trecho.

19. Olaf Simons, "The Religion of Humanity", 2016. Disponível em: <positivists.org/blog/religion--of-positivism>. Acesso em: 30 set. 2018.

20. Ver Teixeira Mendes, "A liberdade espiritual e a secularização dos cemitérios". *Série da Igreja Positivista*, Rio de Janeiro, n. 49, 1887.

21. Esther de Viveiros, op. cit., p. 111.

22. Ibid., p. 112.

23. Ibid.

24. Ibid.

25. Ibid.

26. Euclides da Cunha, *Os sertões*. São Paulo: Ateliê Editorial, 2001, p. 67.

27. Esther de Viveiros, op. cit., p. 113.

28. Ibid.

29. Donald F. O'Reilly, *Rondon: Biography of a Brazilian Republican Army Commander*. Universidade de Nova York, 1969. Tese (Doutorado), p. 66. Tradução livre.

30. Miguel Lemos e Raimundo Teixeira Mendes, "Nossa iniciação no positivismo". In: Ivan Monteiro de Barros Lins, *Benjamin Constant*. Rio de Janeiro: J. R. de Oliveira, 1936, p. 501.

31. Ivan Monteiro de Barros Lins, op. cit., p. 501.

32. Euclides da Cunha citado em Ivan Monteiro de Barros Lins, op. cit., p. 503.

33. Ivan Monteiro de Barros Lins, op. cit., p. 503.

6. ARTIGO 44, PARÁGRAFO 32 [pp. 117-30]

1. Cândido Mariano da Silva Rondon, *Relatório dos trabalhos realizados de 1900-1906*. Rio de Janeiro: Departamento de Imprensa Nacional, 1949, p. 30.

2. Donald F. O'Reilly, op. cit., p. 66. Tradução livre.

3. Campos Sales citado em Raymundo Faoro, *Os donos do poder*. São Paulo: Globo, 2012, p. 529.

4. Esther de Viveiros, op. cit., p. 120.

5. Ibid.

6. Ibid., p. 121.

7. Ibid., p. 124.

8. Ibid., p. 125.

9. Ibid., p. 126.

10. Citações do parágrafo em ibid., p. 127.

11. Ibid., p. 128.

12. "Síntese da fé de ofício do Marechal do Exército Cândido Mariano da Silva Rondon", Arquivo Histórico do Exército, grupo II, gaveta 16, documento 27, folha 6.

13. Donald F. O'Reilly citando entrevista com Hildebrando Horta Barbosa (*Rondon: Biography of a Brazilian Republican Army Commander*, op. cit., p. 76. Tradução livre).

14. Esther de Viveiros, op. cit., p. 139.

15. Ibid., p. 140.

16. Ibid., p. 29.

17. Donald F. O'Reilly, op. cit., p. 79. Tradução livre.

18. Foi Botelho de Magalhães, em *Impressões da Comissão Rondon* (Porto Alegre, Globo: 1929), quem sugeriu, ainda que veladamente, que Mariquinha fora violentada.

19. Esther de Viveiros, op. cit., p. 202.

20. Ibid., p. 201.

21. Ibid., p. 203.

7. "CORRIGINDO O MUNDO" [pp. 131-47]

1. Esther de Viveiros, op. cit., p. 219.
2. Ibid., p. 218.
3. Ibid., p. 219.
4. Ibid.
5. Ibid.
6. Ibid.
7. Ibid., p. 22.
8. Maria Fátima R. Machado, *Índios de Rondon: Rondon e as linhas telegráficas na visão dos sobreviventes Wáimare e Kaxíniti, grupos Paresí*. Museu Nacional (UFRJ), Rio de Janeiro, 1994. Tese (Doutorado em Antropologia Social), p. 53.
9. Ibid., p. 52.
10. Antônio Pires de Campos na *Revista do Instituto Histórico e Geográfico Brasileiro*, t. 25, 1862, p. 443, citada em: Karl von den Steinen, *Entre os aborígenes do Brasil Central*. São Paulo: Departamento de Cultura, 1940, p. 540.
11. Citações do parágrafo em Karl von den Steinen, *Entre os aborígenes do Brasil Central*, 1940, p. 540.
12. Citações do parágrafo em ibid., p. 542.
13. Maria Fátima R. Machado, op. cit., p. 103.
14. Citações do parágrafo em ibid., pp. 83-4.
15. Ibid., p. 84.
16. Esther de Viveiros, op. cit., p. 227.
17. Ibid.
18. Ibid., p. 228.
19. Ibid., p. 229.
20. Ibid., p. 230.
21. Ibid.
22. Ibid.
23. Ibid., p. 231.
24. Citações do parágrafo em ibid., p. 231.
25. Tanto a flecha quanto a bandoleira estão expostas hoje no Espaço Cultural Marechal Rondon, em Santo Ângelo (RS).
26. Citações do parágrafo em Esther de Viveiros, op. cit., p. 232.
27. Ibid., p. 234.
28. Ibid.
29. Cf. verbete "Nambikwara" no site *Povos Indígenas no Brasil*, do ISA (Instituto Socioambiental). Disponível em: <pib.socioambiental.org/pt/Povo:Nambikwara>. Acesso em: 5 set. 2018.
30. Karl von den Steinen, *O Brasil Central: Expedição em 1884 para a exploração do rio Xingu*. São Paulo: Companhia Editora Nacional, 1942, p. 173.
31. Esther de Viveiros, op. cit., p. 244.
32. Ibid., p. 245.
33. Ibid.
34. Ibid., p. 248.
35. Citações do parágrafo em ibid., p. 249.

36. Ibid., p. 251.

37. Ibid., p. 252.

38. Ibid.

39. Ibid., p. 256.

40. Ibid.

41. Ibid.

42. Ibid., p. 257.

8. "VOLTO IMEDIATAMENTE, PELO OUTRO LADO" [pp. 148-65]

1. Frank D. McCann, *Soldiers of the Pátria: A History of the Brazilian Army, 1889-1937*. Palo Alto: Stanford University Press, 2003. Tradução livre.

2. Edilberto Coutinho, *Rondon: O civilizador da última fronteira*. Rio de Janeiro: Civilização Brasileira, 1975, pp. 65-6.

3. Lima Barreto na coluna "Marginália" ("O nosso caboclismo", *Careta*, Rio de Janeiro, n. 590, 11 out. 1919, [s.p.]).

4. Citações do parágrafo em Cândido Mariano da Silva Rondon, *Missão Rondon: Apontamentos sobre os trabalhos realizados pela Comissão de Linhas Telegráficas Estratégicas de Mato Grosso ao Amazonas, sob a direção do coronel de engenharia Cândido Mariano da Silva Rondon, de 1907 a 1915*. Brasília: Senado Federal, 2003, p. 100.

5. Segundo o general Francisco Jaguaribe de Mattos, em Donald F. O'Reilly, op. cit., 1969, p. 116. Tradução livre.

6. Ibid.

7. Esther de Viveiros, op. cit., p. 274.

8. Ibid., p. 275.

9. Segundo o general Francisco Jaguaribe de Matos em Donald F. O'Reilly, op. cit., p. 118. Tradução livre.

10. Amílcar Armando Botelho de Magalhães em Donald F. O'Reilly, op. cit., p. 119. Tradução livre.

11. Esther de Viveiros, op. cit., p. 277.

12. Ibid.

13. Ibid., p. 283.

14. Ibid., p. 284; Amílcar Armando Botelho de Magalhães, *Pelos Sertões do Brasil*. Rio de Janeiro: Companhia Editora Nacional, 1941, pp. 317-8.

15. Esther de Viveiros, op. cit., pp. 284-5.

16. Donald F. O'Reilly, op. cit., pp. 123-4. Tradução livre.

17. Esther de Viveiros, op. cit., p. 290.

18. Manoel Theophilo da Costa Pinheiro, *Exploração do rio Jaci-Paraná*. Rio de Janeiro: Departamento de Imprensa Nacional, 1949, publicação n. 5 da Comissão de Linhas Telegráficas Estratégicas de Mato Grosso ao Amazonas (Comissão Rondon), anexo n. 2, pp. 174-5 (elipses no original).

19. Ibid., p. 177.

20. Esther de Viveiros, op. cit., p. 291.

21. Ibid., p. 309.

22. Citações do parágrafo em ibid., p. 293.

23. Ibid., p. 301.

9. COM PRESENTES, PACIÊNCIA E BONS MODOS [pp. 166-84]

1. Claude Lévi-Strauss, *Saudades do Brasil*. São Paulo: Companhia das Letras, 1994, p. 22.

2. Jules Henry, *Jungle People: A Kaingáng Tribe of the Highlands of Brazil*. Richmond: J. J. Augustin, 1941, p. 55. Tradução livre.

3. Hermann von Ihering, "A antropologia do estado de São Paulo". *Revista do Museu Paulista*, São Paulo, v. VII, 1907, p. 215.

4. Luís Bueno Horta Barbosa, "Em defesa dos indígenas brasileiros". *Jornal do Commercio*, Rio de Janeiro, 11 nov. 1908, p. 12.

5. Hermann von Ihering, "A questão dos índios no Brasil", *Revista do Museu Paulista*, São Paulo: Typographia do Diario Official, v. VIII, 1911, pp. 113 e 125.

6. Ibid., pp. 126-7.

7. Ibid., pp. 125-6.

8. Ibid., p. 125.

9. Ibid., p. 126.

10. Ibid., p. 215.

11. Ernest Marsh, "The Salesian Society". In: *The Catholic Encyclopedia*. Nova York, Robert Appleton, 1912. Tradução livre.

12. Sylvia Caiuby Novaes, *The Play of Mirrors: The Representation of Self Mirrored in the Other*. Austin: University of Texas Press, 1993, p. 70. Tradução livre.

13. Dos diários de Giovanni Balzola citados em ibid., p. 71. Tradução livre.

14. Citações do parágrafo em Alipio Bandeira, *A mistificação salesiana*. Rio de Janeiro: Litho-Typo Fluminense, 1923, p. 2.

15. Hermann von Ihering, "A questão dos índios no Brasil", art. cit., p. 125.

16. Citações do parágrafo em Angus Mitchell (Org.), *The Amazon Journal of Roger Casement*. Londres: Anaconda, 1997, p. 71. Tradução livre.

17. Angus Mitchell, *Roger Casement in Brazil: Rubber, the Amazon and the Atlantic World 1884-1916*. São Paulo: Humanitas, 2010.

18. Citações do parágrafo em José Bonifácio de Andrada e Silva, *Apontamentos para a civilização dos índios bravos do Império do Brasil*. Rio de Janeiro: Imprensa Nacional, 1823, 12 pp.

19. Luciene P. C. Cardoso, "Notas sobre as origens do Escritório Central da Comissão Rondon no Rio de Janeiro", *Histórica: Revista Eletrônica do Arquivo Público do Estado de São Paulo*, São Paulo, n. 43, ago. 2010, p. 5.

20. Amílcar Armando Botelho de Magalhães, *Pelos sertões do Brasil*. São Paulo: Editora Nacional, 1941, p. 372.

21. Transcrição da carta em Esther de Viveiros, op. cit., p. 333.

22. Transcrição da carta em ibid., p. 332.

23. Ibid., p. 337.

24. Ibid., p. 275.

25. Ibid.

10. A LÍNGUA DE MARIANO [pp. 185-202]

1. Esther de Viveiros, op. cit., p. 338.
2. Ibid.
3. Cândido Mariano da Silva Rondon, *Conferências realizadas em 1910 no Rio de Janeiro e em São Paulo*. Rio de Janeiro: Typographia Leutzinger, 1922, p. 79. Grifo nosso.
4. Ibid., p. 81.
5. Ibid.
6. Ibid., p. 97.
7. Ibid., p. 111.
8. Ibid., p. 105.
9. Ibid., p. 91.
10. Ibid., p. 97.
11. Esther de Viveiros, op. cit., p. 339.
12. Citações do parágrafo em ibid., p. 340.
13. Ibid., pp. 340-1.
14. Citações do parágrafo em ibid., p. 341.
15. Ibid.
16. Citações do parágrafo em ibid.
17. Ibid., p. 342.
18. Ibid., p. 344.
19. Ibid., p. 343.
20. Ibid., p. 344.
21. "Homenagem dos Bororos da catequese salesiana em Mato Grosso ao Exmo. sr. ten. coronel dr. Cândido M. da S. Rondon", 31 ago. 1911. Arquivos do Museu Nacional, Pasta Rondon, p. 2.
22. Edgard Roquette-Pinto, *Rondônia*. São Paulo: Companhia Editora Nacional, 1935, p. 60.
23. Susanna B. Hecht, *The Scramble for the Amazon and the Lost Paradise of Euclides da Cunha*. Chicago: University of Chicago Press, 2013, p. 396. Tradução livre.
24. José Maria Mayrink, "Engenharia, livros e tragédias", In: "Caderno especial 'Euclides da Cunha, 150 anos'", *O Estado de S. Paulo*, [s.d.] Disponível em: <infograficos.estadao.com.br/especiais/euclides/capitulo-2.php>. Acesso em: 2 out. 2018.
25. Walnice Nogueira Galvão, *Crônica de uma tragédia inesquecível: Autos do processo de Dilermando de Assis, que matou Euclides da Cunha*. Rio de Janeiro: Albatroz, 2007, pp. 101, 140.
26. Susanna B. Hecht, op. cit., p. 479. Tradução livre.
27. As informações sobre os detalhes dos crimes foram retiradas dos respectivos inquéritos oficiais.
28. Declaração do legista Sancho Pinto Ferreira Gomes em ofício disponível no site do governo municipal do Acre.
29. Vasco Mariz, *Villa-Lobos: O homem e a obra*. Rio de Janeiro: Francisco Alves, 2005.
30. David P. Applebly, *Heitor Villa-Lobos: A Life (1887-1959)*. Nova York: Scarecrow, 2002, p. 82.
31. Ibid., p. 25.
32. Esther de Viveiros, op. cit., p. 347.
33. Ibid.
34. Citações do parágrafo em ibid., pp. 347-8.
35. Citações do parágrafo em ibid., p. 348.

36. Ibid.

37. Edgar Roquette-Pinto, *Rondônia*. São Paulo: Companhia Editora Nacional, 1935, p. 296.

38. Esther de Viveiros, op. cit., p. 349.

39. Edgard Roquette-Pinto, op. cit., p. 175.

40. Ibid., p. 296.

41. Citações do parágrafo em Esther de Viveiros, op. cit., p. 349.

42. Telegrama enviado ao presidente Hermes da Fonseca, 23 nov. 1910, citado em: Zachary R. Morgan, *Legacy of the Lash: Race and Corporal Punishment in the Brazilian Navy and the Atlantic World Bloomington*. Indiana: Indiana University Press, 2014, p. 220.

43. Ibid.

44. Esther de Viveiros, op. cit., p. 351.

45. Ibid., p. 354.

46. Ibid., p. 355.

47. Ibid., p. 354.

48. Ibid., p. 355.

49. Ibid., p. 217.

50. Ibid., p. 355.

11. "O MAIOR NÚMERO DE DIFICULDADES E IMPREVISTOS" [pp. 203-17]

1. Carta de Theodore Roosevelt a John H. Patterson citada em: Michael R. Canfield, *Theodore Roosevelt in the Field*. Chicago: The University of Chicago Press, 2015, p. 288. Tradução livre.

2. Michael R. Canfield, op. cit., p. 288. Tradução livre.

3. Ibid. Tradução livre.

4. Joseph R. Ornig, *My Last Chance to Be a Boy: Theodore Roosevelt's South American Expedition of 1913-1914*. Baton Rouge: Louisiana State University Press, 1994, p. 29. Tradução livre.

5. Theodore Roosevelt, "A Journey in Central Brazil". *The Geographical Journal*, Londres, v. 45, n. 2, fev. 1915, p. 98. Tradução livre.

6. J. A. Zahm, *Through South America's Southland*. Nova York: D. Appleton, 1916, p. 11. Tradução livre.

7. Citações do parágrafo em Elting E. Morison (Org.), *The Letters of Theodore Roosevelt*. Cambridge: Harvard University Press, 1954, p. 904. Tradução livre.

8. J. A. Zahm, op. cit., p. 14. Tradução livre.

9. Ibid., p. 13. Tradução livre.

10. Elting E. Morison (Org.), *The Letters of Theodore Roosevelt*, 1954. Tradução livre.

11. Citações do parágrafo em Joseph R. Ornig, op. cit., p. 32. Tradução livre.

12. Citações do parágrafo em E. Bradford Burns, *Unwritten Alliance: Rio Branco and Brazilian-American Relations*. Nova York: Columbia University Press, 1966, p. 95. Tradução livre.

13. Francisco Luiz Teixeira Vinhosa (Org.), *Domício da Gama em Washington: Guia de pesquisa*. Rio de Janeiro: Centro de História e Documentação Diplomática, Ministério das Relações Exteriores, 2011. Tradução livre.

14. Itamaraty-Washington, 1913, 234.2.1, Centro de História e Documentação Diplomática do Ministério das Relações Exteriores.

15. Carta de Domício da Gama a João Pandiá Calógeras, 23 de novembro de 1911, Arquivo do Instituto Histórico e Geográfico Brasileiro.

16. Ibid.

17. Esther de Viveiros, op. cit., p. 358.

18. Ibid., p. 357.

19. Leo Miller, *In the Wilds of South America*. Nova York: Charles Scribner's Sons, 1918, p. 194. Tradução livre.

20. Theodore Roosevelt, *Through the Brazilian Wilderness*. Nova York: Charles Scribner & Sons, 1914, p. 9. Tradução livre.

21. Esther de Viveiros, op. cit., p. 362.

22. Theodore Roosevelt, *Through the Brazilian Wilderness*, op. cit., p. 9. Tradução livre.

23. Ibid. Tradução livre.

24. Theodore Roosevelt, "A Journey in Central Brazil". *The Geographical Journal*, v. 45, n. 2, fev. 1915, p. 98. Tradução livre.

25. Carta de Theodore Roosevelt a Frank Chapman, 4 nov. 1913, em Elting E. Morison (Org.), op. cit., p. 754. Tradução livre.

26. Carta de Edith Roosevelt a Ethel Roosevelt Derby, 25 out. 1913, em Joseph R. Ornig, op. cit., p. 51. Tradução livre.

27. Henry Fairfield Osborn, "Theodore Roosevelt, Naturalist". *Natural History*, *The Journal of the American Museum*, Nova York, v. 19, jan. 1919, p. 7. Tradução livre.

28. Frank Chapman, "Introduction". In: Theodore Roosevelt, *Through the Brazilian Wilderness*, op. cit., p. xviii. Tradução livre.

29. Henry Fairfield Osborn, *Impressions of Great Naturalists: Reminiscences of Darwin, Huxley, Balfour, Cope and Others*. Nova York: Charles Scribner's Sons, 1924, p. 180. Tradução livre.

12. DEMISSIONÁRIOS, EXONERADOS E DOIS CORONÉIS [pp. 218-32]

1. Esther de Viveiros, op. cit., p. 359.

2. Ibid.

3. Carta de Frank Harper a Domício da Gama, 1º jul. 1913. Arquivos do Itamaraty, Correspondência da Embaixada em Washington, pasta de 1913. Tradução livre.

4. Carta de Roosevelt a David Gray citada em Edmund Morris, *Colonel Roosevelt*. Nova York: Random House, 2010, p. 64.

5. Citado em Joseph R. Ornig, op. cit., p. 75. Tradução livre.

6. Raimundo Teixeira Mendes, "O militarismo ante a política moderna". *Igreja e Apostolado Positivista do Brasil*. Rio de Janeiro: Templo da Humanidade, n. 246, dez. 1906.

7. Esther de Viveiros, op. cit., pp. 365-6.

8. Ibid., p. 368.

9. Theodore Roosevelt, *Through the Brazilian Wilderness*, op. cit., p. 8. Tradução livre.

10. Joseph R. Ornig, op. cit., p. 88. Tradução livre.

11. Carta de Roosevelt ao filho Kermit em Elting E. Morison (Org.), *The Letters of Theodore Roosevelt*. Cambridge: Harvard University Press, 1954, v. 8 ("The Days of Armageddon 1914-9"), p. 946. Tradução Livre.

12. Arquivo Histórico do Exército, Setor de Pessoal, Fé de Ofício, pasta X-3-9, p. 2.

13. Arquivo Histórico do Itamaraty, lata 928.

14. Arquivo Histórico do Itamaraty, lata 935, maço C 912/914, exp. 17.12.13.

15. Citações do parágrafo em Esther de Viveiros, op. cit., p. 358.

16. Citações do parágrafo em Amílcar Armando Botelho de Magalhães, *Impressões da Comissão Rondon*. Porto Alegre: Globo, 1929, p. 224.

17. Edilberto Coutinho, *Rondon: O civilizador da última fronteira*. Rio de Janeiro: Civilização Brasileira, 1975, pp. 10-1.

18. Citações do parágrafo em Esther de Viveiros, op. cit., p. 368.

19. Ibid., p. 369.

20. Ibid., p. 370.

21. Ibid.

22. Ibid., p. 365.

23. Citações do parágrafo em Amílcar Armando Botelho de Magalhães, *Rondon: Uma relíquia da pátria*. Curitiba, op. cit., p. 245.

24. Ibid.

25. As citações deste e do parágrafo anterior são de telegramas de Rondon a Lauro Müller, [s.d.].

26. As duas citações estão em: Candice Millard, *The River of Doubt: Theodore Roosevelt's Darkest Journey*. Nova York: Broadway, 2005, pp. 103-4. Tradução livre.

27. Coronel Cândido Mariano da Silva Rondon, *Conferências realizadas nos dias 5, 7 e 9 de outubro de 1915 [...] no Theatro Fênix do Rio de Janeiro sobre trabalhos da Expedição Roosevelt e da Comissão Telegráfica*. Rio de Janeiro: Typographia do Jornal do Commercio, 1916, p. 135.

28. Joseph R. Ornig, op. cit., p. 108. Tradução livre.

29. Cândido Mariano da Silva Rondon, op. cit., p. 43.

30. Ibid.

31. Citações do parágrafo em ibid.

32. Citações do parágrafo em Esther de Viveiros, op. cit., p. 378.

33. Edmund Morris, op. cit. Tradução livre.

34. Esther de Viveiros, op. cit., p. 378.

35. Michael R. Canfield, op. cit., foto numa página s.n. Tradução livre.

36. George Kruk Cherrie, *George K. Cherrie's Diary of the Theodore Roosevelt Expedition to Explore the River of Doubt in Brazil, October 1913 to May 1914*. Transcrição de Joseph R. Ornig, nov. 1975, p. 38. Tradução livre.

13. CHUVAS E CAIXAS, CAIXAS E CHUVAS [pp. 233-47]

1. George K. Cherrie, *George K. Cherrie's Diary of the Theodore Roosevelt Expedition to Explore the River of Doubt in Brazil, October 1913 to May 1914*, 1975, p. 38. Tradução livre.

2. Edgard Roquette-Pinto citado em Cândido Mariano da Silva Rondon, "Inquéritos geográficos". *Revista Brasileira de Geografia*, Rio de Janeiro, ano 2, n. 4, out. 1940, p. 612.

3. Edgard Roquette-Pinto citado em ibid.

4. Esther de Viveiros, op. cit., p. 375.

5. No Brasil: Theodore Roosevelt, *Através do sertão do Brasil*. Rio de Janeiro: Companhia Editora Nacional, 1944. Série Brasiliana, v. 232. Tradução de Conrado Erichsen, com ilustrações e fotografias de Kermit Roosevelt e outros membros da expedição.

6. Esther de Viveiros, op. cit., p. 375.

7. Ibid., p. 376.

8. Theodore Roosevelt, *Through the Brazilian Wilderness*, op. cit., p. 205. Tradução livre.

9. Citações do parágrafo em ibid., pp. 202, 207. Tradução livre.

10. Esther de Viveiros, op. cit., p. 382.

11. Indian Rights Association, "19th Annual Report of the Executive Committee of the Indian Rights Association". Filadélfia: Office of the Indian Rights Association, 1902, p. 3 Tradução livre.

12. Theodore Roosevelt, *A Compilation of the Messages and Speeches of Theodore Roosevelt 1901-1905*. Washington: Bureau of National Literature and Art, 1906, v. 1, p. 610 e Theodore Roosevelt, *The Works of Theodore Roosevelt: Presidential Addresses and State Papers*. Nova York: P. F. Collier & Sons, 1914, v. 2, p. 594. Tradução livre.

13. Id., *Through the Brazilian Wilderness*, op. cit., p. 193. Tradução livre.

14. Ibid., p. 157. Tradução livre.

15. Citações do parágrafo em ibid., p. 222. Tradução livre.

16. Citações do parágrafo em José Antonio Cajazeira, *Relatório apresentado ao chefe da Comissão Brasileira, coronel de Engenharia Cândido Mariano da Silva Rondon pelo médico da expedição, dr. José Antonio Cajazeira, capitão-médico do Exército*. Anexo 6, Rio de Janeiro: Typographia do Jornal do Commercio, 1915, p. 113.

17. Esther de Viveiros, op. cit., p. 379.

18. Theodore Roosevelt, *Through the Brazilian Wilderness*, op. cit., p. 204. Tradução livre.

19. Ibid., p. 193. Tradução livre.

20. Ibid., p. 207. Tradução livre.

21. Citações do parágrafo em George K. Cherrie, *George K. Cherrie's Diary of the Theodore Roosevelt Expedition to Explore the River of Doubt in Brazil, October 1913 to May 1914*. Transcrição de Joseph R. Ornig, nov. 1975, p. 12. Tradução livre.

22. Anthony Fiala, "The Outfit for Travelling in the South American Wilderness". In: Theodore Roosevelt, *Through the Brazilian Wilderness*, op. cit., apêndice B, p. 378.

23. Citações do parágrafo em Elting E. Morison (Org.), *The Letters of Theodore Roosevelt*. Cambridge: Harvard University Press, 1954, v. 8 ("The Days of Armageddon 1914-9"), carta n. 5975, pp. 904-5. Tradução Livre.

24. Citações do parágrafo em ibid. Tradução Livre.

25. Ibid., p. 905. Tradução Livre.

26. Theodore Roosevelt, *Through the Brazilian Wilderness*, op. cit., p. 200. Tradução livre.

27. Citações do parágrafo em ibid., p. 194. Tradução livre.

28. Ibid., pp. 234-5. Tradução livre.

29. Citações do parágrafo em ibid., p. 237. Tradução livre.

30. Ibid., p. 236. Tradução livre.

31. Carta de Leo E. Miller a Frank Chapman, 24 fev. 1914. Museu Americano de História Natural. Tradução livre.

32. Theodore Roosevelt, *Through the Brazilian Wilderness*, op. cit., p. 242. Tradução livre.

14. CANOA, CANOA [pp. 248-61]

1. Theodore Roosevelt, *Through the Brazilian Wilderness*, op. cit., p. 262. Tradução livre.

2. Ibid., pp. 241-2. Tradução livre.

3. Ibid., p. 244. Tradução livre.

4. Id., *A Book-Lover's Holidays in the Open*. Nova York: Charles Scribner's Sons, 1920, p. 162. Tradução livre.

5. Leo E. Miller, *In the Wilds of South America*. Nova York: Charles Scribner's Sons, 1918, p. 240. Tradução livre.

6. Ibid., p. 240. Tradução livre.

7. Ibid., p. 242. Tradução livre.

8. Esther de Viveiros, op. cit., p. 392.

9. Ibid., p. 391.

10. Ibid., p. 390.

11. Theodore Roosevelt, *Through the Brazilian Wilderness*, op. cit., p. 258. Tradução livre.

12. Ibid., p. 262.

13. Joseph R. Ornig, op. cit., p. 83. Tradução livre.

14. Theodore Roosevelt, op. cit., p. 353. Tradução livre.

15. George Miller Dyott, "The Last Miles of the River of Doubt". *The New York Times*, Nova York, 10 jul. 1927, p. 10. Tradução livre.

16. Ibid., 26 jun. 1927, p. 10. Tradução livre.

17. Theodore Roosevelt, op. cit., p. 262. Tradução livre.

18. Anotação de 11 mar. 1914 do diário de George K. Cherrie. Arquivos do Museu Americano de História Natural, Departamento de Ornitologia. Tradução livre.

19. Elsil M. B. Naumburg com notas de campo de George K. Cherrie, "The Birds of Matto Grosso, Brazil: A Report on the Birds Secured by the Roosevelt-Rondon Expedition". *Bulletin of the American Museum of Natural History*, v. 60, 1930, p. 12.

20. Theodore Roosevelt, op. cit., p. 266. Tradução livre.

21. Ibid., p. 262. Tradução livre.

22. Cândido Mariano da Silva Rondon, "Segunda conferência: O rio da Dúvida". *Conferências realizadas nos dias 5, 7 e 9 de outubro de 1915 no Teatro Fênix do Rio de Janeiro sobre trabalhos da Expedição Roosevelt e da Comissão Telegráfica*. Rio de Janeiro: Typographia do Jornal do Commercio, 1916, p. 70.

23. Ibid., p. 71.

24. George K. Cherrie, *Dark Trails: Adventures of a Naturalist*. Nova York: G. P. Putnam's Sons, 1930, p. 289. Tradução livre.

25. Anotação de Kermit Roosevelt em seu diário, 15 de março de 1914. Coleção Kermit e Belle Roosevelt, Biblioteca do Congresso. Tradução livre.

26. Cândido Mariano da Silva Rondon, *Conferências realizadas nos dias 5, 7 e 9 de outubro de 1915 no Teatro Fênix do Rio de Janeiro sobre trabalhos da Expedição Roosevelt e da Comissão Telegráfica*, op. cit., p. 71.

27. Id., "Segunda conferência: O rio da Dúvida", *Conferências realizadas nos dias 5, 7 e 9 de outubro de 1915 no Teatro Fênix do Rio de Janeiro sobre trabalhos da Expedição Roosevelt e da Comissão Telegráfica*, op. cit., p. 71; e Theodore Roosevelt, *Through the Brazilian Wilderness*, op. cit., p. 276.

28. Ordem do Dia n. 13, 28 fev. 1914, p. 1. Pasta Amílcar Armando Botelho de Magalhães. Museu Benjamin Constant.

15. PAIXÃO [pp. 262-76]

1. Cândido Mariano da Silva Rondon, "Segunda conferência: O rio da Dúvida", *Conferências realizadas nos dias 5, 7 e 9 de outubro de 1915 no Teatro Fênix do Rio de Janeiro sobre trabalhos da Expedição Roosevelt e da Comissão Telegráfica*, op. cit., p. 72.

2. Esther de Viveiros, op. cit., p. 392.

3. Ibid., p. 394.

4. Cândido Mariano da Silva Rondon, "Segunda conferência: O rio da Dúvida", *Conferências realizadas nos dias 5, 7 e 9 de outubro de 1915 no Teatro Fênix do Rio de Janeiro sobre trabalhos da Expedição Roosevelt e da Comissão Telegráfica*, op. cit., p. 68. "Ao nosso nono acampamento, estabelecido neste lugar, dei a princípio o nome de Jacutinga Atirada, mas, no dia seguinte, tive de mudá-lo para o de Quebra-Canoas. O motivo de semelhante substituição foi o ter-se, durante a noite, arrebentado a amarra de uma das balsas, que, ficando à mercê da correnteza encachoeirada do rio, se foi despedaçar de encontro às pedras."

5. Theodore Roosevelt, *Through the Brazilian Wilderness*, op. cit., p. 276. ("They were delicious eating", escreveu ele.)

6. George K. Cherrie, *Dark Trails: Adventures of a Naturalist*. Nova York: G. P. Putnam's Sons, 1930, p. 295. Tradução livre.

7. Ibid., p. 291. Tradução livre.

8. Esther de Viveiros, op. cit., p. 398.

9. Theodore Roosevelt, op. cit., p. 290. Tradução livre.

10. Ibid., pp. 302-3. Tradução livre.

11. Ibid., p. 303. Tradução livre.

12. Cândido Mariano da Silva Rondon, "Segunda conferência: O rio da Dúvida", *Conferências realizadas nos dias 5, 7 e 9 de outubro de 1915 no Teatro Fênix do Rio de Janeiro sobre trabalhos da Expedição Roosevelt e da Comissão Telegráfica*, op. cit., p. 90.

13. Esther de Viveiros, op. cit., p. 395.

14. Ibid., p. 393.

15. George K. Cherrie, *George K. Cherrie's Diary of the Theodore Roosevelt Expedition to Explore the River of Doubt in Brazil, October 1913 to May 1914*, op. cit., p. 55. Tradução livre.

16. Esther de Viveiros, op. cit., p. 394.

17. Ibid.

18. Ibid.

19. Citações do parágrafo em ibid., p. 394.

20. Ibid., p. 382.

21. Candice Millard, *The River of Doubt: Theodore Roosevelt's Darkest Journey*. Nova York: Broadway, 2005, p. 98. Tradução livre.

22. Ibid. Tradução livre.

23. Anotação de 27 mar. 1914 do diário de George K. Cherrie. Arquivos do Museu Americano de História Natural, Departamento de Ornitologia. Tradução livre.

24. Theodore Roosevelt, *Through the Brazilian Wilderness*, op. cit., p. 317.

25. *Theodore Roosevelt: Memorial Meeting at the Explorers Club*, Explorers Club, 1 mar. 1919, p. 25. Tradução livre.

26. Anotação de 2 abr. 1914 do diário de George K. Cherrie. Arquivos do Museu Americano de História Natural, p. 63. Tradução livre.

27. George K. Cherrie, *Dark Trails: Adventures of a Naturalist*, 1930, pp. 308-9. Tradução livre.

28. *Theodore Roosevelt: Memorial Meeting at the Explorers Club*, Explorers Club, 1 mar. 1919, p. 26. Tradução livre.

29. José Antonio Cajazeira, *Relatório apresentado ao chefe da Comissão Brasileira, coronel de Engenharia Cândido Mariano da Silva Rondon pelo médico da expedição, dr. José Antonio Cajazeira, capitão-médico do Exército*, anexo 6, Rio de Janeiro: Typographia do Jornal do Commercio, 1915, p. 113, anexo 6.

30. Ibid., pp. 113-4.

31. George K. Cherrie, *Dark Trails: Adventures of a Naturalist*, op. cit., pp. 307-8. Tradução livre.

32. Anotação de Kermit Roosevelt em seu diário, 30 mar. 1914. Coleção Kermit e Belle Roosevelt, Biblioteca do Congresso.

33. Theodore Roosevelt, *Through the Brazilian Wilderness*, op. cit., p. 312. Tradução livre.

34. George K. Cherrie, *Dark Trails: Adventures of a Naturalist*, op. cit., p. 16. Tradução livre.

35. Theodore Roosevelt, *Through the Brazilian Wilderness*, op. cit., p. 313. Tradução livre.

16. EXPEDIÇÃO EM PERIGO [pp. 277-91]

1. Theodore Roosevelt, *Through the Brazilian Wilderness*. Nova York: Charles Scribner & Sons, 1914, p. 313. Tradução livre.

2. Anotação de Kermit Roosevelt em seu diário, 7 abr. 1914. Coleção Kermit e Belle Roosevelt, Biblioteca do Congresso. Tradução livre.

3. Esther de Viveiros, op. cit., p. 399.

4. Ibid.

5. Citações do parágrafo em ibid.

6. Cândido Mariano da Silva Rondon, *Conferências realizadas nos dias 5, 7 e 9 de outubro de 1915 no Teatro Fênix do Rio de Janeiro sobre trabalhos da Expedição Roosevelt e da Comissão Telegráfica*, op. cit., p. 90.

7. Esther de Viveiros, op. cit., p. 399.

8. Citações do parágrafo em ibid., p. 399.

9. Cândido Mariano da Silva Rondon, "Segunda conferência: O rio da Dúvida", *Conferências realizadas nos dias 5, 7 e 9 de outubro de 1915 no Teatro Fênix do Rio de Janeiro sobre trabalhos da Expedição Roosevelt e da Comissão Telegráfica*, op. cit., p. 92.

10. Comissão Rondon, *Apontamentos sobre os trabalhos realizados pela Comissão de Linhas Telegráficas Estratégicas de Mato Grosso ao Amazonas, sob a direção do coronel de engenharia Cândido Mariano da Silva Rondon, de 1907 a 1915*. Brasília: Senado Federal, 2003, p. 418. Edições do Senado Federal, v. 8.

11. Esther de Viveiros, op. cit., p. 400.

12. Ibid., p. 401.

13. Da tradução de Adriano Scandolara.

14. Kermit Roosevelt, *The Long Trail*. Nova York: The Review of Reviews/The Metropolitan Magazine, 1921, pp. 161-2. Tradução livre.

15. Diário de Kermit Roosevelt, 5 abr. 1914. Tradução livre.

16. George K. Cherrie, *Dark Trails: Adventures of a Naturalist*, op. cit., p. 315.

17. Esther de Viveiros, op. cit., p. 400.

18. Amílcar Armando Botelho de Magalhães, *Rondon: Uma relíquia da pátria*, op. cit., pp. 176-7.

19. Edilberto Coutinho, *Rondon: O civilizador da última fronteira*. Rio de Janeiro: Civilização Brasileira, 1975, p. 18.

20. Amílcar Armando Botelho de Magalhães, op. cit., p. 177.

21. Citações do parágrafo em Esther de Viveiros, op. cit., p. 400.

22. Citações do parágrafo em ibid., p. 400.

23. Ibid., p. 400.

24. Diário de Kermit Roosevelt, 6 abr. 1914. Tradução livre.

25. Anotação de 8 abr. 1914 do diário de George K. Cherrie. Arquivos do Museu Americano de História Natural, Departamento de Ornitologia. Tradução livre.

26. Ibid. Tradução livre.

27. Anotação de 8 abr. 1914 do diário de George K. Cherrie. Arquivos do Museu Americano de História Natural, Departamento de Ornitologia. Tradução livre.

28. Anotação de 9 abr. 1914 do diário de George K. Cherrie. Arquivos do Museu Americano de História Natural, Departamento de Ornitologia. Tradução livre.

29. Anotação de 11 abr. 1914 do diário de George K. Cherrie. Arquivos do Museu Americano de História Natural, Departamento de Ornitologia. Tradução livre.

30. Ibid. Tradução livre.

31. Anotação de 12 abr. 1914 do diário de George K. Cherrie. Arquivos do Museu Americano de História Natural, Departamento de Ornitologia. Tradução livre.

32. Anotação de Kermit Roosevelt em seu diário, 13 abr. 1914. Coleção Kermit e Belle Roosevelt, Biblioteca do Congresso. Tradução livre.

33. *Theodore Roosevelt: Memorial Meeting at the Explorers Club*, Explorers Club, 1 mar. 1919, p. 24. Tradução livre.

34. Citações do parágrafo em Cândido Mariano da Silva Rondon, *Conferências realizadas nos dias 5, 7 e 9 de outubro de 1915*, op. cit., p. 100.

35. Theodore Roosevelt, *Through the Brazilian Wilderness*, op. cit., p. 316. Tradução livre.

36. Anotação de Kermit Roosevelt em seu diário, 17 abr. 1914. Coleção Kermit e Belle Roosevelt, Biblioteca do Congresso. Tradução livre.

37. Anotação de Kermit Roosevelt em seu diário, 18 abr. 1914. Coleção Kermit e Belle Roosevelt, Biblioteca do Congresso. Tradução livre.

38. Theodore Roosevelt, *Through the Brazilian Wilderness*, op. cit., p. 322. Tradução livre.

39. Anotação de 21 abr. 1914 do diário de George K. Cherrie. Arquivos do Museu Americano de História Natural, Departamento de Ornitologia. Tradução livre.

40. Theodore Roosevelt, *Through the Brazilian Wilderness*, op. cit., p. 337. Tradução livre.

41. Ibid., p. 327. Tradução livre.

42. Douglas O. Naylor, "Col. Roosevelt as His Guide Remembers Him". *The New York Times*, Nova York, 6 jan. 1929.

43. Theodore Roosevelt, *Through the Brazilian Wilderness*. op. cit., p. 393. Tradução livre.

44. Ordem do Dia n. 21, 1 maio 1914, pp. 1-2, em "Cópias das ordens do dia da Expedição Científica Roosevelt-Rondon". Arquivo Amílcar Botelho de Magalhães, Museu Benjamin Constant.

45. Ibid.

46. Esther de Viveiros, op. cit., p. 403.

17. TRUQUES E ESTRATAGEMAS [pp. 292-311]

1. "Col. Roosevelt as his Guide Remembers him", *The New York Times*, Nova York, 6 jan. 1929. Tradução livre.

2. Entrevista de Theodore Roosevelt pela agência Associated Press publicada em vários jornais americanos no dia 6 de maio de 1914, inclusive no *New York World*. Tradução livre.

3. Joseph R. Ornig, op. cit., p. 206 (parte 1), p. 335 (parte 2). Tradução livre.

4. Esther de Viveiros, op. cit., p. 404.

5. No original, "Cuidei de pôr em prática o inglês [...]: *Don't show your feelings*". Ibid., p. 404.

6. Ibid., p. 405.

7. Ibid.

8. "Fé de ofício do tenente-coronel médico dr. José Antonio Cajazeira", Arquivo Histórico do Exército, doc. X-3-9.

9. Entrevista de Theodore Roosevelt pela agência Associated Press publicada em vários jornais americanos no dia 7 de maio de 1914, inclusive no *New York World*. Tradução livre.

10. *New York World*, 7 maio 1914. Tradução livre.

11. John Keay, *Explorers Extraordinary*. Londres: John Murray/British Broadcasting Corporation, 1985. Tradução livre.

12. Citações do parágrafo em: Arnold Henry Savage-Landor, *Everywhere: The Memoirs of an Explorer*. Nova York: Little Brown and Company, 1913. Tradução livre.

13. Id., *Across Unknown South America*. Boston: Little Brown and Company, 1913, v. 1, p. 72. Tradução livre.

14. Ibid., p. 77. Tradução livre.

15. Ibid., p. 245. Tradução livre.

16. Ibid., p. 15, Tradução livre.

17. Ibid., p. 228. Tradução livre.

18. Ibid., p. 191. Tradução livre.

19. Theodore Roosevelt, *Through the Brazilian Wilderness*, op. cit., p. 359. Tradução livre.

20. Arnold Henry Savage-Landor, entrevista cit. Tradução livre.

21. Ibid. Tradução livre.

22. *The New York Times*, Nova York, 27 maio 1914.

23. *The Geographical Journal*, v. 45, p. 108. Tradução livre.

24. Ibid., p. 97. Tradução livre.

25. A carta está em francês. "À Paris, j'ai publié, dans *Le Matin*, le texte entier de votre lettre au sujet des 'exglorations' de Savage-Landor et je pense que j'ai définitivement arreté qu'on prenne en considération sérieuse ses prétensions comme explorateur, du moins pour tous ceux qui sont d'une certaine compétence, comme observateurs et témoins". Citada em: Esther de Viveiros, op. cit., p. 407.

26. William J. Wharton, Douglas Freshfield (Orgs.), *Hints to Travellers: Scientific and General*. Londres: Royal Geographic Society, v. 2, 1893, p. 109. Tradução livre.

27. Francis Galton, *The Art of Travel, or Shifts and Contrivances Available in Wild Countries*. Londres: Phoenix Press, 2000, p. 309.

28. David Grann, op. cit., pp. 176-7.

29. Percy H. Fawcett, *Exploration Fawcett*. Londres: Century, 1988, p. 115. Tradução livre.

30. Hermes Leal, *Coronel Fawcett: A verdadeira história do Indiana Jones*. São Paulo: Geração Editorial, 1996, p. 68.

31. Fawcett citado em David Grann, op. cit., p. 177.

32. Percy H. Fawcett, op. cit., p. 11. Tradução livre.

33. Carta de Percy Fawcett a Sir John Scott Keltie, diretor da RGS, de 3 fev. 1915, citada em David Grann, op. cit., p. 185.

34. Percy H. Fawcett, op. cit., p. 209. Tradução livre.

35. Ibid.

36. Brian Fawcett, *Ruins in the Sky*. Londres: Hutchinson & Co., 1958, p. 231. Tradução livre.

37. Percy Fawcett citado em David Grann, op. cit., p. 186.

38. Brian Fawcett, op. cit., p. 231. Tradução livre.

39. Robert Churchward, *Wilderness of Fools: An Account of the Adventures in Search of Lieut. Colonel P.H. Fawcett, D.S.O.* Londres: George Routledge & Sons, 1936, pp. 31-2. Tradução livre.

40. David Grann, op. cit., p. 186.

41. Ibid., p. 221.

42. Hermes Leal, op. cit., p. 121.

43. *A Noite*, jan. 1920 citado em Hermes Leal, op. cit., p. 122.

44. Antônio Callado, *Esqueleto na Lagoa Verde: Um ensaio sobre a vida e o sumiço do coronel Fawcett.* Rio de Janeiro: Departamento de Imprensa Nacional, 1953, p. 90.

45. Brian Fawcett, op. cit., p. 231.

18. "E COMO RONDON TEM PASSADO?" [pp. 315-32]

1. Leo E. Miller, *In the Wilds of South America*. Nova York: Charles Scribner's Sons, 1918, pp. 251-2. Tradução livre.

2. Amílcar Armando Botelho de Magalhães, *Rondon: Uma relíquia da pátria*, op. cit., p. 48.

3. "Fé de ofício". In: Amílcar Armando Botelho de Magalhães, op. cit., 1942, p. 239.

4. Alcides Maia, "Rondon", *O Paiz*, Rio de Janeiro, 26 out. 1915, p. 1. Também citado em Alípio Bandeira, "Rondon", p. 26 (panfleto sem editora e data pertencente ao acervo da Biblioteca Nacional).

5. George Berkeley, "Of the Principles of Human Knowledge". In: *The Works of George Berkeley, D. D. Bishop of Cloyne*. Londres: Thomas Tegg And Son, 1837, p. 16. Tradução livre.

6. Disponível em: <www.youtube.com/watch?v=Ein6eKqMBtE>. Acesso em: 12 out. 2018.

7. Amílcar Armando Botelho de Magalhães, op. cit., pp. 41-2.

8. Ibid., p. 82.

9. Telegrama de 21 set. 1917 citado em ibid., pp. 82-3.

10. Amílcar Armando Botelho de Magalhães, op. cit., p. 83.

11. Maço s.n., 1912-4, s/o índice, "Viagem do cel. Theodore Roosevelt ao Brasil. Excursão ao estado de Mato Grosso", p. 2, 21 nov. 1913. Arquivo Histórico do Itamaraty.

12. Maço s.n., 1912-4, Doc. R.E. 1652, "Contabilidade n. 74: Sobre a concessão de um crédito", 24 abr. 1914. Arquivo Histórico do Itamaraty.

13. Maço s.n., 1912-4, s/o índice, "Viagem do cel. Theodore Roosevelt ao Brasil. Continuação da viagem pelo Amazonas etc.", 5 jun. 1914. Arquivo Histórico do Itamaraty.

14. Maço s.n., 1912-4, Doc. R.E. 13 667, "Contabilidade n. 290: Comissão Rondon", 14 nov. 1914. Arquivo Histórico do Itamaraty.

15. Amílcar Armando Botelho de Magalhães, *Impressões da Comissão Rondon*. Porto Alegre: Globo, 1929, p. 213.

16. Exp. n. 1906 índice, "Pedido da Comissão Rondon", 18 fev. 1918. Seção dos Negócios Políticos da América. Arquivo Histórico do Itamaraty.

17. Lata 779, maço 1, pasta 15. Arquivo Histórico do Itamaraty.

18. As três patentes que ele conseguiu nos Estados Unidos estão disponíveis em: <https://patents. google.com/patent/US775846A/en>, <https://patents.google.com/patent/US775337A/en> e <https:// patents.google.com/patent/US771917>. Acessos em: 12 out. 2018.

19. Esther de Viveiros, op. cit., p. 433.

20. Darcy Ribeiro, "Parecer sobre a extinção do SPI", pasta DR/SPI 1910.00.00, v. 2.85, p. 7, e "Dotações orçamentárias ao SPI para auxílios aos índios", [s.d.]. Arquivos Memorial Darcy Ribeiro, Universidade de Brasília.

21. Samuel Paiva e Sheila Schvarzman (Orgs.), *Viagem ao cinema silencioso do Brasil*. São Paulo: Azougue, 2011, p. 266.

22. Ibid., p. 267.

23. Ibid., pp. 267-8.

24. Samuel Paiva e Sheila Schvarzman (Orgs.), op. cit., p. 268.

25. Ibid., p. 277.

26. Ibid., p. 278.

27. Ibid., p. 271.

28. Ibid., p. 280.

29. Ibid., p. 281.

30. Esther de Viveiros, op. cit., p. 426.

31. Ibid., p. 427.

32. Ibid., p. 428.

19. PAU PARA TODA OBRA [pp. 333-52]

1. Amílcar Armando Botelho de Magalhães, *Rondon: Uma relíquia da pátria*, op. cit., p. 88.

2. Alípio Bandeira, "Rondon", pp. 19-20 (panfleto sem editora e data pertencente ao acervo da Biblioteca Nacional). Recentemente, uma versão digital foi postada na seção de obras raras do site da Fiocruz. Examinei a versão digital e também não encontrei dados sobre a publicação do panfleto.

3. Ibid.

4. Lima Barreto, "O nosso caboclismo", *Careta*. Rio de Janeiro, n. 590, 11 out. 1919, [s.p.].

5. Esther de Viveiros, op. cit., p. 436.

6. Ibid.

7. Tristão de Athayde, *Pandiá Calógeras na opinião de seus contemporâneos*. São Paulo: Typ. Siqueira, 1934, p. 161.

8. Esther de Viveiros, op. cit., p. 437.

9. Ibid.

10. Citações do parágrafo em ibid.

11. "Le Général Rondon et ses explorations au Brésil". *France-Amérique*, n. 112, abr. 1921, p. 81. A tradução original, do francês para o inglês, é do autor. Tradução livre.

12. Ibid., p. 83. Tradução livre.

13. Edilberto Coutinho, *Rondon e a integração da Amazônia*. São Paulo: Arquimedes, 1968, p. 30.

14. Esther de Viveiros, op. cit., p. 454.

15. Ibid., p. 455.

16. Arquivo do Museu Nacional.

17. Citações do parágrafo em Esther de Viveiros, op. cit., p. 470.

18. Ibid.

19. Euclides da Cunha, *Os sertões*. Rio de Janeiro: Laemmert & Co., 1905, p. 508.

20. Daniel Walker, *Padre Cícero: Coletânea de textos*. Juazeiro do Norte: [s.n.], 2006, p. 34.

21. Esther de Viveiros, op. cit., p. 468.

22. Ibid., p. 470.

23. "Obras do Nordeste: Resposta da Comissão de Inspeção ao dr. Epitácio Pessoa", CPDOC/Fundação Getulio Vargas, Pasta Isidoro Simões Lopes, ISL 58-F, p. 14.

24. Ibid., p. 15.

25. Esther de Viveiros, op. cit., p. 471.

26. "Obras do Nordeste: Resposta da Comissão de Inspeção ao dr. Epitácio Pessoa", CPDOC/Fundação Getulio Vargas, Pasta Isidoro Simões Lopes, ISL 58-F, p. 22.

27. "Injurioso e ultrajante". *Correio da Manhã*, Rio de Janeiro, 9 out. 1921, p. 2.

28. Citações do parágrafo em Esther de Viveiros, op. cit., p. 457.

29. Ibid., p. 458.

30. Amílcar Armando Botelho de Magalhães, op. cit., pp. 93-4.

31. Esther de Viveiros, op. cit., p. 458.

32. Ibid.

33. Ibid.

34. Ibid., p. 459.

35. Ibid.

36. Ibid.

37. Ibid., p. 464.

38. Ibid., p. 459.

39. Ibid., p. 460.

40. Ibid.

41. "Síntese da fé de ofício do Marechal do Exército Brasileiro Cândido Mariano da Silva Rondon", 15 jul. 1922, grupo II, gaveta 16, n. de ordem 27, folha 30. Arquivo Histórico do Exército.

42. Esther de Viveiros, op. cit., p. 460.

20. CATANDUVAS [pp. 353-68]

1. Frase citada em Affonso Celso de Assis Figueiredo, o visconde de Ouro Preto, *Excertos biográficos*. Porto Alegre: Globo, 1936.

2. Esther de Viveiros, op. cit., p. 474.

3. Ibid.

4. Ibid., p. 465.

5. Ibid., p. 474.

6. Ibid.

7. Ibid., p. 475.

8. Ibid.

9. Donald F. O'Reilly, op. cit., p. 206. Tradução livre.

10. Captain Hugh Barclay to Lt. Colonel N. E. Margetts (Chief, M. I. 5, G-2). Rio de Janeiro, 14 abr. 1925, 2052-106. War Dept., General Staff, Military Intelligence Division, RG 165. Tradução livre.

11. Ibid. Tradução livre.

12. Catorze mil homens dividiam-se em sete colunas de aproximadamente 2 mil soldados cada, formando o que foi chamado de "anel de ferro", e com o qual as forças governistas pretendiam estrangular os revoltosos. (Ver Daniel Aarão Reis, *Luís Carlos Prestes: Um revolucionário entre dois mundos*. São Paulo: Companhia das Letras, 2014.)

13. Esther de Viveiros, op. cit., p. 476.

14. Ibid.

15. Ibid.

16. Ibid.

17. Ibid., p. 477.

18. Ibid.

19. Domingos Meirelles, *As noites das grandes fogueiras: Uma história da Coluna Prestes*. Rio de Janeiro: Record, 1995, p. 328.

20. Jorge Amado, *O Cavaleiro da Esperança: A vida de Luís Carlos Prestes*. Rio de Janeiro: Record, 1979, pp. 107-8.

21. Daniel Aarão Reis, op. cit.

22. Ibid.

23. Ibid.

24. Citações do parágrafo em Domingos Meirelles, op. cit., p. 369.

25. Citações do parágrafo em Domingos Meirelles, op. cit., p. 373.

26. Capitão Hugh Barclay para o War Dept., General Staff, Military Intelligence Division. Tradução livre.

27. Trecho do Boletim do Departamento de Guerra citado em Esther de Viveiros, op. cit., p. 479.

28. Citações do parágrafo em ibid., p. 478.

29. Ibid., p. 479.

30. Ibid.

31. Ibid.

32. Ibid., p. 480.

33. Ibid.

21. DE VOLTA AO CAMPO [pp. 369-87]

1. Esther de Viveiros, op. cit., p. 485.

2. Ibid., p. 511.

3. Ibid., p. 517.

4. Ibid., p. 492.

5. Ibid., p. 493.

6. Ibid.

7. Citações do parágrafo em ibid.

8. Everard im Thurn, "The Ascent of Mount Roraima". *Proceedings of the Royal Geographical Society and Monthly Record of Geography*, Londres, v. 7, n. 8, ago. 1885, pp. 497-521. Tradução livre.

9. Esther de Viveiros, op. cit., p. 507.

10. George Henry Hamilton Tate, "Notes on the Mount Roraima Region". *National Geographic*, nov. 1930, p. 587. Tradução livre.

11. Citações do parágrafo em ibid., pp. 586-7. Tradução livre.

12. Ibid., p. 587. Tradução livre.

13. Ibid., p. 589. Tradução livre.

14. Esther de Viveiros, op. cit., p. 507.

15. Ibid., p. 509.

16. José Luiz de Andrade Franco, José Augusto Drummond, "Alberto José Sampaio: Um botânico brasileiro e o seu programa de proteção à natureza", *Varia História*, n. 33, jan. 2005, p. 133.

17. Alberto José Sampaio, "O problema florestal no Brasil em 1926". *Archivos do Museu Nacional*, v. XXVIII, mar. 1926.

18. Nicolino José Rodrigues Sousa, *Diário das três viagens (1877-1878-1882) do revmo. padre Nicolino José Rodrigues de Sousa ao rio Cuminá: afl. margen esq. Trombetas do rio Amazonas*. Rio de Janeiro: Conselho Nacional de Proteção aos Índios, Ministério da Agricultura, Imprensa Nacional, 1946. Publicação n. 91. Disponível para download pela Seção de Obras Raras da Fiocruz: <www.obrasraras.fiocruz.br/media.details.php?mediaID=327>. Acesso em: 22 out. 2018.

19. Esther de Viveiros, op. cit., p. 515.

20. Gastão Cruls, *A Amazônia que eu vi: Óbidos-Tumucumaque*. Rio de Janeiro: Companhia Editora Nacional, 1938, p. 167.

21. Citações do parágrafo em Esther de Viveiros, op. cit., p. 515.

22. Ibid., p. 519.

23. Ibid.

24. Ibid.

25. Gastão Cruls, op. cit., pp. 163, 166.

26. Citações do parágrafo em Esther de Viveiros, op. cit., pp. 519-20.

27. Ibid., p. 520.

28. Ibid.

29. Ibid., p. 521.

30. Ibid.

31. Ibid., p. 526.

32. Ibid., p. 521.

33. Gastão Cruls, op. cit., p. 251.

22. "ACHO CONVENIENTE QUE O GENERAL NÃO PROSSIGA A SUA VIAGEM" [pp. 388-404]

1. Esther de Viveiros, op. cit., p. 533.

2. Ibid., p. 534.

3. Ibid., p. 535.

4. Ibid.

5. Donald F. O'Reilly, op. cit., p. 242. Tradução livre.

6. Citações do parágrafo em Esther de Viveiros, op. cit., p. 543.

7. Ibid., p. 534.

8. Ibid., p. 544.

9. James Stuart Olson, *The Indians of Central and South America: An Ethnohistorical Dictionary*. Nova York: Greenwood, 1991, p. 277.

10. Esther de Viveiros, op. cit., p. 545.

11. Ibid., p. 548.

12. Ibid., p. 546.

13. Ibid., p. 548.

14. Ibid.

15. Ibid., p. 549.

16. Daniel Aarão Reis, op. cit., p. 138.

17. Esther de Viveiros, op. cit., p. 550.

18. "Como se deu a prisão de general Rondon, em Marcelino Ramos", *O Jornal*, Rio de Janeiro, 1º nov. 1930, p. 5.

19. Ibid.

20. João Neves da Fontoura, *Memórias: A Aliança Liberal e a Revolução de 1930*. Rio de Janeiro: Globo, 1963, v. 2, p. 444.

21. Ibid.

22. "Tudo fizemos pela Paz", *Diário Carioca*, Rio de Janeiro, 29 out. 1930, p. 2.

23. Esther de Viveiros, op. cit., p. 552.

24. Ibid., p. 553.

25. Donald F. O'Reilly, op. cit., p. 248. Tradução livre.

26. Esther de Viveiros, op. cit., p. 553.

27. Ibid.

28. Ibid.

29. Diários de Rondon 10 386, 25 out. 1930/4 maio 1932. Museu do Exército.

30. Esther de Viveiros, op. cit., p. 554.

31. Laura Antunes Maciel, *A nação por um fio: Caminhos, práticas e imagens da Comissão Rondon*. São Paulo: PUC-SP/Fapesp, 1998, p. 22.

32. Esther de Viveiros, op. cit., pp. 553-4.

33. Diários de Rondon 10 386, 25 out. 1930/4 maio 1932. Museu do Exército.

34. Ibid.

35. Edilberto Coutinho, *Rondon: O salto para o desconhecido*. São Paulo: Companhia Editora Nacional, 1987, p. 98.

36. Diários de Rondon 10 386, 25 out. 1930/4 maio 1932. Museu do Exército.

23. A PEREGRINAÇÃO NO DESERTO [pp. 407-25]

1. Esther de Viveiros, op. cit., p. 555.

2. Ibid.

3. Ibid.

4. *Gazeta de Notícias*, Rio de Janeiro, 24 ago. 1939, p. 1.

5. Ibid.

6. Citações do parágrafo em ibid.

7. Citações deste parágrafo e do parágrafo anterior em carta de Audrin ao SPI, 1931. Arquivo do SPI/ Memorial Darcy Ribeiro, Brasília. DR/SPI 1910.00.00 v1/21.

8. Claude Lévi-Strauss, *Tristes trópicos*. São Paulo: Companhia das Letras, 1996, pp. 288-9.

9. Diários de Rondon 10 386, 25 out. 1930/4 maio 1932. Museu do Exército.

10. Citações do parágrafo em Hermano Ribeiro da Silva, *Nos sertões do Araguaia*. Rio de Janeiro: Cultura Brasileira, 1935, p. 122.

11. Citações deste parágrafo e do anterior em Donald F. O'Reilly, op. cit., p. 251. Tradução livre.

12. Esther de Viveiros, op. cit., p. 22.

13. Constituição de 1934, artigo 10, inciso III.

14. Criado pelo decreto n. 23 311, de 31 out. 1933. Disponível em: <www2.camara.leg.br/legin/fed/ decret/1930-1939/decreto-23311-31-outubro-1933-559065-publicacaooriginal-80900-pe.html>. Acesso em: 22 ago. 2018.

15. Decreto n. 22 698, de 11 maio 1933.

16. Instituto Rondon de Capacitação Continuada, o IRCC (<www.ircc.eb.mil.br>).

17. Citações do parágrafo em Esther de Viveiros, op. cit., p. 558.

18. Ibid.

19. Artigo III do Protocolo de Amistad y Cooperación entre la República de Colombia y la República del Perú. Tradução livre.

20. Citações no parágrafo do artigo VI do Protocolo de Amistad y Cooperación entre la República de Colombia y la República del Perú. Tradução livre.

21. Esther de Viveiros, op. cit., p. 571.

22. Ibid., p. 572.

23. Citações do parágrafo em ibid., p. 564.

24. Ibid., p. 564.

25. Donald F. O'Reilly, op. cit., p. 266. Tradução livre.

26. Esther de Viveiros, op. cit., p. 565.

27. Ibid., p. 566.

28. Citações do parágrafo em ibid., p. 568.

24. O VELHO RONDON E O ESTADO NOVO [pp. 426-45]

1. Citações do parágrafo da crônica de Benjamin Costallat em Amílcar Armando Botelho de Magalhães, *Rondon: Uma relíquia da pátria*, op. cit., p. 34.

2. Suely Braga da Silva (Org.), *Luís Simões Lopes: Fragmentos de memória*. Rio de Janeiro: FGV, 2006, p. 95.

3. Ibid., p. 97.

4. Paulo Augusto Nunes de Figueiredo, *Aspectos ideológicos do Estado Novo*. Brasília: Centro Gráfico do Senado Federal, 1983, p. 20.

5. Citado em Lira Neto, *Getúlio: Do Governo Provisório à ditadura do Estado Novo (1930-45)*. São Paulo: Companhia das Letras, 2013, p. 378.

6. Decreto-lei n. 1736, de 3 nov. 1939, que subordina ao Ministério da Agricultura o Serviço de Proteção aos Índios. Disponível em: <http://www2.camara.leg.br/legin/fed/declei/1930-1939/decreto-lei-1736--3-novembro-1939-411705-publicacaooriginal-1-pe.html>. Acesso em: 23 ago. 2018.

7. Citações do parágrafo em: Cândido Mariano da Silva Rondon, "Benjamin Constant e o problema Republicano". *Jornal do Commercio*, Rio de Janeiro, 19 nov. 1939, p. 4.

8. Esther de Viveiros, op. cit., p. 573.

9. Ibid.

10. Nicolau Maquiavel, *O príncipe*, cap. XX, subseção 5. Tradução livre.

11. Darcy Ribeiro, "Dotações orçamentárias ao Serviço de Proteção aos Índios para auxiliar os Índios". DR/SPI 1910.00.00, v.2/85 p. 7. Memorial Darcy Ribeiro, UNB, Brasília.

12. Mércio Pereira Gomes, "Por que sou rondoniano". *Estudos Avançados*, São Paulo, v. 23, n. 65, 2009, pp. 180-1.

13. Cândido Mariano da Silva Rondon, *Rumo ao Oeste*. Rio de Janeiro: Laemmert Biblioteca Militar, 1942, p. 14. No acervo da ABL, ver pasta Ivan Lins.

14. Ibid., p. 16.

15. Ibid.

16. Ibid., p. 21.

17. Ibid., p. 32.

18. Amílcar Armando Botelho de Magalhães, op. cit., pp. 203-4.

19. Carta do padre Hipólito Chovelon ao presidente Getúlio Vargas com o título de "Relatório de 1937 da Missão Salesiana entre os Índios Xavante, Mato Grosso", anexada em Hipólito Chovelon, Francisco Fernandes, Pedro Sbardellotto, *Do primeiro encontro com os Xavante à demarcação de suas reservas: Relatórios do Pe. Hipólito Chovelon*, Campo Grande: Missão Salesiana de Mato Grosso, 1996, p. 130.

20. Cândido Mariano da Silva Rondon, *Rumo ao Oeste*, op. cit., p. 17.

21. Orlando Villas Bôas, Cláudio Villas Bôas, *A marcha para o oeste*, São Paulo: Globo, 1994, p. 11.

22. Orlando Villas Bôas, *Roda Viva* de 10 dez. 1999. Entrevistas disponíveis por meio do Projeto Memória Roda Viva, da Fapesp, em: <www.rodaviva.fapesp.br>. Acesso em: 22 out. 2018.

23. Orlando Villas Bôas, *Roda Viva* de 4 dez. 1987. Entrevista disponível por meio do Projeto Memória Roda Viva, da Fapesp, em: <www.rodaviva.fapesp.br>. Acesso em: 22 out. 2018.

24. Ibid.

25. Ibid.

26. Id., *Roda Viva* de 10 dez. 1999. Entrevista disponível por meio do Projeto Memória Roda Viva, da Fapesp, em: <www.rodaviva.fapesp.br>. Acesso em: 22 out. 2018.

27. Ibid.

28. Id., *Roda Viva* de 4 dez. 1987. Entrevista disponível por meio do Projeto Memória Roda Viva, da Fapesp, em: <www.rodaviva.fapesp.br>. Acesso em: 22 out. 2018.

29. Sociedade Civil Amigos da América, *Estatutos, Regimento Interno e Regulamento das Filiais*. Rio de Janeiro: Editora Henrique Velho, 1944, pp. 32 e 15, respectivamente. Ver coleção Oswaldo Aranha do CPDOC/FGV.

30. Ari Franco, Mandado de Segurança. Fechamento da Sociedade Amigos da América. Denegação. Tribunal de Apelação do Distrito Federal, 27 jul. 1945, *Revista de Direito Administrativo*, v. 6, out. 1946, p. 162.

31. Larry Rohter, "Natal Journal: A Has-Been Wonders How to Honor What Was". *The New York Times*, Nova York, 20 jun. 2001, p. 4. Tradução livre.

32. Citado em Lira Neto, op. cit., p. 450.

25. O GANDHI BRASILEIRO [pp. 446-65]

1. "Os índios Xavante rondam o acampamento". *O Radical*, Rio de Janeiro, 16 set. 1944.

2. Darcy Ribeiro, *Confissões*. São Paulo: Companhia das Letras, 1997, p. 151.

3. Citações do parágrafo em ibid., p. 150.

4. Carta de Rondon a Odorico Ribeiro dos Santos Tocantins de 27 nov. 1949, citada em: Ivan Echeverria, Aecim Tocantins, *Cartas do marechal Cândido Mariano da Silva Rondon: Relíquias do telegrafista Tocantins*. Cuiabá: KCM Editores, 2013, p. 113.

5. Esther de Viveiros, op. cit., p. 584.

6. Ibid.

7. Darcy Ribeiro citado em: painel introdutório à exibição permanente no Memorial Darcy Ribeiro na Universidade de Brasília, de autoria de Isa Grinspum Ferraz, onde ela cita uma carta de Darcy Ribeiro.

8. Ibid.

9. Ibid.

10. Ayres Câmara Cunha, *Entre os índios do Xingu*. São Paulo: Melhoramentos, [s.d.], pp. 71-2.

11. Id., *Nas selvas do Xingu*. São Paulo: Clube do Livro, 1969, citando "O homem branco quer casar-se com a índia Kalapalo". *Diario da Noite*, Rio de Janeiro, 4 out. 1952: "Gosto mesmo de Diacuri [sic]".

12. Id., *Nas selvas do Xingu*, op. cit.

13. Citações do parágrafo em Fernando Morais, *Chatô: O rei do Brasil*. São Paulo: Companhia das Letras, 1994, p. 126.

14. Ayres Câmara Cunha, *Entre os índios do Xingu*, op. cit., p. 11.

15. Manchete principal do *Diario da Noite*, Rio de Janeiro, 15 nov. 1952, p. 1.

16. Romildo Gurgel, Ubiratan de Lemos, "Abençoado por Deus: O casamento da índia com o branco", *O Cruzeiro*, Rio de Janeiro, 13 dez. 1952, pp. 9, 15.

17. Ayres Câmara Cunha, *Entre os índios do Xingu*, op. cit., p. 74.

18. Atas do CNPI, reunião n. 12, 1952. Museu do Índio.

19. Ibid.

20. Ibid.

21. "Rondon recebeu no Congresso as insígnias de marechal", *Correio da Manhã*, 6 maio 1955, pp. 8 e 14.

22. Alfredo Tiomno Tolmasquin, *Einstein: O viajante da relatividade na América do Sul*. Rio de Janeiro: Vieira & Lent, 2003, p. 198. (O livro reproduz o diário de Einstein durante a viagem.)

23. Ibid., p. 158.

24. Abraham Pais, *Subtle is the Lord: The Science and Life of Albert Einstein*. Londres: Oxford University Press, 1982, p. 514. Tradução livre.

25. Citações deste parágrafo e do anterior em: "The Nobel Prize Nomination Data Base: Emily Greene Balch Nominations". Disponível em: <nobelpeaceprize.org>. Acesso em: 10 set. 2018. Tradução livre.

26. Willard Price, *I Cannot Rest from Travel: An Autobiography of Adventure in Seventy Lands*. Londres: William Heinemann Ltd., 1951. Tradução livre.

27. "The Nobel Prize Nomination Data Base: Emily Greene Balch Nominations". Disponível em: <nobelpeaceprize.org>. Acesso em: 10 set. 2018. Tradução livre.

28. Jardel P. Arruda, "AML fará cerimônia de gala para comemorar centenário da expedição Roosevelt-Rondon", *Olhar Direto*, 5 maio 2014.

29. Esther de Viveiros, op. cit., pp. 555-6.

30. "Nobel Peace Prize Winners". Disponível em: <nobelpeaceprize.org>. Acesso em: 24 set. 2018. Tradução livre.

31. "Work for the Rights of Indigenous Peoples: Rigoberta Menchu Tum". Disponível em: <www.nobelprize.org/prizes/peace/1992>. Acesso em: 24 set. 2018. Tradução livre.

32. Edilberto Coutinho, *Piguara, senhor do caminho: A saga do defensor dos índios e pioneiro das comunicações*. Rio de Janeiro: Lê, 1993, p. 9.

33. Ibid., p. 9.

34. Darcy Ribeiro, *Confissões*. São Paulo: Companhia das Letras, 1998, p. 151.

26. A LUTA PELA HERANÇA [pp. 466-80]

1. "Sepultado com todas as honras o marechal Rondon", *Correio da Manhã*, Rio de Janeiro, 21 jan. 1958, p. 10.

2. Ibid.

3. Citações do parágrafo em Darcy Ribeiro, *Uirá sai à procura de Deus: Ensaios de etnologia e indigenismo*. Rio de Janeiro: Paz e Terra, 1974, pp. 159-61.

4. Citações do parágrafo em ibid., pp. 160-1.

5. Citações do parágrafo em ibid., p. 161

6. Citações do parágrafo em ibid., p. 162.

7. Carlos Drummond de Andrade, *A vida passada a limpo*. São Paulo: Companhia das Letras, 2013, pp. 37-9.

8. *Jornal do Brasil*, Rio de Janeiro, 22 jan. 1958.

9. Ibid.

10. PL n. 2446, de 9 abr. 1964 e Lei n. 4743, de 16 jul. 1965.

11. Lei n. 4743, de 16 jul. 1965.

12. Aricildes de Moraes Motta (Org.), *Projeto Rondon: Integrar para não entregar*. Rio de Janeiro: Biblioteca do Exército, 2006, p. 35.

13. Ibid., p. 8.

14. Ibid., p. 38.

15. Darcy Ribeiro, *Confissões*. São Paulo: Companhia das Letras, 1997, pp. 151-2.

16. Acervo do Espaço Cultural Marechal Rondon, Santo Ângelo, RS.

17. Decreto n. 51960, de 26 abr. 1963 (Anais do Congresso).

18. *Diário Oficial da União*, 27 abr. 1971.

19. General Oscar Jerônimo Bandeira de Mello, presidente da Funai entre junho de 1970 e março de 1974, em *Povos indígenas no Brasil 85/86*. Org. de Carlos Alberto Ricardo. Brasília: Centro Ecumênico de Documentação e Informação, 1986, p. 27.

20. Do discurso de posse do ministro do Interior Maurício Rangel Reis, março de 1974.

21. Edilberto Coutinho, *Rondon: O civilizador da última fronteira*. Rio de Janeiro: Civilização Brasileira, 1975, p. 90.

22. Antônio Carlos de Souza Lima, *Um grande cerco de paz: Poder tutelar, indianidade e formação do Estado no Brasil*. Petrópolis: Vozes, 1995, p. 168.

23. Ibid., p. 169.

24. Ibid., p. 165.

25. Ibid., p. 166.

26. Ibid., p. 175.

27. Entrevista de 11 ago. 1867 com Friedrich Meyer von Waldeck do jornal St. Petersburgische Zeitung, reproduzida em Fürst Bismarck: neue Tischgespräche und Interviews, v. 1, p. 248. Tradução livre.

28. Antônio Carlos de Souza Lima, op. cit., p. 176.

29. Mércio Pereira Gomes, "Por que sou rondoniano". Estudos Avançados, São Paulo, v. 23, n. 65, p. 173, 2009.

30. Citações deste e do parágrafo anterior em Mércio Pereira Gomes, op. cit., pp. 178-80.

31. Darcy Ribeiro, Uirá sai à procura de Deus, op. cit., p. 161.

32. Discurso do presidente Lula na cerimônia de relançamento do Projeto Rondon em Tabatinga/AM, 19 jan. 2005.

33. Uol notícias, 19 jan. 2005. Disponível em: <noticias.uol.com.br/ultnot/reuters/2005/01/19/ult27u46884.jhtm>. Acesso em: 31 jan. 2019.

34. Discurso do presidente Lula na cerimônia de relançamento do Projeto Rondon em Tabatinga/AM, 19 jan. 2005.

35. Trechos disponíveis em: <www.wikiwand.com/pt/Projeto_Rondon>. O decreto presidencial de 14 jan. 2005 está disponível em: <www.planalto.gov.br/ccivil_03/_Ato2004-2006/2005/Dnn/Dnn10424.htm>. Acessos em: 31 jan. 2019.

36. Discurso do presidente Lula na cerimônia de relançamento do Projeto Rondon em Tabatinga/AM, 19 jan. 2005.

37. Aricildes de Moraes Motta (Org.), História oral do projeto Rondon. Rio de Janeiro: Biblioteca do Exército, 2018, p. 7.

38. Transcrição de fala do episódio 2 (29 minutos).

EPÍLOGO [pp. 481-8]

1. Rubens Valente, "Procuradoria vê risco de genocídio de índios em Rondônia". Folha de S.Paulo, São Paulo, 10 dez. 2017.

2. Hudson Côrrea, "Governo quer desocupar uma cidade inteira". Folha de S.Paulo, São Paulo, 6 maio 2008, p. A7.

3. "Em Cuiabá, Bolsonaro se diz contra terra para índios e cota para negros", G1, 13 nov. 2015. Disponível em: <g1.globo.com/mato-grosso/noticia/2015/11/em-cuiaba-bolsonaro-se-diz-contra-terra-para-indios-e--cota-para-negros.html>. Acesso em: 1 fev. 2019.

4. Darcy Ribeiro, Uirá sai à procura de Deus. São Paulo: Global, 2016.

5. Coluna de Manuel Bandeira no Jornal do Brasil, Rio de Janeiro, 22 jan. 1958, p. 3.

Referências bibliográficas

ARQUIVOS CONSULTADOS

Academia Brasileira de Letras (Rio de Janeiro)
American Museum of Natural History (Nova York)
Arquivo Histórico do Exército (Rio de Janeiro)
Arquivo Histórico e Mapoteca Histórica do Itamaraty (Rio de Janeiro)
Arquivo Público do Estado de Mato Grosso (Cuiabá)
Biblioteca da Universidade Brown, Brasiliana Collection of Positivist Pamphlets (Providence, Rhode Island, Estados Unidos)
Biblioteca Houghton, Universidade Harvard, (Cambridge, Massachusetts, Estados Unidos)
Biblioteca Nacional (Rio de Janeiro)
Biblioteca Pública de Nova York (Nova York)
Cinemateca Brasileira (São Paulo)
Espaço Cultural Marechal Rondon (Ariquemes, RO)
Espaço Cultural Marechal Rondon (Santo Ângelo, RS)
Fundação Getulio Vargas, Centro de Pesquisa e Documentação (Rio de Janeiro)
Instituto Histórico e Geográfico Brasileiro (Rio de Janeiro)
Instituto Histórico e Geográfico de Mato Grosso (Cuiabá)
Memorial Darcy Ribeiro, Universidade Nacional de Brasília (Brasília, DF)
Museu Casa de Benjamin Constant (Rio de Janeiro)
Museu das Telecomunicações Marechal Rondon (Ji-Paraná, RO)
Museu Histórico do Exército e Forte de Copacabana (Rio de Janeiro)
Museu Nacional (Rio de Janeiro)
Observatório Nacional, Núcleo de Informação e Documentação (Rio de Janeiro)

JORNAIS E REVISTAS CONSULTADOS

A Noite
Careta
Correio da Manhã
Correio do Povo
Defesa Nacional
Diário Carioca
Diario da Noite (Rio de Janeiro)
Folha de S.Paulo
Fon-Fon (1907-58)
Jornal do Brasil
Jornal do Commercio (Rio de Janeiro)
Jornal do Commercio (Manaus)
Kosmos (1904-09)
Manchete
O Cruzeiro (1928-85)
O Estado de S. Paulo
O Globo
O Jornal
O Radical
Renascença
Revista da Familia Academica (1887-89)
Revista da Semana (1900-62)
Revista Ilustrada (1876-98)
Última Hora (1951-91)

LIVROS, FASCÍCULOS E PANFLETOS

ABREU, José Coelho da Gama; MARAJÓ, Barão de. *A Amazonia, as províncias do Pará e Amazonas, e o governo central do Brazil.* Lisboa: Typographia Minerva, 1883.

AGASSIZ, Louis; AGASSIZ, Elizabeth Cabot Cary. *A Journey in Brazil.* Boston: Ticknor and Fields, 1868.

ALBUQUERQUE, Luiz Rodolpho Cavalcanti de. *A Amazonia em 1893: Estudos Economico-Financeiros.* Rio de Janeiro: Imprensa Nacional, 1891.

_____. *Commercio e navegação da Amazonia e paizes limitrophes.* Pará: Typ. de Francisco de Costa Junior, 1891.

AMADO, Jorge. *O cavaleiro da esperança: Vida de Luís Carlos Prestes.* Rio de Janeiro: Record, 1979.

AMARANTE, João. *Major Amarante: Sua vida.* Rio de Janeiro: Departamento de Imprensa Nacional, 1972.

AMORIM, Annibal. *Viagens pelo Brazil: do Rio ao Acre: Aspectos da Amazonia do Rio a Matto Grosso.* Rio de Janeiro: Livraria Garnier, 1909.

AMORY, Frederic. *Euclides da Cunha: Uma odisseia nos trópicos.* São Paulo: Ateliê Editorial, 2009.

ANDRADE, Carlos Drummond de. *A vida passada a limpo.* São Paulo: Companhia das Letras, 2013.

APPLEBY, David P. *Heitor Villa-Lobos: A Life.* Lanham: Rowan & Littlefield/ Scarecrow Press, 2002.

ARARIPE, Tristão de Alencar. *Tasso Fragoso: Um pouco de história do nosso Exército*. Rio de Janeiro: Biblioteca do Exército, 1960.

BADET, Henri. *Le Général Rondon: Charmeur d'Indiens*. Paris: Nouvelles Éditions Latines, 1951.

BANDEIRA, Alípio. *A mystificação Salesiana*. Rio de Janeiro: Litho-Typo Fluminense, 1923.

_____. *Rondon: Um caso único*. Rio de Janeiro: [s.n.], 1919.

BARRETO, Paulo Coelho (João do Rio). *A alma encantadora das ruas*. São Paulo: Companhia de Bolso, 2008.

_____. *As religiões no Rio*. Rio de Janeiro: José Olympio, 2008.

BARTOLOTTI, Domenico. *L'Oro Verde del Brasile*. Firenze: Societa Editrice Toscana, 1928.

BASTOS FILHO, Jayme de Araújo. *A missão militar francesa no Brasil*. Rio de Janeiro: Biblioteca do Exército, 1994.

BATES, Henry Walter. *The Naturalist on the River Amazons*. Nova York: Penguin Books, 1989.

BEATTIE, Peter M. *The Tribute of Blood: Army, Honor, Race, and Nation in Brazil, 1864-1945*. Durham: Duke University Press, 2001.

_____. (Org.). *The Human Tradition in Modern Brazil*. Wilmington: SR Books, 2004.

BELLINI, Antonio (Org.) *Tributo ao Marechal Rondon*. São Paulo: AB Editora & Cultura, 2004.

BIGIO, Elias dos Santos. *Cândido Rondon: A integração nacional*. Rio de Janeiro: Contraponto, 2000.

BLOMBERG, Rolf. *Chavante: An Expedition to the Tribes of the Mato Grosso*. Nova York: Taplinger Publishing, 1961.

BODARD, Lucien. *Massacre on the Amazon*. Londres: Tom Stacey, 1971.

BOMILCAR, Álvaro. *O preconceito de raça no Brasil*. Rio de Janeiro: Typ. Aurora, 1916.

BORGES, Tadeu de Miranda; PERARO, Maria Adenir (Orgs.). *Brasil e Paraguai: Uma releitura da guerra*. Cuiabá: Entrelinhas/EDUFMT, 2012.

BOTELHO, Romeu. *Rondon, pioneiro moderno*. São Paulo: Shopping News, 1957.

BRAGA, Cláudio de Costa. *1910, o fim da chibata: Vítimas ou algozes*. Rio de Janeiro: Edição do Autor, 2010.

BRAUDEAU, Michel. "Le Télégraphe Positiviste de Candido Rondon". In: *Le Rêve amazonien*. Paris: Gallimard, 2004.

BRAZIL, Themistocles Paes de Souza. *Incolas Selvicolas*. Rio de Janeiro: Leuzinger S. A., 1938.

BUARQUE DE HOLANDA, Sérgio. *Marechal Rondon: 1865-1958*. São Paulo: Abril, 1973.

BURNS, E. Bradford. *Unwritten Alliance: Rio Branco and Brazilian-American Relations*. Nova York: Columbia University Press, 1966.

CALLADO, Antonio. *Esqueleto na lagoa verde*. Rio de Janeiro: Departamento de Imprensa Nacional, 1953.

CALMON, Pedro. *Gomes Carneiro: O general da república*. Rio de Janeiro: Guanabara, 1933.

CANFIELD, Michael R. *Theodore Roosevelt in the Field*. Chicago: University of Chicago Press, 2015.

CARNEIRO, João Marinónio Aveiro. *Filosofia e educação na obra de Rondon*. Rio de Janeiro: Biblioteca do Exército, 1988.

CARONE, Edgard. *A República Velha*. São Paulo: Difel, 1974. 8 v.

CARVALHO, Elysio de. *O Factor geographico na política brasileira*. Rio de Janeiro: S. A. Monitor Mercantil, 1921.

CASTELNAU, Francis de. *Expedição às regiões centrais da América do Sul*. São Paulo: Companhia Editora Nacional, 1949.

CASTRO, Celso. *Os militares e a República: Um estudo sobre cultura e ação política*. Rio de Janeiro: Zahar, 1995.

_____; LEMOS, Renato (Org.). *O diário de Bernardina: Da Monarquia à República, pela filha de Benjamin Constant*. Rio de Janeiro: Zahar, 2009.

CHALHOUB, Sidney. *Visões da liberdade: Uma história das últimas décadas da escravidão na corte*. São Paulo: Companhia das Letras, 1990.

CHERRIE, George K. *Dark Trails: Adventures of a Naturalist*. Nova York: G. P. Putnam's Sons, 1930.

CHURCH, George Earl. *Aborigenes of South America*. Londres: Chapman and Hall, 1912.

CHURCHWARD, Robert. *Wilderness of Fools: An Account of the Adventures in Search of Lieut. Colonel P. H. Fawcett, D. S. O*. Londres: George Routledge & Sons, 1936.

CIDADE, Francisco de Paula. *Cadetes e alunos militares através dos tempos (1878-1932)*. Rio de Janeiro: Biblioteca do Exército Editora, 1961.

_____. *Síntese de três séculos de literatura militar brasileira*. Rio de Janeiro: Biblioteca do Exército Editora, 1998.

COLLOR DE MELLO, Ana Luiza. *Rondon: Marechal da paz*. Maceió: Editora Gazeta de Alagoas, 1984.

COMTE, Auguste. *A General View of Positivism*. Nova York: E. P. Dutton & Co., 1907.

_____. *Introduction to Positivist Philosophy*. Indianápolis: Hackett Publishing Co., 1988.

_____. *Curso de filosofia positiva*. São Paulo: Nova Cultural, 1983.

_____. *System of Positive Polity*. Londres: Longmans, Green and Co., 1877.

CONRAD, Robert E. *The Destruction of Brazilian Slavery 1850-1888*. Krieger Publishing Co.: Malabar, Florida, 1993.

CORRÊA, Valmir Batista. *Coronéis e bandidos em Mato Grosso*. Campo Grande: Ed. UFMS, 1995.

COSTA, João Cruz. *A History of Ideas in Brazil: The Development of Philosophy in Brazil and the Evolution of National History*. Berkeley: University of California Press, 1964.

COSTA, Othon. *O Marechal Rondon e a cultura brasileira*. Rio de Janeiro: Continental, 1970.

COUTINHO, Edilberto. *Piguara, senhor do caminho: A saga do defensor do índio e pioneiro das comunicações*. Belo Horizonte: Editora Le, 1993.

_____. *Rondon e a integração da Amazônia*. São Paulo: Arquimedes, 1968.

_____. *Rondon: O civilizador da última fronteira*. Rio de Janeiro: Civilização Brasileira, 1975.

_____. *Rondon: O salto para o desconhecido*. São Paulo: Companhia Editora Nacional, 1987.

_____. *Rondon e a política indígena no século vinte*. Rio de Janeiro: Ed. PUC, 1978.

CRULS, Luiz. *Planalto central do Brasil*. Rio de Janeiro: José Olympio, 1957.

CRULS, Gastão. *A Amazonia mysteriosa*. São Paulo: Companhia Editora Nacional, 1929.

_____. *Amazonia que eu vi: Obidos-Tumucumaque*. Rio de Janeiro: Cisne, 1930.

CUNHA, Ayres Câmara. *A história da índia Diacuí*. Rio de Janeiro: Clube do Livro, 1976.

_____. *Entre os índios do Xingu*. São Paulo: Melhoramentos, 1960.

_____. *Nas selvas do Xingu*. São Paulo: Clube do Livro, 1969.

CUNHA, Euclides da. *À margem da história*. São Paulo: Martins Fontes, 1999.

_____. *Amazônia: Um paraíso perdido*. Manaus: Ed. Valer/Ed. UFAM, 2003.

_____. *Os sertões: Campanha de Canudos*. Rio de Janeiro: Laemmert & Co., 1905.

_____. *Peru versus Bolívia*. São Paulo: Francisco Alves, 1907.

CURY, Carmelita. *Rondonópolis: do Bororo ao Prodoeste*. Cuiabá: Alvorada, 1973.

DIACON, Todd A. *Stringing Together a Nation: Cândido Mariano da Silva Rondon and the Construction of a Modern Brazil, 1906-1930*. Durham: Duke University Press, 2004.

DORIA, Pedro. *Tenentes: A Guerra Civil Brasileira*. Rio de Janeiro: Record, 2016.

DRIVER, Felix. *Geography Militant: Cultures of Exploration and Empire*. Oxford: Blackwell Publishers, 2001.

DUSSAUZE, Henry (Org.). *The Gospel of Maternal Love*. Newcastle-on-Tyne: Hindson, 1910.

DYOTT, George M. *Man-Hunting in the Jungle*. Indianápolis: Bobbs-Merrill, 1930.

ENDERS, Armelle. *A história do Rio de Janeiro*. Rio de Janeiro: Editora Gryphus, 2002.

_____. *Os vultos da nação: Fábrica de heróis e formação dos brasileiros*. Rio de Janeiro: Ed. FGV, 2014.

FAORO, Raymundo. *Os donos do poder*. São Paulo: Globo, 2012.

FAWCETT, Brian. *Ruins in the Sky*. Londres: Hutchinson & Co., 1958.

FAWCETT, Percy H. *Exploration Fawcett* Londres: Century, 1988.

_____. *Lost Trails, Lost Cities: From His Manuscripts, Letters, and Other Records, Selected and Arranged by Brian Fawcett*. Nova York: Funk & Wagnalls, 1953.

FERREIRA, João Carlos Vicente. *Mato Grosso e seus municípios*. Cuiabá: Buriti, 2001.

FERREIRA, Jorge; DELGADO, Lucilia de Almeida Neves (Orgs.). *O Brasil republicano: O tempo do liberalismo excludente — Da proclamação da República à Revolução de 1930*. Rio de Janeiro: Civilização Brasileira, 2003.

FIGUEIREDO, Affonso Celso de Assis (visconde de Ouro Preto). *Excertos biográficos*. Porto Alegre: Livraria do Globo, 1936.

FIGUEIREDO, Luiza Vieira Sá de. *Das comissões telegráficas ao Serviço de Proteção ao Índio: Rondon, o agente público e político*. Curitiba: Ed. CRV, 2013.

FIGUEIREDO, Paulo Augusto Nunes de. *Aspectos ideológicos do Estado Novo*. Brasília: Centro Gráfico do Senado Federal, 1983.

FONSECA, Aurelio Cordeiro da; REZENDE, Tatiana Matos. *As cadernetas de Rondon: Testemunhos de uma epopeia pelos sertões do Brasil 1890-1930*. Rio de Janeiro: Fundação Cultural Exército Brasileiro, 2010.

FREIXINHO, Nilton. *Instituições em crise: Dutra e Góes Monteiro, duas vidas paralelas*. Rio de Janeiro: Biblioteca do Exército Editora, 1997.

FREUNDT, Erich; BALDUS, Herbert. *Índios de Mato Grosso*. São Paulo: Melhoramentos, 1947.

FREYRE, Gilberto. *Order and Progress: Brazil from Monarchy to Republic*. Nova York: Alfred Knopf, 1970.

GAGLIARDI, José Mauro. *O indígena e a República*. São Paulo: Hucitec/Edusp, 1989.

GALETTI, Lylia da Silva Guedes. *Sertão, fronteira, Brasil: Imagens de Mato Grosso no mapa da civilização*. Cuiabá: Entrelinhas/EDUFMT, 2012.

GALTON, Francis. *Memories of My Life*. Londres: Methuen & Co., 1908.

_____. *The Art of Travel, or Shifts and Contrivances Available in Wild Countries*. Londres: Phoenix Press, 2000.

GALVÃO, Walnice Nogueira. *Crônica de uma tragédia inesquecível: Autos do processo de Dilermando de Assis, que matou Euclides da Cunha*. Rio de Janeiro: Albatroz, 2007.

GARCIA, Beatriz. *The Amazon from an International Law Perspective*. Nova York: Cambridge University Press, 2011.

GARFIELD, Seth. *In Search of the Amazon: Brazil, the United States and the Nature of a Region*. Durham: Duke University Press, 2013.

_____. *Indigenous Struggle at the Heart of Brazil: State Policy, Frontier Expansion and the Xavante Indians, 1937-1988*. Durham: Duke University Press, 2001.

GOES FILHO, Synesio Sampaio. *Navegantes, bandeirantes, diplomatas: Um ensaio sobre a formação das fronteiras do Brasil*. Rio de Janeiro: Martins Fontes/Biblioteca do Exército, 2000.

GOMES, Laurentino. *1889*. Rio de Janeiro: Globo, 2013.

GOMES, Mércio Pereira. *The Indians and Brazil*. Gainesville: University of Florida Press, 2000.

GRANN, David. *The Lost City of Z: A Tale of Deadly Obsession in the Amazon*. Nova York: Vintage/Random House, 2005. [Ed. bras.: *Z, a cidade perdida: A obsessão mortal do coronel Fawcett em busca do Eldorado brasileiro*. São Paulo: Companhia das Letras, 2009.]

GUEDES, Mário. *Os seringaes: Pequenas notas*. Rio de Janeiro: Typ. de Martins de Araújo, 1914.

GUERRA, Flávio. *Rondon: O sertanista*. Rio de Janeiro: Record, 1970.

GUIMARÃES, Julio Alfredo. *Rondon: O soldado pacificador*. Campo Grande: Tip. Pedro de Alcântara, 1984.

GUSMÃO, Clóvis de. *Rondon*. Rio de Janeiro: José Olympio, 1942.

GUZMÁN, Tracy Devine. *Native and National in Brazil: Indigeneity after Independence*. Chapel Hill: University of North Carolina Press, 2013.

HARRIS, Mark. *Rebellion on the Amazon: The Cabanagem, Race and Popular Culture in the North of Brazil 1798-1840*. Nova York: Cambridge University Press, 2010.

HECHT, Susanna R. *The Scramble for the Amazon and the Lost Paradise of Euclides da Cunha*. Chicago: University of Chicago Press, 2013.

HEMMING, John. *Amazon Frontier: The Defeat of the Brazilian Indians*. Londres: Macmillan, 1987.

_____. *Die If You Must: Brazilian Indians in the 20th Century*. Londres: Macmillan, 2003.

HEINSFELD, Adelar. *Fronteira Brasil/Argentina: A questão de Palmas*. Passo Fundo: Méritos, 2007.

HENRY, Jules. *Jungle People: A Kaingáng Tribe of the Highlands of Brazil*. Richmond: J. J. Augustin Press, 1941.

HERNDON, William Lewis. *Exploration of the Valley of the Amazon 1851-1852*. Nova York: Grove Press, 2000.

KARASCH, Mary C. *Before Brasília: Frontier Life in Central Brazil*. Albuquerque: University of New Mexico Press, 2016.

_____. *Slave Life in Rio de Janeiro 1808-1850*. Princeton: Princeton University Press 1987.

KEAY, John. *Explorers Extraordinary*. Londres: John Murray/British Broadcasting Corporation, 1985.

KELSEY, Vera. *New World Neighbors: Six Great Men of Brazil*. Boston: D. C. Heath and Company, 1942.

KERBEY, J. Orton. *An American Consul in Amazonia*. Nova York: W. E. Rudge, 1911.

KORDA, Michael. *Hero: The Life and Legend of Lawrence of Arabia*. Nova York: Harper, 2010.

KURY, Lorelai; SÁ, Magali Romero. *Rondon: Inventários do Brasil 1900-1930*. Rio de Janeiro: Andrea Jakobsson Estúdio Editorial Ltda., 2017.

LANGE, Algot. *In the Amazon Jungle: Adventures in Remote Parts of the Upper Amazon River, Including a Sojourn Among Cannibal Indians*. Nova York: G. P. Putnam's Sons, 1912.

_____. *The Lower Amazon: A Narrative of Explorations in the Little Known Regions of the State of Pará, on the Lower Amazon, with a Record of Archaeological Excavations on Marajó Island at the Mouth of the Amazon River, and Observations on the General Resources of the Country*. Nova York: G. P. Putnam's Sons, 1914.

LASMAR, Denise Portugal. *O acervo imagético da Comissão Rondon no Museu do Índio 1890-1938*. Rio de Janeiro: Museu do Índio, 2011.

LEAL, Hermes. *Coronel Fawcett: A verdadeira história do Indiana Jones*. São Paulo: Geração Editorial, 1996.

LEÃO, Antônio Velloso. *Euclides da Cunha na Amazônia: Ensaio*. Rio de Janeiro: Pangetti, 1966.

LEMOS, Miguel. *O positivismo e a escravidão moderna*. Rio de Janeiro: Sociedade Positivista, 1884.

LEMOS, Renato. *Benjamin Constant: Vida e história*. Rio de Janeiro: Topbooks, 1999.

LENZER, Gertrud (Org.). *Auguste Comte and Positivism: The Essential Writings*. Chicago: University of Chicago Press, 1975.

LÉVI-STRAUSS, Claude. *Saudades do Brasil*. São Paulo: Companhia das Letras, 1994.

_____. *The Raw and the Cooked*. Chicago: University of Chicago Press, 1990.

_____. *Tristes tropiques*. Nova York: Random House, 1997. [Ed. bras.: *Tristes trópicos*. São Paulo: Companhia das Letras, 1996.]

LIMA, Antônio Carlos de Souza. *Um grande cerco de paz: Poder tutelar, indianidade e formação do Estado no Brasil*. Petrópolis: Vozes, 1995.

LIMA, Nísia Trindade. *Um sertão chamado Brasil: Intelectuais e representação geográfica da identidade nacional*. Rio de Janeiro: Revam/Iuperj, 1999.

LIMA FIGUEIREDO, José de. *Índios do Brasil*. São Paulo: Companhia Editora Nacional, 1939.

LINS, Ivan Monteiro de Barros. *Benjamin Constant*. Rio de Janeiro: J. R. de Oliveira & Cia, 1936.

_____. *História do positivismo no Brasil*. Brasília: Edições do Senado Federal, 2009.

LIRA NETO, João de. *Getúlio*. São Paulo: Companhia das Letras, 2012. 3 v.

LOBATO FILHO, General. *Avançae para o Jamari! (Uma tragédia na Comissão Rondon)*. Rio de Janeiro: Ed. Henrique Vellos, 1944.

LOVE, Joseph. *The Revolt of the Whip*. Palo Alto: Stanford University Press, 2012.

MACHADO, Ana Maria. *Não se mata na mata: Lembranças de Rondon*. São Paulo: Mercuryo Jovem, 2008.

MACHADO, Maria Fátima Roberto. *Museu Rondon: Antropologia e indigenismo na universidade da selva*. Cuiabá: Entrelinhas, 2009.

MACIEL, Laura Antunes. *A nação por um fio: Caminhos, práticas e imagens da "Comissão Rondon"*. São Paulo: Ed. PUC, 1998.

MAGALHÃES, Amílcar Armando Botelho de. *Impressões da Comissão Rondon*. Porto Alegre: Livraria do Globo, 1929.

_____. *Pelos sertões do Brasil*. São Paulo: Companhia Editora Nacional, 1941.

_____. *Rondon: Uma relíquia da pátria*. Curitiba: Editora Guaíra, 1942.

MAGNOLI, Demétrio. *O corpo da pátria: Imaginação geográfica e política externa no Brasil (1808-1912)*. São Paulo: Ed. Fundação Unesp/ Moderna, 1997.

MALAN, Alfredo Souto. *Missão militar francesa de instrução junto ao Exército Brasileiro*. Rio de Janeiro: Biblioteca do Exército, 1988.

MARCIGAGLIA, Luiz. *Os salesianos no Brasil*. São Paulo: Escolas Profissionais Salesianas, 1955.

MARIZ, Vasco. *Villa-Lobos: O homem e a obra*. Rio de Janeiro: Francisco Alves, 2005.

MARTINEAU, Harriet; HARRISON, Frederic. *The Positive Philosophy of Auguste Comte*. Kitchener: Batoche Books, 2000. 3 v.

MARTINS, Demósthenes. *Marechal Rondon*. Cuiabá: Jornal do Comércio, 1963.

MARTINS, Sebastião. *O cacique branco*. Belo Horizonte: Armazém de Ideias, 1999.

MARTIUS, Karl Friedrich Philipp von. *Glossarios de diversos lingoas e dialectos que fallao os Indios no Imperio do Brazil*. Erlangen: Druck von Junge & Sohn, 1863.

_____; SPIX, Johann Baptist von. *Travels in Brazil, in the Years 1817-1820, Undertaken by Command of His Majesty the King of Bavaria*. Londres: Longman, Hurst, Rees, Orme, Brown and Green, 1824. 2 v.

MAURY, Matthew Fontaine. *The Amazon and the Atlantic Slopes of South America*. Washington: Franck Taylor, 1853.

MCCANN, Bryan. *Hello, Hello Brazil: Popular Music in the Making of Modern Brazil*. Durham: Duke University Press, 2004.

MCCANN, Frank D. *Soldiers of the Pátria: A History of the Brazilian Army, 1889-1937*. Stanford: Stanford University Press, 2004.

MEDEIROS, Fernando Saboia de. *A liberdade de navegação do Amazonas: Relações entre o império e os Estados Unidos da América*. Rio de Janeiro: Biblioteca do Exército, 2014.

MEIRELLES, Domingos. *As noites das grandes fogueiras: Uma história da Coluna Prestes*. Rio de Janeiro: Record, 1995.

MELLO-LEITÃO, Cândido de. *História das expedições científicas no Brasil*. São Paulo: Companhia Editora Nacional, 1941.

MENAND, Louis. *The Metaphysical Club: A Story of Ideas in America*. Nova York: Farrar, Straus and Giroux, 2001.

MENDES, J. A. *A crise amazônica e a borracha*. Belém do Pará, 1909.

MENEZES, Maria Lucia Pires. *Parque Indígena do Xingu: A construção de um território estatal*. Campinas: Ed. Unicamp, 2000.

MILANEZ, Felipe (Org.). *Memórias sertanistas: Cem anos de indigenismo no Brasil*. São Paulo: Edições SESC, 2015.

MILLARD, Candice. *The River of Doubt: Theodore Roosevelt's Darkest Journey*. Nova York: Anchor Books, 2005.

MILLER, Leo E. *In the Wilds of South America*. Nova York: Charles Scribner's Sons, 1918.

MITCHELL, Angus. *Roger Casement in Brazil: Rubber, the Amazon and the Atlantic World 1884-1916*. São Paulo: Humanitas, 2010.

_____ (Org.). *Sir Roger Casement's Heart of Darkness: The 1911 Documents*. Dublin: Irish Manuscripts Commission, 2003.

_____. (Org.). *The Amazon Journals of Roger Casement*. Londres: Anaconda Editions, 1997.

MONTERO, Paula (Org.). *Deus na aldeia: Missionários, índios e mediação cultural*. São Paulo: Globo, 2006.

_____. *Selvagens, civilizados, autênticos: A produção das diferenças nas etnografias salesianas (1920-1970)*. São Paulo: Edusp, 2012.

MORAES, João Quartim de. *A esquerda militar no Brasil*. São Paulo: Siciliano, 1994. 2 v.

MORAIS, Fernando. *Chatô: O rei do Brasil*. São Paulo: Companhia das Letras, 1994.

MOREL, Cristina Massadar; MOREL, Marco. *Almanaque histórico Rondon: A construção do Brasil e a causa indígena*. Brasília: Aprivideo, 2009.

MOREL, Edmar. *A Revolta da Chibata*. Rio de Janeiro: Edições Graal, 1979.

MORENO, Gislaene. *Terra e poder em Mato Grosso: Política e mecanismos de burla 1892-1992*. Cuiabá: Entrelinhas/ EDUFMT, 2007.

MORGAN, Zachary R. *Legacy of the Lash: Race and Corporal Punishment in the Brazilian Navy and the Atlantic World*. Bloomington: Indiana University Press, 2014.

MORISON, Elting E. (Org.). *The Letters of Theodore Roosevelt*. Cambridge: Harvard University Press, 1954.

MORRIS, Edmund. *Colonel Roosevelt*. Nova York: Random House, 2010.

MOTTA, Aricildes de Moraes (Org.). *História oral do projeto Rondon: Integrar para não entregar*. Rio de Janeiro: Biblioteca do Exército, 2006. 4 v.

MOTTA, Jehovah. *Formação do oficial do Exército: Currículos e regimes na academia militar 1810-1944*. Rio de Janeiro: Editora Companhia Brasileira de Artes Gráficas, 1976.

MOURA, Ignacio; SILVA, Estephanio. *Vultos e descobrimentos do Brazil e da Amazonia*. Pará, 1900

MÜLLER, Cristina; LIMA, Luiz Octavio; RABINOVICI, Moises. *O Xingu dos Villas-Boas*. São Paulo: Agência Estado/ Metalivros, 2002.

NASCIMENTO, Álvaro Pereira do. *Cidadania, cor e disciplina na Revolta dos Marinheiros de 1910*. Rio de Janeiro: Mauad X/ Faperj, 2008.

NEEDELL, Jeffrey D. *A Tropical Belle Epoque: Elite Culture and Society in Turn-of-the-Century Rio de Janeiro*. Cambridge: Cambridge University Press, 1987.

NEVES, Lucia Maria Bastos Pereira; MACHADO, Humberto. *O Império do Brasil*. Rio de Janeiro: Nova Fronteira, 1999.

NEVES DA FONTOURA, João. *Memórias: A aliança liberal e a Revolução de 1930*. Rio de Janeiro: Globo, 1963. v. 2.

NOVAES, Sylvia Caiuby. *Jogo de espelhos*. São Paulo: Edusp, 1993.

OLIVEIRA, Jô; HELENO, Guido. *As aventuras de Roosevelt e Rondon na Amazônia*. Brasília: Linha Gráfica Editora, 1990.

OLIVEIRA, L. J. Spósito. *Índios SOS Rondon: Cinco Séculos de Agonia*. São Paulo: Editora D'Livros, 2010.

O'REILLY, Donald F. *Rondon: Biography of a Brazilian Republican Army Commander*. Tese de doutorado. Universidade de Nova York, 1969.

ORNIG, Joseph R. *My Last Chance to Be a Boy: Theodore Roosevelt's South American Expedition of 1913-1914*. Baton Rouge: Louisiana State University Press, 1994.

OSBORN, Henry Fairfield. *Impressions of Great Naturalists*. Nova York: Charles Scribner's Sons, 1924.

PAIS, Abraham. *Subtle is the Lord: The Science and Life of Albert Einstein*. Londres: Oxford University Press, 1982.

PAIVA, Mário Garcia de. *A grande aventura de Rondon*. Rio de Janeiro: Instituto Nacional do Livro, 1971.

PAIVA, Samuel; SCHVARZMAN, Sheila (Org.). *Viagem ao cinema silencioso do Brasil*. São Paulo: Azougue, 2011.

PEREGRINO, Umberto. *História e projeção das instituições culturais do Exército*. Rio de Janeiro: José Olympio, 1967.

PINHEIRO, Enio. *À sombra de Rondon e Juarez*. São Paulo: Edicon, 1985.

PRESTES, Anita Leocádia. *A Coluna Prestes*. São Paulo: Brasiliense, 1990.

PRESTES, Luís Carlos. *Documentos de Luís Carlos Prestes*. Buenos Aires: Ediciones Nuevos Tiempos, 1947.

_____. *Prestes com a palavra: Uma seleção das principais entrevistas do líder comunista*. Campo Grande: Letra Livre Editora, 1997.

_____. *Prestes por ele mesmo*. São Paulo: Martin Claret, 1995.

PRICE, Willard. *I Cannot Not Rest from Travel*. Londres: William Heinemann Ltd., 1951.

RANGEL, Alberto. *Inferno verde: Scenas e scenarios do Amazonas*. Famalição: Typographia Minerva, 1915.

_____. *Rumos e perspectivas: Discursos e conferências*. Porto: Companhia Portuguesa Editora, 1914.

REIS, Daniel Aarão. *Luís Carlos Prestes: Um revolucionário entre dois mundos*. São Paulo: Companhia das Letras, 2014.

REVISTA do Instituto Histórico e Geográfico de Mato Grosso, Cuiabá: IHGMT, 2007. *Centenário da Comissão Rondon: 1907-2007*.

RIBEIRO, Darcy. *Confissões*. São Paulo: Companhia das Letras, 1997.

_____. *O povo brasileiro: A formação e o sentido do Brasil*. São Paulo: Companhia de Bolso, 1995.

_____. *Os índios e a civilização: A integração dos povos indígenas no Brasil moderno*. Petrópolis: Vozes, 1977.

_____. *O indigenista Rondon: Homenagem da turma de 1958 da Escola Superior de Guerra ao seu patrono*. Rio de Janeiro: Ministério da Educação e Cultura, Serviço de Documentação, 1958.

_____. *Uirá sai à procura de Deus: Ensaios de etnologia e indigenismo*. Rio de Janeiro: Paz e Terra, 1974.

ROCHA, Leandro Mendes. *A política indigenista no Brasil: 1930-1967*. Goiânia: Editora UFG, 2003.

_____. *O estado e os índios: Goiás 1850-1889*. Goiânia: Ed. UFG, 1998.

ROLAND, Maria Inês. *A Revolta da Chibata, Rio de Janeiro 1910*. São Paulo: Saraiva, 2000.

RONDON, Frederico. *Na Rondônia Ocidental*. São Paulo: Companhia Editora Nacional, 1938.

_____. *Pelos sertões e fronteiras do Brasil sob as ordens de Rondon, o civilizador*. Rio de Janeiro: Reper Editora, 1969.

ROOSEVELT, Kermit. *The Long Trail*. Nova York: The Review of Reviews/The Metropolitan Magazine, 1921.

ROOSEVELT, Theodore. *A Book-Lover's Holidays in the Open*. Nova York: Charles Scribner's Sons, 1920.

_____. *Through the Brazilian Wilderness*. Nova York: Charles Scribner & Sons, 1914.

ROQUETTE-PINTO, Edgard. *Rondônia*. São Paulo: Companhia Editora Nacional, 1938.

SAFIER, Neil. *Measuring the New World: Enlightenment Science and South America*. Chicago: University of Chicago Press, 2008.

SANTOS, Roberto. *História Econômica da Amazônia 1800-1920*. São Paulo: T. A. Queiroz, 1980.

SAVAGE-LANDOR, Arnold Henry. *Across Unknown South America*. Nova York: Hodder & Stoughton, 1913. 2 v.

_____. *Everywhere: The Memoirs of an Explorer*. Nova York: Frederick A. Stokes Company, 1924. 2 v.

SAUTCHUCK, Jaime. *Cruls: Histórias e andanças do cientista que inspirou JK a fazer Brasília*. São Paulo: Geração Editorial, 2014.

SCHULZ, John. *Exército na política: Origens da intervenção militar 1850-1894*. São Paulo: Edusp, 1994.

SCHWARCZ, Lilia Moritz. *O espetáculo das raças: Cientistas, instituições e questão racial no Brasil 1870-1930*. São Paulo: Companhia das Letras, 1993.

SCHWARTZMAN, Simon. *Um espaço para a ciência: A formação da comunidade científica no Brasil*. Brasília: Ministério de Ciência e Tecnologia, 2001.

SILVA, Danuzio Gil Bernardino da (Org.). *Os diários de Langsdorff: Volume III Mato Grosso e Amazônia*. Rio de Janeiro: Fiocruz, 1997.

SILVA, Francisco Bento da. *Acre, a Sibéria tropical: Desterros para a região do Acre em 1904-1910*. Rio Branco: Edições UFA, 2013.

SILVA, Hermano Ribeiro da. *Nos sertões do Araguaia*. Rio de Janeiro: Cultura Brasileira, 1935.

SIMÕES LOPES, Luís. *Fragmentos de memória*. Rio de Janeiro: Ed. FGV, 2006.

SIMON, W. M. *European Positivism in the Nineteenth Century: An Essay in Intellectual History*. Ithaca: Cornell University Press, 1963.

SIQUEIRA, Elizabeth Madureira; MACHADO, Fernanda Quixabeira; AVILA, Luciwaldo Pires de. *O Brasil pelos brasileiros: Relatórios científicos da comissão Rondon*. Cuiabá: Carlini Canlato Ed., 2016.

SKIDMORE, Thomas E. *Black into White: Race and Nationality in Brazilian Thought*. Durham: Duke University Press, 1993.

SLATER, Candace. *Entangled Edens: Visions of the Amazon*. Berkeley: University of California Press, 2002.

SMALLMAN, Shawn C. *Fear & Memory in the Brazilian Army & Society*. Chapel Hill: University of North Carolina Press, 2002.

SMITH, Anthony. *Explorers of the Amazon*. Chicago: University of Chicago Press, 1990.

STEINEN, Karl von den. *Entre os aborígenes do Brasil central*. São Paulo: Departamento de Cultura, 1940.

_____. *O Brasil central: Expedição em 1884 para a exploração do Rio Xingu*. São Paulo: Companhia Editora Nacional, 1942.

TACCA, Fernando de. *A imagética da Comissão Rondon*. Campinas: Papirus, 2001.

TAUNAY, Alfredo d'Escragnolle. *Inocência*. Belém: Ed. NEAD, 2008.

TETTAMANZI, Régis. *Les Écrivains français et le Brésil: La Construction d'un imaginaire de la jangada à Tristes Tropiques*. Paris: L'Harmattan, 2004.

TOCANTINS, Aecim; ECHEVERRIA, Ivan. *Cartas do Marechal Cândido Mariano da Silva Rondon: Relíquias do Telegrafista Tocantins*. Cuiabá: KCM Editora, 2013.

TOCANTINS, Leandro. *Euclides da Cunha e o paraíso perdido*. Manaus: Edições Governo do Estado do Amazonas, 1966.

TOMASQUIM, Alfredo Tiomno. *Einstein: O viajante da relatividade na América do Sul*. Rio de Janeiro: Vieira & Lent, 2003.

TORRES, João Camilo de Oliveira. *O positivismo no Brasil*. Petrópolis: Vozes, 1943.

TREECE, David. *Exiles, Allies, Rebels: Brazil's Indianist Movement, Indigenist Politics, and the Imperial Nation-State*. Westport: Greenwood Press, 2000.

TRINDADE, Hélgio (Org.). *O positivismo: Teoria e prática*. Porto Alegre: Ed. UFRGS, 2007.

URBAN, Greg; SHERZER, Joel. *Nation-State and Indians in Latin America*. Austin: University of Texas Press, 1991.

VELLASCO, Alarico. *Rondon: Uma glória nacional*. Rio de Janeiro: Printel, 1991.

VERÍSSIMO, José. *Cenas da vida amazônica*. São Paulo: WMF Martins Fontes, 2011.

VETILLO, Walter. *Rondon: O desbravador do Brasil*. São Paulo: Cortez, 2013.

VIDEIRA, Antonio Augusto Passos (Org.). *Henrique Morize e a causa da ciência pura no Brasil*. Rio de Janeiro: Fundação Miguel de Cervantes, 2012.

VILLAS BÔAS, Orlando; VILLAS BÔAS, Cláudio. *A marcha para o oeste: A epopeia da expedicão Roncador-Xingu*. São Paulo: Globo, 1994.

VIVEIROS, Esther de. *Rondon conta sua vida*. Rio de Janeiro: Biblioteca do Exército, 2010.

WADE, Peter et al. (Orgs.). *Mestizo Genomics: Race Mixture, Nation and Science in Latin America*. Durham: Duke University Press, 2014.

WAGLEY, Charles. *Amazon Town: A Study of Man in the Tropics*. Nova York: A. Knopf, 1964.

WALLACE, Alfred Russel. *Travels on the Amazon and Rio Negro*. Londres: Ward, Lock & Co., 1889.

WEINSTEIN, Barbara. *The Amazon Rubber Boom, 1850-1920*. Palo Alto: Stanford University Press, 1983.

WERNECK Sodré, Nelson. *A história militar do Brasil*. Rio de Janeiro: Civilização Brasileira, 1979.

WERNICK, Andrew. *Auguste Comte and the Religion of Humanity: The Post-Theistic Program of French Social Theory*. Cambridge: Cambridge University Press, 2001.

WOODROFFE, Joseph F. *The Rubber Industry of the Amazon and How Its Supremacy Can Be Maintained, with a Foreword on the Latin-American Indian*. Londres: J. Bale Sons & Danielsson, Ltd. 1916.

ZAHM, John Augustine. *Through South America's Southland, With an Account of the Roosevelt Scientific Expedition to South America*. Nova York: D. Appleton & Company, 1916.

OBRAS DE REFERÊNCIA, DICIONÁRIOS E ENCICLOPÉDIAS

ABREU, Alzira Alves de et al. (Org.) *Dicionário histórico-biográfico da Primeira República 1889-1930*. Rio de Janeiro: Ed. FGV, 2015.

_____. *Dicionário histórico-biográfico brasileiro pós-1930*. Rio de Janeiro: Ed. FGV, 2001. 5 v.

AMAZON STEAM NAVIGATION COMPANY, LTD. *The Great River: Notes on the Amazon and Its Tributaries and the Steamship Services*. Londres: Simpkin, Marshall, Hamilton, Kent & Co., 1904.

BALEEIRO, Aliomar. *Constituições brasileiras*. Brasília: Biblioteca do Senado Federal, 2012. v. II: 1891.

CONSELHO INDIGENISTA MISSIONÁRIO. *Povos indígenas: Aqueles que devem viver — Manifesto contra os decretos de extermínio*. Brasília: CIMI, 2012.

DIRECTORIA GERAL DE ESTATÍSTICA. *Synopse do Recenseamento de 31 de Dezembro de 1890*. Rio de Janeiro: Officina de Estatística, 1898.

HOEHNE, Frederico Carlos. *Índice bibliográfico e numérico das plantas colhidas pela Comissão Rondon 1908-1923*. São Paulo, 1951.

IGREJA POSITIVISTA DO BRASIL. *Centro de referência do Positivismo*. Rio de Janeiro: Soluções Urbanas, 2015.

LUCIANO, Gersem dos Santos. *O índio brasileiro: O que você precisa saber sobre os povos indígenas no Brasil de hoje*. Brasília: SECAD/Museu Nacional, 2006.

MACEDO, Lino de. *Amazonia: Repositório alphabético de termos, descripções de localidades, homens notáveis, animaes, aves, peixes, lendas, costumes, clima, população, riquezas, monumentos, progressos, tarifas, indicações úteis, propriedades e curiosidades do grandioso valle do Amazonas*. Lisboa: Typ. Adolpho Mendonça, 1906.

MARSH, Ernest. "The Salesian Society". In: *The Catholic Encyclopedia*. Nova York, Robert Appleton Company, 1912.

MOREIRA NETO, Carlos de Araújo. "Índios e fronteiras". *Revista de Estudos e Pesquisas*, Funai, Brasília, v. 2, n. 2, pp. 79-87, dez. 2005.

MUSEU DE ASTRONOMIA E CIÊNCIAS AFINS, ARQUIVO DE HISTÓRIA DA CIÊNCIA. *Conselho de fiscalização das expedições artísticas e científicas no Brasil: Inventário*. Rio de Janeiro: MAST, 2012.

OLSON, James Stuart. *The Indians of Central and South America: An Ethnohistorical Dictionary*. Nova York, Greenwood, 1991.

ROOSEVELT, Theodore. *A Compilation of the Messages and Speeches of Theodore Roosevelt (1901-1905)*. Washington: Bureau of National Literature and Art, 1906, v. 1, p. 610.

_____. *The Works of Theodore Roosevelt: Presidential Addresses and State Papers*. Nova York: P. F. Collier & Sons 1914, v. 2.

SODRÉ, Lauro. (Org.). *The State of Pará: Notes for the Exposition of Chicago*. Nova York, 1893.

SPILLER, G. (Org.). *Papers on Inter-Racial Problems: A Record of the Proceedings of the First Universal Races Congress*. Londres: P. S. King & Son, 1911.

VIANNA, José Feliciano Lobo. *Guia militar para o anno de 1898 (Abrangendo os annos de 1893-1897)*. Rio de Janeiro: Imprensa Nacional, 1897.

VOGAS, Ellen Cristine Monteiro (Org.). *Inventário dos arquivos pessoais de Darcy e Berta Ribeiro*. Rio de Janeiro: Fundação Darcy Ribeiro, 2011.

DOCUMENTOS, DIÁRIOS E RELATÓRIOS OFICIAIS

AMARANTE, Emmanuel Silvestre do. CLTEMA *Annexo. N. 3: Levantamento e locação do trecho comprehendido entre os Rios Zolaharuiná (Burity) e Juruena*. Rio de Janeiro: Papelaria Macedo, 1909.

BARBOSA, Julio Caetano Horta. *Exploração do rio Ikê (1912-1913)*. Publicação n. 29, Annexo n. 2. Rio de Janeiro: CLTEMA, 1916.

BARBOSA, Luis Bueno Horta. *O problema indígena no Brasil*. CNPI Publicação, n. 65 da Comissão Rondon. Rio de Janeiro: Imprensa Nacional, p. 194.

_____. *O serviço de protecção aos índios e a "história da colonisação do Brazil"*. Rio de Janeiro: Typ. do Jornal do Commercio, 1919.

_____. *Pelo índio e pela sua proteção oficial*. Rio de Janeiro: Imprensa Nacional, 1947.

BARBOSA, Nicolau Bueno Horta. *Exploração e levantamento dos rios Anarí e Machadinho*. CLTEMA Publicação n. 48, Anexo n. 2, 2. ed. Rio de Janeiro: Imprensa Nacional, 1945.

CAJAZEIRA, José Antonio. *Expedição Scientífica Roosevelt-Rondon: Annexo n. 6, Relatório apresentado ao Chefe da Comissão Brasileira, Coronel de Engenharia Cândido Mariano da Silva Rondon pelo Médico da Expedição*. Rio de Janeiro: Typ. do Jornal do Commercio, 1916.

CÂMARA DOS DEPUTADOS. *Marechal Cândido Mariano da Silva Rondon: Homenagem*. Rio de Janeiro: Departamento de Imprensa Nacional, 1958.

CENTRO DE CIÊNCIAS, LETRAS E ARTES DE CAMPINAS. *A questão indígena: Appello dirigido à opinião pública do Brazil pela Comissão Promotora da Defesa dos Índios*. Campinas: Typ. Livro Azul, 1909.

CHERRIE, George K. *George K. Cherrie's Diary of the Theodore Roosevelt Expedition to Explore the River of Doubt in Brazil, October 1913 to May 1914*. Transcrição de Joseph R. Ornig, nov. 1975.

COMISSÃO DE LINHAS TELEGRAPHICAS ESTRATÉGICAS DE MATTO GROSSO AO AMAZONAS. *Relatórios diversos: Projectos, orçamentos, medições, observações meteorológicas, etc.* Publicação n. 27, Annexo n. 4, Rio de Janeiro: Papelaria Luiz Macedo, 1910.

CONSELHO NACIONAL DE PROTEÇÃO AOS ÍNDIOS. *19 de Abril, o Dia do Índio: As comemorações realizadas em 1944 & 1945.* CNPI Publicação n. 100. Rio de Janeiro: Imprensa Nacional, 1946.

CRULS, Luiz. *Comissão exploradora do Planalto Central do Brazil: Relatório parcial, apresentado ao ministro da Indústria, Viação e Obras Públicas.* Rio de Janeiro: H. Lombaerts & Comp., 1893.

DUCKE, Adolpho. *História natural, zoologia: Enumeração dos hymenopteros colligidos pela comissão e revisão das espécies de abelhas do Brasil.* Publicação n. 35, Annexo n. 6. Rio de Janeiro: CLTEMA, 1916.

FARIA, João Florentino Meira de. *Serviço Sanitário Relatório.* Publicação n. 32, Annexo n. 6. Rio de Janeiro: CLTEMA, 1916.

FRANCO, Ari (Relator). *Mandado de segurança — Fechamento da Sociedade Amigos da América — Denegação.* Tribunal de Apelação do Distrito Federal, 27 jul. 1945, pp. 137-73.

HOEHNE, Frederico Carlos. *Expedição Scientífica Roosevelt-Rondon: Annexo n. 2, Botânica.* Rio de Janeiro: CLTEMA, 1914.

_____. *História natural: Botânica, parte IX: Bromeliaceas e orchidaceas.* CLTEMA Publicação n. 47, Annexo n. 5. Rio de Janeiro: Papelaria Macedo, 1916.

INSTITUTO HISTÓRICO E GEOGRÁFICO DE SÃO PAULO. *Recepção e posse do general Rondon: Discursos proferidos na sessão extraordinária de 25 de Março de 1939.* São Paulo: IHGSP, 1939.

JAGUARIBE DE MATTOS, Francisco. *Rondon merecia o prêmio Nobel de Paz.* Rio de Janeiro: Departamento de Imprensa Nacional, 1958.

LOBO, Bruno. *O Museu Nacional durante o anno de 1919: Relatório.* Rio de Janeiro: Imprensa Nacional, 1920.

LYRA, João Salustiano. *Expedição scientífica Roosevelt-Rondon: Annexo n. 3, relatório do serviço astronômico.* Rio de Janeiro: CLTEMA, 1916.

MAGALHÃES, Amilcar Armando Botelho de. *Expedição scientífica Roosevelt-Rondon: Annexo n. 5, relatório.* Rio de Janeiro: CLTEMA, 1916.

_____. *Memorial dedicado ao governo da República e aos srs. membros do Congresso Nacional.* Rio de Janeiro: Papelaria Macedo, 1919.

MAGALHÃES, Basilio de. *Em defeza do índio e de sua propriedade: Discursos pronunciados na Câmara.* Rio de Janeiro: Typ. do Jornal do Commercio, 1924.

MELLO, Arnon de. *Rondon, telecomunicação e desenvolvimento.* Maceió: Serviços Gráficos Gazeta de Alagoas, 1970.

MINISTÉRIO DA GUERRA. *Atas da sessão do Club Militar de 9 de Novembro de 1889: Coleção de pactos de sangue e mensagens recebidos por Benjamin Constant.* Rio de Janeiro: Gab. Fotocartográfico do Min. da Guerra, 1939.

MORITZ, Francisco. *Relatórios: Explorações dos campos de commemoração de Floriano ao Rio Guaporé (1912) e da zona comprehendida entre os Rio comemoração de Floriano e Pimenta Bueno (1913).* Rio de Janeiro: CLTEMA, 1916.

NORONHA, Ramiro. *Exploração e levantamento do Rio Culuene, principal formador do rio Xingu.* Comissão Rondon, Publicação n. 75. Rio de Janeiro: Departamento de Imprensa Nacional, 1952.

OLIVEIRA, Francisco Paulo de. *Expedição scientífica Roosevelt-Rondon: Annexo n. 1, Geologia: Relatório do reconhecimento geológico do Noroeste de Matto-Grosso.* Rio de Janeiro: CLTEMA, 1915.

PINHEIRO, Manoel Theophilo da Costa; MAGALHÃES, Amílcar Armando Botelho de. *Exploração do Rio Jaci-Paraná e diário de viagem*. Publicação n. 5, Anexo. n. 2. Rio de Janeiro: Departamento de Imprensa Nacional, 1949.

RIBEIRO, Alípio de Miranda. *A Comissão Rondon e o Museu Nacional*. Rio de Janeiro: CLTEMA/Luiz Macedo & Companhia, 1916.

RIBEIRO, Alípio de Miranda. *Annexo n. 4: Relatório dos trabalhos realizados durante o anno de 1908*. Publicação n. 27. Rio de Janeiro: CLTEMA, 1916.

RONDON, Cândido Mariano da Silva. *Mensagem enviada ao povo de Rondonópolis*. Rio de Janeiro, 1951.

_____. *A etnografia e a etnologia do Brasil em revista*. CNPI, Publicação n. 93. Rio de Janeiro: Imprensa Nacional, 1946.

_____. *Apontamentos sobre os trabalhos realizados pela Comissão de Linhas Telegráficas Estratégicas de Mato Grosso ao Amazonas, sob a direção do coronel Cândido Mariano da Silva Rondon, de 1907 a 1915*. Brasília: Edições do Senado Federal, 2003.

_____. *Conferências realizadas em 1910 no Rio de Janeiro e em S. Paulo*. Publicação n. 68. Rio de Janeiro: Typographia Leuzinger, 1922.

_____. *Conferências realizadas nos dias 5, 7, 9 de outubro de 1915 no Teatro Fênix do Rio de Janeiro e referentes a trabalhos executados sob sua chefia pela Expedição Scientífica Roosevelt-Rondon e pela Comissão Telegraphica*. Rio de Janeiro: Typ. do Jornal do Commercio, 1916.

_____. *Comissão de Linhas Telegraphicas Estratégicas do Matto Grosso ao Amazonas, Annexo n. 5, História Natural: Ethnografia Índios Parecis*. Rio de Janeiro: Papelaria Luiz Macedo, 1911.

_____. *Homenagem a José Bonifácio no 88º anniversario da Independência do Brasil: Inauguração do Serviço de Protecção dos Índios*. Rio de Janeiro: Ministério da Agricultura, 1910.

_____. *Índios do Brasil*. CNPI Publicação n. 98. Rio de Janeiro: Imprensa Nacional, 1953. 3 v. V. I: *Índios do Centro, do Noroeste e do Sul de Mato Grosso*; V. II: *Índios das cabeceiras do rios Xingu, Araguaia e Oiapoque*; V. III: *Norte do Rio Amazonas*.

_____. *Pelos nossos aborígenes: Appello ao Congresso Nacional*. Rio de Janeiro: Papelaria Macedo, 1915.

_____. *Relatório apresentado à directoria geral dos telegraphos e à divisão de engenharia do Departamento da Guerra*. v. 2: Construcção 1907-1910. Publicação no. 39. Rio de Janeiro: Papelaria Macedo, 1919.

_____. *Relatório apresentado à divisão de engenharia (G5) do Departamento da Guerra e à directoria geral dos telegraphos*. Rio de Janeiro: CLTEMA, 1915. v. 3, correspondente aos annos de 1911 e 1912.

_____. *Relatório dos trabalhos realizados de 1900-1906*. CNPI Publicação n. 69/70. Rio de Janeiro: Departamento de Imprensa Nacional, 1949.

_____. *Rumo ao Oeste*. Biblioteca Militar, Volume Avulso. Rio de Janeiro: Gráfica Laemmert, Ltda. 1942.

_____; FARIA, João Barbosa de. *Esboço gramatical e vocabulário da língua dos índios Bororo*. Rio de Janeiro, 1948.

_____. *Esboço gramatical, vocabulário, lendas e cânticos dos índios Ariti (Parici)*. Rio de Janeiro, 1948.

_____. *Glossário geral das tribos silvícolas de Mato-Grosso e outras da Amazônia e do Norte do Brasil*. CNPI Publicação n. 78, Anexo 5 — Etnografia. Rio de Janeiro: Imprensa Nacional, 1948.

RONDON, Cândido; BARROS, Paulo de Moraes; SIMÕES Lopes, Isidoro. *Obras do Nordeste: Resposta da comissão de inspecção ao dr. Epitácio Pessoa*. Rio de Janeiro: [s.n.], 1924.

RONDON, Joaquim. *O índio como sentinela das nossas fronteiras: Conferência realizada no colégio militar*. Rio de Janeiro: Departamento de Imprensa Nacional, 1948.

ROOSEVELT, Kermit. *Diary (1913-1914)*. Washington: Kermit & Belle Roosevelt Papers, Library of Congress. v. 1.

ROQUETTE-PINTO, Edgard. *Note sur la situation sociale des indiens du Brésil: Monographie présentée au Congres Universel des Races, dans l'Université de Londres, en 1911*. Rio de Janeiro: Departamento de Imprensa Nacional, 1955.

SAMPAIO, Alberto José de. *História Natural (Botânica): Parte X Lauraceas de Matto-Grosso e duas novas espécies da Amazonia*. Publicação n. 56, Annexo n. 5. Rio de Janeiro: CLTEMA, 1917.

SCHURZ, William L.; HARGIS, O. D. *Rubber Production in the Amazon Valley*. Washington: Government Printing Office, 1925.

SILVA, José Bonifácio Andrada e. *Apontamentos para a civilização dos índios bravos do Império do Brasil*. Rio de Janeiro: Imprensa Nacional, 1823.

SOCIEDADE CIVIL AMIGOS DA AMÉRICA. *Estatutos, regimento interno e regulamento das filiais*. Rio de Janeiro: Editora Henrique Velho, 1944.

SOUSA, Nicolino José Rodrigues de. *Diário das três viagens (1877-1878-1882) do revmo. padre Nicolino José Rodrigues de Sousa ao rio Cuminá: afl. margen esq. Trombetas do rio Amazonas*. Rio de Janeiro: Conselho Nacional de Proteção aos Índios, Ministério da Agricultura, Imprensa Nacional, 1946. Publicação n. 91.

TRATADO DE LIMITES Y NAVEGACIÓN FLUVIAL ENTRE COLOMBIA Y EL PERU, 24 mar. 1922.

VASCONCELOS, Vicente de Paulo Teixeira da Fonseca; REIS, Luiz Thomaz. *Expedição ao Rio Ronuro*. CNPI Publicação n. 90. Rio de Janeiro: Imprensa Nacional, 1945.

TESES, DISSERTAÇÕES E ARTIGOS ACADÊMICOS

ALLEN, Elizabeth. "Brazil: Indians and the New Constitution". *Third World Quarterly*, v. 11, n. 4, Ethnicity in World Politics, pp. 148-65, out. 1989.

AMERICAN GEOGRAPHICAL SOCIETY. "Award of the David Livingstone Centenary Medal to Colonel Rondon". *Geographical Review*, v. 5, n. 6, pp. 496-503, jun. 1918.

_____. "Presentation of the David Livingstone Centenary Medal to Colonel Theodore Roosevelt". *Geographical Review*, v. 3, n. 4, pp. 253-7, abr. 1917.

_____. "The Last Exploration of Lieutenant Marques de Souza: Diary of a Journey on the Ananaz River, Brazil". *Geographical Review*, em duas partes, v. 8, n. 4/6, pp. 243-58, 329-44, out./dez. 1919.

AMORY, Frederic. "Euclides da Cunha and Brazilian Positivism". *Luso-Brazilian Review*, v. 36, n. 1, pp. 87-94, verão 1999.

ARAGÃO, Isabel L. *Revoltas na caserna e a criação da polícia política no Brasil*. Anais do XV Encontro Regional de História da ANPUH-Rio.

AZEVEDO, Aroldo de. "Conferência: Rondon, o geógrafo". *Boletim Paulista de Geografia*, n. 42, pp. 51-63, jul. 1965.

BALDUS, Herbert. "Métodos e resultados da ação indigenista no Brasil. *Revista de Antropologia*, v. 10, n. ½, pp. 27-42, jun./dez. 1962.

BARBIO, Luciana Alves. "Comissão Rondon e a representação da identidade Paresí: Um diálogo através de fotografia". *Revista Eletrônica de Comunicação, Informação e Inovação em Saúde*, v. 5, n. 2, pp. 27-43, jun. 2011.

BERNARDINO, Maria Gabriela. *O mapa como elemento do progresso: Um breve ensaio sobre Francisco Jaguaribe de Mattos e a Carta de Mato Grosso (1910-1922)*. Anais do XVII Encontro de História da ANPUH-Rio, 2016.

BERNARDINO, Maria Gabriela; ANDRADE, Mariana Acorse Lins de; VERGARA, Moema Rezende. "Serviço geográfico do Exército: A organização do acervo da biblioteca da 5ª Divisão de Levantamento". *Revista Acervo*, Rio de Janeiro, v. 28, n. 1, pp. 228-40, jan./jun. 2015.

BORDIN, Marcelo. "A guerra de trincheiras esquecida em Catanduvas, Paraná (1924-1925): Aspectos geo--históricos". *Geographia Opportuno Tempore*, Londrina, v. 1, n. 1, pp. 57-67, jan/jun. 2014.

BOEHRER, George C. A. "Variant Versions of José Bonifácio's Plan for the Civilization of the Brazilian Indians". *The Americas*, v. 14, n. 3, pp. 301-12, jan. 1958.

BOISSIER, Leopold. "La Croix-rouge et l'assistance aux détenus politiques". *Politique Étrangère*, v. 23, n. 1, Institut Français des Relations Internationales, pp. 5-24, 1958.

BRAND, Antonio; ALMEIDA, Fernando Augusto Azambuja de. *A ação do SPI e da Funai junto aos Kaiowá e Guarani, no MS*. VII RAM, Porto Alegre GT-08, Violência Estatal, Indigenismo e Povos Indígenas.

BUCKLEY, Eve Elizabeth. "Drought in the sertão as a natural or social phenomenon: establishing the Inspetoria Federal de Obras Contra as Secas, 1909-1923". Boletim do Museu Paraense Emilio Goeldi, Ciências Humanas, Belém, v. 5, n. 2, pp. 379-98, maio-ago. 2010.

CABEDA, Corálio Bragança Pardo. "A sombra do Conde de Lippe no Brasil: Os artigos de guerra." Academia de História Militar Terrestre do Brasil, Rio Grande do Sul.

CAMARGO, Serguei Aily Franco de; SILVEIRA, Edson Damas de. "Indigenous Protagonism in Roraima and Environmental Guardianship Inside the São Marcos Indigenous Land". Veredas do Direito, Belo Horizonte, v. 13, n. 26, pp. 115-39, maio/ago. 2016.

CÂNDIDO, Cristina Pedrozo et al. *Marechal Rondon, um acontecimento público*. XVIII Congresso de Ciências de Comunicação na Região Centro-Oeste, Goiânia, pp. 1-13, 19-21 ago. 2016.

CARDOSO, Luciene P. C. "Notas sobre as origens do escritório central da Comissão Rondon no Rio de Janeiro". *Histórica: Revista Eletrônica do Arquivo Público do Estado de São Paulo*, n. 43, ago. 2010.

CARDOZO, Ivanilde Bandeira (Org.). *Diagnóstico Etnoambiental participativo etnozoneamento e plano gestão em terras Indígenas*. Porto Velho: Editora ECAM, 2016. v. 4: Terra indígena Roosevelt.

CARVALHO, Erika Marques de. "A integração territorial do Brasil republicano nos projetos e controvérsias do Clube de Engenharia (1890-1917)". *Revista Maracanan*, n. 13, pp. 65-82, dez. 2015.

CASER, Arthur Torres. *O medo como problema militar: A criação do Serviço Sanitário da Comissão Rondon*. ANPUH — XXV Simpósio Nacional de História, Fortaleza, 2009.

CASTRO, Adler Homero Fonseca de. "Trazias na mão o fio que fala... Rondon: O desbravador dos sertões". *DaCultura*, ano vii/ n. 13.

CAVALCANTE, Washington Heleno. "O Posto Indígena Rodolpho Miranda e os Índios Arikemes: Processo de Desagregação Cultural sob a Tutela do SPI". IV Congresso Internacional de História da UFG. Jataí, 2014.

CHURCH, George E. "The Acre Territory and the Caoutchouc Region of Southwestern Amazonia". *The Geographical Journal*, maio 1904.

CID, Maria Rosa Lopez. *Miranda Ribeiro: Um zoólogo evolucionista nos primeiros anos da República (1894-1938)*. Casa de Oswaldo Cruz (Tese doutorado em História das Ciências e da Saúde).

CORREA, Virgílio. "Cândido Mariano da Silva Rondon (1865-1958)". *Revista de História de América*, n. 45, pp. 158-62, jun. 1958, Pan-American Institute of Geography and History.

CORREIA NETO, Jonas de Morais. "Missão militar francesa". *DaCultura*, ano V/ n. 8.

COUNCILMAN, W. T.; LAMBERT, R. A. *The Medical Report of the Rice Expedition to Brazil*. Cambridge: Harvard University Press, 1918.

CUNHA, Eliaquim Timoteo da. "*Quando esse tal de SPI*" chegou: O Serviço de Proteção aos Índios na formação de Rondônia. Manaus, 2016. Dissertação (Mestrado em Antropologia Social).

DIACON, Todd A. "Cândido Mariano da Silva Rondon and the Politics of Indian Protection in Brazil". *Past & Present*, n. 177, pp. 157-94, nov. 2002.

_____, Todd A. "Searching for a Lost Army: Recovering the History of the Federal Army's Pursuit of the Prestes Column in Brazil, 1924-1927". *The Americas*, v. 45, n. 3, pp. 409-36, jan. 1998.

DOMINGUES, César Machado. *A Comissão de Linhas Telegráficas do Mato Grosso ao Amazonas e a integração do Noroeste*. Encontro Regional da ANPUH-Rio: Memória e Patrimônio, Rio de Janeiro, jul. 2010.

DRUMMOND, José Augusto. "Roosevelt e Rondon desvendam um rio amazônico". *História, Ciências, Saúde — Manguinhos*, Rio de Janeiro, v. 17, n. 3, pp. 849-54, jul/set. 2010.

DYOTT, G. M. "The Search for Colonel Fawcett". *The Geographical Journal*, v. 74, n. 6, pp. 513-42, dez. 1929.

DUARTE, Regina Horta. "Pássaros e cientistas no Brasil: Em busca de proteção, 1894-1938". Latin American Research Review, v. 41, n. 1, pp. 3-26, 2006.

ERTHAL, Regina Maria de Carvalho. *Atrair e pacificar: A estratégia da conquista*. Museu Nacional da Universidade Federal do Rio de Janeiro, 1992. Dissertação (Mestrado em Antropologia Social).

FERNANDES, Francisco; SBARDELLOTTO, Pedro. *Do primeiro encontro com os Xavante à demarcação de suas reservas: Relatórios do Pe. Hipólito Chovelon*. Mato Grosso, Missão Salesiana de Mato Grosso, 1996.

FIGUEIREDO, Lima. "As estradas de ferro noroeste do Brasil e Brasil-Bolívia". *Revista Geográfica*, v. 9/10, n. 25/30, pp. 21-60, 1949/50. Pan American Institute of Geography and History.

FRANCO, José Luiz de Andrade. "A Primeira Conferência Brasileira de Proteção à Natureza e a questão da identidade nacional". *Varia História*, n. 26, jan. 2002.

_____; DRUMMOND, José Augusto. "Alberto José Sampaio: Um botânico brasileiro e o seu programa de proteção à natureza". *Varia História*, n. 33, jan. 2005.

_____. "Frederico Carlos Hoehne: A atualidade de um pioneiro no campo da proteção à natureza no Brasil". *Ambiente & Sociedade*, v. VIII, n. 1, jan/jun. 2005.

_____. "Wilderness and the Brazilian Mind: Nation and Nature in Brazil from the 1920s to the 1940s". *Environmental History*, v. 13, n. 4, pp. 724-50, out. 2008.

FRANÇA, Tereza Cristina Nascimento. *Self-Made Nation: Domício da Gama e o pragmatismo do bom senso*. Brasília, Universidade de Brasília, 2007. Tese (Doutorado em Relações Internacionais).

FREIRE, Carlos Augusto da Rocha. *Indigenismo e Antropologia: O Conselho Nacional de Proteção aos Índios na Gestão Rondon (1939-1955)*. Universidade Federal do Rio de Janeiro/Museu Nacional. Rio de Janeiro, 1990. Dissertação (Mestrado em Antropologia Social).

GAMELIN, Maurice. "Le Général Rondon et ses explorations au Brésil". *France-Amérique*, n. 112, abr. 1921.

GARFIELD, Seth. "A Nationalist Environment: Indians, Nature and the Construction of the Xingu National Park in Brazil". *Luso-Brazilian Review*, v. 41, n. 1, pp. 139-67, 2004.

_____. "'The Roots of a Plant That Today Is Brazil': Indians and the Nation-State under the Brazilian Estado Novo". *Journal of Latin American Studies*, v. 29, n. 3, pp. 747-68, out. 1997.

GLICK, Edward B. "The Nonmilitary Use of the Latin American Military: A More Realistic Approach to Arms Control and Economic Development". *Background*, v. 8, n. 3, pp. 161-73, nov. 1964.

GOMES, Mércio Pereira. "Porque sou rondoniano". *Estudos Avançados*, São Paulo, v. 23, n. 65, 2009.

GREGORIO, Maria do Carmo. "Eu também sou amigo da América!". Anais do XXVI Simpósio Nacional de História — ANPUH, São Paulo, pp. 1-8, jul. 2011.

GROSS, Daniel R. "The Human Rights of Indigenous Peoples: The Indians and the Brazilian Frontier". *Journal of International Affairs*, v. 36, n. 1, pp. 1-14, primavera/verão 1982.

GUIMARÃES, Heitor Velasco Fernandes. "Os índios na história do Brasil Republicano: o território étnico-indígena Paresí e o território indigenista Utiarity". São Paulo: Anais do XXVI Simpósio Nacional de História — ANPUH, 2011.

GUZMÁN, Tracy Devine. "'Diacuí Killed Iracema': Indigenism, Nationalism and the Struggle for Brazilianness". *Bulletin of Latin American Research*, v. 24, n. 1, pp. 92-122, jan. 2005.

_____. "Our Indians in Our America: Anti-Imperialist Imperialism and the Construction of Brazilian Modernity". *Latin American Research Review*, v. 45, n. 3, pp. 35-62, 2010.

HAHNER, June E. "The Brazilian Armed Forces and the Overthrow of the Monarchy: Another Perspective". *The Americas*, v. 26, n. 2, pp. 171-82, out. 1969.

HEMMING, John. "How Brazil Acquired Roraima". *The Hispanic American Historical Review*, v. 70, n. 2, pp. 295-325, maio 1990.

HENRIQUE, Márcio Couto. "Entre o mito e a história: O padre que nasceu índio e a história de Oriximiná". *Boletim do Museu Paraense Emílio Goeldi*, v. 10, n. 1, pp. 47-64, 2015.

IHERING, Hermann von. "The Anthropology of the State of S. Paulo, Brazil, Written on the Occasion of the Universal Exhibition of S. Luiz". São Paulo: Typography of the Diario Official, 1906.

IM THURM, Everard. "The Ascent of Mount Roraima". *Proceedings of the Royal Geographical Society and Monthly Record of Geography*, v. 7, n. 8, pp. 497-521, ago. 1885.

INSTITUT DE SOCIOLOGIE DE L'UNIVERSITÉ DE BRUXELLES. "The Legal Condition of the Indians in Brazil". *Civilisations*, v. 4, n. 2, pp. 241-54, 1954.

KIER, Elizabeth. "Culture and Military Doctrine: France Between the Wars". *International Security*, v. 19, n. 4, pp. 65-93, primavera 1995.

KLEVER, Lucas de Oliveira. "Passado e presente: Projeto político e escrita da história na Marcha para o Oeste". III Encontro de Pesquisas Históricas PPGH-Puc-RS, 2016.

LANGFUR, Hal. "Myths of Pacification: Brazilian Frontier Settlement and the Subjugation of the Bororo Indians". *Journal of Social History*, v. 32, n. 4, pp. 879-905, verão 1999.

LAROQUE, Luis Fernando da Silva. "Fronteiras geográficas, étnicas e culturais envolvendo os Kaingang e suas lideranças no Sul do Brasil (1889-1930)". Instituto Anchietano de Pesquisas – Unisinos, n. 64, 2007.

LEAL, Elisabete. "Floriano Peixoto e seus consagradores: Um estudo sobre cultura cívica republicana (1891--1894)". *Revista Estudos Políticos*, v. 5, n. 1, pp. 230-47, dez. 2014.

LEITÃO, Sérgio. "Os direitos constitucionais dos povos indígenas". Biblioteca Jurídica Virtual del Instituto de Investigaciones Jurídicas de la Unam, Cidade do Mexico, 2002.

LEITE, Jurandyr Carvalho Ferreira. "Proteção e incorporação: A questão indígena no pensamento político do positivismo ortodoxo". *Revista de Antropologia*, v. 30/32, pp. 255-75, 1987-9.

LEOTTI, Odemar. *Labirinto das almas: A diretoria geral dos índios e política indigenista em Mato Grosso (1831-1889)*. Unicamp, 2001. Dissertação (Mestrado em História).

LÉVI-STRAUSS, Claude. "The Name of the Nambikwara". *American Anthropologist, New Series*, v. 48, n. 1, pp. 139-40, jan./mar. 1946.

LIMA, Antonio Carlos de Souza. "Os museus de História Natural e a construção do indigenismo: Notas para uma sociologia das relações entre campo intelectual e campo político no Brasil". *Revista de Antropologia*, v. 30/32, pp. 277-329, 1987-9.

LIMA JUNIOR, Luiz Gustavo de Souza. "Em busca do acontecimento: Uma leitura da Carta do Estado de Mato Grosso e Regiões Circunvizinhas (1952)". 1º Simpósio Brasileiro de Cartografia Histórica, 2011.

LOBATO, Ana. "Da exibição dos filmes da Comissão Rondon". Doc. On-line, n. 18, pp. 300-22, set. 2015.

MACEDO, Tiberio Kimmel de. "A engenharia militar e o desenvolvimento do Brasil". Disponível em: < www.dec.eb.mil.br/historico/pdf/A_Engenharia_Militar.pdf>. Acesso em: 1 fev. 2019.

MACHADO, Maria Fátima Roberto. *Índios de Rondon: Rondon e as Linhas Telegráficas na visão dos sobreviventes Waimare e Kaxiniti, grupos Paresí*. Museu Nacional da Universidade Federal do Rio de Janeiro, 1994. Tese (Doutorado em Antropologia Social).

MACHADO, Maria Fátima Roberto. *Quilombos, Cabixis e Caburés: Índios e negros em Mato Grosso no século XVIII.* Goiânia: Associação Brasileira de Antropologia, 2006.

MACIEL, Dulce Portilho. "Estado e território no Centro-Oeste brasileiro (1943-1967). Fundação Brasil Central: A instituição e inserção regional no contexto sócio-cultural e econômico nacional". Anais do XXVI Simpósio Nacional de História – ANPUH, São Paulo, jul. 2011.

MAESTRI, Mario. "Os positivistas ortodoxos e a Guerra do Paraguai". Estudos Históricos CDHRP, ano III, n. 6, pp. 1-23, jul. 2011.

MALERBA, Jurandir. "Bailes de Fantasia: Las Fiestas Chilenas, La Monarquia y el Golpe Militar de la República en el Brasil (1889)". *História*, v. II, n. 46, pp. 395-419, jul./dez. 2013.

MARTINS JUNIOR, Carlos. "Expedição científica Roosevelt-Rondon: Um aspecto das relações Brasil-EUA e da consolidação do mito Rondon". *Revista de História*, Campo Grande, v. 1, n. 1, pp. 25-54, jan/jun. 2009.

MARTIUS, Karl Friedrich Philipp von. "O Estado do direito entre os autochtones do Brazil". São Paulo: Typographia do Diário Oficial, 1907. Instituto Histórico e Geográphico de São Paulo, v. XI.

MASFERRER, Elio "El Instituto Indigenista Interamericano 1940-2002". *História Interamericana*, pp. 1-13, 2014.

MASSENA, Rubens. "Rondon Entrevistado". Revista de Engenharia Militar, [s.d.].

MAYBURY-LEWIS, David. "The Indian Question: Brazil's Significant Minority". *The Wilson Quarterly*, v. 14, n. 3, pp. 33-42, verão 1990.

MCCANN, Frank D. "The Brazilian General Staff and Brazil's Military Situation 1900-1945". *Journal of Interamerican Studies and World Affairs*, v. 25, n. 3, pp. 299-324, ago. 1983.

MIALHE, Jorge Luis. "O contrato da missão militar francesa de 1919: Direito e história das relações internacionais". *Cadernos de Direito*, Piracicaba, v. 19, n. 18, pp. 80-119, jan./jun. 2010.

MIRANDA RIBEIRO, Alípio. "Ao redor e através do Brasil". *Kosmos*, ano 5, n. 9/11/12, 1908.

MOI, Flavia Prado; MORALES, Walter Fagundes. "Archaeology and Paresi cultural heritage". In: GNECCO, Cristoban; AYALLA, Patricia. (Org.). *Indigenous Peoples and archaeology in Latin America*. Walnut Creek, California, EUA: Left Coast Press, 2011, p. 45-78.

MONTEIRO, Nelson. "A Igreja Positivista da Rua Benjamin Constant". *Manguinhos*, v. II, n. 2, pp. 85-92, jul./out. 1995.

MOREIRA, Gabriel Ferrão. "O estilo indígena de Villa-Lobos (Parte I): Aspectos melódicos e harmônicos". *PER MUSI – Revista Acadêmica de Música*, n. 27, pp. 19-28, jan./jun. 2013.

MOREIRA BENTO, Claudio. "Gírias de cadetes do Exército da Academia Militar das Agulhas Negras". Acervo da Federação de Academias de História Militar Terrestre do Brasil, 2007.

_____. "Marechal Cândido Mariano Rondon, o patrono da Arma de Comunicações, no Sesquicentenário de Seu Nascimento, em 5 de maio, 2015 – Memória". Acervo da Federação de Academias de História Militar Terrestre do Brasil, 2015.

_____. "O Clube Militar e a Proclamação da República". *Revista do Instituto Histórico e Geográfico do Rio Grande do Sul*, 1990.

_____. "O Exército na época da Proclamação da República: Organização, equipamento, instrução/ensino, motivação, emprego". *Revista do Clube Militar*, Edição Histórica do Centenário, n. 280, 26-27, pp. 1-44.

NACHMAN, Robert G. "Positivism, Modernization, and the Middle Class in Brazil". *The Hispanic American Historical Review*, v. 57, n. 1, pp. 1-23, fev. 1977.

NASCIMENTO, Marcio Luis Ferreira. "Rondon, Einstein's Letter and the Nobel Peace Prize". *Ciência e Sociedade*, CBPF, v. 4, n. 1, pp. 27-35, 2016.

NAUMBURG, Elsie M. B. com notas de George K. Cherrie. "The Birds of Matto Grosso, Brazil: A Report on the Birds Secured by the Roosevelt-Rondon Expedition". *Bulletin of the American Museum of Natural History*, v. 60, 1930.

NOELLI, Francisco Silva; FERREIRA, Lúcio Menezes. "A persistência da teoria da degeneração indígena e do colonialismo nos fundamentos da arqueologia brasileira". *História, Ciências, Saúde – Manguinhos*, Rio de Janeiro, v. 14, n. 4, pp. 1239-64, set./dez. 2007.

NOVAES, Sylvia Caiuby; CUNHA, Edgar Teodoro; HENLEY, Paul. "The First Ethnographic Documentary? Luiz Thomaz Reis, the Rondon Commission and the Making of *Rituais e Festas Bororo* (1917)". *Visual Anthropology*, v. 30, n. 2, pp. 105-45, fev. 2017.

O'CONNOR, Thomas F. "John A. Zahm, C.S.C.: Scientist and Americanist". *The Americas*, v. 7, n. 4, pp. 435-62, abr. 1951.

OLIVEIRA, Roberto Cardoso de. "Preliminares de uma pesquisa sobre a assimilação dos Terena". *Revista de Antropologia*, v. 5, n. 2, pp. 173-188, dez. 1957.

OSBORN, Henry Fairfield. "Theodore Roosevelt, Naturalist". *Natural History, The Journal of the American Museum*, v. 19, Nova York, jan. 1919.

PEPPERCORN, Lisa. "Villa-Lobos's Brazilian Excursions". *The Musical Times*, v. 113, n. 1549, pp. 263-5, mar. 1972.

PEREIRA, Edmundo; PACHECO, Gustavo. "Rondônia 1912: Gravações históricas de Roquette-Pinto". Livreto de CD, Coleção Documentos Sonoros, Rio de Janeiro: Museu Nacional.

PINTO, Odorico; URIBE VILLEGAS, Oscar. "El Apostolado Positivista y el Indigenismo en el Brasil". *Revista Mexicana de Sociología*, v. 23, n. 1, pp. 46-54, jan./abr. 1961.

PRICE, David. "Nambiquara Geopolitical Organisation". *Man, New Series*, v. 22, n. 1, pp. 1-24, mar. 1987, Royal Anthropological Institute of Great Britain and Ireland.

_____. "Nambiquara Leadership". *American Ethnologist*, v. 8, n. 4, pp. 686-708, nov. 1981.

_____. "Overtures to the Nambiquara". *Natural History*, v. 93, out. 1984.

_____. "The Nambiquara Linguistic Family". *Anthropological Linguistics*, v. 20, n. 1, pp. 14-37, jan. 1978.

REGINA, Adriana Werneck. "A Ponte de Pedra, travessia para outros mundos". *História Oral*, v. 2, n. 14, pp. 89-106, jul./dez. 2011.

REYNALDO, Ney Iared. "Comércio e navegação no rio Paraguai (1870-1940)". Actas Académicas: XI Jornadas Interescuelas/Departamentos de História, Universidad de Tucuman, pp. 1-46, 2007.

RICE, A. Hamilton. "The Rio Branco, Uraricuera and Parima". *The Geographical Journal*, v. 71, n. 3, pp. 209-23, mar. 1928.

RITZ-DEUTCH, Ute. "Hermann von Ihering: Shifting Realities of a German-Brazilian Scientist from the Late Empire to World War I". *German History*, v. 33, n. 3, pp. 385-404, 2015.

RODRIGUES, Fernando da Silva. "Cultura e civilização na Amazônia: Rondon e o projeto civilizador do Estado brasileiro (1927-1930)". *Somanlu*, ano 8, n. 2, pp. 59-78, jul./dez. 2008.

_____. "Marechal Rondon e a trajetória de um militar sertanista na Primeira República Brasileira: Investigação sobre a intervenção do Estado e o processo civilizador da população indígena". *Estudos Ibero-Americanos*, v. 43, n. 1, 2017.

RODRIGUES, João Carlos. "Major Luiz Thomaz Reis: O cinegrafista de Rondon". Rio de Janeiro: Embrafilme, 1982.

RODRIGUES, Mauro C.; CHOERI, Wilson. "Project Rondon". *Military Review* (U. S. Army Command and General Staff College, Fort Leavenworth, Kansas), pp. 65-70, abr. 1970.

ROMANI, Carlo; SOUZA, César Martins de; NUNES, Francivaldo Alves. "Conflitos, fronteiras e territorialidades em três diferentes projetos de colonização na Amazônia". *Tempos Históricos*, v. 18, pp. 164-90, 2014.

ROOSEVELT, Theodore. "A Journey in Central Brazil". *The Geographical Journal*, v. 45, n. 2, fev. 1915.

_____.; W. L. G. J. "Col. Roosevelt's Exploration of a Tributary of the Madeira". *Bulletin of the American Geographical Society*, v. 46, n. 7, pp. 512-9, 1914.

ROSENBAUM, H. Jon. "Project Rondon: A Brazilian Experiment in Economic and Political Development". *The American Journal of Economics and Sociology*, v. 30, n. 2, pp. 187-201, abr. 1971.

SÁ, Dominichi Miranda de; SÁ, Magali Romero; TRINDADE, Nisia. "Telégrafos e inventário do território no Brasil: As atividades científicas da Comissão Rondon (1907-1915)". *História, Ciência, Saúde — Manguinhos*, Rio de Janeiro, v. 15, n. 3 pp. 779-810, jul.-set. 2008.

SÁ, Luiza Vieira. *Rondon: O agente público e político*. São Paulo: FFLCH-USP, 2009. Tese (Doutorado).

SAAKE, Guilherme. "A aculturação dos Bororo do Rio São Lourenço". *Revista de Antropologia*, v. 1, n. 1, pp. 43-52, 1953.

SAMPAIO, Alberto José de. "Flora do Rio Cuminá: Resultados botânicos da Expedição Rondon à Serra Tumac-Humac em 1928". *Archivos do Museu Nacional*, v. 35, pp. 9-206, 1933.

_____. "O problema florestal no Brasil em 1926". *Archivos do Museu Nacional*, v. XXVIII, mar. 1926.

SANTILLI, Paulo. "Os Filhos da Nação". *Revista de Antropologia* v. 30/32, pp. 427-56, 1987-9.

SANTOS, Margaret Ferreira dos. "A destruição da natureza e os arautos do conservacionismo brasileiro nas primeiras décadas do século XX". *Revista Uniara*, n. 21/22, pp. 30-49, 2008-9.

SANTOS, Paulete Maria Cunha dos. "Leolinda Daltro — a Oaci-zauré — Relato de sua experiência de proposta laica de educação para os povos indígenas no Brasil Central". *Revista de História da Educação Latino-americana*, v. 18, n. 26, pp. 15-46, jan./jun. 2016.

_____. "Leolinda Daltro: Trajetória e memória de uma 'missionária' entre os 'silvícolas' do Araguaia e Tocantins". *Veredas da História*, ano IV, 2. ed., 2011.

SCHWAB, Mariana de Castro. *Nacionalismo, políticas sociais e Marcha para o Oeste nos artigos de Paulo de Figueiredo durante o Estado Novo (1937-1945)*. ANPUH-XXV Simpósio Nacional de História, Fortaleza, 2009.

SELIGNY, Thomas. "The Franco-Brazilian Border: Historical Territorial Dispute, Arbitral Resolution and Contemporary Challenges". *Research Gate*, pp. 1-25, mar. 2016.

SHAW, Paul Vanorden. "José Bonifácio, the Neglected Father of His Country, Brazil". *Political Science Quarterly*, v. 44, n. 1, pp. 39-53, mar. 1929.

SILVA, Francisco Bento da. *Acre, a "pátria dos proscritos": Prisões e desterros para as regiões do Acre em 1904 e 1910*. Curitiba, Universidade Federal do Paraná, 2010. Tese (Doutorado).

SILVA, Hiram Reis. "Rondon e o Conde de Lippe". Disponível em: <roraimaemfoco.com/artigo-general--rondon-preso-no-sul-hiram-reis-e-silva/>. Acesso em: 1 fev. 2019.

SILVA, Seles Pereira da. *Os índios do Brasil no pensamento de Karl Friedrich Philipp von Martius (1823-1844)*. Cuiabá: ICHS-UFMT, 2013. Dissertação (Mestrado).

SILVA, Verone Cristina da. *Missão, aldeamento e cidade: Os Guaná entre Albuquerque e Cuiabá (1819-1901)*. Cuiabá: PPGHS-UFMT, 2001. Dissertação (Mestrado).

SOUZA, Carlos Roberto Pinto de. "Marechal Rondon: Um perfil de liderança militar para a transformação do Exército". *Doutrina Militar Terrestre em Revista*, pp. 6-19, jul./dez. 2015.

STAUFFER, David H. "Review: 'Rondon Conta sua Vida'". *The Hispanic American Historical Review*, v. 40, n. 1, pp. 134-5, fev. 1960.

_____. *The Origin and Establishment of Brazil's Indian Service: 1889-1910*. Austin: University of Texas, 1955. Tese (Doutorado).

STEFANSSON, Vilhjalmur (Org.). *Theodore Roosevelt: Memorial Meeting at the Explorers Club. Explorers Club*, 1 mar. 1919.

STILLMAN, Shawn C. "Military Terror and Silence in Brazil 1910-1945". *Canadian Journal of Latin American and Caribbean Studies*, v. 24, n. 47, pp. 5-27, 1999.

TACCA, Fernando de. "A imagem do índio integrado/civilizado na filmografia de Luiz Thomaz Reis". *Resgate*, v. 9, pp. 19-44, 1999-2000.

_____. "O índio na fotografia brasileira: Incursões sobre a imagem e o meio". *História, Ciências, Saúde – Manguinhos*, Rio de Janeiro, v. 18, n. 1, pp. 191-223, jan./mar. 2011.

_____. "'Rituaes e festas Bororo': A construção da imagem do índio como 'selvagem' na Comissão Rondon". *Revista de Antropologia*, v. 45, n. 1, pp. 187-219, 2002.

TANAJURA, Joaquim Augusto. "Região do Madeira: Santo Antonio". *Jornal do Commercio de Manáos*, 5 jun. 1911.

TATE, George Henry Hamilton. "Notes on the Mount Roraima Region", *National Geographic*, nov. 1930.

TEODORO, Cristiane Aparecida Zambolin. *O domínio territorial Republicano manifestado na multiexpressividade da Comissão Rondon*. Rondonópolis: PPG-UFMT, 2017. Dissertação (Mestrado).

TOMAZ SILVA, Luiz Carlos. *A liderança do general Góes Monteiro nas transformações políticas do Exército, na Era Vargas*. Rio de Janeiro: Eceme, 2012. Dissertação (Mestrado).

URBAN, Greg. "Interpretations of Inter-Cultural Contact: The Shokleng and Brazilian National Society 1914-1916". *Ethnohistory*, v. 32, n. 3, pp. 224-44, verão 1985.

VANGELISTA, Chiara. "Missões católicas e políticas tribais na frente de expansão: Os Bororo entre o século XIX e o século XX". *Revista de Antropologia*, v. 39, n. 2, pp. 165-97, 1996.

VASCONCELOS, Marcelo Ferreira de; VALERIO, Fernando Augusto; PACHECO, José Fernando; BELFORT GOMES, Henrique. "Centenário da expedição Roosevelt-Rondon e suas contribuições à ornitologia brasileira". *Atualidades Ornitológicas*, v. 180, pp. 38-50, jul./ago. 2014.

VERDE, Filipe. "O bope e os homens, a natureza dos homens: Contributos para a interpretação da ética Bororo". *ILHA — Revista de Antropologia*, Lisboa, pp. 5-39.

VITAL, André Vasques. "Comissão Rondon, doenças e política: Uma outra visão do Alto Madeira em 1911". *História, Ciências, Saúde — Manguinhos*, Rio de Janeiro, v. 18, n. 2, pp. 545-57, abr./jun. 2011.

_____. "Visões do Alto Madeira: Comissão Rondon, malária e política em Santo Antonio do Madeira (1910-1915)". *Revista Brasileira da História da Ciência*, Rio de Janeiro, v. 5, n. 1, pp. 77-90, jan./jun 2012.

WAIZBORT, Leopoldo. "Fonógrafo". *Novos Estudos*, nov. 2014.

YATES, JoAnne. "The Telegraph's Effect on Nineteenth Century Markets and Firms". *Business and Economic History, Second Series*, v. 15, pp. 149-65, 1986.

ZARUR, George de Cerqueira Leite. "O herói e o sentimento: Rondon e a identidade brasileira". Brasília: Câmara dos Deputados, 1998. Disponível em: <www.georgezarur.com.br/>. Acesso em: 30 out. 2018.

SITES, FILMES E DISCOGRAFIA

ACERVO NACIONAL DO MUSEU DO ÍNDIO, Funai. *Fragmentos de filmes produzidos pela Comissão Rondon*. Rio de Janeiro: Acervo Nacional do Museu do Índio, 9 min., p/b, mudo.

BRASILIANA COLLECTION OF POSITIVIST PAMPHLETS. Disponível em: <library.brown.edu/create/brasiliana/positivism/>. Acesso em: 30 out. 2018.

CENTRO DE PESQUISA E DOCUMENTAÇÃO DE HISTÓRIA CONTEMPORÂNEA DO BRASIL. Disponível em: <www.fgv.br/cpdoc/acervo/arquivo>. Acesso em: 30 out. 2018.

COSTA, Elizio. *Rondon, a construção do Brasil e a causa indígena*. Sociedade de Amigos do Museu do Índio, 28 min., 2009.

POVOS INDÍGENAS NO BRASIL. Disponível em: <pib.socioambiental.org/pt/Página_principal>. Acesso em: 30 out. 2018.

REIS, Luiz Thomas. *Ao redor do Brasil*. 80 min., p/b, mudo, 1927.

_____. *Parimã: Fronteiras do Brasil*. 27 min., p/b, mudo, 1927.

_____. *Rituaes e festas Bororo*. 31 min., p/b, mudo, 1917.

RONDÔNIA 1912: GRAVAÇÕES HISTÓRICAS DE ROQUETTE PINTO. Disponível em: <soundcloud.com/nimuendaju/sets/rondonia>. Acesso em: 30 out. 2018.

SANTIAGO, Marcelo. *Rondon, o Grande Chefe*. Minissérie, 2015.

VALÉRIO, Amaury. *Marechal Rondon: Patrono das comunicações*. 14 min., p/b, 1969.

VELLOZO, Nilo Oliveira. *Calapalo*, 11 min., p/b com narração.

_____. *Cuiabá: Cidade verde*. 14 min., p/b com narração.

Créditos das imagens

Ao longo
pp. 27, 79, 313, 405: Acervo do Museu do Índio/ FUNAI – Brasil

Caderno de fotos
pp. 1, 2, 4, 5, 7 (abaixo), 10 (acima), 11 (abaixo), 13, 15: Acervo do Museu do Índio/ FUNAI – Brasil
pp. 3 (acima), 16: Arquivo Nacional
p. 3 (abaixo): Caderneta nº 123, Acervo do Museu Histórico do Exército e Forte de Copacabana. Publicado em: KURY, Lorelai; SÁ, Magali Romero (Org.). *Rondon*: inventários do Brasil, 1900-1930. Rio de Janeiro: Andrea Jakobsson Estúdio Editorial, 2017. Reprodução de Jorge Bastos.
p. 6: Fotógrafo Joaquim de Moura Quineu, Acervo do Museu do Índio/ FUNAI – Brasil. Publicado em: LASMAR, Denise Portugal. *O acervo imagético da Comissão Rondon*: no Museu do Índio 1890-1938. Rio de Janeiro: Museu do Índio – FUNAI, 2008. Reprodução de Jorge Bastos.
p. 7 (acima): Fotógrafo José Louro, Acervo do Museu do Índio/ FUNAI – Brasil. Publicado em: LASMAR, Denise Portugal. *O acervo imagético da Comissão Rondon*: no Museu do Índio 1890-1938. Rio de Janeiro: Museu do Índio – FUNAI, 2008. Reprodução de Jorge Bastos.
p. 8: image # 218608 – American Museum of Natural History Library
p. 9: image # 18833 – American Museum of Natural History Library
p. 10 (abaixo): Caderneta, Acervo do Museu Histórico do Exército e Forte de Copacabana. Publicado em: KURY, Lorelai; SÁ, Magali Romero (Org.). *Rondon*: inventários do Brasil, 1900-1930. Rio de Janeiro: Andrea Jakobsson Estúdio Editorial, 2017. Reprodução de Jorge Bastos.
p. 11 (acima): Acervo do Museu Histórico do Exército e Forte de Copacabana. Publicado em: KURY, Lorelai; SÁ, Magali Romero (Org.). *Rondon*: inventários do Brasil, 1900-1930. Rio de Janeiro: Andrea Jakobsson Estúdio Editorial, 2017. Reprodução de Jorge Bastos.
p. 12 (acima): Imagem gentilmente cedida por Renato Casimiro.
p. 12 (abaixo): Fotógrafo Luiz Thomaz Reis, Acervo do Museu Histórico do Exército e Forte de Copacabana. Publicado em: KURY, Lorelai; SÁ, Magali Romero (Org.). *Rondon*: inventários do Brasil, 1900-1930. Rio de Janeiro: Andrea Jakobsson Estúdio Editorial, 2017. Reprodução de Jorge Bastos.

p. 14 (acima): Arquivo Fernando Setembrino de Carvalho/ CPDOC – FGV/ FGV

p. 14 (abaixo): Acervo do Museu Histórico do Exército e Forte de Copacabana. Publicado em: KURY, Lorelai; SÁ, Magali Romero (Org.). *Rondon*: inventários do Brasil, 1900-1930. Rio de Janeiro: Andrea Jakobsson Estúdio Editorial, 2017. Reprodução de Marco Terranova.

Índice remissivo

À *margem da história* (Cunha), 193

abolição da escravidão (1888), 30, 49, 71-2, 169, 178

Abrantes, Ovídio, 72

Academia Brasileira de Letras, 115

Across Unknown South America (Savage-Landor), 298, 300

Addams, Jane, 459

Adolfo Riquelme, navio paraguaio, 220

Agassiz, Louis, 67, 95

Aipobureu, Thiago Marques, 191

Aiute, Diacuí Canualo, 451-2, 455-7

Alberto I da Bélgica, 342-3

Albuquerque Lima, Afoso Augusto de, 474

Albuquerque Serejo, João de, 73

Albuquerque, João Batista de, 126

Aldeia Queimada, 144-5, 149, 152-3, 156, 234

Almeida, Gil de, 398

Almeida, Guilherme de, 456

Almeida, Sílvio de, 172

Along the Andes and Down the Amazon (Zahm), 206

Alves de Barros, Antônio Pedro, 119

Amarante, Emmanuel Silvestre do (genro), 55, 152, 225, 391, 392

Amarante, João Estanislau (genro), 55

Amarante, Manuel Peixoto do, 55, 164, 213, 230

Amarante, Mariana Araci (neta), 392

Amazônia misteriosa, A (Cruls), 92

Amazônia que eu vi, A (Cruls), 92, 386

American Geographical Society, 300-1

Américo, garoto Bororo, 43

Ana Emília Ribeiro, 194

Andrada e Silva, José Bonifácio de (deputado mineiro), 177, 180

Andrada e Silva, José Bonifácio de (Patriarca da Independência), 56, 157, 177-9

Andrade Guimarães, Arthur Oscar de, 119

Anglo-Brazilian Iron Company, 209

Anglo-Peruvian Amazon Rubber Company, 423

"Anthropology of the State of São Paulo, The" (Von Ihering), 171-3

Ao redor do Brasil (filme), 318

Apiacá, indígenas, 144

"Apontamentos para civilização dos índios bravos do Império do Brasil" (Andrada e Silva), 178-9

Aquino Correia, Francisco de, 191, 320

Arana, Julio César, 423

Aranha, Oswaldo, 399-400, 404, 426, 436, 444

Arévalo, Victor Manuel, 421

Argolo, Francisco de Paula, 112, 117

Arikeme, indígenas, 156, 315-6, 332

Aruák, indígenas, 31, 40, 135

Assembleia Constituinte, 1933, 413

Assis Chateaubriand *ver* Chateaubriand Bandeira de Mello, Francisco de Assis

Assis, Dilermando de, 194, 357

Audrin, Joseph, 410

Azeredo, Antônio Francisco de, 321

Balch, Emily Greene, 459-61

Balzola, Giovanni, 173-4

Bandeira, Alípio, 175

Bandeira, Manuel, 468, 488

bandeirantes, vistos como heróis patriotas, 170

Barbosa, Rui, 200-1, 319

Barclay, Hugh, 357

Barros, Tito de, 191

Báru (Céu Claro, pajé Bororo), 120-3

Belarmino, indígena Paresí, 196-7

Bellay, Joachim du, 219

Berkeley, George, 318

Berle, Adolf A., 463

Bernardes, Arthur, 348-61, 364-7, 370, 374, 458

Biblioteca Nacional, 196

Bismarck, Otto von, 477

Bittencourt, Carlos Machado de, 111

Blomberg, Rolf, 422

Bocaiúva, Quintino, 319

Bogo, Joel, 486

Boissier, Léopold, 20

Boletim do Exército, 352

Bolsonaro, Jair, 487

Borges de Medeiros, Antônio, 350-1, 356, 399-400

Bormann de Borges, Romeu Augusto, 195

Bororo, indígenas, 19, 31-2, 34, 37, 43, 86, 119-25, 133, 174-5, 191-2, 198, 218, 299, 318, 320, 435, 447, 458-9, 481

borracha, exploração de, 19, 131, 135, 144, 159, 162, 177, 183, 195, 223, 284, 288, 315, 320, 389-93, 422-3, 443

Botelho de Magalhães, Amílcar Armando, 51, 89, 151, 154n, 161, 179-80, 213, 223-4, 227-8, 242, 246, 248, 250, 260n, 279, 281, 291, 315-6, 320-5, 345, 373, 396, 409, 434, 455-6, 464

Bowman, Isaiah, 329

Brás, Venceslau, 320, 323-6

Brasil e Argentina, disputas por região de fronteira, 100, 109

Brasília, escolha do local, 93

Brazil Railway Company, 209

Bulletin of Indian Affairs, 237

Burns, E. Bradford, 210-1

Burton, Richard, 302

Cabanas, João, 361

caça como alimentação nas expedições, 87

Cadete (indígena Bororo), 447

Café Filho, João Fernandes Campos, 450, 457

Caffery, Jefferson, 442

Caixa Especial das Obras de Irrigação de Terras Cultiváveis no Nordeste Brasileiro, 344

Cajazeira, José Antônio, 222, 224, 227, 230, 239, 242, 249, 258, 265, 268, 270-7, 280-1, 286-7, 290-4, 322

Calmon, Miguel, 131

Calógeras, João Pandiá, 211-2, 335-41, 350, 352, 453-4

Campos Sales, Manuel Ferraz de, 110-2, 119

Campos, Neudo, 487

Capistrano de Abreu, João, 453

Cardoso de Aguiar, Alberto, 117

Cardoso, Cândido, 225

Cardoso, Fernando Henrique, 335, 387

Caripé, José, 288

Carnegie, Andrew, 205

Carneiro da Fontoura, Manuel Lopes, 59

Carris Cardoso, Luciene Pereira, 180

Carter, T. D., 378-9, 414

Carvalho, José Murilo de, 66

Casa-grande e senzala (Freyre), 93, 428

Casement, Roger, 176-7, 389, 422-3

"caso Diacuí", 451-7

Castelnau, Francis de, 42

Castelo Branco, Humberto, 469-71

castigos corporais para soldados, 88-9, 101-5, 123; *ver também* de Lippe, conde

Castilhos, Júlio de, 98

Catecismo positivista (Comte), 109

Cavalcanti, José Bezerra, 412

Caxias, duque de, 55

Chamberlain, Austen, 459

Chanson de Roland, La (poema épico), 219

chapada dos Paresí, 234

Chapman, Frank, 206, 209, 216, 246

Chateaubriand Bandeira de Mello, Francisco de Assis, 452-5

Cherrie, George, 209, 216, 224-33, 241, 244, 249-50, 254, 257-62, 266-8, 271, 274, 277, 280-7, 292, 294, 300, 379

Choeri, Wilson, 470-1

Chovelon, Hipólito, 435

Churchward, Robert, 23

Cidade de Manaos, navio, 289

Cinta Larga, indígenas, 263-6, 486

Claudel, Paul, 24, 341

Cleofas, João, 455

Cleveland, Grover, 109, 374

Coelho de Gouveia, Urbano, 297

Coelho, Antônio Maria, 103

Coelho, Tomás, 62

Coleridge, Samuel Taylor, 280

Colômbia, disputa de fronteiras com o Peru, 416

Coluna Prestes, 365-6, 438

Comissão da Linha Telegráfica, 19, 23, 97, 128-9, 132, 135, 146, 150, 154, 156, 168, 175, 179-83, 186-7, 191-6, 200, 223, 234, 245-6, 266, 297, 300, 309-10, 316-9, 322-7, 330-1, 336, 341, 343, 355, 382, 392, 403, 408, 413, 415, 430, 449, 455-8, 461, 469, 479, 486; responsável por descobertas importantes, 325

Comissão de Linhas Telegráficas Estratégicas de Mato Grosso ao Amazonas *ver* Comissão da Linha Telegráfica

Comissão de Promoções de Oficiais do Exército, 334

Comissão dos Telégrafos *ver* Comissão da Linha Telegráfica

Comissão Rondon *ver* Comissão da Linha Telegráfica

Companhia Construtora de Santos, 337

Companhia Siderúrgica Belgo-Mineira, 342

Comte, Auguste, 22, 24, 56, 65-70, 75, 84, 97, 107-8, 113-6, 176, 237, 355, 385, 400, 423, 431, 446, 465

Conan Doyle, sir Arthur, 378

Congresso Internacional de Americanistas (ICA), 176

Congresso Universal de Raças, 460

Conselheiro, Antonio, 111

Conselho de Fiscalização das Expedições Artísticas e Científicas do Brasil, 414

Conselho Nacional de Proteção aos Índios (CNPI), 431-2, 435-40, 448, 452-3, 456, 467, 474

Constant (Botelho de Magalhães), Benjamin, 64-5, 68-78, 81, 89-90, 94, 97-8, 115, 177, 179, 355, 369, 395, 431, 479-80

Coroados, indígenas, 330

Correia, Luiz, 273, 283

Correia da Costa, Pedro Celestino, 321

Correia, Antônio, 161, 250, 277-8, 281, 286

Correio da Manhã, 160, 348, 352, 453, 471

cortiços, 92

Costa Cavalcanti, José, 484

Costa e Silva, Artur da, 470

Costa Marques, Joaquim Augusto da, 224, 319

Costa, Miguel, 353, 358, 363-5, 368, 397

Costallat, Benjamin, 426

Coudreau, Henri e Marie Octavie, 382

Coutinho, Edilberto, 150, 464

Couto de Magalhães, José Vieira, 46

crise econômica, 1898, 110, 112

cru e o cozido, O (Lévi-Strauss), 299

Cruls, Gastão, 92, 372, 381-6

Cruls, Louis Ferdinand, 91-3, 462

Cruz Vermelha, 20

Cruz, Oswaldo, 19, 192n

Cruzeiro, O, 453

Cuiabá, história, 36-9, 42

Cultura Política, 429

Cunha Jr., Euclides da, 194

Cunha, Ayres Câmara, 451-2, 455-7

Cunha, Euclides da, 58, 61-4, 82, 112, 115-6, 193-4, 357

Cunha, Solon Ribeiro da, 63, 193-5

d'Eu, conde (Gastão d'Orléans), 73-4

Darwin, Charles, 67, 69, 95

Dawes, Charles, 459

Dawson, F. Warrington, 205

de Lippe, conde (eufemismo para castigo corporal), 88-9, 101, 104

Debs, Eugene, 211

Declínio e queda do Império romano (Gibbons), 274

Defeza Nacional, A, revista militar, 340

Denys, Odílio, 466

Departamento Federal de Segurança Pública (DFSP), 443

Deschamps, Eustace, 219

destino manifesto, 70

Dia Nacional das Comunicações, 30

Diario da Noite, 453, 455

Diario de Noticias, 447

Diários Associados, 452, 454

Dias Lopes, Isidoro, 353, 358, 363-4

Dias, Caetano, 136

Divina comédia (Dante), 113

Drummond de Andrade, Carlos, 468

Dutra, Eurico Gaspar, 357, 415, 427, 430, 444, 446, 466

Dyott, George Miller, 256

Educational Film Corporation, 328

Einstein, Albert, 20, 458-9

Eliot, George, 68

Enawenê-Nawê, indígenas, 158n

Engels, Friedrich, 67-8

Enoré, Maximiano, 137

escravidão, 30-1, 41-2, 49-50, 69, 71, 88, 92, 162, 169-70, 181, 294, 392, 474; de indígenas, 30, 39, 42, 136-7, 170, 175, 177, 188, 316, 371, 389-92, 423; de indígenas no Peru, 176; nos Estados Unidos, 224 estações telegráficas como polos de desenvolvimento, 20, 68, 136, 156, 174, 199, 235-6, 316-7, 325

Estado de S. Paulo, O, 112, 172

Estado Novo, 427-34, 436, 441, 479

Estados Unidos, 17

Estatuto do Índio, 1973, 474

Estrada de Ferro Madeira-Mamoré, 183, 200, 391, 453, 471

Estrada de Ferro Noroeste do Brasil, 169-70

Evangelista, Antônio (primo), 128

Evangelista, Antônio Lucas (tio), 128

Evangelista, Claudina Maria de Freitas (mãe), 31-2

Evangelista, Domingos (primo), 128

Evangelista, Francelino (tio), 191

Evangelista, Francisco (tio), 127

Evangelista, João Lucas (avô), 31-2, 35-6

Evangelista, José Lucas (bisavô), 31

Evangelista, Miguel Lucas (tio), 126, 192, 196, 201, 246

Evangelista, Pedro (tio), 127

Everywhere: The Memoirs of an Explorer (Savage-Landor), 297

Exército, como pena para delinquentes, 88

Expedição Científica Roosevelt-Rondon, 18, 21, 203-93, 300-1, 306, 317-8, 479-80; alimentação, 243; alterando a visão de Roosevelt sobre os indígenas, 238; assassinato de Paixão, 276; atacada por indígenas, 262-3; caçada a Júlio de Lima, 278; corredeiras no rio da Dúvida, 253-8, 273-5; denominação, 219; desacretidada no exterior, 295-6; desentendimentos, 229-32; dificuldades financeiras, 223, 321-3; encontro com os Paresí, 235-6; erro de *timing,* 240-1; excesso de carga dos americanos, 223; logística, 223, 242; malária, 239; mapeamento do rio da Dúvida, 251-3, 265, 269, 280, 282, 287; morte de Simplício, 259-61; no rio da Dúvida, 248-89; perdas em acidente, 239; problemas com pesca e caça, 241; problemas de saúde, 268; provisões americanas impróprias, 246; racionamento de alimentos, 273; repercussão internacional, 292-302; retorno à civilização, 284-7; rotina diária de Rondon, 226

Expedição Roncador-Xingu, 438-40, 444, 449-50

Expedição Roosevelt-Rondon (filme), 318

Explorers Extraordinary (Keay), 296

Faria e Albuquerque, Caetano Manoel de, 89-90, 320

Faria, João Barbosa de, 371

Faria, José Caetano de, 340

Farquhar, Percival, 131, 453

Fawcett, Percy, 23, 37, 303-11, 414, 454

Fiala, Anthony, 208, 216, 226, 233, 238, 241, 255-6, 290, 300

Figueiredo, Euclides, 355

Figueiredo, José de Lima, 399

Filipe II da Espanha, 39

Flaherty, Robert J., 19, 318

Fonseca, Deodoro da, 50, 75, 78, 103, 106, 117, 167

Fonseca, Euclides Hermes da, 351

Fonseca, Hermes da, 51, 157, 167, 183, 186, 199-200, 215, 222, 315, 319, 348, 351

Força Expedicionária Brasileira (FEB), 339

Ford, Henry, 389

Foucault, Michel, 476

Fraenkel, Karl, 64

Freitas, Maria Constança de (avó), 31

Freyre, Gilberto, 93, 428-9

Fundação Brasil Central (FBC), 437-8, 451

Fundação Nacional do Índio (Funai), 263n, 474, 477

Galetti, Lylia da Silva Guedes, 41
Galton, sir Francis, 302
Galvão, Eduardo, 448, 452
Gama Malcher, José Maria da, 452
Gama, Domício da, 209-12, 219, 323, 329
Gamelin, Maurice, 341, 354, 362, 366, 441
Gandhi, Mahatma, 20, 461
Gil Tamburi Erepá Ekiki, 467
Gobineau, Arthur de, 67
Góis Monteiro, Pedro Aurélio de, 357, 399
Góis, Coriolano de, 443
Gomes Carneiro, Antônio Ernesto, 84-7, 90-4, 98-9, 102-3, 148, 174, 360, 388, 425, 461
Gomes de Jacobina, Joaquina, 31
Gomes de Oliveira, Carlos, 458
Gomes, Eduardo, 353, 444
Goulart, João, 468-9
Graham Bell, Alexander, 96
Grann, David, 303
Grey, sir Edward, 177
Guaná, indígenas, 40, 44, 481
Guarda Negra da Redentora, 74
Guerra Civil Mexicana, 252
Guerra de Canudos, 111
Guerra do Contestado, 360
Guerra do Paraguai, 29-30, 33, 35-8, 45, 66-9, 74, 84-5, 88-9, 105, 126, 220

Harper, Frank, 219, 228, 241, 243
Hay, John, 215
Hecht, Susanna B., 194-5
Henry, Jules, 170
Henson, Matthew, 203
Herndon, William, 30

Hero: The Life and Legend of Lawrence of Arabia (Korda), 318
Hertz, Heinrich, 324
Hileia amazônica (Cruls), 92
Hillary, Edmund, 204
Hints to Travelers, Scientific and General (Galton), 302
História oral do Projeto Rondon, 479
Hoehne, Frederico Carlos, 152, 382, 413
Hoppenot, Henri, 341
Horta Barbosa, Francisco Bueno, 124-5, 156
Horta Barbosa, Júlio Caetano, 213, 325, 442, 456
Horta Barbosa, Hildebrando, 133n
Horta Barbosa, Luís Bueno, 172, 412
Horta Barbosa, Nicolau Bueno, 191
Hospício, Joaquim, 198
Hughes, Charles Evans, 416
Hugo, Victor, 56
Hunter's Wanderings in Africa, A (Selous), 204
Huxley, Thomas, 68

I Cannot Rest From Travel (Price), 460
Igreja católica: dominicanos, 173, 410; e a catequização de indígenas, 169, 173, 176, 178, 182, 321, 411, 436; franciscanos, 173, 423; jesuítas, 173, 174, 178, 377, 392; salesianos, 102, 173-5, 179, 191-2, 298, 320-1, 411, 424, 435
Ilha Fiscal, baile da, 74
im Thurn, Everard, 378, 380
imigração de europeus após a abolição, 169, 173
imitação de Cristo, A (Kempis), 274
In the Forbidden Land (Savage-Landor), 296
Indian Rights Association, 237
indígenas: aculturados, 36; ameaçados pelos imigrantes europeus, 169; benefícios oficiais

para, 488; colaborativos com Rondon, 121-2, 125, 134; cultura, 35, 134; dizimados, 135; escravizados, 39, 42; expulsos pela exploração da Amazônia no regime militar, 475; homenagens a Rondon, 120; hostis, 18, 20, 37, 47, 84-5, 88, 131, 133, 135, 139, 143-4, 178, 189-90, 262-3; idiomas, 19; miscigenação, 41; no Congresso brasileiro, 488; "pacificação" de, 130n; parque fundado por Rondon, 21; práticas médicas, 135; pressão internacional contra maus-tratos, 176; situação em 2017, 486-7; talentos, 32; tratados como "bugres" pelos brancos, 170

índio na história, O (Pereira Gomes), 432

Índios do Brasil (Rondon), 412

índios e a civilização, Os (Ribeiro), 476

Inferno verde (Rangel), 61

Inga, indígenas, 420

Ingarikó, indígenas, 488

Inocência (Taunay), 85

Inspetoria Federal de Obras Contra as Secas, 345

Instituto Brasileiro de Geografia e Estatística, 467

Instituto Brasilíndio, 467

Instituto Indigenista Interamericano, 437

Instituto Rondon, 415

Instituto Socioambiental (ISA), 263n

"Invocação" (poema de Rondon), 413

Isabel, princesa, 71, 74

Isabel, rainha da Bélgica, 343

izigunati, jogo de bola Paresí, 236

Jaguaribe de Matos, Francisco, 154n, 307-11, 415

Javaé, indígenas, 433-4

João, remador, 251, 259-61

João VI, imperador, 96

Jornal do Brasil, 464, 468

Jornal do Commercio, 172, 402, 453

Jornal, O, 453

Juárez, Benito, 138

Juruna, Mário, 488

Kadiwéu, indígenas, 124

Kaiapó, indígenas, 488

Kaingáng, indígenas, 168-72, 176, 189-90, 217, 356, 359

Kalapalo, indígenas, 440, 451, 467

Kamayurá, indígenas, 452

Karajá, indígenas, 410, 433-4

Karipuna, Adriano, 486

Karipuna, indígenas, 486

Kazíniti, indígenas, 202

Keay, John, 296, 298

Keltie, John Scott, 208, 242, 306

Kermit, rio, 265

Kikuyu, tribo do Quênia, 467

Koluizorecê, índio Paresí, 157

Kopenawa, Davi, 488

Korda, Michael, 318

Kozárini, indígenas, 202

Kubitschek, Juscelino, 93, 461, 466, 468, 475

"Kubla Khan" (Coleridge), 280

Landell de Moura, Roberto, 324

Lange, Algot, 23

Leal, Hermes, 305

Leblanc, Maurice, 219

Lei Áurea, 71

Lei do Ventre Livre, 49

Leite de Castro, José Fernandes, 403, 407

Leite Lima, Joaquim, 120

Lemos, Miguel, 69, 78, 107, 109, 114

Leopoldo, príncipe belga, 343

Leticia (Colômbia), palco de disputa de fronteiras, 416

Lévi-Strauss, Claude, 19, 168, 299, 410-1

Liberato Bittencourt, Manuel, 333-4

Liga Internacional de Mulheres pela Paz e Liberdade, 460

Lima Barreto, Afonso Henriques de, 151, 334

Lima, Manoel Júlio de, 249, 267-8, 275-8, 280-2, 291

linhas telegráficas, como precursoras do progresso, 99-100

Lins de Barros, João Alberto, 438, 440

Lins, Ivan Monteiro de Barros, 115

Lisboa, Tomás Aquino de, 158n

Livingstone, David, 203

Lodge, Henry Cabot, 290

Lopes de Sousa, Boanerges, 150, 456

Lott, Henrique Teixeira, 466

Lula da Silva, Luís Inácio, 478-9

Lyra, João Salustiano, 147, 152, 155-9, 162-3, 213-4, 225, 235, 242, 248-51, 254, 260, 263, 265-7, 273-7, 280-3, 287, 291, 293

Machado, Maria de Fátima Roberto, 133

Macuxi, indígenas, 376, 488

Madureira, Mário Matheus, 487

Maia, Alcides, 317

malária, 383

Malheiros, Pedro, 154n

Mangin, Charles, 341

Maquiavel, 432

Marcha para o Oeste, campanha do governo Vargas, 429-30, 432, 434, 436, 437

Marconi, Guglielmo, 324

Maria Joaquina (viúva de Benjamin Constant), 94

Maria Zozokoialô, 134

Mariano da Silva, Cândido (pai), 30

Mariz, Vasco, 195

Markham, sir Clemens, 295, 301, 306

Marques de Sá, Agostinho, 55, 72-3

Marques dos Reis, João, 442

Marques, Raymundo José, 285

Marshall, George C., 461

Marx, Karl, 67-8

Matin, Le, 301

Mato Grosso, conflitos políticos, 127-30; em 2017, 483

Mayer, Louis B., 329

McCann, Frank, 150, 404

Médici, Emílio Garrastazu, 474

Melgaço, barão de (Augusto Leverger), 369

Melo Vilhena, Álvaro Coutinho de, 157

Melo, Nelson de, 443

Menchú, Rigoberta, 464

Mendonça Bastos, Ivan de, 471, 479

Mendonça Lobo, Belarmino de, 105

Meneses, Rodrigo César de, 39

MGM, 329

Milhaud, Darius, 341

Mill, John Stuart, 68

Miller, Leo, 209, 214, 216, 224, 228, 230, 233, 241, 246, 250, 287, 291-4, 300, 315, 379

Miranda Ribeiro, Alípio de, 152, 155, 160

Miranda, Marlui, 195

miscigenação, 41-2, 67, 93, 169, 250, 428, 454

mistificação salesiana, A (Bandeira), 175

Monroe, James, 207n

Monteiro, Afonso, 54, 56, 59

Moraes Barros, Paulo de, 345

Moreira Cabral, Pascoal, 39

Morize, Henri Charles, 93, 459

Moura, Hastínfilo de, 72, 91-3, 401, 404, 462

Müller, Lauro, 58, 61-2, 212-6, 222-3, 229, 242, 253, 266, 290, 323-3, 338, 427
mundo perdido, O (Conan Doyle), 378
Munduruku, indígenas, 288
Murtinho, Joaquim, 96, 112, 157
Murtinho, Manuel, 173
Museu do Índio, 448-9
Museu Nacional, 19, 96, 152, 159, 171, 191-3, 196, 325, 343, 381-2, 412-4, 456-8, 467, 476

Nabuco, Joaquim, 49, 92, 210n
Nación, La, 421
Nambikwára, indígenas, 133, 138-54, 160, 191, 196-201, 218, 231, 234, 237-8, 244-5, 254, 263, 316, 330, 359, 393, 458-9, 487
Nanook, o esquimó (filme), 19, 318
Nascimento, Milton, 195
National Geographic, 379
National Geographic Expeditions Atlas, 21
National Geographic Society, 300
Neves da Fontoura, João, 398
New York Times, 239, 256
New York World, 300
Nietzsche, Friedrich, 95
Nimuendaju, Curt, 311
Nioac, embarcação, 217-21, 224-5
Nóbrega da Cunha, Carlos Alberto, 447
Nordenskjöld, Erland, 305
Norgay, Tenzing, 204
Noronha, Ramiro, 310
"Nozani-na" (canção Paresí), 195-6
Nunes de Figueiredo, Paulo Augusto, 428
Nutels, Noel, 449-50

O'Reilly, Donald F., 114n
Oarine Ecureu (Andorinha Amarela, chefe Bororo), 119-23

Observatório Nacional, 91
Office of Indian Affairs (OIA-EUA), 137, 237
Oliveira, Cândido Luís de, 73
Oliveira, Maria de, 92
Ordem e progresso (Freyre), 93
origem das espécies, A (Darwin), 67
Osborn, Henry Fairfield, 209, 216
Ouro Preto, visconde de (Afonso Celso de Assis Figueiredo), 73-4, 77-8, 334
Oxford Atlas of Exploration, 21

padre Cícero (Romão Batista), 346
Paget, sir Ralph, 307, 309
Pais de Barros, Antônio (Totó), 127-9, 191
Paixão, Manoel Vicente da, 249-50, 267-8, 275, 277, 279, 291
Palmela, indígenas, 392
Pantanal, 31-3, 37, 109, 118, 121, 124, 224-5, 228, 241, 483
Paresí, Antônio, 249-50, 266, 280, 283
Paresí, indígenas, 133-40, 143, 147, 151-2, 188, 198, 201-2, 218, 231, 235-6, 244-5, 263, 277-8, 330, 392, 426, 459, 483, 487
Parintintim, indígenas, 201, 289, 315
Parque Indígena do Xingu, 448, 450, 469, 487
Parque Nacional das Montanhas Tumucumaque, 387
Partido Comunista Brasileiro, 358, 368, 374, 443-4, 470
Partido dos Trabalhadores, 478
Partido Republicano Conservador, 319, 321
Partido Republicano Liberal, 319
Passos, Nestor Sezefredo dos, 369-70
Patamona, indígenas, 488
Pataxó, indígenas, 486
Patrocínio, José do, 49
pau-rosa (*Aniba rosaeodora*), 375

Pearson, Lester, 463

Peary, Robert, 203

Peçanha, Nilo, 151, 167, 181-2, 296, 348-51

Pedro I, imperador, 178

Pedro II, imperador, 20, 30, 37, 48-9, 52, 71-4, 81-2, 85, 91, 95-6, 170, 173, 178, 335, 386, 433

Pedrosa, Jônatas, 290

Peixoto, Floriano, 37-8, 78, 81, 90, 102-3, 106, 111, 154, 355

Pelos sertões do Brasil (Botelho de Magalhães), 455

Pemon, indígenas, 377

Pena, Afonso, 131, 151, 154, 157, 180, 199

Pereira Gomes, Mércio, 432, 477-8

Pérez Esquivel, Adolfo, 463

Peru, disputa de fronteiras com a Colômbia, 416

Pessoa, Epitácio, 306-7, 334-5, 342, 344, 347, 349

Pianacotó, indígenas, 383, 385

Pinedo, Francesco de, 369

Pinheiro, Manoel Theophilo da Costa, 151, 161, 164

piranhas, 124

Pires de Campos, Antônio, 134

Pires Ferreira, Fileto, 72

Pirineus de Sousa, Antônio, 129, 152, 155, 288-9, 291

política "morrer se preciso for, matar nunca", 20, 181, 237, 305, 342, 359, 418, 440, 458, 460, 467, 475, 482

política indigenista brasileira, A (Ribeiro), 469

Ponce, Generoso Sousa, 40, 127-9, 467

positivismo, 24-5, 64-72, 82, 84, 97, 107-9, 113-6, 237, 278, 319-20, 346, 400, 473, 489

preconceito contra indígenas, 30, 173

Prestes, Júlio, 395-6

Prestes, Luís Carlos, 358, 362-8, 395, 427, 444

Price, Willard, 460

Primeira Conferência Brasileira de Proteção à Natureza, 413

Primeira Guerra Mundial, 324, 327, 331, 333, 340; participação do Brasil, 338-9

"problema florestal no Brasil, O" (Sampaio), 381

Proclamação da República, 72-8

Projeto Rondon, 471-5, 478-9

Prudente de Morais, 107, 110

PsyOps (operações psicológicas), 359

Quadros, Jânio, 450, 469

Queiroz, Raquel de, 9

Quinta da Boa Vista, Rio de Janeiro, 52, 96

Quintanilha Jordão, Polidoro da Fonseca, 54

Rabelo, Manuel, 129, 168, 172, 189-90, 303-4, 325, 350-1, 399, 412, 441-4

racismo, 168

racismo científico, 67

Rangel, Alberto, 61

Raoni Metuktire, 488

Real Sociedade Geográfica, 22-3, 208, 242, 295, 301-3, 306-7, 378

rebelião de soldados, 200

Rebouças, André, 49

Rede Globo, 479

Redfern, Paul, 378

Reis, Luiz Thomaz, 154n, 180, 192-3, 196, 199, 220, 229, 317-8, 327-31, 343, 361, 363-4, 371, 381, 388, 473

Religião da Humanidade, 66, 107, 113, 115

República Transatlântica do Mato Grosso, 103

Reserva Indígena Roosevelt, 263

Revista da Familia Academica, 61-2, 82, 212

Revolta da Armada, 103

Revolta da Chibata, 200

Revolta da Vacina, 192

Revolução Federalista, 98

Revolução Francesa, 71

Ribeiro da Cunha, Boaventura, 456

Ribeiro de Andrada, Antônio Carlos, 396

Ribeiro Pereira, Heleno, 487

Ribeiro, Ana Emília, 63, 195

Ribeiro, Bento, 117

Ribeiro, Darcy, 432, 439, 447-52, 456, 458, 461, 465, 467-71, 476, 478, 488

Ribeiro, Frederico Sólon, 63

Rice, Alexander Hamilton, 295, 301, 373

Rio Branco, barão do (José Maria da Silva Paranhos), 176, 211-2, 296

Rio de Janeiro, capital do Império, 48

Rituais e festas Bororo (filme), 318

Rocha Miranda, Rodolfo Nogueira da, 181-2

Roda Viva, programa de TV, 441

rodovia transamazônica, 472

Rodrigues Alves, Francisco, 127, 129, 192n

Rodrigues da Silva, Manoel (tio), 35-6, 39, 43-5, 62, 91, 94, 126

Rondon conta sua vida (Viveiros), 34n

Rondon: O grande chefe (minissérie), 479

Rondon: O último dos bandeirantes (filme), 473

Rondon, Beatriz Emília (filha), 149, 342

Rondon, Benjamin (filho), 100-2, 110, 317, 331-2, 370, 381, 384-5, 388, 392

Rondon, Branca Luiza (filha), 185

Rondon, Cândido Mariano da Silva: acometido pela malária, 143, 149, 152, 164, 202; acompanhante de Alberto I da Bélgica, 342-3; afetado pela cegueira, 420; agraciado com a Medalha Livingstone, 329; alvo de complô assassino, 104; alvo de emboscada Nambikwára, 140; aparência física, 17, 21, 41; apoio à construção de Brasília, 462; ascendência, 21, 41; assume o sobrenome Rondon, 90-1; autoexigência de, 55, 58, 61, 63; avesso ao envolvimento com partidos políticos, 319; casamento, 94; chance perdida de concorrer ao governo do Mato Grosso, 319; comemoração do centenário, 470; como abolicionista, 20, 42; como Bororo, 447; como defensor dos direitos indígenas, 20, 24, 85, 136-7, 145, 166, 168, 172-7, 182, 295, 316, 390, 414; como diplomata, 20; como engenheiro do exército, 336-8; como esportista na juventude, 56-7; como linguista, 19, 121, 135, 188; como mediador no conflito de fronteira entre Peru e Colômbia, 418-22; como mestiço, 41; como militante republicano, 73-7; como nacionalista, 355; como naturalista, 412; como pacifista, 172, 353, 355; como pagmejera (chefe dos chefes), 119-20, 123, 125, 133, 158, 191, 295, 392-3; como positivista, 24-5, 64-5, 71, 97, 107, 109, 113-6, 278, 319-20, 355, 473; como republicano, 20; como *self-made man*, 24; como sertanista, 87; como soldado raso, 50-3; conferências de, 186-8, 231, 317; contato com os povos indígenas, 65, 86, 119-25, 153, 371; crença na civilização, 25; criticado por Lima Barreto, 334; criticado por sua ação em defesa dos indígenas, 316; críticas póstumas a, 476-8; descobertas geográficas, 155, 165; descoberta do rio Juruena, 139; desempenho escolar, 44, 51, 54, 60-1; designado para trabalho burocrático, 334; doença grave na escola militar, 59-60; e a não violência, 20, 24, 139, 141, 145, 176, 181, 191, 460-1, 469; e as questões financeiras das expedições, 150; e o caso Diacuí, 454-5; em Cuiabá, 38, 42; enfrenta rebelião em Mato Grosso, 101; enterro, 466; entreveros com Savage-Landor, 296-301; envolvido nas eleições presidenciais de 1922, 348-52; espírito científico, 97; estratégias de aproximação com indígenas, 189-90; expedição de levantamento da fronteira amazônica, 370-87; expedição na fronteira Peru/Colômbia, 422; expedições realizadas na Amazônia, 18; formação, 18; homenageado pelo governo Vargas, 426; imagem transformada pela ditadura militar, 475; incursão em território Nãmbikwára, 153-4, 196-8; indicado ao Nobel da Paz, 20, 458-63; infância em Mimoso, MT, 33-5; ingresso no Exército, 44-6; integridade de, 24; juventude em Cuiabá, 43-4; liderando combate contra rebeldes no Paraná, 356-68; locais nomeados por, 156-7; missão contra a seca no nordeste, 344-7; missões em linhas telegráficas, 18, 22, 30, 84-90, 98-106, 109-10, 117-47, 152-64, 191-201, 315-7; morte de, 465; morte do cão Lobo, 264; na academia militar, 34; na Escola Superior de Guerra, 64, 72, 75; na fronteira com a Bolívia, 391-2; na fronteira com a Guiana Francesa, 374-5; na fronteira com a Guiana Holandesa, 385; na fronteira com a Guiana Inglesa, 376-7; na fronteira com Colômbia e Peru, 390; na fronteira com Paraguai e Argentina, 394; não reconhecido internacionalmente, 22, 302; nascimento, 29, 40; no monte Roraima, 380; no Rio de Janeiro, 47-63; noivado, 82-3; O Marechal da Paz, 29; obra destruída pela ditadura Vargas, 408-11; oficial de ligação com missão militar francesa, 340-1; "pacifi-

cação" dos Nãmbikwára, 196-9; padrinho do Parque Indígena do Xingu, 450; pesquisas no Observatório Nacional, 91-3; pesquisas botânicas, 326; pioneiro em conferências "multimídia", 317-8; poliglota, 22; preso na revolução de 1930, 397-401; primeira missão como oficial, 84-90; primeiro comando de uma expedição, 98; promovido a general de brigada, 333; promovido a major, 130; promovido a segundo-tenente, 81; promovido a tenete-coronel, 151; reintegrado e promovido a marechal, 457; relação com os Guaná na juventude, 44; relação com os povos indígenas, 85, 133-6; relação difícil com Fawcett, 306-11; saída do Exército, 402-4; submetido a inquérito militar, 105-6; tentativa de difamação por Juarez Távora, 402-3; visão de desenvolvimento a longo prazo, 325; vítima do racismo britânico, 23

Rondon, Clotilde Teresa (filha), 55, 114

Rondon, Emanuel Cândido (neto), 392

Rondon, Heloísa Aracy (filha), 55, 100, 225, 391

Rondon, Maria de Molina (filha), 149, 464

Rondon, Marina Sylvia (filha), 149

Rondon, Francisco Xavier (primo), 442

Rondon, Gaspar da Silva (trisavô), 39, 40

Rondon, Joaquim Vicente (primo), 374, 415, 418, 420

Rondon, Maria Rosa (avó), 40

Rondon, Teodoro, 109

Rondônia (Roquette-Pinto), 193, 198

Rondônia: batizada em homenagem a Rondon, 457; em 2017, 484-6; produção de cacau e café, 327

Rondonópolis, MT, 481-2

Ronsard, Pierre de, 219

Roosevelt, Edith, 205, 209, 214, 216

Roosevelt, Kermit, 18, 208-9, 216, 219, 221, 226-9, 233, 246, 249, 251-2, 254, 256, 259-60, 263-6, 269-7, 280-94, 300-1, 331; e a malária, 272

Roosevelt, Lucy Margaret, 214, 238

Roosevelt, rio, 18, 263, 266, 289, 315

Roosevelt, Theodore, 17-8, 22, 61, 134, 202-91, 273-81, 283-6, 289, 297, 300, 306, 317, 327, 333, 379, 415, 482; ajuda na entrada dos filmes da expedição nos Estados Unidos, 328; amor-próprio, 279; aprovação de embaixada no Brasil, 210; artigos sobre a expedição, 323; chegada ao Rio de Janeiro, 214; como autor de best-sellers, 211; como naturalista, 221, 236; condição física de, 214; conferências de, 207, 213, 217; conflito com Rondon, 252; críticas à organização de Rondon, 242-3, 257; decepcionado com Zahm, 229-30; despedida do Brasil, 292; dispensa de privilégios na expedição, 227; dispensa de Fiala, 233; dispensa de Zahm, 232; e a comida brasileira, 265; e a malária, 272; e o excesso de carga na expedição, 241; e os Paresí, 236; elogios a Rondon, 329; em contato com indígenas, 234-5; em defesa da expedição Roosevelt-Rondon, 300-1; em defesa de Rondon, 299; encontro com Reis em Nova York, 327; encontro com Rondon, 218-9; gosto pela aventura, 209; morte de, 293; opção pela expedição mais desafiadora, 215-6; problemas de saúde, 209, 216, 270-2, 279-84, 287, 290; relação duvidosa com indígenas americanos, 237; restrições a ser fotografado durante a expedição, 229; riscos da expedição, 212; safari na África, 204-5; sobre a umidade tropical, 240; sobre Rondon, 238; subordinado a Rondon, 203

Roosevelt, Tweed, 264, 482

Root, Elihu, 210n

Roquette-Pinto, Edgard, 192-5, 198, 234, 341, 412-3, 429, 437n, 456-9, 469

Roraima, em 2017, 486-7

Rowland, Richard, 329

Said, Edward, 476

Saint-Simon, Henri de, 65

Sakurabiat, indígenas, 305

Salumã, indígenas, 158

Sampaio, Alberto José, 381-2, 385, 387, 413-4

Sánchez, Luis Miguel, 417

Sanka, Miguel, 162-4

Sant'Anna, Alcides Lauriadó de, 233, 238-9, 256, 290

Saudades do Brasil (Lévi-Strauss), 168

Savage-Landor, Arnold Henry, 23, 296-301, 307, 414

Schomburgk, Robert, 371

Schwartzman, Simon, 96-7

Scribner's Magazine, 220, 323

Seabra, José Joaquim, 183

secas no nordeste brasileiro, 344-7

Segunda Guerra Mundial, 416, 441-3

Selous, Frederik, 204

Sertão, fronteira, Brasil (Galetti), 41

sertões de Mato Grosso, Os (filme), 318

sertões, Os (Cunha), 61, 112, 193, 346

Serviço de Proteção aos Índios (spi), 20, 23, 167, 176-7, 180-3, 186, 189-90, 199, 201, 223, 231, 237, 245, 288, 295-6, 316, 319, 321, 325-7, 330, 335-6, 349, 356, 371, 373, 376, 386, 388, 393, 401, 403, 408-12, 424, 427, 430-7, 446-7, 449, 451-3, 456, 463, 467, 469, 474, 476-7

Serviço Florestal, 412

Sigg, Jacob, 208, 230-3

Silva Melo, Antônio da, 428

Silva Pereira, Jorge Otaviano da, 59

Silva, Antônia Rosa da (tia-avó), 32

Silva, José Mariano da (avô), 40

Simões Lopes, Ildefonso, 157, 345, 348, 396

Simões Lopes, Luís, 348, 428, 432, 436

Simonsen, Roberto, 337

Simplício (Antônio Simplício da Silva), 251, 259-62, 264, 274, 279, 292

Soares de Moura, Raul, 348

Sociedade Amigos da América, 441-4

Sociedade de Amigos da Flora Brasílica, 413

Sociedade dos Amigos das Árvores, 413

Sociedade Geográfica Americana, 328

Solano López, Francisco, 38

Soledade, Fernando, 221, 227-9

Sousa, José Nicolino de, 382

Souza Lima, Antônio Carlos, 476-8

Stanley, Henry, 203

superioridade do homem tropical, A (Silva Melo), 428

Suplicy de Lacerda, Flávio, 470

Sutil, Miguel, 39

Taboada, Edmundo, 421

Taft, William Howard, 204, 211

Takuatep, indígenas, 316

Tanajura, Joaquim Augusto, 153, 164, 418, 420-3

Tannenbaum, Frank, 463

Taques, José Pedro Gonçalves, 482

Tasso Fragoso, Augusto, 58, 61, 72, 76, 81, 91-3, 115, 333, 342, 355, 358, 369-70, 401, 404, 442, 462

Tate, George Henry Hamilton, 378-80, 414

Taunay, visconde de, 85

Taurepang, indígenas, 488

Távora, capitão, 104-5

Távora, Juarez, 353, 364-5, 368, 402-3, 407-8, 433, 444, 462, 469-70

Teixeira Mendes, Raimundo, 69, 76, 78, 107, 109, 113-4, 118, 126, 220, 355

Teixeira Soares, João, 131

Teixeira, Anísio, 469

Temer, Michel, 487

Templo da Humanidade, 97, 113-4

Terena, indígenas, 19, 31, 34, 40, 124, 481, 488

The Art of Travel; or, Shifts and Contrivances Available in Wild Countries (Galton), 302

Thomas, Lowell, 318

Thoreau, Henry David, 9

Through the Brazilian Wilderness (Roosevelt), 235-6, 323, 329, 342

Ticuna, indígenas, 421

Tocantins, Odorico Ribeiro dos Santos, 448

Toledo, Aníbal Benício de, 394

Toledo, Pedro Manuel de, 182

Toloiri, índio Paresí, 149

Torres, Heloísa Alberto, 456, 467

Travel and Adventure in South-East Africa (Selous), 204

Tristes trópicos (Lévi-Strauss), 19, 299, 410-1

Tukano, indígenas, 421

Uirá sai à procura de Deus (Ribeiro), 476

Uitoto, indígenas, 420

Um grande cerco de paz: Poder tutelar, indianidade e formação no Estado do Brasil (Souza Lima), 476-7

União Nacional dos Estudantes, 443, 467, 478

Unter den Naturvölkern Zentral-Brasiliens (von den Steinen), 19

Up the Orinoco and Down the Magdalena (Zahm), 206

Vanique, Flaviano de Mattos, 438-9, 444

Vargas, Getúlio, 54, 396-404, 407-18, 422-38, 441-4, 449-57, 462, 469, 472

Vasconcellos, Vicente de Paula, 409

Vasques, Bernardo, 106

Vaux, Clotilde Maria de, 108, 113

Veblen, Thorstein, 483

Vieira Leal, Alexandre, 62, 72, 75, 77, 83

Vieira Leal, Antônio, 62, 72, 75, 77, 83, 112

Villa-Lobos, Heitor, 195, 426

Villanueva, Manuel Pablo, 421

Villas-Bôas, Álvaro, 439

Villas-Bôas, Cláudio, 439

Villas-Bôas, Eduardo, 474, 482

Villas-Bôas, irmãos, 439-40, 444, 449-50, 467, 476

Villas-Bôas, Leonardo, 439, 452

Villas-Bôas, Orlando, 439-40

Vítor Emanuel III da Itália, 372

Viveiros, Esther de, 34n, 462

Vojtěch Frič, Alberto, 176

von den Steinen, Karl, 19, 33-4, 36, 135, 144

von Humboldt, Alexander, 21, 56, 177, 377

Von Ihering, Hermann, 171-3, 176, 179, 187-8, 190, 477

von Langsdorff, Grigory, 42, 56

Wagley, Charles, 41, 463

Wáimare, indígenas, 202

"Walking" (Thoreau), 9

Wandenkolk, Eduardo, 76-7, 81, 102

Wapichana, indígenas, 376, 380, 488

Wapichana, Joênia, 488

Washington Luís (Pereira de Souza), 369, 371, 389, 395, 398-9, 401, 418

Wazáre, herói Paresí, 135

Weiss, Leopoldo Ignacio, 110

Wilderness of Fools (Churchward), 23

"Wilderness", série de filmes, 328, 330; censurado em Nova York, 330

Willard, Belle Wyatt, 209, 252, 294

Wilson, Woodrow, 204, 252, 300

Xavante, indígenas, 434-5, 439, 447, 488

Xavier, Benedito, 128

Xavier, Francisca (Chiquita, esposa), 75, 77, 82-4, 90-5, 98, 100-2, 106, 109-10, 114, 149, 160, 166, 185, 194, 317, 331, 342, 355, 367, 391, 411-2, 420, 442, 448

Xavier, Francisco José (sogro), 82

Xavier, Teresa Dias (sogra), 82

Xokleng, indígenas, 169-70, 176

Yanomami, 488

Z, a cidade perdida (Grann), 303

Zahm, John Augustine, 206-10, 215-6, 219, 221, 227-33, 241, 243, 294, 300, 323

Zeca do PT, 483

1ª EDIÇÃO [2019] 5 reimpressões

ESTA OBRA FOI COMPOSTA PELA ABREU'S SYSTEM EM INES LIGHT
E IMPRESSA EM OFSETE PELA LIS GRÁFICA SOBRE PAPEL PÓLEN DA
SUZANO S.A. PARA A EDITORA SCHWARCZ EM MAIO DE 2024

A marca FSC® é a garantia de que a madeira utilizada na fabricação do papel deste livro provém de florestas que foram gerenciadas de maneira ambientalmente correta, socialmente justa e economicamente viável, além de outras fontes de origem controlada.